第十届"石壁客家论坛"主办单位

三明学院　三明市社科联　宁化县人民政府　三明市客家联谊会

第十届"石壁客家论坛"承办单位

宁化县客家文化交流研究中心　宁化县客家研究会

第十届"石壁客家论坛"组委会

名誉主任　刘振郁　林日上　王胜文　吴茂生　张恩庭　刘善群

主　　任　李平生

副 主 任　张清祥　周美华　蔡登秋　廖开顺

秘 书 长　孙永前

第十届"石壁客家论坛"学术指导委员会

主　　任　李平生

委　　员　蔡登秋　廖开顺　张恩庭　刘善群　孙永前　伊美兰

论文集主编　李平生

执行主编　蔡登秋　孙永前　伊美兰　赖洪林

宁化县客家文化交流研究中心 · 石壁书系

第十届
石壁客家论坛论文集

李平生◎主编

海峡出版发行集团 | 海峡文艺出版社

图书在版编目(CIP)数据

第十届石壁客家论坛论文集/李平生主编. —福
州:海峡文艺出版社,2022.12
ISBN 978-7-5550-3273-1

Ⅰ.①第… Ⅱ.①李… Ⅲ.①客家人－民族
文化－宁化县－文集 Ⅳ.①K281.1－53

中国版本图书馆 CIP 数据核字(2022)第 248839 号

第十届石壁客家论坛论文集

李平生 主编

出 版 人	林滨	
责任编辑	莫茜	
出版发行	海峡文艺出版社	
经 销	福建新华发行(集团)有限责任公司	
社 址	福州市东水路 76 号 14 层	
发 行 部	0591－87536797	
印 刷	福建东南彩色印刷有限公司	
厂 址	福州市金山浦上工业区冠浦路 144 号	
开 本	787 毫米×1092 毫米 1/16	
字 数	640 千字	
印 张	31.5	
版 次	2022 年 12 月第 1 版	
印 次	2022 年 12 月第 1 次印刷	
书 号	ISBN 978-7-5550-3273-1	
定 价	95.00 元	

如发现印装质量问题,请寄承印厂调换

"石壁客家论坛"的十周年（代序）

蔡登秋

　　岁月年轮永远不会因你的挽留而停止脚步，"石壁客家论坛"从 2013 年第一届成功举办，已经走过了十周年，如今已从"蒙童"步入"少年"。她满怀期许，挤入世界客家学术三大主要论坛之一。十年来，论坛收到投稿学术论文 1000 余篇，参加论坛的人数近千人次。每年正式出版一部学术论文集，共收入近 700 篇。由于石壁客家论坛的成功举办，石壁客家祖地的内涵和声名享誉海内外，无论是客家人还是非客家人，他们逐渐知悉祖地在何方，了解何为"祖地"。特别是海内外客家人，心怀夙愿来到宁化，来到客家祖地石壁，来此饮上一杯祖地的清泉，带走一抔祖地的黄土。石壁客家祖地成为客家后裔魂牵梦绕的精神"麦加"。

　　在客家学术研究中，"石壁"总是说不完、道未尽的话题：在武夷山东南部、戴云山西部、玳瑁山北部形成的一个相对开阔的山间盆地，生存环境相对优越，早在东汉时期北方汉人开始零星迁入，从晋代到隋唐时期共迁入汉人大约 55 个姓氏。特别是以隋唐时期以巫氏为代表的开辟黄连峒始，此外到了唐代末年黄巢起义，周边大多数地区都受到起义军的侵扰，而这里却是偏安一隅，成为桃花源式的栖息之地，吸引了大批的汉人迁入此地。到了两宋，更大规模汉人进入石壁地区，致使石壁地区出现了人口暴增的现象。随着石壁地区汉人人口的剧增，客家民系在此孕育形成。客家先民带来中华民族文化基因渐渐植入石壁地区，使偏远的石壁地区，早在唐代就出现了进士及第，更不用说两宋时期的繁荣，石壁地区已然成为中原文化传衍之地。由生存环境和文化基因的植入与繁衍两大因素，石壁地区逐渐形成强大文化向心力，成为南来客家先民向往的圣地。在中华民族文化基因中"大一统"观念的影响下，加之客家先祖们在此聚居或留居，石壁逐渐成为客家人身份的象征，同时也形成富有石壁色彩的客家文化基因，构成了中华民族文化基因的一部分。特别是两宋以后，石壁客家人外迁，他们把石壁客家文化基因带到了各地，石壁逐渐成为世界客家人精神家园。

　　石壁这块热土孕育了客家民系的形成，同时孕育了客家精神。在红色文化研究热潮的当下，其实石壁的红色文化史实也是值得学界关注的主题。列举数据为证，以石壁地区为中央苏区的存在与发展的贡献为例：第一，宁化是中央苏区的东大门和最后丧失的根据地之一，被称为"中央苏区战略的锁匙"，所以成为红军长征的出发地。第二，宁化是为中央苏区红军提供给养和后勤保障的粮仓及后勤总部。据史料显示：1933年冬，为了解决苏区军民粮油困难，全县大力扩种油菜，次年的油菜籽产量达1.9万斤。至1934年，全县开垦荒地6200亩，扩大了粮食种植面积。1933年8月至10月，全县捐粮14万担，有3个区获得福建省苏维埃政府授予"筹粮模范区"称号。在第五次反"围剿"战争中，在此还建有6所红军医院和1个大型兵工厂。第三，宁化是中央苏区扩红支前的典型区域。在反"围剿"战争中，苏区需要源源不断的兵力，宁化及周边各县青年毅然参加红军。就当时宁化而言，全县有3.6万户、13万人口，其中男性6.65万人、青壮年2.16万人，先后参加红军的有13777人，平均不到3户就有1户是军属，每10人中有1人参加红军，青壮年中不到2人就有1人是红军，加上地方赤卫队队员，青壮年几乎全部上了前线！1933年9月，福建省苏维埃政府授予宁化2个区"扩红模范区"称号。妇女也挑运粮食支援前线。1934年春，有1300名妇女运粮支前，5000多名农民到前线抬担架。由此可见，石壁之于红色文化的重要性。

走过十周年的"石壁客家论坛"，论坛主办者满怀热切的心情，向各地专家学者们发出邀请，得到热爱客家学术研究者积极响应。本次论坛共收到了100多篇论文，鉴于论坛的规模限制，共收入58篇。内容涉及石壁祖地研究、红色与客家研究、客家文化产业研究、客家与畲族互动研究、客家区域文化特色研究等等，可谓又是一次学术"大餐"。本以为10月份能够如期举办，因二十大的召开对冲而推迟到11月份，后又因福建疫情突然加重再一次推迟到12月份。12月7日全国疫情开放，奥密克戎如同飓风一般席卷全国，故而论坛被迫停摆，真可谓"一波三折未了情"。鉴于学者们对本次论坛艰辛的付出，组委会仍然持续工作，把论坛论文集付梓出版。随着疫情逐渐消退，我们相信2023年的"石壁客家论坛"定能如期举办，期待学术友人们再次撰稿，前来客家祖地参加第十一届"石壁客家论坛"。

最后祝愿：客家学术精益求精，客家事业臻于至善！

2023年1月20日于博学佳园

目　录

三、客家乡村振兴研究

四、其他客家研究

一、石壁客家祖地研究

树立石壁祖地的权威性

——学习习近平"98·2"重要讲话

● 刘善群 ●

时任中共福建省委副书记的习近平同志 1998 年 2 月 15 日莅宁化调研后，就宁化的客家工作作了重要讲话：

客家祖地源远流长，要把它作为一篇大文章来做，做好了，对全县两个文明建设有很大的促进作用。一是要做好客家统战文章，做好台、侨、港、澳工作；二是研究客家文化，树立石壁祖地的权威性；三是要做好客家民俗、节庆、服饰、礼仪、待客、姓氏源考等资料的收集整理工作；四是要开展客家旅游活动；五是要充分利用客家人士的牵线搭桥作用，推动经贸发展。

"讲话"载于中央党校出版社 2019 年出版的《激活传统文化资源的宁化探索》（第 6 页）。笔者所知，习总书记的这一重要讲话，是对客家工作最全面、最重要的指示，不仅是对宁化客家工作，同时对全国的客家工作也有重要指导意义。总书记强调"客家祖地源远流长，要把它作为一篇大文章来做，做好了，对全县两个文明建设有很大的促进作用"，他讲的五个方面，都非常重要，有普遍意义，凡客家地区都应全面理解、全面贯彻落实，认真作为一篇大文章来做。限于篇幅，本文仅就"要研究客家文化，树立石壁祖地的权威性"所理解的作些阐述。

一、石壁客家祖地是历史的必然性

历史有其必然性和偶然性，有其自己的逻辑。石壁客家祖地的形成，自然有其自己的必然性和历史逻辑。对此有不少的论述。

龙岩学院教授张佑周在 2013 年首届石壁客家论坛上提出"历史选择了石壁"。

赣南师范学院教授谢万陆在 2000 年第二届宁化石壁与客家世界学术研讨会上，发表《再论石壁》，提出"石壁客家摇篮是这一地域的中心点，是摇篮的典型代表。是得益于天公（自然）的赐予，也依赖于历史的安排，非任何人所能左右"。而更早提出类似观点的是罗香林教授，他在 1947 年发表的《宁化石壁村考》中说，宁化石壁与客家的居处关系，是"时势与地理使然"。

以上三位教授所提的石壁在客家史中的作用，是"时势与地理使然"。我们就石壁之所以成为客家祖地的时势与地理说说历史。

赣南 17 县的建县时间中，唐以前（不含唐）6 县，唐 2 县，北宋 1 县，明清 4 县。其中唐以前建县的 6 县是于都（汉）、赣县（汉）、兴国（三国）、南康（吴）、宁都（吴）、安远（南北朝）、都在赣州的周围，也是赣江源头（章、贡水的汇流处）。闽西建县最早的是宁化（唐开元十三年）、长汀（唐开元二十四年）其他的县都在北宋后。而梅州建置更晚。

中原汉人南迁，唐后期才开始大批过长江，滞留赣北，特别是鄱阳湖周围，然后逆赣江、抚河而上。他们到了赣江头，那些地方早已建县被汉人所占，休养生息的空间不大，于是东折，往宁都、石城走，然后过站岭隘，进入闽西的第一站宁化石壁。这一路径是武夷山山脉比较矮小平坦的一段。而且越过站岭便到了宁化石壁，是一方 200 平方千米的盆地，在北边有"层山叠嶂，附卫千里，阻隔外侵"的安全之地。是一方开阔的河流纵横，少有开发的沃野，难得寻觅的好地方。

就"时势"（社会环境）而言，罗香林在《宁化石壁村考》中说："至石壁移民，所以与黄巢反乱有关者，则以黄巢率众陷虔、吉、饶、信等州，由此使客家先民不得不东向迁避故也。"说明客家先民到了赣江上游后东迁，除了休养生息的空间外，还有战乱的因素。宁化及其石壁自隋朝末年"筑堡卫众，寇不敢犯"之后，唐代至南宋中期都无战事。虽然唐昭宗乾宁元年（894）"黄连峒蛮二万围汀州"之事，但不久便被镇压，"至浆水口（今福建顺昌县）破之"，战事不在宁化境内，农民起义者被消灭，对宁化是一悲剧，但从另一角度看，大批造反都被杀害，或被驱散，使宁化本来人口就不多，如此一来，人口骤降，空出了大量区域空间，给移民方便填空。再者，宁化在隋末便"开山伐木，泛筏于吴，居奇获赢"，积累了资金，从事垦殖，开发农业，把宁化的地域扩大到 5000 多平方千米，出现"土旷齿繁，宜可授田定税"的局面，宁化因此告别了"版籍疏脱"的情形，从建镇到建县，说明宁化的发展。但它只是初有开发，还有大量可垦地。说明宁化当时既有一定的物质基础，而又有大量的可发展空间，为移民提供了休养生息的空间，又具有广阔的发展前景，成为得天独厚的"世外桃源"和"战争的避风港"，所以南迁汉人自唐中期起，大批涌入宁化，到了南宋中期（保佑年间）人口达20 万之众，成为清后期之前的人口高峰。

南宋中期开始，由于人口超负荷，宁化盐商晏彪聚众起义，宁化失去了当"世外桃源"的光景，促使宁化客家人要寻找新的出路。同时，在宋朝倒塌后梅州人口锐减，"地为之墟"，腾出了大量的生活空间，形成对客家人的吸引力，因此，初步形成客家民系的"客家初民"便大批地从宁化迁出。形成客家新的移民潮。宁化人口从 20 万下降至清初，剩下不足 3 万人。

宁化从唐朝到明末，人口的大进大出，这一情况是客家地区所独有，所以宁化及其石壁被定为"客家早期的聚散中心"。这是形成客家祖地的基础。这一人口大起大落的"宁化时期"，正是客家民系孕育时期，是客家摇篮时期。宁化客家人外迁，不仅是客家人口的播衍，同时也是客家摇篮文化的传播。这些又增加了石壁客家祖地的文化内涵。这种人口和文化的综合条件，就成了客家祖地的代表和典型。这是"地理和时势"使然，也是石壁祖地形成的必然性。

二、石壁客家祖地历史辩证性

对石壁在客家历史上的作用和地位的讨论已有 100 多年，尽管它是历史的存在，但还是有些歧义，特别是 20 世纪初，歧义主要是针对"石壁客家祖地"的定位，如地理方面、文化观方面，这是主要的，同时还有所谓的心理分析和祖地概念的讨论。这些经一段时间的讨论，近年逐渐回归理性统一。在此梳理一下。

（一）地理方面

对地理的认识主要不是位置而是面积。说："刘善群的'石壁说'的谬误则不仅在于其强调'温床和摇篮'囿于一隅，而且未能注意到石壁空间狭小"，这一"空间狭小"是质疑"石壁客家祖地"主要话语之一，对这一问题，也有不少学者提出不同看法。

首先是石壁的地理范围，赣南师院教授谢万陆在 2000 年举行的"宁化石壁与客家世界学术研讨会论文集"上发表《再论石壁》就提出，石壁地理有两种概念，一是行政地理，指石壁村；另一种是文化地理概念。他在文中说："石壁也如论及客家民系形成时常常提及的其他地名地物，为大槐树、筷子巷、珠玑巷一样，均不仅仅是个地理概念，而是一个文化地域概念，是在特定历史范畴内的特指，其特定的时空界域内填充着仅仅为其所独有的文化内蕴。这是论及此问题时为许多学者都认同的共识。"谢教授后结论"以石壁为中心的武夷山南段赣闽边区，赣、闽、汀三江的发源地是孕育客家民系的摇篮地，而不仅仅是进进出出的中转站，或者祖宗曾在此滞留的祖地"①。这一认识，笔者在 1992 年香港举行的国际客家学研讨会发表的论文也有相似的提法。

我们认为"石壁"作为地理概念，在古时，也不仅仅是现在的作为一个建置村的范围，清代编修的石壁上市《张氏族谱》卷一《石壁形胜记》记载："石壁号玉屏，乃宁阳（宁化）分野西北之乡也。层山叠嶂，附卫千里"，"左为宁化之当途，右好琴江之古道，两省通泽，经商成缕"，它所描绘的是整个石壁盆地的风光，所说"琴江"是江西

---

① 中国华侨出版社，2000 年，第 12 页。

省石城县，由此可见，石壁是个地域概念。古族谱上的记载，有石壁村、乡、城等称谓，在"石壁"下还有许多不同的村名，如葛藤坑、桃树下、杨家排等等，有的不在现在的石壁村内，如葛藤坑是现在的南田村，距石壁村有5000米之远。历史上的石壁概念，应该包括禾口乡、淮土乡和方田、济村的部分，总面积达200多平方千米。

再者，因为石壁开发比县城早，它的影响比宁化县大，如今在国外，许多客家人还只知"石壁"不知"宁化"。所以学者通常会把石壁作为宁化的代词，在著作中，所谓"石壁"常常涵盖整个宁化。我们注意到，在百年的"石壁研究"中，很少写"石壁村"，多数都只写"石壁"，没有"村"字，这就是对文化地域的共识。

在这里，还要强调的是我们要有历史发展观。历史或历史事件的发生、发展是要在特定时空中出现的。正如韩子勇在《国是》（第223期）中发表的《巨变之年如何抒写中国故事》中所言："文明、文化的发生、深化和壮大，从一滴到汪洋，从涓涓细流到浩浩荡荡，从来不是一成不变，墨守成规的。"从点到面，应该是一般事物的发生、发展规律。星星之火可以燎原。我们从人类史、文化、文明史看，从考古发现的，都是在一个不大的范围内出现的，你能说那个地方太小了，不可能有那么大的能量吗？怀疑石壁大小，那么究竟要多大呢？客家民系的孕育，也不可能在一个很大范围内同时进行，因为客家民系的孕育条件，首先是要有客家先民的聚集，如果没有这一条件，就不会有孕育的能力。

（二）所谓"石壁现象"

所谓"石壁现象"是想用文化方面否定"石壁客家祖地"。

"石壁现象"观点核心，就是"客家人大都声称祖先首经居住宁化石壁，福佬人皆言来自光州固始，与广府人追根南雄珠玑巷，北方汉人托始洪洞大槐树，以及整个中华民族自认炎黄子孙的现象一样，只是一种文化理念的建构"。"石壁，一是客家人创造的一个文化符号，是客家人用作族群认同而与别的族群相区别的标识。"还认为是"冒认祖地是为了'汉化'的目的。"①

"石壁现象"论者，还认为一些姓氏没有经过石壁，而在族谱上登载经过石壁，是出之正统观念，族谱并不可信，有攀附之嫌。还提出赣南同闽有多条通道，不可能都经过站岭等。

李启宇《"石壁现象"辨析》中说："如果说，确是自己的先祖从何而来是一种文化理念的建构的话，为什么许多客家人会选择石壁这个地方来完成这种建构？如果客家祖地是一种文化符号、一种标识，为什么客家民系会选择石壁作为这个民系的文化符号和标识？从历史唯物主义的观点，总是先有活生生的物质生活的实践，再有文化理念的建构和文化符号、标识的选择，而不是相反。"关于石壁客家祖地形成的地理和时势

---

① 李启宇：《石壁现象辨析》，载《石壁与客家世界》山西人民出版，社2009年，第128页。

（社会环境）前面已说，不必重复。

关于"汉化""正统观念"的问题，也不必赘言。石壁是在全国地图上找不到的地方，如何成为"汉化""正统"的标识？如果真有那么大的影响力，那就不是宁化的石壁了。

有关赣南与闽西相通有多条通道的问题，是客观存在的问题，但是否有通道的地方，移民就一定会通过？宁化与石城之间也不是只有站岭一条通道，是有五条，但有主次，现在的公路也有主干道和支线。从哪里来，往哪里去，是有选择的。宁化与石城之间有五条通道，但只有站岭有两个凉亭，这两个凉亭共一堵墙，靠石城一边的是石城人所建，叫"介福亭"，靠宁化一边的是石壁人所建，叫"片云亭"，如此情况，不说宁化仅有，但就赣南与闽西其他县的通道也没有，这不是充分说明了这条通道的重要性吗？再说，尽管瑞金、会昌有桃源崭、火星崭通道，但只有石城有"闽粤通衢"的牌楼，这也说明石城与宁化这条站岭的特殊性。我们还可以从移民情况来说明。

武平县学者林富保在《武平客家与宁化石壁的渊源关系》中，文章的结论是："史实说明，宁化或其石壁是武平客家的祖籍地、摇篮、中转站，如前所述笔者所见的武平各族谱中，他们的祖先十之八九均经宁化石壁迁来武平。宁化石壁确是包括武平在内的客家人不可忘怀的祖地。"① 武平是闽西最南端，同江西会昌相邻，有火星崭通道，但南迁的移民十之八九选择了石城与宁化石壁这个通道，这是客家先民自己的选择，而不是"导游"带领，更不是揣测的。

我们可以再举一个例子：宁化张氏有多支迁入宁化定居。其中一支是张虎，他同父亲（唐天祐二年进士，任工部侍郎）居姑苏张家巷。五代十国后，社会环境不好，想迁居闽国（福建），叫次子张虎去长汀看望老友打探福建情况。张虎从姑苏出发乘船到九江，再由陆路南下，经站岭到宁化石壁，因"爱其山川翁郁，返而举家徙是"。其时后晋天福年间（938—940）之事，是石壁下市《张氏族谱》所载。

张虎原要去长汀，却不直接经瑞金去，而是由石城经站岭到石壁，后不去长汀，留居石壁。张虎为何如此选择，自然是"地理与时势使然"，而不是其他。

（三）所谓心理学分析的"石壁传说"

有人批评石壁研究的所谓"史实诠索"派和"文化阐释"派，提出了所谓的心理学分析的结论，认为"石壁传说"是虚构的传说，只是"集体意识"的共同"历史记忆"。② 用历史虚无主义的方法，否定宁化石壁的历史存在。

华南理工大学博导谭元亨教授在《去中原化，还有客家学吗？》中说："客家这样一

---

① 载《宁化石壁与客家世界学术研讨会论文集》，中国华侨出版社，1998年，第304页。
② 张英明、张翔：《客家"宁化石壁传说"的心理学分析》，载《宁化石壁与客家世界》，山西人民出版社，2009年。

个族群，是历史形成的，今天，更是建立在'已然'与'实然'的认识基础上，也就是说，客家并非由学者的理论、作家的创作而构建起来的，不是西方民族理论中的，想象的共同体。这个族群有其形成的历史动因和发展过程。族群认同，并非类似于民族神话的信念，更非虚幻，而是实实在在的文化自信与自尊。"[1] 石壁客家祖地的形成，自然也是如此。这些在前面已有论述。

（四）祖地概念的讨论

关于客家祖地的论述，有"石壁客家祖地""闽西客家祖地""赣闽粤边都是客家祖籍地"等提法。

早在1991年，广东梅州客家历史文化考察团赴中原、闽赣考察报告中写道："福建省宁化县石壁乡是粤东地区许多客家人都念念不忘的祖居地。"

赣南师院教授谢万陆在《再论石壁》中写道："祖地之谓极为广泛，因为称祖者，既可是始祖、远祖、高祖等等，也可以是五服之内的家祖，还可以是一般意义上的祖宗生息之地。"厦门大学教授陈国强先生所言："中原汉人自东晋开始南下，至唐末又自江西等地大批迁入福建宁化石壁，高度集中在以石壁为中心的地域，生息繁衍数百年，形成客家民系。到了南宋，又大批继续往至闽西、粤东等地迁移，明清再迁到粤东、粤西、湘、赣、桂、川、黔、海南岛、台湾以及东南亚，甚至世界各地……说明石壁是……大多数客家人的祖居地。"[2]

厦门大学教授陈国强曾带领一批教授、学者、研究生于1993年春节期间在石壁村田野调查半月之久，后编写成书《宁化石壁客家祖地》出版，是中国大陆第一本客家社区调查研究专著。

日本著名学者、日本一桥大学教授中川学在1980年发表的《客家中国人的政治、经济史像》中说："客家先祖终于定居下来的根据地，最初是福建省汀州府宁化县石壁村。"

南开大学博导刘敏教授在2009年举行的第三届宁化石壁与客家世界学术研讨会上发表《宁化石壁——客家世界最大的"土楼"》文中写道："不论把石壁称为客家祖先不断迁徙过程中'中转站'，还是称为客家民系孕育生成的'摇篮'，或是称为全世界客家人的'圣地'或'祖地'，笔者认为都是合情合理的比喻，因为这几种称谓是分别从某一侧面反映了宁化石壁在客家民系形成与发展中的作用与影响，而且是显示了其历史性方面的特点。而宁化石壁在客家文化上的象征性和代表性，同样是不可忽视的，比如笔者认为其中重要的一点就是在客家世界中它具有客家土楼的文化特质和精神内涵，它是

---

① 载《第六届石壁客家论坛论文集》，第9页。
② 载《石壁与客家》，中国华侨出版社，2000年。

客家世界中最大的'土楼'。"①

严峻在《大埔源流古今谈》中说:"闽西堪称'客家祖地',其中宁化石壁是多个时段特别重要的人口聚散地、中转枢纽,因此被许多人看作'客家祖地'的典型代表。"②

福建省客家研究联谊会会长林开钦在《论汉族客家民系》一书中说:"赣闽粤边都是客家祖地,宁化石壁客家祖地一般认同是'重要的中转站,客家早期休养生息和重要的聚散地之一'。"③

"客家祖地"概念,学者们以不同角度阐述各自的观点,但无论大概念或小概念,都离不开宁化石壁,在大概念中,也要突出石壁的典型性和代表性,因为宁化石壁客家祖地是由"客家早期的聚散中心""客家摇篮"相叠加的祖地。这些是构成祖地最重要、最基础的因素,只有宁化石壁才具备,可以说是独一无二,所以台湾姓氏源流研究学会理事长林瑶棋会撰文,提出"石壁是客家总祖地"。

北京大学博导郭华榕教授在《石壁客家述论·序》中说:"历史具有沉淀的、凝固的特质,有着比钢铁还坚硬,沉重得无法触动的基石,后人不可能将它随意移动,它的存在不容辩驳。"④

三、石壁祖地历史权威性

(一)石壁祖地权威性的历史性

历史文化的权威性,建立在其代表性、典型性、独特性和唯一性之上。不是人的炒作可以达到的,是特定历史所铸造的。

笔者在第八届石壁客家论坛发表《石壁客家祖地独特性研究》一文,列了六个方面,其中最重要的是"石壁是客家早期的聚散中心"。这是形成客家祖地最基本的要素,没有高度集中的客家先民,就不可能生成自己的特色文化,就不可能形成客家民系。没有高度的播迁,就不能开枝散叶,广泛迁移、繁衍,就没有庞大的后裔。没有大规模的播迁就没有办法把文化传播出去。所以,早期(唐后期至南宋)之所以能孕育出客家民系,最基本的条件就有南迁汉人(客家先民)的高度集中,然后又广泛播衍。它才成为源头,才成为生根发芽的地方——祖籍地。这一文化的生成,是由人口规模的出现、适当时期、社会环境和特殊地点综合要素构成的。

---

① 载《石壁与客家世界》,山西人民出版社,2000年,第37页。
② 载《大埔县历史源流》,广东人民出版社,2008年。
③ 福建人民出版社,2011年,第112页。
④ 河南人民出版社,2012年,第1页。

正是石壁在客家历史上如此特殊，所以在百年前就引起人们的高度关注。梅州诗人黄遵宪在1880年发表的《己亥杂诗》中，其二十四首注曰："客人来州，多在元时，本河南人，五代时，有九族随王审知入闽，后散八闽。今之州人，皆由宁化县之石壁迁来。颇有唐魏俭奢之风。礼俗多古意，世守乡音不改，故土人别之为客人，方言多古语，尤多古音。"

光绪二十四年（1898）出版的温仲和《嘉应州志》，1912年英国传教士艮贝尔的《客家源流与迁移》，还有黄遵楷、梁伯聪、谢廷玉等等，他们都在著作中写到宁化石壁。罗香林是客家学的拓荒者、奠基人，他专题写了《宁化石壁村考》。在20世纪70年代，客家研究热起来之后，石壁研究成为不可或缺的课题。华东师范大学史学家吴泽教授说，不研究石壁，不算研究客家。那些质疑石壁作用的人，如果不关注石壁，为何又会提出歧义？如此等等，说明的就是石壁在客家学中举足轻重，是个研究客家绕不过去的课题，除了州县，没有任何一个客家地区如此受到关注，这就是石壁祖地的权威性。

（二）树立石壁祖地的现实性

石壁客家祖地凝聚着客家人的血缘之根，魂之所在。石壁有世界客家人的总家庙，供奉着客家许多姓氏始祖的灵位，是一方客家人尽孝祈福的圣地。

石壁是客家人血缘寻根、文化寻根的目的地。这一客家人的寻根运动，既是客家人孝道的表现，更是根脉赓续的需要。客家人普遍有一种文化失传的危机感，特别是海外客家人，他们迁居海外都有数代了，年轻人在异国他乡文化的影响下，逐渐对客家文化淡忘，逐渐西化。为了保住客家身份，留住客家文化，20世纪80年代便兴起寻根热潮。宁化石壁就是在这一寻根热潮中，建起了客家公祠。1995年5月23日，马来西亚客家公会联合会会长萧光麟拿督带领156人的"马来西亚中国客家文化寻根访问团"来到宁化石壁寻根拜祖。全国政协委员、香港永芳集团有限公司董事长姚美良局绅为该团顾问。萧光麟介绍，马来西亚这批寻根访问团首次来到石壁，团员中年龄最长的81岁，最幼者8岁。"不远万里，跋涉重洋，来到宁化石壁村寻根祭祀祖宗，为的是追寻客家人的来龙去脉及千年镌刻的足迹，并从中受到先祖的优良传统的陶冶和启迪，并使新一代华裔青年在慎终追远中，认识祖先灿烂文化，而珍爱和承传。"[①] 姚美良了解了石壁的历史，确定了石壁是客家祖地，于是建议建设客家公祠，争取在年内建起来，他回去不久又来宁化，敦促加快速度，年内举行落成仪式，并亲自赴东南亚各国和台、港、澳宣传。

姚美良在1995年宁化石壁客家公祠落成典礼上致辞："客家公祠落成后，将是世界上所有客家人的总家庙，这里聚120多客家姓氏祖先英灵于一堂，是客家人朝拜祖先的

---

① 温明荣：《把根留住》，载《三明日报》1995年6月2日。

圣地。我作为客家人，为客家人从此拥有属于自己的朝拜圣地而深感自豪。我相信，石壁客家公祠落成后，将吸引着无数海内外客家人前来寻根谒祖，并形成一年一度的客家人朝拜祖先、祭祖的热潮。这将有利于团结海内外所有客家人，增强客家人及所有华人华侨的凝聚力，加强新一代华人华侨的民族意识和对祖先故土的了解，有利于弘扬客家文化，拥有民族精神，使客家人作为汉民族一支优秀的民系，在今后世界大舞台上，发挥更大作用和影响。"①

姚美良局绅说得很全面很透彻，他自此至1999年英年早逝5年间到宁化9次，就是为了把客家寻根运动推动起来。

姚美良长兄森良一开始都和弟弟一起为石壁祭祖操劳，在美良早逝后，一人扛起了弟弟未完事业，不论身体情况如何，尽管年事已长，仍20余年如一日，不忘初心，坚持始终，每年都发文号召马来西亚客家人"回乡·祭祖"，发动、组织、带领团队回来宁化寻根祭祖，不缺一年，有的一年回来不止一次。他在2019年举行的"第25届世界客属石壁祖地祭祖大典"上，代表海外嘉宾致辞，他说："20多年来，石壁祭祖已成为增进世界客属之间情谊的坚固桥梁和慰藉，世界客属怀念先祖之情的温馨家园。这次回到了翘首远盼的石壁，回到了魂牵梦萦的祖地，为的就是要祭祀祖先英灵，缅怀先祖风范，同温客家宗亲情谊，共谋客家事业发展，为的就是要继续以世界客家裔孙回祖地重温先祖足迹，熏陶客家精神，让客家精神、客家事业千秋万代，永续发展，永放光芒。"

中国国民党客家事业委员、新竹县客家联谊会理事长黎玉枝在第25届世界客属石壁祖地祭祖大典致辞，她说："台湾与大陆，人同根，文同体，两岸一家亲，宁台故里情。台湾与宁化更有着难以割舍的客家情缘。台湾有许多民众与宁化有着千丝万缕的联系。石壁是客家民系的摇篮，是海内外亿万客家人的祖籍地，是世界的朝圣祈福中心。每年前来石壁客家祖地寻根祭祖的台湾客家人络绎不绝，香火传承，不忘原乡，谒祖朝圣，保佑平安。这既是两岸同胞血溶于水的有力见证，也是两岸同胞心相通的共同祈求。"

第25届世界客属石壁祖地祭祖大典，前来参加的有马来西亚、加拿大、印尼、泰国、文莱等国及台湾、香港、北京、上海、广东、山东、黑龙江、江西、广西、福建等地区145个社团12000多人。仅台湾就有13个社团。从这一情况看到石壁寻根谒祖的客家人，在国内的面十分广泛。

多年的客家工作，得到政府的充分肯定：

2008年获文化部第一批"中国民间文化艺术之乡——宁化县（客家祭祖习俗）"称号。

2010年"宁化石壁客家祭祖习俗"列入国家级非物质文化遗产名录。

① 载《客家魂》，第2期。

2013 年获中央台办、国务院台办定为"海峡两岸交流基地"命名。

2014 年石壁镇获"中国历史文化名镇"称号。

2015 年中国侨联确认宁化为"中国华侨国际文化交流基地"。

2020 年由福建省政协确定为"港澳台交流基地"。

透过上述的介绍，充分体现了石壁祖地权威性的重要现实意义。其中也具有批判"台独"、反对"台独"，实现中华民族统一大业的现实意义。

（三）树立石壁祖地权威性的永恒性

权威，是一种魅力，一种感召力，是信任和尊严，是崇高的象征。权威是历史的形成，历史地产生的，自会成为历史的荣耀。

石壁客家祖地之所以有权威性，是历史产生的，而不是人为炒作，所以有其永恒性。

在 1995 年石壁客家公祠落成时，便有不少海内外客家社团领袖提出，要把石壁营造成客家人的"麦加"，让这一客家总家庙香火永续。

客家人"宁卖祖宗田，不改祖宗言"，这一"祖宗言"不是仅指语言，它包括非常广泛而深刻的内容。如精神、文化各方面，更具体的如族谱、家谱，其构成"言"的成分，不仅是血缘系统的延续，还有许多家族文化，如族规、族训、家风、家训，还有堂号、楹联等。许多祠堂的堂号都用"追远""忠孝""敦睦""敦穆"等等，楹联内容大都有姓氏源流、历史典故，行为举止伦理的规范，以及对族人激励、希望等内容。这些应该都是"祖宗言"，希望族人遵守，世代相传，兴旺发达。总之，族谱本身就是"祖宗言"，也是"客家魂"，丢了，就会真正的亡文、亡种。

"你从哪里来，你往哪里去?""客家的身份"这些问题曾是客家学研讨中一段时间的热题。现在似乎不是问题了，但也不是绝对的。如"去中国化""去中原化""土著"说等，有的是"台独"言论，有的是学术歧见。主要是在学界。还有更大面积的是海外年青客家人，他们受到不同文化环境的影响渐渐地淡忘了自己的祖源和身份，"忘本"了，所以老一辈的客家人有深深的危机感，所以他们热衷带儿子、孙子、孙女回祖国、祖地寻根拜祖，就是为了不"忘本"，不忘历史，不忘祖宗，不忘"祖宗言"。南美洲的巴拉圭一个寻根团，他们进到石壁客家公祠拜祖，点亮了本姓的祖宗牌位虔诚膜拜，其中一个 20 岁左右的姑娘，在他祖宗牌位前边跪边哭，动人肺腑。这种祖宗的灵感就是权威性的所在。这种祖宗英灵是永恒的。

（作者简介：刘善群，福建文史研究馆资深馆员）

牢记嘱托　续写宁化客家事业发展新篇

—————● 张恩庭 ●—————

20 世纪 90 年代初，在改革开放浪潮中，开启了宁化县客家事业建设新纪元。1998 年 2 月，时任福建省委副书记习近平同志莅临宁化调研后，对宁化的客家地位和客家工作作了重要全面的指示，极大地推动了宁化客家事业的发展。在习近平总书记重要指示的指引下，历届宁化县委、县政府认真牢记习近平同志的重要嘱托，不遗余力地做好客家文化这篇大文章，努力探索文化发展与经济发展相统一、文化繁荣与文化惠民相结合，实施经济社会高质量发展，取得了显著的成就。为更好地推动宁化县客家事业发展，续写新的篇章，我们认为要认真做好如下几方面的工作：

一、落实习近平总书记的重要讲话、指示，做好石壁客家祖地这篇大文章，树立石壁祖地的权威性

1998 年 2 月 15 日，时任福建省委副书记的习近平同志在宁化调研时指出："客家祖地源远流长，要把它作为一篇大文章来做，做好了，对全县两个文明建设有很大的促进作用。一是要做好客家统战文章，做好台、侨、港、澳工作；二是研究客家文化，树立石壁祖地的权威性；三是要做好客家民俗、节庆、服饰、礼仪、待客、姓氏源考等资料的收集整理工作；四是要开展客家旅游活动；五是要充分利用客家人士的牵线搭桥作用，推动经贸发展。"（见《激活传统文化资源的宁化探索》，叶志坚主编，中央党校出版社，2019 年 3 月第 1 版，第 6 页）习近平总书记的讲话内容是经中央党校出版社核实的，具有很高的权威性，是迄今对客家工作唯一全面、深刻的指示，具有极高 的指导意义，所以我们必须高度重视，从上而下要进一步学习、进一步领会、进一步落实，把它作为宁化客家工作之纲。一是要对贯彻落实"讲话"的情况作进一步总结，肯定成绩，揭示不足，定位发展方向，并将总结 报告上级，见于报端。二是要把"讲话"内容分

解细化到有关职能单位，作出贯彻方案，并确定总抓单位检查、督促，及时通报。三是要加强"讲话"的宣传，在进行全民教育的同时，更多地向上级汇报，取得上级的支持。

二、落实国家文化部批复，做好客家文化（闽西）生态保护实验区工作，建好宁化石壁客家祖地客家习俗试点镇等一批重点文化项目传习中心

2017 年 3 月 10 日，国家文化部批复，同意设立"客家文化（闽西）生态保护实验区"，范围包括三明（宁化、清流、明溪）、龙岩（长汀、上杭、永定、武平）的 8 个县区。宁化县纳入保护范围，批复确定了宁化石壁客家祖地客家习俗试点镇等一批重点文化项目传习中心。国家设立客家文化生态保护区基本目的是：通过一定时期的客家文化生态集中保护，使相对趋向的整个客家文化生态内文化诸要素得以实现"社会关注、群众参与、区域联动、非遗丰富、气氛浓厚、特色鲜明、民众受益见人、见物、见生活的整体性保护。"宁化县委、县政府应把这项工作纳入重要议事日程，县文体和旅游局牵头相关部门定期与不定期召开会议，专题研究、部署和解决客家文化生态保护实验区建设中存在的实际问题，支持抓好客家文化生态保护各项工作落实，通过努力尽快把实验区建成客家文化生态保护区。

三、落实国务院第三批国家级非物质文化遗产的通知精神，做好石壁客家祭祖习俗保护、传承、发展，提升祭祀文化守正创新水平

2011 年 5 月 23 日，国务院关于公布第三批国家级非物质文化遗产名录的通知（国发〔2011〕14 号）指出，遗产名录，序号：997，项目编号：X-90，项目名称：石壁客家祭祖习俗，申报单位：福建省宁化县人民政府。并颁匾额："国家级非物质文化遗产·祭祖习俗（石壁客家祭祖习俗）"。中华人民共和国国务院公布、中华人民共和国文化部颁发，2011 年 5 月。通知强调，要求认真贯彻落实"保护为主、抢救第一、合理、传承发展"的工作方针，支持科学的保护理念，扎实做好非物质文化遗产名录项目的保护、传承和管理工作，努力推动非物质文化遗产保护迈上新的台阶，为构建完备的、有中国特色的非物质文化遗产保护制度，推动文化大发展大繁荣，建设中华民族共有精神家园，满足人民群众日益增长的精神文化需求，作出积极的贡献。2022 年 1 月 27 日，习近平总书记在山西省晋中市考察调研时指出，历史文化遗产承载着中华民族的基因和血脉，不仅属于我们这一代人，也属于子孙万代。要敬畏历史、敬畏文化、敬畏生态，全面保护好历史文化遗产，统筹好旅游发展、特色经营、古城保护，筑牢文物安全底线，守护好前人留给我们的宝贵财富。因此，我们一定要把石壁客家祭祖习俗保护好、传承好、发展好；要持续举办好一年一度的世界客属石壁祖地祭祖大典活动和平时的祭祖活动；要守正创新提升祭祀文化水平。石壁客家祖地服务中心要会同相关部门和专家学者，共同研究，拿出方案，抓好落实，不断创新客家祭祀文化水平，服务海内外客属社团 和各姓宗亲。

四、落实各级命名的交流基地和签订的各项协议，做好宁台融合发展工作，团结海外华侨华人支持宁化客家事业

2013 年 6 月，获得中共中央台办、国务院台办决定的"宁化县客家祖地海峡两岸交流基地"的命名；2015 年 8 月中国侨联确认宁化县客家祖地文化园区为"中国华侨国际文化交流基地"的命名；2020 年 10 月，宁化县石壁客家祖地获得福建省政协决定为"福建省政协港澳台侨交流基地"的命名；2011 年 9 月中共福建省委宣传部授予宁化县石壁客家祖地为"闽台职工交流基地"的命名；2009 年 5 月 21 日，台湾 客家党主席温锦泉一行 17 人组成台湾客家党参访团，先到石壁客家公祠祭拜祖先，回县后，县政府举行欢迎座谈会，经过讨论协商，宁化石壁客家宗亲联谊会与台湾客家党共同签订了《建立友好联谊合作发展平台机制协议书》，县客联会会长刘日太、台湾客家党主席温锦泉共同签字，县长巫福生、县委副书记张清水出席；2010 年 6 月 21 日，海峡两岸乡镇对口交流大会在三明市召开，共同签订了对口协作协议，宁化县乡镇对口单位是：淮土乡—台南县佳里镇妇联；方田乡—台南县佳里镇政府；城郊乡—新竹县竹东镇政府。对以上六个基地和协议，县委、县政府应对各个相关单位，要求他们对照以前落实情况和今后如何做好这项工作，进行认真研究，跟踪督查，组织实施，开展活动，取得成果。如台办、侨联、政协、宣传部、县客联会、淮土镇、方田乡、城郊镇都要拿出实施意见出来。

五、落实县委、县政府大力发展客家小吃产业的战略，做好客家小吃培训，组织各地开店营业，不断增强市场竞争力和品牌影响力

2012 年以来，宁化县客家小吃中心，先后开培训班 209 期，培训学员 1.2 万多名，在全国各地开店 5000 多家，遍及全国 18 个省市 42 个县区，带动就业 6 万多人，全行业营业额达 75 亿元，人均纯收入 5 万多元。有 61 个宁化客家小吃品种被评定为"福建名小吃"，其中 15 个品种被评为"中华名小吃"。2016 年获"福建省名商标"称号。宁化客家小吃生鱼片获"福建十大美食"称号。宁化客家美食文化城获"福建美食城"称号。宁化客家小吃已逐步走上规模化、产业化、品牌化之路。如何发展宁化客家小吃产业呢？2021 年 12 月 14 日，代县长吴茂生在县十八届人大一次会议上作《政府工作报告》中强调，大力发展宁化客家小吃产业，持续开展宁化客家小吃培训，不断增强宁化客家小吃市场竞争力和品牌影响力。要做大宁化客家小吃产业，力争新增小吃店、加盟店 500 家以上。县客家小吃办应根据县委、县政府的要求，拿出切实可行的实施方案，认真抓好培训、开店、宣传等各项工作，使客家美食城真正成为顾客吃得好、玩得好的好所在，不断提升和改进客家美食城的陈列馆等各项设施，建立原材料供应地、配送中心，形成生产、加工、销售一条龙服务，实现产业化经营，将客家小吃和美食城打造成为全县新的支柱产业和产业链条，为全县经济社会高质量发展贡献力量。

六、落实宁化客家三大标志性建筑工程，做好石壁客家祖地、世界客属文化交流中心、宁化客家小吃美食文化城的整体提升水平

1. 石壁客家祖地文化园，园区由三个部分组成：一是客家公祠；二是祭祀广场；三是附属建筑。坐落于石壁村口土楼山，占地 113 亩，投资 1.3 亿元人民币。1995 年客家公祠落成，2012 年客家祭祀广场建成，这样就形成祭祀、瞻仰、参观、接待为一体的多功能园区，2014 年 5 月被评为"国家级 4A 级旅游区"。石壁客家祖地服务中心，要在县委、县政府领导下，尽快启动二期工程，开展旅游推介活动，完善各项基础设施，提升各项管理水平。

2. 宁化世界客属文化交流中心坐落于县城中环南路南侧，占地 8 万平方米，主体建筑 4 万平方米，投资 2 亿元人民币，2012 年建成，是一座具有时代性、地域性、文化性的客家标志性建筑，世界性的客属文化交流中心。大楼主体共四层，内设客家会场 3 个、客家迎宾馆（住宿、餐饮）、客家三馆（客家联谊馆、客家图书馆、客家族谱馆）、中国木活字印刷博物馆宁化分馆、客家古玩文化城（有 3000 平方米、21 个店面）。县客家交流研究中心和宁化县客研会应切实抓好，在完善提升已有"三馆一城"的基础上，增设客家祖地博物馆、客家名人陈列馆和非物质文化遗产展览馆。同时，要利用这一平台，继续搞好客家学术研讨，坚持 办好每一年一届的"石壁客家论坛"，办好《客家魂》会刊，并编辑出版一些客家书籍，建设好一支宁化本土学术队伍，积极与大学和研究机构开展学术研讨活动。

3. 宁化县客家小吃美食文化城，位于县城南片区，占地 6239 亩，投资 3 亿元人民币，分客家美食商品文化区、客家文化旅游区及旅游度假区三个区域，是集美食、旅游、休闲、文化、娱乐、购物、健身、养身、度假及培训为一体的多特色客家文化旅游度假区，2012 年建成投入使用。县客家小吃办，应进一步完善基础设施建设，坚持 办好小吃培训，增设客家小吃店，打造客家小吃产业链，不断提升宁化客家小吃市场竞争力和品牌影响力。学习沙县小吃产业"五化"转型升级改革经验。

七、落实国务院批复，做好革命老区高质量发展示范区各项工作，弘扬客家精神，传承红色基因，用客家人革命性、开拓性的精神来推动我们的各项工作

2022年3月15日，中国政府网发布《国务院关于同意建设赣州、闽西革命老区高质量发展示范区的批复》。国务院同意建设赣州、闽西革命老区高质量发展示范区，协调上海市、广州市、深圳市等有关地区加强与三明市、龙岩市、赣州市的对口合作。这些地区均属客家地区，所以弘扬 客家精神，传承红色基因，用客家人革命性、开拓性的精神来推动我们的各项工作意义重大深远。

《批复》指出，江西省、福建省人民政府要切实加强组织领导，明确任务分工，健全工作协调机制，组织编制示范区发展相关规划，制定配套支持政策，推动示范区改革创新和高质量发展，打造新时代革命老区振兴发展的样板。

《批复》要求，有关部门要按照职责分工，加强对示范区建设的指导，细化完善相关政策措施，在项目布局、资金安排、要素供给等方面给予支持。落实好新时代中央国家机关及有关单位对口支援三明、龙岩、赣州等原中央苏区工作方案，充分发挥支援三明等原中央苏区发展部际联席会议制度作用，及时协调解决重要问题。

国务院正式批复同意建设闽西革命老区高质量发展示范区，体现了党中央、国务院对三明宁化老区苏区的关心关爱，为我县带来重大发展机遇。各级各部门要充分认识建设革命老区高质量发展示范区的重大意义，坚定不移推动宁化客家祖地、红色故里在生态文明建设、推进经济高质量发展、健全城乡融合发展机制、扩大双向开放、公共服务共建共享、精神文明建设等方面走前头、作示范。

我们要切实抓好示范区建设各项工作落实，各负其责，各尽其责，推动各项工作做实做细做成。宁化县委、县政府和县直相关部门要抢抓重大发展机遇，按职责分工，形成强大合力，抓好向上级沟通对接，积极争取国家和省、市支持，特别是与上海的沟通。要主动谋划，在产业、创新、人才、民生社会事业等方面策划生成一批项目。要倍加珍惜与上海对口合作重要机遇，在沪宁文旅合作基础上，通过宁化上海客家商会和客家乡贤的沟通、联系，进一步在产业发展、科技创新、医疗卫生、重点平台、区域对接、人才交流等方面争取上海支持，推动宁化客家祖地、红色故里高质量发展。

八、落实县委、县政府对客家工作的指示，做好各项工作，完成各项任务，全面推进宁化客家事业的发展

2022年1月20日，县委书记王胜文接受记者访谈题为"奋力推进三明革命老区高质量发展示范先行区建设"一文中强调，宁化是客家祖地，将着力建古韵客家。巩固客家祖地权威，深挖千年客家文化底蕴，实施客家博物馆、名人馆等一批"客"字号项目，办好世界客属石壁祖地祭祖大典等系列活动。深化宁台交流，用好石壁客家祖地海峡两岸交流基地等平台，打造三明海峡两岸乡村融合发展实验先行区。做大客家小吃产业，推进"一园一模式二基地"建设，力争新增小吃店、加盟店500家以上。2021年12月14日，代县长吴茂生在县十八届人大一次会议上作《政府工作报告》中指出，坚持开放协调，打造古韵客家。深化改革开放，激发客家活力，树立石壁祖地的权威性，加快打造古韵客家。保护客家文化，主动融入客家文化（闽西）生态保护区建设，推进客家博物馆和客家祖地生态文化园二期等项目。做好古建筑、老宅子、老街区等保护修复，传承宁化客家木活字、客家山歌、客家木偶戏等民间技艺，开展宁化客家方言申遗保护工作，让客家文化传承中不断发展。大力发展宁化客家小吃产业，持续开展宁化客家小吃培训，不断增强宁化客家小吃市场竞争力和品牌影响力。深化交流合作。实施两岸客家融合振兴行动计划，建设一批两岸融合产业基地，深化文化、经贸、旅游、人才和乡村治理等领域合作，争创两岸乡村融合发展试验先行区。持续举办世界客属石壁祖地祭祖大典、宁商大会等活动，深化与全球客家地区经济合作、学术研讨、族谱对接、民俗文化交流等活动，持续扩大客家祖地影响力。推进重点改革，大力弘扬开拓进取的客家精神，持续深化重点领域改革，推动客家事业大繁荣大发展。县委、县政府主要领导的讲话，深刻阐述了宁化客家工作的重要性、必要性，全面要求做好客家各项工作。要求各相关单位部门，要找准自己的位置，提高政治站位，力求务实工作，全面完成各项任务。这里特别强调的是要坚持每年办好五项活动：一是世界客属石壁祖地祭祖大典（已办27届）；二是"石壁客家论坛（已办9届）"；三是宁化招商项目推介会（已办8届）；四是世界客家（宁化）美食节（已办7届）；五是宁（化）台（湾）客家农特产品展销会（已办3届）。

（作者简介：张恩庭，宁化石壁客家宗亲联谊会创会会长）

宁化石壁客家祖地地位的多维再思考

————● 俞如先 ●————

宁化石壁是客家摇篮的客家祖地，这是毋庸置疑的，也为世所公认。得益于包括宁化本土学人在内的一代代学者的倾情耕耘、执着探索，[①] 使宁化石壁客家祖地的认同符号获得了充分、有力的学术支撑，并不断深入人心，家喻户晓。当然，学术的耕耘与探索无止境。还要紧紧围绕石壁客家祖地问题，不断地对常见史料进行新颖的解读，或是发掘新史料，以释疑解惑，从而赢得更广泛的认可。笔者为此谨进行这方面的尝试。

一、客家学研究代表性事件的再思考

作为显学的客家学的发轫和发展历经 200 多年的历程。其中，有几个颇具代表性的人物、事件和平台，或为客家学研究事业作出了重要贡献，或成为新时代推动客家学研究创新性发展的标志性品牌。

人物而言。客家学研究大师罗香林在其《客家研究导论》（1933 年）和《客家源流考》（1950 年）等著作中，大量引用客家谱牒，对客家问题进行了系统性的理论思考，初步完成了客家学的理论建构，使客家研究真正成为一门学问。宁化石壁客家先民中转站的特殊地位及客家人对石壁念兹在兹刻骨铭心的情怀，使其注定要走入客家研究的视野。罗香林先生以其学术的敏锐性和扎实的专业素养，于 1947 年推出了其石壁研究的拓荒之作——《宁化石壁村考》，历史性地把宁化与客家学联系起来，为石壁客家祖地地位提供了权威性的论证依据。

---

① Hsieh T'ing-yu, "Origin and Migrations of the Hakkas," The Chinese Social and Political Science Review, vol. 13 no. 2（Apr. 1929）, pp. 202—227；罗香林：《宁化石壁村考》（1947 年 9 月修正），原载中国学社《客家史料汇编》，1965 年；林嘉书：《客家摇篮——石壁村》，《华声报》1987 年 3 月 3 日；廖开顺、刘善群、蔡登秋等著：《石壁客家述论》，河南人民出版社，2012 年；刘善群：《宁化史稿》，福建教育出版社，2014 年。

平台而言。"石壁客家论坛"无疑是新时代客家学研究具有标志性意义和地位的品牌。自 2013 年 10 月举办首届"石壁客家论坛"以来，共先后举办了九届，已经成为国际性常态化的研讨平台。不仅进一步加强了石壁祖地的认同，而且也有力推进了客家学的繁荣发展。

事件而言。执掌清代广东惠州丰湖书院的和平县客家人徐旭曾，于清嘉庆十三年（1808）发表的《丰湖杂记》一文堪称现存最早叙述"客家"的文献，开启客家研究之先河。也因此《丰湖杂记》一文的发表，毫无疑问成为客家学研究发展史上具有里程碑意义的事件。

实际上，《丰湖杂记》一文的发表也与宁化有着历史机缘的联系，这应是值得重视和关注的问题。这不仅在于丰湖书院的创办得到了时任惠州知府宁化籍伊秉绶的鼎力支持。陈鸿猷《迁建丰湖书院碑记》："惠故有书院名惠阳，在永福寺侧，就圮者十余岁，绅士屡请重建，以费巨不过。清嘉庆四年（1799）己未六月，太守伊公至，于是，十属绅士以岁试咸在，乃集议以请。太守欣然许诺称善，事遂以成。"① 清嘉庆六年（1801），重建的丰湖书院竣工落成。竣工落成的书院规模可观，为士人提供了研学的良好环境。"院地三面皆水，自黄塘东折，蟠踞一山，修广可百亩。中为讲堂，宽四寻有奇，深视宽过半。堂前为大庭，左右前列皆为学舍，堂北为屋五，一堂四室。视讲堂地高可五六尺，以为掌教者所居示尊，亦因地势也。堂上为楼，曰澄观楼，祀文昌神暨周、程、张、朱五父子。又东为伊公祠，生祀太守伊公。"② 伊秉绶也为书院建设倾注了大量心血。伊秉绶为之命名，"丰湖书院重建竣工，费时一年半，荫五千。伊秉绶名曰'丰湖书院'，且为之记"③。伊秉绶还在院内大堂壁上题隶书"敦重"二字，并写跋阐述："人需厚重也，重则威仪整，学问固。所以语云：'君子不重则不威，学则不固'，是之谓乎。余故于厅内题'敦重'二字以铭之。"④ 为办好丰湖书院，伊秉绶也还礼聘贤才主持书院，聘请了有"广东第一才子"声誉的宋湘出任丰湖书院山长。戴纲孙《宋芷湾先生墓表》载："先生讳湘，姓宋氏，字焕襄，芷湾其号。广东嘉应人也……自为童子及官词垣，文名满天下，士林中无识与不识，读其文若诗者，无不曰芷湾先生云。"⑤ 清嘉庆五年（1800），宋湘到任。"是年，延宋湘主丰湖书院讲席（1802 年辞任）。"⑥

伊秉绶礼贤下士，尊重人才。与宋湘前后四年的交往成为佳话。话说伊秉绶任职惠州知府初来乍到，即为宋湘解决了会试盘缠之急，"时嘉应宋芷湾太史湘以会试无旅赀，

① 谭平国著：《伊秉绶年谱》，中国出版集团，2017 年，第 211 页。
② 谭平国著：《伊秉绶年谱》，中国出版集团，2017 年，第 211 页。
③ 谭平国著：《伊秉绶年谱》，中国出版集团，2017 年，第 210 页。
④ 谭平国著：《伊秉绶年谱》，中国出版集团，2017 年，第 211 页。
⑤ 谭平国著：《伊秉绶年谱》，中国出版集团，2017 年，第 196 页。
⑥ 谭平国著：《伊秉绶年谱》，中国出版集团，2017 年，第 196 页。

当时公车资费人必数百金，宋与伊为文字交，告贷于伊。伊曰：'能以东西南北四字赠我一七言联语，当以三百金为赠。'宋不假思索，秉笔立成，联曰：'南海有人瞻北斗，东坡此地即西湖（惠州有小西湖）。'伊大喜，决其是科必售，赠以五百金。宋果于是科膺选"①。伊秉绶与宋湘还深情交往、诗文唱和。伊秉绶在惠州西湖准提阁尚筑无碍山房，为文宴之所。又于永福寺筑招鹤庐，供士人游乐，并赋诗《招鹤庐歌》，以言志。宋湘以诗相酬。宋湘《招鹤庐歌和墨卿先生》云道："招鹤主人心如水，水边小结招鹤庐……主人作庐招鹤栖，山头有月松有枝。主人作歌招鹤归，主人有客微和之。主人有鹤会须去，此庐历历西湖树。"② 清嘉庆六年（1801）春，宋湘以诗乞竹，伊秉绶以东堂之竹相赠，湘戏以诗谢。有《从墨卿太守乞竹》云："芭蕉已遣门生致，笼竹须从地主求。仗得东风吹笋绿，十竿应作一湖秋。"伊秉绶分东堂竹相赠，宋湘又作《墨卿先生惠竹，走笔戏谢》："分取东堂竹，来遮西院人。遥怜贫太守，煨少一盘春。"③ 那种情真意切、惺惺相惜跃然纸上。由于伊秉绶重用贤才，宋湘的才干得到充分发挥。伊、宋二人紧密合作，联手打造了惠州教育事业的鼎盛期，为惠州文化教育事业做出了永不磨灭的贡献。也恰是在密切的工作交集、诗文交流的过程中，经由伊秉绶的介绍，宋湘对汀州客家的历史文化、宁化（含石壁）的历史文化有了一定程度的掌握和了解。宋湘又将所掌握的第一手信息资料提供给徐旭曾山长，由此成就了徐旭曾《丰湖杂记》一文的发表。也正如徐旭曾的《丰湖杂记》一文中所言："嘉应宋芷湾检讨，曲江周慎轩学博，尝为余书：嘉应、汀州、韶州之客人，尚有自东晋后迁来者，但为数不多也。"④

可见，标志客家研究发轫的《丰湖杂记》一文的发表也确与宁化（石壁为中心区域)⑤ 有着密不可分的关系。客家学研究的历史演进一次次与宁化，与石壁紧密联系在一起。

二、客家人石壁祖地认同原因的再思考

时至今日，石壁客家祖地认同成为普遍的共识。"客家祖地在宁化，这是世所公认的。"⑥ 石壁客家祖地是不以人的意志为转移的客观存在。"身份认同、文化认同，也绝对不应视为虚的。"⑦ 当然，作为客观存在的"石壁客家祖地"命题必须要有实际的依

① 谭平国著：《伊秉绶年谱》，中国出版集团，2017 年，第 196 页。
② 谭平国著：《伊秉绶年谱》，中国出版集团，2017 年，第 197 页。
③ 谭平国著：《伊秉绶年谱》，中国出版集团，2017 年，第 201 页。
④ 杨兴忠主编：《客家论丛精选》，福建教育出版社 2014 年，第 17 页。
⑤ 宁化县志编纂委员会编：《宁化县志》，福建人民出版社，1992 年，第 79 页。
⑥ 叶双瑜：《客家精神文化的历史画卷——读刘善群先生力作〈宁化史稿〉》，《福建史志》2015 年第 2 期，第 5 页。
⑦ 杨兴忠主编：《客家论坛精选》，第 143 页。

据予以佐证。石壁研究拓荒者的罗香林先生是以广东各姓族谱普遍记载姓族迁徙过程中，曾避居石壁为据进行论证。"广东各姓谱乘，多载其上世以避黄巢之乱，曾寄居宁化石壁村葛藤坑，因而转徙各地。"① 迁入姓氏的多少确可作为关照、考察的重要依据之一，但不应该是唯一的依据。就迁入姓氏数而言，宁化石壁一地确实不算是最多的。从唐代末至清代末止，这千年历史长河中，（有谱牒记载）中原南迁的客家先民入长汀的有 148 姓，入宁化石壁的有 129 姓，入江西石城的 113 姓，入广东梅州的有 140 姓，充分说明了入汀的客家先民不仅姓氏数字多，而且是从江西石城、瑞金、宁化、清流、武平等各个驿道来的。② 可见，如仅凭迁入姓氏数多寡进行关照、考察，宁化石壁并无优势，也无法凸显其祖地地位的独特性和唯一性。客家学界为此进行了弥补性的研究拓展。如宁化县本土客家研究拓荒者和领军人的刘善群先生进一步从宁化县的语言、客家意识、客家文化生成等方面进行论证。③

应该指出的是，石壁客家祖地作为民系身份标识的实质是认同感。"客家民系对于宁化石壁村的族源追寻，虽然并不一定确有其事，但更多的是体现了一种民系族群的传统认同感。"④ 要证明石壁客家祖地独特性和唯一性地位，还是要回到认同的路子上来。笔者在平时接触客家民间文献的过程中，也确实接触一些可资证明的资料。透过这些资料，发现了如下三类身份认同的现象：

其一，自宁化石壁迁入非客家地区的客家后裔保留了这一身份认同。如自石壁迁出，辗转迁入今非客家地区新罗区东肖镇溪连村的张氏族裔在其族谱中记载了石壁堡的地名，"东肖（白土）'三户祠'张氏先世祖五郎公，乃汀州府宁化县石壁堡张家营中承公之后也"。⑤ 某种意义上这是一种祖源认同的宣示。该村张氏族人还在张氏大宗祠（"追远堂"）正厅柱联——"石壁分支渊源一脉 溪兜启宇俎豆千秋"，也宣示了源出石壁的事实。这亦是该村张氏族人认同石壁且感念石壁的有力证明。

其二，自宁化（含中心区域石壁）迁入其他客家地区的客家人保留了宁化身份认同（以石壁客家祖地认同为符号标志）。如宁化、清流、连城、长汀一带的沈氏，"望出吴兴郡"。⑥ 源出吴兴的沈氏入闽始祖为沈廷辅，号太乙郎，字恒志，生宋崇宁三年甲申（1104）三月十九日子时，福建之始祖，习诗经。宋南渡，因兵火急，迁于上杭随父于汀州府任所，时上杭新科进士杨光邦至府中谒见，光邦见公才貌过人，甚为爱慕，知后

① 杨兴忠主编：《客家论坛精选》，第 109 页。

② 政协长汀县委员会文史资料委员会编印：《长汀文史资料》（第 30 辑），1997 年 12 月，第 36 页。

③ 杨兴忠主编：《客家论丛精选》，第 209—210 页。

④ 陈支平：《福建六大民系》，福建人民出版社，2006 年，第 157 页。

⑤ 龙岩东肖（白土）"三户祠"张氏族谱编纂委员会编：张氏东肖（白土）"三户祠"《张氏族谱》，2001 年，第 5 页。

⑥ 余保云：《宁化客家姓氏》，海风出版社，2010 年，第 532 页。

必贵，以己之女妻之；未几，光邦为浙江道处州府理刑，接其夫妇至处州，未二载，光邦擢山西巡按，夫妇归上杭，嗣登进士及第中探花官拜谏议大夫，择居建阳……配杨氏。光邦公之女，生宋大观二年戊子三月十四日辰时，殁宋淳熙十二年乙巳十二月二日，葬建宁府武夷山析水亥山来龙巳巽向。子八：椿、楸、松、柏、桂、榕、根、杖（枝）。① 其中，廷辅公长子沈椿公（行一郎），生宋建炎二年戊申（1128）三月初三日辰时，殁宋开禧三年丁卯九月十三日未时。移居宁化县贵溪、石溪，入汀州府宁化县知县，通邑咸称"民之父母"，有此匾传世。葬未详。配薛氏。生宋绍兴元年辛亥九月二十三日，殁未详，葬屋后狮形。子三：绍兴、绍德、绍安。俱迁汀州府宁化县石壁。② 廷辅次子沈楸，行二郎，号宣义，生宋建炎四年庚午（1130）。其当是与兄长沈椿一道先迁宁化。后自宁化再迁临近的清流县嵩溪一带。众所周知，清流已于宋哲宗元符元年（1098）置县。当时，提刑王祖道巡行郡务，憩于麻仓里（即今清龙津镇），便爱上此地山清水秀，特地呈文上奏，当即获准划宁化六团里、长汀二团里归属此处而置县，并以境内清溪纵横，城内碧水环绕而取名清流。③ 但也因对宁化（含石壁）的一种特殊的情感认同，后世在族谱记载中仍写明：（沈楸）移居宁化县嵩溪。"移居宁化县嵩溪，任漳州府府学，殁宋嘉定二年己卯（1209）……子二：绍康、绍宁。公与长子迁诏安，次子居宁化嵩溪。"足见宁化（含中心区域石壁）外迁客家人对宁化（石壁为中心区域）念念难忘、刻骨铭心的认同。

其三，非迁自宁化的客家姓氏也认同宁化（以石壁为核心区域）。如永定苏氏迁自今厦门同安。"（苏氏）原居福建同安县葫芦山下永丰乡，迁永定开基。"④ 迁自今厦门同安的永定苏氏也认同宁化。"本县苏姓从宁化迁入本县。"⑤ 永定苏氏族人并非要有意歪曲事实，实质也是一种认同现象。

可见，客家世界，甚至非客家地域的客家后裔群体，确实存在着对宁化（以石壁客家祖地认同为符号标志）难以忘怀的认同现象。

三、客家历史文化文化自信的再思考

2021 年 3 月 22 日，习近平总书记在福建南平武夷山朱熹园考察时指出，"如果没有

---

① 连城县沈氏宗亲理事会：《吴兴沈氏八木公迁徙福建》，2022 年 6 月 9 日，连城县沈君旺提供。沈君旺，连城县沈氏宗亲理事会顾问。

② 连城县沈氏宗亲理事会：《吴兴沈氏八木公迁徙福建》，连城县沈君旺提供。沈君旺，连城县沈氏宗亲理事会顾问。

③ 清流县旅游工作领导小组编：《走进魅力清流》，中国戏剧出版社，2010 年，第 1 页。

④ 台湾苏周连宗亲会编：《苏氏大族谱》，1974 年 12 月，第 15 页。

⑤ 永定县地方志编纂委员会编：《永定县志》，中国科学技术出版社，1994 年，第 123 页。

中华五千年文明，哪里有什么中国特色？如果不是中国特色，哪有我们今天这么成功的中国特色社会主义道路？我们要特别重视挖掘中华五千年文明中的精华，弘扬优秀传统文化，把其中的精华同马克思主义立场观点方法结合起来，坚定不移走中国特色社会主义道路。"习近平总书记这一高屋建瓴的论述是文化自信最好的理论依据，要求我们深入研究客家文化。1998 年 2 月 15 日，时任中共福建省委副书记的习近平同志在宁化调研时即强调："要研究客家文化，树立石壁祖地的权威性。"①

客家千年历史积淀了深厚的客家文化内涵。作为中华传统文化不可或缺组成部分的客家文化是优秀传统文化。2022 年 4 月，国家发展改革委印发的《闽西革命老区高质量发展示范区建设方案》，就肯定了客家文化"优秀传统文化"的地位作用。客家文化与中华传统文化一脉相承，也体现于客家传统社会主流价值观与中华民族悠久历史中的主流价值观一脉相承。如儒家思想方面，（宁化县）客家先民来自中原，传承儒学风范。②

理学方面，作为对理学继承和发展新阶段、新高峰的阳明心学也有其多方面的积极内容，对社会进步产生了重要影响。"（阳明心学）强调心是天地万物的主宰，强调内心的力量。心学思想是以人为本的思想，让人们能认识到自己的主观能动性，看到自身的潜能和力量，激发主动性和创造性。他提出'知行合一'学说，知是行的主意，行是知的实践，知是行之始，行是知之成。有知必有行，有行必有知，知和行不能分离。他还提出'致良知'学说，认为从良知出发，人人都是平等的，没有高低贵贱之分，只要为善不作恶，'人皆可以为尧舜'。'心学'的创立开创了儒家新天地，为明朝社会的思想、政治、经济以及学术方面的发展作出了巨大贡献，成为当时社会的主流思想之一，对社会进步产生了巨大影响。"③ 明代，王阳明在闽粤赣边的军政实践，尤其是其乡约实践对客家传统社会产生了重要影响。王阳明深受客家人的敬仰，其学术思想也在闽粤赣边客家地区播传、扎根。"明中叶后，由于心学大师王阳明在赣闽粤边的崇高地位，闽西客地的学风也发生了深刻变化。有的学者理学、心学并重，有的学者改宗心学。"④ 阳明先生过化，在闽粤赣边客家社会种下了"致良知"的种子。如 1927 年 9 月南昌起义军经过长汀，长汀籍的福音医院院长傅连暲医生用保守疗法为起义军营长陈赓治腿伤，避免了截肢。陈赓后来在《从南昌到汕头》的回忆文章中写道："他（傅连暲）是我遇到的第一个同情我们的医生，承他尽心照拂，我到现在都很感激。"⑤ 苏区时期，宁化人民踊

① 叶志坚：《激活传统文化资源的宁化探索》，中共中央党校出版社，2019 年，第 6 页。
② 廖开顺、刘善群、蔡登秋等著：《石壁客家述论》，河南人民出版社，2012 年，第 19 页。
③ 萧衍锋：《王阳明其人与上杭》，《红色文化周刊》第 18 "副刊"。
④ 谢重光：《从连城〈文溪书院记〉看闽西客家地区理学、心学的消长》《文化遗产》2012 年第 3 期，第 104 页。
⑤ 政协长汀县委员会文史资料委员会编印：《长汀文史资料》（第 42 辑），2011 年 12 月，第 56 页。

跃支援革命斗争。被誉为"苏区的乌克兰"的宁化县为中华苏维埃政府提供了"千担纸、万担粮"等有力的后勤保障，而且能在短短的半个月内，筹集粮食 3.4 万担。[①] 这些均是客家人良知大爱、无私奉献的有力证明，足见王阳明思想对客家社会的浸润影响。

文化自信要求我们要充分认识客家传统社会主流价值观的积极意义，充分认识历史上重要意识形态王阳明思想在客家历史中的重要地位和作用，并在对石壁客家祖地地位进行审视的时候，能够自觉地把包括王阳明思想在内的中华民族主流价值观的影响、继承和弘扬作为重要的参照要素，这样也能进一步提升石壁客家祖地地位的认同。如就王阳明心学而言，长汀[②]、上杭[③]等县都有其过化影响和思想传播的资料记载。从近些年新发掘的史料看，宁化并没有缺位，实际也是阳明先生过化之地。如国家图书馆藏有光绪庚辰重修的浙江嵊县《剡溪王氏宗谱》，宗谱（卷七·仕宦志）存明代王厚之（公讳温）先生传记一篇，题为《宁化公志》。浙江嵊州市的朱刚先生读此志内容，发现王厚之曾在福建宁化任县丞一职，故称"宁化公"，其与王阳明产生过交集。[④] 嵊州人士王厚之在宁化县担任县丞期间，因故被知县罗织罪名，并被审判定案。时逢王阳明莅临县境，辨明是非，王温得以洗白冤屈。"幸王文成公莅境，得白。"[⑤] 王阳明过境宁化，为县丞洗冤昭雪，引领了宁化政治生态、社会舆论的正确导向，为当时的宁化社会注入了正能量。朱刚在对载有与王阳明先生在宁化县产生交集的史料《剡溪王氏宗谱》进行充分的考证，认定了该宗谱的真实性、可靠性。《剡溪王氏宗谱》传承有序、修订严谨，内容具有较高的真实性和可靠性。[⑥] 朱刚进而得出结论，认为"王阳明行迹曾至宁化"之说是可能成立的。[⑦] 阳明先生过化宁化行迹史料的发现，证明历史上宁化也是王阳明思想的熏沐地。在阳明先生过化方面，宁化（石壁为中心区域）没有缺席，也担当了传承、弘扬的使命。由此进一步提升了宁化在中华民族主流价值观继承、弘扬方面的历史地位，进一步提升了石壁客家祖地地位的认同。

（作者简介：俞如先，中共龙岩市委党校教授）

① 政协福建省龙岩市委员会编：《红军长征沿线地（市、州）红色文史资料》，2010 年 5 月，第 27 页。

② 政协长汀县委员会文史资料委员会编印：《长汀文史资料》（第 35 辑），2001 年 10 月，第 144 页。

③ 福建省上杭县客家联谊会编：《汀江神韵》，2019 年 12 月，第 230 页。

④ 朱刚：《王阳明宁化行迹稽疑》，《人文嵊州》2020 年第 1 期，第 30 页。

⑤ 朱刚：《王阳明宁化行迹稽疑》，第 30 页。

⑥ 朱刚：《王阳明宁化行迹稽疑》，《人文嵊州》2020 年第 1 期，第 34 页。

⑦ 朱刚：《王阳明宁化行迹稽疑》，《人文嵊州》2020 年第 1 期，第 34 页。

从马堂张氏发展看宁化石壁祖源叙事的重要性

● 刘 涛 ●

马堂张氏宗族八世孙、闽籍进士、时任肇庆知府的张一栋在万历三十二年（1604）实地探访宁化石壁祖地，促使宁化石壁宗亲回访漳州，述及宁化石壁与平和两地马塘地名渊源，早于朱忠飞列举的闽南客家在清初实地探访宁化石壁祖地情形①，影响更为深远，反映了早在明末就有实地考证宁化石壁祖地的活动。马堂张氏宗族开基祖张旼贵见载于明初黄册，确有其人，实则宁化石壁外迁移民的力证。

然而，目前学术界关于马堂张氏宗族宁化石壁祖源叙事研究虽有述及，却存在文献分析不够、文本分析不足等问题。林蓁未述及张文通以张旼贵之名见载于永乐十年（1412）黄册，未提及张文通后裔曾被纳入开基平和琯溪的张铁崖谱系；将张一栋在万历三十六年（1608）所撰《续宗谱疑信说》误认为其在万历三十年（1602）撰写《宗谱疑信说》；又将张一栋结束宁化石壁祖地探访活动后返回平和马堂故里，张一楠向其提供张大体所撰宁化迁居上杭再迁平和马堂的祖源叙事，误认为张一栋曾实地考证其祖先由宁化迁居上杭祖源叙事②。

鉴于此，本文搜集《明实录》《明代登科录汇编》与地方志、族谱等史料，通过考证马堂张氏宗族宁化石壁祖源叙事的流变情况、还原其谱系建构与重构的过程，并分析其成因，揭示宁化石壁祖源叙事所发挥的重要作用。

---

① 朱忠飞：《闽南客家族谱的祖源叙事与族群认同研究——以诏安二都为中心的探讨》，《赣南师范学院学报》2014 年第 1 期，第 7—11 页。
② 林蓁：《平和县马堂张氏的渊源史迹与台湾之关系的历史考证》，《浙江万里学院学报》2013 年第 3 期，第 39—40 页。

一、张旼贵由于其入籍祖身份而备受尊崇

（一）张旼贵见载于永乐十年黄册

张一栋在万历二十五年丁酉（1597）利用任职南京户部之便，搜集明初黄册史料，发现张旼贵见载于永乐十年（1412）黄册。张一栋在万历二十七年己亥（1599）所撰《张氏宗谱疑信说》载：

> 岁丁酉，余备员南户曹，有玄湖之役，获遍搜余张氏图籍……栋又幸而有轮值宿湖之役，时在丁酉十月之交也。因念总书者，遍搜国初版籍……永乐元年册无存，其十年则南靖县新安里五图一甲，有张细哥充里长，本户张旼贵为复业民户，充甲首。①

张旼贵被列为南靖县新安里五图一甲里长张细哥的甲首。

张一栋认为张文通的户籍名为张旼贵，后裔却仅知文通之名。张一栋《张氏宗谱疑信说》载：

> 夫黄册之报造，当年之纪载，非数世后传闻者。比今册载祖名旼贵，则谓文通者，误矣。但后之人习闻为文通公，骤而更之，又启讹疑之端。谱内仍名文通公，明注黄册名旼贵。②

张旼贵生年，根据永乐十年（1412）黄册载其"本身五十七岁"③，逆推其生年为元至正十六年丙申（1356）。

张旼贵后裔分别来自民籍与军籍。《万历丙戌科进士同年总录》载："张一栋，贯福建漳州府平和县民籍。"④源于《明武宗实录》载：正德十四年（1519）三月己酉"添设福建平和县"⑤，南靖县新安里改隶平和县，即平和县新安里五图一甲民籍。张一栋在

---

① 平和县安厚镇东寨村大路美自然村《马堂张氏族谱》，清宣统二年（1910）抄本复印件，政协漳州市委员会海峡文史资料馆藏，编号：平和9011，第7页。按，张燝的"燝"字，林蓁《平和县马堂张氏的渊源史迹与台湾之关系的历史考证》一文误作"燥"字，据此修订。

② 《马堂张氏族谱》，第8页。

③ 《马堂张氏族谱》，第7页。

④ 台湾学生书局编辑部汇编：《明代登科录汇编》第20册，载屈万里主编：《明代史籍汇刊》，台北华文书局股份有限公司，1969年，第11022页。

⑤ （明）徐光祚监修：《明武宗实录》卷172，《明实录》第8册，台北"中央研究院"历史语言研究所校印1962年，第3330页。

隆庆四年庚午（1570）迁居漳浦县云霄镇后，万历十二年甲申（1584）再迁漳州府城塔口，"隆庆庚午岁移居云霄厅镇西门""万历壬午，中宪公登贤书，甲申迁郡城住塔口"①。张一栋参与科举考试、迁徙落户，均需平和县民籍作为凭证。

张旼贵之孙张斌权出身明代卫所军户，"斌权公名系兵籍"②，其孙张宗华向南靖县申请兴建"马堂堡"③。《宗居纪述》载：

> 原未有城堡，农民杂居，至张华公充为捕盗，呈称：马堂系是清宁、新安出入咽喉地，宜筑堡居守。南靖县差主簿来此督建，其在成化、弘治之间乎④。

此"张华公"指"宗华"⑤，其谱系为：旼贵—吉生—斌权—乾立—宗华⑥。

张旼贵后裔无论出身民籍或军籍，均将祖先追溯到张旼贵。张旼贵后裔张大体、张万善、张一栋在嘉靖四十五年乙丑（1566）商议创修族谱。张一栋在万历二十年壬辰（1592）所撰《漳南新安马堂张氏小宗谱叙》载：

> 栋尝游庠，时为嘉靖乙丑年，尝与叔父大体、伯兄万善讨论世次而谱之，绪未就也。⑦

张大体是张斌权的玄孙，也是军籍出身，其谱系为：旼贵—吉生—斌权—乾智—宗美—弘道—大体。⑧ 张一栋、张万善则出身民籍，其谱系分别为：旼贵—吉生—阿八—乾颙—宗富—弘贵—大志——栋；⑨ 旼贵—福保—阿三—秉盛—洪理—景旺—宗达—如琏—万善⑩

（二）明世宗准允庶民祭祀始祖促使建构以张旼贵为中心的祖先谱系

明世宗在嘉靖十五年（1536）准允庶民祭祀始祖，促使张旼贵后裔张大体、张万善、张一栋商议创修族谱，将祖先追溯到马堂张氏宗族开基祖张旼贵。

---

① 平和县安厚镇双马村马堂自然村《漳南新安马堂张氏家乘》，1990年据清代抄本复印件，政协漳州市委员会海峡文史资料馆藏，编号：平和9001，第41—42页。

② 《马堂张氏族谱》，第16页。

③ （清）王相修《平和县志》（康熙）卷2《建置志》，上海书店出版社编《中国地方志集成·福建府县志辑》第32册，上海书店出版社2000年版，第55页。

④ 《漳南新安马堂张氏家乘》，第40页。

⑤ 《漳南新安马堂张氏家乘》，第65页。

⑥ 《漳南新安马堂张氏家乘》，第63、65页。

⑦ 《马堂张氏族谱》，第14页。

⑧ 《漳南新安马堂张氏家乘》，第63、65、85页。

⑨ 《漳南新安马堂张氏家乘》，第63、65、95、97页。

⑩ 《漳南新安马堂张氏家乘》，第63—64、68—69页。

其时，张大体、张万善、张一栋同为平和县儒学生员。张一栋"游庠"，《万历丙戌科进士同年总录》载："张一栋，福建平和县学生"①，即平和县儒学生员。

张大体、张万善、张一栋在隆庆元年丁卯（1567）从平和县儒学肄业。张大体《漳南新安马堂张氏家乘序》载："大体于隆庆之丁卯，与侄万善、侄一栋，同肄业。"②

张一栋《漳南新安马堂张氏小宗谱叙》落款"八代孙"③，此"八代孙"从张旼贵算起。

张旼贵后裔无论未知或已知张旼贵的黄册姓名，均将谱系追溯到张旼贵。张大体在万历十四年丙戌（1586）《漳南新安马堂张氏家乘序》述及"我祖自南徙以来，迄今二百年"④，此"南徙"指张旼贵开基马堂；该序落款"万历十四年丙戌孟春正月既望，七代孙大体"⑤，此"七代孙"从张旼贵算起。

张旼贵后裔无论小宗或大宗，均将祖先追溯到张旼贵。张一栋《漳南新安马堂张氏小宗谱叙》载：

> 祖讳文通公，始迁于此，年代未详，第自始迁祖至于栋，凡八世，而不及见着世凡五，大约以年世计，其我明国初之际乎。⑥

张旼贵后裔在万历二十九年辛丑到三十五年（1601—1607）兴建马堂张氏大宗家庙，供奉的祖先从张旼贵开始。张一栋《大宗家庙记》载：

> 经始于万历辛丑年十一月日时，越五六年，所甫落成。庙制二座，为正厅，祀始祖旼贵公，四子：通保、福保、阿三、吉生公，分昭穆配享。⑦

马堂张氏宗族以张旼贵四子分成四个兄弟房头，而后除了张通保外，剩下三个兄弟房头。

张旼贵后裔无论显贵或落难，均将祖先追溯到张旼贵。张一栋于万历三十五年（1607）遭降职处理，《明神宗实录》披露："（万历三十五年二月甲午）吏部等衙门纠

---

① 台湾学生书局编辑部汇编：《明代登科录汇编》第 20 册，第 11137 页。
② 《马堂张氏族谱》，第 1 页。
③ 《马堂张氏族谱》，第 18 页。
④ 《马堂张氏族谱》，第 1 页。
⑤ 《马堂张氏族谱》，第 4 页。
⑥ 《马堂张氏族谱》，第 14 页。
⑦ 《漳南新安马堂张氏家乘》，第 32 页。

拾方面""原任广东肇庆知府张一栋俱不及，降用"①。其在翌年所撰《续宗谱疑信说》落款"万历三十六年戊申仲夏之吉，八代孙一栋"②，从张旼贵算起。

张旼贵后裔无论口述史料或谱牒书写，均将祖先追溯到张旼贵。张一栋《张氏宗谱疑信说》述及"即故老能口其事，亦亡据以为信，故有谓南徙在元末明初者"③。

（三）张旼贵的户籍祖身份导致其妻姓氏问题备受关注

张旼贵之妻的姓氏有三种说法。

其一，李氏。李氏墓前竖立有张一栋万历十年壬午（1582）中举、十四年丙戌（1586）中进士后所立旗杆，并立有"始祖妣"墓碑。张一栋长子在崇祯七年甲戌（1634）所撰《始祖妣姓氏质疑记》载：

壬午，中宪公发科。长房宗孙承宗谓始祖妣李氏墓在大路上，清明挂纸无失，壬午、丙戌两次竖旗，当时争论未定，称谓系长房之祖妣也。昨过其墓所，墓碑石上已琢"马堂始祖妣李氏墓"。④

此"承宗"指张旼贵的八世孙张承宗⑤，是张旼贵次子张福保的后裔，其时被列为"长房"。

李氏后来被指作张通保嗣子张进孙之妻。张旼贵八世孙张云高在崇祯七年甲戌（1634年）所撰《重修马堂张氏宗谱疑信辨》载："先辈又记为李氏葬地，今考小传中进孙妻李氏，此其葬处"⑥，张通保"娶唐氏无嗣，以罗婆洞张氏之子为侯，名进孙，娶李氏"⑦。

其二，杨氏。张大体持此说。《始祖妣姓氏质疑记》载："振岗公刻谱，中定谓杨氏葬将军径龟唇上"⑧，"振岗公"指张大体，"号振岗"⑨。杨氏墓后来被指作张旼贵四子张吉生之妻杨氏墓，"三房祖母杨氏葬龟肩，子孙忘而混之，故两祖母一姑一媳俱称

① （明）佚名监修：《明神宗实录》卷430，《明实录》第11册，台北"中央研究院"历史语言研究所校印1962年版，第8105页。
② 《马堂张氏族谱》，第13页。
③ 《马堂张氏族谱》，第5页。
④ 《马堂张氏族谱》，第27页。
⑤ 《漳南新安马堂张氏家乘》，第66页。
⑥ 《马堂张氏族谱》，第25页。
⑦ 《漳南新安马堂张氏家乘》，第59页。
⑧ 《马堂张氏族谱》，第27页。
⑨ 《漳南新安马堂张氏家乘》，第85页。

杨"①，"三房祖母"指张吉生之妻，"吉生公娶杨氏""杨氏葬将军径龟肩"②。

其三，江氏。张一栋《张氏宗谱疑信说》认为黄册所载张旼贵"妻阿江"③，即"江氏"，"册报妻阿江，则云配杨氏者非，而江氏者信也"④。

张进孙之妻李氏被认作是张旼贵之妻，实则源于张进孙编入里甲户籍，见载于宣德七年（1432）黄册。张一栋《张氏宗谱疑信说》载："宣德七年册，寻以进孙立户"⑤。张吉生之妻杨氏被指作张旼贵之妻，实则源于张吉生编入里甲户籍，见载于永乐二十一年（1423）黄册。张一栋《张氏宗谱疑信说》载："又查永乐二十一年册，则吉生公立户矣"⑥。江氏被指认为张旼贵之妻，实则源于"阿江"见载于黄册。

张一栋虽在万历二十七年（1599）认为张旼贵之妻应作江氏，却在万历三十九辛亥（1611）将供奉到张氏大宗家庙的张旼贵之妻神主牌位仍题"杨氏"。《始祖妣姓氏质疑记》载："迎主入祠在辛亥""中宪公不题江而题杨"⑦，"中宪公"指张一栋。

马堂张氏宗族部分成员根据张一栋《张氏宗谱疑信说》提出的观点，要求更改张旼贵之妻的神主牌位。《始祖妣姓氏质疑记》载："引中宪公《疑信说》：配杨氏者非，配江氏者信，断然欲择吉改题"⑧，"《疑信说》"指《张氏宗谱疑信说》。

张云高在万历四十五年丁巳（1617）获张一栋邀请参与续修族谱，"万历丁巳岁，中宪公语云高""尔其缉诸事而详列之"⑨，却在崇祯七年甲戌春（1634）续修族谱时却提出反对将杨氏改为江氏，其理由有二：

其一，江、杨二字谐音。"疑江、杨二音相近"⑩。

其二，江氏墓址不详，"后人求江氏婆之葬而不得"⑪。

张云高未及处理改题杨氏神主牌位问题，却在九月中旬去世。"不虞九月中旬，润甫叔谢世"⑫，"润甫"指张云高，字润甫。

张一栋的长子张燉深知户籍的重要性，其《宗居纪述》载："天启三年始以张珩名入十一都十五图当差，此又居龙溪之始"⑬，天启三年（1623）以"张珩"之名编入龙

① 《马堂张氏族谱》，第 22 页。
② 《漳南新安马堂张氏家乘》，第 59 页。
③ 《马堂张氏族谱》，第 7 页。
④ 《马堂张氏族谱》，第 8 页。
⑤ 《马堂张氏族谱》，第 7 页。
⑥ 《马堂张氏族谱》，第 7 页。
⑦ 《马堂张氏族谱》，第 29 页。
⑧ 《马堂张氏族谱》，第 28 页。
⑨ 《马堂张氏族谱》，第 18—19。
⑩ 《马堂张氏族谱》，第 22 页。
⑪ 《马堂张氏族谱》，第 22 页。
⑫ 《马堂张氏族谱》，第 28 页。
⑬ 《漳南新安马堂张氏家乘》，第 42 页。

溪县十一都十五图民籍。其在"甲戌岁"与"润甫叔""续修宗谱"①，采取民俗方式处理改题杨氏神主牌位问题：

其一，"于九月三十日启告于始祖考妣……振岗公、中宪公，取润甫叔《疑信辨》宣读，焚之炉中，以姓氏当改不当改，质之列祖，俟神灵自定"②。

其二，"次朝十月朔，会集宗长老及三房宗孙，齐赴作二阄祷告，真为江，则拈江；真为杨，则拈杨……复得杨氏阄，此则列祖自定也。他日之孙复何词？始罢改题之议，祭享仍呼杨氏"③。

二、张旼贵来自宁化石壁

（一）张旼贵祖籍诸说

张旼贵由何地迁居南靖（平和）马堂，有三种说法。

其一，宁化石壁。此说由口述史料采编入谱。张一栋《漳南新安马堂张氏小宗谱叙》载：

> 据所闻可信而传者，宗之先则闽汀宁化县石壁乡人也。④

此"闽汀"指福建汀州府。

张一栋在万历三十二年甲辰（1604年）前往宁化石壁寻根问祖，其在《续宗谱疑信说》载：

> 及甲辰春，余以端守应觐南，旋适建阳道梗，因取道宁化，详讯其乡之故老，咸谓石壁张之宗有三，宗之人亦多，相谒见为道士祖事，备悉及质所分祖之名氏无考也。⑤

此"端守"源于张一栋自万历三十一年到三十四年（1603—1606）任肇庆知府。康

---

① 《马堂张氏族谱》，第27—28页。
② 《马堂张氏族谱》，第28页。
③ 《马堂张氏族谱》，第28—29页。
④ 《马堂张氏族谱》，第14页。
⑤ 《马堂张氏族谱》，第11—12页。

熙《肇庆府志》载张一栋"三十一年任"①，其继任叶修"万历三十四年任"②。

其二，上杭县溪南里龙门上村。此说出自张大体之手，在万历二十七年己亥（1599）被发现。《宗居纪事》载：

> 至万历己亥年，上间晚菽勋在遗笥中简得旧纸，乃先世传下祖图，伯叔祖先郎位及其住宅、坟墓坐向，记注明白，云在洪武二十七年甲戌。③

《迁居》载："又据振岗叔祖之故纸以补之也"④，张云高《重修马堂张氏宗谱疑信辨》载："张氏家谱，叔振岗公竣事于丙戌"⑤，"振岗公"即张大体。

张一栋结束宁化石壁之行后返回马堂故里，张一栋的族弟张一楠向其提供张大体撰文，张一栋《续宗谱疑信说》载：

> 弟一楠复出故纸示余，谓近得之敝笥中，述余祖先从宁化移上杭县溪南里龙门上村，其移漳，则洪武二十七年也。⑥

张一楠其时为生员，《万历十四年丙戌进士同年总录》载张一栋"弟""一楠，生员"⑦，是张大体之兄张大策次子⑧。"漳"指时属漳州府的马堂。

张一栋认为张大体述及上杭村落名称与迁居兴宁县兄弟房头祖先名字，对此记载的真实性不置可否。

> 但所云移上杭者有村落，移兴宁者有名字，或可信尔。如此说为信，则始迁又不在宁化，而在上杭矣。⑨

而后，张一栋在赴任云南姚安知府途中，应龙门上村张氏宗族成员张荣华的邀请，探访其宗族祠堂。《祖图》载：

---

① （清）史树骏修：《肇庆府志》（康熙）卷7《秩官》，清康熙十二年（1673）刻本，中国国家图书馆藏，索取号：地330.191/132，第51页b。

② （清）史树骏修：《肇庆府志》（康熙）卷7《秩官》，第51页b。

③ 《漳南新安马堂张氏家乘》，第39页。

④ 《漳南新安马堂张氏家乘》，第31页。

⑤ 《马堂张氏族谱》，第11页。

⑥ 《马堂张氏族谱》，第12页。

⑦ 台湾学生书局编辑部汇编：《明代登科录汇编》第20册，第11022页。

⑧ 《漳南新安马堂张氏家乘》，第85页。

⑨ 《马堂张氏族谱》，第12页。

汀州府上杭县管下溪南里龙门上村……门前两本大枫树。中宪往姚安时，过龙门村，族张华荣公请入祠，堂前枫树尚存一丛甚古。①

龙门上村张氏虽然亦云来自宁化，龙门上村开基祖张五八郎葬于宁化石碧（石壁）塘背，但其迁居时间与具体谱系均无考。《祖图》载："高太公张五八郎，墓在塘背，坐西向东，左右无人下坟，此石碧之塘背也"②，《宗居纪事》却称"我一派不知何年代迁居上杭县溪南里龙门上村"③。

龙门上村张氏谱系为：五八郎—□—□—千六郎—百五郎（旼贵）。

其三，平和县琯溪。此说出自琯溪张氏谱系。张旼贵被列为琯溪张氏宗族开基祖张铁崖的玄孙。

初世纪：铁崖公，始祖也。讳字莫考，铁崖之号或谓牙能断铁，故号铁崖。始居福建汀州府上杭县金丰粤窠村，宋末从兵来漳平寇，能识地理，遂居琯溪，隐德尚义，为时所重，娶上杭池十九官之女，生子汉杰，即光裕。

二世祖：汉杰，谥光裕，益魁，娶本里王氏，生二子：长璧、次珪。……诰授奉政大夫。二世祖妣：王氏，谥章顺。时值元季，李志甫寇乱，氏以节终，追封节妇，教授孺人，诰授宜人。

三世祖考：蛙（珪），号伯章（璋），光裕公之次子，娶柯氏，生子德之；侧室李氏，生子诚之；继娶林氏，生子永之。生于元大德五年辛丑十月十六日，卒于元夏正廿年庚子十月初六日，寿六十岁。

四世祖考：永之，号逸翁，伯璋公三子……娶蓝氏，生子灏；侧室生子文通，移居马堂。生于元至正庚子（公元一三四八年）五月初六日，卒于明永乐戊子（公元一四　八年）六月廿九日，寿五十九岁。诰授中宪大夫，翰林院侍讲林环为之铭。④

此"文通"指张旼贵，其谱系为：铁崖—汉杰—珪—永之—文通。

琯溪张氏宗族又认张化孙为祖先。

---

① 《漳南新安马堂张氏家乘》，第28页。
② 《漳南新安马堂张氏家乘》，第29页。
③ 《漳南新安马堂张氏家乘》，第39页。
④ 平和县小溪镇新桥村《张氏世谱》，民国抄本复印件，政协漳州市委员会海峡文史资料馆藏，编号：平和9027。按，该谱未标注页码。

南宋初世祖：化孙公，谥衍，字传万，恩进士，授中宪大夫，生十八子，享寿九十有三……一世祖姚陈氏，诰授太恭人……一世祖姚阙氏，诰授太恭人……四祥云。

二世祖：祥云，讳营，字廷瑞，号十八郎，乡大宾。二世祖姚蓝、赖氏太孺人，生四子：长腾光、次腾干、三腾辉、四腾万。

三世祖：腾辉公，字仲元，号念一郎。三世祖姚廖、赖氏，生六子：长明上、次昭上、三晞上、四曜上、五映上、六晶上。

四世祖：晶上公，号廿八郎官，祖姚杜氏八娘，生五子，次小一郎，公号铁崖。①

其谱系为：化孙—祥云—腾辉—晶上—小一郎（铁崖）。张旼贵成为张化孙的九世孙。

（二）张旼贵祖籍考实

张旼贵到底来自何处？

其一，宁化石壁祖地的说法是可信的。张一栋宁化石壁之行虽未寻找到所属房头祖先，但宁化石壁宗亲仍在同年到访漳州，张云高与宁化石壁宗亲交流得知平和马堂地名源自宁化石壁张氏祖祠对面山后的马塘。张云高《重修马堂张氏宗谱疑信辨》载：

甲辰年，宁化县石碧村有叔侄四人来漳郡，云高亲问之，云石碧祖祠对马山，山后有塘，为葬张家始祖十郎地，子孙附葬甚多，乃知龙门为近祖之所迁，今马堂后张家始迁祖之所名也。地与氏仍旧，以识不志耳。②

此"石碧村"即"石壁村"。"漳郡"指漳州府。平和马堂在清代为新安里"马塘社"③。

张一栋《续宗谱疑信说》亦云：

余马堂张氏，盖祖汀之宁化石壁乡，地以马堂名，故所移之地，亦因其地，识不忘云。④

此"汀之宁化石壁乡"指汀州府宁化县石壁乡。

---

① 《张氏世谱》。
② 《马堂张氏族谱》，第21页。
③ （清）王相修：《平和县志》（康熙）卷1《疆域志》，第47页。
④ 《马堂张氏族谱》，第11页。

平和马堂张氏宗族成为宁化祖地宗亲保护祖墓所援引的力量。《宗居别传》载：

> 近闻地师曾心见说宁化县出某门数十里有地名张坊者，张姓聚族而居……此张
> 坊之祖墓也，先年有人阴篡之。张坊人称其族有五十大房……二房住漳州南靖、平
> 和居住，一房在石碧村。其居上杭、平和者甲第十余人，历指其名以实之，曰：
> "汝若侵吾祖，报于众房，人特片瓦不毂也。"后报石碧诸叔侄至其地，而事遂寝。
> 曾心见谓之曰："吾行地至平和，张起东家其子姓以千数，况其地乎？"①

其二，上杭县溪南里龙门上村祖地的说法说实因联宗而来。《迁居》载"只书张伯
五郎名旼贵"②，"旼贵"其名为张一栋在万历丁酉（1597）搜集黄册所得，张大体应在
万历丁酉（1597）之后撰文。

"张伯五郎"之名出自上杭溪南里龙门上村张氏谱系，但张旼贵后裔不知张伯五郎
在上杭有兄弟，《迁居》载："伯二郎、伯三郎，不知为伯五郎之亲兄弟与堂兄弟"③。
实则张振岗与上杭县溪南里龙门上村同姓联宗，而引用其谱系所载数字郎名，与之以兄
弟房头相称。

此《祖图》实则后人增补之作。《祖图》称"始迁祖张伯五郎，婆杨氏，葬杨梅
崇，坐南向北"④，《迁居》却云："只书张伯五郎名旼贵，祖婆无书，葬墓无书"⑤，所
谓"婆杨氏，葬杨梅崇，坐南向北"并非原文。

所谓迁居广东兴宁兄弟房头祖先名字，实则出自上杭溪南里龙门上村张氏谱系。
《祖图》述及："张迁四郎"之妻"周氏二娘，墓在兴宁县李田村""必迁四郎先丧，与
男福广全迁兴宁，故葬李田村"⑥，此"迁四郎"应作"千四郎"，《迁居》载"自千四
郎至福广"⑦。

所谓张旼贵在洪武二十七年甲戌（1394）迁居马堂的说法未见张大体《漳南新安马
堂张氏家乘序》、张一栋《漳南新安马堂张氏小宗谱叙》，实则张大体在万历二十年
（1592）之后考证的结果，所谓龙门上村祖地的说法实则张大体其时联宗的产物。

张大体之所以与龙们上村同姓联宗原因有二：

首先，马堂与上杭龙门上村张姓溯源宁化石壁，拉近了双方的距离，实则两地同姓

---

① 《漳南新安马堂张氏家乘》，第 50 页。
② 《漳南新安马堂张氏家乘》，第 31 页。
③ 《漳南新安马堂张氏家乘》，第 31 页。
④ 《漳南新安马堂张氏家乘》，第 30 页。
⑤ 《漳南新安马堂张氏家乘》，第 31 页。
⑥ 《漳南新安马堂张氏家乘》，第 29 页。
⑦ 《漳南新安马堂张氏家乘》，第 31 页。

联宗的主要原因。

其次，马堂平和与上杭二县虽分属漳州、汀州二府，却同属漳南道管辖，上杭为漳南道署所在地，促使马堂张氏宗族关注上杭同姓；而马堂张氏宗族成员张一栋高中进士，成为马堂张氏宗族联宗的资源优势。

其三，平和琯溪祖地说亦因联宗而来。张旼贵实非张铁崖玄孙、张化孙九世孙，理由有二：

首先，张旼贵与张永之实非父子。张永之"生于元至正庚子（公元一三四八年）"有误，"至正庚子"实则1360年，"公元一三四八年"则是至正戊子。张永之若生于至正庚子（1360），比张旼贵小四岁；若生于至正戊子（1348），比张旼贵年长八岁。

其次，平和琯溪谱系所列官宦名录未见马堂张氏明代文献记载。张永之长兄张德之在元至正十七年（1357）出任龙溪县尹，"元至正癸卯，以文学授龙溪县知县"[1]，"龙溪县知县"应作"龙溪县尹"，万历元年《漳州府志》载："张德之，南靖人，至正十七年，由荐辟任"[2]。若张德之是张旼贵的伯父，何以未见马堂张氏宗族明代族谱记载？张一栋《续宗谱疑信说》仅云："余族之先世业农，晦德而不耀。"[3]

张旼贵后裔与琯溪同姓联宗实则参与清代粮户归宗改革的结果[4]，出于马堂与琯溪同属平和县，根据"同姓合为一户"[5] 的原则而联宗。

马堂张氏宗族的宁化石壁祖源叙事产生了深远的影响，促使同为客家人、祖籍连城县的大埔县新科翰林张作舟在清康熙四十九年庚寅（1710）与之联宗。"康熙庚寅岁二月，大埔县黄塘社翰林张作舟来马堂会叔侄以笃亲之谊"[6]，《潮州大埔张氏重修族谱序》载其祖先"自宋末由连城南团而移至神泉大埔村"[7]，最终"又分黄塘社背坪等处"[8]。

三、结语

综上所述，可归纳为以下两点结论：

---

① 《张氏世谱》

② （明）罗青霄修纂、陈叔侗点校、福建省地方志编纂委员会整理：《漳州府志》（万历元年）卷14《龙溪县·秩官志》，厦门大学出版社，2010年，上册，第438页。

③ 《马堂张氏族谱》，第12—13页。

④ 刘永华、郑榕：《清初中国东南地区的粮户归宗改革——来自闽南的例证》，《中国经济史研究》2008年第4期，第81—87页。

⑤ （清）李维钰修：《漳州府志》（乾隆）卷40《人物志五·国朝列传上》，清嘉庆十一年（1806）特通阿刻本，中国国家图书馆藏，索取号：地310.87/134，第22页b。

⑥ 《漳南新安马堂张氏家乘》，第57页。

⑦ 《漳南新安马堂张氏家乘》，第52页。

⑧ 《漳南新安马堂张氏家乘》，第52页。

第一，宁化石壁祖源叙事在明世宗准允庶民祭祀始祖之后，由口述史料载入谱牒，经清代粮户归宗改革而广为人知。客家宗族将户籍祖先与宁化石壁祖源叙事相结合，据此区分族群身份，扩大交流范围。

第二，新时期宁化石壁祖源叙事研究应置身于更为广阔的时空深入考察，再现宁化石壁祖源叙事的文本书写过程，揭示宁化石壁祖地实地考证的历史情境，分析其成因，还原宁化石壁祖地应有的历史地位。

（作者简介：刘涛，肇庆学院肇庆经济社会与历史文化研究院历史文化研究员、龙岩学院闽台客家研究院研究员）

重温习近平主席石壁讲话精神
推动港澳台客家融合新局

——● 李剑诸 ●——

今年是香港回归祖国 25 周年，也是有两岸关系"定海神针"之称的"九二共识"30 周年。在这么一个重要的历史节点，金秋十月将在客家祖地宁化举办的第十届石壁客家论坛，显得特别有意义。

两岸客家联会最近组织活跃在香港各界的乡亲们参加"客家精神"主题研讨会及相关宣讲。通过学习，对习近平主席在石壁客家祖地的讲话精神，有了更深刻的认识。

早在 1998 年初，习近平总书记（时任福建省委副书记）在宁化调研时强调：客家祖地源远流长，要把它作为一篇大文章来做。这些年来，我们时刻不忘习近平主席的谆谆嘱托，在弘扬客家文化的同时，努力寻求港澳台侨统战工作的新突破。

一、五洲客家音，四海桑梓情

习近平主席对客家族群非常了解，这从他概括的一句话可见精髓："五洲客家音，四海桑梓情。"确实如此。人们常说，"有太阳有海水的地方，就有客家人"。客家人是汉族唯一不以地域划分的民系，亦是全球播衍最广的汉族民系，是海上丝绸之路最早的开拓者。全世界的客家人逾九千万，超过欧洲最大的德国人口的总和，相当于全球最大政党——中国共产党的党员人数。

客家人对中华民族的影响，不仅在量，还在于质，更在于拳拳赤子之心，以及溶入血液中的家国情怀。香港中联办台务部杨流昌部长说过，"客家精神代表的是中国人的精神，是中华民族优良品格的集中表现"，诚哉斯言！

尤其是近现代以降，客家人深深地影响了中国社会的发展轨迹，这从同为客家人的洪秀全发起的太平天国运动、孙中山发起的辛亥革命，可见一斑。无论是从历史的纵深，还是以海内外的横向观察，客家人都是推动中国社会进步，影响最为深远的汉族民系之一。

二、新时代更需客家精神

翻开中国地图，武夷山脉长逾 500 千米，在末端形成闽、粤、赣三省的接合处。这个区域层峦叠嶂、苍山如海，涵盖闽西、粤东和赣南。

这里从来就不是中国的政治或经济文化中心所在，而是"山高皇帝远"的穷乡僻壤，直到明代都一直被视为荒蛮之地。但这块避世净土，却孕育了独特的客家语言和文化，并成为客家人的发祥地。这个区域的许多河流，包括汀江、东江、梅江、韩江，被当地客家人称为母亲河。

客家作为汉民族一个重要的民系，在红尘乱世挣扎求存，在历史长河中呈现出坚韧的生命力。顾名思义，客家即"客而为家"。客家先民是历史上多次大迁徙的见证者，远离了自己曾经的故土而定居，才被称为客家人。他们从中原辗转来到百越栖居的南方边陲地区安营扎寨，再以此为大本营奔向大江大海。无远弗届，蔚为壮观。

客家精神，正是在筚路蓝缕、艰苦卓绝的岁月中锻造而成的，是客家先民生活、学习、奋斗的结晶，也是中华民族精神气质的重要组成部分。

福建永定籍的侨领胡文虎先生，曾在香港崇正总会 30 周年纪念特刊上撰文论客家精神：1. 刻苦耐劳之精神；2. 刚强弘毅之精神；3. 创业勤勉之精神；4. 团结奋斗之精神。

综合史学界关于客家精神的讨论，大致上可以归纳出如下特点：

爱国爱民，反压迫反侵略

勤劳刻苦，努力开拓

勇敢无畏，富革命精神

挚诚团结，敬祖睦宗

不亢不卑，平等待人

我认为，客家作为一个族群薪火相传、继往开来，发展至今仍然显示出澎湃的活力，就是因为有客家精神在支撑。客家儿女的底气，来自五千年历史文化的沉，来自万里迁徙的千锤百炼，来自恶劣生存环境的洗礼，来自祖祖辈辈的言传身教。

在新时代，客家精神同样能在现实生活中起指导意义，与时俱进。譬如我个人特别推崇的"家国情怀"，就是很有必要弘扬的正能量，可为中华民族的复兴注入取之不尽的精神力量。

我们知道，在台湾，客家是四大族群之一，大约每五个台湾人当中就有一个客家人。台岛的政商界、知识界、文化界人才辈出。台湾许多的著名的客家聚居区，如桃园、新竹、苗栗，对选举工程及政治生态，都有重大影响。作为长期生活在港澳台地区的客家人，我们对于维护国家的统一和领土的完整，责无旁贷，且大有作为。

三、北有大槐树，南有石壁村

常言道："北有大槐树，南有石壁村。千年大迁徙，客属遍乾坤。"客家人的历史，从某种意义上来说，是迁徙的历史。大量的史料佐证，宁化县石壁镇石壁村，是客家先民由北向南大迁徙的中途驿站，以及安营扎寨之后的根据地。

为躲避永嘉之乱、安史之乱引发的动荡，从西晋开始至唐宋，黄河流域的中原汉民辗转万水千山，如涓涓细流汇聚到以宁化石壁为中心的闽赣交界。北宋靖康之难后，尤其是元蒙铁骑南下，再加上天灾人祸等因素，宁化不再是避世的桃花源，导致客家住民再次大规模向闽西、粤东迁移。

随着大航海时代带来的"西风东渐"，以及太平天国引发的时局动荡，客家人更取道澳门、香港、广州、虎门等沿海商埠，漂洋过海，远赴东南亚、中南美洲、欧洲大陆、印度洋诸岛、非洲海岸沿线等异国番邦谋生，形成如今客家后裔遍布地球上100多个国家和地区的洋洋大观。

饮水思源，随着中国在国际上的影响力与日俱增，越来越多的海外客家人返回大陆寻根问祖。以石壁村为中心、总面积近200平方千米的山地，是"客家文化、语言的摇篮"。现代客家学的奠基者、香港大学的历史学教授罗香林在其著作《客家研究导论》阐释："广东各姓谱乘，多载其上世以避黄巢之乱，曾寄居宁化石壁村葛藤坑，因而转徙各地。"在台湾的客家族群，大多数是500年前后从广东梅州迁徙到台湾，但宁化石壁却是"血脉原乡"，与宁化石壁有姓氏渊源关系的达97个。

石壁自改革开放以来渐渐成为全球近一亿客家人的祭祖祈福的圣地。据众多族谱记载，在客家人的主要姓氏中，有216姓以上的先祖是从宁化迁出的，同时都确定从宁化迁出或宁化开基的祖先为始祖或一世祖、开基祖，"客家祖地"之誉名副其实。

"精忠报国"，是客家人的优良传统。新民主主义革命时期，客家人更在八闽大地，写下浓墨重彩的一页。新中国的缔造者毛泽东曾经在1929年秋的《清平乐·蒋桂战争》诗词中，写下"红旗越过汀江，直下龙上杭"，表达中共在福建各地普遍建立了红色政权、开展土地革命的喜悦。

正所谓"星星之火，可以燎原"，没有福建客家人在红色根据地打下坚实的基础，中国的历史可能改写。

"俱往矣，数风流人物，还看今朝。"迈入新时代，我们一定要想方设法经营"客字号"。集合全球客家精英建言献策，发挥集体智慧，宁化有条件通过收集、整理客家民俗、节庆、服饰、礼仪、族谱源流考等资料，撰写客家文化的扛鼎之作，从而树立石壁祖地的权威地位。

除了打响宁化"客家祖地"品牌，闽西也要"讲好客家故事"，这是合力做强做大客家品牌的重要一环。习近平主席主政福建期间，多次指示把长汀建设成为环境优美、山清水秀的生态县。他先后五次赴长汀调研，前三次是任省委副书记的时候，后两次是任代省长、省长的时候。永定土楼是客家文化的象征，客家精神的图腾，通过旅游及文化产业的驱动，足以在全球客家族群中形成身份认同的向心力。

四、发挥香港客家的独特作用

多年前，香港社会一度掀起关于集体回忆与本土文化的辩论。所谓本土文化，自然是指香港的原生文化。

追本溯源，我们不难发现，香港在英国殖民之前，隶属广州新安县。众所皆知，新安（包括香港和深圳）是客家人聚居的地方。根据政府统计，香港有逾 600 个村庄，其中大约三分之二是客家村。客家研究学者得出"先有客家植民，后有英国殖民"结论，是无可辩驳的历史事实。换言之，客家文化是香港本土文化的重要组成部分。

作为中西方文化兼收并蓄的都埠，香港在过去数百年一直是全球客家人返乡探亲祭祖的最重要驿站，亦是海峡两岸客家交流最便利的纽带。每两年一次的世界客属恳亲大会，由创办百年的香港崇正总会在 20 世纪 70 年代发起，其后在我国台湾、福建、广东以及东南亚、欧洲、美国、加拿大轮流主办，现在已经成为传播中华文化的一张名片。

2018 年 11 月，国家主席习近平在人民大会堂会见香港澳门各界庆祝国家改革开放 40 周年访问团的时候，提出四点希望。其中一点，正是希望香港更加积极主动促进国际人文交流。香港应该保持国际大都会的特色，利用对外联系广泛的有利条件，传播中华优秀文化，以便讲好当代中国故事，"在促进东西方文化交流、文明互鉴、民心相通等方面发挥特殊作用"。

习近平主席的期望，可谓高瞻远瞩。

香港回归祖国，不应仅是主权的回归，而是要社会、政治、人心的全方位回归。

有鉴于此，新任特首李家超提出要把香港发展成为亚洲的文化之都。值此"一国两制"进入下半场之际，人心回归工程成为特区施政之重中之重，我们两岸客家联会特此向特区行政长官递交了倡议书，建议设立香港客家博物馆，收集、展示客家先民的物品、族谱。

香港的长治久安、行稳致远，离不开中华文化和道德风尚的催化。因为一个国家、一个民族的强盛，总是以文化兴盛、精神气质作为支撑。我们在港澳台的客家人，应该有使命感去推动作为中华文明重要组成部分的客家文化。

[作者简介：李剑诸，北京大学政治学博士，台湾政治大学访问学者，资深传媒人。现任香港两岸客家研究院院长、全国政协副主席董建华先生创办的网媒《思考香港》执行总编辑、中评智库基金会特聘高级研究员。历任团结香港基金顾问、《中国日报》（China Daily Asia Pacific）亚太分社社论主笔、大公报社评委员会委员]

论石壁客家福地的内涵及其人类学意义

● 廖开顺 ●

习近平同志 1998 年 2 月 15 日在宁化县调研时的重要讲话中指出，要"研究客家文化，树立石壁祖地的权威性"①。"权威"的含义是"指使人信服的力量和威望""在某种范围里最有威望、地位的人或事物。"② 石壁客家祖地的权威性属于后者，它的"威望"和"地位"一是来自客家的历史，石壁是客家先民的主要集聚地之一，也是孕育和诞生客家民系的最主要地区；二是来自世界客属祖先崇拜心理，石壁是世界客属寻根谒祖的特别重要地区，200 多个客家姓氏的先祖曾经在石壁繁衍生息、开基创业，最后安息在石壁，因而石壁也是世界客属祭祖祈福的福地。

一、人类的祈福心理和福地

20 世纪后期以来，海内外客属纷纷前往石壁等客家原生地③寻根谒祖，祭祖与祈福是结合在一起的，祈望先祖荫庇后人。敬祖祈福是客家人的普遍心理和习俗，也是中华文化的重要内涵，在中华民族中，祖先的地位与神明一样，这与世界上全民信教的其他民族不一样，其他民族以神为全民信仰，无论信仰神还是信仰祖先，都包含祈福，祈福是人类文化的共同现象。

早在原始社会，人类的自然崇拜就包含向大自然祈福，祈福的巫术仪式在现代一些民族和群体中仍然存在。"祈福"的原义是祈求神明降福的心理和设醮还愿的仪式化的信仰活动，但"福"的含义随着社会发展而无限扩展，人类祈福的形式也是多种多样的，不限于仪式化的祈福。如中国百姓经常默念的"祖宗保佑""菩萨保佑"便是心理

① 叶志坚主编：《激活传统文化资源的宁化探索》，中共中央党校出版社，2019 年，第 6 页。
② 中国社会科学院语言研究所词典编辑室：《现代汉语用词典（修订本）》，商务印书馆，1999 年，第 1048 页。
③ 客家原生地指闽赣连接地区孕育和诞生客家民系的地区，相当客家摇篮地。

上的祈福，在家门上张贴"福"字是祈福习俗。人类所祈的福有大有小，如普通百姓在寺庙的敬香祈福也许只是求得增添子嗣或某一疾病的痊愈，或是一个婚姻的圆满。总体上，"福"和"祈福"是人类福文化的两个主要内涵，福是目的和结果，祈福是心理、仪式的过程。

今可知的最早记载"福"的内涵的中华文献是《尚书·洪范》，其中的"五福"是："一曰寿，二曰富，三曰康宁，四曰攸好德，五曰考终命。"即长寿、富贵、健康安宁、有美德、善终，其中安宁和美德属于精神层面的福。随着人类不断增长的对生命和物质利益的重视和需求，"福"的范围更加世俗化，如，有的"五福"指"福、禄、寿、财、喜"，也有"六子真言"的"福禄喜寿祥瑞"。当代中国"福"的范围更加广泛，甚至分解为一定时期一定范围内详细的幸福指数。如从中西方文化比较，西方文化中的"福"偏重人性和精神层次，如《圣经》对"福"的解释是："虚心的人有福了，因为天国是他们的；哀恸的人有福了，因为他们必得安慰……清心的人有福了，因为他们必得见神；使人和睦的人有福了，因为他们必称为神的儿子。"① 无论怎样阐释"福"的含义，在人类现实生活中的祈福，世俗的物质的与精神的人性的并存。譬如宁化客家宁氏祖训的"守茔墓"条："葬之为言，藏也，所以藏祖考之遗体也。以子孙而藏祖考之遗体，则必为久远计，使其形体全而神灵妥，则后昆昌炽，而福泽无穷，此自然之理也。"其中的"福泽无穷"便是一切福祉。

狭义的"福地"指神仙（地仙）和修道之人的住地，如中华道教中的"福地洞天"。中国民间将老人去世修辞为"驾鹤西去"，鹤是道教的吉祥鸟，西去指进入天堂福地。中国少数民族有很多死者去了福地的神话传说，如侗族传说中有"高胜牙安"，在都柳江尽头，那里青山翠绿、流水潺潺、林花盛开，死去的青年男女像在人世间一样弹奏琵琶和对歌。在古希腊宗教中，"福地"指人的灵魂所居的幸福之地，也称福岛，与神有亲缘关系才能到达福地。

人类有向往幸福之地的心理，广义的"福地"指一切可以得到"福"的地方，如《诗经·硕鼠》的诗句："逝将去女，适彼乐土。乐土乐土，爰得我所。""乐土"即福地。广义的福地是现实的、世俗化的。如某村子的读书人在科举考试中上榜者多，该村落被认为是风水好的福地，某村子虽然偏远贫困，但自然生态环境好，长寿老人多，也可称为福地。当前，在全国各地出现"福地"开发热，冠以"福地"名称的地方很多，都是广义的福地，即可以得到幸福的地方，而被道教称为福地的地方却是既定的不可开发创造的。

石壁客家福地既是狭义的更是广义的。从狭义来看，在石壁安息着200多个客家姓氏的先祖的魂灵，他们是客家人心中的神明。石壁是一个大自然赐福的美好地方，自然

---

① 《圣经·马太福音》第五章3—8节。

条件优越，也是客家先民和先祖开创的地方，人文底蕴深厚，千家万户薪火相传，家庙祠堂林立，足以让先祖的魂灵皈依福地，荫庇后人。实际上，近千年以来，从石壁和其他客家原生地播迁的众多客家姓氏的后裔在海内外各地开枝散叶，客家文化远播海内外各地，客家精英辈出，客家在全世界闻名并令人赞誉，可以说是先祖积下的功德和敬祖得到的福报。从广义的福地来看，石壁确实在客家民系的形成和发展中给客家先民和后裔带来了福祉。所以，无论从唯心论的祖先神的荫庇还是唯物论的对先祖精神发扬光大的社会实践来说，石壁都堪称客家福地。

石壁的地理区域在武夷山脉南段宁化县西部；其行政区域古为宁化县一个村落的范围；在文化区域上，石壁是客家民系和客家文化（二者本是同时形成，不可分离的统一体）形成和发展中的一个典范的文化区域。文化区域与地理区域、行政区域并不对等，作为客家文化区域的石壁可指宁化县域，也指以石壁为中心的周边区域，如赣南师范大学谢万陆教授所指："以石壁为中心的武夷山南段赣闽边区，赣、闽、汀三江的发源地是孕育客家民系的摇篮地。"[①] 石壁文化区域以石壁村为中心，"北有大槐树，南有石壁村"，山西洪洞大槐树、江西鄱阳瓦西坝、南京杨柳巷、宁化石壁是中国四大移民代表性之地，也是寻根之地。石壁与中国移民史上其他的出发、中转、聚落的代表性地点一样，早就融入了客家的集体记忆，并且不断增添文化积淀，成为客属人精神寄托的崇高地方，"客家祖地"之称便是对石壁文化内涵的增添和定位，不可随意更改和贬低，而是要按照习近平主席所指示的"树立石壁祖地的权威性"。本文添称其为客家福地，是对石壁客家祖地的文化内涵再进行人类学意义上的发掘的探讨，并不是将客家祖地更改为客家福地，而是增添客家祖地的内涵，因祖地而为福地，也因福地而为祖地添福。

二、石壁客家福地的形成与内涵

首先，石壁是客家先民躲避兵燹的生命福地。生命的存在是人类最基本的福祉。客家唯一的民间传说《葛藤坑》即暗指石壁村。这一传说充满生命的隐喻：葛与葛藤都是生命力极强的植物，葛根可以充饥果腹；门前悬挂葛藤可以辟邪，可以避免黄巢兵闯入；此传说故事以女性为主人公，寓意客家人生命繁衍的母体顽强存在。事实上，闽地偏于东南一隅，武夷山脉为闽赣天然屏障，阻隔了来自北边的兵灾，石壁成为"避难良所"福地。罗香林在《宁化石壁村考》中说："考宁化旧为黄连镇地，属闽绥城县，而绥城全境甚广，凡今日建宁、宁化、将乐、归化等县，唐时皆其属地，就中除建宁一地当时较不安靖外，其余似皆为避难良所。"即使在闽赣两省范围内的兵匪寇乱中，石壁也是避难良所。如南朝梁末的新兴豪强陈宝应与新起的陈朝作战，隋末郑文雅和林宝护

---

① 谢万陆：《再论石壁》，载《石壁与客家》，中国华侨出版社，2000年，第22页。

领导的福建历史上第一次大规模农民起义,江西林士弘领导的大规模农民起义,以上大小战役都发生在离宁化不远的闽赣地区,而宁化却是一处"安全岛",堪为福地。隋大业年间,群雄争霸,匪寇蜂起,宁化因有巫罗俊"筑堡卫众,寇不敢犯",附近百姓"远近争附之"。所以,石壁等地被罗香林称为"避难良所"并非夸饰。

第二,石壁是客家繁衍生息的福地。相当规模的人口数量是形成客家民系的基本条件之一,繁衍人口、添子添丁也是人类祈福的基本内容。从唐末到南宋末的约四百年间是客家民系的孕育期,一批批汉人移民在石壁和周边的赣南、闽西、闽西北等地休养生息,繁衍人口。如,"南宋庆元年间(1995—1200)汀州人口密度为每平方千米 12.5户,接近福建路治所福州十余年前的水平(13.4 户)"[①]。南宋宝祐年间宁化县每平方公里平均达到 15.7 户,超过了福州,全县人口增至 16 万人,为历史最高峰。在闽赣边地石壁等地繁衍的客家初民,为清代广东嘉应府一带成为全国最大的客家聚居地打下人口基础,这也是石壁成为客家祖地的根本原因。在"福地"上才能如此繁衍生息。

第三,石壁是客家先民发展经济的福地。人类祈福的最基本愿望是满足生存和生活的基本需求,一定的经济基础是客家民系形成的必要条件。石壁为发展农业经济的福地,在以石壁为中心的方圆 500 平方千米以内,地势较为平坦、土地肥美、气候温和、森林茂密、雨量充沛,水陆交通便利。客家先民在此开垦良田,兴修水利,采用先进农业技术,稻作经济迅速发展,手工业和商贸业也随之兴起,石壁是客家先民奠基经济基础的典范地区和福地。

第四,石壁是客家重建中原式家园的福地。有家园才有福祉,这对背井离乡,长期和长途辗转迁徙的客家先民特别重要,《葛藤坑》传说即隐含对家园的祈望。在石壁,汉人移民与原住民融合,重建了比闽越原始部落社会先进的中原式封建宗法制社会和家园。唐贞观三年(629)宁化汉人移民首领巫罗俊(582—664)主动向朝廷申请纳入国家版图并课税;唐乾封二年(657)宁化被设为"黄连镇";唐开元十三年(725)升为黄连县;唐天宝元年(742)改名宁化县。县级政权的设置标志已有相当的人口数量,政治上归化于中央统治。南宋末年以前,宁化有明确入迁时间可查的 168 姓,至南宋末,石壁客家先祖完成了中原式家园的重建,这与客家民系的形成同步,如非"福地"不可能完成大规模的家园重建。

第五,石壁是客家人文兴起和荟萃的福地。唐末至南宋末,客家先民在石壁重构了从家—宗族—村落—县(代表国家)的完整的家国一体的社会结构,传承中原家国一体的儒家文化,以山居稻作、耕读传家为主要形态的生活方式及其民俗文化在家园形成。在重建家园的过程中,爱国爱乡与热爱家园观念融为一体,成为客家文化最重要的内涵。宁化重教兴学,宋代开始建立族产,用于祭祀和助学,理学兴盛,宁化文化名人辈

---

① 吴松弟:《中国移民史(卷四)》,福建人民出版社,1997 年,第 355 页。

出，"在唐代便有宁化人氏进士及第"，"宁化在历代客居中，进士及第50名，仅宋代就有29名进士占29%，且出现祖孙三进士，一科三进士的盛况"。①石壁客家福地也是通过客家的生产劳动和人文活动构建的。

综上所述，石壁客家福地是"天时地利人和"的各种因素耦合而形成的，其中，"人和"起了主导作用。"'人和'是指人类对事物本身具有的自然规律和所具备的功能的认识，通过对时机的把握和环境条件的利用，实现人类目的的行为。"②客家先祖通过在石壁的"行为"实现了重建家园等目的。人类的"福"往往会受到各种自然条件和社会条件的制约与阻碍，因而人类的祈福既是心理的更是实际的。著名人类学家泰勒说："由于注重此世的幸福，以至于祈祷既是理性的行为，也是实际的行为。"③石壁之于客家，固然有其先天的自然条件赋予，但更是一代代客家人从筚路蓝缕的开基创业到发展壮大的生产和社会实践的实际行为的过程。宁化众多以姓氏命名的地点和祠堂庙宇、墓葬碑记、族谱县志，较完整地记载了客家先民由迁入到重建家园的历史过程。因而，石壁寻根谒祖不仅仅是祭拜先祖，还从客家历史遗迹的"场景"中聆听祖先的声音，吸收先祖不畏艰难重建家园等客家基本精神，将祈福转化为造福的实际行为。实际上，近千年以来海内外的客家人都是这样做的。

三、石壁是客家祭祖祈福的福地

祭祖与祈福密切相关，所以石壁既是客家祭祖也是祈福的福地，这源自祖先崇拜信仰。"人类学意义上的祖先崇拜，是指以相信已故的成员会给某个集团现有成员的生活带来影响这一信仰为基础的民俗信仰体系。"④"带来影响"主要指荫庇后人。中华民族特别是汉族的祖先信仰是全民性的民间信仰，祖先崇拜甚于神明崇拜，甚至把祖先作为神。中国人虽然也信仰神（天），但是，早在西周时期中华文化从神本文化转化为以人本文化为主，引领中华文化的儒家思想重人伦，建立了君权神（天）授下的伦理政治理论体系。西周贵族的祭神和祭祖同为隆重的宗教仪式，也是祈福仪式。如《诗经》中的籍田诗写籍田礼，祭神祭祖与祈福融为一诗。如《小雅·楚茨》（译文）："粮食堆满我们的谷仓，囷里也装得严实紧密。用它们做成美酒佳肴，作为对列祖列宗的献祭。请他

---

① 刘善群：《客家与石壁史论》，方志出版社，2007年，第267—266页。
② 曹山明、苏静：《天时地利人和视角下的中国农耕哲学》，《鄱阳湖学刊》2019年第1期，第38页。
③ ［英］爱德华·泰勒：《原始文化：神话、哲学、宗教、语言、艺术和习俗发展之研究》，连树声译，广西师范大学出版社，2005年，第690页。
④ 色音：《祖先崇拜的宗教人类学探析》，《内蒙古师范大学学报（哲学社会科学版）》2012第3期，第29页。

们前来享用祭品，赐我们宏福无与伦比。""祖宗大驾光临来享用，神灵将它们一一品尝。孝孙一定能获得福分，赐予的福分宏大无量，赖神灵保佑万寿无疆。""祭祀十分顺利而圆满，赖主人尽心恪守孝道。愿子孙们莫荒废此礼，永远继承将福寿永葆。"值得一提的是：《诗经》籍田诗中的祭祖祭神祈福与"籍田"这一生产劳动结合在一起。西周的"籍田"是天子、诸侯征用民力耕种的田。每逢春耕前，天子、诸侯躬耕籍田，以示对农业的重视。这与泰勒所说的"祈祷既是理性的行为，也是实际的行为"有一些相通之处，可见祈福不能只是一种愿望，还需要"造福"的行为。

周代限于贵族建庙祭祖祈福，民间不能自建宗祠，只能在祖先的墓葬祭祀祈福。宋明理学时代封建伦理观念强化，朝廷允许民间兴建宗祠，南方各地特别是闽赣汉人移民大省的宗祠众多，祭祖祈福更加强化，延续至今。"传统的祭祖行为在漫长的传承过程中凝结了中华民族的文化特质、群体精神，已经成为广大民众生活方式的基本构成部分，具有生生不息的旺盛生命力。"① 宁化与其他客家地区一样，祭祖传统悠久，实行春秋两祭。在宁化，但凡族谱、祖训、楹联、诗文等，无不可见祖先崇拜与祈福的内容。如宁化《曾氏祖训》的"崇庙祀"条："夫庙，所以妥先灵、序昭穆也……庶几先灵得所依归，施福荫于无穷也。"宁化客家连氏与江西客家连氏联合编修的连氏祖训"崇祀典"条文："吾族各房祭产，原属希微，必赖肖子贤孙，日后扩充，方可无虞。且入太庙，必先崇祀典，春露秋霜之感，木本水源之情，其礼不可疏。疏则玩，玩则不敬神灵，怎能默佑后世？怎能获福？故每岁春秋，重其祀典，备物致敬，告其祖庙，斯昭来格，穆来享。至于主祭之人，必要齿德兼优，虔诚斋戒，方可与祭。如或跪拜倚立，惰慢无诚者，虽与祭，神不尔福。戒之戒之。"从石壁播迁外地的客家仍然念念不忘石壁和先祖。如广东梅县客家刘氏的"刘氏族诗"："骏马骑行各出疆，任从随地立纲常。年深外境皆吾境，日久他乡即故乡。早晚勿忘亲命语，晨昏须顾祖炉香。苍天佑我卯金氏，二七男儿总炽昌。"此诗作者刘广传出生于宁化，是客家刘氏开基始祖刘祥的第十四代孙，后迁梅县，诗梅州客家刘氏开基祖。此诗是刘广传为儿孙而作，后被刘氏族人奉为族诗。如广东梅县客家廖氏始祖，唐末避乱迁入宁化，后裔迁居梅县水南坝莆田里，其"传书堂"楹联写道："由宁化来梅州，贻谋后裔，百代簪缨声扬世彩荣万代；始水南居莆田，体念先人，一堂昭穆名垂俎豆享千秋。"广东兴宁客家幸氏的"念祖存仁祖联"曰："由宁化而开基本儒学而受恩荣艺苑之芳声宛在；自豫章而胥宇采藻芹而探桂杏兴朝之伟绩聿新。"2011年，宁化客家祭祖习俗列入国家非物质文化遗产名录。

从宁化悠久而深厚的敬祖祭祖的传统可知，在石壁兴建世界客家公祠并作为世界客属的"总家庙"，每年在石壁举行世界客属祭祖大典，这并非一般的文化建设项目和文

---

① 刘江翔、林坤：《中国祭祖文化的社会功能及现代性》，《龙岩学院学报》2008年第4期，第70页。

化创意活动之类，而是建立在石壁安息着众多客家姓氏先祖的魂灵，石壁祭祖与祈福传统悠久的基础上，是顺应世界客属的祖先崇拜和祈福心理的重大举措，是对宁化祭祖习俗的整合、扩展和升华。

海内外客家的石壁祭祖具有两重含义：其一，参加石壁祭祖大典，就像近距离给血缘较近的祖先扫墓祭祀一样，也与按照传统的祭祖时令在家中或宗族祠堂祭祖一样，是实际的祭祖，因为石壁先祖的血缘脉络基本可寻。如，已故的马来西亚客属领袖姚美良（1955—1999）1993 年 6 月 30 日在广东大埔会见宁化代表时说："梅州地区大部分姓氏都是宁化石壁迁徙来的，我姓姚的，是宁化迁来的，景清公（念一郎）的第二十五世孙，他是从宋时到梅州来的，我一定要去石壁寻根谒祖。"姚美良之兄姚森良还在石壁客家祖地文化园中建立了"宋姚氏始祖景清公纪念碑"。其二，参加石壁祭祖，是祭祀血缘已经很远，像神明一样的祖先，具有人类祭神一样的性质。"祖先崇拜是一种以崇祀死去祖先亡灵而祈求庇护为核心内容，由图腾崇拜、生殖崇拜、灵魂崇拜复合而成的原始宗教，是远古时代统协原始先民群体意志，有效地进行物质资料的生产和人类自身的生产的不可缺少的重要精神力量，在人类文明发展史上产生了极为广泛而深远的影响。"[1]石壁祭祖的海内外客属的先祖，因为血缘较远，已经由血缘渊源关系升华为文化渊源关系，祭祖的深层次目的就是为了获得一种精神力量。据此，我们才能理解：自1995 年举办首届"世界客属石壁祖地祭祖大典"以来，至 2021 年已连续成功举办 27届，参加祭祖大典客属有 31 个国家和地区的近 18 万人次，此外还有日常前来寻根谒祖的客属络绎不绝。这充分体现了客家祖先崇拜的精神力量，这种力量是客家生生不息的精神源泉，是文化之"根"，在人类文化中具有借鉴意义。

四、石壁福地对构建客家文化共同体的意义

人类社会有各种各样的共同体，文化共同体（含宗教共同体）为精神共同体，是共同体的高级形式。"所谓文化共同体，即是基于共同或者相似的价值观念和文化心理定式而形成的社会群体，是一种特定文化观念和精神追求反映在组织层面上的有机统一体。与政治共同体、宗教共同体、科技共同体、经济共同体等不同，文化共同体以文化价值的同质性为纽带，引导和规范个体采取或者实施相同或者相似的行为规范。'文化'在这一共同体中具有起承转合的核心地位。"[2] 其实，整个人类也是一个"人类文化共同体"，人类之所以为人类，除了人类的生物性特点以外，还有共同的人类才有的文化特

---

① 梅新林：《祖先崇拜起源论》，《民俗研究》1994 第 4 期，第 70 页。

② 傅才武、严星柔：《论建设 21 世纪中华民族文化共同体》，《华中师范大学学报（人文社会科学版）》2016 年第 5 期，第 66 页。

性，但人类还需要各种文化共同体，各有个性与特质，互相交流吸收，人类文化才能发展进步和丰富多彩。客家文化共同体属于"中华文化共同体"的一部分，但又具有不同于中华其他民族和汉族其他民系的文化特点，如客家话、迁徙史、民俗、地方性信仰、民性等，但中华文化的价值观和儒家思想文化等始终是客家文化的核心内涵。

文化共同体是在人类文化的发展进程中自然形成的。所谓文化共同体的构建，不是凭空构建出来，而是对同一群体共同的历史文化、价值体系、文化心理、文化性格等文化因素的发掘和研究，从而促进文化认同和共同体的凝聚，并且与其他文化共同体互相交流，互相吸收优秀文化，促进文化的创新和发展。近代以来，海内外无数客家学者、社团、客家精英致力于客家文化共同体的构建，以较早的南洋国家的客家人的客家认同、1921 年在香港成立的属于客属的"崇正总会"、广东罗香林先生的客家学著述等为代表，在 20 世纪二三十年代基本实现了客家认同和客家文化共同体构建。20 世纪后期中国大陆实行改革开放，海外客家纷纷前往祖国大陆客家地区寻根谒祖，客家文化交流频繁。1994 年在梅州举办第 12 届世界客属恳亲大会（中国大陆内地举办的第一次世界客属恳亲大会），1995 年石壁世界客家公祠建成并举行第一届世界客属石壁祭祖大典，梅州、闽西、赣南等客家原生地也举办各种海内外客属寻根谒祖的大型活动，世界客属恳亲大会接连举办，等等，标志海内外客家文化共同体进一步扩大。

应该看到，客家文化共同体的构建是一个不断持续的过程，需要不断解决新的矛盾和问题。20 世纪中后期以来，受政治和经济全球化以及世界强势文化的影响，客家文化共同体面临种种新的危机。如，客家传统伦理价值观、客家方言、客家风俗、客家艺术等逐渐淡化；客家民居、文物古迹等逐渐消逝；客家后裔的客家认同逐渐淡薄。即使在中国大陆客家地区，客家认同也未深入和普及，普通民众和青少年的客家认同感不及台湾地区和东南亚国家的客家地区。因而，客家文化共同体的构建不是一次性的，而是一个不断传承和发展创新的过程。

当下客家文化共同体的继续构建，可以统摄于三大主题：一是继续强化客家认同和客家凝聚；二是保护、传承、创新客家文化；三是深化交流合作，促进客家地区经济社会发展。近 30 年来，宁化县在这三个方面作出了不懈的努力，特别是在海内外客家认同和凝聚方面发挥了巨大作用。其中，连续成功举办 27 届世界客属祭祖大典、3 届"石壁与客家世界学术研讨会"、10 届"石壁客家论坛"，编著多达数千万字的客家文化论著和资料，形成了石壁研究的学术团队；兴建了超大型的世界客家公祠和世界客属文化交流中心等，这在一个客家县实属不易。可以说，石壁客家祖地对客家文化共同体构建发挥了巨大作用。在客家文化共同体的继续构建中，要继续发挥石壁祭祖祈福对客家文化共同体的修复作用。有研究者指出："中华民族凭什么拥有强大的修复能力？祈福文化是周而复始的一项原动力。"① 客家文化共同体的修复和创新，需要海内外客家的共同努力。2019 年 10 月在马来西亚举行的第 30 届世界客属恳亲大会提出"天下客家，永续共荣"的主题，同年 7 月举行的世界客属第 30 届恳亲大会的客家论坛提出"继往开来，重新出发"的主题，这是世界客属的共同心声，是巩固和创新客家文化共同体的集结号。石壁作为客家祖地和福地，肩负新的历史使命，不负这一历史使命，才能做到习近平主席所说的"树立石壁祖地的权威性"。

（作者简介：廖开顺，三明学院客家研究所教授）

---

① 谭山山：《从祈福文化到幸福指数》，《国学》2010 年第 2 期，第 11 页。

坚持正确史观
彰显宁化石壁世界客家公祠的初衷与担当

— ● 刘有长 ● —

前　言

近 90 年前，客家学开拓者罗香林教授界定了客家是汉族里头一个支派（民系）。时至今日，客家学界经历了许多曲折历程。2018 年 1 月，中共福建省委原副书记、福建省客家研究联谊会原会长、福建客家研究院院长林开钦撰写的我国首部《客家通史》问世，一部坚持马克思辩证唯物主义的客家巨著展现在世人面前，开辟了客家学界的新局面。而后，林开钦院长又以"客家源和流、关键三节点"对《客家通史》作了最为经典的解读和科学的诠释，作为历时 27 载的宁化石壁客家公祠和历时 27 届的"世界客属石壁祖地祭祖大典"已近而立之年之际，本文仅以"坚持正确史观，彰显宁化石壁世界客家公祠的初衷与担当"为题阐述我见。

一、世界客家公祠的兴建

（一）立基于正确客家史观的历史智慧

习近平总书记指出："让历史说话，把历史智慧告诉人们。"宁化石壁世界客家公祠是建立在汉族客家民系是中华民族汉民族中的一个民系，是中国民族史、战争史、移民史的产物，是中华民族的组成部分，根在中原。唐末宋初至宋末元初，闽粤赣边是客家民系形成、发展、播迁的祖地，也是海内外客家人的祖籍地。闽西是地域概念，不是行政概念。闽西汀州在客家民系形成、发展、播迁的相当长时期是核心区。基于上述的正确客家史观，在宁化石壁兴建世界客家公祠就顺理成章，演绎着世界客家公祠的正当性、合理性和全球性，彰显客家民系形成、发展、播迁的历史智慧。

（二）顺应改革开放大潮时代脉搏的弄潮儿

随着 20 世纪 1978 年 12 月中共十一届三中全会的胜利召开，改革开放的号角吹响。1979 年 1 月 1 日，全国人大常委会《告台湾同胞书》的发表，台湾当局 1987 年的"解禁"，两岸开启了交流交往，一个寻根谒祖、探亲访友热潮的涌现，在港、澳、台胞，海外侨胞寻根的热潮中，宁化石壁顺应了这一寻根、探亲潮。为了慰藉港澳台胞和海外侨胞寻根思乡念亲的心灵，在马来西亚华侨、祖籍中国广东梅州的姚美良先生的积极倡导下，三明市和宁化县以极大的热忱倾注心血，斥资兴建世界客家公祠成就了这一夙愿，成为顺应改革开放大潮中勇闯浪峰抓住时代脉搏的弄潮儿。

（三）立足自身优势和条件，夯实不可或缺的祖地基础

在闽粤赣边是海内外客家人的祖籍地和闽西汀州是客家民系形成、发展、播迁的核心区这一大视野中，宁化石壁充分发挥了自身优势和条件，不断夯实不可或缺的客家祖地基础。宁化石壁作为世界客家公祠的所在地和客家祖地的代表和形象是理想选择。宁化石壁凸显其自身优势和条件主要表现在：

1. 悠久历史

在闽粤赣边，特别相较于赣闽边，宁化虽置县不是最早的，也应是较早的。是唐中汀州置州时领三县中最早置县的。先期就有中原汉人涉足，如最具代表性的祖籍山西平阳，西晋时避乱迁居山东兖州，后转闽之剑津（今南平）的黄连镇将巫罗俊，"筑堡卫众，寇不敢犯，远近争附之"，"开山伐木""泛伐于吴"。在隋大业间（605—617），随父昭郎迁闽之黄连峒（今宁化）。使宁化在当时的闽西具一定的影响致使宁化人口大增。从唐天宝元年（742）的约 1500 户，人口 5000 人，增至南宋宝祐年间（1253—1258）的 38000 户，人口在 11 万以上，人口比增 22 倍。其历史悠久优势奠定其中原汉人南迁早期重要中转站和客家早期重要播迁地之一地位。

2. 地理优势

宁化石壁地处赣中、赣北的南迁汉人在唐"安史之乱"后，南迁赣南、闽西四条路线中素有"闽粤通衢"之称的江西石城至宁化石壁间站岭隘的交通要道上，该要道始于唐、发于宋、盛于明清，同时宁化还吸收了第三条第四条路线南迁汉人进入闽西的部分南迁者，凸显其地理区位优势。而石壁曾谓玉屏、石壁、石碧，因山水环抱、钟灵毓秀，在唐时已名声远播，选此作为世界客家公祠建址，也应是天时、地利、人和三者的理想选择。

3. 物产丰富

宁化所产"河龙大米"，在北宋景德元年（1004）就列为贡米，名闻遐迩。泉上延祥茶叶在清代列为贡品。自明代始，木刻活字拼板印刷业、陶瓷业、纺织业兴旺、发达，"苎布宁化四乡皆有，乡无不绩之妇""帷泉上有细等纱縠者，其贩行甚广，岁以千万计"。擂茶、生鱼片等独具风味，久负盛名，"汀州八大干"之一的宁化老鼠干流传至今。

4. 人文厚重

宁化历史上人文厚重，其崇文重教、蔚然成风。晚唐汀州府唯一进士伍正己就是宁化人，此后的进士中，宋代 30 人，明代 6 人，清代 14 人，清代举人 50 人、武举 29 人，涌现出伍正己、郑文宝、伍祐、张显宗、李世熊、黄慎、雷鋐、伊秉绶、张腾蛟等一批文化名人。

宁化自身的优势和条件，其悠悠岁月历史长河，也书写在宁化大地上。建于后唐的慈恩古塔，建于宋代的寿宁桥、龙津桥均可以史作证。所以，具有代表性的世界客家公祠兴建在宁化石壁应是理想选择。

（四）归功于党和政府的正确领导和大力支持

20 世纪 80 年代的改革开放大潮，风起云涌，掀起的港、澳、台胞，海外华侨、华人回大陆探亲访友、寻根谒祖、经贸合作的热潮，持续不断。在爱国华侨姚美良先生积极倡导下，在中共福建省委、省政府，三明市委、市政府的正确领导下，中共宁化县委、县政府以极大的热忱，选址宁化石壁，斥资兴建世界客家公祠，于 1992 年奠基，时任全国政协副主席杨成武为客家公祠题写"客家祖地"。时任全国政协副主席叶选平题写"客家公祠"匾额。台湾中国国民党前主席吴伯雄为石壁祖地祭祖大殿题书"怀祖殿"匾额。

在公祠兴建的同时，还得到中共龙岩市委、市政府及省、市相关部门的关心和大力支持，得到马来西亚华侨、祖籍均为中国广东梅州的姚美良、姚森良、萧光麟先生等客家乡亲的大力帮助和热心促进。

为适应形势发展需要，于 2010 年，中共福建省委原副书记、时任福建省客家研究联谊会会长、现任福建客家研究院院长林开钦带领省客联会一班人，在学习调研基础上，向省委、省政府呈报了"福建省客家祖地生态文化保护与建设的'十个项目'"。时任省委书记孙春兰作了重要批示，"十个项目"列入福建省"十二五"规划重点建设项目。位列"十个项目"重中之重的宁化"石壁客家祖地文化园"项目，投入巨资，进入建设的快车道。一个规模宏大，气势恢宏、建筑古朴、结构合理，集祭祖、历史、文化、风情、旅游为一体的建筑群，于 2012 年基本建竣，投入使用。这一远见卓识应归功于党和政府的正确领导和关心支持。

二、世界客家公祠的初衷

（一）全球客家人祭祀、追思、感恩的庄严场所

世界客家公祠所祭祀和追思的并不仅仅是经由宁化石壁或由此播迁海内外的客家人，而祭祀和追思的是海内外所有的不同时间、不分地域、籍贯、姓氏和士庶平民的客家先辈，宁化石壁成为每年一届隆重祭祀、追思和感恩全球客家先辈英灵的场所。

（二）彰显闽粤赣边是海内外客家人的祖籍地，客家文化根在中原

全球客家寻根谒祖、敬祖睦亲，不忘根、祖、脉的客家胜地。"宁化石壁客家祭祖习俗"列入国家非物质文化遗产名录。2013年10月16日，宁化"海峡两岸交流基地"正式挂牌。经全国侨联批准为"中国华侨国际文化交流中心"以及《全国社会科学普及教育基地》等，凸显宁化石壁世界客家公祠在全球客家人心中的崇高地位，每年一届的祭祖，使海内外客家人铭记闽粤赣边祖籍地、根在中原深深扎根心中。

（三）弘扬、传承、践行客家精神的平台

历经千年锤炼"开拓进取、艰苦奋斗、崇文重教、爱国爱乡"的客家精神，彰显客家文化的精华。客家人在古、近、现代，弘扬、传承、践行着这一客家精神，使这一精神发扬光大，在弘扬中传承，在传承中弘扬，在弘扬传承中践行。每年一届的祭祖大典，宁化石壁世界客家公祠就是最为崇高、生动、有效的平台，能获事半功倍的效果，使祭祖大典追思客家先辈们铸就客家精神的崇高，感恩客家先辈们践行客家精神的优秀品德，并决心当下弘扬、传承、践行客家精神的担当。

三、世界客家公祠的担当

（一）肩负正确客家史观，诠释客家民系形成、发展、播迁之重任

正确客家史观下的客家研究，要推中共福建省委原副书记、福建省客家研究联谊会原会长、福建客家研究院院长林开钦的《客家通史》和《论述客家史、关键三节点》一书中《客家源和流，关键三节点》的经典解读，即"民系的由来；客家民系的形成和发展；客家播迁海内外"的经典论述。精准诠释客家民系是中国民族史、战争史、移民史的产物，客家民系是汉民族的一个民系，客家民系、客家文化根在中原。形成客家民系缺一不可的四个特征，即：有脉络清楚的客家先民；有特定的地域条件；在特殊的历史年代，有独特的客家文化。赣中、赣北是中原南迁汉人进入赣南、闽西的重要中转站和出迁地。赣中、赣北的南迁汉人又因战乱再次南迁，进入赣南、闽西的四条路线是决定何时、何地、何因形成、发展客家民系的关键，闽粤赣边是客家民系形成发展播迁不可分割的祖地，是海内外客家人的祖籍地。闽西汀州是客家民系形成、发展、播迁的核心区，为粤东北、粤东客家聚居区的形成、发展、壮大和赣南客家的元气恢复、巩固发展作出不可磨灭的历史贡献。宁化石壁是客家早期重要的中转站和客家早期重要的播迁地之一，"开拓进取、艰苦奋斗、崇文宗教、爱国爱乡"的客家精神是客家文化的精华。千年客家祖地，百年革命老区，彰显闽粤赣边客家的两大优势，交相辉映。客家研究工作要为增强中华民族共同体意识，推进人类命运共同体，为中华民族伟大复兴服务。对上述正确客家史观的经典论述，是宁化石壁世界客家公祠责无旁贷的担当。

（二）彰显闽粤赣边两大优势，进行爱国主义、革命传统教育的课堂

闽粤赣边凸显千年客家祖地、百年革命老区的两大优势，两大优势互为内涵、交相辉映。结合每年一届的祭祖大典，弘扬两大优势，进行爱国主义、革命传统教育，这是不可多得的大课堂。在逾千年的客家历史，先辈们以"开拓进取、艰苦奋斗、崇文重教、爱国爱乡"的客家精神建设闽粤赣边美丽的客家祖地家园，在百年革命战争和社会主义建设的峥嵘岁月里，在中国共产党的正确领导下，客家人积极投身土地革命战争，参军参战建设苏区。中央主力红军长征的四个出发地均在闽赣边，闽粤赣边中央苏区为中国革命和建设作出重大贡献和重大牺牲。在闽粤赣边，千年客家祖地，百年革命老区，亮点纷呈，星光灿烂。在彰显闽粤赣边客家祖地两大优势，进行爱国主义、革命传统教育的永恒主题中，其本身就是一部好教材、好课堂，永世长存。因此，世界客家公祠成为当仁不让的弘扬两大优势，讲好中国故事、客家故事，进行爱国主义、革命传统教育的坚强阵地。

（三）反对"台独"和历史虚无主义的阵地

20世纪80年代后，"台独"纷纷抛出"两国论""一边一国"，从李登辉、陈水扁到蔡英文当局，在两岸间制造事端，肆意煽动"仇中""抗中""反中"伎俩。为了"去中国化"，拒不承认一个中国原则的"九二共识"，蔡英文当局更是嚣张，妄图"以疫谋独""以武谋独""以武拒统"，勾连美、日等反华势力，在"台独"的道路上越走越远。就在2022年8月2日，美国众议院现任议长、美国当局第三号人物佩洛西，不顾中方事前的强烈反对和一再警告，公然窜访台湾，此举严重违反一个中国原则和中美三个联合公报规定，严重损害中国主权和领土完整。美国反华势力与"台独"勾连的不断恶劣升级，"挟洋谋独"没有出路，"以台制华"注定失败，玩火者必自焚。祖国必须统一、也必然统一。在客家学界，"台独"为了"去中国化"，抛出"客家非汉"说和否定血缘、地缘的"文化认同"论，叫嚣"'客家人'不再是本质性的存在，而是以文化认同为准"。叫嚣台湾客家"应割断原乡脐带，脱离母体"，诬说："不管是客家人，还是福佬人，都有可能是当年平埔族人的后裔，未必是移自中国的汉人之后"等，极力否定台湾源自大陆的史实。而在同一时期，在20世纪90年代后的大陆客家学界，唯心史观界定客家为"古越族""文化概念""方言群"和"土著"的论调正值弥漫，妄图从根本上否定客家的汉族属性，否定闽西汀州客家的汉族属性。就在这一关键时期，1995年11月，宁化"世界客属石壁祖地祭祖大典"在宁化石壁世界客家公祠隆重举办，这对"台独"和历史虚无主义无疑是有力的批判和反击，而后每年一届至今连续举办27届。相信宁化石壁"世界客家公祠"及祭祖大典，不负韶华，不忘初心，在反对"台独"和历史虚无主义，坚持"一国两制"方针，实现祖国完全统一，为实现中华民族伟大复兴的征程中，坚持不懈、坚定不移、奋力前行。

结　语

国际形势，风云变幻。现正处百年未有之大变局与全球世纪疫情的叠加，去年，全党和全国各族人民隆重欢庆中国共产党的百年华诞。现正奋斗在为实现更加辉煌第二个百年奋斗目标的新征程。作为宁化石壁世界客家公祠面临每年一届的世界客属石壁祖地祭祖大典，肩负更加繁重而光荣的担当。在习近平新时代中国特色社会主义思想的指引下，坚持正确史观，弘扬传承客家文化，发扬光大客家精神，充分发挥闽粤赣边千年客家祖地、百年革命老区两大优势，讲好客家故事，讲好中国故事，促进海内外中华儿女团结奋斗，为中华民族伟大复兴汇聚伟力，实现祖国完全统一大业，为实现中华民族伟大复兴的中国梦，推进人类命运共同体高歌猛进、阔步前行。

参考文献：

[1] 林开钦：《客家通史》，福建人民出版社，2018 年 1 月。

[2] 福建客家研究院编：《论述客家史关键三节点》，福建人民出版社，2020 年7 月。

[3] 《汀州府志》，方志出版社，2004 年 3 月。

[4] （清）曾日瑛修、李绂纂，（民国）黎景曾、黄宗宪修纂，福建省地方志编纂委员会整理：《宁化县志》，厦门大学出版社，2009 年 10 月。

[5] 刘善群：《客家与石壁史论》，方志出版社，2007 年 2 月。

（作者简介：刘有长，福建客家研究院常务副院长、高级经济师）

论宁化客家祖地与迁台客家的关系①

————————● 徐维群　危淑珍 ●————————

宁化石壁客家祖地与台湾客家有着深厚的联系。20 世纪 90 年代以来，台湾客家人纷纷来到宁化追根溯源，进行政治、经济和文化的交流与合作。此文将从宁化客家迁台的大背景下，论述宁化客家迁台的主要动因；宁化主要姓氏的迁台历程；宁化迁台对台湾的影响。

一、宁化客家的基本状况

宁化县（古属汀州府宁化县）隶属于福建省三明市，地处福建省西部，气候条件为中亚热带山地气候，武夷山东麓，东邻明溪、清流县，西毗江西省石城、广昌县，南接长汀县，北界建宁县，是福建通往江西省的一大要冲。根据第七次人口普查数据，截至2021 年 5 月，宁化县常住人口为 26.16 万人。[1]

宁化县，是一个在中国地图上非常小的地方，但这里养育了几十万客家人民，是许多海外客家游子每年回乡祭祖的地方。一代代的宁化人世居于此，过着"城内烟火人间、城外种瓜耕田"的传统生活，宁化城里的一砖一瓦、一草一木，都积淀着历史、充满着故事。文化藏于不同的历史故事中，也融于不同的历史建筑中，尽管时代变迁，仿佛风格依旧。宁化属纯客县，始建于唐开元年间。宁化纯客家县人口变动情况是：明洪武二十四年（1391）户数 12588，人口数 14930 人；清顺治九年（1652）户数 5267，人口数 37888 人；民国二十六年（1937）人口数 133772 人；中华人民共和国 1987 年总户数 57595，人口数 305903 人，2022 年户籍人口 368900。[2]

————————

① 本文系 2019 年国家社会科学基金项目"福建迁台客家同宗村宗族文化传承与嬗变"（课题编号：19XZS027）成果之一。

二、宁化石壁是迁台客家的祖地

福建省宁化县石壁村，是客家先民由北向南大迁徙的中转站，因此被誉为"客家祖地"。石壁村对客家民族的形成发挥了重要作用，是全球上亿客家人的祭祖圣地和朝圣中心、客家文化与民系发祥地以及世界客属祈福圣地。石壁客家公祠，是世界客家人的总家庙，全长400余米通往公祠的"客家路"，记录了客家人由古至今的发展历程——东晋时期，大批汉人为避战乱背井离乡，举家南迁。石壁村又因其独特的地理位置成为南迁汉人繁衍的栖息地。随着他们的发展，南迁的汉族定居者与该地区的原住居民交往、发展和融合，形成了独特的客家文化。祠堂内安置了160位客家姓氏的始祖神位，供后人祭祀参拜。还收藏了大量的家谱和文物资料，十分宝贵。

客家先民最早自东汉至宁化，绝大部分是唐中叶至南宋期间。客家先民在以宁化石壁为中心孕育成客家民系之后，由于社会环境的变化，在宁化已定居数百年或数代的"初生"客家人，又往闽西、广东东部大批迁移。客家民系形成之后的南宋开始自宁化外迁的客家人，占了宁化外迁姓氏的80%，达150姓以上。他们又陆续播衍到国内十余省区市，宁化客家儿女遍天下。

石壁客家与台湾客家同祖同宗、同根同源，有着深厚历史渊源。据统计，宁化与台湾有亲缘关系的达92姓，他们是：丁、万、马、邓、王、方等。上述姓氏中，以客家姓氏居多，也有移居台湾被同化的闽南人姓氏。台湾客家强势姓氏35个中有26个与宁化有亲缘关系，占台湾客家姓氏的75%。[3]而泰宁的邹姓、将乐的杨姓、沙县、三元、梅列的邓姓、永安贡川的陈姓、大田桃源的郑姓、清流魏姓等，均有定居台湾的后裔。大多客家姓氏尊宁化石壁始祖为始祖、一世祖或开基祖。

三、宁化客家人迁台的主要动因

不同年份的朝代，不同规模的迁徙，使得福建地区所聚集的人口越来越多，人地矛盾，天灾人祸等越来越多的因素影响着生活于此的客家人以及本地人。每个人心中或多或少的都筹划着离开这里，迁徙到一个更有利于生活发展的地方，谋求生计。这时候，还未被完全开放的台湾就成了最好的去处。清康熙、雍正、乾隆时期成了客家人开始大规模迁徙台湾，开放台湾的最盛时期。在影响宁化迁台的诸多因素中，这些原因显得尤为突出：

（一）人口压力，人多地少，粮食明显不足

北宋以来，经济重心逐渐迁移至南方，随着移民人口的不断增加，现有的更低面积所产的粮食谷物，已不能够维持生计，加上原本就居住在丘陵山地地区，耕地面积本来就不太足够，人口压力越发明显。台湾地理位置优越，气候和水土条件，有利于农业发展。台湾粮食高产，吸引着遭受饥荒的移民们。另外，由于台湾耕作技术十分落后，大面积耕地得到保护，这也使得台湾有能力接收并容纳这些移民。

（二）客家大本营自然条件恶化，天灾频繁

宁化县少冷寒、多暖热，春季强对流、雨季雨涝和夏秋冬气象干旱皆出现，气候年景中等偏差，宁化地区自古以来就是灾害多发的地方，其中，就属旱灾和涝灾最为频繁，每每到灾害发生的时节，无论是房屋村落，还是农田庄稼都或多或少的遭到了一定程度的破坏，经济损失严重；且南方春季属梅雨季节，雨季过长；加上夏秋季节多发台风，暴雨大风频发，自然条件相对不理想。

（三）明代郑成功军队留台，颁发招募公告，鼓励来台发展，起重要作用

明朝的将士郑成功在收复台湾过程中，招揽了诸多官兵将士，而这些将士们中，属于客家人的又占大多数，在郑成功军队成功击退荷兰军队后，部分士兵将士就留在了台湾发展生活，而这些人中大部分的客家人在接纳家人亲友来台开发上就起了重要作用。在郑成功据时期，鼓励大陆人民来台开荒垦殖，发展台湾，客家人纷纷响应，这也成为客家人大规模迁台的重要时期。

（四）近现代客家人的政治性迁台

二战结束后，在被日军占领长达50多年之久的台湾光复，此后国民党政府便接管了台湾，闽西人纷纷渡台；到了内战时期，中国共产党击退国民党，国民党军队失败后，退居台湾，闽西人再次渡台。这两波的客家人渡台，目的不是为了生计，更多的是带有被迫的性质，渡台是去台湾接管从事各种事业或者服兵役，他们解甲归田后自然就成了台湾的移民了。

四、宁化迁台客家的姓氏代表——巫氏迁台

巫氏是华夏古老姓氏。宁化开疆始祖为巫罗俊，裔孙播衍海内外，宁台两地巫氏乃一脉宗亲。宁化作为巫罗俊的开基地，是台湾巫氏裔孙的祖地。

（一）宁台客家巫氏源流

巫氏得姓历史悠久，源远流长。东晋末巫氏一支辗转南迁，隋大业年间迁徙黄连峒（今宁化县）开基肇业，繁衍生息，裔孙播衍四方，根深叶茂。自明嘉靖始，大陆巫氏陆续迁徙台湾，开枝散叶，薪火相传。

1. 姓氏起源

巫姓主要有三大起源，一是源自上古医药始祖，黄帝时期有一位宰相叫作巫彭，根据《姓氏考略》记载可知，巫彭首创了中草药，他使用动物喂食草药治病救人，他非常

精通医术，甚至被轩辕氏奉为医神，后来还被黄帝封为医相，而他的子孙也就以祖先名号为姓了，从而形成了巫姓氏族。子孙就传承了巫姓。二是源自鲁国贵族叔肸，叔肸的曾孙叫作公巫召伯，伯是指一个爵位，而公巫则是他的姓，最终公巫召伯的子孙也就跟随着祖先以"公巫氏"为姓，后来便简化为巫姓或者召姓等，从而传承至今。三是源自官职名，在商朝时期，设置了一种专门掌管占卜的官职叫作巫祝，这都是源自一位叫作巫咸的商朝大臣，他是非常出名的占星师，就是他发明了现在的鼓，并且也是首次使用筮占卜的人，而"巫"本身就是指召威神灵的职业，从而官吏"巫祝"的后人也就以祖先的官为姓了，形成了巫臣氏，后来简化为巫姓。

2. 辗转南迁

东晋末，豪强擅权，征伐不断，割据一方，各自称王，进入南北朝时期。北魏泰常五年（420），先祖巫暹为避战乱，自北魏秦州河北郡（今山西省运城市夏县）东迁兖州（今山东省济宁市兖州区），后辗转南迁剑津（今福建省南平市延平区），巫暹为南迁始祖。

隋大业四年（608），朝政荒淫，天下大乱，群雄并举。巫暹裔孙昭郎携子罗俊迁徙黄连峒（今宁化县）拓荒垦殖，开基肇业……贞观三年（629），罗俊自诣行在上状，声称黄连地广齿多，实行地税为宜。朝廷嘉之，因授巫罗俊一职（授黄连镇将军），命他伐荒以求自效。而罗俊开垦的荒地，东至桐头岭，西至站岭，南至杉木堆，北至乌泥坑（面积4000多平方千米）。[4]巫罗俊率众开山伐木，泛筏于吴，取得胜利，经济发展，社会稳定。唐乾封二年（669）置黄连镇—唐开元十三年（725）升镇为县—唐天宝元年（742）取"宁靖归化"之义，更名为宁化县，时至今日。巫罗俊实为宁化开疆始祖，也是巫氏入宁始祖、开基祖、一世祖。

3. 向外播衍

一世祖巫罗俊（582年4月8日—664年8月18日），字定生、号青州，娶柴、纪两夫人，生明甫、明达两子；二世祖明甫生子万宗；三世祖万宗生仁、义、礼、智、信五子；四世祖长房巫仁派下繁衍最盛，人丁兴旺，世代昌隆。自五世祖以后，裔孙陆续播衍闽西、闽北、闽中、闽东、闽南以及广东、江西、广西、四川、台湾等地和海外，分布大陆24个省218个县、18个国家和地区。

（二）巫氏迁台时间，历程及在台分布

巫姓先人于明代初迁江苏，然后从江苏南下，移居闽、粤，把巫姓带到东南沿海一带。具体迁台时间，历程及在台分布如下表所示：

表1　巫氏迁台时间、历程及在台分布

时间	历程	在台分布
隋末唐初	客家巫姓先祖巫罗俊，移居宁化，在他的带领下，宁化不断发展壮大，成为巫氏乃至客家人的摇篮。巫罗俊也因其身份，受到了后人的敬仰和膜拜。	据《台湾省通志》各姓氏分布表记载，巫姓在台湾姓氏排72位，主要分布于新竹、南投、苗栗、彰化、嘉义等县，以彰化县居多，共638户。通过这一线索，笔者查阅了这几个地方的当地历史，查证了巫氏入台及分布的一些状况。十四世祖巫特山，于乾隆年间，由焦岭迁至于本省彰化县，其后至嘉庆年间复迁于本县。生活在梅县，有十二世祖巫长生，于乾隆年间，由梅县嵩山乡迁居于本县。《彰化县志稿》只有在"影化县姓氏别户数表"中记到巫姓排在第27位，共有638户，而南投县甚至只字未载。《嘉义县志》亦是只在"诸罗有关各姓渊源"一章中简记巫姓共有43户。
宋至清	巫氏后人移居各地，多移民至台湾，繁衍后代。《台湾省通志》记载，巫姓自雍正年间入台……雍正十一年，镇平人巫阿政入境竹堑新埔仔（在今新竹县）；嘉庆八年，巫寅浩捐修今屏东县内埔乡天后宫；同治二十五年巫先捷与庄民同立港东里褒忠碑同治年间漳州人巫某人垦今台北县双溪乡丰珠村巫厝里岸。	
时至今日	台湾巫氏后裔寻根谒祖，都会到宁化祭拜先祖巫罗俊，闽台巫氏之间的亲缘关系，历久而不间断	

[资料来源于吴巍巍.《闽台客家巫姓文化亲缘的传承与嬗变》[J]. 闽台文化研究, 2007 (2)：59-64.]

（三）巫氏宁台客家人文交流

宁台两地巫氏宗亲顺应大势，加强文人交流，勠力同心，共襄族事，共祀始祖。

1. 原址重建祖祠

巫罗俊殁后，唐皇下旨在宁化县城隆建"青州公祠"，每年春秋由县令主祭，历朝祭祀如常，朝拜络绎不绝。因年代久远（历时1000多年），加之"文革"浩劫，公祠破烂不堪。

为满足广大海内外巫氏宗亲回祖地寻根谒祖、举办文化活动的需要，重建祖祠十分必要。1988年10月15日，由台湾巫氏宗亲总会倡议，经宁台两地宗亲充分商议，在原址重建祖祠，作为海内外巫氏裔孙的总祠堂。随后台湾巫氏宗亲总会数次派人回祖地共商筹款筹建事宜，并郑重承诺负担40%的基建款，祖祠定名为"巫罗俊公怀念堂"。宁化县政府在规划、立项、用地等方面给予了大力支持。该项目总投资165万元，于1992年8月26日开工建设，1996年5月24日竣工。

重建的巫罗俊公怀念堂设计新颖，飞檐斗拱，琉璃碧瓦，雄伟壮观。匾额端庄大方，意涵高远。楹联文采飞扬，寓意深刻。正厅宽敞明亮，可容纳200多人。自建成后，每年清明祭祀罗俊公仪式、海内外巫氏宗亲恳亲联谊会（连续五届）和巫氏文化节

（连续三届）、纪念罗俊公诞辰 1415—1435 周年大会等重大人文活动都在此举行（主场之一）。2002 年 6 月，中共宁化县委宣传部授予"宁化县祠堂文化中心"称号同时成为海内外巫氏宗亲回祖地寻根谒祖的庄严圣殿，开展文化活动的重要平台。

2. 开展交流活动

台湾巫氏裔孙源出始祖巫罗俊，宁台两地巫氏同宗同祖，血脉相连，他们感念始祖、情注祖地，盼望回祖地寻根谒祖。为搞好组织、联络、沟通和交流工作，宁台两地由德高望重的宗贤首发倡议，先后在台湾、宁化成立巫氏宗亲社团组织。

1974 年，由台湾巫永福、巫银棋、巫春发、巫文贞等宗贤倡议，在台北成立台湾巫氏宗亲总会，首任总会长巫永福、理事长巫银棋，现任总会长巫文隆、理事长巫志贤，会址设台湾省台北市。台湾巫氏宗亲较多的彰化、新竹、高雄、桃园等地，也成立了巫氏宗亲联谊会。1998 年 10 月，由宁化巫瑞才、巫连山、巫朝贵、巫英美、巫锡珊等宗贤倡议，在宁化县城成立海内外巫氏宗亲联谊总会，首任总会长巫瑞才，现任总会长巫连山，会址设福建省宁化县翠江镇巫罗俊公怀念堂（小溪新村 68—1 号）。为便于及时联络、沟通和信息交流，宁台两地巫氏宗亲社团通过多种方式达成。依托智能终端、互联网平台，建立手机、微信、邮箱等多种联系方式。（宁化）海内外巫氏宗亲联谊总会于 2002 年创办图文并茂彩印《平阳简报》，已出刊 200 期；编印《新文化进祠堂》《巫氏资料汇编》《巫氏名人录》《先进文化进祠堂再创辉煌纪实》等巫氏文化资料。

两岸"三通"后，宁台两地巫氏宗亲开始交流交往。1987—2019 年，台湾巫氏宗亲社团组团 40 多次、2000 多人次回祖地寻根谒祖，参加文化活动以及旅游观光。他们面对始祖墓、始祖像，神情肃穆，默默祈祷，虔诚之极，行三叩九拜大礼，尊祖敬宗之情非语言文字所能表达。宁化巫氏宗亲社团组团 8 次、近 700 人次赴台湾恳亲、参加文化活动以及旅游观光。大陆宗亲所到之处，受到当地巫氏宗亲社团及宗亲的高规格礼迎，热情接待。通过宁台两地互动，增进了宗亲情感，促进了巫氏文化事业乃至宁化客家事业的发展。

表 2　宁台两地巫氏宗亲人文交流活动大要事记

时　间	事　件
1987 年 5 月	台湾巫氏宗亲总会总会长巫永福、理事长巫银棋带领 17 位宗亲，回祖地寻根问祖，实地考察青州公祠，看见公祠破烂不堪，含泪立誓一定要重建祖祠。
1988 年 10 月 15—17 日	台湾巫氏宗亲总会理事长巫银棋、理事巫春发，率 12 位宗亲，在宁化县城成立"修建巫氏祖祠台湾支援委员会"，由总会长巫永福任主任、理事长巫银棋和理事巫春发任副主任，宁台两地巫氏宗亲成员 30 多人。

（续表）

时　　间	事　　件
1989 年 5 月 9—12 日	台湾巫氏宗亲总会总会长巫永福任团长、理事长巫银棋任副团长，率台湾巫氏恳亲团 17 位宗亲，就重建巫氏祖祠与宁化县人民政府达成协议，郑重承诺负担 40% 的基建款，祖祠定名为"巫罗俊公怀念堂"。
1996 年 9 月 18—21 日	台湾巫氏宗亲总会总会长巫永福率 86 位宗亲，回祖地参加"巫罗俊公怀念堂落成典礼暨第一届海内外巫氏宗亲恳亲联谊会"，海内外巫氏宗亲代表 900 多人参加。
1999 年 9 月 19—21 日	台湾巫氏宗亲总会理事长巫春发率 36 位宗亲，回祖地参加"巫罗俊公及柴、纪两夫人塑像开光典礼暨第二届海内外巫氏宗亲恳亲联谊会"，海内外巫氏宗亲代表 500 多人参加。时值台湾发生"9·21"大地震（7.6级），台湾宗亲感言："地震，震不断血脉源、宗族情。"
2002 年 10 月 3—5 日	台湾巫氏宗亲总会名誉会长巫银棋率 12 位宗亲，参加"纪念巫罗俊公诞辰 1420 周年大会暨第三届海内外巫氏宗亲恳亲联谊会"，海内外巫氏宗亲代表 400 多人参加。
2004 年 9 月 30 日—10 月 2 日	台湾巫氏宗亲总会理事长巫春发率 65 位宗亲，参加"修建始祖陵墓落成典礼暨第四届海内外巫氏宗亲恳亲联谊会"，海内外巫氏宗亲代表 400 多人参加。
2007 年 10 月 3—6 日	台湾巫氏宗亲总会理事长巫春发任团长，率台湾巫氏恳亲团 58 位宗亲，参加"世界巫氏宗亲首届巫氏文化节暨第五届海内外巫氏宗亲恳亲联谊会"，海内外巫氏宗亲代表及特邀嘉宾 800 多人参加。
2009 年 11 月 15—20 日	（宁化）海内外巫氏宗亲联谊总会总会长巫瑞才，率大陆 5 省 10 县 311 位宗亲（宁化 108 位），赴台湾彰化参加"巫氏平阳府"落成典礼及旅游观光，受到高规格接待。
2012 年 10 月 2—5 日	台湾巫氏宗亲总会理事长巫春发率 50 多位宗亲，回祖地参加"纪念巫罗俊公诞辰 1430 周年大会暨第二届巫氏文化节"，海内外巫氏宗亲代表及特邀嘉宾 1268 人参加。
2014 年	（宁化）海内外巫氏宗亲联谊总会总会长巫瑞才，率 102 位宗亲赴台湾，参加在台北举行的"纪念台湾巫氏宗亲总会成立四十周年大会"。
2015 年 1 月 17 日	在海内外尤其台湾巫氏宗亲的鼎力支持下，开工建设"海内外巫氏会馆"，总投资 300 万元，占地面积 498 平方米，建筑面积约 1200 平方米，为三层砖混结构，2016 年底竣工。
2017 年 10 月 14—16 日	台湾巫氏宗亲总会组织数十位宗亲，回祖地参加"纪念巫罗俊公诞辰 1435 周年大会暨第三届巫氏文化节"，海内外巫氏宗亲代表暨特邀嘉宾 1438 人参加；15 日上午参加"第 23 届世界客属石壁祖地祭祖大典"。
2019 年 12 月 31 日	台湾巫氏宗亲为重建祖祠（含塑像）、修祖墓、建会馆、祭祖等族事，累计捐款 200 多万元，是海内外巫氏宗亲捐款最多的省份。

[资料来源于刘有长，严雅英主编.《福建客家名祠名墓》[M]. 福州：海峡文艺出版社，2011.]

五、宁化迁台客家对台湾的影响

（一）宁化客家迁台对台湾的经济影响

宁化具有投资环境优，社会安定，经济稳定，发展潜力大等优势。宁化与台湾在贸易、农林、文化、旅游产业等多个领域都取得了良好成效。在贸易领域，从三明市宁化县向台湾出口特色农产品和资源产品的单方贸易开始，再到两地借助沿海口岸进行常态化小额贸易，如今，台湾农产品和工业产品进入宁化寻常百姓家，两地商品贸易的种类和规模都实现了增长。在投资方面，台商在宁化投资已涵盖至电子、机械、纺织服装、农产品种植、林产品加工、生物医药开发等诸多领域。投资结构实现多元化发展。在文旅产业，以客家文化、民族文化为主，推进海峡两岸人员交往交流，开展双向旅游合作交流，为推动宁化与台湾为更高层次、更广泛的交流与合作发挥了积极作用。

（二）宁化客家迁台对台湾的政治影响

在抗击武汉保卫战的斗争中，以张启明为代表的宁化客家人做出了巨大的贡献。张启明，字仲平，别名志远，1915 年 3 月出生于福建省宁化县石壁镇陈圹村。启明幼年性格豪爽，天资聪慧，在高小毕业时，在全县 7 所中学中，名登榜首。随以高分考取广州陆军学校。毕业后参加抗日战争，参加武汉保卫战，在长江北岸一线参军（黄梅、广济、田家镇、习水、黄陂旁），掩护和机动作战，并负责破坏线路上的桥梁，在日寇陆空联合，步炮协同，在惨烈的攻击下，以血肉之躯，阻止了他们的前进，赢得了时间，使大军从容渡过漠水，巩固第六战区，顺利完成任务。随后跟随部队前往台湾，在军内服役多年，于 1971 年 3 月以陆军上校限龄退役，退休后，发挥余热。著有《客家先民中继站——宁化石壁乡》《宁化简介》《清河郡张氏祖宗溯源概要》等。

（三）宁化客家迁台对台湾的文化影响

明朝 1628 年发生闽南大灾，政府组织数万灾民开垦台湾荒地，带来先进的农耕技术，结束了台湾半原始的生活状态。闽南风俗、汉人信仰、华夏文化开始在台湾传播开来。

客家人抵达台湾后，也将耕种与读书的传统带到台湾，开垦山林，建立了小山村后，很快成立书塾教育子弟。清代台湾客家举人吴子光在《纪诸山形胜》写道："至此分路二由街东行八里至老鸡笼庄，有小村，溪水环绕，左右人烟百余家，书塾设焉。"[5]老鸡笼庄地处苗栗偏远的山林地带，虽然是一个只有 100 多户人家的小山村，但是同样设有书塾，这就足以证明客家人重视文化和教育。

结 论

台湾与宁化客家之间地脉相通，同气连枝，声息相通，"共祖同根""血浓于水"。两岸客家人有着密不可分的血缘关系，是同一种族的渊源与流派关系。通过对宁化客家迁台历史的了解和学习，更深刻理解客家人不畏艰险，千里南迁，勇敢渡台，奋发向上的精神，促进宁化客家祖地与迁台客家的交流与合作。

参考文献：

[1] 徐维群.论客家文化符号在"海峡两岸"客家文化产业合作中的功能与运用 [J].东华理工大学学报（社会科学版），2013，32（02）：149-152.

[2] 宁化县第七次全国人口普查公报（第二号）.宁化县人民政府.2021，6.

[3]（三明市）宁化县 2021 年国民经济和社会发展统计公报-红黑统计公报库（hongheiku. com）

[4] 何正彬，张恩庭主编.石壁与台湾客家 [M].福州：海风出版社，2010，8.

[5] 张运祥，张寿标主编.三明与客家 [M].北京：方志出版社，2003.

[6] 葛稳.唐福建观察使研究 [D].陕西师范大学，2018.

[7] 吴巍巍.闽台客家巫姓文化亲缘的传承与嬗变 [J].闽台文化研究，2007（2）：59-64.

[8] 刘有长，严雅英主编.福建客家名祠名墓 [M].福州：海峡文艺出版社，2011.

[9] 吴震主编.全球视野下的中国儒学研究国际学术研讨会 [J].中国哲学年鉴，2014（1）：1.

（作者简介：徐维群，龙岩学院闽台客家研究院副院长，教授；危淑珍，龙岩学院 2022 届毕业生）

客家祖地村落物质民俗生活链的修复与重构

—————● 林清书 ●—————

一、当代客家祖地村落物质民俗生活链的断裂

客家农村的民俗生活链，就是由正常人口结构组成的民俗生活体系，包括村落的物质、精神和信仰等三个方面的内容，是客家文化的基本内容，是客家民俗研究的主要对象。

客家祖地的物质民俗生活，体现了山区、农业经济为基础的特点，包括采集、种植、养殖、农产品加工、建筑、家具、饮食等。[①]

客家祖地的精神民俗生活，主要体现在山歌、故事、传说、木偶戏、武术、游戏等方面。

客家祖地的信仰民俗生活，包括宗教、民间信仰、祭祖、娱神，包括节日、婚丧等相关环节中的信仰活动。

客家物质民俗生活有自己的特点，从客家祖地的角度来看，主要体现了山区和农业经济的特点，如山区采集、种养渔猎、加工等特点；传统服饰方面，有历史积淀，吸收了汉族传统服饰、当地少数民族服饰的元素；建筑方面以客家土楼、围屋和九厅十八井为代表；还有传统农具、日常生活器具等，跟南方山区农作文化大同小异，主要体现在方言名称上的区别。

农村人口往城镇迁移，是社会发展的需要，是经济发展的必然，是农业文明向工业文明转向的必然选择，也体现了人口迁移的基本意愿和权利。

改革开放以来，根据国家城镇化的战略，农村青壮年基本上都向城镇转移，促进了城镇经济的发展。城镇人口的增加，使得房地产市场、基础设施建设等持久发展，相应

---

① 林清书：《客家传统文化与现代文明建设》，《龙岩学院学报》2014 年第 1 期。

的建筑业、家具家电行业、服务行业等也随之发展，拉动了内需，增加了就业机会，增加了 GDP。农村村民也转移成为城市居民，参与城市各个方面的建设任务和服务工作，同时也享受了城市的医疗、教育、文化等资源。特别是为了下一代的教育，他们全力以赴到城里购买学区房。

随着农村人口进城安家落户，主要劳动力迁移，成本高、利润少、需求少、大面积种植养殖的项目减少，重体力劳动减少，许多农田被抛荒。打破了原有的农业生产体系和生活体系。许多村落变成无人村，有的只留下留守老人。只有春节和祭祖、扫墓的时候，或者是重大民俗活动的时候，外出的村民才会回到村里。老家变成了"行宫"。农村原来的生产链、生活链由此发生断裂现象。

客家农村的生产链，主要是农林牧副渔的生产系统，如：水稻、杂粮、蔬菜等农作物种植，家禽家畜的养殖，渔猎，林业以及泥水工、木工、竹编等副业，根据一年四季二十四节气进行循环劳作。以水稻为例，播种—育秧—插秧（莳田）—本田管理（灌水、除草即耘田、防病、治虫）—收获（割禾、晒谷、车谷、入仓）。种双季稻的地方，紧接着锄地（把稻根挖起来）或犁田、耙田、打田（传统用碌碡、后来用拖拉机），接着就是莳田或抛秧，之后又是本田管理，等待秋收。传统用牛猪粪施肥，回归于田地，形成良性循环。稻田中还有泥鳅、黄鳝、泥蛇、青蛙、小虾、小荸荠等，田埂上还兼种黄豆、黑豆等，土地充分利用。随着水稻种植的改革和机械化的推进，水稻种植的流程简化，生产强度降低。一般家庭用抛秧代替辛苦的插秧，用除草剂代替耘田，用摩托车带动打谷机，各种小型机械代替犁田、耙田、打田，用摩托车运输收获的稻谷，家里还有小型碾米机，生产力进一步得到解放。传统的耕作方式已经发生了巨大的变化。自从有了化肥农药之后，稻田里的小动物似乎也不见了，在一定程度上打破了这个循环，生态系统和土壤都受到了一定的影响。[①]

日常生活基本实现电气化，村民不再需要上山砍柴，山上的植被自然生长，逐渐恢复成原始森林的样子。山上的动物没人打搅，野猪、麻雀等动物都受到保护，迅速繁殖。但是，自古以来，适度砍伐，也是帮助山上的植物有序生长的必要手段。孟子说："斧斤以时入山林，材木不可胜用也。"（孟子《寡人之于国也》）适度的松香采集，为化工厂提供原料，制作成松节油等日用产品，也是必需的。可是，采集松香是很辛苦的活，需要将沉重的松香从崎岖的山坡上挑到摩托车能够到达的地方，已经很少有人愿意干这样的活了。闽西客家山区从事林业生产的人稀少，山高、路密、林深，几乎没有人愿意上山劳作。林业生产链也形成了断裂。

从建筑的角度来看，用上古时期就开始使用的版筑技术建造各种土房、土楼，遍布大江南北。除了地域性很鲜明的客家祖地的福建土楼、围屋和九厅十八井的建筑，在广

---

① 乌丙安：《生态民俗链——中国生态民俗学的构想》，《科学中国人》2002 年第 10 期。

大南方还有很多普通的版筑平房、土楼。最近十年，西洋式建筑迅速代替了版筑式、天井式、榫卯式的传统建筑，广大城乡建筑面貌高度统一。建筑全面西化的结果，就有可能造成后代对传统建筑没有具体的感受和记忆，被保护的少量供参观的传统民居也变成遥远的、抽象的历史符号。

在建筑、家具、服饰等物质民俗生活的主要方面基本西化的背景下，客家传统物质民俗生活发生了严重断裂，人们对传统客家物质民俗生活的记忆也将淡忘。淡忘的结果，也就淡化了自己的身份符号，逐步演变成"现代人"。在此背景下，下一代对自己是不是客家人，没有具体的生活体验，更没有历史记忆。随着我们对西方文化的进一步了解，发现西方反而非常重视对传统民俗生活方式的保护。当我们意识到这个问题的严重性，并进行深刻反思的时候，断裂已经形成了。

物质民俗生活链的断裂，是客家村落人口向城镇迁移之后引起的必然结果。只有保证基本人口，才能维持正常的生产链、生活链，振兴乡村经济，传承客家传统文化。要复兴中华传统文化，就是要从地域文化入手；要复兴传统地域文化，就必须重新修复和重构物质民俗生活模式。

二、客家祖地村落物质民俗生活链部分修复和重构的可能性

随着城镇房地产市场出现饱和、基础建设基本完成的情况下，随着疫情的影响和世界形势的发展，经济形势发生了巨大的变化。房地产市场饱和，引发了一系列的问题，家具家电装饰装修等相关行业都受到了影响。随着人工智能的发展，线上购物的冲击，实体商户也受到了很大的冲击。疫情对旅游、餐饮、出行等形成了极大的影响。城市经济面临巨大的压力。一些有识之士就开始将目光转向农村。鼓励人才回农村创业，特别是乡村振兴的大政方针的制订，给新农村建设提供了很多机会。

农田、山地租种成本极低，还有政府鼓励政策，为乡村创业提供了较大的吸引力，加上城市对安全、天然的绿色食品的需求，将吸引部分城市打拼的人回到乡村进行创业。比如包租大量农田、山地或池塘，大规模种植水稻、蔬菜、烤烟、药材，进行专业养殖，开展多种经营，等等。一个或数个投资人，可能带回机械化、现代化的作业方式，雇佣部分农民，即可完成较大规模的种植和养殖任务，完成市场营销和运输任务。如果进一步争取资金，开展农村基础建设项目，道路拓宽、河道改造、排污网络的统筹规划、古村落保护与开发，旅游资源的挖掘与开发，等等，的确能够增加村落的人气，增加活力。虽然这个生产链不再是传统的农业文明主导下的体系，而是在重新规划的基础上形成的新的生产体系。随着村落经济的发展，在一定程度上会吸引更多的本村人或者外地人进入村落生产、生活，使得村落的生活链得到部分的修复。

村落的生产链和生活链是互相关联、互相渗透、互相交叉的，村民在村落开展各种

生产，就是民俗生活最重要的组成部分，民俗生活也离不开村落的各种生产活动。

十八大以来，中央一直非常重视扶持农业农村发展。今年 2 月 22 日，《中共中央国务院关于做好 2022 年全面推进乡村振兴重点工作的意见》，即 2022 年中央一号文件发布。这是 21 世纪以来第 19 个指导"三农"工作的中央一号文件。文件指出，牢牢守住保障国家粮食安全和不发生规模性返贫两条底线，突出年度性任务、针对性举措、实效性导向，充分发挥农村基层党组织领导作用，扎实有序做好乡村发展、乡村建设、乡村治理重点工作，推动乡村振兴取得新进展、农业农村现代化迈出新步伐。①

中央高度重视三农工作，大力支持乡村振兴，是基于形势发展的要求，也是基于对改革开放以来的三农问题的历史认识和经验总结。

形势的发展，政策的利好，使得一部分先行者开始回到农村创业、寻找机会。部分已经进城的村民和部分原有的城市居民，可能会精选某个村落，发展现代农业，建设新农村，形成新的物质民俗生活模式。农村的生产链和生活链有可能得到一定程度的修复，或者进行重构。

三、客家祖地村落物质民俗生活链的修复、重构与乡村振兴

（一）客家祖地村落物质民俗生活链修复与重构的关键是吸引人口回归

客家传统文化崇尚"天地人"的和谐发展，祈求天时地利人和；注重守土，以农业为本，耕读传家。不同年龄段的人要在同一个村落中共同生产生活才算齐全、完备。但是，大量人口进城后，难以回归，人口结构不齐全，是重构村落生产链、生活链的最大困难。

人口回村，或者招徕外人，增加人口，使得人口结构合理，才是最难的最要紧的问题，也是乡村振兴最关键的问题。其中，农村教育、医疗和文化事业的迅速提升，彻底解决人为划分重点非重点学校、人为制造"学区房"等问题，真正缩小城乡差距，才是修复农村生产链和生活链最关键的举措，才是吸引人才回归农村的关键，才是乡村振兴最重要的前提。

经过改革开放，乡镇医院的条件实际上得到很大的改观，一般的疾病可以迅速送到乡镇医院治疗。近几年的疫情防控，增加了乡镇医院的工作压力。要加大力度加强硬件建设；加强与县市医院的互动，在管理水平方面不断提升；鼓励名医坐诊，提供较高质量的医疗服务。根据乡镇地理布局的需要，在重点村落和片区建设水平较高的公办乡镇分院。在老人化日益严重的形势下，急需推广医养结合的养老院，提供人性化服务。尽

---

① 2022 年中央一号文件提出推动乡村振兴取得新进展_ 新闻频道_ 央视网（cctv. com）https：//news. cctv. com/2022/02/23/ARTllTIdkNpRxShEjjeWx4iq220223. shtml。

快解决乡村看病难、养老难的问题，是吸引人才回归乡村的重要条件之一。

近几年来，有些地方为了积极推动城镇的房地产业，将实验学校的名号扩大化，城里原来很普通的学校，都命名为实验学校，力图推动房地产业。优质教育资源都集中到城里，乡镇学校的教学质量得不到保证。在教育竞争越来越激烈的形势下，所有家长都拼尽全力，进城购买学区房，为下一代创造尽可能好的学习条件。几十年来，学区房的需求在事实上促进了城镇房地产及其相关产业的高速发展。乡镇学校的生源和师资却日益减少。乡村教育教学质量严重下降。因此，真正重视乡村教育事业的发展，迅速缩小城乡教育质量的差距，才能留住部分人才安心在农村发展生产，实现正常的生产和生活。

当前经济形势不容乐观，城市就业面临巨大的挑战。形势的发展逼着部分城里人开始考虑回归乡镇寻找生存机会。

经过几十年的努力，乡村的基础设施建设有了较大的改观，特别是道路硬化方面，几乎全面覆盖。从闽西客家地区农村民居的情况来看，大部分都建了新房。有一些村落还进行了河道改造，建立了农民公园。在古村落保护方面也有一些投入，修旧如旧。在主要路段配置了太阳能路灯。对水资源的进一步开发利用，对排污系统进行改造、完善，在道路、排污、水电供应、信息网络等方面，提供更高标准的建设项目，是今后乡村基础建设的重要工作之一。在一定程度上提供就业机会，促进经济发展。

要吸引人才回归农村，不仅仅是资金扶持的问题，而是一个整体的、系统的问题。

（二）在新的形势下重新理解客家祖地村落物质民俗生活链的部分修复与重构

传统农业文明在工业文明的冲击之下，要想完全恢复原有的农林牧副渔猎的生产和生活模式，确实是不太可能了。有的传统客家农林牧副渔猎的生产、加工工具，甚至已经进入了博物馆，成为历史文物了。比如：碓、砻、石磨、碌碡、犁、耙等等，可以开发成为旅游产品，让人们去参观、体验。

当一批在城市中历练过的有新思维、有知识、有管理经验的人回到农村，必定会重新设计新的生产和生活方式。用现代技术种植绿色蔬菜、水稻和杂粮，养殖真正意义上的土鸡土鸭土猪、奶牛、菜牛、淡水鱼等等，推行规模化、机械化、现代化的种植养殖，链接市场、加工业，构建一条龙的产业链。将传统农业变成现代化、企业化的生产方式，人员构成也由原来的以家庭为主的个体劳动力，或公社化、生产队的人员管理模式，变成公司化的模式。公司员工可能是本村人，也可能是外地人。生产链的改变，对农村的传统生活链也有一定的冲击。城市文明进入乡村，传统物质民俗、精神民俗和信仰民俗都会有所改变。当然这个过程可能是快速变化，也可能是缓慢进行，要看具体的民俗事项。总的趋势是逐步走向现代文明。

客家村落物质民俗生活链的修复和重构并不矛盾。根据具体村落、具体情况进行策划。有的村落必须更多地保留一些传统的文化，开发成怀旧、传承的旅游产品，满足人们对传统农业文明的追忆；有的村落，更偏向于现代农业的开发，为城市提供优质安全的粮食、蔬菜等绿色食品。总之是尽量不要简单复制，努力创建一村一品。

闽西客家山区农村究竟要怎么发展，大家一直在思考和探索之中，有一些村落得到政府的优先支持，在实践中积累了一定的经验。例如：

作为世界物质文化遗产的永定土楼，每天的游客都是人山人海。由此拉动了永定区的经济发展。凡是涉及客家旅游，几乎都会首选土楼，而以振成楼为中心的永定土楼群，形成了旅游集团公司，本地人就在家门口开店、卖旅游纪念品、担任土楼导游，有人在家里从事种植、养殖，为游客提供各种服务，财源滚滚，欣欣向荣。

连城培田是古村落保护的典型案例。由于整个村子的古建筑群保存完整，规模大，民居、祖祠、书院、女校、官厅、后龙山、前溪流的完美布局，难得一见。政府投入大量资金，进行修旧如旧；在远离古村落的地方，建设了新村，以免影响古村落的整体形象。古村落有专门的管理委员会，由他们负责旅游管理事务。

宁化石壁从1995年客家公祠落成至今，每年都举办一届"世界客属石壁祖地祭祖大典"，并将每年的10月定为"祭祖月"。十分可贵的是，一直坚持举办石壁客家论坛学术会议，到今年为止举办了十届，提升了影响力。

以上三个案例，是乡村振兴的三个典型案例，取得了极大的成功。提供了大量的就业机会，增加了收入，促进了经济的发展，吸引了一些人才回归乡村。但是，上述案例都不是原来的农业文明的生产链和生活链，是现代农村多样化发展的新体系和新模式，给我们构建新农村物质民俗生活提供了启发。

随着疫情的出现，包括以上三个案例在内的各种已经发展得很好的典型村落，都受到了不同程度的冲击。在疫情面前，乡村振兴工作面临新的挑战，需要大家进一步调研和思考。

（三）客家祖地村落物质民俗生活链的部分修复与重构

客家村落物质民俗生活链的重构，主要体现在以客家土楼、围屋和九厅十八井为代表的客家建筑的保护、传承和传播；客家饮食文化元素的提炼、优化和推广；客家服饰为元素的时装设计与推广；以传统客家家具风格为元素的提炼、设计和推广。适当恢复客家传统采集、种养殖和加工业；在农村建设小型的农业文明博物馆、体验场，为传统物质民俗生活提供生活与表演相结合的模式，为下一代营造部分传统记忆，强化客家文化的符号标识；为乡村振兴提供宏观的、立体的和系统的设计思路，构成客家传统优秀文化基础上的创新模式。保持民族优秀传统文化的历史延续性，体现现代文明的建设理念。

客家建筑在物质文化保护的政策支持下，部分土楼、围屋和九厅十八井的建筑得到修旧如旧式的保护，在经常性的维护之下，可以继续保留原貌，一直传承下去。同时，提供给游客参观、学习和研讨，在文化传承和经济发展等方面都体现了客家建筑的价值。

但是，客家建筑最大的问题是几乎没有人居住。原来几百人的大型土楼，现在只有一两户人家，显得更加清冷。即使是刚刚建好的新洋楼，卫生间、家用电器一应齐全，也已经变成了进城村民的"行宫"。

人们曾经千方百计地提出了很多办法，比如在土楼里面开展研学活动，吸引学校师生短期居住、体验，了解土楼的历史与文化；近年还开发客家建筑灯光秀，吸引游客住在当地；或者把客家建筑当作影视剧的背景，赋予新的看点，等等。这些设想和做法很有意义，既能拉动人气、拉动内需，又达到传承和传播的目的。

在教育和医疗条件跟城镇差距较小的前提下，在乡村振兴战略的鼓励下，在经济下滑的形势逼迫之下，在具有现代管理经验的优秀人才的带动之下，实现部分村落、部分人员回归，是完全有可能的。

建筑不能移动，所以需要有人回归，开发和利用客家建筑的文化内涵和经济发展潜力。努力提升服务质量，提供新鲜的有创意的亮点，满足不同人群对客家建筑的需求，实现保护、开发和利用的目的。在土楼中的部分村民，可以长期从事日常生活+客家传统生活场景再现的表演，实现部分村民的回归；可以进一步挖掘"烟草""华侨"等附加元素，开发一系列不同一般的旅游产品，丰富土楼的卖点，从而增加人气。

客家饮食文化中的餐饮部分，是可以移动和传播的。事实上，在龙岩市区到处都有客家风味的餐饮店，以河田白斩鸡、湖洋蒸鸡、猪肚鸡、白斩鸭、鱼粄、豆腐圆、兜汤、各种草根汤、簸箕粄等各种小吃为特色，注重清淡口味、原汁原味。客家餐饮已经成为龙岩市区的热门餐饮。在厦漳泉、北上广津等大中城市，也容易找到客家饭店。

客家饮食文化的种植养殖部分，离不开老家；有的只属于本地餐饮，不容易传播。比如新泉豆腐，需要新泉本地的饮用水制作才行，用龙岩市区的饮用水，就会改变口感。连城九门头，到了龙岩就不是原来的口味。其他如闽西八大干、茶叶、烟草、草根等等涉及水土要求的，都是如此。为城市提供优质食材，这是在老家从事客家饮食文化大有可为的工作。

从现实情况来看，只能部分修复或重构客家传统村落物质民俗生活链。人们往往从利益出发，精选条件较好的村落、精选项目进行开发、利用。中国是个农业大国，放弃农村，确实是不利于城乡共同发展。相信乡村振兴战略能够加速推进客家传统村落物质民俗生活链的修复或重构，重新修复和创造美丽的家园。

四、结语

应该用历史的、发展的眼光去审视客家物质民俗生活。客家物质民俗生活，本身就是地域文化与时代潮流交互作用而形成的动态现象，它不是一成不变的。客家传统物质民俗生活必然会走向现在和未来。在这种认识的基础上，去看待客家祖地村落物质民俗生活链的修复、重构，就不是那种纯粹怀旧的、复古的思维，而是与时俱进、先行先试的创新思维。

随着客家农村人口向附近城市的迁移，有一部分传统村落物质民俗跟着进入城市，并且发生一定的演变、提升，这也是文化传承的体现。在城市各小区生存的客家人、客家话、客家民俗的传承与演化，值得我们进一步关注和探讨。

客家文化的研究，不仅着眼于过去，也要注重当下的现实情况，思考未来的发展规划。

（作者简介：林清书，龙岩学院教授）

二、客家文化研究

客家文化创新发展探究

● 郑树钰　连传芳 ●

文化是一个国家、一个民族的灵魂，是一个国家综合国力和国际竞争力的深层支撑，也是民族生存和发展的重要力量。① 习近平总书记强调："要坚定文化自信，推动中华优秀传统文化创造性转化、创新性发展，继承革命文化，发展社会主义先进文化，不断铸就中华文化新辉煌，建设社会主义文化强国。"② 客家文化是中华文化的重要组成部分，是全球客属的共有精神财富。客家文化历经千年的孕育、形成和发展，文化资源十分丰富，传承保护和创新发展客家文化，对于全面推进文化强国和文化自信具有重要意义。

客家人的历史，是一部充满颠沛流离、辛酸苦难的历史，也是一部披荆斩棘、自强不息、可歌可泣的历史。在唐宋时期，由于中原战乱等原因，中原汉人或主动或被动辗转南迁，其中有一部分迁入闽、赣、粤边，在与当地少数民族（畲族等）和原住民融洽过程中逐渐形成了客家民系和客家文化。三明地处闽、赣、粤边区，是客家大本营的重要组成部分，亦是客家民系、客家文化形成、发展、播迁的重要区域之一。三明具有千余年的客家发展历史，客家文化源远流长、积淀深厚、丰富多彩、辉煌灿烂。但任何一种文化，在不同的历史时期都会面临传承、创新、发展的问题。客家文化也不例外，随着时代的发展，客家文化的传承、创新、发展同样面临着不断创新的课题。

众所周知，三明是客家祖地，是客家民系孕育、形成、播衍、发展的重要区域。在唐宋期间，三明境域成为大批中原汉人躲避战乱和灾荒而辗转南迁的重要聚居地，为孕育客家民系、形成客家文化作出了重大贡献。从中可知，在漫长的历史发展进程中，三明是客家人辗转并繁衍生息的重要居住地，这里孕育了博大精深、内涵丰富、形式多样、特色鲜明的客家文化。此后，三明客家人保护、继承和发展了光辉灿烂的客家文

---

① 李懿：《大力弘扬中华优秀传统文化》，《江西日报》2021 年 8 月 23 日 10 版 "学与思"。
② 王珏：《传承发展中华优秀传统文化 增强文化自觉坚定文化自信》，《人民日报》2022 年 05 月 19 日 6 版。

化，并取得显著成效。近年来，三明持续加大客家优秀传统文化保护利用力度，注重客家文化的真实性、整体性和传承性，秉持"见人见物见生活"的理念，不断推进客家优秀传统文化创造性转化、创新性发展，促进客家文化保护利用更好服务经济社会发展，充分激发新时代客家文化创新创造活力，推动三明客家文化发展繁荣。

传承和创新客家文化，是培育文化自信的有力推手。我们知道，客家文化是客家人共同创造的物质文化与精神文化的总和，包括语言、戏剧、音乐、舞蹈、工艺、民俗、建筑、饮食等方面。宁化石壁是客家文化的发祥地，最原始的客家话从这里形成，最古老的客家民间艺术、山歌、戏曲从这里推出和流传，最古朴的客家服饰从这里产生，最早的客家礼俗从这里延续，客家地域特色文化明显。尤其是县内民间信仰、语言、饮食、建筑、传统技艺、婚丧习俗等有着独特的文化价值，其中大量的非物质文化遗产项目门类齐全，尤其珍稀。宁化及其石壁方言，保存着中原许多古汉语的成分，同时在音系、词汇、语法等方面，又发生了变化，成为客家话的源头。宁化客家民间艺术异彩纷呈，客家民歌山歌久盛不衰，诸如"曲棚""道士音乐"都为客家人所喜闻乐见，都是石壁传统文化的瑰宝。客家音乐内容丰富，有怀古歌、劝世歌、情歌、革命山歌等。宁化客家服饰保持了中原宽博的服饰特点，但也融入了当地少数民族以短窄为上的服饰特点。宁化客家礼俗继承了中原汉民族的传统，又与南方山区的特殊环境相适应，如其重孝悌、讲仁义、重教育、讲卫生、重节俭、讲礼仪、热情好客等风气。但如何让这些优秀的传统客家文化得以传承和创新发展，在当代社会越来越成为一个值得思考的深刻问题。

一、推动优秀传统客家文化创造性转化、创新性发展必须批判地继承传统客家文化，弃其糟粕，取其精华

三明客家文化从诞生那一天起，一直在不觉间影响着三明客家人的思想、思维方式和做事的准则。它就像一个风向标，指导客家人的行为，就像血液一样，渗透到客家社会生活的各个领域，成为客家民系优秀传统文化的基石。千余年来，成了客家人特有的生活方式、行为方式、价值取向、伦理道德、审美意识和风俗习惯。

客家文化的基本特质是儒家文化，它既继承了古代正统汉族文化，又融合了南方少数民族文化，加上长期居住在丘陵地，受环境影响，形成颇具特色的客家文化，被誉为古汉文化的"活化石"。[①] 在当今三明的改革开放和文化建设中，客家文化仍然是重要资源。在传承保护方面，三明长期以来为保护、传承丰富的客家文化遗产资源，做出不懈的努力。如 2007 年至 2011 年之间，三明市结合第三次全国文物普查，共调查登录不可

---

① 欧清华：《强化客家红色文化的整体研究》，中国社会科学网-中国社会 2018 年 7 月 16 日。

移动文物点 4729 处，其中新发现文物点 3826 处，复查 903 处，新发现文物点位居全省第一。2009 年，三明市非物质文化遗产保护中心设立，2014 年，三明市非物质文化遗产博览苑落成揭牌。同时编辑出版了《守望与传承——三明非物质文化遗产名录》，内容涉及民间文学、音乐、舞蹈、杂技、戏剧、民俗等 17 个方面。据统计，三明现有国家级客家非物质文化遗产保护名录 5 项，省级客家非物质文化遗产保护名录 39 项。此外，三明辖区内有国家级客家历史文化名镇名村 7 个，中国传统客家古村落 20 个、省级客家历史文化名镇名村 14 个、省级传统客家古村落 51 个。此外，截至目前，三明市将永安大腔戏、泰宁梅林戏、龙舞（大田板灯龙）、祭祖习俗（石壁客家祭祖习俗）、竹纸制作技艺等 5 个项目列入国家级非物质文化遗产名录；清流李家五经魁、泰宁大源傩舞等 50 个项目列入省级非物质文化遗产名录。泰宁梅林戏的黎秀珍、永安大腔傀儡戏的熊德钦等 4 人列入国家级非物质文化遗产名录传承人；将明溪肉脯干制作工艺的罗显光、嵩溪豆腐皮传统制作技艺的兰爱珍、将乐红糖制作技艺的肖六金、建宁通心白莲制作技艺的张翼等数十位传承人分别列入省、市级非物质文化遗产名录传承人。这些重要的文化资源恰恰说明了三明客家文化的独特性和丰富性，对其进行普查、保护和修缮、利用，充分说明三明客家祖地对传统客家文化的传承保护和创新发展。

人类社会每一次跃进，人类文明每一次升华，无不伴随着文化的历史性进步。① 纵观客家民系孕育、形成和发展的历史，可以清楚地看到，任何一个时期的客家文化都是与时代脉搏同频共振，属于优秀传统文化的传承延续和丰厚积淀。所以说，在千年历史长河中，它不是简单重复和模仿，而是结合当前、面向未来的创新、创造和再生。因此，在创新发展客家文化、客家精神方面，三明既不是全盘继承，也不是全部抛弃，而是推陈出新，进行创造性转化。近年来，三明客家祖地在传承、发展优秀客家文化和弘扬吃苦耐劳、艰苦奋斗、努力拼搏、不断进取的客家精神的基础上与时俱进地不断发展，不断创新。在客家文化传承创新方面，三明结合当地实际、时代特征和地域特色，积极打造出闽学（朱子）文化、杨时文化、姓氏文化、红色文化和生态文化等独具特色的本土文化。在弘扬传承客家精神方面，三明同样创新发展。近年来，三明以建设社会主义核心价值体系为主线，以完善公共文化服务体系为重点，以加强基础设施建设为手段，以推进客家文化创新为动力，以满足人民群众日益增长的精神文化需求为出发点和落脚点，着力对那些至今仍有借鉴价值的内涵和陈旧的表现形式加以改造，赋予其新的时代内涵和现代表达形式，提出"文明、清明、开明"的三明精神和推出"大爱三明"文明品牌创建活动，充分激活三明客家精神的时代生命力，让客家文化展现出永久魅力和时代风采。

客家文化具有鲜明的时代性，结合新的时代条件传承和弘扬好客家传统文化，必须

---

① 樊宪雷：《一篇讲话的历史穿透力和时代感召力》，《上观纵览》2022 年 5 月 21 日。

坚持以历史眼光审视客家传统文化,科学评价客家传统文化的内在价值,推动客家优秀传统文化创造性转化、创新性发展。

客家优秀传统文化是客家民系的"根"和"魂",传承和弘扬好客家优秀传统文化,必须结合当前时代特征,以社会主义先进文化为引领,赋予其新的时代内涵,让客家文化焕发出新的生机和活力。而红色文化则是以中国革命为基础所形成的文化基因。三明客家祖地是原中央苏区的核心区域,红色文化资源底蕴深厚。因此,必须注重把客家优秀传统文化与红色文化等社会主义先进文化相结合,不仅要坚守客家文化的"魂""根",而且要传承红色文化,弘扬伟大建党精神,以社会主义核心价值观为灵魂,以坚定理想信念筑牢精神之基,不断铸就客家文化新辉煌,为实现中华民族伟大复兴提供强有力的精神动力。

要想传承弘扬好客家优秀传统文化,人才是关键,要创新发展客家文化,必须大力培养所需要的各类人才,并加大客家文化的研究力度,推动客家文化发展理论创新。要善于培养人才,形成一批潜心研究的高水平队伍,客家优秀传统文化研究才能迎来春天。

而对三明客家祖地而言,可依托三明学院等相关高校联合引进、共享人才;或高校引进后,其他相关高校也可通过柔性引进方式实现共享;也可从海内外其他高校、科研机构引进一批客家文化研究专家和青年才俊,组织他们多渠道、多途径开展实地考察,调研客家祖地优秀传统文化资源,逐渐培养他们对客家文化的深厚感情,进而使他们成为客家文化的研究中坚。

同时,要善于发现和培养客家文化能人和民间艺人,支持非物质文化遗产传承人继承和创新少数民族传统文化,褒奖他们为客家文化传承发展作出的特殊贡献。还要加大客家文化遗产保护力度。文化遗产作为客家优秀传统文化的载体和重要成果,既要合理利用,更要保护传承,在保护中传承、在传承中发展、在发展中保护;要善于把悠久历史、厚重文化以文字、图片、实物、影像等多种形式保存和展示出来,让文物和文化遗产活起来,在全社会树立对文物和文化遗产的保护意识,形成共同参与文物和文化遗产保护传承的良好社会氛围。

此外,在加大力度客家文化研究的同时,要培养客家文化经营人才,鼓励各类社会团体、企事业单位积极参与客家文化产品研发,促进客家文化产业发展。

二、推动优秀传统客家文化创造性转化、创新性发展必须加强不同国家和地区客家文化交流、借鉴与融合,做到面向世界、博采众长

客家文化是全球客属的灵魂和血脉,是全世界所有客家人的集体记忆和精神家园。

客家文化体现了海外客属的民族认同感、归属感，反映华夏炎黄子孙的强大生命力、凝聚力。所以说，客家优秀传统文化对于凝聚和团结全球客家人，起着重要的纽带和基础作用。

客家优秀传统文化沉淀于奔流不息的历史长河中，伴随着历史脚步，既源流分明，又不断融入新的源泉，生出新的生命，彰显出不同时代的精神引领价值。例如，老一辈全球客属乡亲对"根亲"意识非常浓厚，甚至深深融进他们血脉里。多年来，三明市以举办宁化石壁客家祭祖大典的方式，将客家优秀传统文化更直接、广泛、深入地引进了大众视野，同时吸引全球各地客属乡亲的高度关注和参与，引起海外客属乡亲们深入探究传统客家文化的兴趣，让传统优秀客家文化激发出强大的生命力。自1992年以来，随着海内外"客家寻根热"的不断升温，前来宁化客家祖地寻根祭祖的海外客家人络绎不绝。据不完全统计，截至目前，有来自数十个国家的客属乡亲，近百万人次到宁化石壁谒祖和观光，宁化石壁日益成为五洲四海客家人的朝圣中心。从中可知，客家文化认同与客家文化传承是所有海外客属生存和发展的精神支撑，其重要性不言而喻。这也充分反映了海外客属乡亲对传承优秀传统客家文化的渴望。

然而，在当今世界正处于一个大变革、大调整的时期。加上许多与客家祖地很有感情、长期参加祭祖大典和支持客家祖地建设的客属都已年事渐高，第二、三代客属长期生活、学习、工作在海外，对三明客家祖地缺乏直观、深入、现实的了解，所以客属新生代表现出"根亲"意识日渐淡薄，客家传统文化对客属新生代的吸引力、影响力有所减弱，参与家乡建设的热情不高、认同感不够强等现象，客家祖地的亲缘优势正逐渐削弱。

面对新形势、新时代的诉求多元化、多样化趋势，三明客家祖地应牢牢把握客家"根亲"文化，进一步加大对海外客属新生代的宣传力度，促使更多的新生代海外客属、资金回归参与客家祖地经济和社会事业的建设，这些已经迫在眉睫。

文化传承创新是文化建设的基本内容，是文化发展繁荣的基本规律。即使是优秀的文化传统，也要适应时代的需要，实现现代性的创造性转化。散布在全球各地的客家人，若失去客家文化和精神，就如同浮萍，没有了根，就如同流浪者，失去了精神家园。客家文化是维系全球客属情感的纽带，是广大客属乡亲的精神之"根"。由于受老一辈有意识的言传身教和潜移默化的影响，在新生代意识中或多或少植下了客家文化的"根基"。所以，近年来，三明客家祖地政府及相关部门不断加大政策扶持，以请进来、走出去的形式，通过举办"宁化石壁祭祖大典"系列活动，如开展"中国寻根之旅冬令营""姓氏文化节""石壁客家论坛""客家文化美食节"等各种形式的文化交流活动，推动客家文化与世界各地客属社团的交流合作；以亲情乡情为纽带，增强与新生代客属乡亲的合作联谊，促进客家文化的传承，提升海外客属青少年文化认同感。

但这些文化交流联谊活动仍缺乏创新，对新生代客属的吸引力有限，应该深交老朋友，广交新朋友，努力拓展海外联谊空间。可依托三明丰富的客家文化资源，梳理出一批客家文化投资项目，吸引海外客属新生代到三明客家祖地投资兴业。同时要加大对具有客家历史文化特色建筑物的修建和保护，进一步开展客家文化历史故事收集，挖掘整理客家祖地丰富的历史文化，开发客家文化旅游专线，吸引海外客属特别是新生代客属来三明客家祖地观光旅游，以客家文化的认同增强客属乡亲们的归属感。

要针对新生代疏远客家传统文化、对客家祖地缺乏基本了解、根亲观念淡薄及不同年龄等特点，有意识、有目的、有针对性地开展工作。一是每年都要有意识地邀请一定数量的客属新生代参加石壁客家祭祖大典、海峡两岸林业博览会、姓氏文化旅游节等活动，提供客属新生代了解客家文化的机遇和与客家祖地交流的平台。二是要继续组织客家祖地艺术团走向海外各客属聚集区，以送文化、送艺术的方式向海外客属新生代普及客家文化。2008 年和 2017 年，三明市客家祖地艺术团先后赴马来西亚柔佛、吉打、吉兰丹、马六甲、森美兰、彭亨等地进行访问演出活动，受到海外客属乡亲的热烈欢迎，产生了良好的海外影响。文艺出访以客属喜闻乐见的形式，受到海外客属的热烈欢迎。呼吁继续重视支持这项工作，定期开展这项活动，以此不断激发客属新生代对中华文化、客家文化的兴趣。三是继续定期开展"客家祖地·中国寻根之旅"冬令营活动。让客属青少年通过参加夏（冬）令营活动，从中了解三明客家祖地历史、文化、风俗人情，增强他们对客家祖地的情感。四是整合有关部门和社会各界力量，摄制专题片、出版丛书，大力弘扬老一辈客属乡亲艰苦创业、热爱家乡精神，激发客属新生代故乡意识。五是要把握客属新生代的各项需求，加强海内外校际交流活动，推动客家祖地学校与海外华文学校的对口交流，开展频繁互动，增强客属新生代对客家祖地的认同感。

三、推动优秀传统客家文化创造性转化、创新性发展必须把握好当代文化与传统文化、民族文化与外来文化的关系，克服"守旧"，力倡"并蓄"

"中华优秀传统文化是中华民族的突出优势，是我们在世界文化激荡中站稳脚跟的根基，必须结合新的时代条件传承和弘扬好。"[①] 三明作为世界客家总祖地，在新时代，要不断推动客家文化创造性转化、创新性发展，继承优秀传统文化，发展客家先进文化，必须不忘本来、吸收外来、面向未来、兼收并蓄，更好地弘扬客家精神，发挥客家文化新力量，为全球客属提供精神指引。

纵观历史，客家文化传统的延续，从来不是一成不变的照搬照抄，而是取其精华，去其糟粕，根据时代发展做出合乎社会需求的调整，这才是对客家文化最好的传承。客

---

① 孔繁轲、郑敬斌、冷兴邦：《进一步激发中华优秀传统文化的生机与活力》，光明网 2022 年 6 月 15 日。

家民系是世界上分布地区最广、人口最多的民系之一，1亿多客家人分布在全球各地。客家文化传遍了东南亚、南亚、东亚以及北美和澳洲等世界各地。有人说，哪里有阳光，哪里就有客家人。全球客属恳亲大会已召开了31届，不仅在祖国大陆和台湾召开，而且在东南亚和美洲也召开过，这说明客家文化已成为具有世界性的多元文化。因此，我们应以创新客家文化为切入点、突破口，参照、吸纳世界先进发展理念，着力释放客家文化的潜力，推动客家文化的更新、拓展，使之契合时代发展潮流，凝聚向心力。

创新是一个民族进步的灵魂，是一个国家兴旺发达的不竭动力，也是一种文化生生不息的源头活水。① 文化传承与文化创新是内在统一的。传承是基础，创新是生命，两者不可偏废。对此，我们必须始终保持清醒的认识。当前，要从全局和战略的高度，充分认识传承与创新发展客家文化的重要意义，要面向世界、博采众长，加强文化交流、借鉴与融合，在中外文化交流中推动客家文化走向世界。客家文化念旧而不保守，不排斥外来文化，有兼收并包的肚量，这一点在海外客属文化传承与发展身上也得到充分的体现。数以百万、千万计的客家人移居海外，使客家文化中融入了异国文化元素，显得更加异彩纷呈。例如，客家民居建筑、语言、歌谣民谚、信仰风俗、婚丧嫁娶、名姓谱牒等，在海外客家人中都得到很好的保存。无论走到哪里，客家人都要带着祖宗的牌位，都注重续写家谱，一代一代往下传承。海外客家人有强烈的民族感情，他们不忘自己客家人的身份，他们更乐意表明自己是华夏子孙……他们的共同特点是：不死守陈规旧俗，既博采众长，不断创新，又不丢弃本族的优良传统。

客家优秀传统文化，既具有民族性、独立性，又具有开放性、包容性，是全球客家人在世界文化激荡中站稳脚跟的根基。海外客属的足迹遍及五大洲，海外的客家人十分珍视本民系的文化传统，家人素有爱国爱乡、慎终追远、敬祖穆宗之传统美德。凡有客家人的国家和地区大都成立了各种社团，建有会馆，许多客家社团创建时间长达数十年乃至上百年。当前，世界各地的客家社团，已成为反对"台独"，促进祖国统一的一支重要力量。由客家人社团牵头举办的世界客属恳亲大会及各种客家文化艺术节、研讨会，成为全球客家人沟通、交流、联谊的桥梁与纽带，尤其是世界客属恳亲大会，规模大、层次高、组织严密，成为弘扬客家精神的盛会。

随着全球一体化发展趋势的增强，跨文化发展态势尤为明显，客家文化也不可避免地面临着文化形态复杂演变、外来文明冲击加剧以及如何保持独立性、实现社会价值等一系列挑战与考验。只有摒弃封闭僵化、故步自封的狭隘思维，以平和、务实、开拓的积极心态去革新客家文化，才能确保客家文化始终充满活力。据不完全统计，在客家人的主要姓氏中，有190个与宁化石壁有亲缘关系。客家祖地三明与台湾地区自古以来就存在着极为密切的关系，有着地缘近、史缘久、血缘亲、文缘深、语缘通、神缘合、俗

① 郭建宁：《坚持文化传承创新 推动文化发展繁荣》，《光明日报》2011年12月23日。

缘同、商缘广的八缘之亲，是一种姓氏的"根"和文化的"脉"的关系，密不可分。至今，台湾客家人仍保留客家的民居、风俗文化，与闽西、粤北、赣南客家人的生活方式基本相同。所以说，传承客家优秀传统文化，培育和弘扬民族精神，对于增强民族自尊心、自信心、自豪感，使全国人民始终保持奋发有为、昂扬向上的精神状态，实现中华民族的伟大复兴，具有特别重要的意义。

通过全面回顾、总结客家文化的演进历程与规律，我们可以发现客家文化一直都在风云际会、天翻地覆的时代节点扮演了先行者、试验者乃至改革者的重要角色。要传承和弘扬好客家优秀传统文化，必须深入实施客家优秀传统文化传承发展工程，要加强客家优秀传统文化普及教育力度，从而引导民众深入了解客家文化，使客家文化焕发出强大生命力。

长期以来，三明客家祖地人民对客家文化与中华文化的关系认识不到位，存在轻视客家文化的倾向。近年来，得益于国家对客家文化、红色文化的重视和大力保护、弘扬，客家文化研究被越来越多专家学者所关注，纷纷投身客家文化研究，并撰写出版大量客家研究著作。引导民众形成文化自觉意识，培养民众对客家文化的认同感、自豪感以及归属感，树立保护、传承以及创新客家文化的理念，使客家文化自信成为全民共识，释放强劲而持久的精神驱动力。

总而言之，当今社会，文化已经成为国家综合实力的重要组成部分，而文化软实力集中表现为全民族基于共同的文化背景和文化认同而产生的巨大凝聚力。[1] 传承和弘扬好客家优秀传统文化，必须统筹把握中华民族伟大复兴战略全局和世界百年未有之大变局，坚持从本国、本民系实际出发，把跨越时空、超越国度、具有世界意义的文化精髓提炼出来，坚守中华文化立场；同时，要进一步加强客家优秀传统文化的国际传播能力，讲好中国故事、传播好中国声音，展示客家智慧和客家文化的价值理念，向世界展现真实、立体、全面的中国，提升客家优秀传统文化的国际影响力，以文明交流互鉴提升客家文化影响力，为推动构建人类命运共同体做出积极贡献。

（作者简介：郑树钰，三明市文化局原党组书记、局长，三明市客联会原副会长，《三明客家》主编；连传芳，《三明日报》记者）

---

① 龚勋：《围棋文化与政治智慧——读围棋与国家有感》，《新理财》2018 年 11 月 2 日。

客家文化贵在守正创新培根铸魂

——● 江天德　张　华 ●——

文化因创新而辉煌，文明因发展而精彩。

中华文明承载着中华民族生生不息的精神血脉，历经千年风雨而依然璀璨夺目，在人类发展的历史长轴上，写就光芒万丈的篇章。通过学习习近平总书记在中国文联第十一次全国代表大会、中国作协第十次全国代表大会上的重要讲话。感受体会颇多。我们明白，要坚定中国文化自信，深刻认识到坚定中国特色社会主义道路自信、理论自信、制度自信，说到底是坚定文化自信，要以强烈的历史主动精神，承担好举旗帜、聚民心、育新人、兴文化、展形象的使命任务。作为客家人的一分子，尤其是客家文化的守护、传承与弘扬者，需要守正创新，注重培根铸魂，我们任重道远。借此，笔者以清流县为例，仅谈一管之见。

一、客家文化需要保护

一是抢救性。截至目前，全县拥有各级非物质文化遗产 78 项，其中省级非物质文化遗产 10 项，市级非物质文化遗产 37 项，县级非物质文化遗产 31 项，有省级传承人 1 名，市级传承人 3 名。还有国家级历史文化名村 1 个（赖坊村）、省级历史文化名镇 1 个（赖坊镇）、中国民间文化艺术之乡 1 个（长校）、国家级传统村落 4 个（赖安、官坊、南山、鲜水）、省级传统村落 5 个（东坑、灵地、步云、长校、江坊）、市级历史文化名村（传统村落、红色文化村落）9 个，第一批历史建筑 13 处，第二批历史建筑 49 处。这些非遗项目和传统村落不少处于濒危状态，亟须扶持。

二是普遍性。缺乏长远的客家文化保护与发展规划，未真正把客家文化与乡村振兴、城市建设、旅游发展等相融合，资源优势未转化成品牌优势，客家古迹与新城建设存在矛盾。如城区客家风格不突出；客家古民居除赖坊镇得到较好保护，其他乡村规划保护较差；非遗项目普遍面临传承人断层问题，如清流剪刀钻子，历史上有"清流钻子广东针"的说法,但清流剪刀钻子打制工艺濒临失传;李家五经魁、长校十番锣鼓表演人员召集难,表演人员年龄老化,留坑锡壶打制技艺传承人面临断层;客家古建筑修缮缺乏传统木工、雕花技艺人员;清流县方言发展环境堪忧,年轻一代基本不讲方言。

三是地域性。对外宣传力度不大,客家祖山2012年举办客家朝觐活动后,清流县未再举办大型客家文化活动;商标注册意识不强,十番锣鼓、五经魁、留坑打锡等非遗项目尚未注册商标;巫罗俊墓葬每年吸引海内外大批巫氏后裔祭祖,但宣传力度弱于周边。究其原因:一是缺乏必要的保护措施与保护经费;二是居民本身保护意识不强,认为保护责任在政府,主动参与、配合、承担的责任意识不足,甚至对修缮工作人为设障干扰。

二、客家文化需要传承

一是致力培育产业。清流县整合七星岩葛藤凹拍摄景点资源,开发建设客家影视文化创作基地。打造客家主题旅游,邀请专业策划,注重商业运作,开发建设客家文化品牌展馆、主题公园、客家文化旅游景点等特色产品,培育客家主题酒店、饭店、商店和客家服饰店等。鼓励开发具有客家文化特色的旅游工艺品、舞台演出、音像制品、文艺作品等系列衍生产品,形成完整的客家文化产业链。开发旅游者可参与的互动型、体验型旅游产品,使人们在互动过程中加深对清流客家文化品牌的了解。清流县还把客家文化内涵融入文化产品和文化服务中。将赖坊"樱花文化节"与逛古民居,欣赏走古事、古乐坊、舞龙舞狮等融合,加入客家小吃、客家打锡、打糍粑等元素,完善旅游环节设计。打造嵩溪镇元山原味园,整合客家始祖(巫氏)寻根、豆腐皮传统制作工艺、北斗山风景、庙会活动、元山客家美食村等资源。在客家祖山文化园举办包含客家朝觐、民俗、文艺、小吃等内容的客家文化节,适时举办海峡两岸定光文化旅游节。

二是致力培养队伍。组建清流客家文化理论研究队伍,深入研究清流客家的历史源流、民俗宗教、语言文字、文学艺术、民居服饰、杰出人物,以及闽台关系、闽侨客家关系等。加强客家文化交流,参加各地客家文化研讨交流会,并适时举办"客家文化论坛",邀请海内外客家研究的专家学者到清流,更加深入地研究客家文化的历史渊源,挖掘客家文化精髓,探索促进客家文化保护、传承、发展的有效路径。

清流县以被列入国家级客家文化生态保护实验区为契机,开展客家文化"四进"(进农村、进社区、进企业、进学校)活动,营造浓郁的客家文化氛围。组织编写客家基本知识和乡土教材,普及客家基本知识,在乡村少年宫开展客家文化表演活动。广泛宣传客家文化传承发展、文物保护相关知识及法律法规,增强群众主动保护传承客家文化的责任意识、担当意识和参与意识。

三是致力于培养体系。根据福建省《客家文化(闽西)生态保护实验区规划纲要》,

结合实际制定本县实施纲要，明确中长期发展思路。用足用好中央、省、市政策，树立大文化、大旅游、大市场、大宣传的理念，把客家文化发展融入城镇建设、美丽乡村、旅游产业发展中，提升文化与经济社会发展结合度。认真做好客家文化遗产的整体保护，加强与省市相关部门对接，积极做好客家文化项目申报、资金争取等。重点发掘以裴尚书、巫罗俊、王连三为重点的历史名人文化，以定光古佛、欧阳真仙和五通神为重点的民间信仰文化，以巫氏宗亲为重点的宗族祠堂文化，以十番锣鼓、五经魁为重点的民间艺术文化，以赖坊、李家客家古民居为重点的古建筑文化，以走古事、地龙灯、拔龙等为重点的岁时民俗文化，以清流方言、民间故事为重点的民间文学文化，以北斗山、莲花山、九龙湖为重点的自然风景文化等，按照"建好景点，讲好故事，唱好山歌，编好菜谱，做好小吃，办好活动"思路，形成清流客家文化体系。

三、客家文化需要创新

一是传承传播要创新。客家目前有许多历史文物、文化名城、传统古村落、民间非物质文化遗产、传统手工艺以及经典文艺作品等，都承载着唐宋以来客家与中原文化深层互动的文化记忆。客家文化的传承实际上是传统文化在当代的再生产，这种再生产并非简单复制，而是根据当代社会语境，通过创造性转化和创新性发展推动传统文化的当代复兴。由古至今，客家文人、学者、艺术家都展现出强烈的文化创新性与创造性，他们的创新追求不断地构建了客家文化独特优良品质。比如，前年闽西客家联谊会采播的《客家山歌》，为新时代客家文化的传承传播提供了良好的范本。建议可以采取众筹、共享模式吸引更多的客家乡村热爱者共筹共享；开发共享农庄、共享果园、共享菜园、共享民宿等等，共享的不仅仅是资金，而是更多的信息、渠道、人脉、营销等无形的资源。一个好汉三个帮，一个篱笆三个桩，众人拾柴才会火焰高。新时代，新乡村。客家文化振兴战略不能沿袭传统，要敢突破，敢创新。还有许许多多的模式值得去创新和探索。比如：科技农业与客家文化、智慧农业与客家文化、休闲农业与客家文化、设施农业与客家文化、寿养旅居与客家文化、青年双创与客家文化、共享众筹与客家文化等等。

二是内容形式讲创新。客家乡村振兴在于人文传统，也是文化的一种系统复兴。我认为，宗祠建设成为村庄热议，赋予客家村民希望，以为当地必有发展。

首先，倡导宗祠复兴。新时代宗祠可以结合村庄文化中心设置，也可设置老年活动中心，即结合乡村规划，将公共服务设施配置其中。民间既然投资，自会进行高效管理与自觉维护，节省政府资金与精力。

客家宗祠文化视为乡村一种民约，乡村必逐渐恢复优良风尚、民约，家风自然存在村民心中，其作用远超平时的标语宣传。宣传内容及于护林田、修河道，公益修路桥、参与防火、扶植农桑，发展经济等。

其次，引导文化复兴。发掘客家传统文化中"鸣琴而治"元素，使乡村井然有序、从善如流，于某些客家乡村，宗祠文化可发挥作用；于杂居乡村，亦有乡风宣传示范作用。如，客家农耕文化，是人们在长期农业生产中形成的一种风俗文化，它是世界上最早的文化之一，也是对人类影响最大的文化之一。中国农耕文化历史悠久，源远流长，内涵丰富，博大精深，是中华民族的宝贵财富。林畲（舒曹）五谷（源）农耕园项目是清流北大门门户的重要地标，也是林畲镇的绿色名片。对于提升镇区风貌，改善乡村品质，打造更优的宜居环境、生态环境、营商环境具有十分重要的意义。项目围绕林畲仁寿峰五谷朝觐区（含红军古道）、山体绿化区、五谷种植体验区、溪岸观光防护区、万红杨观光区、红军医院保健区、文旅康养区六个大区进行形象设计和规划。同时，引入经典民宿和农家乐、民宿家庭农场的运营理念。充分发挥好五谷山公园生态优势，结合各节点五谷生长、绿化花海的特点和植物习性，选择一些适合园区种植的五谷和花草树木进行种植，打造出色彩丰富、错落有致的视觉效果，确保五谷农耕园四季有花、四时有果、四季常绿。项目规划要站在更高层次、更广范围和更宽领域，进一步细化和完善规划方案，确保规划设计更具科学性、前瞻性。项目依托神奇的五谷真仙民间信仰，着力于客家农耕文化的传承和弘扬，有利于拓展农业功能，促进休闲农业和乡村旅游发展、推动美丽乡村建设，让农业更强、农村更美、农民更富。

第三，主导产业复兴。建设宗祠或相关传统建筑，可使村民农闲增收，重在于普及乡村瓦、木、泥多种传统技术，改变需要刻意"传承"的局面。清流县重点打造两张名片：一是定光文化，大力宣传以世界最高最大的客家定光古佛为代表的中华客家祖山文化园，扩大客家祖山的品牌和文化效应；二是客家乡愁文化，加大赖坊、李家、长校等地客家古建筑保护及客家民俗发掘传承力度，营造看得见的客家乡愁。林畲五谷农耕园建成后，将作为林畲红色小镇东部的生态、景观、文化核心，与毛泽东旧居广场相呼应，推动初心小镇景观区、毛泽东旧居广场、石下芬芳俚和中华桂花园形成山水相依景观格局，构建起"红中有绿，绿中有红"的空间结构，提升清流北大门门户景观品质。

三是与时俱进求创新。文化是民族的血脉，是人民的精神家园。文化传承是文化的传递、接受与延续。

要在守护中创新。传承优秀传统文化，就是守护中华民族的根基与精神家园。客家乡村有许多宅基地、集体建设用地、森林湖泊、田园山水等资源，怎样释放资源，把资源变资本，资本变文化，吸引更多的企业资金进入客家乡村，激活客家文化，需要我们创新。文化产业是文化物化的载体，是文化转化为生产力的重要方式。创新是文化产业的生命线，是文化产业的核心竞争力。大力发展文化产业是增强文化创造活力、提高国家文化软实力的重要抓手。比如，历史上，客家闽西的刻书与印刷产业发达。宋元时期，福建的"建本""几遍天下"。当前，客家应在良好传承基础上，以创新为动力，打造历史文献传世精品，并进一步推动文化产业的发展。同时，强化商标意识，清流县成立县非遗商标注册协会，做好五经魁、十番锣鼓、留坑锡壶等非物质文化遗产的商标申报注册，及已注册商标的品牌保护，严厉打击商标侵权行为。

要在创新中突破。我个人认为，要按照乡村原有的脉络进行梳理，策划新产业，引进新思想，让更多年轻人回到客家村庄，将规划与运营有机结合，让美丽乡村产生美丽经济，产生魅力文化。要创新产业规划设计，打造合理的乡村空间格局、产业结构、生产方式和生活方式，促进乡村人与自然和谐共生，让更多人爱上客家乡村。要让客家年轻人不只盯住城市，乡村广阔天地一样大有可为。客家乡村市场潜力巨大，政府的人才战略可制定优惠政策，吸引人才下乡，双创基地可以设在农村。比如一个庄园开设一个总部，一个庭院设置一个总部。现在日本流行"一耕一读"，大学教授、企业老板逃离城市到农村种田，有的把自己的书斋全部搬到乡村去，白天耕田，晚上写书。或者一些从事软件开发的 IT 行业，也流行进入村庄，因为只要把基础设施、比如宽带装进去之后就基本能满足城里人的办公条件，公司也就可以搬到客家乡村。把智创、文创、农创等引入乡村，这样就可解决一部分城市拥堵、房价居高不下等问题。政府要做的是锦上添花的项目扶持。要多渠道整合政策资源和资金，着力大项目的发展。不能遍地开花、蜻蜓点水式的扶持，劲往一处使。

"如果没有中华五千年文明，哪里有什么中国特色？如果不是中国特色，哪有我们今天这么成功的中国特色社会主义道路？"2021 年春天，在"奇秀甲东南"的武夷山下、九曲溪畔，习近平总书记一番话意味深长，道出了中国特色社会主义的文明底蕴，揭示了中华民族的自信之源。

岁月峥嵘，山河为证；文脉悠远，与古为新。在全面建设社会主义现代化国家新征程上，赓续深入骨髓的文化基因，激扬澎湃血脉的中国力量，只要客家儿女上下一条心，我们必将书写复兴伟业新篇章、铸就中华文明新辉煌！

参考文献：

[1]《文化因创新而辉煌，文明因发展而精彩》，来自《学习强国》的文章。

[2]《乡村振兴战略的 N 个大胆思考》，文章来自微信平台。

[3] 张华：《浅谈弘扬客家文化助力乡村振兴的路径和形式》

（作者简介：江天德，清流县政协一级主任科员，清流县客家联谊会常务副会长兼秘书长；张华，清流县政协办公室副主任，清流县客家联谊会副秘书长）

新时代宁化客家祈福文化的挖掘与保护

● 赖洪林 ●

2022 年春节以来，一条由福建省委宣传部组织创作设计的"福星高照，福佑中华"主题宣传海报火爆大街小巷。这是福建省为推动福建"福"文化资源转化利用，加强春节期间的"福"文化氛围营造，推动全省上下更加关注"福"文化、参与"福"文化、乐享"福"文化、发展"福"文化活动的一项重要举措。

一、了解客家"福文化"的历史源流

中国福文化源远流长，是古老华夏文明的重要内容和中国优秀传统文化的重要组成部分。"福"字最早见于甲骨文，为"双手举酒祭天"的象形文字，与祭祀祈祷有关，创造这个字的用意在于"用美酒祭神，祈求富足安康"。《说文解字》有言："福，祐也，从示畐声，方六切。"有盛满贡品供奉祖先或神灵，祈求得到庇护之意。中国的"福"文化早在先秦时期已经逐渐形成并具有了丰富的内涵，中国"福"文化在诸如《诗经》《尚书》《礼记》等先秦典籍中已有体现——"富，福也"（《毛诗故训传》），"千禄百福"（《诗·大雅·假乐》），"富也者，福也"（《礼记·郊特牲》）"福者，备也。备者，百顺之名"（《礼记·祭统》）。在古代"福"文化中，"福"与佑、吉、祥、顺、助等联系在一起，"福"是人们一切美好的过去、现实、愿景和想法，也是人生追求的理想目标。《尚书·洪范》中关于五福的概念："一曰寿，二曰富，三曰康宁，四曰攸好德，五曰考终命。"这是古代中国人对于"福"文化表现形态的直观理解。长寿是命不夭折而且福寿绵长；富贵是钱财富足而且地位尊贵；康宁是身体健康而且心灵安宁；好德是生性仁善而且宽厚宁静；善终是生命即将结束时，没有遭遇横祸，身体没有病痛，心里没有挂碍和烦恼，安详、自在地离开人间。

林开钦《论汉族客家民系》一书指出，客家民系是汉族的一个支系，以南迁汉人为主体，其文化是以中原汉文化为主导。[1] 客家地区传承了丰富的中原汉文化，而且内涵不断丰富、拓展，已全面渗透于客家地区人们生产、生活、思想等方方面面，超越了民族、宗教、社会、地域、时空等范畴，可谓是包罗万象。

宁化最早生活的古老民族为闽越族，作为族称，闽越族形成于商周时期，东周以来，闽地部落和南迁的越裔不断融合，最终形成了福建地域最具代表性的先民——闽越族，族群的文化鼎盛则是出现在秦汉之际建立的闽越国时期。[2] 早期的闽越人生产力低下，生活极端艰苦，常处于温饱不及的状态。这种生产状态下的闽越人认识世界的能力自然极为有限，他们对支配自然界运行的内在规律缺乏足够的理解，"信巫鬼，重淫祀"，盛行巫术之风。或安台以祭奠，或立庙以祭祀。宗教祭祀是信仰者与信仰对象，人与神的沟通，体现了人对神的感知和态度。信仰者通过祭祀以求得到神灵的襄助。人们容易形成崇拜自然万物的心理，生成"好巫尚鬼"的传统，这恰恰是宁化先民从内心深处祈求无灾无患、丰衣足食、平安长寿的典型体现。自永嘉之乱始，大批中原汉人为躲避战火和灾荒，拉开了中原汉人南迁的序幕。据宁化学者刘善群介绍，唐宋时期，南迁中原汉人，高度集中到闽赣连接地区，即赣南的宁都、石城、闽西的宁化、清流、长汀。其中，聚集最多的是宁化。宁化石壁地处闽赣边界，是重要的客家民系发源地。南宋末以前，宁化集中了清代以前有明确迁入时间可查的 218 姓中的 192 姓族，占 88%，石壁则接纳了 40 余姓。大批南迁汉人带来了更加丰富的中原文化，其中，祖先崇拜和祭祖祈福习俗在客家文化孕育和形成的中心区——宁化石壁为代表（中心）的赣闽连接地区扎根，并成为客家文化的典型祈福特征的"福文化"传承至今，同时播衍到全球客家族群当中。

二、传承和发展独特的客家祈福文化的现实意义

（一）客家祈福文化滋养客家精神

"福文化"一直是客家地区普遍传承和信仰的重要文化内容，它植根于客家地区的山山水水、融汇于民风民俗，浸润到经济社会发展全过程，涵盖了包括客家人在内的各个群体。不管是春节贴福祈福、清明扫墓祈福、秋季的石壁客家祖地祭祖祈福大典，甚至客家建筑、客家曲艺、客家饮食文化中渗透的福文化元素，都突出祈福的主题。例如，世界客属石壁祖地祭祖大典，是建立在客家人对祖先的崇拜和寻根求源的基础上，传承古老传统的祭祀礼仪。客家人从中原南迁而来，石壁祭祖仪式沿袭中原古礼：出

---

[1] 林开钦：《论汉族客家民系》福州：福建人民出版社，2011 年 9 月。

[2] 晃成林：《闽越族早期的族群特征与文化》，https://www.bilibili.com/read/cv7641271/，2020-09-18。

主、燃烛、设案、上香、跪叩、荐食、储食、初献、读祝、再献、三献、焚祭文、纳主、撤、馂等十五项程序。1995 年，宁化结合当地习俗，将祭祖流程简化为迎祭旗升祭旗、献花、献香、献帛、献爵、献祭文、诵读祖训、献乐舞、祈福发彩九大环节，形成可供观赏之仪礼。最后的"祈福发彩"环节将活动推向高潮，祈福发彩是客家祖地流传久远的一项民俗活动，祈福发彩由司仪口颂彩词，发彩每喧一句，大家同声回应："有啊！"主持仪式的客家长老高喊祈福语："吉日吉时聚祖堂，客家裔孙齐颂祷：一祈姓姓发达，二祈代代隆昌，三祈方方吉利，四祈人人安康，五祈事业兴旺，六祈前程辉煌，七祈世界和平，八祈家富国强，九祈千秋绵衍，十祈万代馨香。"众多客家长老将染红的福米高高扬洒，现场数千名现场观众高喊"有啊"，虔诚激动的承接福米，现场司仪解说道："各地的客家儿女不远万里，寻祖归宗，聚集在祖先繁衍生息的这块神灵土地上，感恩图报，祈福未来，共同祝愿客家人兴旺发达，为国争光；祝愿中华民族万众一心，繁荣昌盛；祝愿全人类和谐共处，安居乐业。祈福散发的福米，乡亲们可以带回家敬祖烹食，一定吉祥如意、万代兴隆。"2011 年，"石壁客家祭祖习俗"被列入国家级非物质文化遗产名录。成为福建的福文化中独具特色的客家祈福文化。作为以宁化石壁客家祭祖为代表性活动的"祈福"福文化，承载着客家地区人们追求幸福生活的精神寄托和美好诉求，寓意深远、源远流长，是中华优秀传统文化的重要组成部分。可以说，客家祈福文化在一代代客家人的智慧创造中传承演变发展，形成刻在骨子里、融入血液中的心理认同和价值认同，成为客家精神源源不断汲取养分的丰厚土壤。

（二）客家祈福文化赋予石壁客家祭祖新内涵

随着时代的发展和社会的进步，传承和发展客家祈福文化将赋予客家祭祖新内涵。世世代代的客家人尊崇祖训，敬祖穆宗，不忘祖恩，寻根溯源，不断传承和丰富客家祭祖内容。一句"宁卖祖宗田，不卖祖宗言"，不仅反映出了客家人在迁徙过程中的多少无奈与辛酸，也表达出了客家人在长期生活中崇拜祖先和坚守精神家园的意志与毅力，也体现出了客家人在落后困境中的艰辛与奋发。这客家先人不愿丢弃的"祖宗言"便是客家的家训家风，它是客家人的精神支柱和灵魂，它让客家人在猇行豹隐之地围篱合屋挖石砌灶，在粗粝野性之地砍斫出一个属于自己的家园。从"宁卖祖宗田，不卖祖宗言"语言传承，到后来修谱建祠，祭祀先祖，客家后裔不断从精神高度固守对祖先的无比崇敬和执着信仰。在世界各地客家后裔汇聚福建宁化石壁的寻根路上，是全球客家人对华夏文明的高度认同和寻根谒祖的迫切期许，是对子孙万代美好幸福生活的无限期盼。所以，从国家和政府层面应倡导广大客家人为实现祖国统一、国家富强而奋斗，为实现中国梦而不懈努力。从个人层面应转变观念，将客家后裔这种自发追求转变为自觉追求，让人们对"福"文化的继承和发展转变为发自内心的自觉行为。

（三）客家祈福文化推动客家文化（闽西）生态保护实验区建设

对于闽西客家地区而言，客家文化（闽西）生态保护实验区推进工程，以客家文化生态保护为统领，推进更多传统村落列入国家级，省级传统材落保护，挖掘、确认更多市级非物质文化遗产项目，确保更多市级非遗项目申报国家级，省级保护。在第三届客家文化（闽西）生态保护区学术研讨会上，钟德彪教授撰文指出，在具体的社会生活中，随着生活节奏、工作压力加大，人们在快速获得"碎片化"资讯的同时，渴望得到更多能消解人生困惑、工作压力、生活迷茫的公共文化设施和文化产品服务，这就催生了以"福文化"为主题所涌盖的文化产业、文化创意、文化产品的开发，从而服务于当地社会建设，精神文明建设，推动文化旅游事业发展，满足各个层次的个性需求。由于"福文化"内涵丰富．外延宽泛，以"送福""祝福""祈福"为指向的实用主义原则成为传承弘扬"福文化"的出发点和落脚点，也成为推动客家文化（闽西）生态保护实验区建设的发展强大的内生动力。

（四）客家祈福文化扩大福建"福文化"的影响力

作为全球第二大经济体，随着综合国力的增强，中国在国际上的地位和影响力不断增加。中国共产党将为人民谋幸福作为自己的初心和使命，幸福追求既是中国特色，也是世界大同。当全球客家后裔不断参加世界客属石壁祖地祭祖大典活动过程中，客家祈福文化实现了"走出去"的目标。客家祈福文化可以向世界客属社团传递全球人类命运共同体理念，传递"对外送福、有福同享"的中国视角，表达中国对世界的美好祝福。福建有着连接沿海、辐射内陆的特殊地理位置和客家历史文化的资源优势，推动客家祈福文化走出去，对于在"一带一路"背景下，讲好福建客家故事，表达好新时代客家人对美好现代生活的追求与梦想，传播好新时代福建特色的"福"文化具有重大意义。①

三、挖掘和保护宁化客家祈福文化的建议

宁化是世界客属祈福之地，辗转迁徙的客家先民渴望幸福安宁，对于宗族和血缘有着极为浓重的感情。宁化县自1995年起，已连续举办27属世界客属石壁祖地祭祖大典，参加祭祖大典的有30多个国家和地区的海内外社团和各阶层人士，总计100多万人次，其中海外社团680多个。依托祭祖大典深入宣传客家"祈福"文化，可以让客家祈福文化走向国际，更好地向海外游客阐释推广中华"福"文化。如何挖掘和保护宁化客家祈福文化，笔者有以下几方面思考和建议。

（一）建设"石壁世界客属祭祖祈福圣地"

要发挥好世界客属石壁祖地祭祖大典的国际文化传播效应，以"福"文化和客家文化为特色和媒介，在主要国际社交媒体平台上加大宣传推广，带动福建与"一带一路"国家间的交流与合作。2013年，宁化创新设立"石壁客家论坛"，重要学者、专家不断

---

① 黄婉星：《推动客家福文化走出去》，《三明日报》2022年3月6日。

著文论述建设"石壁世界客家祭祖祈福圣地"的必要性和可行性，并提出了许多很好的措施和策略，富有建设性。例如，2018 年的"第六届石壁客家论坛"上发表的这方面论文，有三明学院教授廖开顺的《建设"石壁世界客属祭祖与祈福圣地"的思考》、福建省侨联原副主席谢小建的《打造全球客家侨胞寻根朝圣中心的几点意见、中华世界民族和平展望会秘书长、中华海峡两岸客家文经交流协会副秘书长江彦震的《寻根谒祖、朝圣祈福——把客家祖地石壁打造为全球客家朝圣祈福中心的研讨》、广西师范大学教授刘道超的《寻根谒祖，朝圣祈福——把客家祖地石壁打造成为全球客家朝圣祈福中心必须首先解决的关键性问题》、中共三明市委党校教授涂大杭的《将宁化石壁打造成全球客家朝圣祈福中心》、建宁县客联会会长王登远的《石壁在海峡两岸客家寻根祈福中的地位和作用》等。特别是 2019 年，宁化知名学者刘善群向县委县政府提交了《关于建设"石壁世界客属祭祖祈福圣地"的建议》，受到相关政府部门的极大重视。刘善群指出，石壁福地，既是历史的，也是当代的，更是永恒的。几十年通过寻根谒祖、祭典祖先，把世界客家人凝聚起来，把客家历史的、血缘的、神灵的、宗教的、民俗的各种根性文化激发出来，传承下去，在客家寻根祭祖热潮中，使客家精神振奋起来，许多客家人士，都在这一客家文化寻根运动兴旺起来。这是从文化精神层面而言。同时，数十年来，客家文化平台的硬件建设也已有相当规模，让海内外客家人赞叹不已。所以说，现在把石壁提升为"祭祖祈福圣地"的精神基础和物质条件已经成熟，恰逢其时，顺应民心。刘善群先生结合众多学者专家意见，提出了三点建议：一是加强舆论工作，使石壁祖地形象不断提升。继续进行客家历史文化研究，巩固石壁客家祖地地位。扩大和强化宣传力度，深入挖掘和探讨客家祖地的文化内涵，从更广层面和更深层次论证石壁是"客家祖地"和"客家福地"。进一步办好"石壁客家论坛"。加强以"祭祖祈福"为内容的环境营造。二是加强文化平台建设，建设祈福平台，增加祈福偶像和内涵，让朝圣者有更多的祈福目标和朝拜偶像。除了在祭祀区设置更多的祈福偶像、平台之外。在客家祖地文化园的二期工程设计上，有更多的祈福内容，如设立"客家圣母"，营造"葛藤崇拜"，设立"石壁文史馆"等等。三是继续办好"世界客属石壁祖地祭祖大典"，它是客家人血缘寻根、文化寻根的盛举，坚持祭祖仪式的严肃性和程序化，加强祭祖者的主体性，把石壁真正成为血缘寻根和文化寻根的目标地和祈福圣地。笔者认为，抓住客家福地和石壁祭祖祈福两大主线，致力打造世界级的客家"祈福"文化中心，是有很强的现实性和可行性。石壁客家福地源远流长，世界客属石壁祖地祭祖大典庄严肃穆，升祭旗、献花篮、献乐舞、祈福发彩等各个环节都围绕"祈福"进行，囊括了客家百姓对美好生活的期许、对幸福喜乐的向往。"来石壁客家祖地祭祖，到石壁客家福地祈福"，让这样一种理念深植于客家人的心中，让客家祈福文化真正发扬光大。

（二）创新客家祈福文化的呈现方式

不仅要在宁化石壁深入打造建设独一无二的客家祈福平台，更要深化客家祈福文化主题设计，在宁化城乡建设中植入客家祈福文化景观设计，围绕祈福文化进行相应氛围与场景的营造，形成祥瑞的场地气氛，增加客家祈福文化吸引力。黄婉星关于立足福建客家特色，设计"客家福娃"文创作品，传播具有客家特色的"福"文化形象品牌，提升"福"文化的全球影响力的建议也非常不错。深入挖掘国家级非遗项目"石壁客家祭祖习俗"的文化内涵，设计出独特的客家祭祖祈福文化符号，并将这个文化符号融入文旅宣传、展馆布置、宣传品纪念品设计、文创产品开发中去，像三明的红色文化"红旗"标识一样，成为城乡亮丽鲜明的景观。另外，要充分展示好宁化客家民俗表演、客家美食、非遗展览所承载的祈福文化及传奇色彩，对各类客家文化活动，比如石壁客家论坛、海峡两岸客家小吃节、海峡两岸客家姓氏族谱展示交流对接会等，植入统一的客家"祈福"文化形象内容与元素。

（三）充分发掘客家祈福文化资源，打造客家祈福文化品牌，促进客家祈福文化的文旅融合，提高客家祈福文化的影响力和利用力

客家祈福文化资源丰富多样，不管是以客家祖先崇拜为信仰的祭祖祈福活动，还是以民间多神信仰为内容的各种祈福活动，以及其他以非遗项目存在的形式多样的客家祈福方式，都是重要的旅游文化资源。要大力推动客家祈福文化产业链的发展，有利于提高文化旅游的活力和创新力。将宁化石壁客家祖地纳入"全福游"精品路线。随着兴泉铁路、浦梅铁路建成通车，宁化客家祖地交通区位优势进一步凸显。可以整合资源，联合梅州、长汀、永定、龙岩等客家文化旅游点，致力于打造以"祈福文化+客家文化"为主题的"全福游"精品路线，讲好具有客家渊源的"祈福"文化故事，纳入互动亮点，给海内外游客带来一场"沉浸式"的"福"文化精神盛宴。推广客家祭祖祈福文化旅游，拓展港澳台地区，以及马来西亚、新加坡等海外客家祭祖祈福旅游市场，进一步打响"福"文化品牌。

（四）让客家民众成为客家祈福文化的传播者和创设者

徐维群教授在第三届客家文化（闽西）生态保护实验区学术研讨会上撰文表示，客家福文化传播的重点是宣传客家福文化，培育文化自信和创福动力。客家福文化的传播对于区域内客家群体，不仅是受众，他们自身就是客家福文化的传播者和创设者，因此传播客家福文化，一要促使他们珍惜和保护客家祈福文化生态，自己做客家祈福文化的传承者和保护者；二要创设客家福文化标识，可通过客家福文化村、客家福文化小区、客家福文化园、客家福文化宣传栏等方式，宣传客家福文化，把客家福文化与文明村落、文明村风、优良家风的培育结合起来，讲好客家福文化故事，提供区域内客家群体的文化自豪感和幸福感，促进他们追求幸福生活的积极性和主动性。我们要充分尊重客家民众对幸福生活追求的普遍愿望，让他们成为客家祈福文化宣传的主体，让客家祈福文化真正内化于客家祖地的方方面面。

2021年3月习近平总书记在福建考察时指出，"要推动中华优秀传统文化创造性转化、创新性发展，以时代精神激活中华优秀传统文化的生命力"。我们要落实习近平总书记重要讲话精神，解码福建"福"文化，守住八闽文化根脉，推动"福"文化创造性转化、创新性发展、全球化传播，将"福"文化作为全球华侨华人的共同文化认同，作为人类命运共同体的共同的文化支撑。将福建省打造成以人民为中心的、能够代表中国传统文化的、具有群体性意旨的"福"文化的理论高地、"福"文化的精神属地、"福"文化的创新源地、"福"文化的实践阵地。在创造高品质生活上实现更大突破，为奋力谱写全面建设社会主义现代化国家福建篇章提供文化支撑。[①] 正如三明学院蔡登秋教授所言，在传统文化不断回归的大潮中，祈福文化在民间重放光芒，受到民众的青睐。顺应历史潮流，促进地方发展，更好为民众提供文化服务，宁化县发展石壁客家祖地祈福文化品牌，显示出决策的时代性和可操作性。

（作者简介：赖洪林，三明市社科联专家库客家文化研究专家，宁化客家研究会副会长兼秘书长）

---

① 黄安民：《解码福建"福"文化 守护八闽文化根基》，福建日报，http：//wwj. wlt. fujian. gov. cn/xwzx/wbyw/202202/t20220207_ 5830229. htm。

客家文化与中原文化关系略论①

———————— ● 罗 勇 ● ————————

一

客家文化是以汉民族传统文化为主体，融合了古越族和畲、瑶等少数民族文化而形成的一种多元文化。

客家文化是在唐末至明清漫长的历史时期内逐渐形成和发展起来的，毫无疑问，孕育这一产儿的母体就是赣闽粤客家大本营地区。在这一特定的时空范围条件下，诸多因素对客家文化的形成发展起了作用，择其大端，其中最为重要的有三个方面。

首先，唐中后期至宋末的移民运动是客家民系和客家文化形成的直接动因。这一时期，由于战乱等原因，大量的汉民从江淮、荆湖、两浙乃至中原迁入赣闽粤三角区，由此打破了这一区域长期处于原始封闭的状态和古越族的后裔山都木客以及畲瑶等少数民族为主体的居民格局，给这一区域注入了新鲜血液和勃勃生机。一方面，汉民们把先进的生产方式和生活方式带入这一地区，使这一地区得到较快的开发，迅速改变着往昔那种"人烟稀少，林菁深秘，野兽横行，瘴疠肆虐"的面貌。另一方面，汉民们与畲瑶等少数民族交错杂居在一起，势必以自己优势的物质文化和精神文化对他们发生方方面面的影响以致最后同化他们。杨澜《临汀汇考》描述了长汀、宁化等地原来"刀耕火种"的畲瑶等少数民族被汉族同化后的情况："于是负耒者，皆望九龙山而来。至贞元（785—804）后，风土之见于诗者有曰：山乡只有输蕉户，水镇应多养鸭栏，隐然东南一乐土矣。"② 上述两个方面便促使赣闽粤三角区发生着历史性的变化，以至到了宋代，这里人文蔚起，一个以中原传统文化为核心同时又蕴涵着其他因子的新的文化形态——

---

① 说明：本文写作得到邹春生博士的大力帮助，并吸纳了他的相关研究成果，在此致谢！

② 谢重光：《唐宋时期赣闽粤交界区域（客家基本住地）移民问题研究》，福建省社科院编《客家》1994年第4期。

客家文化便开始孕育起来。

其次，赣闽粤三角地带独特的地理环境为客家文化的形成创造了条件。一方面，客家先民从北方迁到南方，从平原地带入居山区丘陵，他们虽然远离了动乱与战火，却面临新的生存劣境。因此，他们不得不对原来的思维方式和生活模式作某些调整以适应新的环境。由此久之而形成新的风俗习惯，如温仲和在《嘉应州志》中写道："州俗土瘠民贫，山多地少，男子谋生多抱四方之志，而家事多任之妇人。故乡村妇女，耕田、采樵、缉麻、缝纫、中馈之事，无不为之，絜之于古，盖女工男工皆兼之矣。"这是与中原地区传统的"男耕女织"很不相同的新的男女分工格局，由此也就铸就了客家妇女吃苦耐劳、精明强干的优良品格和不缠足、不束胸的健劲习气。又如，赣闽粤山区不宜种麦子磨面粉，客家人就在豆腐里面塞上肉馅做成酿豆腐，形似饺子，这便是北方人吃饺子习俗的一种承传和变异。另一方面，客家大本营地区四面环山，交通不便，成为一个相对独立的地理单元，为客家文化保存其浓郁的地方特色和民系个性创造了条件。如客家方言中保留着较多唐宋时期的中原古韵和古汉语词汇，就是一个典型实例。

第三，赣闽粤三角地区土著居民的文化给客家文化的形成予以重大影响。从人类发展的通则来看，不同民族间文化的影响和融合是双向式的。如前所述，南来汉民在进入客家大本营地区后，以自己优势的文化去融合、征服土著居民，那么，土著居民也势必以自己固有的文化去迎接这种外来文化，双方便在这种不断的撞击中激荡和交融，最终孕育出一种新文化，即客家文化。根据民族学的研究成果，一般认为赣闽粤三角区的土著居民即是古越族的后裔和畲瑶等少数民族。① 因此，客家民系和客家文化在形成过程中受到古越族和畲瑶等少数民族文化的强烈影响，这一点是肯定的，也是不容否认的历史事实。

目前学术界较为主流的意见认为，客家民系孕育于唐末五代至两宋时期，至迟在南宋后期，在赣闽粤相交的广大山区地域，客家民系已经初步形成。其最重要的标志就是客家方言的形成。

南宋后期至元明时期，客家民系不断发展壮大，明中叶王阳明平定蓝天凤、谢志珊为首的畲民动乱后，使畲民分散居住，又订立乡规民约，大大加速了畲族的汉化过程，客家民系走向成熟。

至于"客家"名称的出现　则可能要比客家民系形成的时间晚得多。根据目前所发现的资料，最早提到"客家"这一名称的是清初屈大均修的《永安县次志》（康熙二十六年，1687），其云："县中多雅秀氓，其高曾祖父多江（西）、闽（福建）、潮（州）、惠（州）诸县迁徙而至，名曰'客家'。比屋读诵，勤会文。"根据这一记载推算，"客家"称呼可能在明中期已出现，只是当时没有文献记载而已。

---

① 参见蒋炳钊：《东南民族研究》，厦门大学出版社，2002年8月；吴永章：《畲族与瑶苗比较研究》，福建人民出版社，2002年。

通过以上分析，我们可以得这样两点认识：一、中原原本没有称之为客家民系的人群；客家民系是发生于赣闽粤毗邻区的事物。二、客家民系形成之前渐次迁入赣闽粤客家基本住地的中原（北方）汉民，即"客家先民"，来自中原，来自北方；他们带来了中原的基因，播衍了中原的文化。从这个意义上说，客家根在中原，根在河洛。

因此，探讨客家文化与中原文化的关系，弄清客家文化的源头及其发展脉络，是一项极具学术价值和现实意义的课题。

二

客家文化形成背景的复杂性，决定了客家文化构成的多元性。对客家文化的结构进行仔细分析，我们就可以发现它与中原文化既有不同又有着千丝万缕的关系。

客家文化与中原文化的区分，最直观地表现在物质文化层次中，集中保留了大量的土著文化。

根据文化学的观点，物质文化以满足人类最基本的生存需要（如衣、食、住、行）为目标，既包括人们的生产方式，又包括由人类加工自然物所创造的各种器物，是人的物质生产活动及其产品的总和。物质文化构成了整个文化创造的基础,[①] 而生产方式则是物质文化的重要内容。如前所述，作为客家大本营的赣闽粤交界处是峻岭延绵，沟壑纵横的典型山区，世居北方平原的客家先民，面对自然环境的巨大改变，为了生存，不得不向当地土著居民学习，从而导致生产方式的转型。

例如，清代学者屈大均在论述当时广东土著民族的生产方式时，用"刀耕火种"来概括，即"耕无犁锄，率以刀治土，种五谷，曰刀耕。燔林木，使灰入土，土煖而蛇虫死，以为肥，曰火耨"[②]。客家人至今仍在使用的耕作方式中就有"烧土肥田"，即铲好草皮，晒干，然后呈圆锥形堆垒起来，中间填干稻草作为火引，让其闷燃，燃尽，连土带灰，一起挑至田里用作肥料。很显然，这种生产方式就保留了刀耕火种的痕迹。又如，客家人也学会了南方地区用石碾榨汁，先猛后温进行熬煮的提炼蔗糖的方法。此外，客家人还普遍引种畲禾（又称百日禾、棱禾，过去赣闽粤边区普遍种植的高产速生粮食作物）、学做土纸、用石灰撒田、伐木烧炭、养蜂酿蜜以及种茶、狩猎等。客家地区的这些生产方式，与畲瑶民族的传统经济模式有着十分密切的渊源因袭关系。[③] 物态文化是物质文化另一个重要内容。在客家文化的物态方面，也保留了浓厚的当地土著民族特色。如在民居建筑上，"走马楼"是当今广东、福建、江西等客家地区常见的建筑

---

① 张岱年、方克立主编：《中国文化理论概论》，北京师范大学出版社，2004年，第4页。

② 屈大均：《广东新语》卷7《人语·輋人》，第243页。

③ 吴永章、谢开容：《客家文化与畲瑶文化关系研究》，载罗勇主编《"赣州与客家世界"国际学术研讨会论文集》，人民日报出版社，2004年，第18—19页。

形式。它多依山而建，主要为上下层，一层用作厨房、农具杂物间、牛栏猪圈和厕所；二层多为卧室、仓库。在二楼外部，用木料架设一条外伸悬空的骑楼式走廊。"这种房屋结构和居住习惯，与古代南方百越人，以及今天西南地区一些兄弟民族的'干栏式'住房相似。显然，这是客家人南迁后吸收了南方土著民居的优点，以适应岭南地区多山、潮湿和多虫蛇兽害等自然环境。"① 在着装打扮方面，古代中原汉人一般是"束发冠带"，唐末五代以来，汉族大户女子往往还有缠足的习俗。而客家男子则是"不冠不履"，客家女子不仅保留"天足"，而且往往还习惯于"椎髻跣足"。衣服样式也多是在衫襟边和袖口、裤脚管边缀以数条不同颜色的花边。这与南方少数民族更为相似。此外，在农业、手工业以及日常生活中也都保留了大量畲瑶等土著民族的习俗。②

由此可见，客家先民在反差十分强烈的新环境下，十分自觉地向当地土著居民学习，所以在客家文化的物质文化层次中，集中保留了大量的土著民族文化。正因为如此，才使我们进入客家地区时，强烈感受到它与中原汉文化的明显不同。因此，客家文化与中原汉文化的区分，在物质层面中体现最为明显。

而在客家文化的制度和精神层面中，则是更多地反映了中原汉族文化。

先来看制度层面。人类在社会实践中建立的各种社会规范、社会组织，构成了人类文化的制度文化层面。所谓制度，就是关于人们（个人及组织）行为的规则，是关于人们的权利、义务和禁忌的规定。这些处理人与人相互关系的准则，集中体现为社会经济制度、婚姻制度、家族制度、政治法律制度等等。③

粗略考察一下客家文化的制度层面，就会发现客家人对国家政治法律制度有着高度的认同。这在客家族谱的家法族规中有十分明显的反映。如几乎所有的客家族谱中，都要求族人遵守国家法令、皇帝圣谕，及时完纳国家税粮等。例如，赣南宁都黄氏族谱录圣谕衍义六条，"固常揭于家约中，每遇祭祀焚香毕宣读，俾子子孙孙知所遵守矣"；④朱氏族规也要求族人"守正法"："国家法令森严，稍不自检即罹于法而不知。究守法之方，只在守分。为父兄者诚以守分之事朝夕训诲。如所编家规一一遵行，遇官府告示更牢记在心，自不误投法网。至若钱粮租税，尤应早完，庶免拖累。"⑤

家族制度是汉文化的重要内容，它在商周时期就已确立。客家社会不仅保留了十分严密的宗族结构，而且宗族制度对客家社会生活有着十分重要的影响。⑥ 客家地区以姓

---

① 丘桓兴：《客家人和客家文化》，商务印书馆，1998 年，第 44 页。

② 蒋炳钊：《客家与畲族的关系》，《客家研究辑刊》1994 年第 1 期，第 200—201 页。

③ 曾小华：《文化·制度与社会变革》，中国经济出版社，2004 年，第 128 页。

④ 《（赣南宁都）黄峭山后裔与客家文化》（先祖遗训），中华文化发展基金会出版社，2004 年，第 66—69 页。

⑤ （1997 年）赣南上犹崇义南康联修《沛国堂朱氏族谱》

⑥ 参见孔永松、李小平：《客家宗族社会》，福建教育出版社，1995 年。

划村，聚族而居，建祠堂、修族谱、累族产的现象十分常见。他们还修订了严谨的家族法规，要求族人严格遵守，如果有人恣意任为，将会按照家法族规受到严厉处置。

此外，在婚姻制度中同样也可以看出客家文化与中原汉文化的一致性。例如客家婚嫁礼仪中不仅比较完整地保留了古代中原地区的"六礼"，而且还严格遵循着"同姓不藩"的遗训。"凡子孙不得与同姓为婚。如有不肖子孙违犯，通族告官离异。"[①] 这与畲瑶等族实行族内"自相嫁娶"不与外族通婚的婚姻制度有着天壤之别。[②]

当然，在以规定、习俗、习惯以及其他行为准则为主的制度层面中，也存在民族交融的现象，例如，有些客家地区的初婚女子于晚上出嫁，这与中原只有寡妇再嫁才在晚上归亲的习俗大不相同。梅州地区过去还有"买水浴尸"的习俗，即死者家属"往河浒，焚纸钱，取水浴尸"[③]。学者认为这些民俗现象是吸收了古越、畲瑶之俗的结果。[④]

然而，综观整个制度文化层面，中原正统文化一直是客家文化的主体，客家文化与汉文化有着高度的一致性。

再看客家文化的精神层面。

由人类社会实践和意识活动长期孕育出来的价值观念、审美情趣、道德观念、思维方式等，构成了文化的精神层面。它是整个文化的核心部分，也是一种文化区别于另一种文化的重要标志。

对客家精神的探讨，学者们从不同的角度，结合自己的理解和体验，对其作出了不同的概括。如勤劳与洁净、冒险与进取、俭朴与质直、刚愎与自用、纯朴保守、坚忍刻苦、崇尚忠义、尊文重教、尊重妇德、持重武术、爱国爱乡、喜斗好讼、尚鬼信巫等等。[⑤] 这些归纳和总结虽不尽相同，有些甚至只能算是爱好或生活习惯，但作为对客家人的人文特质的基本概括，学术界还是比较一致认可的。作为一个民族或民系的共同心理或价值观念，应该是十分稳定的，甚至在共同地域、共同语言和共同经济生活改变之后，它也可能仍然保存下来。那么，上述概括的客家人的这些人文特质中，主要是中原汉族的精神遗传呢还是土著民族的精神遗传？我们承认，客家先民从中原故土迁移他乡，在与当地土著居民长期的生产生活中，难免会濡染当地的一些习气。例如，客家人有尚鬼信巫、迷信风水的特性，"这与古楚文化有关。楚人信巫，巫文化特别发达，这种'巫文化'势必沉淀于客地的人文土壤中，成为客家文化的一因子"[⑥]。客家人也有

① 弘农郡"四知堂"杨族史编纂委员会瑞金市分会编印：《瑞金杨氏族史》卷首《杨氏祖传族规族训》。

② 朱洪、李筱文：《广东畲族古籍资料汇编——图腾文化及其他》，中山大学出版社，2001年，第1、3、5、168页。

③ 乾隆《嘉应州志》，卷1《舆地部·风俗》，第45页。

④ 刘佐泉：《客家文化中的南方土著民族习俗因素举隅》，《客家》1994年第1期。

⑤ 冯秀珍：《客家文化大观》（中册），经济日报出版社，2003年，第698—720页。

⑥ 罗勇：《客家赣州》，江西人民出版社，2004年，第116页。

喜斗争胜的民性，常常为了一些芥末小事大打出手，甚至衍生为宗族械斗。学者也认为这是接受了畲瑶等少数民族强悍民风的影响。① 尽管如此，我们认为，客家人所体现出来的种种人文气质，其基本面与中原汉族是累同的。鬼神思想，中原文化自古就有；风水信仰，据说也是由唐末宫廷风水大师杨筠松因战乱出逃而从中原地区带到客家地区的。② 如果我们把"喜斗好胜"理解为"刚健、有为、不愿服输"，其实，刚健有为恰是中国文化基本精神之一，"是中国人的积极的人生态度的最集中的理论概括和价值提炼"③。至于崇文重教的精神特质，对于没有文教传统的土著民族来说，他们根本谈不上崇文重教，客家人这种精神特质也不可能是传承于他们。客家其他诸如崇尚忠孝、爱国爱乡、勤劳勇敢、艰苦奋斗等特质，也与中原儒家文化所提倡的道德和价值标准相一致。由此可见，在精神层面中，客家文化是以儒家文化为核心，传承的是中原正统文化。

总之，在客家民系与土著民族长期的生产生活中，融合了大量的土著文化。由于受自然环境的影响，土著文化集中保留在客家文化的物质层面中；而作为汉民族的一个重要支系，客家人依然固守着自己的传统文化心理和道德、价值观念，因此在制度和精神层面，客家文化所体现出来的更多的是中原汉族文化。正因为中原汉族文化在客家文化体系中具有如此重要的作用，所以有学者还对客家文化的"多元一体"提出了进一步的理解，认为"多元一体的客家文化"中的"体"，除了含有"文化载体"的意思之外，它还应该具有"文化体统"的含义。④ 具体到客家文化体系中，儒家文化就是这个"文化体统"的主要内容，它不仅把各种文化成分——无论是中原汉族文化，还是各种土著文化——都整合凝聚到"客家文化"这个文化载体中，而且还是决定这个文化体系的文化属性的最为重要的依据。客家民系之所以不属于其他民族，而被公认为是汉民族的一个支系，应该是与这个文化体统密不可分的。

三

中原文化为什么能在赣闽粤边区广泛传播并成为客家文化的主体和核心呢？

以往许多学者主要从移民史的角度进行考察，强调人口在文化传播中的作用，认为正是由于北方人口的大量南迁，才给赣闽粤客家地区带来了中原文化。这种观点看似合乎逻辑，却无法解释客家文化内涵的丰富性和构成的多元性。

---

① 许怀林：《江西史稿》，江西高校出版社，1998年，第352页。
② 罗勇：《客家与风水术》，《客家学研究》1997年第4期。
③ 张岱年、方克立主编：《中国文化理论概论》，北京师范大学出版社，2004年，第296页。
④ 参见邹春生：《文化结构与文化分层：对客家文化特质的一点思考》，载罗勇等主编：《客家文化特质与客家精神研究》，黑龙江人民出版社，2006年。

如果我们转换研究的视角，把目光从移民史转到文化史，从我国传统文化本身发展的历程出发，并结合赣闽粤边区的具体情况，或许对客家文化的形成及其特性会有更好的解释。

我们认为，以儒家文化为核心的中原文化之所以能够在赣闽粤边区广泛传播并且成为客家文化的主体和核心，与以下因素有密切关系：

首先，长期以来，中原汉族文化在我国传统社会中一直居于主流文化的地位，并且得到国家权力的大力推广，因而能够成为客家文化的主体和核心。

所谓主流文化，是指体现着时代的主导思想，支配着文化的发展方向，占有统治地位的文化，它具有主导性和制度性的典型特点。主流文化的这两个特点，使它一方面能够得到政治权力的支持而获得广泛传播；另一方面，在传播过程中，又能够依靠自身的文化优势和权力支持，对传入地区的本土文化产生巨大的渗透力和同化作用。[1] 在中国古代社会，以儒家文化为主的汉文化一直得到中原政权的大力支持，成为历代封建王朝的主流文化。它不断地向周边地区扩散和传播，把自己的文化版图不断扩大。客家文化体系中中原文化占有主体地位，就是这种传播的结果。

其次，从文化区位来看，中原地区和赣闽粤边区分别处于华夏文化区的中心和边缘的地位，这种区位差异，也必然导致汉族文化从中原文化中心向边缘区域传播。

广义的"中原地区"，是指以黄河中下游地区为中心的淮水以北长城以南的广大北方地区。黄河流域是华夏文化的发源地，在很早以前就成为古代中国的文化中心。在文化学理论中，文化有中心和边缘的区别。所谓文化中心，就是指一个文化区特有的文化特质最集中、处于主导地位且具有向周边辐射功能的部分；所谓文化边缘，主要是指一个文化中心区的边缘地区，它处于次要的、受容的地位。一般情况下，文化中心由于处于文化的密集区，其政治、经济、制度等方面信息流量大，而且对周边地区的文化必然产生直接或间接的影响，带动文化向前发展，而文化边缘总是受到文化中心的控制和影响。[2] 文化中心所具有的这种强烈的文化辐射作用，是推动中原汉族文化向赣闽粤边区传播的不竭动力，它对客家文化的形成起到了十分重要的作用。唐宋以前，中原地区已取得很高的文化成就，而同一时期赣闽粤边区仍处于相对落后的状况。据史籍记载，当时居住在这个区域的主体居民是"俚""越""畲""峒"等土著民族。至隋代，这些土人还处于"俱无君长，随山洞而居"[3] 的原始时代。在这三个区域中，赣南由于地近中原，且有当时成为连接岭南与中原主要大动脉的赣江——大庾岭通道贯穿其中，所以开发程度要高于其他两个地区。即便如此，直至宋代，赣南仍然是"驿路荒远，室庐稀

---

[1] 陈华文：《文化学概论》，上海文艺出版社，2001年，第201—204页。
[2] 陈华文：《文化学概论》，上海文艺出版社，2001年，第211—216页。
[3] 《隋书》卷82《南蛮传》

疏，往来无所庇"①。这种状况，与辉煌的中原文明相比，真实不可同日而语。文化本身具有流动性，在这两种文明发展程度差距悬殊的情况下，以中原地区为主的北方强势文化必然要向客家大本营地区扩展渗透。

再次，唐宋以后中原汉族文化向赣闽粤边区迅速传播，还与当时全国经济重心南移和赣江–大庾岭通道的开拓使该地区的交通地位日益上升有关。

唐宋以来，中国经济重心经历着从黄河流域向长江流域乃至整个南方地区的大转移，南方地区的经济地位逐渐超过北方。到明清时期，南方地区商品经济的发展，使得东南各省在全国经济中的地位更加瞩目。② 由于作为沟通南北经济甚至海外贸易的大庾岭—赣江—大运河商道贯穿境内，赣闽粤边区在国家经济发展和交通贸易中的重要性也日益凸现。③ 此外，地域经济的发展也吸引了北方移民的大量迁入。但是，这种大规模自发性的人口盲流的迁入，使"为壤既瘠且贫，无金锡之珍，鱼盐之阜，畜牧驹骒之饶，织文机巧工技之利"④ 的赣闽粤边区的生存状况更加恶劣，从而引起了与土客族群之间的激烈冲突。⑤ 在族群冲突空前剧烈的情况下，国家为了维护这一地区的社会稳定，确保关系国家南北经济动脉的畅通，势必要加强对该区域包括民间信仰在内的整个社会秩序的控制。因此，历史上，中央曾派遣过诸如岳飞、王守仁、施琅等名将重臣前来镇压这里的民变和动乱。但是在运用军事手段进行残酷镇压后，也深感"破山中贼易，破心中贼难"，所以在这里大力推行兴建学校、移风易俗等旨在加强对当地居民进行思想改造的文化运动，从而促进了中原汉族文化在赣闽粤边区的传播。

我们还要特别关注的是，在中原文化向客家地区传播过程中，"国家"军事活动和行政措施的重要作用。

战争是文化传播最原始和最快捷的办法。战争带来的灾难是巨大的，但战争在客观上又促进了文化的交流与融合。具体到赣闽粤边区客家文化形成问题上，中央政府在军事征服过程中，向赣闽粤边区的土著族群充分展示了汉族文化的先进性；并且军事征服结束后，中央政府在赣闽粤边区建立了直接统治，增设了许多县治，把中原文化当中的政治文化植入赣闽粤边区。政府强制要求原来"不纳租税"的畲、瑶等族交纳赋税，并把那些"逋赋""脱籍"人口纳入户籍控制中，尽管激起了他们的长期反抗，但这些人群最后还是认同了中央的政治文化，接受了中原王朝的统治。战争的另一个结果是促进

---

① 《宋史》卷 328《蔡挺传》

② 参见齐涛：《中国古代经济史》，山东大学出版社，1999 年；孙健：《中国经济通史》（上卷），中国人民大学出版社，2000 年；郑学檬：《中国古代经济重心南移和唐宋江南经济研究》，岳麓书社，2003 年。

③ 参见胡水凤：《繁华的大庾岭古商道》，《江西师范大学学报》1992 年第 4 期，第 60—65 页。

④ 《国朝张尚瑗喜丰堂记》，同治《赣州府志》，卷 8《舆地志·官廨》，第 352 页。

⑤ 黄志繁：《"贼"民之间：12—18 世纪赣南地域社会》，生活·读书·新知三联书店，2006 年。

了赣闽粤边区不同族群的融合。从宋元以至明清，赣闽粤边区经历了各种规模不等的动乱。国家平乱的过程也是族群融合的过程：一方面，因战乱引发的人口流动，使得赣南、闽西、粤东这三个区域的族群交流十分频繁，从而促进了三地之间的族群融合。另一方面，在动乱中，越来越多的畲瑶族人被卷入战争之中，与汉族居民一起进行各种军事行动，从而促进了畲（瑶）汉之间的交流与融合。例如王阳明在平息以赣南为中心，波及赣闽粤湘广大地区的以谢志珊、蓝天凤为首的畲汉民大动乱后，奏割赣南上犹、南康、大庾三县的部分土地新建崇义县；并且为了"破心中贼"，把理学提到压倒一切的地位：订立乡规民约，兴办书院、社学，刻印儒学经典，甚至亲自授徒讲学，不遗余力地推行理学思想。在闽西，元朝末年黄华、陈吊眼、李志甫等畲民相继发动了一系列大规模反抗活动。元朝政府在镇压这些反抗后，强令畲民与汉人杂居；发遣畲军出山屯田；并采取以蛮治蛮的策略，将畲蛮酋长授以官职，代理中央政府治理当地；强令他们熟悉官府律令，遵行汉族礼仪，学习儒家纲常，接受汉族的生产方式和文化礼仪，促使他们迅速汉化。这些由于战争所引发的种种文化传播现象，对于中原文化进入客家大本营地区并成为客家文化的主体，发挥了重要作用。

四

综上所述，我们可以得到以下的认识：

客家文化是在漫长的历史时期里，中原文化与赣闽粤边土著文化长期互动与深度融合而形成的一种多元文化。

客家文化形成背景的复杂性，决定了客家文化与中原文化既紧密相连又性格各异。在物质层面上，客家文化在地化的特色较为鲜明；而在制度层面和精神层面上，客家文化则较多传承了中原传统文化的基因，这也是客家文化主体和核心之所在。

中原文化之所以能够在赣闽粤边区广泛传播，并且成为客家文化的主体和核心，是由于文化本身的力量和文化外部的力量在漫长的历史时期里得到了充分发挥的结果。在这一过程中，中原地区和赣闽粤边区在文化发展序列上的差异，使得中原文化本身就已存在着一种向文化边缘地区扩展的张力，这是源自文化本身的内在动力。同时，由于中原文化一直以来就得到了国家权力的大力支持，从而使它能够在赣闽粤边区广泛传播并且继续发挥主导性和制度性的作用，这是源于文化外部的动力。而唐宋以来经济重心的南移、北方人口的大批南迁、赣闽粤边区的族群冲突等等特殊的历史背景，则是促使这两种力量进一步结合的催化剂。正是在这些因素的共同作用下，中原文化才能够在赣闽粤边区传播并且促进了客家文化的形成和发展。

（作者简介：罗勇，江西赣南师范大学客家研究院原院长、教授）

弘扬习近平总书记石壁讲话精神
构建客家文化融入院校教育机制

——●   徐初佐   卢宝蕊   ●——

城镇化、工业化浪潮下，客家文化正面临着被摧毁的危机，迫切需要加强对客家乡土文化根基的发掘、传承与保护。1998 年习近平总书记石壁讲话精神内涵丰富，启发性强。客家文化蕴含丰富的教育资源，它的德育功能以及所能融入教育的内容、场所、文化承载物都需要整理、研究和凝练，同时融入课程的途径、方式，使其在客家地区院校中成为"校本特色教育"德育品牌都是一个新课题。

一、回顾与分析习近平总书记石壁讲话精神

宁化石壁是世界亿万客家人的总祖地，石壁被称为客家祖地，是"海峡两岸交流基地"。石壁客家公祠规模庞大，气势恢宏，内供奉着 161 姓先祖神位，成为客家世界总家庙。2011 年，石壁客家祭祖习俗列入国家级非物质文化遗产名录。2012 年 11 月，世界客属第 25 届恳亲大会在宁化举办，5000 多名海内外客属汇聚宁化石壁，吴伯雄、饶颖奇、邱镜淳等台湾知名人士应邀参加，增强了台湾同胞对宁化石壁客家祖地"根、源、祖、脉"的认可和依归。1998 年 2 月 15 日，时任福建省委副书记习近平首次抵达宁化，走进石壁客家祖地，现场调研并指导客家祖地建设。宁化客家研究中心编写的《石壁客家光彩》中现有题为《习近平：树立石壁祖地权威性》的记载：1998 年 2 月 15 日，省委副书记习近平考察石壁客家祖地时说："要弘扬客家精神，发掘乡土文化，建设有中国特色的社会主义精神文明。客家祖地源远流长，要把它作为一篇文章来做，做好了，对全县两个文明建设有很好的促进作用。一是要做好客家统战文章，做好台、侨、港、澳工作；二是要研究客家文化，树立石壁祖地的权威性；三是要做好客家民俗、节庆、服饰、礼仪、待客、姓氏源考等资料的收集整理工作；四是要开展客家旅游活动；五是要充分利用客家人士的牵线搭桥作用，推动经贸发展。"

习近平总书记石壁讲话精神清晰地梳理出几种关系，为传承、发展、运用好客家文

化提供了行动指南。第一，明确客家文化的精神价值，有利于建设精神文明，结合当下扩展至有利于"五位一体"建设。第二，明确客家文化在"坚持统一战线"中的特殊价值，是福建对台统战工作的优势价值。第三，明确打造宁化石壁作为客家祖地，奠定各客家地区精准化探索其在客家文化中的定位。第四，指出客家文化类型，为客家文化重点发展指明方向。第五，明确客家文化应适应时代需求、市场需求，探索合适的文旅融合发展道路。第六，明确客家文化的经济价值，有利于产业发展。客家地区院校发展迅速，广大师生积极响应习近平总书记希望广大理论工作者指示精神，即"从国情出发，从中国实践中来、到中国实践中去，把论文写在祖国大地上，使理论和政策创新符合中国实际、具有中国特色"。客家文化是客家地区院校最大的特色，如何挖掘、整理、认识、传承、运用好客家文化教育资源化是一个重大的时代课题，意义深远。

二、客家文化教育资源化与地方院校"校本特色教育"的价值分析

把丰富多彩的客家文化进行分类整理，使之成为教育资源，在地方院校"校本特色教育"建设中发挥应有作用，推动师生开展深度的产学研，对客家文化传统与现代融合进行认识、传承、创新。

（一）客家文化教育资源成为开展社会主义核心价值教育的重要素材

发挥客家文化的德育功能与价值，是地方院校开展社会主义核心价值观教育的好素材。中共中央办公厅、国务院办公厅印发《关于实施中华优秀传统文化传承发展工程的意见》，强调了中华优秀传统文化蕴含着丰富的道德理念和规范，积淀着多样、珍贵的精神财富。客家文化是中华优秀传统文化的一部分，传承中华优秀传统文化，有利于促进社会和谐、鼓励人们向上向善的思想文化内容。文化部已批准设立"客家（闽西）文化生态保护实验区""客家（赣南）文化生态保护实验区""客家（梅州）文化生态保护实验区"，客家文化是一本乡土文化的教育读本，接地气的乡土文化内容与案例，对培养地方文化（客家文化）创意人才和利用客家传统文化培养学生的文化素养和文化认同感，非常有利于客家文化传承与发展。同时有利于学生传承传统美德。客家先民作为一支民系在跋山涉水的艰难环境中求生存，同时又不断地积累经验和推陈纳新，从而磨炼出了坚忍不拔、自强不息、追求理想、勇于开拓、吃苦耐劳的优秀品质，形成了独特的崇祖睦邻、团结和谐、崇文重教、爱国爱乡的精神文化，他们的创业故事、家训文化、处世智慧都将对学生在价值观念、思想信仰和行为规范方面产生影响，通过评价、言说、交往、体验等方式，在规范行为、社会化认同、凝聚正能量等方面起到重要的作用。

（二）客家文化的思想智慧可以帮助大学生增强文化认同意识和爱国情怀

传统文化是中华民族的身份标识，是华夏儿女保持族群认同和精神团结的文化符

号。客家民系源自中原，认同客家文化也是认同中华文化，而客属地区也是客家人的祖地，海内外客家后裔人数达八千万之多。迁至台湾客家后裔有 400 多万，两岸客家人人缘相亲、地缘相近、文缘相通，客家文化的纽带作用非常重要。立德树人是教育的根本任务，作为客家地区院校，必须接地气发展，弘扬、传承、运用好优秀的客家文化教育资源，提高教学与科研内容的地方性、针对性、实用性，满足师生对优秀传统文化有形与无形需求的追求，最终提升师生的乡土情怀、传统文化情怀、爱国主义情怀等。闽台客家人存在血缘、亲缘、文缘、地缘、神缘和物缘相同关系。台湾客家人对福建、广东等客家文化地域，美誉为自我认同的"原乡客家"，历经数百年迁移至台湾之后形成了以土地为舞台、以族群相凝聚的"移民客家"，形成了台湾社会的中华文化认同、中华民族认同。客家地区在语言、风俗、饮食、服饰等文化领域的同一性，在客家精神的指引下天然地在文化教育上拥有相同的追求。"坚持统一战线"，客家文化之根与台湾客家人寻"根"的心理诉求与实践，通过客家乡土文化教育资源融入学校校本特色教育建设，对做好客家地区院校学生文化教育工作起"润物细无声"的作用，有利于两岸客家区域的高校年轻一代对中华民族的归属感和认同感。

（三）以特色文化融入为手段，实现客家地方院校"校本特色教育"的目标

发挥地方性文化资源进课堂是地方性高校特色定位的方向之一。客家区域的院校，一般分布于客家山区和革命老区，有着丰富的客家文化和红色文化资源，不仅可以依托旧址、文物、文化场所建设教育实践基地，也可以通过整理和编辑校本特色教材，在文化认同、思想品德、革命史、爱国主义等方面的内容进行补充与丰富，更贴近现实、更接地气，增加课程的生动性、趣味性和实践性，从而以特色文化融入为手段实现地方高校"校本特色教育"的目标。

三、客家文化教育资源融入地方院校"校本特色教育"的教育设计原则

（一）适应需求

马克思分析了人类需要发展的三个阶段是生存、发展、享受，大学生的专业知识与人文知识的学习过程既是生存技能又是享受知识乐趣的过程。党的十九大报告指出："没有高度的文化自信，没有文化的繁荣兴盛，就没有中华民族伟大复兴。"中华优秀传统文化是中华民族的根与魂，它已经成为中华民族的基因，植根在中国人内心，潜移默化地影响着中国人的思想方式和行为方式。针对大学知识与技能教育广泛而丰富，找准本土院校教育需求，吸引学生兴趣，是任何乡土文化教育资源成为校本特色教育成功运作的前提。因此，充分运用好客家文化教育资源，根据不同专业开发与设计，专门课程与专题、模块化相结合，公共选修课与课程模块必修课相结合，社会需求与在校学习相结合等，适应与满足学生们的需求。弘扬客家文化，推动地方文化积极融入社会主义精

神文明建设，为"五位一体"建设作出应有贡献。高校应借智借力，打造师师团队、师生团队、生生团队、校内外政产学研团队等，不断推动客家乡土教育资源融入高校教学、科研的创新发展，强化服务地方、文化传承与创新的功能，产生良好的经济效益、社会效益，获得更多高端成果、更大的社会影响力。

（二）文化融合

着力打造客家文化教育的知名度、美誉度，充分运用好丰富多彩的文化资源，物质文化与非物质文化形式融合，符合习近平总书记"客家民俗、节庆、服饰、礼仪"等文化形式融合道路，同时结合本土其他特色文化，如革命文化、生态文化、工业文化等资源，因地制宜、整合开发"客家与他色的组合模式"，如"客+红""客+绿""客+农""客+文创""客+休闲"等，校内与校外相结合、理论与实践相结合、线上与线下相结合，从而达到为文化融合提供教育、休闲、娱乐、体验等全方位的效果。

（三）体验开发

适应多元化需求，发挥客家文化价值。鉴于地方院校外来生源的比例高，在同一课堂上有教无类，需要创建合适的教学内容与方式方法，满足学生美好的体验感。体验经济强调"以服务作为舞台，以商品作为道具来使顾客融入其中的社会演进阶段，它追求顾客感受性满足的程度，重视消费过程中的自我体验"[3]，通过"情感、感觉、创造性、身体和生活方式等方面来合作，形成体验的综合板块"[4]。这就要求不再仅仅提供客家文化的知识，而要提供最终的体验，同时要求学生们不仅要用身体的各个器官感知，更要用心来领会，从而对客家建筑、美食、民俗等留下难忘的愉悦记忆。因此，坚持理论创新、实践创新、开拓创新，多进行参与式、启发式的互动，以图文并茂、声音视频等方式，将传统文化与现代化体现相结合，凸显客家文化与革命文化、生态文化等相融合，文化共鸣，提升教与学的品质。

四、弘扬习近平总书记石壁讲话精神，构建客家文化融入地方院校"五位一体"教育机制模式

以龙岩学院的积极探索为个案，弘扬习近平总书记石壁讲话精神，构建客家文化融入地方院校"五位一体"教育机制模式。在具体的教育形式上，创新发展，体现课堂融入型、实践教学型、文化体验型、调查研究型、文化创意型、社会服务型等，最终创设"课程、文化、德育、创新、服务"五位一体的模式。把学生的课堂学习引入文化体验、创新创业、服务社会，又从中获得思想提升的目标。

（一）争创高端化成果，开发丰富校本特色课程

定位是做好努力方向的前提。学习习近平总书记明确打造宁化石壁作为客家祖地的

指示精神，龙岩学院找准客家文化研究定位，成立闽台客家研究院。融合校内外师资，开展对客家文化教育资源的整理与研究，如客家源流历史教育资源与中华文化认同、文化自信教育；客家家风家训教育资源与品德修养教育；客家物质与非物质文化教育资源与文化保护意识教育等，这些客家文化类型，是龙岩学院传承与发展客家文化的重点，有计划地推进龙岩学院"校本特色教育"教材建设。以成果为导向，又以成果激励人，引导有致力开发校本特色教材的教师组成团队，不断出高端新成果。第一，不断开发通俗类教材，强化校本课程建设。第二，不断进行教学改革，创新发展。第三，不断推出线上线下课程，扩大影响力，供闽粤赣等客属地方院校学生选修。如《客家历史与文化》《客家文化符号与文化创意》等，成为教育部MOOC课程，并成为福建省一流课程；在《中国民俗学》等课程中渗透客家文化的相关内容，并成为福建省一流课程。校内开设公共选修课的有：《田野调查（客家地区）》《闽西"红+客"文化旅游体验营销》等。第四，用好校内客家文化馆等场所，依托客家文化节等活动，尽可能地把物质文化遗产做成缩量模型和把非物质文化遗产及其传承人融入各类教学、活动中，开展现场教学和体验项目。第五，积极开展与台湾地区高校进行合作。龙岩学院于2015年4月与台湾联合大学签署了合作协议，开展了学生交流和客家文化交流，也运用好客家文化在"坚持统一战线"中的特殊价值。台湾联合大学客家研究学院善于客家文化创意活动，为龙岩学院客家文化创意发展提供重要经验。其以刘凤锦教授、晁瑞明教授、林本炫教授等为代表，推动围绕客家文化传承与开发为元素的相关专业（文化创意与数位行销学系、文化观光产业学系）发展、产学研合作、对外交流等，为师生的教学、科研、服务社会、文化传承创新提供良好的平台，校本特色教育成果显著。两校相互学习、分享，有利于推动客家文化研究深入发展，相互学习，也有利于唤醒台湾学子对祖国大陆原乡客家文化的学习兴趣和动力。

（二）弘扬客家文化，营造浓厚校园文化氛围

"不仅实践层面的乡土文化在城市化进程中面临被肢解的危险，观念层面的乡土文化也在市场化和现代化大潮中被边缘化。"[5]文化的发展是动态的，在历史的不断演变中文化的积累和进步也在逐渐演变，厚重的历史性与应用的时代性相结合，化危机为机遇。正如习近平总书记所强调："传统文化在其形成和发展过程中，不可避免会受到当时人们的认识水平、时代条件、社会制度的局限性的制约和影响，因而也不可避免会存在陈旧过时或已成为糟粕性的东西。这就要求人们在学习、研究、应用传统文化时坚持古为今用、推陈出新，结合新的实践和时代要求进行正确取舍，而不能一股脑儿都拿到今天来照套照用。要坚持古为今用、以古鉴今，坚持有鉴别地对待、有扬弃地继承，而不能搞厚古薄今、以古非今，努力实现传统文化的创造性转化、创新性发展，使之与现实文化相融相通，共同服务以文化人的时代任务。"[6]将客家文化融入校本特色教育，增强历史与现代需求衔接性，培育浓浓的文化氛围，处处可见，时时可想，拉近学生与历史的距离，感性、接地气充分利用好每一条标语、每一面墙壁、每一栋建筑、每一个教室、每一场活动等，展示客家文化的历史性与时代性。客家人极其注重耕读传家，闻名于世的世界文化遗产——客家土楼，处处可见楹联，如湖坑振成楼的"干国家事，读圣贤书"，洪坑福裕楼的"几百年人家无非积善，第一等好事还是读书"，高头承启楼楼联"承前祖德勤与俭，启后孙谋读与耕"，湖坑裕兴楼的"裕后勤和俭，兴家读与耕"，又如培田古村落的"立修齐志，读圣贤书"等，龙岩学院校训"厚于德、敏于学"表达此意。成立闽台客家研究院，整合校内客家研究力量，坚持"走出去，请进来"的发展战略，加强与海内外的合作，着力将成果转化为教学资源，把客家研究与学校相关学科专业建设紧密结合，推进客家文化进教材、进课堂，开展丰富多彩的校园客家文化活动，如"客家文化节"等，在图书馆开设专门的客家文化展览馆，在厚德楼架空层设立客家文化体验中心，在文虎楼架空层设置爱国华侨胡文虎雕像及文化广场，同时加大成果转化，为政府科学决策提供有力的智力支撑，尤其在客家祖地文化建设、国家级客家文化（闽西）生态保护试验区的申报与运行上发挥应有的作用，有力地提升了学校的办学水平和办学特色。营造良好的校园氛围，推动人人参与客家文化的传承、创新、运用。

（三）秉承立德树人任务，做好德育大文章

2022年7月，习近平总书记在中央统战工作会议上发表重要讲话，对新时代爱国统一战线的基本任务中提出要"高举爱国主义、社会主义伟大旗帜""促进海内外中华儿女团结奋斗"，指出"统战工作的本质要求是大团结大联合，解决的就是人心和力量问题。关键是要坚持求同存异，发扬'团结—批评—团结'的优良传统，在尊重多样性中寻找一致性，找到最大公约数、画出最大同心圆"。客家"五缘"情分，共同的民族复兴心愿，以客家乡土文化为纽带融入教育之中，不断净化学生及家长等心灵，共同构建中华民族伟大复兴目标。立德树人是教育的根本任务。龙岩学院秉承"厚于德，敏于学"校训，培养又红又专的社会主义建设者与接班人，在课程开发与设置、各专业教学案例本土化、毕业论文选题、学科竞赛选题、社团活动、党课讲座等领域下功夫，构建校院系纵向衔接、课内课外线上线下横向贯通、政产学研协同融合的全员、全程、全方位的育人格局，依托客家乡土文化与苏区红色文化，做深德育大文章。

（四）创新发展谋新意，适应需求出成果

"对乡土文化的当代价值和未来价值认识不到位，远远不能满足中国社会进入新的历史阶段的要求。"[7]客家文化要融入校本特色教育，找准方向，创新发展。根据人才培养方案和社会需求，设计人才培养、教师发展等相结合的线路。适应时代需求、市场需求以及师生需求，充分融合客家文化与红色文化、生态文化的精髓，激活师生们的创新精神，策划与开发更多文化创意产品，获取更多国家级省级成果。人才培养方面，除了课程模块、校园文化建设高度适应学生需求外，引导学生在毕业论文设计中选择运用地方文化（客家文化）主题，并让学生积极参与导师的相关课题研究；突出学生创新创意能力的培养，积极学习台湾地区文化创意经验，依托大学生创新创意实践和大学生各类竞赛，利用地方文化资源（客家文化）进行创新创意实践，如设计校内客家文化元素的服饰类挂饰类文旅产品、家居用品等，并落地生根，用于校园内外。开设各类客家文化传承保护的讲座，吸引学生了解客家文化前沿研究和市场化运作实况。使学生们深受客家精神文化熏陶，培养爱国爱乡、艰苦奋斗、团结奋斗、崇文重教的情操。教师发展方面，依托客家研究院平台与团队，使客家文化研究成为学校科研的特色项目，以老带新、团队协作、政产学研合作等方式，组成教学团队、科研团队，获得更多的高水平课题和科研成果，如近年获得以客家文化为主题的国家社会科学规划项目5项，省级课题立项多项，并发表大量论文和出版了相关的学术专著，更为重要的是积极把研究成果转化为实际，使更多成果成为校本特色教育资源和服务地方能力。

（五）构建立体多元服务体系，高效推行校本特色教育

效果要显著，服务保障尤为重要。龙岩学院构建立体多元服务体系，高效推行客家文化融入校本特色教育。第一，宣传服务。通过校内外新闻媒体广泛宣传，营造氛围，吸引关注。如龙岩学院主页凸显专门栏目"客家研究""苏区研究"，结合现场宣讲、校内刊物、新媒体、虚拟现实技术等方式，"由平面向立体、由静止向动态、由单一向多维的转变"[8]，从而获得师生们广泛认同、理解、支持和传承发展。第二，行政服务。为师生们研究客家文化专题开辟绿色通道和机构设置，专款专项、一事一议，促进客家数字资源库建设等形式，鼓励师生以客家文化为元素开展教学、科研、服务社会等活动。第三，运用服务。创设条件，打通学科建设与服务社会渠道，鼓励师生们紧抓机会，积极融入地方服务社会，如参与闽西最美古村落评选工作，参与电视台拍摄百集《客韵》节目，参与《土楼神韵》等演出，参与"闽西客家文化生态保护实验区规划"和"龙岩市闽西客家文化生态保护实验区三年行动规划"的起草工作等。众多教师成为福建省百场社会科学专题报告会报告人。通过服务，有力地把客家文化研究与教育事业、旅游产业、家居产业等相结合，发挥客家文化的经济价值。

参考文献：

[1] 王华斌. 乡土文化传承：价值、约束因素及提升思路 [J]. 理论探索，2013（2）：12.

[2] 李崧，曹阳，徐维群，徐初佐，胡昇平，张丽明. 龙岩市客家文化产业发展现状与对策 [J]. 龙岩学院学报，2017（1）：43-44.

[3] [美] B. H. 施密特（著），周兆晴（译）. 体验营销 [M]. 南宁：广西民族出版社，2003：18.

[4] 谢彦君. 旅游体验研究：一种现象学的视角 [M]. 天津：南开大学出版社，2009：32.

［5］谢治菊. 转型期我国乡土文化的断裂与乡土教育的复兴［J］. 福建师范大学学报（哲学社会科学版），2012（4）：156.

［6］习近平. 在纪念孔子诞辰 2565 周年国际学术研讨会暨国际儒学联合会第五届会员大会开幕会上的讲话［N］. 人民日报，2014-09-24.

［7］索晓霞. 乡村振兴战略下的乡土文化价值再认识［J］. 贵州社会科学，2018（1）：5.

［8］聂慧. 以"互联网+"思维创新"三全育人"方法与实践研究［J］. 中国高等教育，2021（18）：9.

（作者简介：徐初佐，龙岩学院副教授，硕士；卢宝蕊，龙岩学院副教授）

做好客家文化这篇大文章的若干思考

——学习习近平新时代中国特色社会主义思想的体会

 戎章榕

1998 年 2 月 15 日，时任福建省委副书记的习近平同志调研宁化时指出："宁化客家祖地源远流长，要把它作为一篇大文章来做，做好了，对全县两个文明建设有很大的促进作用。"

岁月不居，时节如流。20 多年来，历届宁化县委县政府牢记习近平总书记的殷切嘱托，一张蓝图绘到底，一任接着一任干，建设客家交流平台，持续举办客家祖地祭祖活动，开展客家文化研究，推进宁台经贸文化交流合作，不遗余力地做好客家文化这篇大文章，不仅成功打响了石壁客家祖地的文化品牌，而且在弘扬客家文化、增进客属情谊、推进两岸和平统一等方面都作出了积极贡献。

今年是第十届石壁客家论坛，十年磨一剑，殊为不易。按中国人传统习惯，逢五逢十，都要举行相应的纪念活动，旨在总结过去，展望未来。故此，今年论坛主题确定为"发扬习近平总书记石壁讲话精神，推动石壁祖地客家文化创新"。由此让我们更好地回顾、体悟习近平总书记在福建工作期间，谋划和推动改革发展的政治智慧和远见卓识，加深认识习近平新时代中国特色社会主义思想的孕育和实践，更加有利于今后踔厉奋发、笃行不怠。

为此，笔者不揣浅陋，进一步学习了习近平在福建工作期间，两次莅临宁化调研时发表的重要讲话精神，结合学习《习近平谈治国理政》第四卷和《习近平在福建》《闽山闽水物华新——习近平福建足迹》等书籍，追寻领袖足迹，感悟领袖风范，汲取思想伟力，联系宁化客家文化的实际，提出个人若干粗浅的体会与认识，求教与会的专家学者。

牢记嘱托 感恩奋进

放眼今日之宁化，在做好客家文化这篇大文章上可圈可点。在载体建设上，先后建

成二期客家祖地文化园、世界客属文化交流中心、客家美食文化城，客家祖地博物馆、慈恩文化园、塔山公园、客家国际大酒店等客家文化重点工程，为宁化打造客家文化知名品牌奠定了物质载体和物质基础；在学术研究上，孜孜以求，绵绵用力，久久为功，在累计编辑出版客家文化研究文献资料、宣传书刊近百种的基础上，业已形成客家学石壁学派，这在国内县一级客家研究中首屈一指。其中，刘善群先生的《客家与石壁史论》是第一部系统研究石壁客家史的专著，是石壁学派扛鼎之作；张恩庭、刘善群主编的《客家祖地石壁丛书》是石壁客家文化研究成果的集大成者，受到海内外不少客家学者的关注与称赞。同时借助社会力量参与，吸引了三明学院、华南理工大学等高校的加盟，于2013年分别设立"客家文化研究基地"，为宁化打造客家文化知名品牌积累了思想财富和理论成果；在文旅结合上，文以载道，旅以致远。依托石壁客家祖地平台，着力打造"神秘的客家祖地"旅游品牌，精心策划推介"客家寻根祭祖"旅游线路，对接并纳入福建"客家之旅"经典旅游线路，宁化石壁已列入中国十大寻根基地。2019年接待海内外游客300.7万人次，实现旅游收入28.72亿元。

宁化客家文化建设取得的成绩是福建发展的一个生动缩影，与习近平总书记对客家祖地的关心、支持是分不开的。为此，宁化县委县政府日前将习近平总书记当年在石壁调研发表的一段话，以大展板的形式，赫然矗立在世界客属文化交流中心的大厅，意在牢记嘱托，感恩奋进。

依托祖地，搭建平台，强化学术研究，挖掘客家文化，讲好客家故事，弘扬客家精神。宁化已成为声名远播的一张客家名片，除了习近平当年调研时发表的富有远见卓识的重要讲话，还有一个故事足以表现他对石壁祖地人民的深情厚谊。

1997年10月，宁化县石壁村拟举办客家文化旅游节暨第三届客家祭祖大典。通过这个活动加强遍布中国大陆、港澳台及世界各地的侨胞和家乡亲人之间的联系，也希望借助这个平台加强宁化乃至三明与外地的经济和文化交流。在祭祖大典之后，拟准备举办一场晚会。为了增加晚会的影响力，时任市委书记黄贤模就跟习近平同志请示，彭丽媛同志不要说在国内，在全世界的华人当中名气都很大，"粉丝"很多，能不能请她来晚会上唱唱歌？习近平同志当即就爽快回答说："没问题！"黄贤模没想到他答应得这么痛快，非常高兴。到了晚会的前一天，彭丽媛同志就赶来了，还带来了郁钧剑等几位大明星。当地人喜出望外，但之后才知道，实际上她这次来是抽空赶过来演出的，之后又要赶回福州，再飞回长沙参加"心连心"的一场演出。那天演了两场，白天一场，晚上一场。晚会上，彭丽媛同志一共唱了4首歌，所唱的《我爱你，塞北的雪》《在希望的田野上》《珠穆朗玛》《我的祖国》等都是她非常拿手的曲目。唱完，全场报以经久不息的热烈掌声。三明的同志深深感谢她，都说这是一场难忘的精神享受。演出之后，她也不休息，当地马上用车把她送回福州。那时三明到福州没有高速路，一路颠簸，彭丽媛同志很疲劳，在车上盖着一个毯子就睡着了。到福州以后，当地按照规定给她出场费，她坚决不要。之后黄贤模又派工作人员把出场费交给习近平同志，又被他退回来了。后来黄贤模碰到习近平同志，就问他："我们按规定给彭丽媛同志出场费，一分钱也没多给，为什么不要？"习近平同志笑了笑，回答说："我在福建工作，我不能要福建人民一分钱。"

这个故事至今不仅让黄贤模同志难以忘怀，同样会让宁化人民铭记在心。这个故事发生在习近平同志去宁化调研之前，应当说他对石壁祭祖是有所了解的，不然，不会那么爽快地答应黄贤模书记的请求。在福建工作期间，习近平常常这样说："我父亲是做统一战线工作的，我对统战工作有着一份特殊的感情。"这个故事从一个侧面很好地诠释了这份感情。

"求木之长者，必固其根本；欲流之远者，必浚其泉源。"党的十八大之后，习近平高度重视中华优秀传统文化的传承发展，曾经反复强调不忘历史才能开辟未来，善于继承才能善于创新。只有坚持从历史走向未来，从延续民族文化血脉中开拓前进，我们才能做好今天的事业。为此，宁化今后举办石壁祭祖、石壁文化论坛等都要从提升历史自觉和文化自信上去把握，鉴古方能知今，继往方能开来，才能将客家工作推向新的层次、新的高度。

全面掌握　不辱使命

福建是习近平新时代中国特色社会主义思想的重要孕育地和实践地，而宁化是习近平统一战线重要理念的重要孕育地和实践地之一。习近平总书记当年在石壁调研的讲话高瞻远瞩、内涵丰富，指导性强，是他统一战线重要理念的组成部分，对当前及今后客家事业的发展具有重要指导意义。但笔者认为，做好客家文化这篇大文章，要以习近平新时代中国特色社会主义思想为指导，不能只是局限于石壁调研讲话，而是要将习近平两次赴宁化县调研讲话的要点梳理出来，将他 2000 年在闽西举办的世界第 16 届客属恳亲大会上的致辞结合起来，将他在福建工作期间提出的一系列关于统一战线工作的重要理念结合起来，深学、细照、笃行，切实把总书记的殷切嘱托转化为做好这篇大文章的强劲动力，只有全面掌握习近平总书记有关客家文化的重要论述和统战工作的重要理念，深刻把握精神实质，才能将客家文化做深做实。

"五洲客家音，四海桑梓情"是习近平在世界第 16 届客属恳亲大会上的致辞中的一个金句，不只是诗一般的精彩，而且对客家作了非常好的评释。客家民系是唯一不用地方命名的民系，讲的是客家话。客家人自古就有"宁卖祖宗田，不卖祖宗言；宁卖祖宗坑，不卖祖宗声"的传统。客家有 200 多个姓，历史上播迁海内外，国内有 20 多个省区有客家聚居区，海外以东南亚居多，欧洲、北美洲、非洲、大洋洲也都有客家群体，分布在全球 100 多个国家和地区，近 1 亿客家人。如同宁化客家公祠大殿立柱前的一副楹联所撰："确保祖乡声音居家永讲客家话，坚持民族气节出国自称中国人。"客家人四海为家，但爱国爱乡的情结根深蒂固。他们是炎黄子孙不可或缺的重要组成部分，也是中国改革开放、建设现代化国家一支的重要力量。此语一出，迅速传遍了全国，传遍了世界各地，成为客家最生动、最形象的推介语。

宁化对客家文化觉悟得较早，早在1992年以来，宁化县人民政府斥资、四海乡贤襄助，在石壁村兴建客家公祠及配套建筑。从1995年客家公祠落成至今，每年10月都举办一届"世界客属石壁祖地祭祖大典"。前十届祭祖大典由政府主办的基础上，从2005年开始对第十一届祭祖大典的组织机制进行了初步改革，让客家人唱主角。近30年来，宁化客家公祠的国际客家石壁祭祖大典、长汀世界公祭客家母亲河大典，这两个大型的国际活动越办越好，有力宣传了客家是汉族的一个民系、根在中原，增强了中华民族凝聚力。

经过近30年接续奋斗，宁化石壁客家祖地先后被国台办认定为海峡两岸交流基地、被全国侨联认定为中国华侨国际文化交流基地、被文化部列为客家文化（闽西）生态保护实验区、被福建省政协列为港澳台侨交流基地，获批国家4A级旅游景区；成功举办第七届海峡两岸客家高峰论坛、27届世界客属石壁祖地祭祖大典、9届石壁客家论坛，截至目前，累计接待海内客属100万余人次，其中台湾客属社团130多个、近10万人次，影响深远，成效卓著。

新时代做好客家文化这篇大文章，要以习近平总书记在日前召开的中央统战工作会议的重要讲话为遵循，坚持爱国统一战线发展的正确方向，准确把握新时代爱国统一战线的历史方位，为促进海内外中华儿女团结奋斗、实现中华民族伟大复兴汇聚磅礴伟力。

在世界第16届客属恳亲大会期间，习近平同志还与台湾国民党原主席吴伯雄等进行了亲切交谈。他说，回顾20多年的发展历程，我们深刻感到得益于改革开放，得益于海外乡亲和台港澳同胞的大力支持。长期以来，广大客属同胞心系故乡，为支持家乡建设作出了重要贡献。吴伯雄说，同宗同族同心声，隔山隔水难隔情，海峡两岸人民有着相同的文化血缘，都是炎黄子孙，我们的关系是任何力量不可割断的。

客家祖地要以近30年积累为起点，更加积极地回应时代的关切。推动两岸关系和平发展，团结台湾同胞共同致力于实现民族伟大复兴和祖国和平统一是时代命题。"台独"势力把客家的形成、发展、播迁当作靶子，抛出"客家非汉说"和否定客家血缘、地缘的文化认同，把客家史诬为"血统论""种族论"。这不是一般的学术问题，而是一个关乎祖国统一，以及阴谋分裂汉族、篡改客家源流的大是大非问题，我们必须旗帜鲜明地予以反击，立场坚定地予以回应，以客家是中国民族史、战争史、移民史的产物和客家史实予以驳斥和遏制。以中国人民迁台史和客家形成、发展、播迁史说明台湾早在光绪年间已成为中国一个省的史实，揭示"台独"谎言实质。弘扬客家精神，传承客家文化，为祖国、家乡的经济社会发展，为推进祖国统一大业而不懈奋斗。

扭住发展　续写华章

回顾过往，宁化县客家文化建设是与扶贫开发同步进行的。由于历史的原因，宁化县曾经列入了省级扶贫开发工作重点县。扶贫开发是摆在宁化县的首要任务，只有从根子上解决贫困问题，才能更好地建设客家文化。为此，习近平两次赴宁化调研，重点是谋划扶贫开发的问题。迄今宁化人民还流传着从喝擂茶到客家民俗、从"火红"辣椒到农产品产业化、从水土流失综合治理到"荒山秃岭"嬗变等调研故事，并整理出"宁化发展产业要画好'山水画'，形成自己的特色产业""扶贫为本，把扶贫工作牢牢抓在手上，把奔小康的基础打牢"等一系列扶贫开发重要指示。

2014 年初，宁化县针对扶贫底数不清、对象不明、靶向不准的问题，以淮土乡（2014 年底改为淮土镇）禾坑村为试点，探索创建了"348"精准扶贫工作机制。按"一申请、两比选、三公示"的三步工作法精准识别贫困户；按"四因四缺分类法"查找贫困户致贫原因；按"结对帮扶、入股分红、基地托养、资金互助、资产盘活、创业培育、订单带动、搬迁改造"八种帮扶模式精准帮扶贫困对象，较好地解决了"扶持谁、谁来扶、怎么扶"的问题。

"348"机制得到了国扶办和省、市领导的充分肯定，2014 年全省扶贫开发工作推进会、2018 年全市脱贫攻坚现场推进会、2019 年全省脱贫攻坚现场推进会在宁化召开。在宁化全县共同努力下，脱贫攻坚交出"满意答卷"，2020 年建档立卡贫困户人均可支配收入高达 14000 元，是 2016 年 3845 元的 3.6 倍。

宁化县两三年前已经退出省级扶贫开发工作重点县，但发展并未就此止步。难能可贵的是，宁化县依托宁化客家小吃、特色种养业等优势实施产业扶贫，开展创业就业培训、干部结对帮扶等推进精准扶贫，扶持贫困户发展生产或优先安排就业，促进贫困户增收脱贫的做法，列入《习近平的改革方法论》的案例，向全国推广。

新时代新征程，宁化在实施乡村振兴战略上，总书记有嘱托、省委有要求、群众有期盼，担负着特殊使命和历史责任。坚持经济社会发展与客家文化建设同步，相辅相成、相互促进。在奋力宁化高质量发展中，同样需要方法论。笔者认为，习近平在 1998 年调研讲话中，提出一个很好的方法："要谱写苏区新篇，用革命老区的巨大精神力量教育干部群众和后代，用客家人革命性、开拓性的精神来推动我们的各项工作。"

宁化是原中央苏区的 21 个重点县之一，是中央红军长征 4 个起点县之一。宁化县域内红色历史厚重，共拥有红色遗址遗迹 94 处。当年从宁化出发的宁化籍红军约 6000 人，抵达陕北时仅剩 58 人。客家人为近现代革命做出了重大贡献和牺牲，千年客家精神与百年老区红色传统一脉相承，研究客家文化要整体研究客家人的革命性、开拓性精神，以此鼓舞广大人民群众弘扬红色传统和客家精神。让人记忆犹新的是，2002 年 6 月 23 日，时任省长的习近平第二次走进宁化，来到北山革命纪念园，缅怀革命英烈，追寻红色记忆，并叮嘱"要建设好革命传统教育基地，把精神文明建设好"。当时北山革命纪念馆与宁化县博物馆，合二为一，场地有限，捉襟见肘，习近平了解后，从省财政拨了 15 万元予以支持。如今，一座用地面积达 3.8 万平方米的 4 层建筑"红军长征纪念馆——长征从这里出发"巍然矗立，展馆整体造型是客家"客"字的宝盖头形状，蕴含深刻，耐人寻味。

新时代新征程，同样要扭住发展不放松。总书记的眷顾、历史的垂青，让宁化迎来了千载难逢的黄金发展期。抓住建设长征国家公园的历史重大机遇，顺势而为，乘势而上，珍惜宁化被确定为《长征国家文化公园福建段建设保护规划》重点建设区之一，2021 年，又被确定为开展首批创建长征国家文化公园文物保护利用示范县之一。目前共有 17 个项目列入其中，总投资 18.84 亿元。坚持高标准谋划、高质量推进长征国家文化公园（宁化段）规划建设，这将有利于提升宁化红色地标的形象，有利于打响"客家祖地""客家摇篮"的品牌，有利于促进宁化红色文化与客家文化融合，努力把宁化打造成山区高质量发展的重要增长极，为奋力谱写全方位推进高质量发展"福建篇章"作出更大贡献。

[作者简介：戎章榕，主任编辑，福建省政协研究室综合处原处长，客家文化（闽西）生态保护实验区研究员]

养生与修身："养游融合"视阈下的宁化客家文化

——以"森林文化"与"宗祠文化"为中心

———————————— ● 刘雄峰 ● ————————————

一、前言

相对于人类所赖以生存地球之四十六亿年的寿命，人类之出现于地球上的时间，则只不过区区数百万年。然而，就在这看似较为"短暂"（相对于地球的寿命）的时间里，人类却以无与伦比的聪明和智慧，创造出了灿烂辉煌的文化，从而使自身摆脱了蒙昧和无知的黑暗，踏上了文明与科学之征程。可见，文化于人类文明进程中的作用实是非同小可。文化乃人类在改造世界的对象性活动中所展现出来之体现人的本质、力量、尺度的方面及其成果，因而，不同的对象便使得这种"改造活动"之成果呈现出了不同的形式和内容。于是，各种各样的文化形态便应运而生，所谓"山地文化""森林文化"以及"宗祠文化"等，而"森林文化"和"宗祠文化"无疑是其中最为重要的文化形态。然而，自当人类社会进入工业文明时代之后，在短短的300年间里，其（文明）在给人类带来庞大的财富和促进了社会经济飞速地发展的同时，却也造成了整个地球资源日趋枯竭、环境污染极其严重、生态系统急剧退化、人类的生存面临严重危机的局面。由此，人类提出"生态文明"之发展理念，乃是面对着生存危机而作出的"理智"之举。生态文明的建设与发展，预示着人类的文明之路正迈入了一个新的历史阶段——绿色文明阶段。所谓的"森林康养和生态旅游的融合"（亦即"养游融合"），正是这种绿色文明的具体实践和重要内容之一。而其在"养游融合"的实践过程中，对于宁化（石壁）客家人而言，森林文化和宗祠文化的作用，无疑是至关重要且不可小觑的。

二、森林文化与宁化（石壁）客家地区的森林资源

通常情况下，我们所使用的文化的概念乃具有广义和狭义的两个意义。广义的文化即人化，它所映现的是历史发展过程中人类的物质和精神力量所达到的程度和方式。而狭义的文化则特指以社会意识形态为主要内容的观念体系，是为政治思想、道德、艺术、宗教、哲学等意识形态所构成的领域。

在中国的历史传统中，最初并没有"文化"一词，"文"与"化"是分开来使用的。如《说文解字》："文，错画也。像交文。"① "化，变也。从到人。"② 前者引申出为语言文字的象征符号；而后者则有教化之义。后来"文"和"化"被合起来使用，"文化"被理解为统治者的施政方法，从而成为和"武功""武威"相对应的"文治"和"教化"的总称。如汉代的刘向就说："凡武之兴，为不服也。文化不改，然后加诛。"（《说苑·指武》）因而，"文化"亦就成为"礼乐法度"的代名词，蕴含了"人为"之意。在西方，"文化"一词源于拉丁文"cultura"，意指土地的耕种、加工、照料和改善，含有在自然界中劳作取得收获的意思。而罗马思想家西塞罗则指出"精神文化是哲学"，认为如同农民耕种土地一样，对于理智亦要进行加工。随后，"文化"一词更是被广泛地运用于知识水平、教育程度和思想修养等诸多方面，文化的概念遂成为今天人们普遍使用的概念。然而，尽管现代意义上的文化内涵与其原初的用法相去甚远，而不同民族、不同学科对于文化的理解亦存在着一定的差异，但有一点却是共同的，即文化是由人所创造的、为人所特有的，一切文化都是属人的，纯粹"自然"的东西是不属于文化之范畴的。文化亦是人区别于动物的本质特征。

由上可知，这里所谓"森林文化"，便是指世世代代生息于森林地区的先民、部落、民族所共同创造的一种与林地生态环境相适应的文化，这种文化应包括森林地区人们的生产方式、生活方式以及与之相适应的风俗习惯、社会制度、思想观念、宗教信仰、文学艺术等。可见，森林文化是具有浓厚地域特色和民族特征的一种复合性文化。

像"文化"被分为广义和狭义一样，"森林文化"亦具有广义和狭义之分。广义的森林文化即是林地上所形成的文化以及关于森林的文化。而狭义的森林文化则主要是指在中国广大的森林地区所形成的、由诸多民族（包括汉、藏、满、蒙、回等民族以及客家民众）所创造的文化。可见，宁化（石壁）客家地区的森林文化便是属于狭义森林文化之范畴。由于森林是地球上面积最大的自然植被（约占32%），因而是世界上分布较广的自然生态系统。而在中国，森林分布十分广泛，东西南北方（亦包括广大的少数民

① 《说文解字段注》（上册），成都古籍书店，1981年，第450页。
② 《说文解字段注》（上册），成都古籍书店，1981年，第407页。

族居住地区）均有。由于森林是最大的自然生态系统，从这个意义上，可以说，森林文化是中国地域分布更为广阔、生态功能更为全面的文化。因此，如果说，广义的森林文化是以自然生态系统为主要特征的话，那么，狭义的森林文化则是体现出了鲜明的地域性和民族性特征。它同所谓的"黄河文化""长江文化"等一起，共同构成了中华文化的源头和主流。

宁化（石壁）客家地区位于福建省西部，武夷山东麓，这里的森林资源十分的丰富。它是全国南方56个重点林区县之一，有260万亩的林地，森林覆盖率达到近75%。曾先后荣获省级园林县城、省级生态县、省级森林县城称号。整个区域内的山体雄宏，山水相依，森林密布，流瀑众多，构成了一幅峡谷、险峰、密林、深潭、怪石、绝壁等相得益彰的缤纷多姿的自然景观图卷。这里动植物资源丰富，区系成分复杂且起源古老。是天然的动物园和植物园。在提供数量众多的林产品的同时，更拥有野生药用植物1000多种，被誉为闽西的"草药王国"。尤其是分布在这里的数万亩森林，是全国保护最好的天然原始森林群落之一。因而，该原始森林群落具有明显的典型性、自然性和稀有性，这里莽莽林海，溪瀑众多，风光迷人，不仅以"美在自然，贵在原始"而成为名闻遐迩的森林康养旅游胜地，而且还造就了独具特色的森林文化，从而成为宁化（石壁）客家地区、闽西地区乃至整个福建地区之生态文明建设和乡村振兴的靓丽名片。

三、宁化（石壁）客家地区的宗祠文化

宗祠，亦称祠堂、宗庙、祖庙、祖祠，是供奉和祭祀祖先或先贤的场所。在中国，它更是儒家文化的象征。宗祠制度产生于周代，其时，宗祠为天子所专有士大夫都不得建置和拥有。按照《礼记·王制》的规定：天子建七庙，诸侯五庙，大夫三庙，士一庙。直至宋代，随着理学大师朱熹的提倡，由家族所建立的祠堂才逐渐发展起来，即每个家族建立一个奉祀高、曾、祖、祢四世神主的四龛祠堂。而庶民百姓被允许联宗立庙，则已是明代的事了。最早的民间所建造的家族祠堂，则可以上溯到唐五代时期。在宗祠里，供社着祖先的神主牌位，主要进行祭祀祖先的活动，但作为家族祠堂，在进行祭祀的同时，亦是进行家族事务活动的场所。

文化可谓是一个有机的大系统，而作为社会现象的文化，如果脱离了文化系统之整体，便失去了其文化的内涵，宗祠文化（包括客家宗祠文化）自当不会例外。一般而言，一个文化现象，都可被划分为物质文化、行为文化和精神文化三部分。因此，宗祠文化自然亦包含有物质文化、行为文化和精神文化之三部分内容。不过，需要说明的是，这样的分类亦只是相对的。譬如，在文化形成之早期（远古时期），所谓"精神文化"还仅仅是处于萌芽期，一切文化都是依附于物质文化；而在今天，随着科学技术之革命，精神文化越来越具有物质文化的外壳，而物质文化亦越来越具有精神文化之特

征。千百年来，宗祠文化作为我国传统文化的重要组成部分，不仅在包括客家民众在内之广大人民的精神生活中发挥着作用，而且对社会的精神文化生活也产生了影响。

作为宗祠文化之物质文化的内容之一，在宁化客家地区一带有着浓厚的传统宗祠文化信仰，并矗立着一座座承载这一信仰的千年宗祠，如著名的石壁张氏宗祠、县城罗氏宗祠、城南伍家坊伊氏宗祠等。作为一种古老的文化信仰，宗祠文化乃源于祖先崇拜，而随着社会的历史发展进程，这一古老的信仰在中华大地〔特别是在包括宁化（石壁）在内的客家地区〕上获得了它的新的形式内容，并深刻地打上了鲜明的"地方性"（亦即所谓"在地化"）色彩。由于客家人迁徙都以宁化作为其聚集地，所以宁化便被称作是为"客家祖地"。在宁化（石壁）客家地区，出于客家祭祖的习俗，便自明代洪武年间起，客家的各个宗族建立起了诸多的宗祠、家庙，从而形成了源远流长且内涵丰富之客家文化的重要组成部分。客家文化和宗祠文化的源远流长，为宁化（石壁）客家地区增添了浓厚的文化色彩。从而，亦为客家地区的"康养文化"增添了重要的内容。

众所周知，对于中国人来说，宗祠乃是联系家族成员的纽带，通过对于祖先的祭祀而形成和强化内部凝聚力的同时，亦通过祖先所留下的家训、家风，来使族人得到教诲，从而实现"修身、齐家、治国、平天下"的理想人格。从而，宗祠文化和其他地方文化（如书院文化等）一起，形成了地域文化的立体架构。成为诸多中国人（自然包括客家人）的精神家园。亦如前述，人类提出"生态文明"之发展理念，乃是面对着生存危机而作出的"理智"之举。生态文明的建设与发展，预示着人类的文明之路正迈入了一个新的历史阶段——绿色文明阶段。而所谓的"森林康养和生态旅游的融合"（"养游融合"），亦正是"生态文明"之发展理念的具体实践。而作为人类古老文明之一和中华文化之重要组成部分的宁化（石壁）客家文化及宗祠文化，则定会同其他文化形态一道发挥出新的更大的作用，这无疑亦是宁化（石壁）客家文化及宗祠文化的当代意义之所在。

四、养生与修身——"养游融合"视域下的森林文化和宗祠文化

如前所述，人类社会的文明，特别是从 18 世纪进入工业文明后的区区 300 年间，其以征服自然为特征的工业文明，在给人类带来庞大的财富并促进了社会经济飞速地发展和人类个体寿命之不断延长的同时，却也造成了整个地球上资源的日趋枯竭、环境污染极其严重、生态系统急剧退化、人类的生存面临严重危机的局面，它们都直接和间接地影响着人类（无论是整体和个体）生命之存在的质量、甚至是数量。就中国而言，在"和平"与"发展"的世界两大主题下，本着"发展才是硬道理"的理念，经济与社会的发展取得了举世瞩目的成绩。至 21 世纪初，中国已经一跃成为仅次于美国的世界第二大经济体。然而，GDP、总产值等所谓的"大数据"所带来的并非是真正的"高质

量"的生活。面对同样是"大数据"的统计所得——中国人的成年人中每 10 人就有 1 人患有糖尿病、每 4 人中有 1 人患有高血压等等——这样的现状，恐怕没有哪个中国人不会忧心忡忡而陷入深思。因而，从表面上看，中国人的生活水平似乎是提高了，但是人群中的糖尿病、高血压等"慢性病"却也呈现出"井喷"趋势。有许多人是在带病生存，身体完全处于所谓之"亚健康"的状态，而且，尽管中国人的平均寿命比过去有较大提升，死亡率亦呈明显下降趋势，但人均预期寿命和健康寿命间仍尚存有一定差距，更遑论生活的质量了。

鉴于上述严峻的健康国情，本着促进人的全面发展，在经济和社会发展的基础上，实现国民健康长寿、国家富强和民族振兴，特别是针对日益增大的特殊人群（如老年人群），一种新型的康养模式——"康养旅游"，便应运而生。2016 年 1 月国家旅游局颁布的《国家康养旅游示范基地标准》，将康养旅游界定为"通过养颜健体、营养膳食、修身养性、关爱环境等各种手段，使人在身体、心智和精神上都能达到自然和谐的优良状态的各种旅游活动的总和"。

所谓"康养旅游"，亦即"养游融合"，即是在"康养"的概念中加入旅游的元素，通过旅游运动的手段来预防和控制疾病的发生，并在此基础上通过治疗和康复，从而达到促进身心的健康。其主要亦应有狭义和广义两个方面的意义。狭义的"养游融合"，主要是针对患病的人群和老年人群。对他（她）们而言，首先需要的是旅游运动的安全性，其次才是旅游运动的有效性。而广义的"养游融合"，则是面对着全体国民。即在"通过旅游来促进健康"之主题下，旅游不再追求步履匆匆、走马观花，而是更倾向于养眼、养生、养心、修身的康养慢时尚——将身心融入以健康养生为诉求的深度旅游中，在享受物质文化之"养生"的同时，亦通过精神文化的熏陶中得以"养心"和"修身"。因此，康养和旅游就像是车之双轮和鸟之"双翼"。在健康中国之国家战略的全速推进中二者缺一不可，而"养游融合"的作用显然亦是一加一大于二（1 + 1 > 2）的。

和所有的文化形式一样，森林文化亦是在漫长的历史发展中，通过与其他文化的交流和融合中而发展形成的、既具有历史统一性和连续性又充满着活力和发展潜力的文化，其与其他文化（包括宁化客家文化及宗祠文化）共同成为中华文化的重要内容，并对山区林地社会乃至中国社会和国际社会产生了重大的影响。而且，森林文化又蕴涵着丰富而又深刻的"崇尚自然"的思想内涵，是一种名副其实的"自然生态文化"。而"养游融合"之"建设目标"，亦正是森林文化的深刻内涵之所致。正如宁化地区的自然森林资源那样，其所营造出的自然景观和良好的环境，为来此旅游和生活的人们强身健体和延年益寿，提供了强有力的保障。而与此同时，矗立于这里的众多家族祠堂所形成的宗祠文化，其所着力于从"修身"的精神实践中寻求人之存在的意义的生命哲学，则又给人们的精神世界竖起了一座永不熄灭的灯塔。由此可见，在宁化客家地区所推崇的

"森林康养旅游"（亦即"养游融合"）的实践中，如果说，其森林文化的作用是为"养生"的话，那么，客家文化及宗教祠文化便无疑是"修身"了。"养生"与"修身"，森林文化和宗祠文化一起，在"养游融合"的社会实践中，正谱写着人类生态文明发展的宁化客家篇章。

五、结语

综上所述，随着《健康中国 2030 规划纲要》的颁布，促进国民身心健康的"健康中国"计划已经上升为国家战略。而这一健康中国战略的施行，遂将"康养和旅游结合"（"养游融合"）推向了热潮。基于中国传统文化（特别森林文化和宗祠文化）中之"养生"和"修身"的理念和实践，以及近年来西方学者之"运动即是药物"的思想，"养游融合"正为越来越多的人群所接受和认可，并受到各级政府之有关部门的重视和推崇。其中，就国家层面而言，国家旅游局颁布了《国家康养旅游示范基地标准》，以指导和促进全国的养游融合工作，从而使康养旅游融入多个领域，形成了创新性的主动健康管理模式。与此同时，各地方政府的相关部门亦积极响应、转变思想观念、创新管理体制、加强政策扶持、加大资金投入，为养游融合的良性发展而保驾护航。就像宁化客家地区多年来"以山林为媒"那样，将森林康养和生态旅游相结合（"养游融合"），并从中充分挖掘和发挥传统文化中极具地方特色之因素（如森林文化和宗祠文化）的作用，从而为更加全面而又扎实地贯彻和落实习近平总书记关于"绿水青山就是金山银山"的绿色发展理念，以推动森林康养旅游产业的融合发展和乡村文化的振兴，探索出了一条创新性的、可持续发展的实践之路。显然，在这一过程中，文化（这里为宁化客家文化）将会发挥至关重要且不可替代的作用。

（作者简介：刘雄峰，历史学博士，四川省社会科学院全球文明研究中心主任，教授）

构建客家文化全球化传播新模式

—————● 黎在珣 ●—————

引　言

今天，用日新月异来修饰技术，似乎有些落伍，因为技术不再只是五官的延伸，还是大脑的部分替代。它不再只是模拟人类，助力人类，还正在构建一个更完整、更庞大、更系统的"人2.0"。5G、云计算、边缘计算不断推动"万物互联"指数增长，随着智能节点的极速增多，智能网络极有可能实现二次连接，形成连接的智力叠加，从而极有可能实现整体智力"质变"。[①]

在全球日趋一体化的现代，智能网络、大数据、虚拟现实以及一日千里的其他科技不断突破传统的地域族群、民族国家和语言等界限，强势刷新我们对自身以及世界的认知，深度地影响着我们的思维方式、行为方式、生活方式和情感表达方式，也为东西方文明的进一步交流互鉴提供了新的机遇和可能。

在这一迥异于传统的大背景下，客家文化如何通过对客家祖地文化开创性转化和创新性发展研究和富有成效的社会实践，促进客家地区发展，实现"继往开来"的文化创造，为中华民族的伟大复兴，为人类的发展做出尽可能多的贡献？下面就结合客家文化千年的发展，就全球一体化时代客家文化的传承、复兴、光大，谈谈这方面粗思陋想，以就教于大方之家

[①] 参见《人类和〈黑客帝国〉之间，只差2020》，https：//baijiahao. baidu. com/s？id＝165477265 2488358922&wfr＝ spider&for＝pc

一、做好客家文化的发掘、阐释

客家人说话和生产的一个重要特点是，先是跨地区，后来发展到跨国的人、财、物不断流动、汇集、离散。与之相应的是客家人往往具有广阔的视野和丰富的生存、发展模式。

自晋永嘉之乱、唐安史之乱和宋靖康之乱，三大战祸造成中原大批汉人南迁进入福建、广东、江西等地区，与当地土著经过长时期接触、交流、共生、融合，凭借其在人数上的绝对多数、先进的生产手段及较高的文化素养等综合优势，同化了原住民，从而形成以中原文化为主体的客家文化和客家民系。① 客家人开发和发展了闽粤赣边。后来客家民系又播迁海内外，国内有 20 多个省区有客家聚居区，海外以东南亚居多，欧洲、北美洲、非洲、大洋洲也都有客家群体，分布在全球 100 多个国家和地区，近 1 亿客家人，因人文荟萃、英才辈出而令世人瞩目。他们是唯一不用地方命名的民系，叫客家民系，讲客家话。② 长期以来，广大客属同胞心系故乡，为家乡建设和经济社会发展作出了重要贡献。在此基础上形成的客家文化是一个在形式和内容上不断更新的动态体系，或者说是客家人千百年来在海内外不断守正创新的历史。传承客家文化，发展客家文化，推动包括客家祖地文化在内的客家文化不断开创性转化和创新性发展，需要做好客家文化的发掘、阐释工作。

宁化石壁，作为举世公认的"客家祖地"、客家民系的摇篮、客家文化的发祥地，在客家文化资源的研究、保护、利用和弘扬客家文化等方面厥功至伟。已经举行了 27 届的世界客属石壁祖地祭祖大典积累了丰富的经验，负载了丰富的内容："已经成为传承中华优秀文化、彰显客家卓越精神的盛典，已经成为畅叙客家乡情、敦睦客家乡谊的盛典，已经成为交流客家文化、开展经贸合作的盛典，扩大了宁化客家祖地的影响，带动了对外开放，推动了经济社会发展。"③ 已经成为"提升世界客家祖地文化品牌和形象"的重要窗口。

客家人在一千多年不断的南迁、融合、演化、发展中历经坎坷、备尝艰辛，在一次又一次的浴火重生中积累了丰富的生存、发展的智慧，创造了灿烂的客家文化，如爱国主义，作为客家人最深厚的民族感情，也是客家文化的基本价值，一直是推动客家历史

---

① 轩木：《弘扬传承客家精神 〈客家简明读本〉福州首发》，中国新闻网 2014 年 9 月 28 日。https：//www. chinanews. com. cn/cul/2014/09-28/6639447. shtml

② 邱然、陈思、黄珊：《习近平同志有好的素质又有好的群众基础》，《学习时报》2020 年 7 月 13 日第 3 版。

③ 张子亚、俞宁贞、苏婷：《旨在"传承客家优秀文化"的宁化县石壁客家学校》，http：// news. cnr. cn/native/city/20181016/t20181016_ 524386723. shtml

前进，维护统一，反抗外侮，恋土爱乡敬祖的强大力量。在许多时候，客家人的敏感点、我们的兴奋点在中国和中华民族，也常常止步于此，而没有再跨一步。尽管一些旅居海外的客家人早在千年前就跨过去，尽管他们的日常行为也跨过去了，但许多人的思想、感情还没有，学术上更少发掘、彰显跨越国族，属于世界属于人类的内容，因此，不论学术研究还是传播，对客家人恋土爱乡敬祖的发掘、阐释相对充分些，而对其他方面则嫌薄弱；对海外客家人回报桑梓、参与家国建设的关注较多，而对他们在世界各地身体力行地弘扬、发展客家文化则关注得较少。

长达千年的客家人创造极其丰富的客家文化。在不同的时期不同的地域，客家文化具有不同的内容形态、表现形式、范围与规模，有着个体、国族和人类等不同维度，需要从深度、广度等方面进行发掘、阐释和重构。要讲好客家人的故事，要弘扬客家文化，发展客家文化，需要克服自己擅长的自娱自乐，自己习惯的自说自话；不能只是用自己熟知的方式，也不能只是讲自己的家国情怀，还得用他人能够理解或喜欢的方式，将那些能够融进他者的内容，彰显那些能够融入世界文化、人类文明的客家文化。

在全球日趋一体化的时代，需要与时俱进，深入发掘客家语言、建筑、节庆、饮食、婚嫁、祭祖等民俗及民间文艺等资源，创新性发展客家人敬祖穆宗、爱国爱乡的家国情怀，创造性转化客家人忠孝为本、亲善睦邻的行为规范，让客家人崇文重教、自强不息的进取精神其内化于心、外化于日常生活、工作之中，增强其生命力，不仅造福家乡国家，而且身居海外的客家人还得积极参与居住地各方面的建设，多方面、多形态地参与形塑居住地政治、社会生活的面貌，以扩大客家文化在世界范围的传播和影响力，进一步丰富中华文化和世界文明的内涵。

简而言之，客家文化是由世世代代客家人开疆拓土、积极进取、回馈桑梓等一系列社会实践以及蕴含其中的精神倾向、价值观念、道德风尚、政治意识形态等因素凝聚而成的，是一个内容丰赡的动态性文化体系，需要不断加以总结，进行理论阐释和把握以提炼与升华，结出开创性转化和创新性发展的硕果。

二、形成合力，构建客家文化发展网络

2000 年在闽西举办的世界第 16 届客属恳亲大会上，时任福建省省长的习近平在致辞中说："五洲客家音，四海桑梓情。""希望广大客属乡亲一如既往地支持关心福建的发展，加强与福建的经贸交流与合作，互相促进，携手迈向新世纪。"[1] "五洲客家音，四海桑梓情。"这就说明客家文化是一种有着世界视野的中华文化，而"携手迈向新世纪"意味着客家文化是一种面向未来不断建构亦即不断发展的文化。因此，客家文化是

---

① 邱然、陈思、黄珊：《习近平同志有好的素质又有好的群众基础》

一种有着全球视野，面向未来不断建构不断创新发展的中华文化。

正是基于这样的认识，不论是国内客家民系，还是海外客家人，需要形成合力，弘扬、传承客家精神和文化，构建相应的利益共同体、命运共同体，增强中华民族凝聚力，共同努力将客家文化推向新的发展高度和广度，使客家文化成为促进"一带一路"经济文化交流合作、构建人类命运共同体的纽带。这既是客家人对中华文化的担当，也是客家文化对人类的担当。

在这个多元主义发展态势强劲的时代，客家文化要不断在五大洲枝繁叶茂，开花结果，必须随顺时空因缘，打好现代化这张牌。弘扬客家文化，将客家文化推向新的发展阶段，需要不断打破思维定式、更新观念，借助新的媒体，生出新方法、新途径、新理念，构建顺应时势发展的多维网络。

在分工日益精细、相互关联又日益密切的信息时代，客家文化需要与现代学术充分融会，在哲学、人类学、伦理学、社会学、政治学、经济学等维度充分展开，积极参与文化、教育、慈善等社会事业，促进客家文化与其他文化之间的交流，不断扩大客家文化的影响，构建客家文化的新话语形态，为客家文化在新的维度开枝散叶创造条件。这需要民间和学界的通力合作，还需要积极争取各方包括政府各部门的大力支持。闽西客家文化生态保护实验区 2017 年晋级为国家队，有利于促进客家文化遗产保护利用，丰富重塑客家文化的方式和途径，更好服务经济社会发展。2019 年，福建省出台《客家文化（闽西）生态保护区总体规划》，为客家文化（闽西）生态保护区整体保护、活态传承等工作，持续加大客家优秀传统文化保护利用力度，进而将文化遗产资源优势进一步转化为发展优势提供了重要保障。

随着科技不断纵深发展，人类社会进入信息互联网、人工智能和太空经济时代，人工智能、互联网、大数据、虚拟现实等不再是作为纯技术融入人们工作、生活乃至思想的方方面面。日新月异的科技所带来的不只是日常所见的层出不穷的新生事物，还有人们的工作内容、生活习惯，交际的内容和方式，以及思想观念等的改变。2017 年世界电信和信息社会日的主题已经变成了"发展大数据，扩大影响力"。在这个数据无孔不入的时代，凝聚各方学术力量，建设一个面向海内外开放的客家文化全息数据库，已是刻不容缓的事。这个数据库通过分类分层分区，建构基于大数据架构的客家文化数字资料、存储及处理模式设计，基于人联网及群体智能模式的客家文化数字信息采集及更新方法设计，客家文化数字化保护、传承及推广应用示范[①]等内容的子、孙系统，全媒体系统展示客家的历史源流、民俗风情、方言饮食、诗文艺术、信仰游艺、生活民居、制度伦理、海内外分布等内容，以加强客家优秀传统文化遗产资源的挖掘、梳理和研究，扩大交流，进一步丰富和提升客家文化。

---

① 参见薛威：《积极配合客家文化 原创数据库建设》，《梅州日报》2018 年 6 月 12 日第 1 版。

继市场社会、知识社会、信息社会、后工业社会、数码社会之后，出现了对当下现实的另一种描述——"消费社会"。"消费社会"和文化市场的出现，就意味着社会对文化产品多样化的需求，包括文化公众号的兴盛。公众号的作用虽然有限，不能替代经书的阅读，但公众号自有其优势，比如有图有声有影，还方便大家转发、截取文字进行交流。长期浸润、涵养在这类阅读之中，可以潜移默化，产生"日日新"的变化。为了应对这种多样化多层次的需要，以需求为导向的发展理念，需要不断创新弘扬的方法、途径，日益增进越来越多普罗大众对客家文化的了解和接纳。

三、客家文化在走向世界的过程中必须落地生根发芽，开花结果

一种优秀文化的价值既表现为它强大的阐释力，还表现为它在深度、广度方面持续不断的自我突破力。这既是继承弘扬优秀传统文化的方法手段，也是一种价值取向。如同人类的繁衍总是基于儿女与父母的告别，或曰某种程度上的叛离一样，一种文化的真正延续必然是在持续的开疆辟土的基础之上不断突破重建的过程。海内外客家人要以亿计，因此在这个地球已成村的时代，要将客家文化置于世界多元文明的大背景中，彰显其全球化或国际化思维。在此基础上展开多维度、多方位的学理思考，开拓新的领地，发掘新的价值。因此，客家文化未来的一个价值取向是融入世界各地并能生根发芽、开花结果的文化，也就是说，客家文化不仅是一种全球视野的文化，还是一种扎根世界各地并能开花结果的能容纳异质的中华文化。

客家文化怎样国际化？要回答这个问题，首先必须明白个体人总是生活在特定的文化土壤中，受特定文化的熏陶，在潜移默化中形成与这种文化密切关联的观念、思维方式和生活方式，构建起不同的认知结构和情感结构。因此，客家文化的传承和发展要充分考虑客居地人的生活、工作特点和思维习惯，通过和原居民文化、生活的有机融合，形成面向现实生活的应用和表达。换言之，弘扬客家文化要注重在地化、生活化、工作化、个性化。换言之，客家文化需经由本土化才能实现国际化，没有世界各地客家文化的本土化，客家文化的国际化就只是一句空话。亨廷顿认为："文化共存，需要寻求大多数文明的共同点，而不是促进假设中的某个文明的普遍特征。在多文明的世界里，建设性的道路是摒弃普世主义，接受多样性和寻求共同性。"① 借用这种说法，客家文化国际化需要认可、接受本土文化的一些异质内容，与此同时，客家文化需要通过当地各具特色的文化思想、地理环境、风俗民情，寻求与本土文化连接、转换、融通的内容。在此基础上，才能让客家文化异域落地生根，融入异域文化，进而转化为异域文化的一部

---

① 塞缪尔·亨廷顿：《文明冲突和世界秩序重建》，周琪等译，北京：新华出版社，2010年，第294页。

分。因此，"国际化"是某种意义上的"本土化""在地化"。客家文化唯有本土化，在地化，才能深耕，才能枝繁叶茂。

海内外客家人的生存、发展空间与世界有着愈来愈广的关联，与他文化愈来愈频繁地交流。如何贯彻、落实好"本土化"（"在地化"）策略，直接影响到客家人和客家文化在世界各地的未来发展。按照美国学者罗兰·罗伯森的观点，全球化"包含了既对特殊性、差异性又对普遍性和同质性保持直接关注的尝试……这个过程包含了特殊主义的普遍化和普遍主义的特殊化二者的互相渗透"，"全球化本身产生变异和多样性，从许多方面来看，多样性是全球化的一个基本方面"，因而"多元主义必须成为全球体系的一个基本特征，而且这本身必须合法化"①。在全球化的过程中，各国、各民族和各种不同的文明体系之间在生产方式、生活方式、思维方式和价值观念等方面呈现部分趋同的同时，又因其自身特殊性而具多样性。有鉴于此，客家文化需要善巧接引其他文化，以缓解客家文化在海外传播发展容易陷入的困境，为客家人和客家文化开拓新的路径和发展空间创造良好的条件。

尊重特殊性，平等对待差异性，是包容、接纳多样性的前提条件。彭树智认为，"在不同文明的交往过程中，能否使一系列看似完全矛盾对立的关系保持平衡状态，是包容和弹性结构成功的原因所在"，而"平衡状态是善于接受不同文明中相互矛盾事物的结果，是善于利用矛盾力量，使之化为己有的表现"②。因此，客家人和客家文化在海外，需要着重考虑的不是要不要本土化、在地化的问题，而是如何本土化、在地化的问题。在客家文化海外本土化的过程中，需要克服一种文化"洁癖"。那种对基于农耕文明的传统客家文化的过分维护，对客家文化传统"纯粹""绝对"的过分追求，会挤压客家文化的活性因子，极有可能让客家文化渐渐蜕变成没有血肉的空壳。

客家人和客家文化融入异域及其融入的程度，主要取决于两个方面：一是融入的方式方法和途径是否契合当地的历史、文化和社会状况等，二是客家人和客家文化能否为与自身文化异质的异域提供"适销对路"的优质客家文化产品。这就意味着客家文化海外本土化的过程应有所取舍。在这种舍弃之中，必须有新的能够被广泛接受和信奉的理念及实践作为替代，才能使客家文化在海外以新面貌立足。没有对客家文化的深刻体悟和深入理解，没有对异域文化的深度嵌入，深入研究，就不可能有真正意义上的客家文化在地化，也就没有客家文化真正意义上的全球化。

经过一段往往是较长时间对象转换型本土化、在地化的充分酝酿、发酵，客家文化外在本土化、在地化的努力通过补充、修正、融入，会逐渐转化成自觉主动的深度本土

① （美）罗兰·罗伯森：《全球化——社会理论和全球文化》，梁光严译，上海：上海人民出版社，2000年，第144、247页。
② 彭树智：《文明交往论》，西安：陕西人民出版社，2002年，第14页。

化，完成由外力推动到内在的自发要求，从不自觉到自觉的转变，即由客位建构的外衍性本土化、在地化转化为主位构筑的内生性本土化、在地化。到了这个阶段，客家文化就在与本土文化形式多样的持续互动中融入了在地文化，并和本土文化水乳交融成一种新文化。这种新文化既有别于本土的传统文化，又具有本土文化的特征；既有别于客家文化，又不离客家文化的核心内容。

当然，这一阶段的本土化只是以方便善巧之法开显客家文化的新实践，只算客家文化本土化过程中的一个新阶段或新形态。不是本土化的完成，而只是另一种意义上本土化的开始。如果把客家文化异地本土化的过程分作酝酿探索、构建形成、发展成熟和开拓深化四个阶段的话，这个阶段顶多算客家文化本土化发展成熟阶段，而拓展深化阶段则是一个没有终点的过程。

因此，在弘扬、发展客家文化的过程中，需要不断从五大洲客家人的日常生活和生产实践中提炼概念、抽象出理论，然后对现有的传承方法和发展模型等进行验证、修正、反思，进而把传承方法、发展路径和前提条件等有效统一起来，从具体的在地实践经验中总结出具有解释力和拓展功能的传承范式，以指导进一步弘扬客家文化的实践。而这种范式的建构，需要遵循下列思路：第一，真实反映目前为止的弘扬客家文化实践；第二，超越"常识"，揭示表面现象背后的本质、规律，包括潜藏的关系、隐性问题等；第三，提供可供操作的路径和方法。

四、发展客家文化要遵循循序渐进的原则

在与他文化的接触、碰撞、对话、融合中，"各美其美，美人之美"，是"美美与共"的前提。客家文化要行得远，走得稳，需要有全球视野，多重视角，与他文化共生共存，通过与他文化的对话、融会、共生，不断吸纳异质文化元素丰富自身强健自身。客家文化尽管融入了中华文化里儒道释等文化，具有很强的包容性，但还得不断拓展，融会其他异质文化，如海洋文化；就如寻根文化需要和开拓进取的现代文化和谐共生一样。这种富有包容性和兼容性的动态可塑特征能够赋予客家文化强大的适应能力和应变能力，也会生成客家文化内涵丰富、适应广泛、风貌斑斓的理论和实践体系。

福山认为："欧洲走向现代化，不是全方位的突飞猛进，而是几乎历时 1500 年的点滴改良。在这特有的次序中，社会中的个人主义可早于资本主义，法治可早于现代国家的形成，封建主义作为地方抵抗中央的顽固堡垒，可成为现代民主的基础。"[①] 不只是当今的现代化源于千百年来层累的改良，客家文化也是这样，同样，客家文化的现代化、

---

① 弗朗西斯·福山：《政治秩序的起源》，毛俊杰译，南宁：广西师范大学出版社，2012 年，第451 页。

世界化和本土化也有一个循序渐进的过程。

如何实现客家文化的现代化转型，如何让世界各地更多的人了解、认同客家，又如何让世界其他国家、地区那些了解、认同客家文化的人民接纳客家文化是一个极其艰巨的任务，也是一个漫长的渐进过程。尽管客家文化世界化和在地化任重道远，但并非不可能。缘起于1971年的世界客属恳亲大会除了在台湾、广东、四川等地举办过，还在美国、日本、新加坡、马来西亚、印度尼西亚、毛里求斯等国举办过，不只是规模日益扩大，形式和内容也日渐丰富，已由单纯的恳亲联谊，发展为融经济合作、文化交流和学术研讨于一体的客家乡亲大聚会，影响日益深远。

在这方面，也可以借鉴其他民系文化在海外的做法，如潮州人借助会馆这种传统形式团结潮州人，光大潮州文化，为潮州人在海外的发展提供条件和保障。通过他们长期不懈的努力，旅居法国、美国、加拿大等国的潮州人获得所在地所在国政府和民众的认同，如，1993年，时任美国总统的克林顿称在美国举办的第七届潮团联谊年会开幕日为美国的"潮州日"；美国《国际日报》还开设"潮州乡讯"专版。再如，2003年国际潮团举办联谊年会时，时任法国总统的希拉克亲自致函祝贺，他说："你们是一个深为中国文化传统而自豪的群体。以法国为例，你们的群体建立了亚洲和西方的关系。"① 客家人今后一个努力的方向是，通过自身的各种努力，不断扩大与在地文化的共识，建立客家人与亚洲、与世界的密切关系，构建新的利益共同体、文化共同体、命运共同体。

弘扬、发展是最好的传承和保护。弘扬是持续生长，或者说成长的过程，不能拔苗助长，急躁冒进。做好足够的心理准备，持续不断迎难而上，客家文化方能在海外遍地开花结果。开花结果的过程就是客家文化影响力传播的过程，也是贡献世界各地人民的过程。

结　语

1000多年来，客家人持续不断地从内容、制度、组织等方面为传承客家文化发展客家文化做出了许多建设性的贡献。在这个全球一体化的时代，客家文化的发展需要与现代化同行，走世界化、在地化的道路。这就需要客家人富有前瞻意识，开阔视野，继续发扬开拓进取的精神，不仅对着讲客家文化，更要接着讲客家文化，创造客家文化的新时代。

（作者简介：黎在珣，安庆市文艺评论家协会副主席）

---

① 《潮州文化对侨居地及华侨文化的影响（二）》，2019-09-09，http：//www. plhqzb. com/jrtt/5482. html。

客家文化产业高质量发展的战略定位与策略

———————— ● 温宪元 ● ————————

自 20 世纪 40 年代法兰克福学派的阿多诺和霍克海默在《启蒙的辩证法》[①] 书中提出 "文化产业" 的概念以后，世界范围内的研究和实践中，关于文化产业的基本含义和产业特征进行了诸多的探讨，但是由于文化产业涉及的行业门类较多，人们对文化产业的概念和内涵还没有达成统一的认识。20 世纪 80 年代，日本学者日下公人在《新文化产业论》[②] 中指出，文化产业的目的就是创造一种文化符号，然后销售这种文化和文化符号。1968 年 9 月，联合国教科文组织蒙特利尔会议将文化产业定义为 "按照工业标准生产、再生产、存储以及分配文化产品和服务的一系列活动"。其产品形式上包含很广泛，如艺术、文化旅游、博物馆、图书馆、文物、群众文化、竞技体育、广告、新闻出版、广播电视电影和动漫、娱乐与网络、文化科技与科研、文化交流与传播等。2004 年，国家统计局正式公布的《文化及相关产业分类》[③]，明确把文化产业界定 "为社会公众提供文化、娱乐产品和服务活动，以及与这些活动有关联的活动的集合"，大体上涵盖了联合国教科文组织定义的文化产业及相关部门。半个多世纪以来，在文化产业领域，国内外业已形成崇尚、倡导、鼓励与支持的价值取向，人们日益重视文化产业在社会经济发展中发挥的重要作用。

客家文化产业是一种主要依托客家文化并以客家民系为核心、在不同的地域空间层次上进行布局，将客家文化的内容作为资源，对其进行收集、整理、创作、加工，转换成满足人们对精神情感、兴趣爱好所需求的产品和服务，从而获得高附加值商业利润的新兴的产业形态。其研究和实践出现的时间相对较晚，在国内的许多省市和台湾地区都

[①] ［德］马克斯·霍克海默、西奥多·阿道尔诺：《启蒙的辩证法：哲学断片》，上海人民出版社，2006 年。

[②] ［日］日下公人：《新文化产业论》，东方出版社，1989 年。

[③] 《青年记者》2006 年第 5 期。

非常重视发展客家文化产业。① 在"十四五"时期开展"文旅产业"建设的客家地域，理应大力发展客家文化产业，力争成为当地经济和社会的"发动机"。本文从客家文化产业高质量发展的条件极值问题、战略定位、发展策略等方面提出相应思路，为客家文化产业高质量发展提供决策支持。

一、客家文化产业高质量发展的条件极值问题

客家文化产业高质量发展是一个条件极值问题。高质量是客家文化产业发展的约束条件，快速发展是客家文化产业发展的目标函数，要素投入和发展方式是实现途径。在满足高质量发展要求的前提下，尽可能实现快速增长，获得"增长速度"这一目标函数的"极大值"，是客家文化产业高质量发展的基本思路和内在要求。但是，客家文化产业如何实现高质量发展，是当前备受关注的一个热点话题。究竟什么是高质量发展，其本质和内涵是什么？人们的认识还是不够到位的，甚至还存在一些偏差，需要进一步深化，否则将会影响推动客家文化产业高质量发展的机制设计、政策选择和具体实践。

有一种观点认为，把今天推动客家文化产业高质量发展与不能再维持以往快速增长联系起来，认为推动高质量发展是因为不能再维持以往的快速增长，这样的理解是有偏差的。经过 20 多年的快速发展，客家文化产业发展的要素条件和市场环境确实发生了巨大变化，已无法支撑以往的快速增长。然而，我们可以设问，如果仍然能够维持或支撑以往的快速增长，是否就可以不必追求高质量发展？显然不是。高质量发展与能否继续保持快速增长没有必然联系。发展是硬道理的内涵要求不再是规模和速度，而是质量和效益。因此，今天只有高质量发展客家文化产业，才能满足日益增长的客家文化产品和服务需求和客家人美好生活的需要，才是解决客家地区一系列经济社会矛盾和问题的钥匙。

毋庸置疑，客家文化产业的快速发展，仍然是拉动当地经济发展的重要力量。但也要清醒地看到，客家文化产业总体的发展仍然存在着一些问题甚至困境。一是客家文化产业供给失衡的问题依然比较突出，实现客家文化产业高质量发展任重道远。部分区域部分类别的发展依然存在着较低水平的徘徊，思想观念不够解放，创新思维和创意实践不够大胆，科文融合和跨界协调往往停留在口号上的状态；对文创高质量发展内涵的理解也嫌模糊，不够明晰；因此升级换代动力不足，整体发展存在着很大空间。二是客家文化产业整体的市场化程度不高，客家文化市场的各类主体发展还不均衡，中小民营的客家文化企业仍然难以做大做强，新型的更高形态的客家文化消费模式尚未建立，客家

---

① 参见王建周主编：《客家文化与产业发展研究》，广西师范大学出版社，2007 年；黎淑慧、朱言明主编：《台湾客家文化产业与创新》，台湾弘扬图书有限公司，2012 年，等论著。

文化供给的产品和服务不够充分，客家文化资源依赖现象较为普遍，产业发展避难就易，陈陈相因，缺乏创新；客家文化产品的衍生开发相互模仿，不顾自身条件的照搬，产品雷同，原创精品较少，有"千品一面"之嫌，带来巨大的浪费。三是客家文化产业和旅游产业依然实施粗放型的、铺摊子式的发展模式，在对待传统客家文化产业、特色小镇、景区建设、非物质文化遗产产品与园区建设等领域，对当地城镇形象的传播与塑造手段单一、同质化严重，有"千城一面"之感。特别是各种同质化现象的存在，其根源在于人为地割裂了产品、产业、园区、城镇与区域文化的互动关系，割裂了区域历史文化传统与现代创意创新的继承关系，割裂了区域物质文化与精神文化的互应关系，使得产品、产业、园区、城镇成为一种孤立的、随机的和自我的创意。因此时常出现大量"拍脑袋"引入的产业和园区建设，抑或大量客家文化资源的闲置与重复建设的浪费。

客家文化产业高质量发展的提出，就是要针对客家文化产业发展过程中出现的各种同质化、雷同化现象，破解客家文化产业发展困局而提出的可操作性方案。所谓客家文化产业高质量发展，它集中体现为必须倡导"五种意识"（客家传统意识、当代意识、文化意识、美学意识和跨界意识），着力解决客家文化产业"我是谁""如何做"和"怎么做"的问题，是以始为终的全新方法论和实践观。因此，客家文化产业高质量发展，就是要把质量取向上升为发展的一种理念，这是基于经济发展新时代、新变化、新要求，对当地经济发展的价值取向、原则遵循、目标追求作出的重大调整和提升。客家文化产业高质量发展，就是要强调当下依然是需要发展，讲发展就必然涉及速度。没有质量的速度是没有意义的，没有速度的质量也是没有意义的。不能为了速度而不讲质量，也不能为了质量而不讲速度，必须坚持速度和质量的有机统一。所以说，客家文化产业高质量发展是一个条件极值问题。高质量是发展的约束条件，快速是发展的目标函数，要素投入和发展方式是实现途径。在满足高质量发展要求的前提下，尽可能实现快速增长，获得"增长速度"这一目标函数的"极大值"，是客家文化产业高质量发展的基本思路和内在要求。

二、客家文化产业高质量发展的战略定位

客家文化产业定位是客家地区发展的前提，也是客家地区建设方向的出发点。就客家文化产业定位的概念与重要性而言，需要从客观层面上把握客家文化产业发展的定位、定性、定向，这是宏观决策者首先要关注的问题。如果在定位、定性、定向的问题上不花大力气去深入研究，有可能因目标和结构的不合理，带来全局性问题，犯历史性的错误。这几乎已经成为毋庸置疑的经典结论。

（一）客家文化产业高质量发展的行业发展路向

包括客家文化旅游业、非物质文化遗产、艺术品画廊、博览和会展业、数字娱乐

业、网络游戏、演艺业等，这些行业都应该是客家文化产业的重点发展行业，但是它们之间，以什么为主体？互相之间是什么样的关系？有两个问题还需要得到比较充分的阐述。一个是对新兴文化业态对客家文化产业的关注。所谓新兴文化业态，就是一种文化产业的存在方式和当今生产力发展方向的一种结合，比如数字娱乐业，数字技术和娱乐业的结合；一个是新的时代需要用现代信息技术、网络游戏等其他新兴手段来拓展客家文化产业的发展空间，包括动漫、旅游、演艺等，除了在传统思路上加以拓展外，更需要利用新的生产力的表现，找到一种结合方式，可能是客家文化产业高质量发展的一个新的思考点。

（二）让历史文化遗产成为助推客家文化产业高质量发展的重要力量

历史上的客家文化遗产承载着客家民系的基因和血脉，不仅属于我们这一代，也属于子孙万代，是客家人独特的文化标识和精神标识，是客家文化自信鲜活有力的载体，是推动客家文化产业高质量发展的深厚滋养。党的十八大以来，习近平总书记多次强调，要加大文物保护力度，弘扬中华优秀传统文化、革命文化、社会主义先进文化，培育社会主义核心价值观，加强公共文化产品和服务供给，更好满足人民群众精神文化生活需要。习近平总书记对文化遗产保护高度重视，多次前往文化遗产积淀丰厚的省份考察调研，并就文化遗产保护作出重要指示批示[1]。党的十九届五中全会通过的《中共中央关于制定国民经济和社会发展第十四个五年规划和二〇三五年远景目标的建议》（以下简称《建议》)[2]，进一步强调要传承弘扬中华优秀传统文化，加强文物古籍保护、研究、利用，强化重要文化和自然遗产、非物质文化遗产系统性保护。因此，保护好、利用好客家历史文化遗产，无疑是坚定客家文化自信、彰显客家文化力量、助推客家文化产业高质量发展的重要路径。我们要立足客家地域的文物数量、规模、等级、价值、影响等优势，以聚客家民心、育客家新人、兴客家文化、展客家形象为根本任务，牢固树立"保护文物也是政绩"[3]的理念，切实增强做好客家历史文化资源保护工作的责任感、使命感和紧迫感，深入挖掘其中蕴含的精神内核和文化特质，提高支撑保障能力，提升凝聚社会合力，强化重要文化和自然遗产、非物质文化遗产系统性保护，加快推进客家文旅深度融合，持续发挥客家历史文化遗产在提升社会文明程度、建设公共文化服务体系、构建现代文化产业体系中的作用，使其成为推动客家文化产业高质量发展的重要力量。

（三）高质量发展背景下传统客家村落街巷空间的保护与更新

客家传统村落以其优美的景色、淳朴的民风、丰厚的底蕴勾起人们对客家乡土情怀

---

① 《习近平与中国文化遗产保护》，《人民网》2020 年 5 月 19 日。

② 《中共中央关于制定国民经济和社会发展第十四个五年规划和二〇三五年远景目标的建议》，人民出版社，2020 年。

③ 习近平：《保护文物也是政绩》，《人民日报海外版》2016 年 4 月 13 日。

的向往。街巷空间作为客家传统村落自然生长或规划发展的骨架，是客家人和当下游客开展生产、生活和贸易等活动的主要场所，也是客家村落传统精神风貌的集中展示区域。近年来，生活方式革新和旅游经济发展不断冲击着客家传统街巷空间风貌，客家传统街巷空间出现功能退化、活力丧失、风貌衰退等一系列问题。在这样的背景下，如何平衡外来游客与当地客家居民的多元化诉求，缓解客家传统街巷空间保护与旅游发展需求之间的矛盾，促进客家传统村落街巷空间的保护与更新，成为客家地域古村古镇可持续发展的重点。有四个方面必须引起我们的高度重视。

一是需要重新认识和深度挖掘客家文化生态景观基因，提升客家文化产业高质量发展的含金量。"以文塑旅、以旅彰文"① 是当下文化旅游业发展的五大基本原则之一。客家文化独特性和文化生态景观的品质已成为客家传统村落最核心的吸引力。客家的"乡土性"和"民族性"则是保持客家文化独特性和生态景观品质的内在基因。客家传统村落应深入挖掘独特的客家文化和生态景观基因，更新景观基因展现形式，将"乡土性"和"民族性"等客家文化元素深度渗入到客家传统村落街巷空间的打造，留住客家原生态的空间记忆，让客家文化和生态景观在客家传统街巷空间中具象化、凸显化、体系化，突破当下旅游快速发展中"千村一面"的困局。二是需要保护好客家地域空间形态，提升客家文化产业高质量发展的空间智慧性。客家传统村落街巷空间的保护与更新是一个新旧有机结合的过程。客家传统街巷空间在千百年的自然生长下衍生出许多重要节点、生态景观廊道和文化生态空间网络，赋予不同客家村落鲜明的地方特色。需要注重重要节点建筑所用材质、做工、装饰等的原真性保护，强化对景观廊道的整体特征挖掘，并从空间整体性的视角提升客家传统街巷整体空间网络的完整性和智慧性，从点、线、面三种要素上保护客家传统街巷空间的肌理，为客家传统村落整体性保护、设计和建设提供方向。三是需要高度关注人本体验，提升客家文化产业高质量发展的供给质量。客家人是客家传统街巷空间演变的驱动者，只有留住了人，才能留住客家传统街巷空间的魂。在当前文化旅游发展的大背景下，既要切实满足客家传统村落里世代生活的客家人的权益和愿望，也要顾及外来旅游者的现实需求。因此，首先应注重当地客家居民公共服务设施配套的供给质量提升，包括加强传统客家村落的基础设施建设、加大公共设施投入、支持私有民居维修维护、改善村民生活条件等，留住客家村民、留住生活，避免客家村落空心化、过度商业化。其次要科学地规划客家传统村落旅游商业空间，在不破坏客家传统街巷空间肌理和风貌的基础上嵌入旅游商业服务功能，激活旅游经济活力。四是需要完善主体功能建设，不断促进客家文化产业高质量发展。传统客家村落的街巷空间功能是丰富的，也是有所区别的。在现代村落的规划和发展中，应掌握不同街巷的优势资源是什么，明确不同街巷的主体功能是什么，因地制宜地展开资源整

---

① 2021 年 4 月 26 日习近平总书记在广西桂林考察时的讲话，《新华社》2021 年 4 月 27 日。

合和空间更新。既可以围绕传统客家民居和标志性公共建筑集中的区域，打造特色街巷，激活闲置建筑、古老民宅和老手工艺坊的休闲观光、匠心体验、文化展示的功能，打造具有核心竞争力的旅游产品链；也可以在客家村庄快速发展的区域，完善交通、电力、通信等体系，建设游客集散功能及商业服务功能主导的街巷，提高传统客家村落服务接待能力，减少游客涌入老街老巷产生的环境破坏和冲击。

三、客家文化产业高质量发展的重要策略

深刻分析和准确把握新发展理念的根本要求，是谋划"十四五"时期客家文化产业高质量发展的重要前提。因此，贯彻新的发展理念，是推进"十四五"时期客家文化产业高质量发展的基本遵循。突出关键点、着力发展好客家文化骨干企业、客家创意文化产业、新型客家文化业态、扩大和引导客家文化消费，是"十四五"时期客家文化产业高质量发展的重要策略。

（一）需要把握好新形势

深刻分析和准确把握形势，是谋划"十四五"时期客家文化产业高质量发展的重要前提。"十四五"时期，我国文化产业发展仍处于可以大有作为的机遇期，同时，这个机遇期的内涵已经发生了变化，已经进入一个转方式、调结构的重要窗口期。从一定意义上讲，有一批传统的客家文化企业已经面临生死存亡，一批新兴的客家文化业态正在寻求持续发展，传统与新兴结合、融合新路已现曙光，但仍任重道远，客家文化产业机遇与挑战并存。"十四五"时期，客家文化产业高质量发展拥有三大有利形势。一是国家已经进入全面建成小康。这意味着经济保持中高速增长、社会购买力持续增加、恩格尔系数逐步下降、文化消费支出不断提高，这对于提升客家文化消费是一个利好机遇。二是新时期贯彻新的发展理念。创新、协调、绿色、开放、共享，这意味着创新作为引领发展第一动力的作用进一步突出，现代服务业进一步加速，社会创造活力进一步迸发，而文化产业作为传承知识、推动创新的平台，作为丰富生活、促进共享的载体，是不可替代的，这对于加快客家文化产业高质量发展又是一个极大推动。三是社会文明进程中国民素质的显著提高。全面建成小康社会在文化建设方面的目标，是"国民素质和社会文明程度达到新高度"[①]，为客家文化产业高质量发展提供巨大空间，也是对客家文化产业调整供需结构、提供更多更好的客家文化产品与服务的直接要求，这是对于客家文化产业高质量发展的一个大好环境。与此同时，我们也要看到，客家文化需求在增加，但需求结构和需求内容都在变化，而且是加速变化；客家文化企业主阵地仍然坚

[①] 《中共中央关于制定国民经济和社会发展第十四个五年规划和二〇三五年远景目标的建议》，人民出版社，2020年。

挺，但越来越多的社会资本借助科技发展和业态创新，实现了跨越式或跳跃式发展；客家传统文化产业与新兴文化产业融合虽然取得进展，但还处于探索阶段。习近平总书记指出，我国发展重要战略机遇期，正在由原来加快发展速度的机遇转变为加快经济发展方式转变的机遇，正在由原来规模快速扩张的机遇转变为提高发展质量和效益的机遇。我们认为，这一判断、这一要求，对客家文化产业高质量发展是同样适用的。

（二）需要进一步落实新理念

创新、协调、绿色、开放、共享的新发展理念，是推进"十四五"时期客家文化产业高质量发展良好展开的重要遵循。要全面推进客家文化内容形式、载体渠道以及体制机制、政策法规等各方面创新，激发各方面参与客家文化产业高质量发展的积极性、创造性。要统筹协调发展，处理好客家文化产业发展中的重大关系，进一步发挥市场在客家文化资源配置中的积极作用；同时体现客家文化产业质素要求，始终坚持把社会效益放在首位、努力做到社会效益与经济效益相统一。要注重绿色可持续，做到发展方式绿色，推进客家文化与科技融合，节能环保，文化生态持续；做到发展环境绿色，把握正确舆论导向、治理社会文化环境，依法规范；做到发展结果绿色，丰富优秀的客家文化精神产品和优质的客家文化服务供给，向上向善。要提高开放水平，吸纳世界有益文化成果、扩大客家人文交流、提高客家文化传播能力、发展客家文化贸易，增强客家文化的国际话语权和文化影响力。要推进共建共享，发挥客家人在客家文化建设中的主体作用，体现客家文化产业的普遍服务原则，满足人民群众多方面的日益增长的精神文化需求。

（三）需要持续突出关键点

面向新形势新理念，我们要全面落实《建议》关于文化产业发展要"加快发展新型文化企业、文化业态、文化消费模式"[①]，这是保证"十四五"文化产业高质量良好开展的基本思路和要求。这里包含着发展骨干文化企业，发展创意文化产业，培育新型文化业态，扩大和引导文化消费，这些也都是客家文化产业高质量发展必须着力抓好的重点和难点。由此，我们尝试提出客家文化产业高质量发展的四大重要策略：一是必须高度重视发展客家文化产业的骨干企业。拥有一批主业突出、核心竞争力强、市场占有率高的大型文化企业集团，是客家文化产业高质量发展实力和水平的标识。客家文化企业要发展，重点是发展骨干文化企业。要推动产业关联度高、业务相近的国有文化企业联合重组，鼓励和引导非公有制客家文化企业发展，推动公平竞争、优胜劣汰。二是必须积极主动发展客家创意文化产业。优化客家文化资源和生产要素，从要素驱动转向创新驱动，是客家文化产业高质量发展的方向。客家文化产业要高质量发展，重点是发展创

[①]《中共中央关于制定国民经济和社会发展第十四个五年规划和二○三五年远景目标的建议》，人民出版社，2020年。

意文化产业。这个"创意文化产业",与传统的"文化创意产业"提法不同,这不是统计范围的简单扩大,也不是词语的简单颠倒,而是有着鲜明的指向,也就是进一步坚持内容为王、创意制胜。一方面要大力发展新兴文化产业,推动"文化+""互联网+",促进新技术、新模式不断涌现,尽快成为新的增长点;另一方面要加快传统产业转型升级,通过创新创意创造,推动传统增长点焕发新动力、满足新需求。三是必须培育新型的客家文化业态。推动技术、创意、内容与市场需求对接,催生新型的客家文化业态,是客家文化产业结构优化升级的突破口。需要谋划和利用好当地新一代广播电视网、数字出版、数字文化艺术等资源开发,将这些新的资源开发成为客家文化产业高质量发展的各种综合业务,构建新的客家文化产业业态。四是必须扩大和引导客家文化消费。提供高质量的客家文化产品和服务,运用有效的营销模式,让人们广泛地接受和感受到独特的客家文化消费体验,是客家文化产业持续高质量发展的法宝。一方面,要加强客家文化消费场所建设,鼓励把客家文化消费嵌入各类消费场所,鼓励有条件的地方为客家文化消费提供适当补贴。另一方面,要在供给侧发力,深入研究市场需求的新变化新特点,提供思想性艺术性观赏性有机统一、群众喜闻乐见的文化产品和文化服务,以生产促消费。这里需要指出的是,对于客家文化消费,既要着力扩大,也要注意引导。客家文化产品不同于一般商品,客家文化企业和企业家,都应该严肃认真地思考客家文化产品和服务所形成的社会影响,必须有利于增强人们的道德判断力和道德荣誉感,有利于丰富人们的精神世界,有利于形成奋发进取、理性平和、开放包容的社会心态。这些也都是考量客家文化产业高质量发展中企业家境界与智慧的地方,需要引起我们足够的关注。

(作者简介:温宪元,广东省社会科学院原党组成员、副院长,享受国务院特殊津贴专家,国家社会科学基金重大项目首席专家)

客家文化旅游融合发展的组态路径分析

●————— 周建新　谭富强 —————●

一、问题的提出

近年来，产业融合已经成为产业发展的现实选择。文化产业和旅游产业是我国国民经济两个重要的战略性新兴产业，从经济和产业的角度讲，文化是旅游最好的资源，旅游是文化最大的市场，两者的融合发展是解决二者转型升级的重要途径，对经济社会发展也起到重要的带动作用。自 2009 年起，我国陆续出台了一系列促进文化与旅游发展的政策，进一步推动文旅产业的融合，如《关于促进文化与旅游结合发展的指导意见》（2009），《关于推进文化创意和设计服务与相关产业融合发展的若干意见》（2015），以文化提升旅游内涵质量，以旅游扩大文化传播消费。2018 年 4 月 8 日国家文化和旅游部正式成立，旨在统筹文化产业发展和旅游资源开发，提高国家文化软实力，推动文化产业和旅游业融合发展。因此，对文旅产业相互推动、协调发展的深入探讨具有重要的时代意义。

目前，国外对文化和旅游产业融合的研究相对较少，而国内研究成果较多，研究方法以定性分析为主、定量分析较少，主要以省域为对象研究文化产业和旅游产业的耦合协调关系，但专门针对特定文化区或族群聚居区的文化与旅游产业融合发展的实证研究尚属空白。客家是世界上分布范围最广阔、影响最深远的汉族民系之一，散布于国内 17个省市区和国外 80 多个国家和地区，人口约 8000 万。因此，把客家问题和区域研究结合起来，把个案的、区域的研究置于对整体关照之中，审视传统客家地区文化产业与旅游产业的融合发展，具有重要的理论价值和实践意义。因此，本文以客家文化旅游企业和从业人员为调查对象，从中进一步探索客家文化与旅游产业融合发展的规律，推动二者融合，为客家文化传承创新提供重要的实现路径和理论基础。

二、"影响因素"：基于理论探讨与现实经验的研究假设

既往关于客家文化及其旅游业研究的成果主要集中在以下几个方面：

（一）文献中"客家文化旅游"影响因子

1. 客家文化资源运用方面

将客家文化资源作为客家文化旅游开发的资本，是客家文化旅游研究的重点。针对如何将客家文化资源运用于客家文化旅游的问题：邹春生认为，客家地区民间信仰文化资源丰厚且独具特色，将客家民间信仰作为旅游开发资源能够增强旅游活动的参与性与娱乐性。[①] 刘大可认为港台海外至闽西客家旅游的游客类型大致可分为宗教型、寻根谒祖型和文化旅游型三类，并认为应当深挖闽西丰富的客家文化资源，以客家文化资源充实旅游景点，提升旅游参与性与情趣性，在大力发展客家文化创意产业产品的基础上培育出一批旅游精品。[②] 朱建华指出福建发展旅游应当立足于客家文化资源基础上进一步整合相关资源，开发具有名人效应的文化产品以及地标性产品，从而发挥客家文化资源在新时期的作用。[③] 罗碧文等人提出挖掘并梳理客家文献，以服务于客家旅游开发的想法。[④] 李达谋等人通过分析地域文化与旅游业发展的互动机制后，指出客家文化资源因其地域性特色可作为当地旅游开发资源，起到吸引华人华侨赴大陆探亲访友、寻根问祖的作用。[⑤] 周建新认为客家文化资源能够促进客家文化旅游产业业态发展，帮助客家文化旅游企业提升竞争力以及具有助力客家文化小区建设等功能。[⑥]

上述研究表明：客家文化资源是支持客家文化旅游业长期发展的坚实基础，有足够的理由相信，拥有更好客家文化基础的客家文化旅游会发展得更好，研究提出：

H1：客家文化资源的运用程度与客家文化旅游业发展程度成正比。

2. 品牌意识方面

打造精品客家旅游形成客家文化旅游品牌，是客家文化旅游研究的又一重点。傅清

---

① 邹春生."一带一路"背景下客家民间信仰资源的旅游开发［J］.赣南师范学院学报，2016，37（01）：12-17.

② 刘大可.海西战略与发展闽西客家旅游［J］.中共福建省委党校学报，2009（11）：38-45.

③ 朱建华."一带一路"背景下的福建客家文化建设［J］.福建商学院学报，2017（02）：69-73+86.

④ 罗碧文，李苏华.关于客家文献服务客家文化旅游的深度思考［J］.嘉应学院学报，2009，27（05）：20-23.

⑤ 李达谋，祁新华，金星星，林荣平，叶士琳.地域文化与旅游业发展的互动机制——梅州市的实证研究［J］.海南师范大学学报（自然科学版），2015，28（03）：321-326.

⑥ 周建新，俞志鹏.基于客家文化视角的区域文化资源产业化研究［J］.中原文化研究，2017，5（05）：61-66.

媛以闽西客家民居旅游为研究案例，探寻其开发对策与途径，最终提出培育闽西客家民居文旅旅游品牌等多项举措。① 伊建春通过分析客家文化产业优劣势，指出客家文化产业发展应当包含旅游品牌创新等举措。② 谢莉等人在对广东梅州大埔县的乡村旅游个案研究后，提出通过打造知名品牌的方式，保持客家乡村旅游的本真性。③ 周建成等人在分析了福建宁化县客家文化旅游的优劣势后，给出做大客家文化旅游品牌等建议。④ 徐初佐以 SWOT 研究方法研究客家土楼创意营销，指出客家土楼创意应坚持客家土楼品牌建设。⑤

上述研究表明：发展客家文化旅游不可忽视客家文化旅游企业的品牌意识，形成较为完整且系统的品牌意识能够在一定程度上帮助客家文化旅游获得长足发展的动力，研究提出：

H2：具有强烈品牌意识的客家文化旅游企业能够发展得更好。

3. 旅游体验方面

旅游体验是多方力量共同作用的结果，客家文化是决定游客是否对客家文化旅游满意的主要因素。朱智认为将客家文化资源融入客家景区建设，能够起到创新客家旅游活动的作用，从而增强旅游体验。⑥ 一些学者认为旅游景区基础设施建设（包小莉，2014）、景区主题（郑海燕，2010）、旅游产品和服务（梁勇，2011）、旅游生态（伍汐，2015）、文化原真性等因素都能够影响游客的旅游体验，进而提出了整合多种资源，以客家文化的本真性为基础，积极建设景区基础设施，打造高品质客家文化旅游体验的建议。

上述研究表明：良好的旅游体验能够影响客家文化旅游业的长足发展，因此，整合多种影响客家文化旅游的体验因素，能够在一定程度促进客家文化旅游业的长足发展。研究提出：

H3：注重良好旅游体验的客家文化旅游企业能够赢得更多市场，从而获得长足发展。

---

① 傅清媛. 开发闽西客家民居旅游资源 推进旅游业发展 [J]. 龙岩学院学报，2010，28（01）：33-36.

② 伊建春. 创新客家文化产业的思考 [J]. 中外企业家，2012（08）：23-24.

③ 谢莉，刘逸岚. "客家世界的香格里拉" 乡村旅游可持续发展研究 [J]. 国土与自然资源研究，2013（03）：75-78.

④ 周建成，邓宗安. 福建宁化客家文化旅游的发展 [J]. 内江师范学院学报，2014，29（02）：65-68.

⑤ 徐初佐. 基于 SWOT 视角下客家土楼创意营销研究 [J]. 怀化学院学报，2016，35（09）：64-68.

⑥ 朱智. 河源旅游景区与客家文化元素的融合 [J]. 安徽农业学，2010，38（14）：7327-7328+7375.

4. 政策措施方面

客家文化旅游的发展离不开政策的指引与扶植。一些学者认为客家文化旅游开发应当争取政府的支持（邓乙凤，2011；乔玥，2016），吴良生认为客家文化旅游是新兴且综合性强的产业，政府在其发展中发挥了重要作用。[①] 显然，在当下能够有效帮助客家文化旅游业发展的有效力量便是政府，但学者们对政府介入客家文化产业意见不一，众说纷纭、莫衷一是。

上述研究表明：客家地区的旅游产业政策能够吸纳更多旅游企业进入，从而达到刺激客家文化旅游良好发展的作用。研究提出：

H4：良好的旅游政策能够促进客家文化旅游业的健康发展。

一言以蔽之，学者们在探讨客家文化资源介入客家文化旅游业时，主张以客家文化资源禀赋充实客家文化旅游活动，最终实现客家文化的社会经济功能。以上多种视角对客家文化旅游发展的探讨，反映出以下问题：首先，客家文化旅游的发展是复杂多变量因子共同作用的结果。无论从客家文化资源出发，还是品牌价值累积，抑或是对旅游体验感和政府力量等因素，都充分证明了客家文化旅游业发展是多种条件组合的结果，原因颇为复杂。其次，目前尚未建构起研究客家文化旅游业发展的标准体系，在到底如何发展客家文化旅游业等问题上仍处于争论阶段。最后，现有成果多是基于学者们个案观察、理论归纳的结果。以个案研究甚至以文献梳理所得出的研究结果存在成因参差不齐、归纳结果笼统等弊端，无法回答发展客家文化旅游业的关键因子以及组态条件是什么，因而研究成果并不具有高度普适性。

（二）定性访谈中的客家文化旅游业发展因素

影响客家文化旅游业发展的因素较为驳杂，从上述对既往文献的分析可知主要有四个方面的影响因素，但就研究逻辑而言，仍有较多影响客家文化旅游业发展的因素没能被探讨。因此，本研究通过定性访谈来搜集相应的影响因素，并进行研究假设，论证各种因素对客家文化旅游业发展的比重及其因素排列。

本次半结构化访谈，通过开放式问题了解参与过客家文化旅游的经历与体验。主要包括：（1）对各地客家文化旅游的大致印象如何；（2）客家文化旅游带来怎样的感受；（3）客家文化旅游中的困扰是什么；（4）如何利用现有条件提升客家文化旅游的建设。（5）在客家文化旅游中最注重什么？基于以上定性资料的分析，本研究初步整合了以下8个原始编码，即：游客收入水平、景区质量、景区产业结构、旅游环境、游客闲暇时间、消费观念、企业管理水平、景区基础设施。分层归纳后得到3个主轴编码，即：游客因素、景区因素、企业因素。

---

① 吴良生. 政府运作与文化产业发展研究——以龙南县客家文化年为例 [J]. 赣南师范学院学报，2009，30（02）：6-10.

表1　定性资料主轴编码表

主轴编码	原始编码
游客因素	与游客收入水平有很大关系；游客是否有闲暇时间；游客消费观念对文化旅游影响较大；
景区因素	景区的基础设施要好；旅游的环境要舒适；景区有没有完善的产业结构；景区的质量决定去不去玩；
企业因素	旅游公司的管理水平要好；

具体而言：首先，就游客因素维度看，较之于"游客收入水平"以及"闲暇时间"两个维度，游客的消费观念是本研究较为关心的内容。探讨游客消费观念的变化对客家文化旅游业发展的影响具有相当重要的现实意义以及理论价值。苏媛媛在调查青年的消费观念与消费行为时，发现年轻白领的消费观念更加前卫与时尚，去省外旅游的比重也会更高。[①] 侯志强等人认为，旅游消费是人们生活中的休闲选择，但目前国人旅游消费观的转变是重要课题。[②] 这些研究充分证明了游客消费观念与旅游行业有着协同效应。基于此，本研究提出：

H5：游客消费观念对客家文化旅游业的发展具有相应的协同效应。

其次，就景区影响因素而言，景区基础设施已在前文中提到，而较之于"旅游的环境要舒适""景区的质量"等因素而言，本研究更为关注产业结构对客家文化旅游的影响。甘晓成等人通过对新疆旅游产业结构的分析，发现新疆旅游产业的多重不平衡性特征，从而证明了旅游产业的结构对旅游业具有重要影响。[③] 孙盼盼以供给侧改革为切入点，考察了地方政府行为与旅游产业的结构升级问题，提出促进旅游产业发展必须优化企业产业结构。[④] 产业结构能够影响旅游业业态的事实已被证明，鉴于此，本研究提出：

H6：完善的产业结构能够促进客家文化旅游业的良好发展。

最后，客家文化旅游企业的管理水平与服务态度也能够影响到客家文化旅游的发展。徐扬通过对大规模个性化定制模式的旅游企业研究，认为大规模个性化定制旅游服务与管理提供了一种新的旅游运作模式，满足了旅游消费者多样化、个性化的需求。[⑤]

① 苏媛媛. 都市白领青年的消费观念和消费行为研究——与非白领青年的比较分析［J］. 中国青年研究，2014（04）：49-53+60.
② 侯志强，郑向敏. 科学旅游消费观念的培育模式研究［J］. 旅游学刊，2006（02）：26-29.
③ 甘晓成，刘亚男，沙亚·巴合提. 新疆旅游产业结构特征及其优化升级［J］. 新疆社会科学，2018（06）：58-63.
④ 孙盼盼. 供给侧改革视角下的地方政府行为与旅游产业结构优化升级［J］. 旅游研究，2018，10（06）：5-7.
⑤ 徐扬，步一，颜杨洋. 基于大规模个性化定制模式的旅游企业管理研究［J］. 企业经济，2016（01）：150-154.

曹芙蓉提出进入 21 世纪后，中国旅游业面临着诸多挑战，因此旅游企业的相关管理与服务也应该有所调整。旅游企业管理应当与时俱进、拓展思维。① 综上所述，本研究提出：

H7：良好的企业管理与服务水平能有效促进客家文化旅游业的健康发展。

综上所述，本研究以研究成果、理论背景以及定向访谈资料为基础，依次挖掘出影响客家文化旅游业发展的七个有效影响因素，确定出"客家文化资源运用""品牌意识""旅游体验""政策措施""消费观念""产业结构""企业管理与服务水平"等 7 个影响客家文化旅游业发展的关键因子。在确定关键因子后，本研究将基于这 7 个因子对促进客家文化旅游业发展的机理进行排序与分析。

三、研究方法、数据来源及变量说明

（一）研究方法

20 世纪 80 年代，社会学家拉金发展了定性比较分析法（Qualitative Comparative Analysis，QCA），以整体论为基点，定性比较方法将案例视为原因与条件所组合的整体，因此，该方法更为关注条件组态（configurations）与结果之间的复杂因果关系。② 方法诞生初期，主要被运用于社会学、政治学等社会科学领域中，并以解决小样本且跨案例的定性比较（Ragin，1987，2008）。近年来，定性比较方法被许多学者运用至大样本以及复杂组态问题的分析与处理上，并逐步拓展至管理学、历史学等领域解决复杂因果关系以及相应因果机制的重要工具（Fiss，2007，2011；Misangyi et al. 2017）。③ 目前，该方法已被广泛运用至人文社会科学的各个领域。依据该方法的研究范式，定性比较分析法的基础在于将案例数据做二分变量设计，即：解释变量与结果皆有两种，变量取值为 1，则代表某种条件发生或是存在，以大写字母表示；变量取值为 0，则表示某条件不发生或是不存在，以小写字母或是 ~ 表示。使用定性比较分析法开展研究，首先，研究者应确定研究案例以及解释变量。其次，以对所有个案进行赋值并予以汇总，得到相应的解释变量、被解释变量的所有组合（configurations）。最后，依据布尔代数（Booleanalgebra）简化案例条件组合。④

---

① 曹芙蓉. 寻求旅游企业管理理念的新突破 [J]. 旅游学刊，2002（03）：40-43.

② 毛湛文. 定性比较分析（QCA）与新闻传播学研究 [J]. 国际新闻界，2016，38（04）：6-25.

③ Ana Ortiz de Guinea，Louis Raymond. Enabling innovation in the face of uncertainty through IT ambidexterity：A fuzzy set qualitative comparative analysis of structure service SMEs [J]. International Journal of Information Management，2020，50.

④ 李良荣，郑雯，张盛. 网络群体性事件爆发机理："传播属性"与"事件属性"双重建模研究——基于 195 个案例的定性比较分析（QCA）[J]. 现代传播（中国传媒大学学报），2013，35（02）：25-34.

（二）数据来源

本研究数据基于对 10 个客家文化旅游公司的调查结果整理所得。

（三）变量说明

变量选择与赋值：本次研究依据 7 个关键因子构建相应的调查表，并依据调查所得的数据权重进行赋值。具体情况见下表：

表 2　变量选择与赋值

关键因子	数据权重	赋值	判断说明	变量属性
客家文化资源运用	占比 0—20%	0	对客家文化资源运用占比	解释变量
	占比 20%—50%			
	占比≥50	1		
品牌意识	占比≥60%	1	企业对自身的品牌的重视程度	解释变量
	占比 20%—50%	0		
	占比 0—20%			
	占比 50%—60%			
旅游体验	打分 0-20	0	游客对客家文化旅游的打分，满分 100	解释变量
	打分 20-50			
	打分 50-70			
	打分≥70	1		
政策措施	有	1	企业是否受到政策照顾	解释变量
	无	0		
消费观念	0—20%	0	对客家文化旅游的消费偏爱程度	解释变量
	20%—50%			
	50%—70%			
	≥70%	1		
产业结构	不同类型企业 1—5	0	以旅游景区内不同产业的数量代替产业结构	解释变量
	不同类型企业 5—10	0		
	不同类型企业>10	1		

（续表）

关键因子	数据权重	赋值	判断说明	变量属性
企业管理与服务水平	差 0—40	0	游客对客家文化旅游企业的服务进行打分，大于70分为良好	解释变量
	中 40—70			
	良好 >70	1		
公司状况	0—3 年盈利	1	盈利状况代表着客家文化旅游企业的成功与否	结果变量
	大于 3 年盈利	0		

上述表格中，变量"客家文化资源运用（简称为 Resources，下同）"设立三个阶段，其中0—20%的占比表示该公司对客家文化资源的运用只占公司整体文化的0—20%，取值为0，意味着该公司在客家文化资源运用时未能有效帮助该公司发展，亦即在这种客家文化资源运用条件下，该公司的发展并不主要依靠对客家文化资源的运用。当该公司对客家文化资源运用的比重超过50%时，视该公司的发展主要依靠对客家文化资源的运用。变量"品牌意识（简称为 Brand，下同）"衡量客家文化旅游企业长远战略的有效因子，通常而言，树立品牌意识能够帮助企业赢得较好的市场口碑。[①] 当品牌意识占比超过公司整体意识形态的60%后，本研究认为该公司的意识形态能够帮助客家文化旅游企业健康发展，赋值为1。变量"旅游体验（简称为 Experience，下同）"是顾客对客家文化旅游企业的打分，其背后逻辑为对整个客家文化旅游产业链的总体评价。当评价分超过70分，取值为1，本研究将其视为游客较为满意，并且能够促进客家文化旅游企业的健康发展。变量"政策措施（简称为 Policy，下同）"，即指受访企业受到了政策照顾，或免税（免去部分税收或全部税收）或受到政府补贴。当受到政策倾斜时，取值为1，视为政策能够影响到客家文化旅游企业的相关发展。变量"消费观念（简称为 Concept，下同）"，指人们对客家文化旅游活动的消费倾向程度，倾向程度大于70时，视为游客对客家文化旅游有高度倾向，能够成为潜在的游客，从而刺激客家文化旅游企业的发展。变量"产业结构（简称为 Structure，下同）"，将客家旅游景区内不同产业的数量视为衡量该景区产业结构的标准，当不同产业的数量超过10个时，取值为1，视为产业结构良好且能够刺激客家文化旅游的发展。变量"企业管理与服务水平（简称为 Management，下同）"，重在考察企业本位下相关企业的自身发展状况。当得分大于70时，取值为1，视为良好的企业管理与服务水平能够帮助客家文化旅游企业长远发展。结果变量"公司状况（简称为 Company，下同）"，大概公司三年内开始盈利时，取值为1，认为上述条件的组合能够促进客家文化旅游企业的健康发展，并使得该类公司成功。

[①] 李巍，黄磊. 企业整合品牌管理的制度驱动机制研究——基于快速消费品行业企业的探索性分析 [J]. 华东经济管理，2013，27（05）：93-98.

四、研究结果

（一）真值表构建

依据定性比较分析法的研究步骤，在建构起变量赋值表后，本研究对 10 个案例进行编码汇总，从而得到解释变量与结果变量的原始数据，亦即真值表（Truth Table），并将其作为后续研究的基础。[①] 通过对解释变量以及结果变量（被解释变量/因变量）的数据输入，建立以下真值表：

表 3　案例变量组合真值表

客家文化资源运用	品牌意识	旅游体验	政策措施	消费观念	产业结构	企业管理与服务水平	公司状况
0	1	0	1	0	0	1	1
0	0	0	1	0	0	1	0
0	1	0	1	0	1	1	0
1	0	0	1	0	1	0	1
0	0	0	1	0	0	0	1
0	1	0	0	1	0	0	0
1	0	1	1	0	1	0	0
0	1	1	0	1	0	0	1
1	1	0	1	0	1	1	0
0	0	0	1	1	0	0	1

（二）单变量必要性分析

在定性比较分析法（QCA）中，决定变量之间必要性关系以及充分性关系的是一致率以及覆盖率。首先，一致率的含义为纳入研究分析中的所有个案在何种程度上能够共享导致结果发生的某个给定条件或是条件组合；其次，覆盖率则是指在给定的条件或是条件组合上，多大程度上能够解释结果的出现。[②] 最后，当条件 X 成为 Y 的必要条件，那么 Y 所对应的集合是 X 对应集合的一个子集，因而其相应的必要性一致性指标的取值则应大于 0.9。反之，当必要性一致性指标的取值小于 0.9 时，视为 X 不能作为 Y 的必要条件。[③] 需要说明的是，在本研究中，对单个变量能够构成"公司状况"的必要条件

[①]　徐越倩，楼鑫鑫. 政府与商会的关系及其合作路径——基于 34 家在杭异地商会的模糊集定性比较分析［J］. 浙江社会科学，2019（07）：56-65+156-157.

[②]　何俊志. 比较政治分析中的模糊集方法［J］. 社会科学，2013（05）：30-38.

[③]　周俊，王敏. 网络流行语传播的微观影响机制研究——基于 12 例公共事件的清晰集定性比较分析［J］. 国际新闻界，2016，38（04）：26-46.

分析时，单一变量的必要一致性均小于0.9，这表明客家文化旅游的健康发展不能依赖某一具体关键因子，而是多个关键因子共同作用的结果。

（三）基于清晰集定性比较分析的结果

根据以上分析，本研究发现促进客家文化旅游融合发展的四种微观路径：

1. 客家文化资源运用—品牌意识—旅游体验—政策措施—产业结构—企业管理与服务水平

在该路径中，客家文化旅游企业的良性发展是基于对客家文化资源的良好运用，搭配较强的品牌意识以及注重游客的旅游体验，进而获得政策支持以及优化产业结构提升企业管理与服务水平，关键因子之间的乘积关系最终能够促进客家文化旅游的良好发展。

2. 客家文化资源运用—政策措施—消费观念—产业结构—企业管理与服务水平

在该路径中，客家文化旅游企业的健康发展仍旧是以对客家文化资源运用为基础，考虑政策因素、消费观念、客家文化旅游的产业结构以及相关企业的管理与服务水平。从客家文化资源运用关键因子到企业管理与服务水平之间的相对关系，可以认为该路径仍旧注重客家文化资源运用与企业管理与服务水平两个关键因子。

3. 客家文化资源运用—品牌意识—政策措施—旅游体验—消费观念—产业结构—企业管理与服务水平

较之于前两条路径，该路径显得更为复杂，其原覆盖率与较前两条路径更低，因此其所具备的参考价值更低，但在该路径中，"客家文化资源运用"与"企业管理与服务水平"两个关键因子依旧存在。

4. 客家文化资源运用—品牌意识—旅游体验—政策措施—产业结构—企业管理与服务水平

该路径显示，从"客家文化资源运用"到"企业管理与服务水平"的向度而言，品牌意识、旅游体验、政策措施以及产业结构等关键因子需要被关注。但由于该路径的原覆盖率太低，因而参考价值有限。

上述四条路径中，通过统计可以发现，"客家文化资源运用""政策措施""产业结构""企业管理与服务水平"四个关键因子在4条路径中有出现，出现频次皆为4次；"品牌意识"与"旅游体验"分别出现在3条路径中，出现频次皆为3次。至此，本研究认为，研究假设H1、H4、H6、H7得到了研究结果的支持，论证了原假设的合理性；其他假设则因覆盖率等多方面问题在本研究中没能得到较好的支持。

五、结论与讨论

本研究将区域文化资源运用（客家文化资源）、区域文化产业政策（客家地区的文化旅游政策）、区域文化产业布局以及区域文化产业企业的管理与服务水平等因素视为整体，进而以"组态视角"出发，分析了各个因素在推动区域文化产业发展时所产生的联动效应，最终在一定程度上解释了区域文化旅游发展的"因果复杂性"。长期以来，从事区域文化旅游发展的研究将视角主要集中在单一的影响因素研究中（李柏文、宋红梅，2020[①]；张春香，2018[②]；把多勋，2018[③]），这些研究主要将目光聚焦在了区域文化旅游发展的宏观视角上，并对区域文化旅游发展缺乏复杂的系统分析。本研究发现，在复杂组态视角下，区域文化旅游产业发展不仅需要依靠政策上的宏观视角，也需要注重企业管理等微观视角，因此本研究的理论贡献在于进一步加深了对区域文化旅游发展的复杂机制的理解，丰富了对区域文化产业发展的解释。

研究结果表明，区域文化资源运用是区域文化旅游发展的关键瓶颈，这验证石琳（2019）关于区域文化旅游发展需要重视文化资源运用的研究结果。[④] 此外，研究指出区域文化旅游发展政策作为一种组态影响因素，验证了喻蕾（2021）关于文化产业高质量发展中政策因素所具备的实践意义。[⑤] 然而，本研究也指出，区域文化旅游发展政策作为组态影响因素之一，它对于区域文化旅游发展的影响仍旧需要考虑到其他影响因素，比如区域文化旅游政策与区域旅游产业结构调整的问题。这启示了今后的研究需要考虑到政策制定和实施与区域内产业企业的结构布局之间的相互影响。根据对本研究"品牌意识"和"旅游体验"因素的判断，区域文化旅游发展也需要注重企业层面的影响因素，品牌建构与旅游体验在一定程度上能够融为一体，旅游体验能够嫁接起游客与企业之间的品牌忠诚度，并以共情的方式强化游客与企业之间的情感关联。

研究认为，必须依靠对客家文化资源的良好运用，同时争取到相应政策支持，提升客家文化旅游的产业结构以及改善相关企业的管理与服务水平才能有效促进客家文化旅游企业以及客家文化旅游的发展。

总之，本研究以客家文化旅游为研究案例，建构起了宏观-微观因素的组态发展分析路径，研究认为从组态视角出发，在进行区域文化产业发展时需要注重系统化思维，强调"组态化发展"。即区域文化产业发展时需要各个影响因素的协同配合，并考虑相

① 李柏文，宋红梅. 文化"求同求异"在"东亚文化之都"旅游发展中的辩证关系与协同 [J]. 旅游学刊，2020，35（07）：7-9.
② 张春香. 基于钻石模型的区域文化旅游产业竞争力评价研究 [J]. 管理学报，2018，15（12）：1781-1788.
③ 把多勋. 改革开放40年：中国文化旅游融合发展的价值与趋势 [J]. 甘肃社会科学，2018（05）：10-20.
④ 石琳. 语言经济视域下少数民族文化和旅游产业的深度融合与发展 [J]. 社会科学家，2019（02）：101-106.
⑤ 喻蕾. 文化产业高质量发展：评价指标体系构建及其政策意义 [J/OL]. 经济地理：1-12 [2021-06-15].

关影响因素之间的排列变化所带来的影响效应。正因如此，本研究在强调影响区域文化旅游发展需要注重组态路径的同时，也极力明确区域文化产业发展所面临的多重问题需要被系统化思考。

受调查地点、既往研究成果以及定性访谈等方面的影响，本研究的研究结论仅能在本研究所采用数据范围内做有效说明。接下来本研究将通过扩大受访企业个数、改善访谈提纲、增加客家文化旅游业发展标准的多个维度、使用更加精确的指标等维度来精确研究主题，提升该研究的科学性与精确性。

（作者简介：周建新，深圳大学文化产业研究院院长、教授，博士生导师；谭富强，深圳大学文化产业研究院博士生）

客家传统古村落文化产业化开发路径研究

——以三明市客家传统古村落为例

● 黄晓珍 ●

客家文化的根在中原，晋朝末年以来，客家民众从古中原向南迁徙，途径吴、越、楚等地区，经历了"迁徙—侨居—再迁徙—定居"的过程，进入闽西北和赣粤三角地区。明清之前的三明山高岭大、交通闭塞、经济落后；但地广人稀，气候宜人，自然资源丰富，大有供人类开发的空间和条件。随着战乱和饥荒的连年不断，中原汉族居民一批又一批迁徙到这里。但他们毕竟是后来者，好地方都被人占走了，他们被迫居住于人烟稀少的深山大谷之中。在野兽出没无常，强盗横行，地方恶势力肆意侵扰的恶劣环境下，客家人不得不聚族而居，繁衍生息，并聚族向外开拓，村庄不断扩大。由于地处边缘，交通不便，难以与外界交流，村落环境、历史文化、传统习俗等均保护较好，形成了当今的"古村落"。客家人在适应环境和生存的发展中，创造了属于自己的村落文化。从村落的选址到房屋建筑、从开垦耕种到安居乐业，从日出而作到日落而息，历史变迁、代代相传、岁月沧桑都在这村落里积淀着各种文化痕迹，因此每个客家村落都是一部"客家人用生存行为和生存情感构筑的文化史"。传统古村落蕴含丰富的历史文化资源，是乡村历史文化遗产的"活化石"，民间文化的"博物馆"。古村落文化遗产主要由物质文化遗产和非物质文化遗产组成。物质文化表现在村落环境、居民建筑、家族祠堂、学堂、戏台、耕作工具等方面，非物质文化表现在方言、祭祀仪式、生老病死、婚嫁诞辰、节庆节气、娱乐活动、歌舞词文等方面。

一、三明客家传统古村落的特点

（一）拥有悠久的历史

三明客家古村落大多建于明清两代，有大几百年甚至上千年历史。如建宁县上坪村，是客家传统古村，地处闽赣边界的大山之中，建于唐末，距今已有1000多年的历史。相传是关西夫子、汉太尉杨震的后裔杨达圣随闽王王审知入闽，其孙杨感遁率族人而建。村中杨家祠堂供奉的远祖是杨震，开基祖是杨感遁。在过去的几百年间，村中居住的男性居民清一色姓杨。村中保存较好的古建筑有社祖庙、杨氏家庙、大夫第、得水园、七叶衍祥牌坊等26处。再如沙县水美客家古村，村中标志性建筑是三座土堡，三座土堡呈"品"字形矗立在村中，命名为双吉、双兴、双元，分别建于清道光、咸丰、同治年间。其中双元堡建筑面积6000平方米，徽派建筑，空间结构造型丰富，讲究韵律美，马头墙、小青瓦点缀其间，石雕和木雕相得益彰，至今保存完好，是福建省内保存较为完善的闽南式古民居建筑群。

（二）崇尚"天人合一"的布局

客家古村落的选址常根据"阴阳""五行""八卦"，追求"背枕玄武，面向朱雀，青龙抬头、白虎低伏"的地形格局，最好是前有照（池塘、河流）后有靠（山形）。古村大多风景秀美，周边绿树成荫，修竹成行，鸟语花香，空气清新，令人心旷神怡。如清流赖坊村，始建于北宋咸淳二年（1022），是历史文化名村，国家级传统古村落。走进村口，迎面便是擎天千年古樟，村中古民居、祠堂雕梁画栋。走进村中，你会解读到千年村落生生不息的基因密码，你心中的浓浓乡愁顷刻会被唤醒。再如尤溪洋中镇的桂峰村，整个村落从空中俯瞰如"飞凤衔书"，村中街巷顺势而为，与山体融合，形成"天人合一"的态势。

（三）客家习俗保留较完整

三明客家古村落文化既有中原河洛文化的传承，但更多的是闽学文化，也就是新儒学文化。儒家重"礼"，儒家的"礼"和朱子的"礼"在三明客家古村落中融合成客家文化中的"礼"。首先表现在客家祭祀仪式上。客家祭祀仪式是很讲究的，祭祀的祭品、器皿、礼乐、祭祀的程序、祭祀人员的排位、祭文等都有基本固定的程序和格式，虽历几百年而不改。如近年越来越兴盛的祠堂祭祖。其次是节庆习俗，客家传统古村落保留较完整习俗的节日有：春节、元宵、端午、中秋、除夕等节日，每个节日都有各自特定的风俗习惯，如点岁灯、祭祖先、吃素斋等；在客家人眼中，节气也是节日，如清明、冬至祭祖，夏至做夏，冬至进补等。再次，客家人的婚嫁习俗、诞辰习俗、服装习俗、饮食习俗等，都流传百年基本不变。这些习俗看是人们日常习惯，整合起来，它就是宝贵的客家非物质文化。对客家传统古村落文化的开发，首先要考虑如何保护并传承这些非物质文化。

二、基于SWOT分析法的客家传统古村落文化产业化开发条件分析

客家传统古村落丰富的文化渊源和文化价值是产业化开发的前提与基础。针对客家传统古村落的发展现状，运用SWOT分析法，考察客家传统古村落产业化开发的优势和

机遇，分析梳理客家传统古村落产业化开发过程中的劣势和挑战，有利于推进客家传统古村落进行合理、高效的产业化开发。

（一）**优势分析**

1. 古村落文化底蕴深厚

如前所述，三明客家文化历史悠久，古村落中的每一座桥、每一栋建筑，都浸透着客家文化的灵魂，每一片瓦，每一块砖，都有传统文化的痕迹。就像游客描绘沙县俞帮村一样："香樟曲径迎宾客，别墅缃荷悦眼眸。龙凤桥涵诗画韵，炊烟巷立尚书楼。循踪觅影宏音在，引领风骚美誉收。"村落文化产业化模式的出发点是开发本村并辐射周边，主要方式是提取本村传统文化并加以包装，在保护原有文化主体的同时，对传统文化进行提炼和再设计，让传统文化通过文化产品、文化系列活动等人们喜闻乐见的方式进行传播。一方面通过产业化的方式可以让传统文化得到更好的传承，另一方面文化产业化所带来的经济效益又可用于村落文化建设。

2. 古村修复成效初显

随着多年来的新农村建设和生态文明建设，国家对传统古村落的保护和建设越来越重视，政府投入的资金也在逐年增加。20 世纪初以来，启动文化名村和传统文化古村三级（国家、省、市）评审。三明市荣获省级以上传统文化名村的村落有上百个。这些传统文化古村落经过十多年的建设和发展，文化产业化已经形成了一定的规模。如清流县的赖坊村，自从被评为国家级传统古村落和 3A 级旅游区以来，名声远播省内外。赖坊的古民居、樱花、茶山、竹林被省内外游客津津乐道。由于旅游业的带动，农业得到快速发展，万亩茶叶、万亩油茶、万亩花木、5000 亩花生基地连年喜获丰收。工业从无到有，逐步壮大，先后培养了"福建双秋农业"等 6 家规模以上企业，建成了三明市最大的乡镇农产品加工园、农产品展销馆、"互联网+"平台。随着乡村振兴步伐的加快，客家古村落将迎来新一轮发展的春天。

3. 文化研究成果丰硕

客家文化研究已有 200 多年的历史，尤其是 20 世纪 80 年代以来，客家文化研究成为一门显学，众多学者参与其中。客家学院、客家联谊会、客家研究会等政府机构或民间团体、社团在各地相继成立。以客家文化为主题的文章、论著、学术成果，推陈出新，佳品迭出。石壁客家文化论坛至今也举行了十届，每届论坛都有几十篇论文交流。这些研究，对客家源流、客家的迁徙与分布、客家习俗、客家民间信仰、客家方言等的探讨，取得了丰硕的成果。这无疑为客家古村落的文化产业化开发提供了可遵循的理论基础。

（二）**劣势分析**

1. 保护意识淡薄，规划措施不到位

传统古村落大多处于较偏远农村，交通不便，在过去相当长的一段时期，其价值不被人认知。改革开放之初，忙于发展经济，无暇顾及古村落；因此，传统古村落保护起步晚、基础差。省市启动评审传统古村落活动之后，大家又忙于表面修补，对传统村落保护缺乏应有的认识，没有整体规划，更没有请专家、学者作可行性考察，没有制定科学的修复措施。有的地方干部重申报、重开发利用，轻文化遗产保护。在传统古村落村评审名单公布之后，有的村又只要牌子，对保护工作缺乏应有重视。

2. 保护难点突出，资金人才不足

随着现代化步伐的加快，越来越多的人崇拜资本英雄，为追求丰厚的物质生活，享受现代文明成果，人们普遍追求宽敞明亮的新居。村民感觉古村落开发对自己没有什么好处，积极性不高，且急于改善居住条件，在传统古村落保护范围内的违规建设屡禁不止。部分村领导自身思想认识不到位，对本村的产业开发随意性大，甚至引进开发商大肆兴办企业或旅游产业，导致村落格局遭受破坏。政府下拨的修缮资金有限，往往补了东墙缺西墙。传统古村落多数远离交通干线，位置偏僻，给产业化开发带来制约。年轻一代不满足大山中的生活，越来越多的村民"走出去"发展，以致客家古村落"老龄化、空巢化"现象严重。非物质文化遗产的传承人越来越少，客家"手艺人"年龄普遍偏大，青年一代又不感兴趣，无法培养，农村客家非物质特色文化面临断档。

3. 创意意识淡薄，文化精品不多

从目前三明传统古村落的文化创意产品来看，对客家文化资源的开发利用还处于初级阶段，文化产品大都存在对文化资源简单化的呈现和包装，缺乏深入的挖掘和创新，缺乏创意理念和设计。客家土特产也处于出售原材料阶段，缺乏具有客家元素的艺术性和实用性于一体的创意产品，市场吸引力低，竞争力不足，游客购物需求小，无法形成自身的优势。从客家文化的表演方式上看，有的节目为了迎合游客口味、追求经济效益，出现随意编改甚至低俗的现象，具有本地特色的原生态客家风情的节目不多。

（三）机遇分析

1. 乡村振兴带来政策机遇

乡村振兴战略是党的十九大做出的重大决策，十九大报告提出了乡村发展的总体要求："产业兴旺、生态宜居、乡风文明、治理有效、生活富裕"。乡村振兴战略的内容包含五个方面，其中"乡村文化振兴"和"乡村产业振兴"都直接关系到客家传统古村落的发展。《中共中央国务院关于乡村振兴战略的意见》提出，要加快构建现代农业的产业体系、生产体系和经营体系，加快农业提质发展步伐；加快农村土地流转，开展农业适度规模经营，通过土地承包到期后继续延长30年的政策，促进规模化生产效率。这些战略内容的提出，为客家传统古村落文化产业化开发提供了多方面的发展机遇。

2. 互联网时代带来传播和销售新机遇

随着互联网技术的迅速发展，5G时代应运而来，给社会各个领域的传统发展方式带来了巨大冲击，同时也带来了难得的发展机遇。在这样的背景下，客家传统古村落的文化产业化开发必然走与互联网相结合的道路，乡村资源的整合力度和资源利用率必将迅速提高。农村电商、直播带货的发展和完善，为产业提供了直接而又快速的产品销售渠道，缩短了农村与城市的距离，节约了产品销售成本。微信、快拍、抖音等的迅速普及，为客家传统非物质文化的传播带来了便捷。

（四）威胁分析

1. 无序开发造成有的传统古村落遭毁灭性破坏

近年来，客家传统古村落的开发风起云涌，乡村干部跑项目、跑资金，八仙过海，各显神通。古村落的重修或改造没有整体规划，缺乏科学技术指导，古建筑的修复为了省钱，东拼西凑，文物遭受破坏。有的地方盲目照搬外地的建筑风格，如有的古村将猪牛栏改造成游客休闲场所，与本村整体建筑格局难以融合。古村落从自然景观到被开发成旅游景区，由于公共设施配备还不完善，服务体系建设还未建成，游客的大批涌入，对村落环境甚至古村文物遭到不同程度的损坏。村落文化也发生着变异，原本村落里的淳朴民风变了，为了吸引游客购物，打着古村落的招牌，以假冒真，以次充好，古村落的名声迅速被败坏。古村落变成商业交易场所，盲目修建商店、民宿、饭馆，与外界城市的小餐馆、小宾馆大同小异。

随着经济发展和社会转型，农村青年人进城打工，农村人口逐年减少，古村失去了活力。原本根植于村落的优秀传统，如客家风俗习惯、服饰习惯、饮食习惯、祭祀礼仪等，随着年轻人走入城市，正在加速消失。非物质文化更是后继乏人，再不加紧培养新人，就会在古村落里消失。

2. 市场竞争加剧，疫情威胁未减，古村落旅游产业举步维艰

党的十八大以来，国家把旅游业作为支柱产业之一来发展，提出"要把旅游业培育成国民经济的战略性支柱产业和人民更加满意的现代服务业"。从此之后，旅游业的发展步伐迅速加快，乡村旅游业也火了起来，各种 A 级旅游景区如雨后春笋。乡村旅游在短时间内迅猛发展的同时，问题也接踵而来，如基础设施建设跟不上、服务不到位，区域内同类同质化的旅游景区增多，使得客源市场的竞争压力增大，乡村游的后续力量不足。心冠肺炎疫情警钟长鸣，古村落不敢轻易放开让游客进来；即使乡村游放开，乡村防控压力也一刻不能放松，乡村旅游增加了防控成本。

三、客家传统古村落文化产业化开发路径

根据以上分析，我们得出客家传统古村落文化产业化开发路径主要如下：

（一）遵循保护性开发的原则

客家传统古村落文化是只能传承，不可再生的文化。针对 SWOT 分析法对客家古村落文化的劣势和威胁的分析，我们感受到，在进行古村落文化产业化开发的过程中，首

先要遵循科学的保护性开发的原则。保护是开发的前提，在进行古村落开发的同时，要维护传统古村落的环境和古建筑群的风格，保证村庄整体布局不变，保留原村落的神韵。当然，开发本身也是保护，如让古村落濒临倒塌的古建筑得到修缮，村中交通设施、村民居住环境得到修复和改善，对民俗的整理和搜集等，这些行为不但能让古村落换发生机，重现活力，让古村传统文化延长生命；而且创造了经济效益，为古村的后续发展提供经济基础。因此，保护和开发是一体的。在开发的过程中要遵循如下原则：

1. 依法开发原则

建立法规和监督机制，走法制化道路。要保护好客家传统古村落文化，首先要依据国家法律法规，制定政策，健全法规，明确有法可依。我国目前关于传统村落的法规主要有《中华人民共和国文物保护法》《中华人民共和国文物遗产保护法》和2014年出台的《关于切实加强中国传统村落的指导意见》。地方县、乡一级政府要作为主导，负责传统古村落产业化开发中有关工作的组织、协调和监督。根据当地实际，出台古村落文化开发利用的详细细则，做到有法可循，有章可依。同时，组织专家对客家传统古村落古民居进行摸查，分级分类建好资料档案，做好图片、影像、文字资料的存档，为开发提供依据。

2. 科学开发原则

在全面摸底普查的基础上，对本村的物质文化和非物质文化都建立了底册，然后编制出整体的、长期的、确保本村传统文化得到原真性保留的开发方案。对村落建筑群，要建立核心保护范围，在该范围内不得进行随意的新建和扩建活动；对古建筑的修复，要聘请专家论证，请有古建筑修复资质和能力的施工队伍来完成；对整个村落的环境作合理规划，居民附属生活设施、旅游服务区、旅客休闲区等，都要作出统一安排。并且规划要是长期的，一贯性的，不能随乡村领导的变更而改变。对非物质文化，规划也要坚持整体性原则，既要保护文化的原真性，又要尊重其内在的丰富和时代的变化性；既要重视文化的本来形式，又要关注文化的现在和未来的发展趋势。要让文化"活态化"传承。如客家山歌和舞蹈，在保留原有形式和表现手法的前提下，内容上要作大胆的创新。

3. 政府主导、全民主体原则

从摸底普查到方案的制定，从开发项目的确立到规划的实施，政府始终是主导。县乡政府不但要制定相关政策，还要保证政策的实行；要协调相关职能部门共同把关、共同出力。在产业的开发过程中，既要充分利用政府资金、项目资金，又要广泛吸引村民个人资本和社会资本。

村落的建设和保护离不开其主人——村民。村民的参与体现其对本村开发的心理认同，有利于培养村民的民主意识，能有效地协调社会不同利益主体之间的关系，让村民表达自己的意愿，同时帮助村集体出谋划策，让开发工作开展得更加合理合法，开发项目进行过程中也会更加顺利。

（二）发展现代休闲农业，形成客家传统古村落农产品产业链

休闲农业作为现代发展的一种模式，将传统农业从第一产业延伸到第三产业，是农业和旅游业相结合的新型产业。休闲农业涉及面广，产业链长，带动性强，关联度大。休闲农业与客家传统文化结合起来，农产品注入客家传统文化元素，农业产品就有了质的飞跃，对休闲农业资源开发与产业化创新发展插上了翅膀。

1. 发挥区域优势，建立产业化经营模式

休闲农业已经从简单的农家乐模式向集休闲、体验、养生、健身、会议、论坛、商务、度假等功能于一体的产业化模式发展，形成功能多样化、产业融合化、服务综合化的发展趋势。在产业规模上，由单打独斗向规模化、集群化方向发展。其表现形态可以是多样性的，如：建生态观光园、农业主题公园、农业产业园、农庄等。这些经营模式的打造，都具有较强的资源整合和产业链拓展的能力，能利用生态示范区或现代农业示范区的优势吸引游客观赏；同时通过生态农业景观、田园风光、农耕文化等形态将农业观光休闲、赏花品果、采摘游乐活动与特色传统文化有机结合起来，打造集约型农业产业。三明各县客家传统古村落都有各具特色的农业产品，如建宁的莲子、黄桃、黄花梨，清流的豆腐干，沙县的板鸭等。近年来，三明各古村落都能根据自己的传统文化和传统农业优势，打造特色产品，取得了良好的经济效益。

2. 建设特色乡（镇）村，选择合理化开发方式

可以结合当地文化资源和产业资源，建设特色乡（镇）村，带动传统古村落产业化的开发与发展。前提条件是要打造品牌，根据乡村特色文创产品、特色农业产品和手工艺产品等资源打造自己的品牌。特色乡（镇）与传统古村落共同发展，将传统古村落作为中心，发展环境优良、产业独特、文化韵味浓厚的特色村镇。特色乡（镇）村的产业化开发要从交通地理、经济基础等实际情况出发，采取不同的开发方式。如"村企合作+龙头企业"模式、"基础建设+政府投资"模式、"古村风貌建设基础建设+项目投资"模式。"村企合作+龙头企业"模式适合知名度高、前期开发好的古村落，如清流的赖坊村，永安的贡川镇；"基础建设+政府投资"模式适合起步较晚，基础设施较差的古村落，如宁化的石门；"古村风貌建设基础建设+项目投资"模式适合刚刚起步建设的古村，如建宁的上坪古村。

3. 加强区域合作，形成集聚性产业链条

三明市客家传统古村落几乎各区县都有，在过去相当长的一段时间里，基本是各做各的，产业的发展是分散的，零星的，不成规模的；造成同类同质产品同时呈现。近年来，大家都认识到单打独斗是成不了气候的，文化产业化开发必须加强区域一盘棋，分散的农户和零星的村落企业必须组织起来，形成集聚化的产业化体系，形成产业链。如三明的特色建莲、花卉、苗木、药材、林果、烟叶、茶叶、水产养殖等，通过品牌的创

建延伸特色产业链，带动相关相连的产品集聚发展。产业的发展应有各自的龙头企业。龙头企业的经营模式可是以企业为投资主体进行经营或企业和当地村集体加农户联合投资经营。经营模式确立之后，要建立企业化组织架构，实行企业化管理，要以市场需求为经营导向开展经营活动，实行资源开发、产品设计和营销推广一体化的经营策略。

（3）客家传统古村落的旅游产业开发

在当前疫情仍然严重的情况下，发展乡村旅游产业确实是困难重重，但客家传统古村落的文化产业化开发又离不开旅游业。千百年来，客家传统古村落藏在深山人不识，现在要向外传播，在传播中延续生命，发扬光大，并获得经济利益于进行古村落的更好开发，发展旅游业无疑是最便捷的渠道。

1. 产业开发的定位与目标

客家传统古村落旅游产业开发要以客家文化为灵魂，以特色古建筑资源和特色农业资源为依托，以优美的自然环境和山水景观为根本，开展具有古村落特色的文化体验、生态休闲游乐、品尝乡村美食等系列活动，从而吸引游客、愉悦游客，传播传统文化。打造系列文创产品，获得经济收入；当地居民就有机会留住青年人才。

2. 完善基础设施，美化村落环境

客家传统古村落有很好的周边自然环境，村落内部环境更要美化和舒适化。一是完善村落环境卫生。增设垃圾箱，进行垃圾分类；建设村庄卫生饮水设施，完善污水处理系统。村庄内的路面要进行整修，增设路灯；要设置相应的交通指示牌、导入图和游览线路图、停车场等；二是完善生活环境。要合理划分居民区和养殖区，居民家的猪栏、牛栏要搬迁到专门的养殖场所，实行人畜分离；三是完善公共服务配套设施。合理规划，建设村庄游客服务中心和游客休闲中心；四是要有疫情防控措施和设备。要根据疫情防控要求，严格对游客进行进出检查，设置疫情应急隔离点。游客膳食区和民宿区要符合卫生要求和防疫要求。

3. 打造特色产品，研发文创精品，

根据本村资源优势，打造特色的文创产品。在古村游、古村传统文化体验活动中融入传统美食、客家服装、手工艺品等传统文化产品，打造系列深度体验型旅游产品。以古村文化为根基，打造地方特色产品。如建莲系列产品、三明八大干系列产品，剪纸、茶品、茶具、漆雕、佛雕、特色手绘手工艺品等。这些蕴含客家文化内涵，以传统古村落为基地，植入客家古村文化元素的文创产品，必将成为当前文化产业建设中的重要内容。

4. 旅游业与康养业融合发展，物质文化与非物质文化齐头并进

旅游业与康养业的融合，能充分发挥传统古村自然和人文的双优势，把旅游与体育健身、美颜养颜、生态食品、修身养性等有机结合起来，打造康养旅游系列产品，增强康养旅游的品牌价值，产生旅游溢出效应。客家传统古村大多处于深山大川之中，山清

水秀，空气清新，走进古村，给人的印象是"山水秀丽云天阔，风露清爽酷暑凉。荷兰竹菊四时景，菜豆瓜果待客赏"，是养生的好去处。随着人们生活水平的提高和老年化社会的到来，追求健康的生活方式是人们越来越向往的生活方式，因此，古村康养游的前景会越来越看好。

客家非物质文化遗产是丰富而独特的，传统古村开发旅游产业，不但要利用好这些遗产，更要保护和传承好这些遗产。具体措施：一是通过现代先进技术把最能体现当地非物质文化遗产特色的项目，系统地完整地保存起来。如运用数字技术把非遗相关资料转换成数字资料保存，然后再存入数据库网络，就能全方位地对非遗进行直接、有效的保存和传承。二是恢复客家节庆相关活动。如元宵举灯舞龙，一个舞龙队，需要几十个青壮年组成，从制灯扎龙到舞龙走街串巷，会吸引全村人参加，会影响周围几个村的村民。通过这样的活动，能有效地增强民众对非物质文化的认知度，唤起当地民众的情感记忆。也向游客展示本土文化的独特魅力。三是建立非物质文化传习基地。有条件的村可成立客家歌舞专业或业余表演队，组织各类赛事和演出。四是培养传承非遗人才。通过政府文化部门、学校或民间培训机构，开设培训班，培养青年专业人才。

结　语

本文首先分析了客家传统古村落的形成原因和特点，继而用 SWOT 分析法分析了客家传统古村落文化的发展现状、所取得的成绩和不足，指出产业化开发的机遇和威胁。在这个基础上提出客家传统古村落文化产业化开发的路径，指出了开发的原则和古村落农业产业化和旅游业产业化的实施策略。

参考文献：

[1] 蔡登秋. 客家古村落的文化意境 [J]. 寻根，2005（01）：140.

[2] 徐维群. 论客家古村落的文化符号及其传承保护中的功能 [J]. 嘉应学院学报，2019（10）：12.

[3] 高梦琪. 基于 PPP 模式的传统古村落保护性开发案例研究 [J]. 工程管理学报，2021（12）：92.

[4] 程伟娣，陈丽. 传统村落保护与旅游开发研究——以烟台大梁子口村为例 [J]. 中国集体经济. 2022，（08）：115.

[5] 刘沛林，刘颖超，杨立国，李雪静. 传统村落旅游产品的游客满意度研究——以张谷英村为例 [J]. 长沙大学学报. 2022，36（03）：56.

[6] 易崇英. 赣南客家文化产业开发策略研究 [J]. 中国商贸. 2010，（02）：191.

［7］周建新，俞志鹏. 基于客家文化视角的区域文化资源产业化［J］. 中原文化研究. 2017，5（05）：63.

［8］杨海中，杨曦. 新时期客家文化的转型构建［J］. 信阳师范学院学报（哲学社会科学版）. 2021，41（05）：118

［9］凌乐祥. 文化自信、客家形象与客家文化创意产业发展研究［J］. 理论观察. 2021，（12）：134.

［10］伊建春. 创新客家文化产业的［J］. 思考中外企业家. 2012，（08）：23.

［11］周建新，王学义. 从遗产到产业：客家文化资源传承创新的路径与对策［J］. 三明学院学报. 2020，37（03）：56.

［12］廖开顺. 多维视域下的客家文化及其传承创新［J］. 黄河科技学院学报. 2021，23（06）：40.

（作者简介：黄晓珍，三明学院文化传播学院副教授）

赣闽粤边区客家乡村生态保护的
民间规约及生态文化传承^①

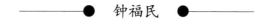

● 钟福民 ●

人们在长期的生产和生活中，积累了种种生态保护的信念、伦理和公德，并以族规祖训、村规民约等形式，结合各种禁规和处罚手段，形成生态保护的民间规约。生态保护的民间规约，往往积淀了人们对于社区生态变迁的历史记忆，融入了他们对物候的细致观察和对自然的深刻体悟，表达了他们对家乡生态环境的忧患意识和终极关怀。正缘于此，民间规约体现了对当地人们生态利益的维护和共同福祉的追求。

民间规约是民间社会得以有序运行的保障机制，是保障民众正常生产生活的约束力量。民间规约起到了保境安民与树立良好社会风气、社会道德风尚的作用，特别是对惩治乱砍滥伐、乱猎滥捕、过度放牧、毁渠破堤、损坏庄稼等丑恶行为的经济处罚、人身惩处、道德谴责等，历来是民间规约的主要内容。其内容体现了趋利避害、注重教化、警示后人的原则和精神。民间规约世代相传，相沿成习，为人们的生产活动确定了戒律，成为人们对待自然生态的行为准则。

长期以来，在赣闽粤毗邻的客家地区，不少乡村的山林、水域、草地等及依附其上的种种产物，大都依靠民间规约来规范其物权关系。并且，一旦发生诸如采伐权、用水权、捕鱼权等权益纠纷时，也常常依靠民间规约来调处和裁定。可以说，客家生态保护的民间规约不仅具有鲜明特色，而且在协调乡民的生态利益，建构乡村社会秩序，发挥了国家法律无法替代的作用，并作为民间文化持续地发挥作用。

一、客家生态保护民间规约的传承方式

客家乡村生态保护的民间规约有多样的传承方式和多种传承载体。其中，有的勒刻

---

① 本文系国家社科基金项目"赣粤闽毗邻区生态保护的民间规约及其文化传承研究"（项目编号：14BMZ095）研究成果之一。

于碑石之上，作为永久性的历史见证。至今客家地区仍存有大量的有关护林、治水的碑刻，在历史上发挥了重要作用。如广东仁化县恩村乡有光绪十五年立的"严禁本村后山树木碑"。记曰：

> 为严禁本村后山树木事。窃思两间风水，端资树木以扶持，百卉生机，宜戒斧斨之剪伐。我等恩村后山，上至官仓，下至窑前，自开基以来，杂松遍植，迨中叶而后，严禁常申，所以老竿扶疏，固郁郁而深秀，勾萌生发，亦欣欣而向荣。奈近年人心不古，为私灭公者，有等贪利之徒，或假鱼而乘间鼠，或托风雪而借影徇偷，甚或窃伐潜移，谓是他之木，盗枝存干致枯，蔽日之村，百弊丛生，十指难屈，睹此情形，深堪痛恨。爰集众商议勒碑严禁，自后内外人等，各宜勉戒，即是一条一枚，亦必勿剪勿伐。如有不遵约束，敢行盗窃者，倘经捉获，或被查知，定必重罚，断不轻饶。如敢持横抗拒，即捆呈官究治，幸各凛遵，毋违。此禁。
>
> 右开众议规条列后：
>
> 一、议盗所该山树木者，每株罚银二大元正；盗斫杂枝松光者，每犯罚银一大元正。如违送究，樟树加倍处罚。
>
> 一、议该山树木，有能知盗斫人姓名，即报知、敢证者，赏给花红银一大元正，当场捉获盗斫人送交绅耆者，赏花红银二大元正。
>
> 光绪十五年合族绅耆同立①

这一碑刻不仅记述了当时当地生态恶化的严峻形势，而且对违反者的惩罚措施作了明确规定。

客家生态保护的民间规约，也有族谱文书形式的传承。以族谱文书形式对宗族成员生态保护的义务作了明确规定，对外族人员作了声明。如嘉庆瑞金洋溪刘氏族谱详细记载了该族祖坟山林的权属关系：

> 今于修谱时复经众议，定其有成田已久者，必须按亩认字，每亩纳租一角，载明圻墪，使不得出卖他姓，其成园已久者，亦须立认纳银数分，以防其卖与他姓。自议之后，不许复开田园，以占据祖山，碍人营葬，如有恃强不遵者，合族呈官究处。②

更多的生态保护之民间规约，是以民俗仪式的方式表现，特别是与村民的岁时节

---

① 谭棣华、曹腾騑、冼剑民：《广东碑刻集》，广州：广东人民出版社，2001年版，第112页。

② 《瑞金洋溪刘氏族谱·山坟》，清嘉庆六年（1801），木活字本。

庆、人生礼俗等联系在一起。在民俗仪式中，村民会被仪式的庄重气氛和生动场面震撼和感染，并将生态保护的公共意志转化为个人的观念和行为，进而传递给后代子孙。在赣南一些客家乡村，仍有种植"十八杉"的民俗，即在儿女出生后举行满月仪式时，必种下一批杉树苗。18年后，伴随儿女长大成人，杉树也成林成材。这就是人们所说的："十八年杉树成材，十八年儿女成人。"这一民俗传承了人们亲近自然、崇奉生命的朴素的生态观。

在笔者的田野调查中发现，赣南兴国县隆坪乡，有种"落地林"的风俗。在青年男子娶亲时，邀集贺喜的乡邻植树造林，多种杉木、桂树或樟树，也有的种桃树或李树，以供新婚夫妇日后生活用度、赡养老人及承办长辈的"百年（丧葬）之需"。在于都县岭背乡一带，有种"读书林"的风俗。及有新生儿家庭，在做"三朝酒"或"满月酒"时，饭后邀请乡邻亲友以换工互助的形式营造"读书林"，在树木长大后为儿女上学读书费用所需。在兴国长岗乡仁田村有栽种"添丁树"的习俗。"添丁树"的习俗，主要栽种杉树和樟树。杉树长得快，产生经济效益较快。樟树较名贵，有香气，可以卖好价钱，打制家具可以防虫，所以村民都喜欢种这两种树。很多家族都有这一不成文规定：宗族子弟生下男孩，新生儿父亲需在门前户后栽种一棵杉树或樟树，日后要经常施肥和管理，让孩子与树木同时生长，以便宗族子弟的繁衍与宗族生态环境的优化同步进行。正因为如此，该村子不少老房子的周围都长满了大樟树，生态环境优越。还有些地区有种"子孙林"的习俗。如在兴国城岗乡横坑村村民在举办"满月酒"时，邀请亲友帮种"子孙林"的规矩，一般栽九棵，表示孩子能健康永久。男孩在成长过程中，也有责任保护和管理这些树木。这样，树木就可以与孩子一起成长。

二、客家执行生态保护规约的民间组织

客家人很早就形成了"禁伐有时""鱼不长尺不得取""孕者不得杀"等生态保护的规矩。在春夏季节封山、封湖，禁伐、禁渔，以便育林、休渔；在秋冬季节开山、开湖，以便开展伐木采集、捕捞渔猎等生产活动。在历史上，客家人为了配合以上农时、林时、渔时节令和生产活动，保护劳动成果，还成立了种种诸如禁山会、管山会、青苗会等民间组织，以执行生态保护的村规民约。

每年在林木生长、庄稼拔节、果树开花之时，客家人以村子为单位，举行聚会，选举会首。会首一般由村中年龄较大、办事公道、有较高威望的村民担任。会首主持制定乡规民约，张榜公布。在村口的位置或某一祠堂门前贴上公告。公告内容主要有：严禁人、畜、禽践踏损毁庄稼，不准乱砍盗伐林木，不准偷摘果实等，对违规者必须按照有关条款处罚。处罚方式主要有经济处罚、道歉、罚种庄稼和树木等。这类组织一般在收获庄稼和水果或开禁山林时即宣布解散，来年再重新组织。除了会首以外，还有其他热

心公益的村民组成。

会员常常在晚上要对山林树木进行巡逻。在秋收季节，要对一些和水果林和农作物（主要是经济作物）进行巡逻，以防偷盗。因而，会员要为维护村民利益付出辛劳。会员并无工资报酬。只是在组织解散那一天，由村民自愿集资或捐款办一桌酒席，以犒劳他们。

如《安远县志》载，清乾隆九年（1744），长沙堡乡民联名镌立"严禁梓桐碑"一块，规定："一禁毋许桐梓山内强检桐梓树枝，一禁毋许横砍松杉竹木等物。"特别是，为保护当地生态，还成立了管护组织。清末，上濂坊邹、孔、雷、吴、萧、钟、陈、刘、赖、孙、李11姓集资成立禁山会，管理当地森林。民国时期，凡有山林的乡、村均成立宗族或自然村禁山会，订立封禁山林的乡规民约，管护其族、村所有的水源林、护岸林、"后龙树""水口树"和桐、梓。①

此外，据《龙川县志》记载，一些乡村也设有管山会，并订有乡规民约。②《梅县志》中也有关于生态保护民间规约之记录，其中特别提及民间自发组织的禁山会，在农闲时巡视山林。③《大埔县志》记载有民间保护庄稼和树林的"青苗会"。④

生态保护的民间组织，表明在生态保护中，客家村民既是民间规约的制定者，又是民间规约的执行者和监督者。这就意味着，生态保护之民间规约在传承中，具有极强的内生动力。

三、客家生态保护民间规约的惩罚机制

客家人在生态保护中形成的种种成文或不成文的禁规和处罚手段，在世俗层面上表现为对客家乡民生产和生活中的压力机制和约束机制，并世代传承，相沿成习，至今仍部分地保存着他们与自然互动的"活迹"。在历史上，客家曾流传多种生态保护的惩罚机制。

（一）杀猪禁山

在赣南一些客家村落，至今仍有杀猪禁山护林的传统活动。在赣南兴国县的茶岭乡，在20世纪80年代以前，每到封山育林季节（一般是每年农历二月上旬），每村杀一头猪（资金来自每户集资），各户家长参加会餐，同时由家长签名订立乡规民约，尔后无论谁家大人小孩或牲畜有践踏盗伐损毁林木的行为，就会受到罚款，数额要能买一头猪，以飨乡邻，作为惩戒。家长对家庭成员具有教育和监管的责任。孩子若损毁了村中的林木，家长不仅要支付罚款，还将受到公众的谴责。

---

① 安远县志编纂委员会：《安远县志》，北京：新华出版社，1993年，第292—294页。
② 龙川县志编纂委员会：《龙川县志》，广州：广东人民出版社，1992年版，第225页。
③ 梅县地方志编纂委员会：《梅县志》，广州：广东人民出版社，1994年，第310页。
④ 大埔县地方志编纂委员会：《大埔县志》，广州：广东人民出版社，1992年版，第172页。

（二）毁林罚戏

这是最为普遍的惩罚方式，在赣南乡村普遍存在。对于违反护林育林规定的村民，或者破坏水土和生态的村民，处以一定数量的罚金，并将罚款尽数用来邀请当地的戏班（多为采茶戏班或木偶戏班）来演戏，或邀请放映队为村民放映电影。唱戏之前或放映之前，村里的长辈或村长要讲一段警示教育的话，即希望当事人改正错误，其他人引以为戒，全村人共同保护好林木资源和生态环境。违反规约的当事人也要表态，表示不再犯这样的错误。村民在看戏或看电影之前所受到的生态保护教育，在其后续的生产和生活中将发生持久的作用。可以说，罚戏禁林的民间规约，一方面对违规者进行了惩罚，另一方面对村民进行了护林育林的宣传教育。这是极具乡土特色的生态教育。

（三）罚酒禁林

在赣南兴国城岗乡瓦溪村，至今仍有"罚酒禁林"的乡规民约。主要做法是对违规乱砍滥伐林木，乱捕乱猎飞禽走兽，乱采乱挖药材，乱捕滥打鱼虾等行为进行惩处，其罚款用来置办酒席，邀集全体村民聚餐，并由犯事者在席间当众赔礼道歉，保证不再重犯。这种惩罚机制，较好地起到了惩前毖后的教育和警示作用。无论是男女老幼，都会在罚酒禁林的场面中受到触动。而对于犯事的当事人及其家属，所受的惩罚也让其产生深深的自责和愧疚。在笔者的调查中了解到，那些曾被罚酒禁林的家庭，再犯的情况就极少了。正因为如此，这一村落内古树参天，溪水清澈见底，生态环境优越。

（四）惩戒植树

在赣南兴国县的鼎龙乡茶岭村，对凡有两次以上破坏生态环境，损害集体生态资源，且不思悔改的人家，罚其在家门口或路边种下三棵树，以示惩罚，以种植杉树为多。实施这种惩戒手段的民间规约，先要由村中最有威信的长老当众宣布其所犯的错误事实，长老还会叫几名村民代表到现场作证，有时还围了一圈大大小小的孩子。由于破坏生态环境而被惩罚的家庭，会受到村民的普遍鄙视和唾弃，甚至被彻底孤立起来。这户人家的孩子也会被其他的孩子所鄙视和孤立。这种巨大的压力和严重的后果，对村民具有强烈的教育和警示作用。

（五）"僧俗联防"的民间规约

在客家一些村落建有寺庙。寺庙周围多有神山林。对于神山林的保护，也多由寺庙僧人和附近村民共同来保护。许多寺庙还有僧人参与种树的情况。如康熙《瑞金县志》卷2《地舆志·山川》载：该县雪峰，去城三十里，为智乡孔道，山上有庵，"僧人种树以荫行人"。① 更为普遍的是，僧人参与保护寺庙周边的树木。比如兴国县均村乡罗田坳村有龙华寺。寺庙四周青山葱翠，碧水长流。这里的花草树木有寺庙的僧人专管，村民协助管理和监督保护，任何人不得砍伐毁损，否则就会触犯神灵，给村子带来灾难。

---

① 道光《瑞金县志》卷1《舆地志·山川》

如若发现谁砍伐这里的树木，不仅要对其罚款，还要责成其到菩萨面前谢罪道歉。正是因为"僧俗联防，共护森林"的规约和机制，确保了寺庙周围良好的生态环境。

通过集体制裁的方式对违规者进行经济处罚，让当事人接受教训，也让其他村民引以为戒，受到警示，这在客观上也起到了保护社区自然资源和生态环境的作用。这些惩罚方式尽管有所不同，但都体现了较为一致的精神和原则：一是惩前毖后，警示后人；二是保境安民，祈福禳灾；三是奖罚分明，注重教化；四是趋利避害，造福于民。

四、客家生态保护的林地类型

客家人对森林树木的保护，源于对森林树木的多方面的认知，并且，不同区域位置的树林，具有不同的功能。如水源林具有涵养水源的作用，水口林具有"把水口"的作用，祖坟林具有预示家族兴旺发达的风水作用，道路林有遮阳蔽日的作用等。而事实上，无论哪一种森林，都有重要的生态功能。

客家人保护的树林类型主要有：

一是"水源林"，主要种在村尾的后山上，以涵养水源为目的。无论在什么时期，水源都是生产和生活最重要的资源。有树才有水，有林才有泉。这是客家人朴素的自然生态观。因而，客家人为了涵养水源，总会动员全村的力量种植和保护树木。在许多客家古村落，其村尾的山上几乎都保留着一大片树林，这片树林反映了客家人的生态意识。水源林多为常绿林，如榕树、枫香树等，这些树种的共同特点是树干大，根系发达，枝繁叶茂，形如一把撑开的大伞。可以说，在村尾的后山上种植水源林，既有利于保持水土，涵养水源，又有利于调节小气候，以抵御恶劣天气和各种自然灾害的侵袭。

二是"水口林"，主要种在村口。风水术中认为村口位置必有"冲煞"，有"煞气"冲入，影响村民的生存。只有种植大片"水口林"，才能阻挡"冲煞"和"煞气"，才能保障村落的人畜平安。因而，客家传统村落都有种"水口树"的习俗，以种植"水口树"来营造村落良好的风水环境，以趋利避害。"水口树"多种在村落水口处，水口树多为樟树、榕树、松树、荷树或枫树。与流经村落的河流、村口的桥梁和村口的凉亭等融为一体。水口树多为大树、古树，并与周边的树木形成群落，郁郁葱葱，甚至遮天蔽日。水口位置也成为村落生态环境最为优越的区域。因而，从远处望去，往往见树不见村。水口树不仅阻挡了寒风，营造了荫凉，而且避免了"冲煞"，具有丰富的风水文化象征意义。客家人认为，水口树事关村落的生态环境，也事关村民的命运福祉，因而是神圣的，也就不得砍伐和损毁。不仅如此，人们还逢年过节在"水口树"下点香烛祭拜，以祈求家人的健康平安。客家人常常把村落的水口树，视为"社公树"，可以保佑村民的平安顺遂及子孙富贵昌盛。

三是行道林，主要是在村子的路边。这些树木既可固岸护堤，又可供行人遮阴休憩。许多客家传统村落的道路两旁，都有村民种植的树木，给行人以舒适的荫凉。这些行道林反映了客家人绿化环境、抵御自然灾害的自我保护意识。

四是固堤林，即在河堤上种植树木。古人很早就知道栽树护堤的重要性。据《周礼·夏官》记载："掌固，掌惰城廓沟池，树渠之固。""凡国都之竟（境），有沟树之固。""司险，掌九州之图，以周知其山林川泽之阻，而达其出路。设国立五沟五徐，而树之林以为阻固。"这就说明了固堤林对于保护河岸堤防的重要作用。客家人以农为主业，向来注重兴修水利，开渠引河，并植树造林来固岸护堤，以护林来保障水利工程。

五是"祖坟林"。客家人重风水，并以风水优劣来预示家族发展的前景。在祖坟周围栽种一些常绿树木，作为风水要素。客家人认为没有植被的祖坟是不利的，甚至会有严重后果。因而，在先祖的坟墓周边，也栽种相应的树木，以祭奠先祖，并追求子孙后代的福祉。家族成员要精心保护祖坟周围的树木，也决不允许外族人破坏祖坟的树木。

当然，客家村民并不会把树林完全孤立地保护，而是常常把对树木、山场、水源等的保护与村落环境视为一个整体，认为对一草一木的破坏就是对村落自然环境的破坏。一旦生存环境遭到破坏，就会危及公众的共同利益，诸如破坏水源林会给村民带来干旱缺水等。为此，在生态保护中，又需要超越宗族的界限和范围，拓展到全村的生态环境和生态资源，并需要动员全村的力量来参与保护。正是由于几乎所有村民的参与，一些村落才保留了各种水源林、风水林、寺庙林、风景林等宝贵的森林资源。

结　语

客家乡村生态保护的民间规约，总是融道德教化与功利追求于一体，即通过维护村民共同的生存环境和生态资源，实现对村民的道德约束和行为规范，并通过对村民的道德约束和行为规范来协调人际、族际关系，建构有效的社会秩序。这些民间规约已成为村民公共生活的一部分，也是极具特色的乡土生态教育，其功能不仅让村民对自然心存敬畏，使村民承担生态保护的责任和义务，而且有效地建构了村落的社会秩序，发挥了保境安民的作用。

客家地区传承至今的生态保护之民间规约，充分展示了客家人源远流长的生态文化，积累了丰富的生态智慧、生态伦理和生态意识。在全面依法治国的今天，乡村生态的保护需要纳入法治的轨道，但仍然需要发挥民间规约的作用，积极传承民间规约的生态伦理和生态文化，将村（乡）规民约等与国家法律法规有机结合，相互补充，充分激发广大村民的自律和自励，让他们始终以主体的力量来推进当代客家地区的生态宜居建设。

（作者简介：钟福民，赣南师范大学客家研究中心教授，民俗学博士）

闽粤赣客家文化生态保护实验区
融合发展路径探究

—————— ● 何志清 ● ——————

闽西、粤东、赣南相连的区域是客家大本营，世界客属祖籍地。2010 年 12 月 18 日，原文化部授予广东省梅州市"国家级客家文化（梅州）生态保护实验区"称号，这是全国首个客家文化生态保护试验区。梅州市的先行一步，同时也激发了闽西和赣南客家文化生态保护的意识，通过两地积极开展国家级文化生态保护区的创建和申报工作，原文化部分别于 2013 年 1 月、2017 年 1 月发文，批准同意设立"国家级客家文化（赣南）生态保护实验区"和设立"国家级客家文化（闽西）生态保护实验区"。由此，闽粤赣三地客家文化保护走上了"高速路"，相关文化产业发展驶入"快车道"。

一、闽粤赣客家文化生态保护实验区运行现状

一是注重顶层设计，保护重点突出。闽粤赣三个国家级客家文化生态保护实验区，都是经原文化部批准，以保护非物质文化遗产为核心，对历史文化积淀深厚、存续状态良好、具有重要价值和鲜明特色的客家文化进行整体性保护而设立的特定区域。三地高度重视顶层设计，福建省人民政府于 2019 年出台了《客家文化（闽西）生态保护区总体规划》①，三明市印发了《客家文化（闽西）生态保护区分规划》《客家文化（闽西）生态保护区行动计划（2021—2025 年）》等，龙岩市印发了《龙岩市客家文化（闽西）生态保护区三年行动计划》等；2017 年 4 月，广东省梅州市获原文化部批准同意实施《客家文化（梅州）生态保护实验区总体规划（2017—2030）》，2021 年 12 月 29 日，梅州市又印发了《客家文化（梅州）生态保护实验区五年行动计划（2021—2025）》②；

---

① 福建省人民政府办公厅：《关于印发客家文化（闽西）生态保护区总体规划的通知》（闽政办〔2019〕50 号），2019 年 10 月 8 日。

② 梅州市人民政府办公室：《客家文化（梅州）生态保护实验区五年行动计划（2021—2025）》（梅市府办函〔2021〕287 号），2021 年 12 月 29 日。

2017 年 1 月，江西省赣州市获原文化部批准同意实施《客家文化（赣南）生态保护实验区总体规划》。总体规划的出台实施，为保护区内与文化生态保护相关的各项建设管理活动提供了指导依据。

按照国家级文化生态保护区是"以保护非物质文化遗产为核心"①的指导精神，闽粤赣三个国家级客家文化生态保护区在总体规划上均予以了进一步明确。其中，《客家文化（闽西）生态保护区总体规划》编制指导思想明确：落实非物质文化遗产"保护为主、抢救第一、合理利用、传承发展"的方针；《客家文化（梅州）生态保护实验区总体规划（2017—2030）》则明确要"建立完善的非物质文化遗产项目及代表性传承人传承体系与保护机制"；《客家文化（赣南）生态保护区总体规划》则提出"以保护非物质文化遗产为核心，对赣南客家文化实施整体性保护的区域专项规划"。

二是注重平台建设，工作扎实推进。专门的机构平台建设，是保障国家级文化生态保护区总体规划落到实处的关键，福建省龙岩市、三明市、广东省梅州市和江西省赣州市均成立了非物质文化遗产研究保护机构。具体情况如下：

梅州市：2014 年，梅州市客家文化（梅州）生态保护实验区管理委员会挂牌成立，由该管委会统筹推进实验区建设；梅州市大埔县率先成立县一级的客家文化生态保护示范区管委会，为正科级公益一类事业单位，梅州市其他各县（市、区）先后设立客家文化（梅州）生态保护实验区管理中心，并加挂县（市、区）非物质文化遗产保护中心的牌子②。

赣州市：2013 年 2 月，赣州市人民政府成立了"赣州市客家文化（赣南）生态保护实验区建设领导小组"，2014 年于原赣州市群众艺术馆挂牌赣州市非物质文化遗产研究保护中心，2017 年赣州市单独设立赣州市非物质文化遗产研究保护中心，专门负责全市"非遗"保护工作和客家文化（赣南）生态保护实验区建设。赣州市各县（市、区）非物质文化遗产研究保护的职能在各县（市、区）文化馆。

龙岩市：2004 年 2 月，成立了"龙岩市民族民间文化保护工程领导小组"和"龙岩市民族民间文化保护中心"，2006 年改为龙岩市文化遗产保护委员会；2010 年上半年，又专门成立了"龙岩市非物质文化遗产保护中心"（挂靠市艺术馆），配备了专门工作人员，实行"两块牌子、一套人马"，保证各项工作正常运转。

三明市：三明市非物质文化遗产保护中心于 2009 年 6 月在三明市艺术馆挂牌成立，与三明市艺术馆合署办公，是人民政府设立的公益性文化事业单位，下设有三明市非物质文化遗产博览苑。

---

① 雒树刚：《国家级文化生态保护区管理办法》（中华人民共和国文化和旅游部令第 1 号），2018 年 12 月 10 日。

② 梅州市文化广电旅游局、客家文化（梅州）生态保护实验区管委会：《区域性整体保护助力梅州客家非遗传承》，《文化月刊》杂志，2022 年 3 月号。

此外，驻地高校均成立了相应的客家研究机构，有力推动了客家文化保护工作的开展。如赣南师范大学内设有客家研究中心、梅州市嘉应学院客家研究院、龙岩学院闽台客家研究院、三明学院客家文化研究所等，这些高校设立专门的研究机构为各地客家文化生态保护试验区的建设管理作出了积极贡献。

表1　赣南客家文化主要研究机构

机构名称	研究方向	备注
赣州市非物质文化遗产研究保护中心	客家非物质文化遗产保护研究	
赣州市民间非物质文化遗产研究院	赣南客家非物质文化遗产的保护、传承、研学、交流	
赣南艺术创作研究所	专门从事国家级非物质文化遗产赣南采茶戏的研究、保护、传承和展演	
赣州市博物馆	客家建筑与古村落、客家文物	
赣州市图书馆赣南非遗主题图书馆	集非遗主题图书阅览，非遗传统文化展览，集非遗培训、体验、传习于一身，融市民艺术鉴赏、非遗传承修习、交流合作等功能为一体	
赣州市文化馆	客家民俗文化研究、展演	前身赣州市群众艺术馆为全国非物质文化遗产保护工作先进集体
江西省博物馆学会客家专业委员会	客家历史与文化	挂靠赣州市博物馆
江西省客家博物院	客家文博	挂靠赣县文广新旅局
赣州市客家联谊会	客家文化交流	挂靠赣州市政协
赣南师范大学客家研究中心	以客家传统社会与经济、客家方言与文学、客家建筑与美术、客家音乐与舞蹈及人类学与非物质文化遗产五个方向为主的综合研究机构	江西唯一研究客家的省级高校重点人文社会研究基地，江西省社会科学院客家研究所亦挂靠于此
赣南师范大学赣南民间区域文化艺术研究中心	致力于关注赣南民间区域非遗的保护、传承与发展，增强赣南的艺术创作与教育	江西省文化艺术科学重点研究基地

（续表）

机构名称	研究方向	备注
赣南师范大学赣州客家民俗文物博物馆	赣南客家民俗文化教学、科研和对外学术交流的窗口	时为中国最大的客家专题文物博物馆，赣州市经省级文物行政部门批复的首家民办博物馆
南昌大学赣学研究院	客家传统社会与经济、客赣文化比较研究	
江西师范大学客家研究所	客家传统社会与经济	
江西理工大学应用科学学院赣南客家文化数字化研究院	客家文化数字化资源库平台建设；客家文化数字化采集；客家文化数字化虚拟仿真	

三是注重遗产普查，强化成果转化。在启动非物质文化遗产保护工作之处，闽粤赣三地客家地区高度重视非遗线索的收集。2009 年以来，龙岩市对全市 134 个乡镇近 2000 个村的非物质文化遗产的种类、数量、分布状况以及传承人进行全方位普查，摸清了家底：共收集非遗线索 115852 条、各类非遗项目 36295 个；以乡镇为单位结集出版了 142 本非遗普查成果集。龙岩市长汀县在非物质文化大普查中，收集到非遗线索 30100 条，筛选保留 20427 条，调查项目 1550 个，制作音像制品 100 多种，成果汇编 21 卷①。2020 年 10 月 24 日，在由中国旅游报社发布的"2020 非遗与旅游融合发展优秀案例"中，长汀"畅游非遗名城，尽享古韵风采"入选。赣州市在 2008 年非物质文化遗产普查工作中，共收集整理普查线索 7000 余条，普查了 2207 个非物质文化遗产名录项目。截至 2022 年 6 月，赣州市列入国家级非物质文化遗产名录项目有 13 项，列入江西省级非物质文化遗产名录项目有 108 项（含国家级项目），赣州市公布了三批市级非物质文化遗产名录项目共计 327 项（含省级以上项目），各县（市、区）公布的县级非物质文化遗产名录项目共计 983 项（含市级以上项目）；获认定国家级非遗代表性传承人 8 人，省级 100 人、市级 309 人、县级 844 人②。建立了较为完善、合理的四级非物质文化遗产名录项目体系。

---

① 黄启元：《长汀县举办首届"大美汀州·非遗流芳"民间文艺调演》，《海峡都市报》，2016 年 1 月 19 日。

② 幸菲菲：《让客家文化更加璀璨夺目——我市大力推进客家文化（赣南）生态保护实验区建设纪实》，《赣南日报》第 6 版"文化"，2022 年 03 月 11 日。

附表 2　闽粤赣客家文化生态保护实验区非物质文化遗产项目统计表

截止时间：2022 年 6 月

地区	国家级	省级	市级	备注
江西省赣州市	13	108	327	
广东省梅州市	7	44	126	
福建省龙岩市	10	58	267	统计龙岩全市，含龙岩市客家文化（闽西）生态保护区（即长汀县、上杭县、武平县、连城县、永定区五个县、区）
福建省三明市	1	16	24	仅统计三明市客家文化（闽西）生态保护区（即宁化县、清流县、明溪县三县）

　　四是注重政策扶持，强化活动策划。为使客家文化生态保护实验区建设管理工作更加有序、规范、科学和可持续，各地将实验区建设列入国民经济和社会发展五年规划纲要，并通过地方人大立法，出台了《龙岩市长汀历史文化名城保护条例》《赣南客家围屋保护条例》《梅州市客家围龙屋保护条例》等法规，制定了非物质文化遗产代表性项目、代表性传承人管理办法，以及《关于加强闽西客家文化建设的若干措施》《客家文化（梅州）生态保护实验区管理办法》《梅州市名人故居（旧居）保护利用实施意见》《赣州古祠堂建筑保护利用工作方案》《赣州市打造赣南客家菜品牌三年行动计划（2021—2023 年）》等规范性文件，统筹规范文化生态区整体空间、项目名录、专项门类、活态传承等，实验区的制度建设不断推向深入，非遗系统性保护水平进一步提升，客家文化生态保护实验区正大步向"遗产丰富、氛围浓厚、特色鲜明、民众受益"的目标迈进。

　　在活动组织方面，三明市"石壁客家论坛"自 2013 年举办以来，已成功举办了十届，已经成为较具影响力和研究成果丰硕的国际性客家文化研讨平台。龙岩市长汀县从1995 年开始，每年开展世界客属公祭客家母亲河活动。世界客属恳亲大会是国际上具有广泛影响力的华人盛会之一，也是各国各地区客家人开展经济合作和文化交流的重要舞台。2012 年，世界客属第 25 届恳亲大会在三明市成功举办。2019 年，赣州市龙南成功获得世界客属第 32 届恳亲大会举办权，这是继 2004 年在赣州市举办世界客属第 19 届恳亲大会后，又一次将要在赣州市举办的国际盛会。

二、闽粤赣客家文化生态保护实验区运行所遇的困境

(一) 文化资源丰富, 点多面广, 保护任务繁重

闽粤赣三地的客家文化生态保护实验区文化资源丰富, 客家文化遗迹较多。这些丰富物质文化遗产和非物质文化遗产呈现出点多、面广、分散的特点, 保护工作任务繁重, 难度较大。尽管近年来, 三地争取上级文物保护专项补助资金为历史之最, 但该地区因经济欠发达, 财力匮乏, 尤其是一些地处偏僻农村山区的文化遗存, 因年深日久, 亟须实施抢救性保护。

(二) 保护利用低, 文化产业发展艰难

闽粤赣三地的客家文化生态保护实验区历史文化资源丰富, 但开发利用的数量有限, 大量优秀的、客家历史文化资源的优势没有发挥出。已开发客家文化遗存, 内容单薄, 对客家文化内涵挖掘展示不够, 基础设施较差, 对周边环境缺少整治。目前, 文化遗存的开发基本上还是沿袭过去的传统模式, 以静态式、陈列式为主, 形式单一, 表现手段落后, 与现代科技结合不够, 与市场需求差距较大。

(三) 客家历史文化遗址破损严重, 保护经费不足, 保护现状堪忧

由于时间久远, 受渗水、漏水、裂缝等自然环境侵蚀等因素影响, 很多客家历史文化建筑遗址破坏程度不断加剧。有许多文物保护单位和古建筑因年久失修, 破损严重, 有的濒临倒塌, 亟待抢救维修。部分重要遗址只剩下残墙, 或成为废墟, 尚存的许多旧址也是摇摇欲坠, 还有许多旧址已被周边新建民房的钢筋水泥所包围, 成为文物 "孤岛"。

(四) 客家历史文化遗址保护与利用专业人才匮乏, 缺少相关学科理论和技术的支撑

伴随着数字化、信息化技术的推进, 客家文化非物质文化遗产保护工作出现了专业性、技术性、学术性、实践性较强的特征, 这就要求从事工作者, 不仅要具有较强的专业知识, 还要有相关学科理论和技术的支撑, 其管理和维护需要有专门的知识和专业技能。目前, 闽粤赣三地的客家文化生态保护实验区在这方面的专业人才普遍缺乏, 尤其在县乡一级, 专业人员不足, 保护标准和目标管理以及收集、整理、调查、记录、建档、展示、利用、人员培训等工作难以及时跟上, 导致保护工作滞后。

三、闽粤赣客家文化生态保护实验区融合发展的建议

为扎实抓好客家文化生态保护实验区整体保护的各项工作, 充分发挥客家文化生态保护实验区之间的相互协作, 更好地保护传承文化遗产, 笔者认为可以从以下几个方面进行思考:

（一）推动机制体制创新，保障工作落实到位

在这方面，三明市已经进行了有益探索，2021 年 4 月 9 日，三明市文化和旅游局向明溪县、清流县、宁化县三县印发了《客家文化（闽西）生态保护实验区协调联动会商机制》，以此推进客家文化保护传承的协同发展。建议由国家文化和旅游部非遗司牵头，出台赣南、闽西、梅州客家文化生态保护实验区协调联动会商机制，各地组建由市本级政府、市委宣传部牵头，市文广新旅局及下辖各市、县、区文化行政部门主要领导参与的"客家文化生态保护区管理委员会"，作为客家文化生态保护区的直接行政主管部门。县级政府机构成立非物质文化遗产保护中心。定期召开各部门联席会议，推动客家文化生态保护区的保护和建设工作。同时，成立"客家文化生态保护区专家咨询委员会"。聘请相关专家、学者，组成专家咨询委员会，参与保护区政策、措施等的制定，为非物质文化遗产项目的评估、保护等提供专业技术支持。

（二）完善政策保障措施，做到有法有据可依

依据《非物质文化遗产法》《国务院关于加强文化遗产保护的通知》《关于加强国家级文化生态保护区建设的指导意见》《文物保护法》《历史文化名城、名镇、名村保护条例》《环境保护法》等法律法规和文件要求，参照省有关地方性法规，制定符合保护区实际情况的文化生态保护法规和实施细则，规范保护区的保护管理工作。如《客家文化生态保护实验区总体规划实施细则》《客家文化生态保护实验区管理办法》《客家文化生态保护实验区试点保护工作规定》《客家文化生态保护实验区重点项目保护工作规定》《客家文化生态保护实验区专项资金管理办法》《客家文化生态保护实验区生态补偿暂行办法》等。

（三）全面推进遗产保护，凸显客家文化特色

一是大力实施传承客家方言工程。客家文化以客家方言为重要标志，以口头传承的非物质文化遗产为重要载体。要打通客家方言的保护传播和交流通道，为客家文化遗存增添更多支撑点；要利用电视台、电台开设客家话节目频道，增加客家话播音时间，以增加客家话的传播和认知度，推动客家话进校园活动；要做好客家方言歇后语、俚语、农谚、歌谣等的收集、整理、出版工作。二是大力保护客家古建筑。要探索出台《客家古建筑保护条例（草案）》，积极推动成立客家古建筑研究会，为提升客家古建筑的文化内涵搭建平台，并对古建筑保护进行规划设计；要提炼客家建筑文化元素，加以创新，在规划城市布局、建筑设计和新农村建设规划中融入客家古建筑文化元素，设计公布具有不同类型的客家民居标准建筑，要求供建造时选择；要把一些保存完好的围龙屋、围屋、土楼改造成乡村旅馆，促进乡村旅游的发展，实现以开发促保护；要编印《客家古建筑》丛书，挖掘提升客家古建筑中隐含的客家人文精神。三是突出崇文重教特色。要对闽粤赣三地的客家文化生态保护实验区的学宫、文庙、书院、私塾、牌坊等教育资源文物的存在现状，做好修复、保护工作；要搜集整理出版名人发奋进取和民间刻苦用功、求学上进的励志故事；在乡土教材中体现客家地区教育事业的辉煌历史，定期组织中小学生参观教育文物，开展现场励志教育活动，把客家地区"崇文重教"的传统继续发扬光大。

（四）建设一批文化项目，加强客家宣传推介

一是建立客家文化名人纪念馆。客家文化底蕴深厚，人才辈出，涌现出一批又一批的具有全国性影响的历史文化名人。除大量本土文化名人外，同时经过该区域任职的官员如周敦颐、苏东坡、洪迈、辛弃疾、文天祥、王阳明等不少是全国各文化领域中的领军人物，有些甚至在世界文化史上都占有一席之地，对进一步提升客家的知名度具有十分重要的意义。要定期举办"名人研讨会""名人故居"活动，为客家文化研究，加强国际文化交流，提升客家城市品位提供活动和展示的平台。二是举办系列文化活动。加强学术交流，学术交流是客家文化生态保护的理论源泉，通过学术交流一方面可以强化海内外客家人的文化认同，另一方面也有助于及时将最新理论成果和客家文化生态保护的实践结合起来；策划"闽粤赣客家文化生态保护实验区客家文化节"等。

（五）建立多措筹资机制，增加资金投入力度

建议通过政府投入、社会捐助、国内知名乡贤以及其他社会力量集资等多种渠道筹集资金，增加文化投入。一是倡立基金会，募集社会资金，重点扶持专项文化品牌。如重点扶持客家山歌、采茶戏等国家和省级非物质文化遗产保护名录项目的振兴发展。二是政府加大投入，把有限的财力用在重点文化建设项目上。要积极申报并争取国家的各种专项保护资金；相关市及下辖各县（市、区）应将客家文化生态保护实验区的保护、管理经费纳入本级政府的财政预算，包括非物质文化遗产项目及传承人的保护、管理经费，以及各种学术、展览（演）和公益活动的交流、推介、宣传等费用。三是区别不同类型，给予各文化艺术协会必要的活动经费。四是鼓励民间资金利用节假日开展民间文艺活动，参与非物质文化遗产和文化遗产的研究保护工作。

（六）注重客家文化传承，培养艺术创作人才

一是管理人才保障。建立一支高素质队伍，培养一大批热爱客家文化、专业知识精湛、熟悉文化管理的非物质文化遗产保护工作者，定期组织相关培训，加强管理队伍建设；二是传承人才保障。建立传承人培训教育机制，确定培训点，培训人员及培训对象、培训内容，提高传承人整体素质，从而实现自觉保护客家文化，并使之后继有序，实现可持续发展；三是研究人才保障。与海内外相关高等学府和专门性科研机构建立业务往来，特别是加强和闽西、粤东、赣南三个客家地区研究专业院校的沟通与交流，研究和挖掘客家文化的深层价值，并为进一步加强客家文化的保护和后续性发展在学术及现实意义提供必要的支持。

（作者简介：何志清，江西省赣州市文化馆副馆长，中国民俗学会会员、江西省地域文化研究会会员）

浅论红四军"直指武夷山下"路线加盟客家文化（闽西）生态保护区建设

张佑周

1930 年 1 月，刚刚开完古田会议的红四军，为粉碎蒋介石实施的"三省会剿"阴谋，减缓闽西革命根据地的压力，决定移师赣南。朱德、毛泽东分率红军从古田出发，经连城、清流、明溪、宁化，翻越武夷山，到达赣南宁都，完成战略转移。毛泽东写下《如梦令·元旦》词，描述了行军历程。本文试从分析该词入手，提出寻找、复原、保护红四军"直指武夷山下"行军路线，让其加盟客家文化（闽西）生态保护区建设的建议。

一、毛泽东词《如梦令·元旦》[①]

> 宁化、清流、归化，
> 路隘林深苔滑。
> 今日向何方，
> 直指武夷山下。
> 山下山下，
> 风展红旗如画。

毛泽东这首《如梦令·元旦》词写于 1930 年 1 月。其时，红四军为粉碎蒋介石的"三省会剿"，匆匆开完古田会议，移师赣南。

1929 年 11 月，蒋介石调集赣、闽、粤反动武装，布置了对闽西革命根据地的第二次"会剿"。11 月 26 日，已经收到中央"九月来信"，消除隔阂的毛泽东、朱德、陈毅在红四军总部长汀汇合，召开了红四军前委扩大会，决定部队移师连城新泉整训和军事

---

① 中共中央文献研究室编：《毛泽东诗词集》，中央文献出版社，1996 年，第 24 页。

79

训练，以迎击前来"会剿"之敌。同时，红四军党的第九次代表大会筹备工作紧锣密鼓地进行，毛泽东负责《古田会议决议》等文件的起草。1929 年 12 月 28 日至 29 日，红四军党的第九次代表大会在古田召开。毛泽东重新当选为前委书记，他在会上提出了党指挥枪、走农村包围城市道路的建军思想雏形。

古田会议后不到一周，国民党闽军就开始从龙岩出发逼近古田，红四军前委决定避敌锋芒，移师赣南。决定由朱德率红四军主力一、三、四纵队快速经连城、清流、宁化西行至赣南，刚回到红四军领导岗位的意气风发的毛泽东则亲率第二纵队断后掩护。当中共闽西特委派人要求毛泽东留下一个纵队帮闽西地方武装消灭敌人时，毛泽东说，敌人是跟着我们走的，他留下"离开闽西、巩固闽西"的回信，果断地撤离闽西，成功实践了"敌进我退，敌退我追，敌驻我扰，敌疲我打"的灵活战术。

毛泽东完成掩护朱德部队回师赣南任务后，并未沿着朱德部队移师路线西撤，而是从古田挥师北上，经连城、清流、归化（明溪）走弯路到宁化武夷山下，而后翻越武夷山，抵广昌。1 月 24 日，毛泽东部队经宁都洛口到东韶与先期到达的朱德部队主力会合，胜利实现了战略转移，粉碎了蒋介石"三省会剿"消灭红军的图谋。

毛泽东《如梦令·元旦》词寥寥 33 字，却精确描绘了词人率部转移的行军图："宁化、清流、归化"，三个地名，画龙点睛地描述了行军路线，部队从古田出发，北上连城，为避连城北团、四堡等地方反动武装部队袭扰，再往北入清流、归化后，西返宁化到达闽赣交界的武夷山下，越过武夷山，到达武夷山西麓的山下。

"路隘林深苔滑"，三个主谓词组，色彩鲜明，形象地描述了行军沿途的艰难险阻和美丽风光。"路隘"，当年毛泽东率部从古田出发，经连城、清流、明溪到达宁化武夷山东南麓山下，走的都是乡道，蜿蜒曲折，有时盘山，有时涉河，有时为避开敌人，甚至走农人劳作采伐的山路，狭隘难行；"林深"，闽西地区到处是深山老林，行军沿途更是崇山峻岭，许多路段翻山越岭，穿狭谷，涉溪流，没有村庄、没有人家是常态；"苔滑"，闽西山路多石砌小路，许多地方上坡、下坡数里、数十里，林荫下路边有山泉，狭谷顶端有瀑布，湿气较重，路面湿滑，长苔藓的地方更滑，特别难行。

虽然《如梦令·元旦》词前面 12 个字平淡无奇，自然活泼，没有丝毫硝烟味，却形象生动地描述了红四军数百里行军，其对红军经过的地名和沿途艰难险阻的描述，透露出红军这次行军的不易，词人视坎坷如坦途的豪气跃然纸上。

词的第三四句自问自答："今日向何方，直指武夷山下"更是像普通路人的问答，问者真心，答者实意，没有疑义，没有惊奇，但字里行间又透露出词人明确的目标、必胜的信心、坚定的信念。这是因为，词人所描述的行程，毕竟不是普通路人的行程，也不是普通的行军，而是肩负重要使命的指挥员胸有成竹的战略转移，是事关军队存亡、革命成败的伟大军事行动。

词的第五六句"山下山下，风展红旗如画"，既指词人率部翻越了武夷山，到达战略转移目的地——武夷山西麓山下，与朱德所率红军主力胜利会师红旗招展的情景，洋溢着胜利的喜悦之情，又指红四军成功实现战略转移，取得在武夷山东西两麓的闽西和赣南革命根据地粉碎敌人"三省会剿"阴谋胜利后的大好形势，预示着古田会议制定的"党指挥枪"、实现农村武装割据战略的光明前景将为时不远，充满革命英雄主义精神。

二、毛泽东率红四军转移路线考察

1930年1月中旬，实施蒋介石发动的"三省会剿"行动的闽省反动武装抵近红四军驻地上杭古田。红四军前委决定避敌锋芒移师赣南，以粉碎敌军"会剿"图谋。红四军前委遂分兵两部，朱德率第一、三、四纵队先行离开古田经连城、清流、宁化，翻越武夷山，进军江西，以吸引"会剿"赣军离闽回赣；毛泽东则率第二纵队1000多人暂留古田，并在小池附近诱敌阻敌，掩护朱德所率主力西进。

完成阻击任务后，毛泽东随即率部北上连城，原本想追上朱德所率红军主力一起移师江西。但朱德部已离闽入赣，毛泽东于是率部谨慎前行。到达连城北境后，为避开北团、四堡地方反动武装的袭扰，部队在抵近北团时临时决定放弃直奔宁化的计划，向东转向灵地方向，经姚坊、李家寮翻越鳌山，1月14日到达宁化安乐乡后，为避开敌军尾随追击，再度向东进入清流地界。

1月16日，毛泽东率部从清流林畲乡出发，向北进入归化县黄思坑盖竹洋村（原属明溪，今属清流）。稍作休整后部队兵分两路，一路取道盖洋镇大坑村杰家山，经连山垄、画桥村玉溪洞、桂林村圆洲、葫芦形村洋地磜、盖洋村圆窠和七里岬、雷西村西溪（西瓜墩），前往宁化县青瑶；另一路由毛泽东亲自带领，前往盖洋镇大洋村土楼自然村，稍作休整后上杨梅岭，上坡走5里山路到石坑村，未进村即下坡走5里山路到东坑口。因道路太小，崎岖曲折行军不便，部队再次一分为二：一路经落马坡（马滑岭）、邓地、秀珠亭、大门庵、雷西上村，到西溪与先前分开的部队会合，从西溪出归化入宁化；一路由毛泽东亲率上白石岭、红松岭，下豆窠，经林家山村，过狐狸过坳，到达宁化富家山村前往青瑶与大部队会合。

1月16日，红四军二纵队全体官兵齐聚宁化青瑶，随即向罗坊坝、泉上、泉下进发，当晚宿泉下，曾在戏台关召开群众大会，宣传红军政策，号召当地农民行动起来打倒国民党反动派和土豪劣绅。

17日，部队经豪亨、新罗、庙前、儒地、大岭抵达水茜，宿水茜。

18日，部队经安寨、审家、管背大洋、坊坑、光前入安远。准备翻越武夷山到江西广昌白水寨与朱德部会合，但由于联络不畅，未敢贸然行动，遂先请当地二位伊姓农民前往白水寨寻找朱德部红军未遇，农民追20里未得，返回报告。

19日，部队经硝坊、营上、研里、蛇颈下、吴家西越武夷山到达广昌，探知朱德部仍在宁都，遂挥师南下至宁都东韶与朱德部胜利会师。

综上所述，1930年1月中旬，毛泽东率红四军第二纵队从上杭古田移师江西广昌、宁都，途经连城、清流、明溪、宁化，历时约8天，行程近百里。红军行军沿途广泛宣传党和红军的政策、主张，传播革命思想，打击土豪劣绅。所到之处，纪律严明，秋毫无犯，买米买菜，照价付大洋，住过的公私房屋，都主动打扫卫生，优良的作风得到广大百姓的信任与拥护。红军遇到困难时，老百姓都提供帮助。如红军进入宁化泉上时，老百姓被当地民团恐吓、跑进山里，土豪劣绅和反动武装躲进土堡，大门紧闭。红军在田里休息，派人找到百姓宣传解释，百姓消除恐惧回家，叫回亲人帮红军架起长梯子进入土堡活捉土豪劣绅和伪军多人。红军从吴家上武夷山时，山上石路布满青苔，冰雪未化，部队行进受阻，当地百姓纷纷上山路清扫积雪冰块，将家里的谷壳稻草挑到山上，在易滑处撒下谷壳铺上稻草，让红军人马顺利通过。直至山顶东轿隘，吴家百姓才与红军挥手告别。红军行军行动都得到老百姓的保护，沿途没有人向反动武装告密，红军得以不费一枪一弹安全转移。

红军部队也曾捉拿土豪劣绅，镇压作恶多端者，将打土豪没收来的粮食和财物分给贫民，并通过多方宣传与行动，使百姓认识到红军是穷人的队伍，了解到党的政策是让穷人翻身，从而启迪了革命思想，播下了革命火种。红军部队行军沿途宣传发动、号召青年参加红军，宁化多地青年报名踊跃，许多人当即被编入红军，走上了革命道路。

毛泽东在《论反对日本帝国主义的策略》一文中对于红军长征的伟大历史意义有这样的评价："长征是历史纪录上的第一次，长征是宣言书，长征是宣传队，长征是播种机。"[①] 从某种意义上说，毛泽东在红军长征前五年的这一次小规模战略转移，已经是"宣言书""宣传队"和"播种机"，因为它不仅以行动向世人宣告了战略转移，粉碎蒋介石"三省会剿"阴谋，首次实践古田会议"党指挥枪"的伟大胜利，还在沿途宣传发动群众参加红军，参加革命，武装反抗国民党反动派，开始起到宣传队和播种机的作用，为后来的红军长征作了很好的预演。

三、让红色文化遗产加盟客家文化（闽西）生态保护区建设

"宁化、清流、归化"加上上杭和连城，当年毛泽东率部实施战略转移的地域，是闽西客家地区。红军行军所接触的民众都是客家人，其宣传的对象是客家人，其播下的革命种子，深深地植根于这片沃土。红四军的这次战略转移路线是一个很好的红色文化资源，红军所走过的道路、住过的房子、开过群众大会的戏台和广场、抓过土豪劣绅的

---

① 毛泽东：《论反对日本帝国主义的策略》，《毛泽东著作选读》上册，人民出版社，1986年，第73页。

土堡、使用过的物品等等，都是极其宝贵的红色文化遗产，值得深入挖掘整理，加强科学保护和开发，充分发挥红色文化遗产的价值和功能。

由于这次红军战略转移所经过的地域处于客家文化（闽西）生态保护区范围之内，将红色文化遗产的保护和开发纳入客家文化（闽西）生态保护区整体规划之中，寻找、复原、保护好红军"直指武夷山下"行军路线，让红色文化遗产加盟该生态保护区建设，显然有重要的现实意义和深远的历史意义。

如何更充分地开发利用红四军战略转移所留下的红色文化遗产，使之加盟客家文化（闽西）生态保护区建设？笔者以为可以在如下四方面努力。

一是抓紧调查研究，详细寻找、理清当年红军走过的路线，对沿途一切与当年红军有关的事物都加以调查、研究、分析，包括隘路、"苔滑"的路、村子、房子、红军开会的戏台、广场等等，尤其是红军领袖住过的或休息过的房子，如毛泽东曾经休息过的、喝过茶的木房子。红军留下的文物，如山上被红军刻过五角星或某种特殊记号的树木、石头，红军写下的标语，红军使用过的门板、梯子等等，更是要详细调查，好好保护。

二是要抓紧文物修复，该恢复原貌、原样者尽量恢复。如与红军有关的旧房子，尤其是像毛泽东曾经喝茶的木房子和红军曾打土豪劣绅的土堡，红军走过的石砌路，尤其是闽赣交界处的武夷山石砌路，等等。要将这些文物或遗址尽量按原样修复，修旧如旧，让文物留下历史感、沧桑感，维持原有的样貌，就是最好的保护。可以将这些文物申报为各级政府的重点文物保护单位或列入爱国主义教育基地、青少年研学基地等各种类型的红色教育基地加以保护。尤其是红军走过的石砌古道，大多未纳入各级文保，且大多已荒废，或已隐藏在荆棘丛生的深山密林中，可以结合文化旅游，将其开发出来，并加以保护。

三是加盟客家文化（闽西）生态保护区规划。毛泽东、朱德率红四军战略转移，"直指武夷山下"所留下的红色文化资源，是客家文化（闽西）生态保护区文化资源的重要组成部分，在保护区建设中当然不能缺席。要与保护区建设步调一致，对一些红色文化积淀深厚、存续状态良好，具有重要历史价值和鲜明特色的红色文化形态进行整体性保护。要精心设计，搞好科学保护，要与历史文化名镇名村、传统村落保护和美丽乡村建设相结合，注意保护重点红色文化景观、场所的历史风貌和传统文化生态，不随意改变与红色文化资源相互依存的自然景观和环境，维护文化生态的平衡和完整。如传统村落中红军曾经开大会的戏台、红军曾经翻越的"苔滑"的石砌山路等，必须好好地修复利用。

四是与文化旅游开发紧密结合。闽西客家地区山美水美人美，文化生态丰富多样，城镇乡村处处生机盎然，别有洞天，是当代城市人群休闲度假、旅游度假的极佳去处。在客家文化（闽西）生态保护区建设中，各地正在将其与文化旅游紧密结合，如开发

"世遗"和"非遗",将古建筑文物和民俗文化作为文化旅游产品加以推销等。

这也给红色文化遗产一个很好的机会,其加盟文化旅游,可以相得益彰。比如,"路隘林深苔滑",山重水复,曲径通幽,本来就是靓丽的风景,很有旅游价值,加上毛泽东率红四军曾经穿行其中的红色故事这样一个极好的文化包装,成为红色文化与自然山水完美融合的优秀旅游品牌。将这样的旅游品牌推向市场,对于热衷于山水旅游和红色文化旅游的游客来说,无疑有极强的吸引力。在红四军"直指武夷山下"这条战略转移行军路线上,还有很多略加包装就能进入文化旅游市场的红色文化资源亟待开发利用。比如,毛泽东及红军战士喝过的茶,是什么茶?是当地山茶煮成的大碗茶,还是当地农民煮的客家擂茶?可以对毛泽东曾在一个木房子里休息喝茶的盖洋镇土楼自然村客家人待客喝茶的习惯及当地茶叶产品等进行深入研究,推出"红军茶"之类产品,应该是可以畅销的不错的旅游产品。再比如,在宁化泉上镇戏台关曾经召开群众大会,可以对当地戏台、广场加以修复,请一些演出机构,常态化地演出当地戏剧、歌舞等,以吸引游客,也是不错的选择。还可以将与红军有关的古民居改造成民宿、饭馆等旅游设施,达到在开发利用中保护的目的。

(作者简介:张佑周,龙岩学院教授,龙岩学院原人文与教育学院院长、闽台客家研究院原执行院长)

石壁客家文化与红色歌谣浅论

——以原中央苏区核心区宁化县的红色歌谣为例

● 裴耀松 ●

继文旅部、福建省政府将客家文化（闽西）生态保护与红色文化叠加保护纳入总体规划并实施三年后，经国务院同意，国家发展改革委印发了《闽西革命老区高质量发展示范区建设方案》，再次体现对闽西革命老区发展的重视和关怀。三明市相继召开动员大会，并在会上解读《建设方案》中的"文化部分"，"推动红色传承，在精神文明建设上发挥示范作用""加强红色资源的保护，加强文化的传承发展"①，传递了今后推动红色传承在精神文明建设上发挥示范作用的信息. 作为苏区客家红色文化，在加强传承与保护的同时，首先映入视野的是红色歌谣。

1958 年底，福建省委宣传部抽调在榕的福建师范学院中文系师生 200 余人组成采风队，分组回原籍收集新民歌，包括革命歌谣，随后在 60 年代省民歌组到苏区相继开展收集工作。80 年代中后期，三明市、各县市区根据《中国民间文学三套集成编纂方案》，成立民间文学三套集成领导小组，抽调文化局、文联和各乡镇文化站人员，先后上山下乡开展采风活动。经数年后，将采集的民间文学作品，分三套集成出版（内刊），其中《中国歌谣集成·福建卷·宁化县分卷》，按歌谣分类，红色歌谣列入时政歌。入选的红色歌谣 34 首，含《何愁革命不成功》7 首，收集于 20 世纪五六十年代 10 首，其余 24 首收集于 80 年代，总数占第三位。本文列举客家歌谣与红色歌谣个案的比对，浅论其传承和创新，求教诸方家学者。

一、红色歌谣《送郎当红军》与客家歌谣情歌《十送郎》对比一览

三明市《歌谣集》入选的《送郎当红军》，采集地宁化县、流传地区明溪县、清流

---

① 《三明日报》2022 年 4 月 28 日头版头条《三明市革命老区高质量发展示范区建设动员推进大会召开》。

县、宁化县，采集人张锡电、董森。歌词：

> 送郎当红军，革命要认清，豪绅地主剥削我穷人/送郎当红军，坚决打敌人，消灭反动个个有田分/送郎当红军，就莫念家庭，分田分地政府派人耕/送郎当红军，纪律要严明，放哨出发我郎要留心/送郎当红军，阶级要分清，富农流氓都是不革命/送郎当红军，冲锋杀敌人，国民党狗杀它不留情/送郎当红军，红军最文明，公买公卖大家来欢迎/送郎当红军，亲郎慢慢行，胜利消息早日到家庭！

红色歌谣（同题材）列举

歌　名	格　式	采集地	流传地
《送郎当红军》	自由式押韵，8段，32句	宁化	明溪、清流、宁化
《六送郎当红军》	自由式，6段，24句	宁化	宁化
《布草鞋送亲郎》	七言押韵，12段，48句	宁化	宁化
《割掉髻子当红军》	七言押韵，3段，12句	宁化	宁化

宁化县《歌谣集》入选的《十送郎》，采集地宁化县，流传地区禾口、淮土，采集人谢启光、张锡电。歌词（节选）：

> 一送郎大门前，妹子跟哥在身边，两人好比针和线，两人情深意绵绵。哥哥听妹话，一句要当千万言/……三送郎对门排，郎送毛巾妹送鞋，郎送手巾五月节，妹送绣鞋年边来。哥子听妹话，好比山伯对英台/六送郎过大桥，桥上有个观音娘，叫声保佑我情郎，情郎早日回家乡。哥哥听妹话，早日转来好商量/……九送郎到河边，妹子扶郎好上船，妹心好比长流水，紧紧伴随在船边。哥子听妹话，两人虽别心相连/十送郎转回程，两人难舍又难分，愿郎好比天上月，初一尖来十五圆。哥子听妹话，今朝离别苦难言。

客家歌谣（情歌）列举

歌　名	格　式	采集地	流传地
《十送郎（一）》	自由式押韵，10段，50句	宁化	禾口、淮土
《十二送郎》	自由式押韵，12段，72句	宁化	宁化
《唱十更》	自由式押韵，11段，56句	宁化	宁化
《十送郎（二）》	七言押韵，12段，48句	宁化	宁化

《送郎当红军》通过"八送"宣传打土豪分田地的政策主张，站稳阶级立场、分清

敌我等革命道理，赞扬红军队伍纪律严明。送中寄情，莫念家庭，提高警惕，勇敢杀敌；多加保重，等待胜利消息。字里行间开朗自信、层层深入，充满革命乐观主义精神。情歌《十送郎》以数序和地标编排，托物寄情，以针线自比，互送信物、真情表白、有心有意、盼望结亲、白头到老，扶郎上船，离别难言。反映出客家妹子与情郎信誓旦旦、纯洁无瑕、一往情深的思想感情。

二、苏区宁化县的红色歌谣，是在石壁客家文化养育下，通过传承与创新，践行文艺为工农兵服务的范例

（一）千百年来形成的石壁客家文化，有着深厚的历史底蕴

20余年前出版的《宁化石壁与客家世界》《石壁与客家》（中国华侨出版社出版），对石壁客家祖地的认知定论，随着时间的推移和洗礼，已举办27届世界客属石壁祖地祭祖大典和9届石壁客家论坛，石壁不仅是个地理概念，也是一个文化概念。从民间文学的角度而言，20世纪80年代采风活动收集的《石壁客家节俗歌》，不仅留下久远的石壁农耕文化的印迹，还有留给子孙的历史经历。"五月里来是端阳，纪念大嫂有肝胆。葛藤坑里开基业，安居异地有风光。"中原南迁汉人先后陆续迁徙千年古县宁化石壁，与当地土著居民长期的融合，逐渐形成了客家民系和客家文化，才有农耕文明记录的喜悦，"六月里来食新禾，香来前锅香尾锅，擂缸里头泡禾花，妹子出来喊哥哥"。

石壁客家文化弘扬的客家精神，"硬颈毅行，崇文重教，尊祖睦族，爱国兴家"，自古至今已经成为祖地的精神支柱。以崇文重教为例，据资料统计，从唐至清代考中举人152名、进士50名、状元1名。历代名人辈出，唐代巫罗俊开疆拓土，为立县功臣；宋太平兴国进士郑文宝，诗、史、篆书精通；明状元张宗显，翰林院编修，才思过人；明末清初李世熊，编纂天下名志《宁化县志》；清代扬州八怪之一、画家黄慎，书法家伊秉绶等。至于后世，举不胜举。即使生活在低层的民众，也用口头创作的歌谣张扬，"送郎送到一里亭，挽手同郎一路行。读书明理知仁义，孝顺二字讲分明""茶子摘掉茶花开，读书郎子考秀才，考来秀才有官做，一顶衙轿两边排"即便是牙牙学语的儿歌，也不忘初学入门，"月光光，秀才郎，骑白马，入学堂""龙转弯，好去汀州做判官"。

（二）山歌是石壁客家文化的精华，也是红色歌谣"传承与创新"的载体

宁化《歌谣集》"前言"中说："宁化素有山歌之乡之称，来宁化采风搜集者无不被这里浓烈的山歌乡情所醉。在诸多的山歌中，又以宁化西乡石壁山歌为最。它的音律和韵味既保留了北方中原古音的风格，又有南方楚音的格律，听起来高亢昂扬、委婉多情、清新有味。南北风格相得益彰结合的，形成了以宁化石壁为代表的客家文化。"诚哉斯言，这是30多年前宁化文化工作者采风活动的总结。而从收集到的山歌和情歌，

以其数量之多，流传广泛，说明山歌之乡名不虚传。

宁化《歌谣集》中，收集到的情歌 88 首，总数排名占首位，其次是山歌 50 首，位居其二。山歌中的四句山歌有 45 首，包罗人生处世、耕作艰难、读书明理、戒嫖戒赌、爱情婚姻、外出经营等。四句山歌的特点，用比兴的手法，生动形象说明事理。如"山歌不唱愁闷多，胸脯不挺背会驼，钢刀不磨生黄锈，大路不行草就多。""十八娇娇三岁郎，夜夜要妹抱上床，等到郎大妹又老，等到花开叶又黄。"情歌涉猎的范围广，其中也有四言情歌，情歌对唱、数序开头的"十送"等。本文《送郎当红军》与情歌《十送郎》的比对，就创作形式的传承，也是受其影响的一例。

（三）石壁客家文化养育的红色歌谣，践行民间文学创作的源泉来自人民生活，其宗旨便是要为工农兵服务

宁化"是中央苏区全红县"和"扩红支前重点县"，还是"长征出发起点县"和"苏区最后失守县"。[①] 艰苦卓绝的革命斗争生活，为民间文学创作提供了丰富的素材，"上演的兄弟同参加、父子齐上阵、夫妻一条心的感人场面"，"淮阳、禾口被授予我们的模范区金字光荣匾"。[②] 在红色歌谣中的《禾口淮土比参军》《扩大红军两千兵》，《红军带来六月红》《朱德军长来宁化》等，真实反映了苏区的动人情景，收集于三明市《故事集》。流传禾口一带的红色故事《神盐》，因驻在张家大屋的红军医院伤病员缺食盐，家顺大叔竟从古屋墙下挖出盐土，用锅熬制出救命的食盐供红军医院用，从一个侧面反映出军民鱼水情深。由此可见，石壁客家祖地代代相传的"硬颈毅行"的客家精神，对红色歌谣创作的影响。

苏区宁化县在这一时期，还出现《我本是工人》《我本是农民》《我本是士兵》和《我本是女人》等革命歌谣。五四运动后的新文化，反对旧道德，提倡新道德，反对旧文学，提倡新文学。中国共产党成立以后，随着城市工人罢工运动兴起和农村土地问题日益严重，终于在井冈山创立中国第一个革命根据地。随着苏区的扩大，地处闽西的地域，包括宁化在内成为中央苏区的核心区。收集于宁化曹坊乡的上述革命歌谣，工人倾诉在工厂谋生"工时长、工资少""一天到晚真辛苦"；农民苦诉"地主剥削、豪绅压迫、靖匪屠杀"；女人控诉没有自由、不能上学、吃人礼教，呼喊"斩断束缚，打倒封建迷信！"而士兵（白军）的诉说，"被打挨骂，不如猪狗"，呼喊"打倒万恶军阀"，与至今留存在永安市小陶镇树荆堂内红军标语"欢送白军弟兄们，军阀压迫真狠心"如出一辙。石壁客家祖地的群众口头创作热情高，题材丰富，作为"非遗"宝贵的红色歌谣实属难得。

---

① 张恩庭：《简论石壁客家精神孕育红色基因》，载《第二届客家文化（闽西），生态保护实验区学术研讨会暨第九届石壁客家论坛论文集》，海峡文艺出版社，2021 年 11 月，第 366—367 页。

② 张恩庭：《简论石壁客家精神孕育红色基因》，载《第二届客家文化（闽西），生态保护实验区学术研讨会暨第九届石壁客家论坛论文集》，海峡文艺出版社，2021 年 11 月，第 366—367 页。

四、石壁客家文化养育的歌谣对红色歌谣的影响表现在语言风格和创作手法的借鉴与传承。其中,《剪掉髻子当红军》的创新更别具一格

无论客家歌谣还是红色歌谣,在不同的语言环境下,用方言演唱既通俗易懂又喜闻乐见。采录者也是根据方言演唱,用普通话表达记录,有些方言无法用普通话拼音,只能以相似的音符代替。"豪绅地主剥削我穷人"中的"我",宁化、清流一带叫"倨",相当于从软腭发声与 ā 拼发的音。情歌中的"行过几多霜雪路"的"行"上述地区叫háng,也为动词,而普通话叫 xíng。"剪掉髻子当红军"中的"子",为语气连贯用,方言念"lé",非指男性的"zǐ",方言念"zǎi",髻子,即将长发绾于脑后或用网罩住,客家地区习俗是成年妇女婚后的标志。昔时山区交通闭塞,往往十里不同风,五里俗有别,而方言作为交流的工具,大同小异,其范围并不受限。"宁化话大多地方与今普通话同义。""宁化的客方言中,东、西、南、北、中五片的语音都多少有些不同,有些字西片念仄声,南片又可能是平声;东片念平声的,城区(中心区)又有可能念仄声。"①用方言演唱客家歌谣和红色歌谣,字正腔圆,风格独特,用普通话演唱往往变味,故此濒临消失的客家方言,理应采取措施加紧保护。

数序和时序的编排。数序,无论情歌还是红色歌谣,都有诸如六送、八送、十送、十劝等,或以古人划分时序,"一更"即按每两小时为一更,"十更"按每一小时为一更。宁化的情歌《唱十更》便是一例。《布草鞋送亲郎》这首红色歌谣,也是按数序编排的,真实而生动反映了苏区群众支援前线的实际行动。"五做草鞋送红军,个个穿了挺精神,着起草鞋打胜仗,前方喜报传频频。"以自然环境,地理标志,客家建筑,借景抒情,富有乡土气息,别具一格,亲切感人。石壁客家歌谣中的情歌,以数序编排的《十送郎》出镜最多,当年便在禾口、淮土一代流传:"五送郎五里亭,低言细语讲不停,我有心来你有意,哥妹两人来结亲。"《唱十更》中忠贞不渝的信誓:"九更里,是中秋,两人情缘几时丢,黄鳅生鳞马生角,铁树开花水倒流,阎王勾簿再来丢。"在借鉴情歌的表现形式时,加入新内容,红色歌谣对旧歌谣采取的原则是取其精华,弃其糟粕,取舍时也不因噎厌食。

《韭菜开花一杆心》是宁化县最早用文字记录的红色歌谣。采集时间为 1953 年,采集人为参加"宁化五乡大暴动"的领导人之一,新中国成立后任宁化县人民委员会副县长的李名骥。以花喻女性,古来有之,而以农家普遍栽种的常绿蔬菜,即韭菜的花比喻客家妇女却少见。夏秋抽茎的顶端,集生的小白花,比喻客家妇女朴素纯洁,而茎细小

---

① 张恩庭、刘善群主编:《石壁与客家》,张锡电:《宁化客家方言的来踪探寻》,中国华侨出版社,2000 年 10 月,第 377 页。

呈管筒状，笔直向上，筒内空心，象征客家妇女参加红军的决心始终如一。文字记录的"杆"其实宁化、清流的客家方言为"管"（gǔn），意义相同，但别具一格，而演唱使用方言更贴切易懂。这首歌谣成为苏区流传的代表作之一，名副其实。50年代中期，宁化一中就读的学生中就有人在寿宁桥头见过李副县长教群众唱这首歌歌谣。宁化县《歌谣集》介绍李名骥传略中记载："提起宁化的民歌、山歌，宁化人自然会联想起李副县长。抗日战争期间，他曾利用山歌形式亲自登台宣传抗日。新中国成立后，他当了副县长后，还亲自在寿宁桥头带头唱山歌，配合各种中心任务的宣传，并亲自组织干部群众动手整理了原'二战'时期流传于宁化的苏区革命歌曲和民歌歌谣。"

沿用音乐伴奏的客家歌谣和红色歌谣，是古代乐歌的沿袭。"古代民间歌谣原本是和音乐、舞蹈互相结合在一起的，劳动不但创造了歌谣，而且同时创造的音乐、舞蹈。"① 从远古时代没有作者姓名的乐诗，到几千年后，口头流传同样没有作者姓名的石壁客家歌谣；30多年前的当地音乐工作者终于记下一部分曲谱。宁化《歌谣集》中附录的共计7首，其中情歌《十二送郎》《四季相思》2首；劳动歌《豹虎号》《流水号》2首，其余锁歌3首。客家情歌与红色歌谣在创作手法的传承，套用相应的情歌曲谱也顺理成章。2021年12月，第二届客家文化（闽西）生态保护实验区学术研讨会暨第九届石壁客家论坛召开期间，宁化县非物质文化遗产主题晚会中的一些节目，如《客家方言表演唱》等，便是歌与乐相得益彰的范例。

中国文学史从先秦的《诗经》开始，延续历朝直至近代，都有对民间文学或民歌做专题论述。到了南北朝还有北方民歌和南方民歌的区分，历朝的民歌中不但有爱情的美好与苦楚，也不乏敢于揭露封建统治者的残酷和压迫，甚至对农民起义高唱赞歌。到了近代的民间文学，反帝反封建的内容在民歌中占突出地位，如民谣中流传的"林则徐，禁鸦片，软烟土，在海边，开大炮，打洋船，吓得鬼子一溜烟""妇女不梳头，打破洋人头。妇女不裹足，杀尽洋人笑呵呵"等。近代石壁客家歌谣中的《穷人歌》，也发出呐喊："人家愁来无倕愁，夜边无被盖石头""人家愁来无倕愁，夜边无食炊糠头"。

石壁客家歌谣和红色歌谣在中国民歌史上虽属涓涓细流，仍不乏绚丽浪花，汇入源远流长的民间文学大河里却同归一脉。伟人毛泽东《在延安文艺座谈会上的讲话》中说："对于过去时代的文艺形式，我们也并不拒绝利用，但这些旧形式到了我们手里，给了改造，加进了新内容，也就变成革命的为人民服务的东西了。"② 石壁客家红色歌谣的创作时代背景，前后仅五年时间的苏区，包括革命故事、红色谚语在内的民间文学，却在践行着"人民生活中本来存在着文学艺术原料的矿藏，这是自然形态的东西，是粗

---

① 袁梅著：《诗经译注》，齐鲁出版社出版，1985年，"前言"，第3页。
② 《毛泽东选集》（一卷本），人民出版社出版，1968年12月，福建第1次印刷，第817页、第812页、第817页。

糙的东西，但也是最生动、最基本的东西；在这点上说，它们是一切文学艺术取之不尽，用之不竭的唯一源泉"①。同样也在践行着我们的文艺是为什么人的，"什么是人民大众呢？最广大的人民，占全国人口百分之九十以上的人民，是工人、农民、士兵和城市小资产阶级"②。由此可见，在艰难困苦的斗争环境里，有苏维埃政权的存在，有工农红军的支持，苏区人民群众才敢于放声歌唱并广为流传。这份宝贵的红色文化遗产，在中国当代文学史上应有一席之位，其坚定信念、不屈不挠，敢于胜利的内涵——石壁客家精神，更应继续发扬光大，在新时代实施客家文化与红色文化叠加保护和精神文明建设上应起示范作用！

（作者简介：裴耀松，永安市客联会客家文化研究会会长、福建省客研会特邀研究员、福建省作家协会会员、福建省民间文艺家协会会员）

---

① 《毛泽东选集》（一卷本），人民出版社出版，1968 年 12 月，福建第 1 次印刷，第 817 页、第 812 页、第 817 页。

② 《毛泽东选集》（一卷本），人民出版社出版，1968 年 12 月，福建第 1 次印刷，第 817 页、第 812 页、第 817 页。

译者主体性视角下的
客家民俗文化词外宣翻译研究

————● 邓晓宇　张涵清　●————

一、引言

在当下的全球化语境下，翻译研究越来越接近文化研究。翻译的范畴从纯粹字面意义的转述（word for word）扩大到了文化的翻译和阐释（sense for sense）。翻译的文化转向把译者研究推到了一个新高度。传统翻译观把译者定位于"译匠""戴着镣铐的舞者"，忽视译者的作用，认为翻译只是语际之间的转换，译者应该是隐身的。如果仅从语言忠实的标准来研究翻译，译者主体性不可避免地会被忽视。

清华大学的王宁教授在《翻译研究的文化转向》一书中明确提出了翻译已经超越语言转换层面，上升为文化转化行为[1]。英国学者巴斯奈特和美国学者勒夫菲尔共同提出了"翻译是一种文化构建"的观点[2]。他们把翻译视为两种文化之间的互动，把翻译研究和文化研究有机地联系在一起。毫无疑问，从文化的角度来看，翻译实际上已经成了一种文化传播和文化阐释。译者肩负起了文化传播和文化阐释的双重使命。

二、译者主体性

翻译的好坏，不仅取决于翻译质量，更取决于译作在文化传播上产生的影响。

翻译研究进行文化转向反思后，译者的主体性开始受到肯定。译者主体性研究与译者、读者、目标文本密切相关。

（一）译者主体性内涵

译者主体性，是指译者在原文的前提下，为实现翻译目的而表现出来的主观能动性[3]。译者的主体性体现在译者在翻译过程中选择翻译文本、策略，平衡协调各种可译与不可译因素，进行主观性地创造和阐释。

在翻译过程中，译者绝不只是机械地、被动转化原文意义，而是会用自己的理解、自己的取舍、自己的表达方式和用词造句。在此过程中，译者不可避免地会根据自己的主观理解进行创造，这也就是译者的主体性。

（二）国内外研究现状

对于译者的评价标准，在过去的一百多年内逐渐发生了深刻的变革。过去很长的一段时间内，古今中外，几乎所有的译者都试图"忠实"于原文。但是，原文中的意义是不可能在目标语中得到绝对"忠实"的再现。文化之间的沟通交流远比语言转化复杂，译文的不可译性更为凸显，这对译者主体性的发挥提出了更高的要求。

20 世纪 70 年代，西方翻译理论界开始"文化转向"的反思，译者这个在翻译活动过程中的主体开始得到重视。瓦尔特·本雅明在《译者的任务》中提出译者通过翻译使得已经死亡的原作又具有了"来世的生命"，强调了译者的重要性，使得翻译变成了一种能动的文化阐释和创造性再现[4]。德里达主张翻译突破了语言学层面上的"逐字逐句"（word for word），而是指向了文化层面上的"按照意义的"（sense for sense）的阐释[5]。美国学者韦努蒂主张结束译者的隐身状态，从而弘扬译者的主体性和创造性建构。

国内学者关于译者主体性的研究主要包括从理论层面探讨其内涵、特征，从实践层面上探讨译者主体性发挥的策略[6]，涉及的研究领域研究视角都相当丰富。然而，在外宣翻译领域，译者主体性的研究成果较少。通过对期刊 CNKI 的中国期刊论文进行搜索，以"译者主体性（并含'外宣翻译'）"为检索词，检索项为"主题"，时间设定至 2018 年 12 月，搜索结果显示有 45 篇期刊论文。其中 SCI、EI 来源期刊、核心、CSSCI 期刊论文总计仅有四篇。毕文成（2012）探讨了发挥译者主体性的方法[7]。宋引秀，郭粉绒从"文化翻译"观视域下，探讨外宣翻译中译者主体性地位[8]。

总而言之，国内外的翻译研究学者均强调了在文化全球化背景下，译者的主体作用。但在外宣翻译领域，译者主体性研究受重视程度不够，内容缺乏足够的深度，成果较少。本研究在外宣翻译大背景下，运用平行文本对比分析模式，讨论译前、译中、译后译者主体性的具体体现，对客家文化翻译语料的选择，翻译策略的应用以及译文修改具有指导作用。

三、客家民俗文化词外宣翻译

（一）客家民俗文化词

民俗文化，是指民间民众的风俗生活文化的统称，是传统文化的重要组成部分。由此而产生的民俗文化词语大都经过时间沉淀，内涵丰富，独具民族语言特色[9]。近年来，客家文化以其语言、民俗、建筑等方面的独特性，引起了诸多学科领域学者的关注[10]。

廖七一在《当代西方翻译理论探索》[11]中指出，民俗文化词是特定文化中表示特有事物的词、词组和习语，反映了特定民族独特的活动方式。如英文中的 Dog and Duck（狩猎游戏），Big Brother-ish（控制人们思想行为的虚伪领导者）[12]，汉语中的"坐吃山空""黄梅戏"。民俗文化词蕴含着深厚的文化底蕴，是在特定文化背景下产生的，因此一种语言中的民俗文化词通常很难在另一语言中找到对应词，在翻译的过程中很容易造成文化信息缺失。外宣翻译中的民俗文化词展现了我国特有的历史、地理、人文风貌，因此提升民俗文化词的翻译品质是提升外宣翻译的关键。

参照奈达在 Language and Culture：Context in Translating 中对文化的分类：生态文化、物质文化、社会文化、宗教文化、语言文化[13]，以及所收集的客家文化语料，本文将客家民俗文化词分为三大类，即物质民俗文化词（如客家酿豆腐、土楼、围屋）、社会民俗文化负载词（如宗族、走古事、上灯）、精神民俗文化词（如风水、祖先崇拜）。

（二）客家民俗文化词翻译在文化传播中的战略地位

语言是文化的载体，同时也是文化的体现，文化的对外传播离不开语言的翻译，客家语言包含了大量独具特色的客家民俗文化词。因此，客家民俗文化词的翻译在客家文化对外传播中起着举足轻重的地位。

关于客家文化翻译，现有研究呈现两大特点：一是重视程度尚不太够。客家文化翻译长久以来仅处于翻译研究的边缘地位，起步时间晚，研究成果很少，客家民俗文化词的翻译更是其中的新兴领域。二是论文形式的成果零碎，成果内容也缺乏足够的深度，核心期刊和硕博士论文都没有直接针对客家民俗文化词翻译开展的研究。并且研究多以微观探讨翻译策略与译技为主，缺乏宏观理论视野和系统理论的可证性。在"讲好中国故事"和"中国文化走出去"的大背景下，缺乏对"为什么译""译什么"及"效果怎样"等问题进行宏观上的考量[14]。

大众传播时代的到来为客家文化传播带来了契机，但同时也面临着多重挑战。客家文化传播载体深受冲击，传播途径在逐渐弱化，娱乐化使客家精神传播面临严峻形势。客家文化要想得到很好地传播与发展，必须要提高客家文化外宣翻译的质量。

四、译者主体性在客家民俗语料翻译实践中的体现

客家民俗体现在客家人的日常生活中的方方面面，从衣食住行、节日文化、婚丧嫁娶、信仰崇拜等。任何语言都蕴含着文化。客家民俗语料具有语言和文化的双重属性。文化属性较之语言属性更能调动译者的主体性，在客家民俗语料的翻译过程中，客家文化的语料是最难翻译的，但也是最能激发译者的主体性。

客家民俗的英译需要克服语言差异和文化差距。在客家民俗的翻译实践中，译者处于汉英语言和中西文化的各种因素互相作用的交汇点上，译者是翻译的主体，在翻译过程中，译者具有客家民俗文化阐释者和用英语重新构建客家民俗的作者的双重身份。客家民俗所具有的语言属性和文化属性，决定了译者必须同步进行语言转化和文化构建。首先理解客家民俗。其次，合理运用具体的翻译策略，再现客家翻译审美价值。翻译客家民俗的过程就是译者再创作的过程，也是中西两种文化的协商、互相妥协的过程。在客家民俗翻译活动的每个阶段，都体现出译者的主体性。

（一）译前的主体性——客家民俗语料的选择

译者的主体性开始于文本的选择。在主观上，译者选择能产生文化共鸣的客家民俗。客家民俗涵盖面广，有着衣食住行、节日文化、婚丧嫁娶、信仰崇拜等方方面面。是否所有的客家民俗文化都可以有积极的文化形象？是否所有的客家民俗文化都可以和英语读者产生文化共鸣？译者必须发挥自身的主体性，分析各种相关的文化因素，找出最有代表性客家文化的民俗语料；同时，也是英语读者最为感兴趣、想深入了解的语料。在客观上，译者所处的社会环境及自身的局限性等都会影响译者对于文本的选择。

总之，对于那些不符合对外宣传和传播的民俗文本，不能塑造客家文化积极形象的客家民俗语料，译者在译前就应该充分发挥译者的主观能动性进行积极过滤和筛选。

（二）译中的主体性——翻译策略的运用

在选择和理解民俗文本后，翻译就进入了文本信息和文化功能的转换阶段。笔者以客家民俗文化词语料为例，分析在翻译过程中的具体策略的运用，解释说明译者在翻译过程中的主体性。

1. 保留客家文化特色——直译、直译加注法

为了充分展现客家文化特色，高保真进行文化传播，在翻译民俗文化词时通常采用直译或直译加注的方法。直译是指用译语中"对应"词语译出源语中的文化信息，在语言条件许可时，直译法不仅可以传达原文的内容，而且还尽可能完整地保留原文的语言形式。

例1：做三朝

译文：Arranging for sanzhao--a Hakka custom, when a baby is three days old, the family give the baby a bath, invite the midwife to diner, and entertain relatives and the baby's grand-mother who deliver a big cock, eggs, noddles, glutinous rice flour, etc.

平行文本：Baptism (from the Greek noun βάπτισμα baptisma; see below) is a Christian rite of admission and adoption, almost invariably with the use of water, into Christianity. The synoptic gospels recount that John the Baptist baptised Jesus. Baptism is considered a sacrament in most churches, and as an ordinance in others. Baptism is also called christening, although some reserve the word " christening" for the baptism of infants. It has also given its name to the

Baptist churches and denominations.

分析：根据百度查阅和民间收集的资料，在闽粤赣客家习俗中，小孩出生第三天叫"三朝"。外婆会送来贺礼，亲友会送来鸡、鸡蛋、鱼肉等食物。"做三朝"是客家特有的民俗文化词，在英语中找不到对应词，经搜索维基百科关于基督教洗礼词条的介绍，作者借鉴其介绍来源和具体操作的方法，为了确保这个客家文化负载词顺利传播，作者采用直译加注法可以准确表达原意，并保留客家文化色彩。

例2：梅菜扣肉

译文：Hakka style steamed pork with preserved vegetable

分析：梅菜扣肉也是客家特色菜肴。梅菜，不是一种蔬菜的名称，指的是晒干腌制的蔬菜。梅菜扣肉，是五花肉和腌制的蔬菜一起蒸制而成，特点是颜色酱红油亮，汤汁黏稠鲜美、扣肉滑溜醇香，肥而不腻。梅菜可以译为 preserved vegetable。扣肉，也就是猪肉，特指的是肥瘦相间的五花肉，可以意译为 pork belly。目前各大词典承认的译法是"braised pork with preserved vegetable in soy sauce"。笔者认为这是不正确的。英语读者根据上述英译会把梅菜扣肉理解为腌菜红烧肉，误解梅菜扣肉是红烧而成。但是，梅菜扣肉并不等同于红烧肉。其实，梅菜扣肉是蒸制的，从语言属性出发，可译为 steamed pork with preserved vegetable。为了强调客家特色，从文化属性出发，把梅菜扣肉译为 Hakka style steamed pork with preserved vegetable。后者的英译，更能凸显客家文化特色，有利于客家民俗的对外传播。这需要译者发挥主体性，深入了解背景文化，才能更好地对客家民俗进行翻译。

2. 提高译文可读性——意译法

意译法是指寻求原文与译文的意义对等，而不是词语对应，即"脱离源语语言外壳"，用不同于原文的表达方式，把原文意思表达出来，也就是用跨文化的语用对等词汇来表达源语信息。中外文化差异较大，如拘泥于词语表面则太多的信息难以准确表达，尤其是民俗文化词，是一个地区或一种文化特有的词汇，在一些情况下意译法可以更完整和准确的传递信息。

例3：艾米果

译文：green dumpling

分析：艾米果是清明节客家人会制作和品尝的传统食物。将艾草和糯米粉按一定比例和在一起，包上由豆腐、肉末等食材做成的馅料，再蒸熟即可。艾米果形状如同饺子，颜色是深绿色。因而，为了使艾米果更好地被英语读者接受，译者将艾米果译为"green dumpling"。实际上，米果对于生活在中国北方的汉语读者来说都是模糊的、不清晰的。而饺子的"dumpling"对于英语读者而言是清晰、明确的。艾米果的"艾"，指的是艾草，一种绿色植物。译者在翻译过程中，取其颜色，直接意译为"green"。Green dumpling 能很快地为英语读者接受并理解，生动形象，达到传播客家饮食文化的目的。

例 4：荷包胙

译文：steamed pork with seasoned rice flour wrapped in lotus leaf

平行文本：steamed pork with rice flour wrapped in lotus leaf

荷包胙，是江西赣州南康市和大余县的传统名菜。顾名思义，荷包胙就是用荷叶包裹着馅料，做成"状元帽"的形状，用荷叶垫蒸笼底。在译文和平行文本中都采用了意译法，只有细微的差别。将烹饪方式加主材料列出，再由 with 引出配料，最后加上 wrapped in lotus leaf 体现出其独特之处。所以将其译为 steamed pork with seasoned rice flour wrapped in lotus leaf。让读者一目了然。

基于民俗的语言和文化的双重属性，在此过程中，译者首先需要考虑原文本的社会背景、文化根源，再结合目标读者的社会背景和心理需求，充分发挥主观性和创造性，将原文本用英语再现。

3. 妥善处理不可译问题——音译、音译加注法

由于文化差异，一些民俗文化词在译语中空缺，很难找到简洁的译语来表述，这时，音译是保留客家文化特色最好的选择。民俗词的音译即用汉语拼音表示对应词汇，这也是翻译民俗文化词最为常见的方法之一。

例 5：阴阳、风水

平行文本：In order to find out what causes the irregularities in human body or a person's sickness, whether it is caused by the influence of evil spirits or imbalance of Yin and Yang elements within the body, people may ask a Thatung or shaman or Feng Shui specialist or Sinsang, who is like Thatung, but he treats patients by using his knowledge instead of appealing to gods and spirits for help[15].

分析：从 M. Ikhsan Tanggok 所著的 The Thatung in Cap Ngo Meh (Lantern Festival) Ritual in Hakka Society in Singkawang, West Kalimantan-Indonesia 一书中我们可以看到，"阴阳"和"风水"均采用音译的策略。音译虽然方便简洁，但要注意不能滥用。"阴阳""风水""功夫"等词历史悠久，文化底蕴深厚，国际知名度较高，采用音译可以达到宣传中国文化的目的，但大多数民俗文化词，外国读者是不了解的，这时就需要根据具体情况采取不同的翻译策略。

但有时，单凭音译法无法完整准确的表达文化词的内涵，需要加义注释或者解说，添加背景材料、词语起源等相关信息，便于读者理解，即音译加释义法。

例 6：土楼

平行文本：tulou-The term "tulou" almost always evokes the classical roundhouses which abound in the mountainous region of northwestern Fujian province, especially tulou in Yongding（永定）county which have been popularized by their UNESCO designation as a world heritage site [1, 5]. However, tulou means simply "earth building" and should comprise not only round （yuan）buildings but also buildings of other shapes or footprints as long as they are made mainly from earth[16].

客家土楼与围屋、围龙屋是客家民居的三大类别。客家土楼有方形、圆形等形状，既科学实用又别具一格。不像故宫、长城等建筑，英文读者对土楼并不熟悉，在翻译时要采取音译加注的方法，找到相关联的背景有助于读者理解。

（三）译后的主体性——为了文化功能的等价，进一步地修改

例7：围屋

原译文：Hakka round house tend to be built into a round shape with high levels, which could keep them away from being harmed by other people.

平行文本：It is a single round, low tower, shaped like the tomb of Cacilia Metella[17].

改译：Hakka round house, which is round with high levels, fortress- cylinder-shaped - like and totally enclosed to defend the family safety from extraneous invasion.

分析：客家围屋，是三大客家民居之一，也是最常见、保存最多的一种，围屋以其四方形，碉堡式，全封闭的建筑风格而著称。原译文采用直译加注法，但是前半句对围屋外观的描写并不清晰，后半句也指代不清。平行文本取自 Malbone：an Oldport romance 中的一句话。平行文本中"single"，"round"，"low"，"tomb"，通过对形状、大小、高低等特征准确描写，直观立体地将外形特色呈现。借鉴该表达模式，译文中"round with high levels, fortress- cylinder-shaped -like and totally enclosed"对围屋建筑特征进行详细而准确的描写，目的语读者一看到自然能展开正确的联想，脑海中勾画出围屋的画面。

译者在对目标文本实现两种语言的转换后，并不意味着翻译过程的终结。事实上，译者任然需要对译文和原文本语料进行对比、评价乃至进一步的修改。译者还应发挥主体性进行有意识地检查、反思、对比和评价。译文是否忠实于原客家民俗？译文是否达到了对外宣传客家民俗文化的目的？

五、结语

如今，中国单单作为一个经济大国是远远不够的，中国还应该在国际社会发挥政治大国和文化大国的作用，因此，在文化输出上也塑造一个大国的形象，迫在眉睫。客家人是世界上分布范围广阔、影响深远的族群之一。客家民俗的英译将有助于推动海外读者更加深入地了解客家文化，从而更进一步地接近中国文化。作者在发挥译者主体性的前提下，运用平行文本对比分析模式，从保留客家文化特色、增加译文可读性、妥善处理不可译问题三个方面，分别提出了提出直译加注、意译和音译加注的翻译方法，以此方法翻译民俗文化词既符合英语读者语言习惯、又保有客家的文化身份，有助于客家民俗文化的海外传播。

翻译凸显其文化功能和政治功能，远远超出了语言文字层面上的交流功能。在翻译的实践过程中，译者必须发挥主体性，需要克服汉英语言差异，缩短中西文化距离，以实现保留客家族群的文化身份，达到跨文化交流的目的。

参考文献：

［1］王宁. 翻译研究的文化转向［M］. 北京：清华大学出版社，2009.

［2］Bassnett Susan & Andre Lefevere. Constructing Cultures：Essays on LiteraryTranslation［M］. Clevdon & London：Multilingual Matters Ltd. 1998.

［3］查明建，田雨. 论译者主体性——从译者文化地位的边缘化谈起［J］. 中国翻译，2003（01）：21-26.

［4］Benjamin, Walter. The Task of the Translator［A］. Illuminations［C］. trans. HarryZohn, in Schulte, Rainer and John Biguenet eds. Theories of Translation：An Anthology of Essays from Dryden to Derr/da［C］. Chicago and London：The University of Chicago Press，1992：71-82.

［5］Derrida, Jacques. Monolingualism of the other；or, The Prothesis of Origen, trans［M］. Patrick Mensah. Stanford：Stanford University Press.

［6］胡德香. 论中国翻译理论研究特色［J］. 中国翻译，1998，（04）：2-6.

［7］毕文成. 浅析对外宣传翻译中译者主体性的凸显［J］. 出版广角，2012（02）：56-58.

［8］宋引秀，郭粉绒. "文化翻译" 观视域下的少数民族文化外宣翻译［J］. 贵州民族研究，2015，（04）：88-91

［9］丁树德. 关于民俗名称的英译［J］. 中国翻译，1995（03）：57-58.

［10］许怀林. 客家社会历史研究［M］. 广州：暨南大学出版社，2016：1.

［11］廖七一. 当代西方翻译理论探索［M］. 南京：译林出版社，2000.

［12］石春让，祝青. 英语财经新闻里文化负载词的翻译［J］. 民族翻译，2014（01）：30-38.

［13］Nida, Eugene A. Language, Culture and Translating［m］. Shanghai：Shanghai Foreign Language Education Press. 1993.

［14］姚丽文. 中国民俗文化翻译研究综述（1995—2012）［J］. 邵阳学院学报（04）：57-61.

［15］M. Ikhsan Tanggok. The Thatung in Cap Ngo Meh（Lantern Festival）Ritual in Hakka Society in Singkawang, West Kalimantan-Indonesia［J］. Refeksi, 2013（13）：655-684.

［16］Keith D. Lowe. Heaven and Earth——Sustaining Elements in Hakka Tulou［J］. Sustainability, 2012（4）：2795-2802.

［17］Thomas Wentworth Higginson. Malbone：an Oldport romance ［M］. Kessinger Publishing. 2010.

［18］Venuti, Lawrence. The Translator's Invisibility：A History of Translation. London：Routledge, 1998.

［19］Nida, Eugene A. Language and Culture：Context in Translating ［M］. Shanghai：Shanghai Foreign Language, 2001：82.

［20］廖建霞. 闽粤赣边客家文化负载词翻译研究——解析以语言模因为视角 ［J］. 北京印刷学院学报, 2018, 26（01）：104-107+68.

（作者简介：邓晓宇，江西理工大学外国语学院院长、教授；张涵清，江西理工大学翻译硕士研究生）

闽台客家民俗体育文化交流的历史演进及实践价值

● 崔胜利 ●

一、问题的提出

2019 年 1 月 2 日，习近平总书记在《告台湾同胞书》发表 40 周年纪念会上指出："两岸同属一个中国，两岸同胞同根同源、同文同种，中华文化是两岸同胞心灵的根脉和归属……不管遭遇多少干扰阻碍，两岸同胞交流合作不能停、不能断、不能少……两岸同胞要交流互鉴、增进互信认同，共同传承中华优秀传统文化，弘扬伟大民族精神。"[①] 2021 年 8 月 28 日，习近平总书记在中央民族工作会议上强调："要以铸牢中华民族共同体意识为新时代党的民族工作的主线，坚定不移地走中国特色解决民族问题的正确道路，推动各民族坚定对伟大祖国、中华民族、中华文化、中国共产党、中国特色社会主义的高度认同，不断推进中华民族共同体建设。"[②] 因此，新时代背景下如何发挥两岸同源传统体育文化在推动两岸民间交流和构建两岸民众中华民族文化认同中的独特作用成为亟须解决的重要理论和实践问题。事实上，自 1949 年国民党政府败逃台湾以来，两岸传统体育文化交流日益增多并逐渐成为两岸交流的重要组成部分。体育文化交流在两岸文化交流中的重要性历来为学界所重视，体育学界的学者在该方面做了较多的

[①] 习近平：为实现民族伟大复兴 推进祖国和平统一而共同奋斗—在《告台湾同胞书》发表 40 周年纪念会上的讲话 [OB/EL]．[2019-1-2]．http：//cpc. people. com. cn/n1/2019/0102/c64094-30499910. html.

[②] 习近平在中央民族工作会议上强调 以铸牢中华民族共同体意识为主线 推动新时代党的民族工作高质量发展 [OB/EL]．[2021-8-28]．https：//news. ifeng. com/c/894xgwxs5k8.

探讨。如陈如桦等①对闽台体育交流合作进行了历史回顾并分析了闽台体育交流合作的特点与存在问题；林建华等②认为两岸体育交流具有增强中华民族凝聚力等积极作用；陈少坚③回顾了两岸竞技体育领域交流的轨迹、成效，对两岸竞技体育深度交流进行了探讨。谢军等④认为闽台民俗体育文化具有极深的渊源关系，同是中华民族传统体育文化的组成部分；周丽凤等⑤认为两岸客家体育文化同根同源，同属于中华传统体育文化；郭学松⑥以两岸同源传统体育"宋江阵"为个案，探讨了筑牢中华民族精神共同体意识问题。就相关研究成果而言，除了主要侧重于两岸体育交流的宏观分析以外，鲜见族群认同视阈下两岸同源民俗体育交流个案的微观分析。基于此，本研究聚焦于闽台两地同根共祖的客家民俗体育文化交流实践，力图运用族群认同理论知识对闽台客家民俗体育文化的渊源、交流规律及实践价值等问题进行探讨。

二、闽台客家民俗体育文化的历史渊源

（一）客家民系的孕育

客家（Hakka），系出中原，是汉族的民系之一。⑦ 1979年《辞海》中解释为："相传西晋永嘉年间（4世纪初），黄河流域的一部分汉人因战乱南徙渡江，至唐末（9世纪末）以及南宋末（13世纪末）又大批过江南下至赣、闽、粤等地，被称为'客家'。"客家民系属于汉民族支系，是多民族、多文化交融的结果。⑧ 客家先民初基最早是在古黄河道上游地区，后逐渐进入中原地区即古黄河道中、下游地区（今陕西、山西、河南、河北等一带）。⑨ 在漫长的历史进程中，为避战乱或灾荒，或因为强制迁移，客家先民历尽艰辛、筚路蓝缕，历经迁徙—侨居—再迁徙—再侨居，最终在明清时期定居闽、粤、赣边山区并形成了客家民系。客家人现分布于广东、福建、广西、江西、湖南、四

---

① 陈如桦，陈融等. 闽台体育交流合作回顾与现状分析［J］. 中国体育科技，2000，36（3）：46-48.

② 林建华，郑旭旭. 海峡两岸体育交流的回顾与展望［J］. 体育学刊，2001，8（4）：17-19.

③ 陈少坚. 改革开放以来海峡两岸竞技体育领域交流回顾与展望［J］. 西安体育学院学报，2013，30（5）：526-530.

④ 谢军，陈少坚等. 闽台民俗体育文化的渊源及其在两岸关系中的作用［J］. 武汉体育学院学报，2007，（41）7：6-12.

⑤ 周丽凤，宋强. 两岸客家体育文化的演进发展与新时代展望［J］. 体育科学研究，2019，（23）6：7-12.

⑥ 郭学松. 记忆、认同与共同体：两岸宋江阵演武文化中民族传统体育身体展演与话语叙事［J］. 体育科学，2020，（40）7：79-87.

⑦ 丘权政. 客家的源流与文化研究［M］. 北京：中国华侨出版社，1999，9.

⑧ 刘善群. 客家与石壁史论［M］. 北京：方志出版社，2007：46-47.

⑨ 吕思勉. 中国民族史［M］. 江西：江西教育出版社，2018，8.

川等省区及台湾部分地区，尚有部分侨居海外。但客家源流问题由于涉及时间长、空间大，且相关文献记载缺乏或零星，学界关于客家源流的解释至今仍众说纷纭、莫衷一是。当前，大多数学者们更倾向于罗香林的"五波说"。罗香林①认为，客家先民及其后裔经历了晋末至隋唐（317—879）、唐末至宋（880—1126）、宋末至明初（1127—1644）、清康熙中叶至乾隆（1645—1867）以及乾嘉以后（1867）的 5 次大规模南迁。综合以前诸家观点，笔者认为"客家"是一个文化概念，② 客家民系是北方南迁的汉人在特定的历史时期迁入特定的区域，在与原住民长期的交融过程中形成的迥异于原住民文化和古中原文化的新型文化载体。

（二）闽台客家的发展与演变

1. 福建客家的发展

客家先民在福建的聚集区域集中在"闽西"，指古汀州所辖的宁化、清流、明溪、长汀、连城、上杭、永定、武平八县，总面积约 19294 平方千米。闽西得天独厚的自然环境和相对稳定的社会环境为福建客家的繁衍和文化融合创造了有利条件。自然环境方面，闽西以山地丘陵为主，大体是"八山一水一分田"的比例，属中亚热带气候，土地肥沃，雨量充沛，森林茂盛，唐代以前被视为"蛮荒之地"；社会环境方面，闽西处于赣闽粤三省边陲，行政建置较迟，可谓"山高皇帝远"，同时该地区社会环境相对安宁，历次大规模社会动乱没有波及这里。通过与原住民杂处、互动、交融，逐渐形成具有地域性、民族性的多元客家民俗文化。随着中原南迁汉人的增多，北宋以后，闽西北部中原移民人口已经占据优势地位。至南宋宝祐年间（1253—1258 年）宁化县人口密度已达到每平方公里 15.7 户，③ "地旷人稀"已变成"地狭人稠"。此时，人口饱和加之社会动荡和天灾不断，自南宋中期客家人开始从客家大本营（闽粤赣边区）播迁他地，主要包括闽粤赣边区内播迁、国内播迁和出洋过番三种类型。④ 但这种播迁只是部分的迁移，即某一宗族的分支播迁他地，尚有分支留居原地。这说明迁移他地的客家人与留居原地的客家人之间存在深厚的血脉联系。

2. 客家在台湾的播迁

客家民系是一个动态、开放的体系并不断吸纳、壮大、播衍、变迁。客家人大量渡海移台，始于清康熙二十年代，盛于雍正、乾隆年间，延续至光绪年间。⑤ 到了明清时期客家文化完成最后的成熟定型，同时在多重推力的作用下，明清时期，尤其是清代，大陆客家拉开了播迁台湾的序幕。1683 年（康熙二十二年）台湾统一，清政府翌年始准

---

① 罗香林. 客家源流考 [M]. 中国华侨出版公司，1989.

② 谢重光. 客家源流新探 [M]. 福州：福建教育出版社，1997，6.

③ 吴松弟. 中国移民史 [M]. 福州：福建人民出版社，1997.7.

④ 廖开顺，刘善群等. 石壁客家述论 [M]. 郑州：河南人民出版社，2012，10.

⑤ 刘善群. 客家与石壁史论 [M]. 北京：方志出版社，2007，2：135-154.

"复界"，但对大陆与台湾往来仍严加管制。直到 1721 年，客家"六堆义军"协助平朱一贵之乱有功于清廷，因而解除客家渡台限制，客家人在台地位大为改观。客家人移恳台湾，先是以屏东的高屏溪东岸近山平原为中心，后渐次迁移至新北、云林、台中等一带，到了乾隆年间，已经北移至台北、桃园、新竹、苗栗等一带丘陵地区。从姓氏血缘关系看，台湾客家与福建客家主要是一种间接的历史渊源关系。即台湾客家主要是从广东、福建沿海渡台的客家，而广东客家的先祖多来自"闽西"。根据客家姓氏族谱记载，不论何姓客家人，其祖先都曾徙居过闽。闽西客家人与大多数台湾客家人有着千丝万缕的宗亲渊源关系。如台湾、平和《曾氏族谱》记载："六十四郎原居宁化石壁，宋末元初迁居上杭，衍永定，续衍台湾等地。"据统计，台湾至少有 90 余姓氏源自闽西地区，[①]闽人及后裔占台湾人口的 73%。[②] 台湾客家人的生活方式、风俗习惯和文化都留下了福建客家的文化烙印，作为客家大本营之一的闽西正是台湾客家人的根和魂之所在。

（三）闽台客家民俗体育文化概述

表 1　闽台客家民俗体育项目基本情况统计表

	客家人聚居县（市）	项目名称
福建地区	宁化、清流、明溪、长汀、连城、上杭、永定、武平、崇安、光泽、邵武、顺昌、建宁、泰宁、将乐、沙县、漳平、龙岩、南靖、平和、诏安、永安	客家武术、打狮、舞龙、龙舟竞渡、叠罗汉、穿梁哥（宋江阵）、打马刀（阵）、踢毽子、跳绳、闹春田、抽陀螺、滚铁环、舞香灯、马灯、踩高跷、攻脚斗、荡秋千、搬船灯、舞盾牌、走古事、旱船、打石仗等
台湾地区	桃园、新竹、苗栗、南投、台中、屏东、嘉义、高雄、彰化、花莲、云林、台东、台北	国术（武术）、舞龙、六堆客家狮、龙舟竞渡、宋江阵、跳鼓、扯铃、踢毽、跳绳、陀螺、布马阵、车鼓阵、旱船、高跷、打石仗等

　　民俗体育文化属于民俗文化现象，体现在不断发展变化的民俗生活事项中，以其集体无意识的切身感、以体育形式和生活风俗的融入与依附及反映地方风俗的特色化构成其现代化的文化生命力。客家民俗体育文化是客家先民在长期生产劳动过程中形成的以宗族群体为本、以儒学伦理为中心，强调整体性、统一性和兼容并蓄的客家体育文化圈。[③] 客家民俗体育是客家文化的重要组成部分，它体现了客家人独特的精神品性，是客家经济、文化以及风土人情的生动写照。从客家史的整体发展历程看，客家民俗体育文化既与古中原文化一脉相承，又不是古中原文化的简单移植，它是在长期的人口迁移

---

① 吴福文. 闽西与闽台客家关系 [J]. 福建学刊，1998（1）：41-46.

② 黄玉斋. 台湾年鉴 [M]. 中国台湾：海峡学术出版社，2001：106-108.

③ 郭善强. 闽西客家体育文化研究 [J]. 南京体育学院学报：自然科学版，2012，11（3）：130-132.

和群居山村的特殊环境中形成的，是多种区域文化多向、复杂融合的结果，具有鲜明的地域性和民族性。台湾地区的客家民俗体育项目大多是伴随着客家人的迁入带到了台湾，受地理环境、社会差异及土著文化等诸因素影响所产生的一种地域性亚文化，具有大陆文化和海洋文化特征。①闽台客家民俗体育具有极深的渊源关系，许多台湾客家民俗体育项目仍然"原汁原味"地保留着客家祖地的风俗习惯，沿用客家的语言、礼俗等一系列客家风俗文化。如客家狮、宋江阵、龙舟竞渡等等。直到现在仍然是人们生产劳作之余或节庆时令的主要体育休闲活动。闽台客家的历史发展轨迹表明，闽台客家民俗体育文化之间既存在深厚的历史渊源关系又存在明显差异性。一方面，闽台客家民俗体育同属于客家族群文化的组成部分，拥有共同的客家文化血脉；另一方面，台湾客家民俗体育文化在漫长的播迁过程中已经演化成具有鲜明地域特征的亚文化，导致其文化形态、发展现状及研究认知等存在差异性。因此，闽台客家民俗体育文化交流既要充分利用历史渊源关系的天然优势，又要克服其差异性造成的交流障碍。

三、新中国成立以来闽台客家民俗体育交流的历史梳理

闽台客家民俗体育文化是中华传统体育文化的组成部分，是两岸客属民间交流的重要文化媒介。近代以来台湾历经风雨沧桑，尤其是1949年国民党败逃台湾后由于众所周知的原因导致闽台官方交流有所减少，②但得益于中华民族传统文化强大的向心力，闽台客家民俗体育文化的民间交流从未中断。但是鉴于两岸关系发展的曲折性和客家体育民间交流的特殊性，两岸民间交流都慎于记载，资料十分有限。进入新时期客家民间交流重要性日益凸显，有必要对闽台客家民俗体育文化交流做一种粗线条的历史脉络梳理，以期我们能从历史的视角看到闽台客家民俗体育交流的变化轨迹及其历史留给我们的启示。

（一）封闭对立时萌芽交流期（1949—1978年）

这一时期两岸处于军事、政治对峙、口岸封闭的状态，闽台客家民俗体育文化交流处于初步演化阶段，交流形式主要是民间团体自发组织。近现代以来两岸文化交流曾受到极大的阻碍，直到1945年10月中国政府才恢复对台湾行使主权。1949年10月，随着新中国的成立和国民党退守台湾，两岸又陷入了长达30年之久的政治对立、军事对峙状态之中。虽然我们很难在这段特殊时期找到两岸客家民俗体育文化交流的文字记录，但是两岸同胞对中华传统体育文化的认同和闽台民俗体育文化民间交流却从未中

① 谢军，陈少坚等. 闽台民俗体育文化的渊源及其在两岸关系中的作用 [J]. 武汉体育学院学报，2007，(41) 7：6-12.
② 兰自力，谢军等. 海峡两岸体育交流研究 [J]. 北京体育大学学报，2004，(27) 3：294-297.

断。台湾民众冒着"资匪""通敌"风险利用出海打鱼、辗转内陆等途径前往大陆谒祖膜拜，① 至 20 世纪 70 年代初已经初具规模并有大陆政府机构协助。非政府的自发性民间民俗体育交流成为封闭对立阶段闽台客家民俗体育文化交流的主要渠道。两岸封闭对立期间的闽台交往以民间乡亲为主，有助于闽台两地客属追根溯源、连亲结谊，共同缅怀客家先民，体现了两地各界人士渴望交流的主流民意。这对 1979 年两岸政经体制政策调整具有重要的推动作用。

（二）口岸开放时探索交流期（1979—2000 年）

这一时期两岸结束了对峙、台湾开放赴大陆探亲，两岸客家民间交流逐渐实现公开化、合法化，交流形式由民间自发性交流上升为官方交流，民间交流汇聚的"民意"对政府当局的政策走向产生了重要影响。1979 年元旦，全国人大常委会发表《告台湾同胞书》，为两岸民间交流创造了政策条件。台湾当局随后确认了与大陆进行体育等"曲线交流"的新政策。此时，势不可挡的民间民俗体育文化交流对两岸政治、经济政策调整的促进作用开始显现。1971 年香港崇正会倡议发起世界客属恳亲大会成为闽台客属乡亲联络乡谊和进行异地客家民俗体育文化交流的重要载体，② 两岸客家民俗体育文化的"合法"交流因此开启。1987 年 11 月 2 日，台湾当局同意开放台湾单向赴大陆探亲。统计数据显示：至 1999 年仅蕉岭回乡寻根的台湾客属达 1.4 万余人。③ 1988 年两岸武术界在闽交流，④ 实现了两岸首次正式途径的民间体育交流。1991 年《中国公民往来台湾地区管理办法》和台湾相关法规的出台为两岸体育交流提供了法律依据和具体指导。闽台客家同文、同种，使闽台两地客家民俗体育文化的民间交流更加热络，闽台客家民俗体育文化交流的频次和规模不断扩大。如：1996 年 7 月台湾客家文化寻根团一行 16 人来闽西开展寻根活动；1998 年 2 月台北县"台湾客属文化亲善团"一行 53 人来龙岩进行客家文化交流活动；⑤ 1998 年福建省龙舟队一行 64 人赴台比赛交流。这在一定程度上带动了两岸在其他领域的互动，开启了两岸常态化交流的新局面。

（三）常态化交流发展期（2001 年至今）

进入 21 世纪，闽台体育文化交流取得了较大进展。在广泛民间交流基础上，闽台客家民俗体育交流日益频繁、交流形式日益多样化、交流领域进一步深入扩大。同时，

---

① 陈少坚，谢军等. 闽台两地体育文化及其交流现状和发展前瞻 [J]. 体育科学，2006，（26）7：25-32.

② 罗勇. 文化与认同—兼论海外客家人的寻根意识 [J]. 西南民族大学学报（人文社科版），2005，174：191-195.

③ 郭善强. 闽西客家体育文化研究 [J]. 南京体育学院学报：自然科学版，2012，11（3）：130-132.

④ 陈如桦，陈融等. 闽台体育交流合作回顾与现状分析 [J]. 中国体育科技，2000，36（3）：46-48.

⑤ 曾耀东，傅德露等. 闽西客家大典 [M]. 福州：海风出版社，2010. 7.

闽台客家民俗体育文化交流也面临着前所未有的挑战。一方面，在大陆强有力的推动下，两地零散的民间体育交流逐渐发展成为两地体育产业、竞技体育、民族传统体育、体育学术等领域的全面交流合作。同时，客家民俗体育文化也拓展了闽台两地不同意识形态导向的政经团体、民间团体良性沟通互动的空间。如 2009 年 7 月，台北县新店市客家族群促进会与上杭县客家联谊会签订《关于推动两地客家联谊暨经济文化交流与合作协议书》。据国台办发言人马晓光介绍："2019 年入闽台胞超过 387 万人次，闽台文化交流活动达 200 多场，设立了 16 家海峡两岸交流基地。"另一方面，常态化交流发展期，闽台客家民俗体育文化交流始终交织在两岸政局的复杂关系中进行的，台政党轮替和民进党推行的"台独"路线使两岸客家民俗体育文化交流前景蒙上了一层阴影。特别是自 2016 年以来，因民进党当局拒不承认"九二共识"导致两岸官方沟通机制陷入停滞，使民间交流再次成为当前两岸体育文化交流的主要形式。闽台客家民间交流势不可逆，是推动两岸体育文化交流的民间推手和民意归依。闽台客属同根同源、血脉相连，客家民俗体育文化不仅是和平统一的坚实基础，而且是两岸交流发展的动力源泉。

客家民俗体育文化承载着闽台两地人民共同的中华民族文化认同，是爱国、平安和团聚的象征，承载着两岸客属的民意所向，是促进两岸交流互信的"润滑剂"。它在两岸体育文化交流发展过程中始终扮演着重要角色。在萌芽交流期，处于"地下"的民间自发的客家民俗体育经常出现在客家人谒祖膜拜的场景中，成为特殊时期维系闽台客属共同文化认同的精神纽带。探索交流期，客家民俗体育民间交流逐渐演化成官方高层交流，"民意"洪流成为打破两岸政策坚冰的重要力量并不断开拓新的交流方式和交流领域。进入常态化交流发展期，闽台客家民俗体育文化已经成为两岸体育文化交流的坚实基础，是任何"台独"势力都难以逾越的主流民意壕堑，始终是两岸关系在复杂严峻形势下行稳致远的民间推手和重要力量。

四、闽台客家民俗体育文化交流的实践价值分析

(一) 增强中华民族文化认同感的"奠基石"

特定社会环境下，人们获得、选择、强调、假借某些记忆，以强调一种人群认同。[1] 客家民俗体育文化中蕴含的个人记忆、族群记忆是客家人形塑认同的源泉。中华民族文化认同是民众形成的中华文化共识。中华民族文化是中华民族区别于其他民族的基本特质，是中华民族的身份象征，[2] 台湾客属对客家民俗体育文化的认同实际上是对中华民

---

① 王明珂. 华夏边缘：历史记忆与族群认同 [M]. 北京：社会科学文献出版社，2006.

② 袁曙霞. 两岸文化大交流对台湾同胞认同的影响研究 [J]. 贵州师范学院学报，2011，27 (10)：1-6.

族的认同。客家文化是中华民族文化的重要组成部分，而民俗民风是中华民族文化认同的重要内容。闽台客家民俗体育文化同源异流，是闽台客属共同享有的族群文化遗产，在两地客家人中形成了特殊的个人记忆和族群记忆，这种文化记忆为产生和增强中华民族文化认同奠定了基础。闽台客家民俗体育文化交流作为加深中华民族文化认同的重要途径，在两地客属交流互动过程中，已经融入了日常生活，呈现出强烈的民族感情，并假借丰富多彩的客家民俗体育形式不断地增强和形塑闽台客家人的中华民族文化认同感。

（二）开启多元化社会沟通渠道的"催化剂"

习近平总书记指出："人之相交，贵在知心。两岸同胞要交流互鉴、对话包容，推己及人、将心比心，加深相互理解，增进互信认同。"自明末清初至今，台湾历经荷据时期、明郑时期、清朝统治时期、日据时期及台湾光复后等时期的历史沧桑，加之地理环境、政治因素影响导致两岸产生了不同的意识形态。同时，由于岛内"台独"势力"去中国化"阴谋和肆意污蔑抹黑造成台湾青年一代对中华文化的认同危机。从历史维度看，客家民俗体育文化在台湾地区播迁过程中逐渐演变成了一种带有海洋文化基因的地域性体育亚文化，其所蕴含的客家族群独特的"客家精神"和文化价值观仍然通过丰富多彩的客家民俗体育活动世代传承。客家民俗体育文化已经成为一种通用性语言，它不仅是维系两岸客家人共同民族信仰和文化心理的精神文化纽带，而且为闽台两地不同的社会团体、民间组织开启了多元化的沟通渠道，让两地民众在良性互动中交流互鉴、共谋中华民族伟大复兴的中国梦。

（三）健全闽台客属民间交流机制的"助推器"

闽台客家民俗体育文化交流突出闽台文化特色，通过"民对民、姓对姓"的客家宗亲联谊活动，拓展了闽台客家交流的深度与广度。同时，极大地推动建立和完善了闽台民间交流机制。20世纪70年代初，中央政府设立专门机构接待往来闽台谒祖膜拜的台湾民众。1979年元旦，《告台湾同胞书》的发表为闽台民间交流创造了良好氛围。1982年，邓小平同志提出"一国两制"构想，为祖国和平统一开辟了新途径。1992年，建立在"九二共识"和一个中国原则基础上的"和平统一，一国两制"的基本对台方针逐渐形成。1991年《中国公民往来台湾地区管理办法》颁布为两岸体育交流提供了法律依据。同年，中共中央台湾工作办公室、国务院台湾事务办公室成立，并逐步建立了"国家-地方"对台办事机构，标志着两岸民间交流机制正式建立。2005年《反分裂国家法》通过，为两岸共同遏制和反对"台独"分裂活动提供了法律保障。党的十八大以后，习近平总书记提出了许多富有创见的新理念新举措为新时期巩固和深化闽台民间交流指明了方向。

五、结语

闽台客家民俗体育文化交流研究对两岸关系发展具有一定的现实意义。客家民俗体育文化作为中华民族传统文化的典型代表，不仅是维系闽台客属民间交流的精神纽带，而且对实现闽台客家族群文化认同与中华民族文化认同无缝对接具有较高的价值。研究表明，闽台客家同根共祖、同属客家民系，是汉民族支系之一，闽台客家民俗体育文化同源异流，二者极深的渊源关系是闽台客家民间交流的人文基础。从"地下"状态到合法化、公开化，从民间自觉到官方高层，客家民俗体育文化在两岸交流中扮演了更能动、更自主的关键角色。闽台客家民俗体育文化成为开拓两岸多元化交流领域和推动两岸关系行稳致远的重要民间力量。当前国际形势风云变幻，两岸关系错综复杂，因民进党当局拒不承认"九二共识"导致两岸官方沟通机制陷入停滞。客家民俗体育文化以其交流方式的相对独立性有利于闽台客属的族群文化记忆，增强民族文化认同感；有利于开启多元的社会沟通渠道；有利于健全闽台民间交流机制为当前形势下两岸交流不停、不断、不少创造条件。但是也应充分认识到闽台客家民俗体育文化交流在两岸关系发展大局中的局限性，不应无限夸大其效能。两岸中华民族文化认同的确立不能简单地理解为同源传统体育文化的必然结果，而应深入考察两岸传统体育文化的同源性和差异性，分析阻碍两岸传统体育文化交流的深层原因，这将为两岸传统体育文化交流提供新的视角与启迪。

（作者简介：崔胜利，博士，副教授）

滥觞与勃兴：福建客家戏曲的渊源与流变

————— ● 赖登明 ● —————

福建客家诸剧种来源不一，有的是由外地传入并逐渐地方化的闽西汉剧、采茶戏、傀儡戏等；有的是由本地民间歌舞基础上发展起来的山歌戏。受南戏传入和客家民歌、说唱、歌舞、杂技、武术、道士戏、傀儡戏等的影响，福建客家戏曲剧种经历了一个比较复杂的发展演变过程。当外地剧种流传到客家地区之后，与当地的民间音乐相结合，形成多源头、不同艺术形式的积累和综合，使客家戏曲更加丰富多彩，璀璨夺目。

一、福建客家戏曲的滥觞

周代的《大武》是一部有故事、有人物的歌舞音乐，已具备了戏曲的因素。汉代的百戏，上承周代散乐，是多种民间艺术的汇合。东汉李尤《平乐观赋》中所列的百戏节目有"总会仙倡""东海黄公"（歌舞）、"走索"（杂技）以及"吞刀吐火""画地成川""立兴云雾"（魔术）等，包括了角觚、杂技、魔术、歌舞等多种艺术形式。在如此规模庞杂、妙趣横生的娱乐性百戏歌舞的节目中，当有丝竹钟鼓伴奏，即或是在杂技舞蹈中也离不开音乐，只是还未能作为一种独立的艺术形式确立下来。

南北朝末年，一种有故事情节、有角色化妆表演、载歌载舞，或同时兼有伴唱和管弦伴奏的歌舞戏悄然兴起。其中，《踏谣娘》描写了一个妇女遭丈夫欺凌的故事。该剧有两个戏剧人物和帮腔伴唱的表演形式，采用民间歌曲演故事，已具备戏曲雏形。

隋唐时期，散乐已成为百戏的同义语，是包括杂技、傀儡戏、武术、幻术、滑稽表演、歌舞戏、参军戏等形式在内的乐舞杂技表演的总称。《旧唐书·音乐志》载："散乐者历代有之，非部伍之声俳优歌舞杂奏……如是杂变，总名百戏。"产生于南北朝时期的歌舞戏《大面》《钵头》《踏谣娘》已显示出逐渐向戏剧方向转化。这些隋唐散乐（百戏），不仅有了故事情节和人物扮演角色，而且有歌唱、舞蹈、说白、化妆、服饰及简单的舞台装置与布景，已是后代歌舞戏的雏形。

唐、五代时期，福建各地民间艺术活动十分频繁。每逢岁时年节，祀神祭祖，农事佛事，婚丧礼仪，村间必有"社火"活动，或称"乞冬""花会""灯会""踏灯""闹伞"等，各种歌舞、伎艺，如舞龙、舞狮、跑竹马、踩高脚等，形形色色的风尚习俗不一而足，都成为老百姓表达祈求福佑、迎丰、喜庆的平台。色泽斑斓的民风民俗，为民间歌舞提供了表演的典型环境和浓郁氛围；而民间歌舞又为民俗文化增添了绚丽多姿的形象色彩。如此相互作用，相互推动，世代沿袭，日积月累，形成了丰富的文化积淀，为福建戏曲的形成奠定了社会文化基础。

宋元时期，形成了杂剧与南戏两大系统。宋杂剧的表演已形成了固定的角色行当，其中主要的角色有付净（发呆装傻）、付末（以付净为对象，打趣逗乐）、孤（扮官吏）、旦（扮女性）等，既是各种技艺（如滑稽戏、傀儡戏、皮影、说唱、歌舞、杂技、武术等）的统称，又是一种戏剧艺术的形式。在宋杂剧和金院本中，有运用歌舞大曲表现莺莺故事的《莺莺六幺》，也有运用说唱诸宫调表现霸王故事的《诸宫调霸王》。事实说明，宋杂剧已存在以对白为主的滑稽戏和以歌舞为主的歌舞戏两大类。

南戏大约产生于北宋末年，其音乐最初是"村坊小曲""俚巷歌谣"，后吸收了词曲、大曲、诸宫调等曲牌，逐步形成了曲牌和曲牌联套体的南曲系统；北杂剧所采用的曲调，除出自词曲、大曲、诸宫调之外，还吸收了汉族和少数民族的民歌小曲，也形成了曲牌和曲牌联套体的北曲系统。随着南北戏曲剧种的形成，元中叶以后南曲与北曲也相互结合、相互吸收、相互影响，南北合套的运用，促进了戏曲音乐的发展。

宋时，福建社会安定，经济繁荣，各地傀儡、百戏非常活跃。百戏的内容十分广泛，不但有幻术、杂耍、武艺等表演性项目，还有音乐、舞蹈、装扮、散乐、假面、参军戏、调笑等多种与戏剧极接近的艺术成分，奠定了福建戏曲艺术发展的客观基础。这种浓厚的艺术氛围，为福建客家戏曲的形成创造了有利的条件。正如明徐渭在《南词叙录》中说的："永嘉杂剧兴，则又即村坊小曲而为之，本无宫调，亦罕节奏，徒取其畦农、市女顺口可歌而已。"从演出的组织和活动看，已有人物角色，有服饰，有化妆，有综合的念唱、科诨等表演手段，有反映人物和戏剧故事的剧目，有唱腔和伴奏，有演出场所和舞台艺术等戏曲特征，前代多种艺术的发展，为福建客家戏曲的形成提供了艺术形式方面的准备。

二、福建客家戏曲的形成

宋室南渡后，大批皇族随之入闽，中原文化和杂剧、南戏的传入，促进了福建戏曲的进一步发展。由于皇族、官宦多蓄有家乐家伎，随着他们的入闽和闽浙商业交往的频繁，温州杂剧也传进了福建，市井街坊辟有"歌楼"。流行于江浙赣粤等省的民间音乐也逐渐流传到福建，促进了福建与外省民间音乐的交流。据南宋西湖老人《繁胜录》记述福建傀儡戏在杭州的演出："福建鲍老一社，有三百余人；川鲍老亦有一百余人。"宋代傀儡戏称为鲍老。当时福建傀儡戏一社就有三百余人，而且能在京都杭州演出，说明宋时福建傀儡戏已经很繁盛了。

绍照元年至三年（1190—1192），朱熹知漳州州事，他在《谕俗文》中云："约束城市乡村不得以禳灾祈福为名，敛掠财物，装弄傀儡。"龙岩旧属漳州府管辖，与连城、上杭、永定等客家县接壤，其"信鬼神、好戏剧"的风俗，不可避免地对毗邻的客家地区传播。庆元三年（1197），朱熹的学生陈淳在漳州请禁"乞冬"戏。陈淳《上傅寺丞论淫戏》记载："某窃以此邦陋俗，当秋收之后，优人互凑诸乡保作淫戏，号'乞冬'。群不逞少年，遂结集浮浪，无赖数十辈，共相唱率，号曰'戏头'，逐家哀敛钱物。蒙优人作戏，或弄傀儡，筑棚于居民丛萃之地，四通八达之郊，以广会观者；至市廛近地，四门之外，亦争为之，不顾忌。今秋自七八月以来，乡下诸村，正当其时。此风在滋炽。其名若曰'戏乐'，其实所关利害甚大。"从以上禁戏谕文可以看出，宋时，漳州（龙岩）一带傀儡和百戏活动已经遍及农村和城市，已有供演出用的场地——戏棚，活动时间多在农闲，秋收之后。演出人员有以此谋生的专业"优人"，也有临时"互凑"的业余演出。陈淳所说"乞冬"戏，唱村坊小曲，类似"跑四美"的歌舞小戏，是早期形态的一种南戏。

明朝初年，南戏在流布过程中与各地民间音乐相结合，逐步产生了具有地域方言语音和民间音乐特点的地方声腔。多种声腔的产生和演变不仅表现为声腔的地方特色，而且也促进了表演艺术的革新变化与丰富发展，促进了新腔的创造和音乐结构的变化，推动了管弦乐器的吸收与伴奏形式的丰富，成为新的地方特色鲜明的戏曲。

据《上杭县志·文化卷》记载：明朝初年，上杭县白砂乡塘丰村人李法佐、李法佑兄弟，樟坑人赖法魁、温法明等寓居杭州时，分别在傀儡戏班中学艺。四人学成回乡，上杭有了木偶戏（傀儡戏）。又据上杭县白砂乡水竹洋《梁氏宗谱》记载：水竹洋梁姓始六世祖于元天历年间（1328—1330），迁居白砂水竹洋村。梁氏家族传习傀儡戏，至今已传二十一代。木偶戏初具音乐、舞蹈等艺术相结合的形式，可以看成是福建客家戏曲的先声。

明代，随着商品和贸易的发展，福建和外省商人之间的往来更加频繁，除了温州至泉州这条海上商路之外，从闽北邵武、南平、宁化、屏南等地与江西、浙江沟通的山区商路更进一步扩大，弋阳腔随着商人和官员的往来，频繁入闽。嘉靖三十六年（1557），徐渭随军到福建抗倭，他撰写的《南词叙录》，对当时弋阳腔已流传福建的情况有所记述："今唱家称弋阳腔则出于江西两京、湖南、闽、广用之"。明末清初形成的戏曲中不少曲牌是由外地民歌变过来的，如茉莉花、凤阳花鼓、怀胎歌、虞美人等，只是根据当地的语言和戏曲风格的要求逐渐地方化和戏曲化了。福建的民间音乐与外省的民间音乐在交流中，互相影响，互相吸收，有的则被融合到戏曲音乐里面去。江浙赣粤等省的一些民间小调流播到福建后，也有不少被吸收到福建的戏曲里来。

《上杭县志》之文化卷记载：明朝初年，上杭县白砂乡塘丰村人李法佐、李法佑兄弟和樟坑人赖法魁、温法明等四人，寓居杭州时，在傀儡戏班中学艺，后带回十八尊木偶，时称"十八罗汉"，自此，县有木偶戏。木偶戏首先在白砂乡扎根，后逐渐传到县内各乡村①。又据白砂乡大金村水竹洋《梁氏宗谱》记载：水竹洋梁姓，祖籍原系浙江杭州，始祖忠公十九从杭州钱塘迁居上杭东门。后六世祖于元天历年间（1328—1330），迁居白砂水竹洋村，把傀儡戏带入上杭。梁氏是上杭县传习傀儡历史最悠久的姓氏之一，从有家谱载的第七世梁缘春算起，至今傀儡戏已传十七代，约有五百年的历史②。

闽赣交界，同属客家地区，人民生活习俗及语言相近，三角戏形成后很快就流传进来。据《清流县志》（1994年版）记载："明嘉靖年间（1522—1566年），江西山歌小戏传入清流坊廓里，拔里，下窠、龚坊等地演出，供坊村、下窠村村民分别组建三脚班。"早期，清流三脚班由夫妻唱戏，伴奏仅有一人，锣鼓过门，演员清唱。从三角戏形成的时间、流布、发展、衍变和形式来看，此时应该是曲艺形式的《采茶歌》，仅是有故事情节和简单伴奏的三角戏的雏形。

三、福建客家戏曲的勃兴

清康熙、乾隆时期，福建各地经济得到了恢复和发展，农村的集市庙会和城市的商业、手工业也有了进一步的发展。广大乡村的集市庙会春祈秋报，敬神还愿、喜庆丧葬等民俗活动都要唱戏，从外地流入福建的戏曲声腔日益增多。闽赣交界，同属客家地区，人民生活习俗及语言相近，三角戏、采茶戏、木偶戏及乱弹诸腔先后传入福建客家地区。皮黄声腔以楚南戏为媒介在福建客家流行起来，在经过长期与福建客家语言、民间音乐相结合过程，渐渐演变成为各具特色的新的声腔剧种。

（一）茶灯戏到采茶戏

旧时，在闽西的一些节庆活动中，一些传统民间艺术的表演之后，为满足观众的要求，往往会紧接着表演一些民间小戏。如在"打船灯"、跳"采茶灯"和踩"竹马灯"之后，就会在观众围观的圈子当中，紧接着演出《补缸》《大小争风》《卖花线》《王婆骂鸡》之类的民间小戏。这些民间小戏都是单出戏，篇幅较短，剧情单纯，大多以男欢女爱为内容，夹杂了不少调情的成分，有固定的剧情、固定的道白、固定的唱词及固定的曲调，仅在偶尔间，个别演员会在道白中插上几句与现场景况紧密相关的现编的几句俏皮话插科打诨，活跃气氛。这些民间小戏的剧本和配曲，都是靠民间艺人世世代代口

---

① 赖登明. 闽台客家傀儡戏的传承与变迁［J］. 中国音乐，2014（1）：84.

② 叶明生. 福建傀儡戏史论（上册）［M］. 中国戏剧出版社，2004，251-202.

耳相传或民间手抄本流传下来。通俗易懂的唱词与群众口语编写台词念白，使用当地方言演唱，深为人民所喜闻乐见。

清康熙年间，诗人查慎行在《武夷采茶词》中写道："手挽都篮漫自夸，曾蒙八饼赐天家，酒狂去后诗名在，留与山人唱采茶。"由此可见，至迟在明末清初武夷山一带就有了"唱采茶"活动。李世熊纂《宁化县志》卷一也有记载："迎神之会有五饰灯戏，煎沸昼夜。"宁化山区每逢冬春农闲，城乡群众必装饰各种灯彩，演唱茶歌小调，号称"五饰戏""踩擦戏"，由于"唱采茶"多以家庭生活与爱情婚姻故事为题材，没有剧本，没有曲谱，全凭师傅口授心传。民间流传"没有皇帝没有官，越看越心宽，越看越喜欢"，以致出现"酺歌浃月，合邑如狂"的现象。

闽西赣南同属客家，语言习俗相近，血缘血脉相亲，闽赣两地采茶戏班经常交流演出，有赣南采茶戏师傅来宁化教戏，也有不少宁化一带的采茶戏艺人到赣南搭班演出。这些民间小戏篇幅都较短，都是单出戏。戏剧情节较为单纯，大多以男欢女爱为内容，夹杂了不少调情的成分，有固定的剧情、固定的道白、固定的唱词及固定的曲调，仅在偶尔间，个别演员会在道白中插上几句与现场景况紧密相关的现编的几句俏皮话，插科打诨，以引得满场大笑，增强戏剧效果。至此，采茶小戏已显示出逐渐向戏剧方向的转化，已是早期形态的一种采茶戏。

（二）从祁剧到汉剧

据清代同治九年修纂的《祁阳县志·艺文志》记载，祁剧艺人有"三去赣南"之说。在宁化县坊田乡大罗村池氏祠堂戏台后壁上，题有"乾隆丙辰（1736）寒食节，湖南新喜堂班到此演出"[1]的记载。经查阅《湖南地方剧种志·祁剧志》，证实"新喜堂"确是楚南戏戏班。皮黄声腔以楚南戏为媒介在闽西流行起来。嘉庆年间（1796—1820），连城县罗坊乡罗昌银师从湖南祁剧艺人陈春生，闽西开始出现本地的弹腔艺人。湖南班（楚南戏）自雍正、乾隆年间到闽西活动以来，把他们剧种所依附的西皮、二黄声腔带到闽西，并对这一声腔在闽西流行、扎根和衍化起着媒介和载体的作用。咸丰年间，闽西汉剧在吸收当地民间音乐后形成。

光绪年间（1875—1908），粤东外江戏班开始到闽西演出。而且越往后，到闽西来演出的粤东外江戏班和艺人越来越多，在闽西的影响也越来越大，影响渐渐超过祁剧（楚南戏）。其中，尤以"老三多""老福顺""荣天彩""新天彩"四大班影响最大。有外江戏班"荣天彩""顺台班"在连城罗坊罗氏祠堂戏台墙壁上的题记为证，以及其他外江戏班在永定县高陂乡西陂村天后宫演出时写在戏台墙壁上的题记。闽西也有不少汉剧（乱弹）戏班和艺人到粤东演出或搭班串演，与粤东外江戏艺人互拜师傅。

随着闽、粤两地戏班和艺人兄弟般地长期而密切的交往，闽西乱弹受粤东外江戏的

---

[1]　湖南省戏曲研究所编. 湖南地方剧种志·祁剧志［M］. 湖南文艺出版社，1988，32.

影响越来越大，并出现了"彩花香"科班，龙岩的"新舞台"科班等。闽西汉剧（乱弹）受粤东外江戏的影响越来越大，两地剧种的面貌已经变得几乎相同。其闽西"乱弹"改称外江戏便是这一影响的具体体现。同时，闽西汉剧戏班也有明显增加，戏班规模不断扩大。从清末民初到20世纪20年代，是闽西汉剧的兴盛时期，先后成立了"荣德顺""新天彩""荣天彩"等30多个民间职业（外江戏）戏班，还破天荒地第一次出现了一批女演员，如张巧兰（青衣、花旦）、上杭王玉兰（花旦）、钟熙懿（青衣）、李凤群（花旦、青衣）。

1933年，广东外江戏易名"广东汉剧"。受广东汉剧的影响，闽西外江戏亦称汉剧。祁剧在闽西、粤东的演出活动，当与闽西汉剧、广东汉剧的形成有一定的渊源。中华人民共和国成立后，为区别"广东汉剧"，闽西的汉剧正式改称"闽西汉剧"。

（三）从采茶灯到山歌戏

清康熙《龙岩县志》记载了当地"茶灯戏"的演出情况，"茶灯戏"由茶婆二人，武小生一人，小丑一人，茶姑八人组成。茶婆由男艺人扮演，以歌舞演唱小戏为主。由于"茶灯戏"在乡村演出时，常常摆出"天下太平""五谷丰登"字样和队形，故被视为吉祥戏。此时，龙岩"唱采茶"已逐渐发展为载歌载舞的"采茶灯""采茶舞"。这些民间小戏演唱的曲调许多就是当地的山歌小调，唱词和道白使用当地的方言，偶尔会使用带浓厚当地方言腔调的普通话即"土官话"演唱。

新中国成立后，在党的"百花齐放、推陈出新"的文艺方针指引下，民间艺人积极参与戏改，吸收闽西各地山歌、竹板歌和民间器乐曲，融合民间采茶灯、竹马灯、打船灯等舞蹈动作，还吸收闽西汉剧、江西采茶戏、湖南花鼓戏、粤东客家山歌戏等剧种的部分养料，演唱一些带有故事情节的小戏。剧中角色多为二三个，没有灯光、道具、布景、乐队；演员的表演在极其简单的锣鼓伴奏中，双脚不停地前后左右进退、两手自然摆动的表演动作（被称作"十字步""秧歌步"），曲调以朴素的客家山歌为基础，唱词和道白使用普通话和当地方言，并大量采用当地形象、生动的群众语汇边唱边说，以增强戏剧效果，已具山歌戏雏形。1955年9月，以洪兴柏、温七九等12位民间艺人和新文艺工作者为骨干，龙岩县山歌戏实验剧团正式成立。

结　语

福建客家戏曲在发展过程中，不同程度地借鉴了外地戏曲剧种的经验，持续不断地从当地民间曲调中吸收营养丰富自己。由于客家各地习俗与审美需求上的差异，尤其是受到各地语言、语音和不同的音乐风格的影响，各地的戏曲剧种，都具有自己鲜明的地方特色，形成了不同的戏曲风格。福建客家戏曲剧种有的属单一声腔，有的属多声腔；有的剧种兼容多种声腔，有的则同一声腔而分属不同剧种。这些声腔，或古老，或新兴，都来自不同的源头，甚至是多源头的集聚和积淀，经历过不同的发展演变过程。福建客家戏曲音乐风格各异，各自拥有其流行区域，从而形成了福建客家戏曲的多声腔并存、多剧种竞相发展的繁荣局面。

（作者简介：赖登明，三明学院教育与音乐学院教授）

客家传统民居建筑文化的
表达方式与认同机制探析

——以纪录片《回到围屋》为例

● 彭田菲 ●

"我的身份是什么样的?""我是什么人?""我有什么文化?"这是纪录片《回到围屋》中一位来自澳洲的华侨用客家话问的三个问题,它们围绕"文化认同"这一内核所展开。亨廷顿曾提出文化认同是在全球出现认同危机时诞生的一个议题,人们不清楚自己的身份,也不知道自己来自何方,而这些问题的本质实际上是一种对自我的身份确认。文化认同就是指对人们之间或个人同群体之间的共同文化的确认。使用相同的文化符号、遵循共同的文化理念、秉承共有的思维模式和行为规范,是文化认同的依据。[①]纪录片作为一种媒介传播形态,在传播族群文化与构建族群文化认同上起到了不容忽视的作用。它通过纪实性的声画传播样态,勾起观众内心深处的地域归属,也加深了观众的文化认同。

《回到围屋》是在梅州市委宣传部的指导下,由梅州市广播电视台、社会影视公司联合拍摄制作而成的客家文化纪录片,2020 年 12 月 27 日在央视纪录片频道(CCTV-9)开播。《回到围屋》以客家民居建筑为载体,抒发了一群客家人的乡愁。这部纪录片的内容由一群身份各异的客家人将四座散落在梅州各地的近百年客家围龙屋"玉庭楼""钧质楼""仁寿庄""梅玉楼"进行"活化"的全过程构成,它既是一次现代中国人借智慧与情怀对族群文化基因的记录,也是一次客家人对自身归属的找寻。

一、客家围龙屋的概况与现状

(一)客家围龙屋的概况

客家是一个特殊的民系,有着十分悠久的历史。据罗香林先生考证得出:作为源头在中原地区的汉民族的一支,他们自两晋之际到清同治年间,因外患、饥荒、匪盗、兵

---

① 崔新建:《文化认同及其根源》,《北京师范大学学报(社会科学版)》2004 年第 4 期。

灾、政府奖赏招募或安插以及外地经济的引诱等原因纷纷背井离乡，总共经历了从北向南的五次迁徙。① 由于客家人一直"在路上"，没有稳定的生活与居住环境，因此他们每到一处，总被当地人看作客人，"客家"这个族群的专属名称就因此得名。由于长期受各种不安定因素的困扰，为了生存，他们意识到要筑建居所且聚族而居，于是客家人的生存堡垒——围屋诞生了，这成为他们赖以生存又抵御外侵的一个工具，也是最基本的栖息地。

围龙屋是围屋的一种，主要分布在广东梅州市的辖区内。大多数围龙屋占地面积巨大，呈现左右对称的总体格局。围龙屋一般由三部分构成，分别为：房前的禾坪与半月形池塘，房屋主体的堂屋、横屋及杂屋，房后的化胎与围屋间。其中房前半圆的池塘与房后的化胎与围屋间构成的半圆形结构组合在一起成为一个圆形，两个半圆将呈方形的房屋主体上下囊括起来，体现了中国传统的"天圆地方""天大地小"的观念。堂屋由上堂、中堂、下堂、天井及许多堂屋间组成，上堂为祖堂，自上堂往前逐级降低，显得祖堂神圣又崇高，供奉在那里的祖先也显得尊贵无比。中堂也就是宗祠，红白喜事以及各种宗族祭祀活动都在这里进行，这些活动的举行也令族人认清并强化了血缘亲情。至于祖堂两边的横屋，是子孙居住的地方，这样的布局也体现了以宗族为中心，有利于加强族人的凝聚力和向心力。

（二）客家围龙屋的现状

尽管客家人在梅州建了属于自己家族的围龙屋，但他们迁移的脚步却仍没有停止。能够在异地安顿下来已经很不容易，如何长久地生存下去也成为一个难题。家族中的部分青壮年男子不得不外出谋生，他们有的下南洋，辗转各地经营工商各业；他们有的考取功名，游宦他乡；还有的人离乡从戎……聚族而居的客家大家族内可谓各业齐全，并无专一家业。漂泊在外的客家人通常要在异地长久停留，在改革开放的政策施行后，海外经商越发繁荣，越来越多的客家人走出国门，他们迁徙的轨迹从中国延伸到了东南亚、欧洲还有美国，那些围龙屋也就闲置下来，开始老化并且损坏。

随着时代的发展，以家族为单位聚族而居的围龙屋逐渐不再符合现代客家人的居住需求。房学嘉在考察梅县丙村镇温家大围屋时发现：在传统社会里，温家族人住在大围屋内，每个人做什么全族人都看得一清二楚，从增强宗族凝聚力的角度考虑，可以相互约束，出了什么问题，可以随时改正。反之如果住得分散，你做什么，族人不清楚，甚至做违法之事，也无法约束，故不利于宗族的发展与团结，也不利于保持宗族的行为准则。② 现代社会客家人已经从大家族、大家庭逐渐演变成数个单独的小家庭，每个家庭

① 罗香林：《客家研究导论》，广东人民出版社，第38—66页。
② 房学嘉：《客家围龙屋建构的文化解读——以梅县丙村镇温家大围屋为例》，《嘉应大学学报（哲学社会科学）》2001年第5期。

都渴求能拥有属于自己的生活空间，于是围龙屋已经不再适合现代家庭居住，客家人陆陆续续搬离了围龙屋。随着国家"乡村振兴"战略的提出，部分客家人开始思索如何将蕴涵故乡与宗族记忆的古老围龙屋活化，通过设计改造，将古老的建筑注入活力，注入人烟，令它从里到外地完成新生。

二、客家文化内涵的表达

纪录片《回到围龙》以四座位于梅州的围龙屋为叙事主角，穿插其间且身份各异的客家人是实现其活化"任务"的配角。这部影片借不同的人物来讲述有关不同围龙屋的文化与历史，除了展示客家围龙屋表面宏大壮观的气势、雕梁画栋的做工、中西结合的特色以外，还着重展示了围龙屋与宗族、美德、哲学观念等有关的深层文化内涵。

（一）宗族观念

客家人普遍重视血缘亲情、宗族礼法，这一点在他们的传统民居中得到体现。围龙屋里居住着一个家族，也凝聚着一个家族。客家人的祖辈在迁移中安家立业，将祖先牌位安置在合适的地方且定期举行祭祀活动，首先是能起到歌颂祖先的光辉事迹的作用，同时也能对后辈起到道德教化与规训的作用，此外还能起到保佑宗族，驱邪禳灾的作用。祖先牌位可以说是整个宗族的精神支柱，具有至高无上的权威性，它应该被放到最显眼的位置。如同纪录片中说的那样：在客家人习俗当中，上堂通常用来祭祀，极为神圣。在围龙屋，祖先的牌位通常就安放在上堂。即便围龙屋"钧质楼"即将通过"活化"变身成为具有现代气息的民宿，房东熊烈长仍坚持将母亲铜像安放在上堂，因为他始终无法忘怀母亲修建围龙屋、独自抚养儿女的艰辛，就算祖屋的形态发生了改变，但他对于母亲的怀念与追思不会改变。

在宗法共同体的祭祀崇拜中，中者宗也。首位是宗的位子，而东西左右对称则是昭是穆，是子子孙孙。[①] 我们能从影片中许多航拍的俯拍镜头看到，围龙屋都呈典型的中心对称结构，整体十分规整，这也与客家人极其重视宗法礼教分不开。上文提到，在围龙屋当中，中堂是宗祠，也位于围龙屋最中心的地带，族人就在这里举行红白喜事，举行祭祀活动，《回到围龙》中有这样一段情节：有一场婚礼即将到来，但此刻"钧质楼"的改造还没完工。即便如此，他们仍然坚持"在祖屋举行红白喜事，是客家人传统"。于是新人们只能在一片工地上举行婚礼。能在神圣的祖屋举办婚礼，特别是能在宗祠供奉的祖先见证下举办婚礼，这对于新人来说是一种极为重要的身份认同。即便如今已步入现代社会，这种悠久的封建礼制带给客家人的影响依旧是嵌入基因的。

客家人对宗族繁衍也极为重视，他们将生殖的隐喻附着在围龙屋的许多结构当中，

---

① 吴美娜、张奕亮：《客家建筑的文化传承功能探析》，《农业考古》2012 年第 3 期。

位于围龙屋后部的化胎正是如此。影片当中介绍道："在客家围屋中，后部往往有一个半圆形建筑，由化胎和花头间构成，是最为神圣之地，意喻人丁兴旺。"化胎在围龙屋当中显得十分独特，不仅能从其名称表现出来，关于化胎的名称，一般解释是"化育万物""变化而有胎息"之意。① "化胎"二字成为客家人对于"生生不息"美好愿望的一种寄托。它的独特同时也能从其外形体现出来：它以上堂顶端为建设的起点，呈一个半月形的石坡向外延伸，建设的终点则是一条抵达围龙屋外围"围龙"的弧线，石坡略隆起，地面往往铺满一枚枚小小的鹅卵石，恰恰象征了万子千孙、多子多福。

（二）共建互助

在《回到围屋》中，一栋位于市中心的小型围屋"梅玉楼"改造成的青年旅社包含一个开放式厨房，店主宋嘉乐主张旅客自由组合，搭伴开火，饭菜烧好了，大家共同坐在一张桌上共享。宋嘉乐对此解释道："所有的一切都源自童年，人的少年和童年对塑造一个人是非常重要的事。小时候我们也是住在围屋里，大家都是互相照顾，一起吃饭。大家就是很好的一种共建关系，就是我们那个共产主义的思想：共同生产、共同劳作，那个氛围非常好。"

在过去客家人向南迁徙的那段时间里，如果他们不是互帮互助，团结一心，则很有可能无法生存下来，无法与少数民族及当地土著对抗。由于客家人定居下来的地方山岭繁多，交通不便，不利于跟外界沟通的地势造就了客家人聚族而居的风俗。客家人重视家族的团结，家族利益远远高于个人利益，为了整个家庭而情愿牺牲个人利益，这可以从许多传统客家民居中家庭成员个人使用房间缺少私密性这一点可以看出。② 围龙屋虽对外封闭，但对内十分开放，屋内不仅房间间隔小，拉近了族人之间的物理距离，也便利了族内的人际沟通往来，而且屋内还设置了许多公共空间，比如祠堂、天井、厨房、水井等等，公共空间的设置更加强化了宗族间的亲情，人们在共同劳作中互相交流，互相给予，互相帮助……这样的美德代代相传，以至于与此相关的回忆也成为后辈想要留恋，想要传承的美好片段。

（三）人与自然和谐共处

围龙屋不仅凸显了客家人在建造工艺上的高深智慧，而且还蕴含了客家先民的在精神世界的处世哲学。客家先民多聚居于山区，围龙屋依照山势而建，房屋整体会呈前低后高的形态，这不仅给人一种视觉上的人居与天地山川的和谐，也能使人从心理上认同围龙屋达到了一种"天人合一"的哲学境界。客家十分注重人、人居与自然的和谐关系，《回到围屋》中提到的"四水归堂"观念也是如此。在传统客家围龙屋的建造中，

---

① 周大鸣、段颖：《海外华人、侨乡与围龙屋——梅州南口侨乡村的田野考察》，《民族艺术》2019 年第 5 期。

② 施瑛：《传统客家民居的特色解读及其现代价值》，《农业考古》2010 年第 1 期。

客家人十分注重天井的运用。要在有限的居住空间中满足房间的通风、采光等宜居条件，天井可以说是至关重要的一部分。"玉庭楼"在经过设计师的改造后，保留了原有用来采光、通风的天井，但在原有的基础上做了一点小小的改动：在天井的下方，搭建了一块钢化玻璃，并且设计了一个雨水的收集净化系统。这样改造既保证了阳光能顺利地到达屋内，又能满足房主钟山在屋内增加装饰的愿望，管道收集起来的雨水成为种花养鱼的天然水源。这样做不仅节约环保，重要的是维护了房屋内外的自然平衡。

围龙屋内的房梁、斗拱、栏杆、门窗、厅堂、屏风、家具等皆采用木与竹作为原料，也是雕梁画栋、精巧无比。钟学宏在改造妻子的祖屋"仁寿庄"时，给自己立下规矩：围屋及公共区域的功能和外观保持不变，除卫生间等设施须用现代材料外，其他尽量使用乡土装饰材料：木和竹。从审美角度来看，使用木与竹这些乡土装饰材料改造围龙屋，能帮助其留住原始风貌，钢材、玻璃这些现代装饰材料则会使其看上去不洋不土。从客家推崇风水的哲学角度来看，木与土这些建材本就顺应传统"五行"观念，在一定程度上能对居住其中的客家人运势有所增益。且就算这些自然建材所筑的围龙屋日后毁坏，所有的土墙木梁等都能腐烂消解，又重新化归于自然。而现代建材不会像自然建材一样，它们既在建造过程中产生大量建筑垃圾，污染了环境，又不能保证在未来围龙屋坍塌之时完全回归尘土，这会对环保事业带来压力。人与自然和谐共存的观念在客家人生活中还体现在方方面面，他们对于自然的敬畏与对环境的爱护，十分值得现代人学习与借鉴。

（四）客家妇女美德

在客家族群的繁荣与壮大的过程中，妇女所做的贡献是不容忽视的，客家妇女勤劳贤良的形象在近代历史上一直为人称道。在谈及客家的特性时，罗香林先生赞叹：客家妇女，在中国可说是最坚苦耐劳、最自重自立，于社会、于国家都最有贡献，而最足令人敬佩的妇女了。[①] 影片中，房东熊烈长一再坚持想将母亲铜像摆放在上堂，他的固执不是没有原因的。

由于客家人大多背靠山林居住，可耕作土地资源稀少，于是男性大多外出谋生，十年八载不回，仅留妻儿在家，客家妇女就担负起了建房务农照顾家庭的重任。究其文化渊源，则很好体现了南方少数民族文化传统与宋明理学为代表的中原儒家文化传统的统一。[②] 迁移到南方的汉族人民，许多生活习惯受到当地畲瑶少数民族的影响，例如客家妇女不缠足，"女劳男逸"的习俗等，身体没被封建礼教荼毒的客家妇女具有健壮的体魄，且丈夫离家，偌大家族中繁重的工作是她们不得不面对的，于是她们日日劳作不辍，身兼男功与女功，长此以往，勤劳成为客家妇女的习惯。其次是儒学教化的深入熏

---

① 罗香林：《客家研究导论》，广东人民出版社，第191页。

② 谢重光：《客家文化论述》，中国社会科学出版社，2008年，第465页。

染，一方面客家人有着中原汉族的血统，另一方面客家人重文教，儒学对女性的教化在此地影响深厚，客家妇女也就具备了三从四德、任劳任怨乃至逆来顺受的品质。这两种原因共同造就了勤劳贤良的客家妇女，她们也凭借自己的劳作，获得了家族中的重要地位。客家之所以能发展壮大，她们功不可没。

三、客家文化认同的构建

文化认同，是客家人在这个族群长期生活当中形成的对这个族群生存发展最有意义的有形、无形事物的一种肯定，它的核心就是对这个族群基本价值的认同。对客家文化的认同是凝聚这一族群的精神纽带，也是这个民系生命延续的精神基础。族群共同的历史与遭遇是客家认同的基础性要素。[1] 经历艰辛的五次迁徙最终才安定下来的客家人，对于自身的历史与文化是十分珍视的。他们重视血脉根源，牢记先辈历史，坚守客家方言，通过方方面面去努力维护客家人凭智慧与努力创造的成果。

（一）对乡根的看重

客家人具有强烈的寻根意识，他们无论走到哪里，都不会忘记自己的根在哪里。不仅是对于自己血脉宗族的追忆，更远的还有对遥远的中原文明的追忆。就像在《回到围屋》里钟山的母亲谈到钟父临终前的心愿为什么是希望儿子出资尽力修缮、维护祖屋"玉庭楼"，而不是将其卖给地产开发商："不能卖，卖了钟家就到此为止，梅州就到此为止了，再也不会去了，楼在人就在，楼不在了你又去看谁呢？"围龙屋在那里，故园就在那里，家族的根脉就在那里，它成为乡愁的载体。早年离开家乡，定居异地的钟山觉得他是个"没有故乡的人"，如果不是有些时候要填籍贯，他可能不会想到梅州与他有什么关系。"自从有了玉庭楼，才有了故乡的概念。"只要祖屋还在，故乡也就变得具象起来。钟学宏也谈道："我觉得这个仁寿庄，是成了傅氏家族亲人之间亲情联系、维护亲情的纽带桥梁。如果没了，那么对于傅氏家族后裔感觉就是没有根了。"一旦祖屋被推倒，化作一片尘土，新的建筑取而代之，渐渐地，就没有人会记得这片土地上的家族以及他们曾经的故事了。城市化的快速推进需要以侵占农村的发展空间为代价，"拆掉了一些老宅子，确实让一些乡愁没有依附了，就像个幽灵一样到处飘着了"。乡愁无处依附，人就如同没有根的浮萍，长此以往，他们对自己的归属也会变得模糊，而这种文化与心灵的缺失如同被拆除的祖屋一样，都是不可逆的。

（二）对历史的铭记

客家的建筑是客家文化的物质表现形式之一，每一个围龙屋都是一部家族史，一个姓氏的起源，一个宗族的发展变迁，其中数不清的故事都发生在这里，一代又一代住在

---

[1] 陈海斌：《文化认同：客家族群认同的表达与实践》，《广西社会科学》2014 年第 9 期。

围屋的客家人在日常生活中通过教化的手段，将家族的历史传承给后辈，强化了他们对于客家历史的认知与文化认同。在客家人的记忆里，祖上都或多过少会有漂洋过海经商的经历，"客家人，漂洋过海去全世界，最后又回到这里来，这里是根"。钟山想在改造"玉庭楼"时保留客家建筑传统的"四水归堂"，实际上也是对祖辈那段海外经商历史的留存，祖先通过水路外出做生意，又像水流进天井一样回到围屋；"钧质楼"的熊烈长无法忘却那段父辈缺席，母亲独自一人建房与抚育儿女的艰辛历史，因此他执意要将母亲的铜像摆在上堂；独自一人改造"仁寿庄"的钟学宏不仅对房屋的历史熟稔在心，他还将宣传客家文化付诸实践。将客家历史典故书写在灯箱式宣传栏上，挂在游客必经的正厅会客区；当以华侨身份归乡探亲的远房堂妹与妻舅回到围屋，钟学宏也会重新向他们介绍、谈论这栋房屋曾经的历史。正是有一代又一代客家人对于客家历史传承的自觉，才会造就客家儿女们共同的文化自信。

（三）对方言的坚守

客家人在向外迁徙时创造了属于自己族群的方言，尽管从容貌上看不出客家人与其他中国人有什么区别，但客家方言足以成为客家人之间互相用以确认身份的暗号。在客家人的观念里，"宁卖祖宗田，勿忘祖宗言；宁卖祖宗坑，莫卖祖宗声"。客家人以客家话为生存的根本。纪录片中钟山说道："'𠊎系客家人，𠊎讲客家话。'这是父亲教我的第一句客家话。那么他教的'𠊎'在中文字上面来讲，就是一个单人旁，一个'天涯'的'涯'的右半部分。也许这就是客家人的历史，浪迹天涯。"不管客家人迁徙到哪里，他们就将自己的方言带到哪里。即便是漂洋过海，去到陌生的国度，他们也会一边适应陌生的语言环境，一边努力地保存着客家方言，不仅在同乡社群中讲客家话，还会教自己的后代学客家话。例如钟学宏的远房堂妹傅妃娜从澳大利亚回到梅州探亲，以英文作为母语的她，即便不擅长讲普通话，但她仍记得一些客家话。还会用客家话自豪地说出："我要看我的家乡，我见到他们可以跟他们讲客家话的。"她的表现恰恰反映了客家人通过对客家方言的坚守来表达他们对于身份归属的强化。客家话作为客家文化的重要表现形式，已经成为维系客家民系的重要纽带。作为一个客家人，无论身在何方，只要没有忘记独属于他们的方言，就是值得引以为傲的事情。能够做到坚守方言，也就代表着他们与客家族群血缘的联系没有断裂，有关客家的历史与文化的记忆也相应地不会消亡。

四、总结

在处理认同危机时，对人们来说，重要的是血缘、信仰、忠诚和家庭。人们与那些拥有相似的祖先、宗教、语言、价值观、体制的人聚集到一起。[1] 亨廷顿对于如何化解认同危机这一问题提出了解决方案。客家这一族群本就凭借宗族血缘凝聚在一起，他们在迁徙当中创造了属于自己的语言与文化，当越来越多的客家人离开家乡，走向远方，足迹遍布全世界的时候，他们对于故乡的记忆开始变得慢慢模糊，如何加强自身身份与文化的认同，留住乡愁？从建筑这一留存记忆的物理载体入手是十分明智的选择。

《回到围屋》这部纪录片不仅向我们展示了围龙屋作为客家传统民居的建筑特色，也通过四座围龙屋的活化过程中产生的围龙屋去还是留，改造是按遵循旧制复原还是迎合现代审美，建筑材料是采用天然材料还是现代建材的三对矛盾，向观众展示了客家人在围龙屋的"变"中秉持"不变"的一部分，也就是他们对于客家历史文化的坚持与传承，这也是客家之所以"生生不息"的原因。相信在国家实施乡村振兴战略的东风吹拂下，会有越来越多的客家围龙屋能得到"活化"，有更多客家人能留住故乡，寄托乡愁，记住家族的血脉与荣光，明白自己从何而来，又有着多么独一无二、引以为傲的文化，有了这份文化自信，身份归属不明

晰的问题自然而然也会有答案。

（作者简介：彭田菲，赣南师范大学历史文化与旅游学院硕士研究生）

---

[1] 亨廷顿：《文明的冲突与世界秩序的重建》，新华出版社，2010 年，第 106 页。

客家非物质文化遗产在旅游开发中的活化传承与创新融合

——以三明市为例

——● 林舒展 王晓燕 林 挺 ●——

非遗是在千年历史长河中孕育出的中华传统艺术，体现着先人的造物智慧和工艺技能，是中华文明的结晶。客家是中华民族大家庭中的重要成员，是汉民族中一支优秀重要民系。三明客家地区非遗种类繁多、尽显独特魅力，集客家文化之大成。在文旅融合大背景下，寻求地域特色传统文化元素，让非遗加持同质化严重旅游产品，推动非遗向文化旅游产品及服务转化，增加旅游产品的个性，为非遗注入新活力，彰显文旅融合新生态。

一、创新传承客家非遗，赋能文旅产品转型升级

树立以文化促进旅游发展、以旅游开发带动文化保护的发展思路，创新活化传承客家非遗文化，利用民族文化资源，以文为魂，文旅结合，赋能文旅产品转型升级，将非遗项目，开发成独具特色和市场发展潜力的文旅产品，力求资源保护与开发同步，在合理开发中传承保护非遗项目的根和魂，在市场运作中形成全民自觉保护的意识，实现非遗保护的良性循环。

（一）文化积淀深厚，开发优势明显

三明市有9个客家县，地位重要，贡献重大。在历史上是客家先民南迁的重要中转站，是客家人形成并繁衍生息的重要居住地，在唐宋期间，三明各县成为大批中原汉人躲避战乱和灾荒而辗转南迁的重要聚居地，为孕育客家民系、形成客家文化作出重大贡献，宁化成为海内外著名的客家祖地。全市现有国家级非遗7项，全国重点文物保护单位12处，国家级历史文化名镇名村10个，中国传统村落62个，中国民间文化艺术之乡1个，全市客家地域特色明显，境内民间信仰、语言、饮食、建筑、传统技艺、婚丧习俗等有着独特的文化价值，客家非遗资源门类齐全，自然生态资源丰富而独特，是旅游开发的资源本底，有利于实现文旅融合可持续发展。

1. 客家文化遗产密集丰富，存续状态良好

三明非遗项目门类齐全，传承价值高，特征鲜明。一是地域性强。三明位于闽、赣、粤边界山区，是战乱、荒灾而南迁的中原汉人避难的理想处所。发源于武夷山脉的闽江、赣江、韩江三条大江哺育着客家民系的成长，大江及其支流又为其交流提供了条件，为该区域非遗文化的形成提供了文化生态基础。经过漫长的演变，形成了独具地域文化特色的三明非遗。二是分布广泛。从地域分布上看，三明非遗地域分布广泛，全市11个县（市、区）中有9个客家县（市、区），另外2个县也有部分客家乡镇、客家村。三明市文化和旅游局 2022 年上半年工作总结指出：截至 2022 年 3 月。全市非遗项目名录 254 项，其中国家级非遗项目 7 项，省级非遗项目 65 项，市级非遗项目 182 项。但是区域之间分布不平衡，三元区非遗项目比例低，仅占 3.9%，明溪县、大田县和建宁县非遗项目分别占 5.9%、5.5%、5.1%，宁化县、沙县和将乐非遗项目分别占 10.2%、9.1%、7.8%，清流县、尤溪县和泰宁县非遗项目分别占 20%、13.3% 和 12.2%。① 三是参与性强。三明非遗中的民俗、民间舞蹈、民间竞技等项目吸引大批的民众参与，传统祭祀活动，记载着很多历史文化信息和原始记忆，具有较强的体验性和娱乐性，民众参与积极性高。

2. 旅游资源独特，生态禀赋极佳

三明市旅游资源丰富，山水景观独特，近年来，全力推进全域旅游快速发展，全市建成世界自然遗产 1 处、世界地质公园 1 处、自然保护区 12 处、湿地公园 3 处、风景名胜区 7 处、地质公园 8 处、森林公园 26 处，同时，全力打造全国重要的生态文化旅游目的地，全市拥有国家园林城市、国家卫生城市、中国优秀旅游城市，以创建中国文化和旅游消费示范城市为契机，加快软硬设施建设，完善旅游目的地配套设施，整合提升旅游接待能力，积极打造现代立体交通基础设施体系，发展文旅产业有很好的基础优势和发展潜力。同时，生态资源丰富，环境优良。1930 年，毛泽东同志在三明进行革命实践时，写下了"宁化、清流、归化，路隘林深苔滑"等生动词句，广袤的森林、苍翠的群山，就是三明生态的真实写照。全域树茂林丰，森林覆盖率 78.14%，是全国最绿省份的最绿城市之一，享有"中国绿都"等美誉，是科考修学重要目的地，发展文旅产业优势明显。

（二）坚守初心与使命，开启非遗保护传承新时代

非遗是中华民族优秀传统文化中的瑰宝，一大批非遗传承人为让优秀的非遗项目薪火相传而做出自己的努力，然而，随着工业化和城市化进程的加快，非遗的存续环境发生了重大变化，导致非遗传承后劲不足；非遗要传承下去，必须采取多种扶持办法和措

---

① 洪明升. 根与魂——三明非物质文化遗产 ［M］. 福州：海峡文艺出版社，2019：214-222.

施，进一步加强对各级代表性传承人的帮助和支持。① 因此，要大力弘扬坚守初心与使命、只为传承民间非遗艺术坚守一生传承人，用动人故事唤醒更多人关注非遗，以初心致匠心，让更多人知道非遗传承人对非遗的坚守和努力，彰显对非遗保护的责任担当，全力推动创造性转化、创新性发展，使之在新时代迸发勃勃生机，开启非遗保护传承新时代。

1. 从"静态"保护向"活态"传承的转身

非遗展示应力求项目的"静态"展览与"动态"演示、特色展示与商品展销、主体展示与游客互动、传统手工与现代元素的结合，实现游客与非遗的亲密接触，让游客直观地接触非遗、感受非遗的魅力。一是进一步加强博物馆旅游产品的建设，充分利用先进的展示手段，在非遗展示中融入旅游功能。完善三明市客家博物馆、三明市非物质文化遗产博览苑、三明市非物质文化遗产展示区及相关县博物馆等，建设客家博物馆、非遗传承基地、非遗传习所等专业博物馆或传承传习所。由政府和民间资本共同投资形式建设和完善具备非遗展示和旅游参观等功能的专题非遗展示场馆。通过视频欣赏、文字图片介绍、实物展示、非遗传承人现场展示等动态形式，能让游客对非遗有更深了解。

2. 从"碎片化"单一保护向"系统性"整体性保护的转化

随着工业化进程的加速及城市现代化的发展，众多的传统非遗失去了赖以存在的生态环境，传承和保护难度加大。三明客家地区非遗传承碎片化保护现象依然突出，要立足三明非遗转换文旅产品较少的现状，从关注旅游开发的现实效用层面出发，挖掘和提炼客家非遗文化所承载的文化价值和精神内涵函，进一步提升对三明客家地区非遗文化研究整体性、系统性的认知和思考，对非遗赖以存在的自然环境和文化环境的加以综合性保护，加快客家文化（闽西）生态保护区建设，充分发挥生产性保护这一具有浓郁中国特色的非遗保护模式的功能和作用，提升非遗系统性保护水平，助力保护区文化生态系统性保护，实现对具有重要价值和鲜明特色的文化遗产整体性保护。

3. 从"重申报"模式向"重保护"管理机制的转型

近年来，随着对保护各类物质文化遗产的认识不断加深，我国也逐步建立较为完善的国家、省、市、县四级非物质文化遗产名录体系，但是，"重申报、轻保护"一直是非遗保护挥之不去的话题，导致非遗项目过度泛化，保护模式单一。一些单位只看重入选名录的社会影响，只为地方和单位脸上贴金，保护措施不落实，一些非遗项目空有躯壳、徒有虚名。因此，要建立动态管理机制，加强非遗项目管理，出台考核管理办法，评估相应标准，并将根据新的非遗法，出台项目或传承人的退出机制。

---

① 李荣启. 对非遗传承人保护及传承机制建设的思考 [J]. 中国文化研究，2016.

二、创新融合客家非遗文化元素，凸显文旅产品特色

传承是基本，落脚是发展。宜融则融，能融尽融，以文促旅，以旅彰文，推进文旅融合的，让客家非遗文化元素融入旅游项目，不仅激发了传统文化的潜力，也让非遗文化传承有了更多的落脚点，让备受现代文明冲击而逐渐尘封的非遗文化根脉得以存续、发展。

（一）客家非遗文化元素特征

对传统文化进行创造性转化、创新性发展，不仅要深入挖掘其内涵，还要充分提炼文化元素。因此，只有充分认识传统文化元素的特征和客家非遗传统文化元素的内涵，才能汲取传统文化精髓，把握客家传统文化要素，才能在旅游开发中注入客家非遗文化元素，传承客家文化薪火，彰显地方特色，才能有效充分地为客家非遗文化活化传承服务。

1. 传统文化元素的特征

"中国传统元素"孕育着中国文化精神的，是传统文化的一种象征，有它独有的特点：一是具有历史性，中华文明上下五千年形成了源远流长的文化知识，流传久远。因此，在对传统文化艺术表现方式的理解基础上，对中国传统元素加以改造提炼和运用，使其更富有时代的特色；其次，具有多样性。传统文化元素题材广泛内涵丰富、形式多样，包含儒家文化、道家文化、佛教文化等文化形态。传统文化元素包括图形、文字、国画等，在所有中华传统元素中，以中国传统图形为代表的中华传统元素，以其独特而浓郁的中华特质，已成为旅游景观设计的一大重要来源。[①] 随着中华优秀传统文化融入现实生活、满足受众需求，传统文化不再"高冷"，非遗更加"亲民"，越来越受到游客欢迎，他们正以自己的方式理解、探索、演绎、传播传统文化，旅游领域的"国潮"扑面而来。[②]

2. 客家非遗传统文化元素的内涵

客家非遗文化作为中原文化的重要组成部分，是客家先民在历史发展的长河中所形成的技艺与智慧的集中体现。客家先民在迁徙过程中，即保留有中华文化的诸如端午节吃粽子、中秋节吃月饼、元宵节吃汤圆等共有特征，又保留其客家服饰、饮食、居住环境、谋生方式等自身文化特点。这些共性与个性的文化特点都是各种丰富的文化符号呈现，将客家传统文化符号元素用抽象、转换的手法进行再设计，并应用到景观设施设计中，营造具有客家韵味的"新客家"现代景观空间，是客家传统元素是中华文化的一处独特景观和宝贵财富，客家文化传承的一种新形态。[③]

---

① 熊跃珍. 现代包装设计中的传统文化元素 [J]. 现代装饰：理论, 2011 (3)：2.
② 陶亮. 论中国传统文化元素特点及运用 [J]. 文艺生活·文海艺苑, 2012 (8).
③ 赵永军. 客家传统文化元素在景观设施设计中的应用 [J]. 艺术与设计：理论版, 2015 (5)：4.

（二）客家文化元素在旅游开发中价值

文化旅游产业对资本具有一定的依赖性，发挥非遗资源的优势可将其向文化旅游产业建设逐步推进。① 因此，非遗作为历史遗留文化宝贵财富，要把这稀缺性资源优势转化为文化旅游产业资源优势，使非遗资源不再处于被动保护的地位，应发挥其自身的社会价值与经济价值，才能被合理有效的开发与利用。

1. 挖掘客家文化元素的社会价值

非遗所表现出的信念，往往带有信仰的特色，表现出一种虔诚性、仪式感（或略带神秘感），是该非遗中的精神支柱，是一种强大的内聚力，也是该非遗活动得以传承下去的精神动力，是非遗的核心要素，非遗的其他表现形式多与此有关。② 客家人来自中原地区，深受儒家文化的影响，客家传统文化融汇了中华传统文化的精华，传承了中国古代文化中重义轻利的道德取向，信和义是客家人崇尚的基本价值观念。重信义、薄小人的传统价值观在客家人"言而有信""以诚待人"等日常生活和社会行为中充分表现了出来，在旅游产品开发经营中，更需要的从业人员秉承崇德向善，诚信待人的品德操守。

2. 挖掘客家文化元素的经济价值

通过对客家乡贤参与活动的挖掘，提高对客家文化元素经济价值的文化认同和体验感，有助于开发和利用客家文化所蕴含的经济价值。③

一是民俗活动。客家先民凭借石壁地区独特的自然环境，在独特的历史背景下，孕育了具有区域性特点的鲜明的客家文化，不仅参与文化地域分工，使闽粤赣边区成为客家文化中心，而且其文化影响波及海内外，其吸引导向性覆盖世界范围。④ 客家风俗绝大部分是从中原地区带过去的，所以形成了客家民俗与中原民俗相互碰撞与相互融合的现象。客家地区民俗文化具有很高的观赏性，民俗文化旅游越来越成为壮大三明客家地区经济的重点产业。⑤ 客家传统文化丰富内涵强化民俗旅游知识性和生动性，民俗旅游以其丰富历史内涵而形成文化魅力，使旅游者置身于与居住地迥然不同的世界中。有人说"遗产往往是永远的旅游吸引"⑥。二是祭祀活动。客家具有客居他乡、迁徙颠沛的共同经历，形成了客家敬祖追宗、勤劳坚韧、善应环境、传统求实、崇文重教、重祭祀

---

① 雷云锋. 浅谈非遗资源优势向优秀文化产业的转变［J］. 当代旅游：下旬刊，2019（5）：1.

② 林晓平，张金金. 非物质文化遗产的核心要素和利用路径探析［J］. 赣南师范学院学报，2020，041（001）：25—32.

③ 赖丹. 客家文化旅游开发探析［J］. 科技广场，2009（2）：2.

④ 罗金华. 宁化客家祖地的世界级品质及其开发［J］. 三明学院学报，2008，25（1）：6.

⑤ 宋德剑. 试论客家地区传统文化的经济价值功能［J］. 嘉应大学学报，2003，21（4）：103—106.

⑥ 彭华，钟韵. 创建优秀旅游城市的思考：旅游开发与城市建设一体化［J］. 旅游学刊，1999，（2）.

礼仪的共同习俗。2011 年福建宁化石壁客家祭祖习俗列入国家非遗名录。[①] 石壁村位于闽西宁化县城西、居武夷山东麓，古代中原汉人南迁曾首居此地，生息成客家民系，后遍及天下。20 世纪 70 年代开始，海内外客家来此觅祖恳亲兴起，1995 年首行石壁祭祖大典，之后多次举祭祖恳亲盛典，随着时间推移、规模渐大，石壁由此形成世界客家民系朝圣中心。[②] 祭祖拜神、游神赛会之类传统文化复兴在这一客家地区现象十分普遍。宁化县加强港澳台及海外华侨交流合作，紧紧抓住客家人的"寻根谒祖"之情，已连续举办 27 届世界客属石壁祖地祭祖大典。三是客家民居。客家民居是世界上最具魅力民居之一，无论是国家重点文物保护单位永安安贞堡，还是清流赖坊古民居，都会让游客流连忘返，透过客家民居，游客可以了解传统社会客家人巧夺天工建筑艺术以及这种建筑形式产生的社会经济背景。

三、创新利用客家非遗项目，开发适销对路旅游产品

非遗资源化发展是非遗价值的一个放大器，是非遗发展面向现代社会发展的一把钥匙，是非遗介入、融入当代人生活的重要路径。[③] 因此，非遗在旅游开发中，要满足游客多元需求，与旅游融合呈现多种新方式，培育产业新业态，通过文旅融合发展，拉动文化旅游消费。

（一）适应现代生活需求，传承利用客家非遗

非遗文化维系着几千年来中华民族精华之源泉，深蕴着丰富营养成分的中国传统文化。为了更好地保留客家非遗项目的原生态特质，原汁原味地呈现三明客家非遗项目的独特魅力，通过非遗项目和现有景区的合理整合，赋予景区以更丰厚的传统文化、历史内涵，使之成为旅游市场的新卖点和新亮点，从而建设一批有内涵、有市场的非遗旅游景区和特色线路，创新方式打造内涵丰富的文旅项目。

1. 运用现代产业理念，开发客家非遗项目

非遗传承人是保护开发与传承发展非遗项目的主体。产业化经营有利于调动非遗传承人的积极性，给予其施展才华的空间，调动非遗传承人的积极性，既要以市场需求为动力，也要考虑非遗传承人的正当利益，只有搭建双赢平台，使非遗传承人在充满成就感与获得感的环境下开展工作，才能使其积极投身非遗保护与项目开发之中，开拓出更

① 任鸿飞. 非遗视角下客家民系祭祀图腾空间营造探索 ——以石壁客户公祠为例 [J]. 南京理工大学学报：社会科学版，2018，31（5）：5.
② 刘善群. 简论宁化石壁客家祖地的定位 [J]. 福建史志，2009（1）：4.
③ 西沐，雷茜. 新时期中国非遗传承与发展观念的探讨 [J]. 北京联合大学学报，2021，35（1）：7.

为广阔的发展空间。① 当今我们已进入休闲旅游时代，创新休闲旅游经济的动力和引擎，要深刻认识产业化经营是非遗保护与传承的内在要求，要本着"旅游开发到哪里，非遗文化融合到哪里"的原则，要创造条件，成立三明市非遗文化产业集团公司，致力于非遗传承保护，立足三明客家地区，重点开发客家文化（闽西）生态保护区非遗资源，签约传承人，创新合作模式，开展市场运营，以文化引领旅游，开发客家非遗项目，促进旅游业提质升级。

2. 运用现代审美思维，提炼客家非遗文化元素

三明客家地区拥有种类繁多、各具特色的非遗项目。众多散落在乡野的非遗项目经过岁月淬炼，正在被人们重新认识、激活，要在这非遗文化宝库中挑选最具本地特色的部分，通过地域非遗文化、民俗文化、传统文化等分析、归纳、提取，提炼具有地域文化特征的设计元素，提取最具辨识的显性符号，使其元素符号化，以现代审美方式加以诠释，高度还原旅游地文化符号和事象，运用客家非遗文化元素开发旅游，更好地用旅游促进文化繁荣，文化引领旅游发展，在文旅融合中实现文化的传承创新。

（二）运用市场理念，开发多元需求的新产品

1. 适应大众消费需求，提高客家非遗旅游产品吸引力

坚持统筹布局、科学规划，构筑文旅结合的产业空间布局；要以非遗项目集中、特色鲜明、内容和形式保持完整地域为重点，做好非遗项目挖掘、保护、传承和利用，形成以三明客家文化（闽西）生态保护区为中心，以宁化县、清流县、明溪县等为主干，其他县（市区为补充的文化旅游产业区域布局；组织编制非遗的旅游开发规划和可行性研究，对市县域范围内适宜旅游开发的非遗加以利用，推动三明客家地区非遗创造性转化、创新性融合发展，打造独具魅力的特色非遗文化旅游景点，把单个分散景点有机串联，形成主题鲜明、各具特色的旅游路线，通过以点串线提高旅游项目吸引力，开创非遗当代传承发展的生动局面，让游客玩得尽兴，吃得满足、住得舒心。

2. 运用文化品牌战略，提升客家非遗旅游产品竞争力

非遗作为旅游资源，有着深厚的历史文化底蕴。三明地区非遗众多，特别客家非遗颇具特色，但是，非遗与旅游融合还不够深入、非遗转化旅游产品还不多。要立足当地旅游资源，围绕文化创新、文化特色、文化融合、文化精品发展主题，运用现代文化品牌战略，挖掘客家文化IP，活化当地风俗、风情，因地制宜地寻求文化基础，充分利用全市深厚传统文化底蕴和丰富历史文化资源，结合当下文化旅游消费需求，以现代文化为引领，打造"高文化附加值+高创意附加值"为特色的客家非遗旅游产品，推动非遗从生产生活空间到文化旅游空间的转换，实现品位与潮流、品质与趣味的有机融合，不断提升客家非遗旅游产品影响力、竞争力。

① 贾争慧. 以产业化发展增强非遗活力 [J]. 人民论坛, 2019 (22)：2.

3. 利用非遗美食魅力，提升客家品牌影响力

三明有众多列入非遗名录客家美食制作技艺，要深挖客家地区乡风民俗，把客家文化内涵深刻挖掘出来，依托"中国绿都·全宴三明"月月飨"美食+互联网"主题营销平台，举办"舌尖上的非遗"活动，采取线上线下同步，向游客展示客家传统美食和绝活儿技艺，展示融汇三明山水精华与厚重历史的客家盛宴，打造和推广蕴含客家非遗文化特色的美食飨宴。

（三）运用高新科技，拓展非遗传承发展的空间

科技创新是非遗产业化可持续发展的动力源泉。非遗产业的发展离不开科技的助力，产业化程度越高，市场前景就越广阔。在新时代背景下，非遗项目要想更好地与现代社会的发展需求相融合，就要主动借助科技手段，增加非遗的产业价值，使非遗技艺可视化、数字化、多样化，从而获得更加充沛的发展能量，在提高传统文化表现力的同时，形成更富时代特色的全新艺术表现形式。

1. 利用互联网技术，提高客家非遗保护水平

随着互联网快速发展和人们对互联网的依赖性逐渐加深，互联网已经成为人们了解非遗文化的主要渠道。互联网为非遗保护和传承提供了良好的前期基础，拓宽非遗网络化传播渠道。近年来，三明市非遗博览苑、非遗展示区通过图片文字、实物展示、场景还原、视听播放、手工体验等传统展示与现代数字化技术相结合的多元表现方式，是市民和游客了解传统非遗文化的重要窗口，是对客家非遗文化传播尝试，唤醒人们的非遗文化记忆。因此，依托互联网的非遗保护和传承将能促进非遗资源完整保存、保护和传承，实现非遗保护和传承手法依托时代特征不断自我更新和发展，最终将能实现非遗保护传承和互联网技术融合的发展新格局。①

2. 利用互联网技术，提升客家非遗旅游产品价值

随着互联网的发展，非遗传播搭上互联网的快车道，呈现多层次、多角度、多样态的发展趋势。互联网求新求变的思维传导至非遗传播过程，不断推出新理念，完善新模式，形成新业态。② 因此，要发挥互联网和数字技术融合的优势，借鉴现代化传播模式以及产品 IP 化的打造模式，通过对传统非遗的研发、创新，从而打造出符合现代审美需求的文化 IP 形象，让客家优秀传统文化获得现实生命力，增加传统文化的娱乐性和吸引力，唤醒人们对于客家优秀传统文化的认同感和自豪感，从而推动非遗文化的在"互联网+"模式下的传承和创新，实现非遗文化价值挖掘和增值拓展。

---

① 王朝晖，陈成琳，朱乾锋."互联网+"背景下我国非遗文化的保护与传承 [J]. 新媒体研究，2019，5（13）：3.

② 黄仲山."互联网+非遗"的发展趋势与推进策略 [J]. 文化产业导刊，2020（1）：6.

3. 利用互联网技术，增强非遗旅游产品互动体验感

互联网快速发展，为非遗传承人搭建了走进千家万户的舞台，看非遗直播，赏非遗技艺，购非遗产品，让更多人能看到形式丰富的非遗内容，更多人通过手机屏幕领略到优秀传统文化的魅力，重新唤起人们对传统文化的热情，越来越多人对老手艺感兴趣的年轻人找到了解、接触传统技艺的地方，老手艺人的技艺传承也渐渐有了转机，互联网的价值体现在能够调动更多人参与非遗保护，特别是吸引年轻人参与到非遗传承实践中，通过互联网平台让不同的非遗民间工艺轻易间就实现良性互动，提高参与感。

4. 利用互联网技术，加快客家旅游产品传播力

互联网技术和新媒体已经成为非遗文化传播力的重要载体，为非遗的传承打开了一扇新的窗户。非遗项目具有一定的地域性，一种技艺往往世代都局限在一个地方或区域进行传递或推广。随着"互联网+"时代的到来，这种地域间的天然壁垒很快被打破，非遗快速搭上文化发展的"高铁"，在传承和弘扬传统文化的进程中如添双翼，大大提高人们对于非遗项目的认可度和知名度。① 因此，借助现代互联网技术，客家传统非遗文化有望迎来又一次发展的春天。

[作者简介：林舒展，北京市第十二中学历史教研组教师，学术硕士生；王晓燕，湖南农业大学马克思主义学院讲师；林挺，三明市文化和旅游局（文物局）科长，经济师]

---

① 连晓芳. 中国文化遗产走向世界 [J]. 视界观, 2018 (3)：5.

秋水园文化价值及其开发利用前景略谈

一、对客家建筑文化概念的反思

秋水园是宁化客家隶书大师伊秉绶清嘉庆十四年（1809）在故乡建造的府邸，由于建筑在清末民初就已经不存，其文化价值一直未能得到应有的认识和重视，这对于伊秉绶及其家族，以及客家文化都是一种遗憾和损失。笔者曾对一位客家老友聊起这件事，老友答道：那是中原的园林建筑，不是客家建筑。

事实果真如此吗？

我查阅了许多关于客家建筑的资料。老友果然没有说错。基本上所有的介绍客家建筑的资料都认为：客家建筑即是客家民居。在建筑美学视野中，客家民居有千姿百态的建筑造型，在各地有不同的名称，大都以围字命名，有围屋、围村、围堡、围楼、围寨等。这些不同名称的客家建筑可以概括为三种样式：客家排屋、客家围屋、福建土楼。有人则认为客家大致分为围屋、土楼、围龙屋和天井式院落（肖承光、金晓润著：《客家传统民居的主要类型及其文化渊源》，《赣南师范学报》2004 第 4 期）。也有人称客家民居的主要建筑形式有土楼、围龙屋、府第式堂屋三大类。上、下册的皇皇巨著《中国客家建筑文化》（吴庆洲著，湖北教育出版社 2008 年 5 月第 1 版）罗列了全国各地数十种客家建筑，如果依照类型划分，基本上也离不开客家排屋（又称碉楼、横堂屋、府第式堂屋）、客家围屋（又称围龙屋）、福建土楼三大类。

几乎所有的关于客家建筑的资料都认为：由于客家人为了躲避战乱和灾荒从中原地区辗转向沿海丘陵和山区迁徙，其建筑形式也在迁移过程中逐渐演化，并形成了自己独特的风格。客家人必须十分注重建筑的防御功能，以抵御野兽、盗贼等侵害，因此形成了封闭、坚固、聚族而居的客家居住形态。

按照客家建筑的主要功能或特点是防御作用的说法，以及这种功能或特点是在躲避战乱和灾荒的迁徙过程中形成的观点，以审美、休闲为主要功能的秋水园势必被排除在客家建筑之外，当然也被排除在客家文化之外。

建筑是凝固的文化，是立体的文化。在客家祖地宁化，一座由客家著名先贤建造的园林式建筑，竟然被排除在客家建筑之外、客家文化之外，这显然是极不合理的。这种不合理促使我们不得不对关于客家建筑的定义及其形成原因进行一番倒逼式的反思。

根据文化的定义，客家建筑文化是客家民系关于客家建筑的物质生活（可理解为各种形态的建筑实体）和精神生活（可理解为建造过程中的种种理念和规则）的总和。那么，问题来了：客家民系是个时间跨度包含唐、宋、元、明、清的历史概念，即便将下限截止在罗香林所处时代，客家民系的生活的总和是不是只有应对战乱和灾荒？客家民系所处的赣南、闽西、粤东等区域，是不是普遍、永久存在野兽和盗贼的侵害，以致必须大大提升民居的防御功能？答案显然是否定的。在客家民系形成的漫长历史过程中，必定存在适宜客家民系休养生息、繁衍发展的时间窗口，在广袤的客家民系居住区域，必定存在适宜客家民系立足安家、开拓创业的风水宝地。宁化石壁能够成为公认的客家祖地，足以证明前述时间窗口和风水宝地确实是客家民系形成、发展的必不可少的两个条件，足以证明战乱和灾荒，野兽和盗贼不是客家民系生活的全部。

因此，因为秋水园这样的园林式建筑适合于和平、安定的年代，适合于审美、休闲的生活，将其排斥在客家建筑、客家文化之外，显然是一桩历史错案。这桩历史错案的发生，彰显出我们在客家文化的研究过程中出现了某种偏差：为了凸显客家民系的坚毅，过分强调环境的恶劣；为了凸显客家民居的防御功能，忽视了客家民系对美好生活的追求。这种偏差上升到理论的层面，就是用特殊代替一般、用个别代替普遍。

二、秋水园在客家文化中的地位

我在第八届宁化石壁客家论坛提交的论文《客家祖地文化演进序列初探——兼及〈留春草堂诗钞〉的思想特色》提出：客家祖地文化分为文化离异、文化寻根和成熟期三个演进序列；这篇论文还提出：伊秉绶所著七卷本《留春草堂诗钞》从程朱理学、诗歌创作和书法艺术等方面全面继承和弘扬了中华传统文化的精髓，标志着客家祖地文化寻根的圆满复活，标志着客家祖地文化的成熟，标志着客家先民从文化的层面回归汉族大家庭，成为汉民族的一个民系（《第八届石壁客家论坛论文集》，海峡文艺出版社2020年末12月第1版，第111—119页）。面对秋水园，不难发现：秋水园的建造者伊秉绶同时又是《留春草堂诗抄》的作者，秋水园的建造时间恰恰与《留春草堂诗抄》的创作时期重叠。同样在《留春草堂诗抄》的创作时期，在宁化建造秋水园之前的清嘉庆七年（1802），时任惠州太守的伊秉绶在客家重镇惠州建造了面积超过百亩的园林式丰湖书院。这绝不是偶然的巧合，而是客家文化在客家民系进入新的历史发展阶段的客观反映。此时作为客家民系物质生活和精神生活的总和的客家文化，特别是作为客家祖地的石壁地区的客家民系，早已摆脱了迁离故园、寻找落脚点、适应当地环境的历史阶段，经历了唐初设置黄连镇、唐中叶设置宁化县、宋代设置县学等发展历程，进入了定居、发展的新阶段。客家祖地的先民对于生活已经萌生了更高的追求。在这个新阶段，客家祖地的先民对于民居的要求，已经不仅仅停留在重防御、保安全的层面上，而是产生了与自己的财力和经历相适应的追求舒适、美观的要求。

秋水园建在宁化县衙之东，背负县城的屏障城门嶂，园主伊秉绶写有《城门嶂》一诗，谈到建造秋水园的时代背景。伊秉绶在诗中用"想当千百年，藤杖芒鞋践"的诗句追忆先人攀登城门嶂的艰辛。而到了建造秋水园之时，形势发生了重大变化。先人艰苦跋涉的高山深川被赋予新的含义："设险幸时清，作镇降福遍。乌岩衍族繁，蛟湖入镜倩。伟哉崇如埻，处高非自衒。积秀多松篁，钟灵生俊彦。"（伊秉绶著：《留春草堂诗抄》卷六，第3页，清嘉庆十九年秋水园藏版）在伊秉绶的笔下，险要还是存在，但庆幸的是时局清平；高山镇守一方，给百姓带来普遍的福祉。乌岩山下家族繁衍，蛟湖一带景色宜人。雄伟的山冈像高墙耸立，但不是为了炫耀自己的存在，而是象征着众多人才在这里诞生。应该说，秋水园是客家文化演进到定居、发展为主要内容的成熟阶段的产物。

定居、和平、发展阶段的历史经验对于客家民系、客家地区的当代发展有着更为直接的参考借鉴价值，这是秋水园在当代客家文化研究仅有的客家土楼、土堡等建筑无法替代的。秋水园的建造，丰富了客家建筑的形态，增加了客家建筑的类型，填补了客家建筑文化乃至客家文化的空白。

毫无疑问，秋水园的建筑模式、建筑理念源于中原的园林建筑，但这不应该成为将秋水园排斥在客家建筑之外的理由。客家民系属于中华民族汉族的大家庭，客家文化是中原传统文化的重要组成部分。从这一角度看，秋水园与中原园林建筑的渊源更是有值得挖掘、探讨的必要。

秋水园园主伊秉绶清乾隆四十九年（1784）赴京，清乾隆五十四年考中进士，之后的20余年间，先后宦游京都、湖南、广东、浙江等地。此时的伊秉绶，不仅是一个合格的中华传统文化的践行者，而且是一个有极深造诣的艺术家。他非常喜欢园林艺术，《留春草堂诗抄》中有许多诗篇是以园林建筑为题材的。

秋水园的建造，标志着这一时期的伊秉绶，已经实现了身在宁化、跳出宁化的转变，已经完全摆脱了民系文化、区域文化的束缚。京都的皇家园林，扬州的江南园林，都融入他的心中，化成秋水园的佳构。

我在《客家祖地文化演进序列初探——兼及〈留春草堂诗钞〉的思想特色》一文中

提出："七卷本《留春草堂诗钞》中体现的走出去的理念和精神是客家祖地文化暨客家文化不可或缺的组成部分。"(《第八届石壁客家论坛论文集》,海峡文艺出版社 2020 年 12 月第 1 版,第 119 页)走出去的目的是什么?秋水园的建造告诉我们:走出去才能开阔眼界,博采众长,为我所用。这是秋水园对客家精神、客家文化的一大贡献。

三、秋水园开发利用的简单设想

由于种种原因,本文为秋水园的开发利用设计两套方案,一是实质性开发利用,二是文化层面的开发利用。

所谓实质性开发利用就是恢复重建秋水园。

恢复重建秋水园有以下几个有利条件:

一是秋水园虽然荒废多时,但有关资料相当丰富,《留春草堂诗抄》中不少关于秋水园的诗篇,描写了秋水园的景点和风光,是恢复重建的最可靠的依据。流传甚广的伊秉绶的族弟伊襄甲所著《秋水园记》则直接罗列了秋水园的 16 景,也是恢复重建秋水园的重要依据。

二是宁化在客家文化(闽西)生态保护实验区中具有重要地位,30 余年来宁化客家研究取得丰富成果,恢复重建秋水园可以争取政府的支持。

三是宁化客家祖地研究已经在客家民系中形成广泛影响,恢复重建秋水园可以得到海内外客家乡亲的支持。

一旦恢复重建秋水园的设想变为现实,秋水园将成为客家地区第一家园林式大型民居,可以扩大客家祖地的影响;秋水园可以和石壁祖地、泉上土堡共同作为客家民系形成的三个阶段客家民居的代表作,构成以客家民居发展史为主线的相对完整的链条,为开发客家祖地旅游提供文化支撑和实际景区。根据历史记载和现实需要,秋水园具有一园多用的广阔前景:即是客家先贤伊秉绶的纪念建筑,又可以兼顾展示宁化其他先贤的生平事迹;既是休闲娱乐的园林建筑,又是客家建筑的代表性作品;既是开展客家旅游的景区,又具有商业经营的理想环境。

所谓文化层面的开发利用就是在秋水园恢复重建之前大力发掘、利用秋水园的文化价值。

秋水园是伊秉绶建造的园林式住宅,是与伊秉绶紧密相关的进士府邸。进士这一阶层在古代属于社会上层,在今天也得到广大民众的赞赏,符合民众奋斗上进、追求美好生活的社会心理,以伊秉绶进士府作为经济活动的媒介,具有较好的社会基础。

笔者在为第九届石壁客家论坛撰题为《"打响宁化客家小吃品牌"的初步探讨》论文时,就有过将伊秉绶的进士府的生活与宁化小吃建立联系,创造独具宁化特色的宁化小吃品牌的设想。所谓"伊秉绶的进士府",我在前述探讨中将其浓缩为更为简洁、更为响亮的"伊府"［《第二届客家文化（闽西）生态保护实验区学术研讨会暨第九届石壁客家论坛论文集》，海峡文艺出版社 2021 年 11 月第 1 版，第 420—424 页］。笔者认为，"伊秉绶的进士府"这一名称具有很好的覆盖率，不光是餐饮行业，文化、艺术、旅游、展览等许多行业都可以借助这一名称深厚的文化魅力和广泛的社会影响力，但其根源在于秋水园。

（作者简介：李启宇，原厦门市方志办副编审，厦门市政协特约文史研究顾问）

古诗词中的客家习俗

—————— ● 杨海中　杨　琪 ● ——————

有关客家的史实，不仅见诸各种史籍杂记家乘，为罗香林先生《客家研究导论》等提供了坚实的佐证，历代诗词中也多有涉及，从不同角度或侧面反映了客家生成与发展、生产与生活、习俗与风情、思想与情感等客家原乡的历史与文化。

诗词作为文学艺术，源于生活，又高于生活，既抒发情志，更记事咏物。于是，在我国诗歌发展史上，就涌现出了以诗的形式反映重大社会事象的"诗史"之作，其中最为人熟知的代表就是"诗圣"杜甫。① 继杜甫之后，宋代的陆游和晚清黄遵宪等人之作，也有称其为"诗史"者。②

著名史学家陈寅恪认为，"诗可证史"，诗从一定意义上说，可以更形象、具体、生动地展现史实。他说："中国诗虽短，却包括时间、人事、地理三点……外国诗则不然，空洞不着人、地、时，为宗教或自然而作。中国诗既有此三特点，故与历史发生关系。"③ 在客家史上，历代诗人也以不同的背景、不同的角度，作了许多丰富的记述、描摹与咏叹。为人们留下了丰富的乡愁记忆。现仅就古诗词中的客家习俗——婚嫁、饮食与民居中的一些事象作一简要梳理，试论如后。④

---

① 晚唐孟棨《本事诗·高逸第三》："杜（甫）所赠二十韵，备叙其事，读其文，尽得其故迹。杜逢禄山之难，流离陇蜀，毕陈于诗，推见至隐，殆无遗事，故当时号为诗史。""二十韵"《寄李十二白二十韵》。丁福保《历代诗话续编（上）》，中华书局，1983 年，第 15 页。

② 南宋诗人林景熙认为，陆游之诗所记一生坎坷与报国壮志，颇似杜甫。其《霁山先生集》卷二《书陆放翁诗卷后》有句云："天宝诗人诗有史，杜鹃再拜泪如水。龟堂一老旗鼓雄，劲气往往摩其垒。"意为陆诗堪比老杜，亦为诗史。龟堂为陆游家堂名，陆游晚年曾自号龟堂。又在卷五《王修竹诗集序》中说："前辈评宋渡南后诗，以陆务观拟杜，意在瘝瘵不忘中原，与拜鹃心事实同。"钱钟先生对此很是认同，并在《宋诗选注》加以引用（《宋诗选注》，人民文学出版社，1989 年，第 170页）。梁启超认为黄遵宪继承了杜甫遗风，将鸦片战争以来重大事件等熔铸于诗，且诗风沉郁激昂，"公度之诗，诗史也"。（《饮冰室诗话》，时代文艺出版社，1998 年，第 4 页）

③ 陈寅恪：《讲义及杂稿》，生活·读书·新知三联书店，2002 年，第 483 页。

④ 本文所引诗词，均为内容与客家史有关者，与作者是否为客家人之身份无关。特此说明。

一、婚嫁

客家习俗内容十分丰富，表现在生产生活、服饰饮食、起居娱乐、民间信仰、岁时节令、婚丧嫁娶等很多方面。

婚姻在人生中意义重大，《礼记·昏义》曰："将合二姓之好，上以事宗庙，而下以继后世也，故君子重之。"因而必须按一定的礼仪程序办理，这就是"纳采、问名、纳吉、纳征、请期"。前期的各项准备无有差错之后，方能亲迎。① 这一礼仪延续二千多年而不衰，故亦为客家习俗。黄遵宪《新嫁娘诗》② 中就有许多嘉应客家婚俗的生动描写。

前生注定好姻缘，彩盒欣将定帖传。私展鸾书偷一笑，个人与我是同年。

诗中"彩盒欣将定帖传"说的就是"传庚问名"一事。"定帖"，即男女双方互换写有各自生辰八字的"过庚帖"。情窦已开的女孩子偷看后不禁窃喜而笑，庆幸老天撮合之美。

青毡花席踏金莲，女使扶来拜案前。最是向人羞答答，彩丝双结共郎牵。

女子到了夫家，沿青毡花席而至院内案前，司仪主持拜堂后，由新郎彩绸相牵进入洞房。之后，便是夜晚乡邻及顽友闹新房。

洞房四壁沸笙歌，伯姐诸姑笑语多。都道一声恭喜也，明年先抱小哥哥。

谁家年少看新娘，戏语谀词闹一房。恼煞总来捉人臂，教将香盒捧槟榔

闹洞房是各地婚俗中共有之事。俗话说"婚后三天无大小"，即不论辈分大小，都可以参加闹新房，都可以与新娘开玩笑，男方家长也觉得这是喜庆之象。一般来说，与新娘逗乐寻趣的多是姑嫂弟侄。众人在新娘床上撒上大枣、花生、栗子，意为早生子女，多生子女。诗中还说及槟榔。客家婚俗中有聘礼送槟榔之俗。明末清初岭南学者屈大均在记述岭南花木、香料、花草时，在槟榔条下载曰："粤人最重槟榔，以为礼果，

---

① 《礼记·昏义》引自阮元《十三经注疏》，中华书局，1982年，第1680页。
② 黄遵宪《新嫁娘诗》共52首，本文所引4首。北京大学中文系近代诗研究小组：《人境庐集外诗辑》，中华书局，1960年，第8—13页。

款客必先擎进。聘妇者，施金染绛，以充筐实。女子既受槟榔，则终身弗贰。而琼俗嫁娶，尤以槟榔之多寡为辞。"① 对此，明末清初的地方志中也多有记载。② 以槟榔为聘礼，主要是取其谐音"宾郎"，寓意女子视郎为贵，相敬如宾，忠贞不贰。二是槟榔雌雄同株，象征男女相合，夫妻必结同心、共命运，白头偕老。

惠州和嘉应州一样，有许多中原遗迹，最有名的莫过于苏轼白鹤峰东坡故居及孤山朝云墓等。绍圣元年（1094）十月，苏轼因被人诬告贬至惠州，但他不以岭南为荒，泰然自若，偕侍妾朝云及子在城北白鹤峰筑室而居，并以能食荔枝、卢橘（枇杷）为幸事。当他第一次吃到荔枝时，他忍不住高唱："罗浮山下四时春，卢橘杨梅次第新。日啖荔枝三百颗，不妨长作岭南人。"③ 不幸的是，绍圣三年七月，朝云客死于此，时年34岁。宋湘在惠州期间，常游西湖并作《西湖棹歌十首》④，记述了惠州客家的民风民俗，其中两次提到苏东坡在惠州的生活故事。

西新桥下水苏苏，三月风吹白饭鱼。郎罩桥南妾桥北，两头莫放一头虚。

卢橘杨梅烂不收，荔枝龙眼出城头。东坡若解西湖乐，早解朝官住惠州。

前一首写惠州渔民生活。作者自注曰："白饭鱼于三、九两月聚桥下，土人取之荐朝云，俗传朝云遗簪所化云。""白饭"为鱼名，又叫"水晶鱼"。作者通过白饭鱼为王朝云陪苏轼游湖时不慎银簪失落所化的传说及当地人又以之追念前人，生动地反映了清代惠州客家民风的淳朴与风趣。此外，丘逢甲在惠州时也有多首描写客家人怀念苏轼的诗。⑤

---

① 屈大均：《广东新语》卷二十五，中华书局，1985年，第629页。另，屈大均《翁山诗外》（清康熙丁丑凌凤翔刻本第十四册）卷十五第18页"杂体诗"有《槟榔谣》："一槟一榔，无蒌亦香。扶留似妾，宾门如郎。"《食槟榔谣》二首："槟榔白，不食花。食花蒂，当灵茶。槟榔青，子初成。食青子，当清茶""欢口槟榔花，侬口槟榔子。花香子不如，子甘花不似。甘香得相同，何必有连理"。黄遵宪《山歌》其九："第一香橼第二莲，第三槟榔个个圆。第四芙蓉五枣子，送郎都要得郎怜。"

② 如嘉靖三十六年《大埔县志》卷七《礼乐志·民俗》："婚礼以槟榔为聘，父母送女之婚家。"崇祯十年《兴宁县志》卷一《风俗》："婚礼用果酒、花烛、槟榔……"康熙二十九年《程乡县志》卷一《风俗》："婚姻以槟榔、笋酱、帛、铨钿为质。"康熙二十五年《海阳县志》卷三《风俗考》："（海阳）喜食槟榔，嫁娶以之为礼。"

③ 苏轼：《惠州一绝》，《苏东坡全集》（下），北京市中国书店，1986年，第55页。

④ 宋湘：《西湖棹歌十首》，黄国声校：《红杏山房集》，中山大学出版社，1988年。

⑤ 丘逢甲：《西湖吊朝云墓》《白鹤峰访东坡故居》《惠州西湖杂诗》等，《岭云海日楼诗钞》，上海古籍出版社，1982年，第309—312页。

二、擂茶

客家擂茶中的"茶"有别于一般意义上的茶，擂茶实际上是一种带有茶意的传统饮食小吃。

客家擂茶来自中原，为靖康之变后北方士庶带到南方的一种风味饮品，对此，耐得翁《都城纪胜》、吴自牧《梦粱录》均有记载。《都城纪胜》"茶坊"条载："冬天兼卖擂茶、或卖盐豉汤。"《梦粱录》卷十六"茶肆"条载："四时卖奇茶异汤，冬有兼卖擂茶、馓子、葱茶或盐豉汤。"《玉林诗话》"诸贤绝句"条收有南宋孝宗时人路德章《盱眙旅舍》一诗①：

> 道傍草屋两三家，见客擂麻旋点茶。渐近中原语音好，不知淮水是天涯。

诗中"擂"，即磨细，此字之原意中原从宋代沿用至今；这里指用擂棍将放在擂钵臼中的原料研磨捣碎。"麻"即"芝麻"。擂茶的原料有七八种，如芝麻、花生、米、茶叶等。"点"，指用沸水将磨好的擂茶加以冲泡。盱眙位于今江苏省中西部洪泽湖畔，在宋代已是千年古县，然而，由于南宋与金国的对立，淮水实事上已成为两个政权的界河。路德章为南宋末年人，旅居虽"渐近中原"，听到了亲切的乡音，尝到了故土的美味，然"中原"却仍只能是可望而不可即！

明代孙绪《擂茶》②诗，寓意颇深：

> 何物狂生九鼎烹，敢辞粉骨报生成。远将西蜀先春味，卧听南州隔竹声。
> 活火乍惊三昧手，调羹初试五侯鲭。风流陆羽曾知否，惭愧江湖浪得名。

孙绪为明代弘治十二年（1499）进士，任户部主事，正德朝官居吏部，后为太仆寺正卿。时太监刘瑾势炽朝野，孙绪不畏权奸，敢谏敢为，终因触忤中贵而被罢官。《擂茶》既写西蜀雨前茶之好，盛夏卧饮消暑之惬，更赞"三昧手"制作之精，胜似"五侯

① 南宋人黄昇，字叔旸，号玉林，著《玉林诗话》。原著已佚，好友魏庆之《诗人玉屑》卷十九收其三十一条，《盱眙旅舍》为其一。
② 蔡楚镇、施兆鹏：《中国名家茶诗》，中国农业出版社，2003年，第287页。

鲭"之美味，① 然而遗憾的是，茶圣陆羽只知通常之茗而不晓擂茶，更不晓擂茶具有不畏九鼎之烹、不惧粉身碎骨之大丈夫凛然浩气。

在古诗词中，对擂茶描写最为细腻的当推屈大均《擂茶歌》。

清康熙八年（1669），屈大均因生活困顿，应东莞友人尹源进之邀，于翌年正月携妻女至东莞。屈大均在东莞居住了三年，对东莞的风物世情包括茶文化作了许多考查与研究。其《广东新语》卷十四"食语·茶"条，不仅较为详细地记载广东本土著名的茶叶，如西樵茶、鼎湖茶、罗浮茶、曹溪茶、杯渡山茶、乐昌毛茶、凤凰山茶等，还专门提到了客家擂茶。"东莞以芝麻、薯油杂茶叶为汁煮之，名研茶，谓能去风湿，解除食积，可以疗饥云。"同时，又写了《擂茶歌》②：

> 东官土风多擂茶，松萝茱萸兼胡麻。细成香末入铛煮，色如乳酪含井华。
> 女儿一一月中兔，日持玉杵同虾蟆。又如罗浮捣药鸟，玎珰声出三石洼。
> 拂曙东邻及西舍，纤手所作喧家家。以淘粳饭益膏滑，不用酒子羹鱼虾。
> 味辛似杂贵隔桂，浆清绝胜朱崖椰。多饮往往愈腹疾，不妨生冷长浮瓜。
> 我来莞中亦嗜此，芥菘欲废春头芽。故人饷我日三至，丝绳玉壶提童娃。
> 为君屡饮当湩酪，力法归教双鬟丫。

诗中的"东官"即"东莞"。据罗香林先生20世纪30年代的调查，广东有客家人居住的纯客住县15个，非纯客县65个，东莞属于后者。就目前客家方言的使用情况而言，东莞32个镇区中，除樟木头镇是一个纯客家方言镇外，包括城区在内还有14个镇区的居民使用客家话，故而客家习俗浓重。从诗中人们不仅可知东莞"土风多擂茶"，擂茶主要原料为"松萝茱萸兼胡麻"，其加工方法、制作工艺十分讲究："细成香末入铛煮，色如乳酪含井华"，而且知其色泽（色如乳酪）、口感（味辛）以及特殊功效："多

---

① 茶可消暑。柳宗元《夏昼偶作》："南州溽暑醉如酒，隐几熟眠开北牖。日午独觉无余声，山童隔竹敲茶臼。"三昧，原为佛教用语，引申则指事物之诀要。"三昧手"，意指点茶技艺高超。点茶为宋代所重，技法高手可将碾细之茶粉用沸水冲点后产生丰富可称之泡沫，茶味极嘉。苏轼知杭州时，西湖南山净慈寺南屏谦师亲手为其点制茶汤，苏轼喜饮茶，且谙其理，懂其功，品尝后极为赞赏，誉其技法高超，赋《送南屏谦师》以赠。诗曰："道人晓出南屏山，来试点茶三昧手。忽惊午盏兔毫斑，打作春瓮鹅儿酒。"几年后想起此事，仍记忆犹新，再作《又赠老谦》，曰："泻汤旧得茶三昧，觅句近窥诗一斑。"鱼肉合烹为鲭。五侯鲭，美味佳肴之代称。汉成帝时，同一日封其母舅王谭、王商、王立、王根、王逢时为侯，世称"五侯"。鲁迅《古小说钩沉》曰："娄护，字君卿，历游五侯之门。每旦，五侯家各遗饷之。君卿口厌滋味，乃试合五侯所饷之鲭而食甚美。世所谓五侯鲭，君卿所致。"典出刘歆《西京杂记》卷二："五侯不相能，宾客不得来往。娄护丰辩，传食五侯间，各得其欢心，竞致奇膳。护乃合以为鲭，世称五侯鲭，以为奇味焉。"娄护，《汉书·游侠传》："五侯兄弟争名，其客和有所厚，不得左右，惟护尽入其门，咸得其欢心。"

② 屈大均：《擂茶歌》，《翁山诗外》（清康熙丁丑凌凤翔刻本第三册）卷三，第45—46页。

饮往往愈腹疾"。由于东莞擂茶质优味美，加之主人殷勤招待："故人饷我日三至"，致使擂茶也成了自己饮食的一大嗜好。

广东汕尾海陆丰一带属非纯客县，吃擂茶之俗由来已久。清人茹敦和在《越言释》卷二中说："江广间有礌茶，是姜盐煎茶遗制，尚存古意，未可与越人之高茶原汁茶同类而并讥之。"① 文中所言"古意"，指其制作方法：不仅要煎，而且加盐加姜等多种原料。

海丰一带擂茶，又称为"咸茶"，风味独特。用咸茶接待亲友宾朋是当地习俗，有趣的是，茶内放芝麻多少，往往是隆重、热情与否的衡量准则，因而主妇在放芝麻时都比较大方。清道光年间海丰举人黄汉宗②在竹枝词《擂咸茶》中写道：

> 海丰时俗尚咸茶，牙钵擎来共一家。厚薄人情何处见？看她多少下芝麻！

短短四句，生动、诙谐地描述了当地享用擂茶的盛况与世俗情态。

三、民居

在中国各地民居中，客家民居风格独具，最有特色的是闽西土楼、赣南围屋与粤东围龙屋。由于特色鲜明，以土楼为代表的客家民居屡获殊荣。

1986年4月，中国邮政发行"中国民居"邮票普23，其中第14枚为"福建民居—客家住宅"，票面图案为"承启楼"。承启楼位于福建省永定县（今龙岩市永定区）高北村，始建于明末崇祯年间。该楼圆形，直径70余米，造型为"圆中圆，圈套圈"，外环高4层，内环3层，有房近400间，占地8亩有余，被誉为福建"圆楼之王"。

2021年5月，中国邮政又以"福建土楼"为题，发行了一套4枚的邮票。第一枚为振成楼。该楼位于龙岩市永定区洪坑村，建于1912年，占地7余亩。由于建造精美，被誉为"土楼王子"。第二枚为二宜楼。该楼位于漳州市华安县大地村，始建于清乾隆五年（1740），历时30年而成，双环圆形，占地14亩半，是同类建筑中单体最大者。楼内有保存完好的楹联163副，木雕349件，壁画554幅，可谓名副其实的壁画博物馆。第三枚为田螺土楼群。该土楼群位于漳州市南靖县田螺坑自然村，由一栋方楼，三栋圆楼和一栋椭圆楼组成。五栋楼所居方位依五行相生之序"金木水火土"而定：方楼居中，其余四栋环绕。中国古建筑专家罗哲文对这一设计理念赞叹不已，称其为"世界建

---

① 茹敦和（1720—1791）字三樵，浙江会稽（今浙江绍兴）人，乾隆十九年进士。引文转引自周作人《再论吃茶》（止庵编：《夜读抄》，河北教育出版社，2002年，第157页）。

② 黄汉宗（1814—1889）字衍潜，号夏帆，海丰县黄厝港村（今属海丰县可塘镇）人，道光二十三年（1843）广东乡试举人。

筑奇葩"。第四枚为承启楼。

由于客家土楼具有很高的历史文化价值，堪为瑰宝，2008 年 7 月 7 日，在加拿大魁北克举行的第 32 届世界遗产大会上，福建土楼（由永定、南靖、华安的"六群四楼"共 46 座土楼组成）被正式列入世界遗产名录。

福建客家土楼最早兴建于何时，学界尚无定论。有称出现于唐五代者，有称于宋元之际者，因无凿切之证，难以为信。① 土楼出现于元明之际较为有据。其一，有实物可证。福建现存最早的土楼，前些年推始建于元代中后期的南靖县石桥村的永安楼和下版寮村的裕昌楼、辑先楼。后来又发现安溪县赤石村聚斯楼额匾上标有明洪武五年（1372）字样。其二，有文献可征。就目前所知，明嘉靖朝以前的正史、方志及子集中，尚无"土楼"一词的记载。土楼作为巨型民居，若在宋时即已出现，历史文献中断不能无蛛丝马迹。现知最早出现民居"土楼"一词者，为明代钦州知府林希元《论小尤中之贼》之文章。

林希元（1481—1565），字茂贞，号次崖，福建同安人，明正德十二年（1517）进士，时年 36 岁。林希元入仕后因忤逆上峰被罢、患病归养和 60 岁致仕等原因，在家乡居住时间远远多于历宦居外，因而对家乡情况十分了解。嘉靖二年（1523），流寇山贼 93 人劫掠兴泉漳三郡，由于官府与乡民同心协力，贼人在德化县一处名叫小尤中的地方被全歼。他认为这一经验值得抗倭当局借鉴，为此，他写了《上巡案二司防倭揭帖》说："执事如欲为预防之策，收荡定之功"，也应效法前人。他还专门写了《论小尤中之贼》一文加以总结。该文说：

> 汀漳之寇殄毒内郡二十余年矣，锋曾莫之小挫而横愈甚，郡县之兵日益怯。真贼之强哉？承平日久，民不知兵，率刃未交而神先夺矣！将兵之将又皆左右前却，冀不与贼遇，幸而出境，则遥望以送之，苟应文书而已。其败也非猝尔，相遇出其不意则陷于机阱莫之觉耳，曾临阵发一矢哉！
>
> 莆阳癸未之战，虽合数郡之兵，主帅无人，前锋甫接，后垒已空，欲勿败得乎？噫！郡县御寇之方，概如此，贼安得不骄！然则谓"寇之强难以力敌"，亦厚诬矣。永春自贼发以来，虽未能大折厥首，亦时敢与之争，虽前后死者三十余人，贼杀伤亦略相等。使所向尽若是，岂不足以少寒贼心而缩其步也哉！小尤中之捷，固上下一心，群策用命，要亦贼狃于常胜而骄，目中久无官兵，自取亡灭耳。使鸡毋岫之锋稍挫，黄氏之土楼不攻，抽戈远逝，踪迹且不可得，况得其首乎？然小尤

---

① 有学者认为，福建龙岩永定区古二村方形土楼"龙安寨"始建于北宋。其理由之一是 2009 年夏福建省考古工作队在其侧考古试掘时，在探沟内发现有北宋时期碗、罐、碟、炉等生活器具的陶片、瓷片等。考古工作者认为，这些残片仅可证明宋代时此处已有人居住，但与土楼兴建尚无联系。

中之捷虽奏请，诸郡武备实未尝修。万一复有奸雄窃发，惩前之败，谁复得而御之？当道君子又可不预讲之乎！①

林希元认为，嘉靖二年（癸未）官民围剿山贼之所以侥幸取胜，原因之一是贼人"常胜而骄"，未能远遁，躲进德化县小尤中"黄氏之土楼"从而遭到全歼。由此可知，明正德、嘉靖年间，闽南兴、泉、漳三郡之晋江、南安、永春、安溪、德化、长泰、龙溪、同安等地乡村中已多有土楼存在，不仅百姓用以自卫，也成了盗贼负隅顽抗之所。"黄氏土楼"是福建地方文献中出现最早的土楼，也是最早冠以姓氏的土楼。山贼利用土楼为防御并非仅发生在德化一地，嘉靖三十八年，永安县（今永安市）匪首邓惠铨、邓兴祖也曾以自筑的两座土楼为据点为非作歹，官府调动数千兵力方将其围歼。② 巧合的是，最早吟唱土楼之诗赋，也是出现在这一时期，这就是嘉靖年间黄文豪的《咏土楼》：

倚山兮为城，斩木兮为兵，接空楼阁兮跨层层。奋戈兮若虎视而龙腾，视彼逆贼兮若螟蛉。吁嗟，四方俱若此兮，何至坑乎长平，奈何弃险阻于不守兮，闻虎狼而心惊。古云闽中多才俊兮，岂无人乎请？谁能销兵器为农器兮，吾将倚为藩屏。③

黄文豪，字国英，明代福建海澄县人，嘉靖三十五年（1556）进士，曾任工部主事、员外郎、郎中，出为广东廉州（治所在今广西合浦县）知府。其所生活的时代，正是闽赣粤交界地域盗匪严重及倭寇对漳、泉沿海一带骚扰掠杀时期。④ 黄文豪在世时期正是林希元中老年时期，应对嘉靖二年漳泉官民围剿躲进土楼之山贼及四十一年剿灭永安贼邓惠铨等有所了解，故赋中除咏叹家乡土楼壮观、雄伟之外，尤称赞其防御功能。《咏土楼》的史料价值可贵之处正在于此。然而令黄文豪不解与遗憾的是："奈何弃险阻于不守兮，闻虎狼而心惊"——官府不仅不利用土楼之优势剿匪、抗倭保民，反而在贼寇面前心惊魂失、手足无措、屡战屡败。因而他希望闽中豪杰才俊要奋勇担当，视强盗

---

① 林希元《上巡案二司防倭揭帖》《论小尤中之贼》，（清）陈庐声重订《同安林次崖先生文集》乾隆十七年（1752）诒燕堂刻本卷六第27页、卷十一第3页。

② 明天启元年（1621），进士唐世济以金都御史巡抚南赣时，与郡人谢诏修志，成《重修虔台志》并于天启三年（1623）刊刻。该志十二卷，以八卷篇幅纪各类有裨风化政教之事（从"卷之四事纪一"到"卷之十一事纪八"），其中就有土楼剿匪之记载："福建永安县贼邓惠铨、邓兴祖、谢大髻等，于嘉靖三十八年聚党四千人，占据大小陶水陆要道，筑二土楼，凿池竖栅自固，且与龙岩贼寮选势成犄角。"官府调军队及民兵4800人全力攻剿，并用计诱敌，"二酋就缚，大兵乘势攻入土楼，获二酋妻，杀其拒敌者，余贼奔溃。兵焚其楼以旋"（卷之七《事纪之四》第30页）。

③ （明）梁兆阳修、蔡国祯纂：《海澄县志》，崇祯六年（1633）刻本卷十九《艺文志之四》。

④ （清）周硕勋修：《廉州府志》乾隆二十一年（1756）刻本卷二十一《艺文》，载郑应科《廉山堕泪碑》，称黄文豪卒于嘉靖癸亥年，享年三十七，由此可推知其生卒年为1526—1563年。

如草芥、螟虫，剿贼杀寇，为民之干城，国之藩屏。黄文豪的愤慨是有感而发的。

四、小结

"诗可以兴，可以观，可以群，可以怨。"[①] 从诗词对客家形成历史的记载可以看出，客家民系的孕育与形成是一个漫长而复杂的过程，既涉及地域、政治、经济、人口、社会等方面，更涉及民族、思想与文化的相互影响及融合等问题。这些诗词既是客家生活与情感的真实写照，也是客家坚毅不屈、开拓进取、勤劳质朴、爱国爱乡精神的艺术展现。与此同时，客家人的这些优良品性，又成为激励自己进一步勇于创新的不竭动力与智慧源泉。

诗词视阈下的客家记忆蕴涵十分丰富，除了记述重大历史事件及其影响之外，还直接或间接地记述了客家文化中的诸多具有鲜明地域特色的重要元素。如人口迁移中的地域兵燹、家国情怀；语言中的中原音韵、粤闽之声；习俗中的北方旧习、闽赣风情；民居中的聚族而居、安全吉祥；民歌中的天籁遗曲、南国之音；服饰中的大襟宽裤、凉笠冬帕；饮食中的咸烧肥陈、擂茶小吃等等。正是由于地域文化特色独具，继 2006 年 5 月 20 日梅州客家山歌经国务院批准列入第一批国家级非物质文化遗产名录后，许多地方的客家民歌、戏曲、小吃等相继被列入国家或省非物质文化遗产名录。

有鉴于此，多角度深入研探古代诗词对客家历史的记忆与客家精神的蕴涵，对深入研究客家文化是非常有意义的。

（作者简介：杨海中，河南省社会科学院研究员；杨琪，北京中央媒体资深记者）

---

① 《论语·阳货》引自阮元：《十三经注疏》，中华书局，1980 年，第 2425 页。

浅析客家木活字产业的发展

———— ● 赖全平 ● ————

宁化是世界亿万客家人的总祖地，客家木活字印刷术有着 700 多年的悠久历史，是人类历史上最伟大的发明之一，是客家对全国乃至世界文化的重大贡献。宁化客家木活字印刷术有过辉煌历史，对客家乃至世界文化作出过重大贡献。面对日益萎缩的木活字市场，客家木活字产业迎来新的机遇与挑战。除了运用互联网+，抱团闯荡国内外市场外，从业者也要善于借助政府和社会的帮扶之机，大胆转型，抱团经营，开展线上线下个性化定制业务，助推木活字产业重焕生机、走向新生。

一、研究客家木活字意义深远

1998 年 2 月 15 日，时任福建省委副书记习近平首次抵达宁化，走进石壁客家祖地，现场调研并指导客家祖地建设，强调要研究客家文化，树立石壁祖地的权威性。

印刷术、造纸术、指南针和火药并称为我国古代科技的四大发明，研究客家木活字印刷术的历史与文化意义深远。2010 年中国木活字印刷术被列入联合国非物质文化遗产名录。目前所发现的木活字印刷术仅存于福建宁化和浙江瑞安，被誉为古代印刷技艺的活化石。2011 年，宁化木活字印刷术被列入福建省非物质文化遗产。2015 年，国家新闻出版广电总局在宁化设立"中国印刷博物馆福建印刷文化保护基地"，这是全国首个印刷文化保护基地。

2021 年 12 月，中国印刷博物馆宁化分馆正式开馆。该馆以"印·迹"为主题，通过珍贵历史文物、文史资料、非遗传承展示等，讲述木活字印刷文化和省级非遗项目玉扣纸的制作技艺、发展历程，梳理客家宗族厚重的历史文脉。

（一）增强客家人的凝聚力

一部部族谱，所凝聚的力量，是不可漠视的，未来也需要这样的力量。长期以来，宁化木活字印刷术作为文化产业进行发展，主要用于印刷客家族谱。族谱，又名家谱，

248

是一个家族的生命史和百科全书。后人可从中了解家族的历史沿革、世系繁衍、人口变迁、居地变迁、每个人的生卒年月与婚姻状况，以及本家族成员在社会生活中的地位、作用和事迹，查证自己的血统，获悉同一家族中家庭之间血缘关系的亲疏远近，进一步形成家族凝聚力，传承良好家风。客家人在迁徙过程中遭遇的困难重重，形成集群抗外的传统，因而与其他民系族谱不同，客家族谱具有较强的族群特色与地方特色。如客家人特别重视爱国爱族，勤俭持家，读书入仕等，都会在族谱中以家规家训的形式得以记载，反映了客家人的价值观。

北有大槐树，南有石壁村。宁化是世界亿万客家人的总祖地。自西晋永嘉年间开始，为躲避战乱，大批中原先民辗转迁徙到以宁化石壁为中心的闽粤赣接合地，至唐宋间，石壁已经汇聚了213个姓氏祖先数以万计的南迁汉民，孕育形成第一代客家人。此后，客家先民以石壁作为新的起点，向外拓殖，漂洋过海，如今客家后裔遍布100多个国家和地区达1亿多人。谱牒是客家游子寻根问祖的重要载体，记录着一个家族的来源与变迁，是一个家族的血脉史。客家族谱是海峡两岸客家人沟通联系的桥梁和纽带，记载着台湾客家人的根、脉和源流。

饮水思源祖地情，血脉相连一家亲。为顺应世界客家以"回乡·祭祖"为主题的"客家新文化运动"，宁化于1995年在石壁客家祖地建竣客家公祠，供奉着161姓先祖神位，成为客家世界唯一总家庙。自1995年首届世界客属祭祖大典以来，宁化已经成功举办了27届，世界客属石壁祖地祭祖大典已成为彰显客家卓越精神、畅叙客家乡情、敦睦客家乡谊和交流客家文化、开展经贸合作的盛典，极大扩大了宁化客家祖地的影响力，在海内外和台湾客家地区产生广泛影响。

2010年，宁化启动全球首个"客家人基因族谱"项目，海内外客家人可以用基因了解宗族的繁衍迁播情况，用基因寻根问祖。为进一步传承客家木活字印刷术，石壁客家祖地、世界客属文化交流中心均设有木活字展示及体验馆。

（二）推动客家文化的研究

客家族谱有着"民间文献瑰宝"之称，与客家研究似乎有着一种近乎天生的亲缘关系，为地方历史和社会文化研究提供了丰富的资料。敬祖穆宗，是客家文化构成的重要部分。家谱记载着源远流长的客家发展史，成为后人认定姓氏与世祖的佐证，成为研究客家学及客家文化的重要依据。

对于单个家庭而言，客家族谱记载了先祖的来源去向、家训家风；对于整个客家民系来说，客家族谱记录着客家人的迁徙历史、文化根源。从客家族谱出发，串联客家人的迁徙历史，寻访客家人的人文文化，让客家族谱在新时代重新焕发生机。1984年国家档案局、文化部、教育部出台关于协助编好《中国家谱综合目录》文件，将族谱作为人口学、社会学、民族学、民俗学、经济史、人物传记、宗族制度以及地方史的资料。据不完全统计，宁化目前已征集到谱牒66姓270余种，尚有大量谱牒散落在民间。

族谱记录了本氏族的起源、发展、繁衍、变迁的过程，是氏族中最珍贵的文化瑰宝。宁化水茜镇石寮村林和畲组是个偏远的小山村，现有赖氏住户100多户。村民赖厚炎出生于1948年，是一名朴实的农民。他珍藏着一本《松阳双峰赖氏族谱》（七修），属同治甲子年（1864）所修族谱，共60页，页面为八开纸，记载十六世至二十五世赖氏谱系，时间跨度近300年。除纸张泛黄、略见虫蚀孔洞外，谱系页面完好，字迹清晰。20世纪50年代末，年幼的赖厚炎从林和畲老戏台旁的一堆族谱中觅得此谱，一直珍藏在家，成为赖氏后人寻根溯源的重要依据，也成为客家文化研究的参考资料。

（三）助力社会科学的发展

宁化现有近40万枚木活字，多取材于梨木、荷木，主要用于印刷族谱，有时也用来刻印经书。家谱也为地方志和正史的可信度提供了有力的支撑和佐证，对历史学、人口学、民俗学、社会学和经济学等方面的研究有着重要意义。因此，续修、新修家谱既是一个家族的头等大事，也关系到中华民族优秀文化传统的继承和发扬。

木活字字块上的字体多是宋体。印刷时，既要排版活字，也要按诀拣字，统筹配合得当。木活字雕版印刷术，印制的作品图文并茂，其智能科学已达到相当水平，推动了印刷业的前进和人类进步。长期以来，木活字技师廖庆元为各宗族编印族谱，兼印"灶王""门神""菩萨""玉皇""八仙""寿星"等题材的神像年画，或出售《财神》《五子登科》《孔夫子》《八仙对联》《吞山食海》《金鸡送福》等雕版字画，反映客家的宗教信仰与风土人情，内容丰富，对研究客家社会科学有着积极作用。

二、客家木活字产业由盛转衰

客家族谱的修订时间跨度基本是三四十年。20世纪八九十年代，是宁化木活字印刷的黄金时期，有上百名技师活跃在全县各地及周边县市。至1996年，大规模的族谱修订工作基本已完成，木活字技师在当地基本没有什么手艺活可做，入不敷出，只好纷纷转行。老技师邹建宁改行刻工艺品、刻章来维持生活。如今，全县不到10名技师（谱师）还在坚守，木活字印刷技艺面临失传危险。

（一）电子信息迅猛发展

宋代的毕昇发明了活字印刷，成为世界印刷史上的一次革命。雕版印刷在中国延续了几千年。在古代，印刷主要用于印书，印刷因印书而得到迅速的发展和普及。随着信息社会的到来，纸张作为信息载体已"力不从心"了。纸质出版物的容量小、体积大、成本高、复制困难、不易保存，同时制造纸张消耗大量宝贵的资源，并且污染环境。而新崛起的电子出版物具有容量大、体积小、成本低、检字方便快捷等特点，对传统印刷业构成强大冲击，是对以纸张为主要载体进行信息存储与传播的传统方式的一个挑战，它给出版业带来一场深刻的革命。据统计，宁化当地运用木活字进行印刷的作品越来少，木活字印刷术日益走向碎片化印刷。

（二）家谱"爱上"互联网

随着电脑、印刷技术的发展，木活字印刷修谱已非常少，主因是费时费力，成本太高、耗间太长。2016年，宁化县立华文化传播有限公司经理王立华成立全市首家谱牒协会，并成功入驻电商产业园，进一步助力家谱在互联网上安家。与传统家谱相比，网络家谱增加了图片、语音、音频、视频等多媒体记录形式，使家谱信息更加丰富。而与纸质家谱"查字典式"的检索方式相比，网络家谱的输入、点击等查阅方式，无疑要方便得多，也避免了传统家谱因保存不当造成的信息散失。网上家谱查询简便，保密性也很强，需"家谱卡"才能安全浏览，查阅也只限于与个人有血脉关系的横向联系查阅，不能随意查看他人的家谱。

（三）木活字产业后继乏人

传统的木活字印刷术主要以传统师傅带徒弟、父亲带儿子等方式培养从业者，造成了行业后备年轻力量严重不足。随着时代的发展，为图经济与便捷，大多数姓氏修谱改为使用电脑铅印，木活字印刷术逐渐失去市场，大多数技师只能依靠维修零星的谱牒和网络售制工艺品，艰难支撑着这一古老行业。再说，宁化木活字相关工艺品研发创新力度不够，至今未研发出很成功的木活字工艺品，知名度、美誉度不高。

长期以来，宁化木活字印刷术传承人各自以"堂"为单位，现有文林堂（邱恒勇）、文斋堂（邹建宁）、印心堂（谢应生）、燕翼堂（廖庆元）等5家10余人，年龄最小的30多岁，最年长的80岁，人才青黄不接。针对这一现象，宁化木活字技师定期开展"木活字+"文化活动，走进校园、社区、乡村等地，积极推介木活字文化，挖掘木活字产业接班人。

1. 代表性传承人

邱恒勇，又名邱志强，男，1979年生，家族第四代木活字传承人，堂号"文林堂"，从艺29年，2018年2月入选省第四批"非遗"传承人。14岁随从父亲邱炉明开始学习木活字印刷术修订家谱，20岁继承父亲独自接单修谱。自2008年到2009年修曹坊《童氏族谱》才被发觉，引起各媒体的报道。现带有徒弟杨声强、巫松根、张琼财。

邹建宁，男，1963年生，堂号"文斋堂"，从艺42年。邹家世代帮人印族谱、刻印章，他的曾祖父也传承了这门手艺。1980年以来，邹建宁长期从事木活字印刷，见证了客家木活字印刷术的兴盛。近年来，因成绩突出，邹建宁获得"宁化首届金牌工匠""民间工艺大师""三明市非物质文化遗产项目代表性传承人"等荣誉称号，载入国家人事部专业技术人才库，并获得美国、土耳其、尼泊尔等国国际木文化学会表彰。而立之年的儿子邹根生子承父业，是宁化目前最年轻的木活字技师，从艺10余年。

巫松根，男，1981年生，堂号"文林堂"，从艺14年。2008年，他慕名投奔在木活字技师邱恒勇门下，拜师学艺，开始走上木活字印刷之路。他曾为宁化曹坊修订《童氏谱》《夏氏谱》，为安乐镇牛牙岐村修订《夏氏族谱》，用木活字为安徽客户印刷《黟县百工》等书籍。2017 年 7 月，巫松根成为三明市非物质文化遗产保护项目《木活字印刷术（宁化）》代表性传承人。

谢应生，男，1950 年生，方田乡人，宁化木活字印刷术县级传承人，堂号"印心堂"，从艺 44 年。

2. 民间谱师代表

谱师廖庆元，宁化淮土镇人，生于 1955 年，从事木活字印刷 36 年，堂号"燕翼堂"，从艺 33 年。早在 1989 年，他就跟随父亲学习木活字及雕版技艺，熟练掌握了钩描、刻版、印刷等工序，长年奔波在外，为各宗族编印族谱，兼售"灶王""门神""菩萨""玉皇""八仙""寿星"等题材的神像年画。

谱师邱恒伙，宁化翠江镇人，生于 1979 年，堂号"润化堂"，从艺 13 年。2008 年 8 月，邱恒伙在淘宝网注册"木活字雕刻店"，通过网上订制木活字接单赚钱，成为互联网上的首家木活字店。2015 年，他成立宁化润化电子商务有限公司，成为木活字行业首家专业化企业。2017 年 5 月，他申请的"润化堂"商标，注册成为全国首枚木活字印刷术商标。2020 年以来，因经营不善，他开始转行畜牧业，无闲打理木活字产业。

谱师伍开厚，宁化淮土镇人，堂号"黄大垅"，从艺 23 年，只是间断性地从事客家木活字印刷术。

三、保护和传承客家木活字刻不容缓

面对强大的互联网，宁化木活字技师邱恒勇、邹建宁、谢应生、廖庆元等纷纷告别单一的线下修谱模式，积极开拓网上市场，抱团经营，转向木活字工艺品、书本印刷、经典文本印刷工艺品、个性印章等多元发展，让冷清的木活字重焕生机与活力。

（一）网上定制木活字

木活字工艺品市场，经常出现的状况是：技师费心费力刻出来的作品，不是消费者想要的；消费者想要的东西，技师手头没有。2008 年 8 月，宁化木活字传承人邱恒伙在淘宝网注册"木活字雕刻店"，通过网上定制木活字接单赚钱，成为互联网上的首家木活字店。2015 年，他成立宁化润化电子商务有限公司，成为木活字行业首家专业化企业。

族谱业务已经进入断档期，网上个性化定制不受时空限制，辐射面广，能实现老手艺新玩法，很受顾客欢迎。近年来，邱恒勇、巫松根等积极拓展木活字网上市场，在网上为客户量身定制木活字，业务越做越红火。邱建宁、廖庆元等木活字技师纷纷在"阿里巴巴""天猫""京东"等电商平台上，建立"宁化木活字"品牌商城。为提高雕刻与印刷效果，宁化木活字技师正尝试着采用传统手工雕刻+现代机器雕刻相结合的活字雕刻工艺，以适应满足不同行业不同人群的个性需求。

刻字，体现出强烈的个性需求。客户中有刻祝福语的，也有刻姓名的。还有刻诗词和刻书的，此类需求订单虽少，但业务量很大。邱恒勇等几位技师目前掌握的是康熙字典体和行书、楷书。消费者根据自己的喜好，指定刻写哪种字体。技师掌握的字体则直接写在木块上后再刻写；如果是其他字体，就只能用电脑打印后贴在木块上刻写了。在定制服务的紧逼下，技师们大大拓宽了木活字的产品空间。虽然手刻注定了它无法在工业流水线上做大做强，但养活技师已经不成问题。

2014年11月17日，由上海市新闻出版局主办的"中国最美的书"评选揭晓，全国22种图书荣膺年度"中国最美的书"。其中，《黟县百工》从353册参评图书中脱颖而出，榜上有名，该"辑佚"一册，正是用宁化木活字印刷。整册书采用"老宋"木活字，用玉扣纸印刷，穿线装订，显得古朴悠远，趣味横生，深受欢迎。

（二）抱团发展木活字

多年来，宁化木活字印刷技艺的支柱业务一直都是修族谱，以带学徒的方式充实从业者，各自为政，没有形成统一的团队。面对刻字量大、时间紧迫的业务，各堂技师经常因人手短缺痛失良机。宁化木活字传承人邱恒伙不断整合行业资源，筹建宁化县木活字印刷术协会，尝试着对木活字行业进行公司化、品牌化、规范化运作。与"传子不传女，传内不传外"的保守规矩不同，廖庆元、邱恒勇等技师不再将木活字印刷的技艺视为传家秘籍，在收徒传艺上变得十分开放。

面对强大的互联网，宁化木活字技师邹建宁、廖庆元、谢应生等纷纷告别单一的线下修谱模式，开始抱团经营，并转向木活字工艺品、书本印刷、经典文本印刷工艺品、个性印章等多元发展。2018年3月，宁化县润宁木活字文化有限公司正式成立，公司注册资金1200万元，资产超400万元，由邹建宁、廖庆元等木活字印刷术传承人共同投资创建，旗下拥有润化电子商务有限公司、"文斋堂"木活字工作室、"润化堂"木活字工作室、"印心堂"木活字工作室、"燕冀堂"木活字工作室及两大冠级淘宝网木活字销售平台、两大商标"文斋堂""润化堂"。

（三）海外推广木活字

宁化石壁是客家民系的发祥地和举世公认的客家祖地。自1995年起，宁化每年举办一次世界性的世界客属石壁祖地祭祖大典活动，迄今已连续举办25届，吸引了世界各地100多万客家人云集宁化，现场观赏客家木活字印刷术展示，让客家木活字印刷术技艺进一步走向海内外客家人心中。

近年来，宁化木活字印刷术传承人邱恒勇、巫松根师徒积极宣传木活字印刷术，多次前往北京、深圳、贵州、辽宁等地参加展演及文化交流活动，积极推介木活字印刷术和"福"文化，受到文化界的关注。邹建宁多次带着木活字前往深圳、厦门、北京等地参加展览会，八次漂洋过海，积极推介木活字印刷术，让这一非物质文化遗产重获新生、走向精彩。

1. 推介客家木活字

2014年10月，邹建宁应邀前往美国盐湖城森林博物馆，参加国际性的木文化展览，成为中国唯一参展的木文化工作者。带着3000多枚木活字，他首次走出国门，飞向大洋彼岸，与150多个国家和地区的木工艺艺术家同台竞技。为期5天的展期，后3天主要是现场印刷。邹建宁利用活字雕版，用从家乡带去的玉扣纸现场印制条幅书画，免费赠送给外国朋友。六年来，他先后前往土耳其、尼泊尔、日本、越南、老挝等国，积极推介木活字印刷术，并获得美国、土耳其、尼泊尔等国国际木文化学会表彰。

2. 刻制外文木活字

国外的订单，刻的大多是外文，甚至有不少古怪字体，雕刻难度远高于中文。2016年3月，邹建宁和弟弟前往尼泊尔首都加德满都参加国际性木文化展示活动。为期6天的参展时间，邹建宁第一天就按组委会要求构思创作，次日就开始表演雕刻，用两天时间将"木材真好""世界木材日""2016年世界木材日""尼泊尔加德满都""国际木文化学会"等内容雕刻成英文、尼泊尔文、中文3种版本，深受外国友人喜爱。

3. 开拓国际市场

利用出国参展机会，邹建宁积极展示古老的木活字技艺，推介中国木活字印刷术，接受外国木活字订单。木活字的国际知名度越来越高，目前已有美国、土耳其、尼泊尔、日本、马来西亚等多个国家的客户找上门，主动要求邹建宁刻制木活字，有的还是回头客。

（四）政府扶持木活字

宁化县委、县政府日益将木活字产业的发展问题提上议程，对木活字行业进行管理、扶持、宣传和推广，宁化政府网、宁化电视台、宁化在线等媒体不断加大宣传力度。宁化木活字从业者不满足于此，希望政府积极投放硬性宣传广告，在高速路口、客家祖地等人流密集场所投放木活字宣传广告，并开展"宁化木活字"商标、品牌广告语有奖征集等活动，不断搭建木活字展示平台，积极推介木活字文化。

木活字印刷术的发展离不开玉扣纸产业的繁荣。宁化县委、县政府每年给予"非遗"代表性传承人活动经费及人才奖励，开拓玉扣纸市场，不断扶持玉扣纸产业的发展，并在中国印刷博物馆宁化分馆及连冈小学设立玉扣纸生产体验馆，助力玉扣纸和木活字产业走向良性发展。

传承民俗文化，体验非遗魅力。2016年以来，木活字印刷术先后走进宁师附小、实验小学、第二实验小学、石壁客家小学等，2000多名青少年得以体验木活字印刷术。如今，宁化第二实验小学、石壁客家学校等中小学校还设有木活字体验室，长年聘请木活字技师进校任教，让孩子们从小认识和学习客家木活字印刷术。

笔者认为，当地政府有必要整合木活字产业资源，真正让木活字印刷术形成产业链，进行规范化品牌发展，并定期组织从业者外出参加专业培训，或前往全国各地博物馆、文化馆、科技馆、图书馆、文庙、高校等场所参观考察，不断提升业务，取长补短。同时，政府有必要加大木活字产业研发创新力度，进一步投资建设线下体验馆，组织主题策划推广活动，开展"木活字+"文化活动，推广木活字文化，积极开发木活字印刷术方面的旅游产品，进一步助力木活字产业走出困境闯市场。

面对日新月异的社会与市场，中华传统文化有时也难以适应和融入改革进程，大量优秀的传统文化被搁置与遗忘，中国优秀传统文化的保护与传承刻不容缓。宁化客家木活字产业不断开拓网络市场，抱团经营，转向木活字工艺品、书本印刷、经典文本印刷工艺品、个性印章等多元发展，让传承了700年的绝活重焕新生。这对其他面临困境的传统文化寻找新出路，也是极好的启发与借鉴。

参考文献：

［1］张树栋：《再论中国印刷历史研究的过去、现状和前景》，《中国印刷》2002年第2期。

［2］吴展：《中国古代家谱印刷中的木活字应用》，《北京印刷学院学报》2006年第4期。

［3］钟振贵：《一座客家族谱馆根连全球客家人》，《闽西日报》2016年1月1日。

（作者简介：赖全平，福建省宁化县融媒体中心）

台湾新竹地区推动客家文化产业的策略与问题

————— ● 谢贵文 ● —————

20 世纪 80 年代后期，台湾客籍人士与团体积极推动"客家运动"，要求客家的身份认同与族群尊严，期能走出长久处于弱势、隐形的困境，重建自身的文化自信与社会地位。2001 年主管全台客家事务的"客家委员会"（以下简称"客委会"）成立，以"跨域推动族群主流化，建构全民共享的客家"为目标，业务范围涵盖客家政策、语言、艺文、传播体系、文化资产及客庄创生环境等，其中推动客家文化产业更是其重点工作，也成为外界认识客家族群的主要管道。

"客家文化产业"是运用客家文化的元素，为旧有的产业加值，或是创造新的产业，以带来经济效益，并促进地方发展。较常见的类型有四种：一是以客家特有的乡村景观与文化风情，吸引外地游客前来休闲与体验；二是扩大举办客家的传统民俗节庆，创造文化观光的效益；三是以客家文化元素包装、融入或转化在地产业，刺激消费者的购买力；四是撷取单一客家元素，整合企业、地方与小区资源，开发出新的文化产业，如客委会整合全台客庄所主办的"桐花祭"活动。这些虽然看似兼顾文化与产业，但实际上却重产业而轻文化，甚至受益的也未必是客庄本地产业，因此招致不少的批评。

究竟台湾客家文化产业的操作策略为何？文化与产业的效益如何？其中有何问题？本文将透过新竹的案例来加以探讨。新竹地区位于台湾西北部，北连桃园市，南衔接苗栗县，西为台湾海峡，东邻雪山山脉、大霸尖山，境内多为丘陵、台地与山地。根据客委会的调查，全台客家人约有 466.9 万人，[①] 其中密度最高者即为新竹县，占其人口数的 67.8%，约有 36 万人，为典型的客家（Hakka）大县，并以"好客竹县"（Hakka Hsinchu）著称。县内客家族群多集中在台三线公路周边的关山、新埔、芎林、横山、竹东、北埔、峨眉及宝山等八个乡镇，也是客委会及有关公部门投入大量资源，积极推动

---

① 根据客委会对"客家人"的定义为"具有客家血缘或客家渊源，且自我认同为客家人者"。

客家文化产业的地区。① 以下即以当地的农产文化活动、内湾商圈及义民祭，探讨其推动客家文化产业的策略与问题，并提出改进的建议，以供客家地区及有关公私部门参考。

一、农产文化活动

新竹邻近山区，早年因樟脑、矿产、林木等山林资源，吸引许多客家农工移入开垦，定居之后又以原乡的经验，在此种植茶果等经济作物，而形成以农业为主的乡镇，也保有传统客家族群的生活方式。自 20 世纪 70 年代起，台湾工商业快速发展，农业的经济效益大减，造成农村人口大量流失。尤其 2002 年台湾加入世界贸易组织（WTO）后，传统农业面临巨大的冲击与挑战，也使主管全台农业事务的农业委员会，提出"一乡一休闲农渔园区""一乡镇一特产一节庆"等计划，希望结合各地特有的生态环境，辅导其朝休闲、观光及体验农业转型，以提升竞争力，并留住农村从业人口，使之永续发展。

在此一政策下，新竹的客家乡镇皆选择境内特有的农产品，作为对外营销的品牌，如北埔的膨风茶；宝山的绿竹笋；峨眉的桶柑、东方美人茶；新埔的水梨、柿子；芎林的西红柿；关西的仙草、咸菜等。不过，这些农产品并非各乡镇所独有，甚至并非当地所主要栽种者，但为与他地有所区隔，而选择其作为主打品牌，这也使各地真实而多元的农业生态无法彰显。此外，为营销与推广这些农产品，各乡镇也纷纷办理大型的产业文化活动，并与此地特有客家文化相互联结，以获得客委会的经费补助。

例如新埔镇每年皆举办水梨节与柿饼节，最初是在本地信仰中心褒忠亭义民庙的庙前广场举办，希望借由该庙的声名来带动人气。两项活动的内容大同小异，现场以农产品展售为主，让民众可以品尝与选购，也搭配相关的教育展示、亲子 DIY、趣味竞赛、有奖征答与写生比赛等，加深游客对农产品的印象。此外，还加入与客家有关的小区艺文活动、山歌演唱、舞蹈与剧团演出等，也在文宣与网站罗列出当地的历史古迹、客家美食、百年老店与古道等景点，让游客来此参加活动之余，也能顺道体验客家文化之美。②

又如关西镇开发仙草产品虽仅有 30 余年，但由于具有区隔性，市场接受度又高，而成为当地主打的农产品，每年皆在仙草加工厂举办两天的仙草节。活动除展售农会所

---

① 2016 年台湾当局还成立"台三线客庄浪漫大道治理平台"，整合跨部会及跨县市超过百项计划，以全力打造台三线客庄浪漫大道，启动客家文艺复兴。
② 谢世忠、刘瑞超：《客家地方典庆和文化观光产业——中心与边陲的形质建构》，台北：客委会、台湾文献馆，2012 年，第 42—45 页。

研发出的各种仙草产品外，还有创意料理比赛、街舞大赛、趣味竞赛，及客家歌手演唱、客家传统乐器表演、三脚戏演出等。另由于关西水质好，适合芥菜生长，旧时以咸菜产业闻名，而被称为"咸菜瓮"。当地自 2004 年起也以咸菜为主题，连年举办"咸菜瓮嘉年华产业活动"，内容包括挑咸菜、咸菜制作 DIY、千人踩咸菜、品尝咸菜料理等，还有客家歌谣与舞蹈表演，并结合境内各古迹景点，设计引领游客参访的路线。①

这些产业文化节虽然办得热热闹闹，且至少都能延续十多年，成为吸引外地游客的年度重要活动；但由于其主要目的是在做农产品的营销与推广，节目策划也以可增加人气与买气为最高原则，即使有加入客家文化的元素，也只是点缀与包装而已。如 2012 年关西镇为庆祝农会成立一百年，特别扩大举办仙草节活动，开幕式除有两位客家艺人献唱外，其余皆是一般艺人与乐团的演出，再搭配欢乐的魔术秀、杂耍团、卡拉 OK 欢唱等；而在最高潮的"感恩晚会暨仙草节之夜"，更重资邀请当红综艺节目的模仿艺人前来表演，并有机车、3C 产品等丰富大奖摸彩，② 吸引许多民众到场参与，但却几乎看不到任何与客家有关的节目。

更直接来说，这些活动因接受客委会的经费补助，自然必须要与客家有所联结，不论是在活动名称中冠上"客家"字眼，如"关西镇客家文化仙草产业活动""西红柿红·客家情——芎林乡西红柿产业文化活动""宝山乡客家农套产品绿竹笋及文创产业展售活动"等，或是在活动内容中穿插客家的艺文表演，都是在因应补助的规定与需要，至于这些客家元素是否为本地所特有？是否能让外地游客体验到本地的客家特色？能否发挥推广客家文化的效益？都并非主办单位首要关心的课题。

当然，各乡镇也会借由这些活动来联结本地的古迹景点，以带动地方观光的效益，此亦有助于客家文化的推广。如新埔镇的水梨节与柿饼节，最初皆在褒忠亭义民庙前广场举办，主要是因该庙具有高知名度，加上广场开阔，可借此吸引并容纳更多的游客，创造更高的展售成效。虽然主办单位是出于经济的动机，但来此参与活动的民众，大多会顺带参访该重要庙宇，了解客家族群特有的义民信仰，亦具有文化营销的效益；不过，几年之后即因该庙离镇中心太远，展售效益有限，而改至位在主要道路旁的农业推广教育中心举办。同样的，峨眉乡桶柑节最初在乡公所广场及邻近街道举行，但因知道的人太少，场面冷清，而改在台三线公路旁空地举办，虽然能见度大为增加，但也造成多数游客只在此停留，少有进入乡内寻访文化古迹者。由此来看，不仅活动内容的设计是以吸引人气与买气为考虑，活动场地的选择亦然，至于参与者是否能走入客庄或体验到客家文化，显然只是次要的问题。

---

① 谢世忠、刘瑞超：《客家地方典庆和文化观光产业——中心与边陲的形质建构》，第 54 页。
② 曾诗涵：《关西农会庆百岁，周末来呷仙草》，《联合报》B2 版，2012 年 11 月 1 日。

二、内湾商圈

内湾是横山乡的一个客家村落，早年因林矿产业的发展，而曾经风光一时，拥有一条繁华的市街，及对外连接新竹城镇的内湾铁路支线；但后来因停止采矿及林业没落，此地亦如同台湾其他偏乡村落，逐渐走向人口老化、经济衰落之途。1994年，主管全台文化事务的"文化建设委员会"（以下简称"文建会"）推动"社区总体营造"与"文化产业化、产业文化化"等政策，内湾也在此时成立小区发展协会，并配合文建会在各县市举办的文艺季，推出"内湾线的故事"活动，发掘出许多历史记忆与文化特色，也开启当地朝文化产业转型的契机。

1999年底，"经济部"商业司选定内湾作为形象商圈的辅导对象，委托专业团队进驻，协助当地商家成立共同的组织，并对其主要商品进行包装设计，以凸显特色及提升质感。老街商家大多卖客家美食，这也最能吸引外地游客，除一般所知的姜丝大肠、梅干扣肉、粄条、菜包、麻糬、擂茶外，最具特色的是野姜花粽。野姜花又称"蝴蝶花"，白色花朵散发淡淡清香，除点缀内湾的山城美景外，妇女也尝试以其叶子包裹客家米食，开发出独特的野姜花粽。这项产品起初并不起眼，但在辅导团队介入后，邀请专家研发特有口味，并为其设计包装，而逐渐受到关注。2002年更举办"全台最大野姜花粽认证暨创意客家米食嘉年华"，经各大媒体报道，一举打响名号。如今野姜花已成内湾的重要意象，除了粽子外，店家还开发出野姜花奶茶、冰激凌、蛋卷等产品。

除了客家美食外，辅导团队还运用内湾的山林生态环境、铁道与火车站、戏院等资源，举办各类营销活动，以吸引游客前来参访。如2000至2002年间，即曾举办"蔬果美食嘉年华会"，活动中还让民众体验早年伐木所用的"拉木马"；"老戏院告白与樱花树种植""樱花线、内湾情"活动，则重现见证内湾繁华岁月的戏院、铁道及昔日被称为"樱花城"的美景；"萤火虫、荧光情之旅""内湾线火车暨萤火虫之旅"，则借由怀旧的内湾线火车，带领民众体验当地的自然生态与萤火虫复育的成果。这些活动使内湾在客家美食、野姜花之外，又成功加入火车、樱花、萤火虫、戏院等元素，经由参与游客的传播及各大媒体的报道，大大提升其知名度，也成为全台最热门的景点之一。①

辅导团队在内湾还塑造一个重要的文化元素，即在地漫画家刘兴钦所创作的大婶婆与阿三哥。刘氏为横山乡客家人，正职是小学教师，但也是漫画家与发明家。他以自身与母亲为原型，塑造出热心直爽的大婶婆与憨厚朴实的阿三哥，两人一同行动经历各种趣事，经由其系列作品的广为流传，而成为家喻户晓的漫画人物。辅导团队先买下其版

---

① 谢世忠、刘瑞超：《客家地方典庆和文化观光产业——中心与边陲的形质建构》，第83—85页。

权，再将之运用内湾商圈的景观与商品设计上，两个充满客家气息的漫画人物，与当地的文化氛围颇为契合，也成功地转化为内湾的代言人。现今在内湾除建有"刘兴钦漫画暨发明展览馆""刘兴钦漫画教育馆"外，漫画也成为新竹县政府发展观光产业的重要元素，还进一步提出"一线九驿"漫画梦工场计划，以内湾线的九个车站结合本土漫画主题，进行空间改造与商圈规划，并于2014年在内湾兴建动漫创意园区，举办国际动漫艺术节。①

内湾在专业团队的辅导下，短短几年就从没落的客家山城，一跃而为全台的知名人气景点，被视为以文化产业振兴乡村的成功范例；但在看似风光的背后，仍然隐藏许多问题。内湾因地处偏远内山，对外交通依靠内湾线铁路，最繁华的市街即在火车站前的中正路，此为专业团队所辅导的商圈所在，亦是外来游客主要停留之处。当内湾成功打响名号后，人潮所带来钱潮，吸引许多外地人来此开店做生意，最高峰曾挤进三百多家的摊贩商家，对当地的自然环境与文化生态也造成巨大的冲击。多数商家与内湾并无渊源，缺乏在地的记忆与情感，纯为营利目的而来，大多选择经营餐饮，虽然有的会标榜客家美食，但却少有本地特色与文化内涵；而游客在此走走逛逛、吃吃喝喝，大多不会深入在地人的生活空间，对内湾仅留下肤浅的商业化印象，甚至产生此即是客家文化的错误认知。

内湾商圈的成功打造，确实使当地的产业结构得以转型，观光产业与文化产业让逐渐老化衰败的山城重新找回生机，不仅解决经济上的困境，也让年轻人愿意返回或留在故乡工作，为地方发展注入希望活水。不过，大量的游客及外来商家进入，也让当地居民生活产生明显改变，不仅原本清幽洁净的自然环境，变得喧闹、脏乱与拥挤，连单纯朴实的民风也因过度商业化，而变得功利、算计与冷漠。过去在推动社区总体营造时，地方居民自发性地参与活动与公共服务，现今则忙着做生意赚钱，对社区的付出也会斤斤计较。事实上，商圈的多数商家都是外地人，所卖的商品也都是外地制造，对于当地经济并无太大的改善，但却付出文化生态遭到破坏的巨大代价。近年来，几位在地年轻人为重新找回内湾文化，结合多位婆妈成立"好客好品希望工场"，以昔日盛产的矿石、林木及代表客家的花布，设计开发多种文创商品，还有结合东西食材与本地风味的客家餐饮，也吸引许多游客前来参观消费，② 为商圈经营带来一股文化的清流，但后续能有多大的效益与影响则仍待观察。

至于内湾商圈以漫画家刘兴钦所创作的大婶婆与阿三哥作为意象，淳朴率真的客家人物造型，确实为此地增加文化性与趣味性，成为吸引游客的一大卖点，这也让新竹县

---

① 张郁国：《砸 2500 万，内湾动漫园区动工》，《联合报》B2 版，2014 年 2 月 19 日。蔡昕颖：《日本人偶巡游，内湾老街掀高潮》，《联合报》B2 版，2014 年 5 月 4 日。

② 叶建宏：《青壮婆妈，连手者回内湾文化》，《联合报》A10 版，2016 年 7 月 26 日。

政府投入庞大经费，试图将此一模式复制到内湾线其他车站，创造更高的观光效益。不过，内湾的成功乃因该漫画人物与此地客家氛围的契合，才能产生相加相乘的效果，但其他车站或漫画主题却未必能如此相应，效果也就大打折扣。例如巨资所兴建的内湾、竹东动漫园区，展示内容及商品几乎都是日本的动漫元素，不仅无法与当地的文化氛围相融，地处偏远也难以吸引年轻的动漫迷前来造访，以致在开业短短几年后，即因入园人数太少而宣告停业。由此亦可知，推动客家文化产业还是要从地方的文化生态出发，找出属于本地或是能与之相应的文化元素，再运用创意加以转化，增加美感、故事与趣味等吸引力，才能有成功的机会。

三、义民祭

清乾隆五十一年（1786）台湾中部爆发林爽文事件，竹北客家人组织义民军拥清抗敌，牺牲 200 余人，葬于新埔枋寮义民冢，获皇帝敕赠"怀忠"、赐匾"褒忠"。两年后在地方士绅的号召下，于冢前建庙崇祀义民爷，即为褒忠亭义民庙。同治元年（1862）彰化地区又发生戴潮春事件，新竹客家人同样组织义民军平乱，亦有百余人牺牲，在义民冢旁建"祔冢"安葬之。从此义民爷成为台湾客家族群特有的信仰，褒忠亭义民庙也成为北部客家人的信仰中心。

褒忠亭义民庙最初由几位士绅捐金捐田，作为平时运作及修缮的资金来源，后来改由新埔街上的业户担任轮值经理，掌管庙产、春秋二祭及中元祭典。清末再改由四大庄担任轮值经理，后分化为十三、十四大庄，至日据时期成立"义民庙协议会"管理庙务，祭典则由各大庄轮流举办，至 1976 年再分化为十五大庄。现今该庙的中元义民祭典即由此十五大庄轮值举办，共分六家、下山、九芎林、大隘、枋寮、新埔、五分埔、石光（石冈仔）、关西（咸菜瓮）、大茅埔、（大）湖口、杨梅、新屋（溪北）、观音（溪北）、溪南，涵盖新竹、桃园等三县市、二十个乡镇市区。[①]

每年褒忠亭义民庙的中元祭典，自农历六月十七日即揭开序幕。当日轮值联庄的总炉主率领信众前往褒忠亭，向义民爷上香禀告后，迎请其香位回各村庄安座，展开为期一个月的奉饭祭仪。各村庄会择境内一间庙宇安奉香位，每日下午由居民轮流挑着牲礼、饭菜等供品前来祭祀，称为"挑担奉饭"。此持续至农历七月二十日，当日下午再举行隆重的普施仪式，结束整个祭典。翌日再迎请供奉于各村庄的义民爷香位回褒忠亭，在此退神后焚化，方告圆满落幕。

新埔褒忠亭义民庙则自农历七月十八日展开三天的祭典。第一天上午先在庙前竖立灯篙，指引亡灵来接受普度；晚间则由总炉主开点斗灯，再由法师为佛像安座，并为大

---

① 陈韦诚、李至埙、朱振源：《入宝山·敬义民》，新竹：宝山乡公所，2020 年，第 16—9 页。

士爷开光点眼。第二天举行法会，凌晨先进行"发表奏圣"仪式，上午再举行"扬幡接驾""奉安六神"等各项醮典科仪；下午则施放水灯，引领水中孤魂上岸接受普度第三天是正日祭典，上午由庙方及各界贵宾进行三献礼，颁发奖状、金牌给特等神猪、神羊饲主，最后再进行总炉主交接。庙埕则有获奖的神猪、神羊，以此献供祭祀义民爷，表达最诚挚的心意。下午则进行普施、放焰口、送神等仪式，至夜间方结束整个祭典。

这项延续上百年的义民祭典，本由褒忠亭义民庙与十五大庄自主办理，与公部门并无关连；但因客委会有意扩大桐花祭的成功经验，自 2009 年又推出"客庄十二大节庆"，其中新竹县政府提出的"念念义民·恋恋客家——新竹县义民文化祭"也获入选，从此公部门介入该祭典的举办，也将其定位为客家文化产业。公部门在既有祭典之外，又加入不少有关的展演活动，如 2009 年在新竹县文化局办理"义民信仰探索"展览，并配合义民祭的开幕，举办热闹的"创意挑担 & 创意哈客艺阵嘉年华""哈客艺阵摆阵逗热闹""八方来做客——义民之夜"等活动，内容包括重现义民出征、战鼓、狮阵、龙阵、跳鼓阵、八家将及流行歌手演唱等。

2010 年的义民文化祭，则在新竹县史馆举办为期一年的"义民爷爷的公义与慈悲——义民宗教信仰主题展"，也设计义民香包与大型宣传折页，并举办学生创意神猪比赛。开幕记者会及两场重要活动，还特别安排临时演员表演"义民出征剧"，重现昔日义民军英勇作战的场景，成为各大媒体报道的焦点。2011 年更扩大为"全台客家义民文化祭"，除延续原有义民军出征、创意挑担、创意神猪、武术、鼓阵等各种表演外，还在新竹县立体育场举办盛大的"世界客家义民之夜"，邀请流行歌手与知名乐团演唱，吸引近万人参加，其中还包括不少海外返台的客家乡亲，显有意将义民祭打造为全球客家族群共同的活动。[1]

公部门将传统的义民祭典扩大为文化祭活动，虽然打响其名号，使之从地方性祭典一跃而为全台性的客家节庆，也吸引许多游客来此体验与观光，确实成功形塑一个客家文化产业。不过，在其风光热闹的背后，仍隐藏一些问题值得讨论。例如有学者指出，传统祭典以当年轮值总炉主的地位最高，重要祭祀仪式皆由其主祭，但在公部门介入之后，官员却凌驾其上，在公开场合中皆是首长居主位，总炉主反而沦为配角。此外，有时为配合官员抵达参与的时间，祭典长度与流程也需要被迫调整，难以维持传统性与完整性。另有地方文史工作者亦表示，传统祭典乃由总炉主以领调与缘金方式来募款，但在公部门有补助后，信众会觉得不需要再出资赞助，反而降低地方的参与度。[2]

再者，公部门为提升义民祭的观光与媒体效益，都希望在祭典之外加入热闹或创意

---

① 自公部门主办义民文化祭以来，每年的活动大同小异，有时还会配合举办客家粄条节、水梨节嘉年华会等，以营销当地的农产美食。

② 谢世忠、刘瑞超：《客家地方典庆和文化观光产业——中心与边陲的形质建构》，第 93—94 页。

的活动，但得标承办厂商大多是外地的，对于祭典乃至于客家文化未必有太多的了解，以至于有些活动不仅缺乏关联性，甚至还会破坏祭典的神圣性与庄严性。例如每年活动都会邀请各式艺阵演出，增加庙会热闹的气氛，也凸显义民英勇战斗的精神，但有些阵头并非客庄所有，在此演出反而令当地人感到突兀。尤其像八家将被视为阴间司法警察神，专门缉拿流连人间的鬼魂，在此表演不仅会使前来接受普度的"好兄弟"却步，恐怕连具有祖先性质的义民爷也会坐立难安吧！

事实上，义民祭除在新埔褒忠亭义民庙举行外，也于轮值联庄的各村皆设有祭典区，但却少有人关注。公部门将资源投注在褒忠亭义民庙，政治人物与各大媒体也都聚焦于此，外地游客被吸引来参与热闹的活动，对义民信仰及祭典只留下片面而肤浅的印象。相较而言，轮值的各祭典区虽然规模不大，但自迎回义民爷神位后，村民以各邻住户为单位，轮流准备供品虔诚奉饭，展现客家人的信仰情感与基层组织运作，可惜一般游客不会进到此地，也错失体验真实客家文化的机会。尤其近年来因环保意识抬头，客庄居民养神猪敬献义民爷的习俗也受到挑战，被贴上虐待动物的污名标签；① 但外界大多仅看到义民庙前所展示的神猪，却很少会深入到各村落，实际去了解信徒以何种动机、态度、情感与方式豢养神猪，自然会产生诸多误解，也失去相互沟通、化解歧见的机会。

四、结语

客家文化产业是近 20 年来台湾客委会及有关部门推动的重点工作，虽然因此大为提升客家族群的能见度，也为客庄产业带来可观的经济效益，但其背后仍隐藏许多值得检讨的问题，如公部门过度主导、文化内涵与深度不足、活动与产品缺乏在地特色、破坏客庄的文化生态、缺乏永续发展的远景等，这些不仅出现在新竹地区，也是全台所共有的困境。

那么该如何解决这些客家文化产业的问题？本文提出几点建议，供主事者参考。首先，文化产业应该以文化为核心，文化是人们在求生存过程中所积累而来，各个地方、族群求生存的历程有异，文化也必定有所不同。因此，不仅客家与其他族群的文化不同，不同客庄的文化亦有差异，必须深入地方去盘点与发掘，才能找出在地文化的特色，以此发展出来的文化产业也才会有吸引力。现今台湾客家文化产业大多未能做好此基础工作，不仅无法提升产业的效益，甚至造成外界肤浅的印象与错误的认知，对客家文化的发展反而不利。

① 有关神猪的争议与讨论，可参看张珣：《杀猪公祭祀——信仰与动物权迷思》，《妈祖·信仰的追寻》，新北：博扬文化，2008 年，第 270—285 页。

其次，文化确实可让在地传统产业加值，但它不应该只是点缀或包装，而是能凸显产业的在地风貌、情感与记忆，让外界感动而愿意来体验与消费。例如以客家文化来推广地方农产，并非只是办一些客家艺文活动，而是要去呈现该产业与这里的人、事、地、景、物之关系，去述说其背后有趣、感人的故事，以此来塑造特有的品牌与形象，也才能吸引游客走入产地去感受客家文化的美好。

再者，公部门推动客家文化产业的立意虽好，但各自的政策却不一，如农委会是提升农产品的竞争力、经济主管部门在发展偏乡客庄的产业经济、客委会乃增加客家族群与活动的能见度、地方政府则希望能引进客庄的观光人潮。在这些政策目的下，文化往往被工具化，必须为农业、经济、观光与族群能见度来服务。甚至在公部门介入之后，常会反客为主，从辅导者转化为主导者，反而扭曲文化的发展。因此，公部门应尊重地方的自主性与传统性，扮演资源提供与协助者的角色，唯有厚植在地的组织与能力，客家文化产业才能健全而永续的发展。

最后，文化具有整体性与系统性，生态环境、社会组织、人口结构、产业形态与风俗信仰间环环相扣，其中一环节有所变动，整个文化也会受到影响、冲击，乃至发生变迁或解体。因此，官方与民间在推动客家文化产业时，必须要能保护地方的文化生态与资产，尤其不能因追求经济的效益，而破坏自然与人文环境，扭曲文化的运作逻辑与真实样貌。唯有守护住文化生根的土地，客家文化才能枝繁叶茂，结成累累的文化产业果实。

（作者简介：谢贵文，高雄科技大学文化创意产业系教授）

清流客家三角戏的传承发展及抢救保护

●　罗金满　●

　　清流三角戏，又称清流客家三角戏，是明代江西山歌小戏传入后，经当地民间艺术人士流传演变，逐渐成为闽西北客家区域典型的地方剧种，一直备受闽西北客家乡亲喜爱。其形成发展，深受江西采茶戏及越剧、京剧等其他剧种影响，尤其是唱腔音乐，经过历代传承者的长期演化积累，除保留江西山歌小戏的部分传统唱腔外，还充分吸收汲取当地的民间山歌小调的一些音乐元素，并增加了汉剧、赣剧、越剧、南词北调的一些曲牌，在唱腔上加入京剧精致细腻和雄浑大气的表现方式，从而形成了自己独特的艺术风格。

一、清流客家三角戏的形成

　　清流客家三角戏，是曾经广泛流传于闽西北的客家三角戏的仅存硕果。位于福建西部，武夷山南侧，九龙溪上游的清流县。地处东经116°38′17″—117°10′29″，北纬25°46′53″—26°22′07″。

　　清流县三角戏集中分布于龙津镇的供坊村、下窠村和拔里村。新中国建立后，除了清流县的供坊、下窠和拔里村三角戏以及宁化县的茜坑村三角戏外，其余三角戏班皆已消亡。而下窠、拔里村三角戏和宁化县的茜坑三角戏也在20世纪80年代末、90年代初相继消亡。到目前为止，清流客家三角戏仅剩龙津镇供坊村三角戏一个班社在传承延续。

　　关于清流客家三角戏的形成，目前主要有三种不同的说法。其一，20世纪30年代由江西经宁化传入。王远生的《清流三角戏沿革及音乐介绍》云：

　　　　三角戏，在清流也称为《三角班》。据传始于30年代，由江西石城经宁化、禾口、湖村入清流供坊。当时有一个《三角班》，只有四个人，夫妻唱戏，颇负盛名。

以后就在供坊定居下来。供坊的青少年喜爱唱戏，就拜他为师。于是里地、基头、桥下等处来供坊学习戏艺的徒弟越来越多：40 年代，供坊村正式成立《三角班》。不仅在本村及附近村落演出，还外出到宁化县流动演出。①

沿袭这种说法的主要《三明民俗风情·清流三角戏》《清流民俗风情·清流的三角戏》《客家论丛·三角戏》等。

早在明末清初，闽西北一带的三角戏已广泛流传，而清流的三角戏却迟到民国中期才传入，这种说法明显与事实不符。而具体事实是，20 世纪 30 年代，供坊三角戏出了个名角苟小旦，唱红了清流县城西城北，颇负盛名。

其二，清初由江西经建宁传入。《福建省志·戏曲志》记载：

> 清康熙、乾隆年间（1662—1795），由闽、赣交界武夷山脉一带的花鼓灯与民间小调发展起来的三角戏，从江西赣州、抚州等地区传入闽北后，广泛流传于邵武、光泽、泰宁、建宁、清流、建瓯等县，并与各地的民间艺术、风俗习惯相结合，形成地方剧种。因早期演员只有"生、旦、丑"三个，故称"三角戏"，又称"三小戏"。②

这种认为清流客家三角戏乃清代初年由江西经建宁县传入的说法是较为宽泛的。而且混同了其中闽西三角戏与闽北三角戏的地域差异。

其三，即明嘉靖年间由江西经宁化传入。《清流县志》记载：

> 三角戏，又称三脚班，由生、旦、丑三个角色演唱。明嘉靖间，江西山歌小戏进入清流坊廓里、拔里（口）、下窠、龚坊等地演出。下窠、龚坊村民分别组建三脚班，村民在喜庆或工余时清唱。乐器有小锣、小鼓、小钹、木鱼、板胡。戏装以生巾、旦头、丑角衣裙为主，曲调以江西采茶小调为主。③

其中，坊廓里、拔里、下窠、龚坊等地，实为坊郭里的拔口、下窠、龚坊等地。清道光《清流县志》卷之一"疆域"记载："坊郭里。龚坊去城十一里……下窠二十

---

① 中国人民政治协商会议福建省清流县委员会文史资料编辑室：《清流文史资料》第 3 辑，1985 年 7 月，第 73 页。

② 福建省地方志编纂委员会编：《福建省志·戏曲志》，方志出版社，2000 年 11 月，第 40 页。

③ 清流县地方志编纂委员会编：《清流县志》，中华书局出版，1994 年 12 月，第 626 页。

里……拔口三十里。"①拔口，后来改名拔里。

据明嘉靖《清流县志》记载，明嘉靖年间，清流县各地的庙会或圩市的戏剧演出已很盛行。尤其是阔县祭渔沧庙樊神的"樊公会"相当热闹。明嘉靖《清流县志》卷之二"习俗户口·岁时"记载：

> 七月望中元，祭先祖，寺观斋会。是月二十日至八月朔，阔县祭渔沧庙樊神福首，三十余案牛酒大会。中秋望日，迎灯庆神，二十七日奉神像出游装扮杂剧以乐神，商旅咸以货来会，谓之樊公会。②

卷之二"圩市"记载：

> 樊公会每岁八月二十八日，相传樊公诞辰，邑人每岁于是日迎神赛会，先期八月初，直隶江、浙、闽、广各处客商，俱赍其土所有货物集于县中，至期各以财货互相贸易。四方人欲市货者，俱如期至会。至九月间，方散。③

其中，八月二十七日的"樊公会"便有杂剧演出。而离供坊村较近的"十字街市""太平店市""坪布圩"等圩市，是当地各种农产品集散地。时常有来自江西于都一带的艺人到此卖艺唱小戏。而据江西省《于都县志》记载："明万历年间，于都县有高魁一戏班。"④

"十字街市，在县五十余步。太平店市，在县东。即龙津坊。"⑤

"坪布圩 明代集市。属清流县。后废。即今清流县驻所龙津镇城西社区坪背路。"⑥

据传，供坊三角戏是明嘉靖年间供坊叶氏族人叶子卿、叶子清兄弟从清流城西坪布圩请来江西山歌戏师傅到村里教戏的。

明嘉靖年间，供坊村民搬演江西山歌小戏，不仅与当时清流庙会、圩市盛行演剧有

---

① 乔有豫修纂：清道光《清流县志》卷之一"疆域"，清流县志编纂委员会整理，福建人民出版社，1992 年 6 月，第 33 页。

② （明）陈桂芳修纂、清流县志编纂委员会整理：《嘉靖清流县志》，福建人民出版社，1992 年 6 月，第 43 页。

③ （明）陈桂芳修纂、清流县志编纂委员会整理：《嘉靖清流县志》，福建人民出版社，1992 年 6 月，第 14 页。

④ 江西省《于都县志》编纂委员会著：《于都县志》，新华出版社，1991 年 8 月，第 497 页。

⑤ （明）陈桂芳修纂、清流县志编纂委员会整理：《嘉靖清流县志》，福建人民出版社，1992 年 6 月，第 14 页。

⑥ 张在普、林浩编著：《福建古市镇：闽台古乡间商品市场》，福建省地图出版社，2008 年 8 月，第 128 页。

关，而且与当地宗族社会的兴盛及酬神演出需求密切相关，尤其是盛行于清流县城西城北的定光古佛信仰，每年从正月初六至二月间，数十村轮流迎接定光古佛，并酬神演出。

早期，供坊三角戏的戏班亦称"三角班"，因为整台戏里只有生、旦、丑三个角色，起初没有剧本，没有曲谱，只有师傅口传身授，服装道具相对比较简单。

二、清流客家三角戏的发展

明末清初以来，供坊三角戏艺人除了在村里演出外，还以家庭班或夫妻班的形式走街串巷到外地表演。随着闽西采茶戏的盛行，供坊三角戏也深受采茶戏的影响。当地人认为"三角戏"是邪戏，是寡妇戏，民间有"男人看了三角戏，锄头耙子放山间；女人看了三角戏，房门窗户忘了关"的说法，所以去外地演出，也叫作采茶戏。

据民国《清流县志》记载："清代中叶以后，一般平民尚多迷信神权凡岁时节令及家有喜庆，必持牲醴到庙供奉。婚姻、迁徙、营谋、建造，恒向神像求签问卦，以定从违。疾病则于神前祈祷，曰许愿，病已，酬神，曰还愿，每神庙年必有会期，届期游神演剧数日，或数十日，亲友及大小贸易者纷至沓来，名曰赴会。"① 由此可见，清代中后期，清流县各地演剧已相当兴盛，其中包括清流客家三角戏。

20世纪之初，供坊三角戏早期知名演员有苟小旦、叶永青（丑角）等，他们组成戏团，时常到长汀、宁化一带演出。尤其是供坊三角戏出了个苟小旦，唱红了清流县城西城北，颇负盛名。

新中国建立后，从1950年至1957年，这八年里可以说是新中国建立后的中盛时期。1952年，供坊剧团成立，叶启添担任团长。1954年、1955年，由叶启添、叶永青、叶养苟等十二人组团到长汀管前、宁化曹坊等地演唱三角戏。50年代末，供坊三角戏业余剧团在一批年轻人的组建下，走出了过去粗俗的表演，向着时代，向着社会，迈上了新台阶。但事情刚起了个步，就被时代终止了。

1967年，在下放供坊村的三明地区闽剧团老艺人的悉心指导下，供坊剧团还改编演出了《白毛女》《红灯记》《沙家浜》等现代戏。剧团移植样板戏，亮相登台，评价很好。1978年，文艺迎来了百花齐放的大好时机，被禁锢了十几年的古装戏重新上台。

20世纪80年代初，供坊剧团又进了一批行头与戏服，并添置了布景。剧团本来就有底子。大家又凑钱购进了一批服装道具，请来了当时的阳淡泉画了布景，其阵容、规模在临近县可算是佼佼者了。当时任编剧和剧团师傅的叶钦发带了五个女徒弟，五个如花似玉的女徒弟，改变了男扮女装的旧习俗。她们分别是：叶莲女、美女、秀华、桂

---

① 林善庆修：民国《清流县志》"风俗志"，福建地图出版社，1989年10月，第449页。

云、秀女。在其带动下，后来增添了赖青莲、叶素英、叶容青、叶容琴、叶梅香、叶富秀、龚富秀、叶莲娥、叶先青等人。因受到越剧的影响，清流三角戏后来的装扮习俗改为女扮男装，增加舞台艳丽。

经过几十年发展，供坊三角戏吸收民间小曲、山歌、凤阳歌及其他剧种的艺术特点，逐渐成熟起来，演员多达二三十人，已经可以演"大戏"了。从1984年开始，剧团排演了《秦香莲》《赵玉林》《碧玉簪》《玉堂春》等大型剧目。每年正月到二月，在宁化、明溪、清流一带的各村镇巡回演出，是这一带客家乡亲丰收喜庆、节假庙会上不可或缺的一道精神文化大餐。

1992年新编三角戏小品《假货》参加福建省第四届农村文艺调演获二等奖，他们的演出活动获央视新闻联播，以及省、市、县多家媒体的报道。1993年，供坊三角剧团成立，除了团务委员会外，剧团成员还分为五个小组。

这段时期三角戏能成鼎盛之势的主要原因，一是有一批对三角戏痴迷执着、长期不丢弃、不放弃的演戏人、传承人。二是注重对人才的培养。从1984年起，剧团改变了全部由男子参演的习惯，开始大胆地招收培养本村的女演员，使剧团有了新鲜血液和新的活力，而且非常成功。三是注重村民群众的参与性。那段时期，全村可以说是"家家有演员，人人爱看戏"，群众那种被禁锢了十几年对文化生活的渴望所迸发出来的源动力和市场需求被极大调动起来，形成一种学戏、演戏、看戏的热潮。四是注重剧目的改编。供坊剧团有一批能编、能导、能演的三角戏传承人，多次对一些传统的剧目进行了大胆的改编，满足群众不同的欣赏要求。

三、生存现状及存在问题

20世纪90年代后期以来，随着电视等大众娱乐媒体的普及，群众文化娱乐变得多元化，戏曲观众减少、市场萎缩，加上本村姑娘外嫁，主要演员人才流失、资金匮乏，剧团难以为继。在2000年2月明溪县沙溪乡最后一场演出后封箱停演，一停就是12年，造成原有的服装、乐器、道具霉烂虫蛀，剧团主要的编、导、演职人员及后台乐师等传承人年龄都在七八十岁以上了，对"清流客家三角戏"抢救保护可以说已经到了刻不容缓的时候了。

2012年，供坊三角戏在停演12年后，重新组建，易名龙津三角剧团。其主要成员为：名誉团长：叶庆华。团长：龚毛古。剧团主要成员：叶素英、叶容琴、叶容清、叶梅香、龚富秀、叶先娥、龚荣珍、叶永发、叶广文、叶火发、叶水旺、叶外芳、陈冬秀、叶凤清、李金兰、叶先清、叶先香、叶国寿。经过一段时间较长的积累，剧团添置了京胡、二胡、中胡、三弦、扬琴等乐器，又花了3000元买了电子字幕机，改善了演出效果。

2014 年，福建医科大学、县老区办、村委会联合投资 52.6 万元，建起 1200 平方米的供坊农民休闲广场，剧团有了专用的戏台。

2015 年，由剧团团长龚毛古出资 3 万元，并集合一群三角戏爱好者，重组供坊村三角戏剧团，更名为"清流三角剧团"。同年 10 月，为了进一步促进三角戏事业的繁荣发展，推进剧团各项工作的有效开展，经剧团成员大会讨论通过，决定调整充实剧团领导班子，完善清流三角剧团的组织架构。

目前，清流三角剧团主要以原"供坊三角戏团"班底为主，吸收下窠、拔里等村落艺人，全团演职员有 32 人。近年来，在老艺人的呼吁引导下，有更多年轻演员加入客家三角戏的传承与开发中来，有青年，有孩童，队伍逐渐充实丰满。

然而，在信息技术和商品经济两股大潮的冲击下，随着快餐文化的风起云涌，一直起着净化人们心灵的精神产品清流客家三角戏，和全国其他地方剧种一样，也面临着急剧萎缩和生存危机的窘境。主要表现在以下几个方面：

（一）三角戏受众少，观众数量难以上升

通过调查我们发现，三角戏只是局限于清流供坊村，爱好者只是为数不多的中老年人，很大一部分青年人对三角戏不感兴趣。群众对三角戏生存状态关注度不高，甚至本县很多人都不知道有三角戏，三角戏受众群的扁平化以及观众数量的少数现象，是形成三角戏整个剧种危机局面的首要因素。

（二）三角戏演出面窄，演员数量少

三角戏表演人才匮乏，人才队伍严重断档。一些热心的老艺人年事已高，体力不支，逐步退出，老艺人已为数不多。年轻人不愿传承或根本不感兴趣，导致三角戏不断流失，演出队伍面临后继乏人危机，致使三角戏实际演出场次很少。这客观上降低了三角戏在现代文化生活中的影响度，同时也造成了受众群体的缩小。

（三）优秀剧目编导队伍后继无人，剧本更新缓慢

由于剧本编创难以出新，一定程度上不能适应新的形势的要求和文化接受方式的变化，于是原有的三角戏好者尤其是年轻人开始趋同快餐文化流行音乐。

（四）经费投入不足，设施设备老化

由于十几年的停演，原来供坊村的演出礼堂因年久失修已经破烂不堪无法排练和演出。三角戏创作和演出手段陈旧，戏剧改革面临物质困境。三角戏演出团体要生存，没有经济等各方面的保障，因此，排新戏出新作对演出团体来说便成了镜中花水中月。为了生计，演员们没有太多精力来投入到客家三角戏的演出中来，使参与此项活动的人越来越少。

（五）三角戏专业研究水平有待提高

三角戏素来就有十几本大戏，几十出小戏，然而，作为清流本土文化中的一朵奇葩，人们对她的理论研究和剧本创作还远远不够，这正是三角戏在改革开放 40 年后没有真正实现更好的发展的重要原因。

四、抢救保护及建议对策

近年来，在清流三角剧团、清流地方各级政府、清流县一些地方学校以及社会上部分热人士的共同努力下，对三角戏的抢救保护采取了一系列措施，并取得了一定的成效。然而，清流客家三角戏的传承保护，任重道远，为此需要剧团、政府、学校以及社会相关部门相互配合，连续发力，从而为三角戏在清流地区的传承发展奠定坚实的基础。

（一）抢救保护

目前对清流客家三角戏进行抢救保护，并取得一定的成效，主要表现在以下几个方面：

1. 建立和完善组织架构

2015 年底"清流三角剧团"正式在民政登记注册为社会团体。全团有演职人员 32 人，制定了各岗位职责以及考核机制。近几年，在各级政府及有关部门的支持下，筹集了 4 万多元资金，添置了部分急需的演出服装、布景、音响、乐器、字幕显示屏等设施设备。

2. 创新戏曲表演形式，加强交流宣传

为了更好体现清流客家特色，同时适应现在观众尤其是年轻观众的欣赏要求，剧团开始尝试使用客家话来表演，并结合当前热门问题新编了一些现代生活的新剧目。开设网络平台，加强线上交流宣传。清流三角剧团已经开通博客、微信群以及微信公众号。微信群主要作为团员们探讨三角戏发展的交流平台；微信公众号作为三角戏文化对外宣传平台，吸引更多年轻演员加入三角戏保留和传承的队伍中来。

3. 积极参加各种展演和送戏下乡活动

2012 年，三角戏参加第 25 届世界客属恳亲大会文艺汇演；2013 年，进行春节龙津广场演出；2014 年，受到三明市艺术馆邀请，到三明市非遗博览苑展演等。2015 年，参加在三明市首届"小戏小品"展演，荣获一等奖，得到省市领导的高度赞赏。为丰富乡村群众文艺生活，剧团积极响应"送戏下乡"活动，深入到清流、宁化一带乡村演出，尤其在龙津南岐新风庙会、嵩溪庙会、温郊桐坑送戏下乡等地的演出受到广大群众的赞誉和好评。2016 年正月期间到宁化上畲、夏坊连演 7 天 14 场，极大丰富当地农民群众的文化生活。近年来，清流三角剧团结合县乡两级政府科技下乡、乡村振兴、庙会新风、反邪教教育、扫黑除恶等活动，演出了多个贴近生活，群众喜闻乐见的小品小戏，受到广大群众的好评。

4. 建设三角戏仿古戏台

2016 年，为了解决三角戏排练演出的场所问题，经过缜密策划和多方筹措，在市、县和龙津镇政府的大力支持下，投资 42 万元的三角戏仿古戏台在龙津镇供坊村开工建设，并于 2017 年 7 月年竣工交付使用。戏台古色古香，造型典雅别致，戏台的落成，不但为三角戏平时的排练演出提供了一个固定的场，也为供坊村民娱乐休闲增添了一个好去处，成为供坊村一处靓丽的新景点。

5. 成功申遗，积极开展"三角戏非遗进校园"活动

2018 年 4 月，"清流客家三角戏"被三明市政府批准为清流县首个戏曲类市级"非物质文化遗产"。此后，清流客家三角戏申报省级"非遗"工作在紧锣密鼓地推进当中。为了让"清流客家三角戏"这一非物质文化遗产能够得到更好的传承，2018 年，在县文广新局和县教育局的大力支持下，清流县启动了"三角戏"进校园活动，成立了"三角戏"进校园工作小组。目前，已在清流县城关中学、实验中学、第一中学、清流县昂力幼儿园开设教学培训基地，并定期对学生开展三角戏教学活动，并取得了良好的效果。2022 年，清流客家三角戏被列入"福建省第七批省级非物质文化遗产代表性项目名录"。

（二）保护建议

实施地方戏曲剧种保护与扶持计划，是贯彻落实党的十八大精神、深化文化体制改革的重要举措。文化部公布的《地方戏曲剧种保护与扶持计划实施方案》提出"法律保护、政府扶持、市场引导、社会支持等多管齐下"的措施，为了给"清流客家三角戏"的发展提供良好的机遇，为此建议：

1. 将"清流客家三角戏"的抢救、扶持、保护工作列入各级政府文化建设的年度工作计划

统一思想，提高认识，把抢救保护工作与全县经济发展、城市建设、旅游发展和其他文化建设结合起来同步进行。从建设地方和城市"名片"的角度，从推动地方经济和社会发展的高度，充分认识"清流客家三角戏"的价值，研究制订出切实可行的保护和扶持的措施，切实解决"清流客家三角戏"生存和发展所面临的困难。

2. 为"清流客家三角戏"提供更多表演展示的机会

一是省市有关部门在举办各类文化活动时，能够尽量邀请清流三角剧团参加，给"清流客家三角戏"提供一个表演展示机会，让更多的群众更直观、直接地了解和欣赏"清流客家三角戏"；二是县文化部门应尽力向省市推介"清流客家三角戏"，使"清流客家三角戏"能够走出清流，为更多的人了解和认识。

3. 建立政府扶持资金投入的长效机制

任何文化建设都必须以经济基础为支撑，对文化遗产的扶持保护、文化建设的水平直接反映出一个地方的经济发展水平和文明程度。随着经济的发展，人们对优秀文化产

品的需求也越来越高。"清流客家三角戏"作为一个最具清流地方特色的地方戏曲,也是最具有清流地域特色的文化品牌,为广大人民群众所喜闻乐见。建议省市县有关部门建立固定的"扶持保护地方戏曲发展资金",并列入财政预算,在制度上保证像"清流客家三角戏"一类的地方戏曲剧种的健康发展。

4. 加大人才的培养,解决戏曲传承要后继有人的问题

建议政府制定出台一个包括"清流客家三角戏"在内的地方戏曲人才培养扶持计划,一是对现有人员加强培训深造,建议县文化部门帮忙联系一些专业院校和专业剧团,输送一些演员到上级培训深造或请专家老师下来指导。二是在幼儿教育和中小学教育中开展"清流客家三角戏"的教学和表演、传唱活动,建议组织人员编写《清流客家三角戏教学教材》,让三角戏的这朵艺术之花真正在清流这块热土上生根发芽。

(作者简介:罗金满,福建省艺术研究院副研究员)

三、客家乡村振兴研究

客红绿色融合发展　推进宁化乡村振兴

——宁化客家、红色、绿色生态文化资源融合发展的调查思考

———● 连允东 ●———

实施乡村振兴战略，是以习近平同志为核心的党中央着眼全局，顺应亿万农民对美好生活的新期待作出的重大决策部署。最近，笔者就客家、红色、绿色生态文化如何融合发展来推进宁化乡村振兴课题进行了深入细致的调查研究，在此基础上，结合宁化乡村实际，具体提出了以下五项对策措施。

一、明确资源优势，强化融合意识

客家、红色、绿色生态文化要"融合"发展，首要问题就是要明确在宁化客家祖地这"三大文化"资源优势在哪里？才能强化融合发展意识。调查显示，位于福建西部、闽赣边界中部的宁化县客家、红色、绿色生态文化底蕴厚重，其资源非常丰富，优势凸显。优势一是丰富的客家文化。宁化县是举世公认的客家祖地、客家文化发源地。自西晋永嘉年间始，为避战乱，大批中原汉民辗转迁徙到宁化石壁为中心的闽赣连接地。至唐宋间，石壁汇聚数以万计的南迁汉民，孕育形成了第一代客家人和客家文化。此后，客家先民以石壁为新的起点，向外拓展，漂洋过海。如今，客家后裔遍布 100 多个国家和地区，达到 1.2 亿人。1995 年起，每年都吸引成千上万世界客家人前来祭祖朝圣。地灵人杰的宁化，历史文化名人辈出：主要有宋代名流郑文宝、明代状元张显宗、明末清初的李世熊、特别是清代画圣"扬州八怪"之佼佼者黄慎，"书法四大家"之一的伊秉绶等。还有独具特色的客家饮食文化、民俗文化等等。优势二是著名的革命老区、中央苏区、中央红军长征 4 个起点县之一。第二次国内革命战争时期总人口仅 13 万人中就有 1.37 万人参加红军。全县人民为苏维埃政府和红军征粮筹款，被授予"扩红模范区""支前模范县"等光荣称号；被誉为"中央苏区乌克兰""红军故乡"。此时期，宁化人民为革命牺牲 6600 多人。张新华、张雍耿、孔俊彪 3 人被授予少将军衔。毛泽东、朱德、彭德怀等老一辈革命家曾在宁化进行过革命斗争。1930 年 1 月毛泽东同志率部途径

宁化时，写下了光辉词章《如梦令·元旦》。在此期间留下了许多红色遗址、遗物等珍贵的红色文化资源。优势三是绿水青山的灵秀胜地。山清水秀，气候宜人。绿色生态资源十分丰厚。宁化是闽江、赣江、韩江"三江"之源头。自然资源丰富，自然概貌为"八山半水一分田"。森林覆盖率达 74.6%，耕地面积 42.73 万亩，林地面积 279.3 万亩。属全国南方重点林区，境内有国家地质公园、省级风景名胜区天鹅洞群、省级森林公园东华山、省级自然保护区牙梳山、全国最深的岩溶湖蛟湖、客家农耕文明遗产大洋梯田等等，是闽赣边界难得的原生态休闲旅游胜地。被新华网认定为"最美中国·生态旅游目的地"，获评"中国百佳深呼吸小城""中国候鸟旅居县"等。

由上可知，因了历史、社会、自然等原因在宁化这块宝地上孕育出了丰富独特的客家、红色及绿色生态文化，且这"三大文化"资源遍布全县各个乡镇（村），这三大文化资源优势为宁化的乡村振兴奠定了良好基础和先决条件。但据调查，过去基本上把三种文化孤立、割裂开来，顾此失彼，缺乏把"三大文化"资源相互融合、共同发展的整体观念。因此，我认为要适应新形势下宁化乡村振兴的发展需要，就应把客家、红色、绿色生态文化有机融合，三驾"马车"并驾齐驱，形成合力，共同发展。在明确宁化以上"三大文化"资源优势后，我们要通过各种媒体，广泛深入地进行宣传，做到家喻户晓，让民众自觉牢固地树立起融合发展意识，最有效地发挥其融合的综合作用，共助宁化的乡村振兴。

二、整合当地资源，凸显各自特色

因了历史、地理方位、自然社会等因素，虽处在同一的宁化区域内，具有文化资源的共性。但具体分布在东南西北的宁化各乡镇（村）的三大文化资源是有差异的，侧重点及特色也是不同的。有的偏重于客家文化资源；有的偏重于红色苏区文化资源；有的则偏重于绿色生态文化资源。有的"三大文化"资源较为集中；有的则较为单一分散等。因此，我们要认真挖掘整合好当地乡村的文化资源，抓住重点，凸显各自的特色。从当地资源的实际出发，助推乡村产业发展。据我多年的调查，宁化（除翠江镇城区外）各乡镇（村）三大文化资源主要分布情况大致如下：东面的湖村镇客家文化资源主要有名人黄慎、张腾蛟、店上庙会等；红色文化资源有红军医院、锣鼓坪长征集结地旧址、彭拜县旧址、红军兵工厂遗址等；而尤为突出的是绿色生态文化资源有天鹅洞群、蛟湖、蛟龙溪、灵隐寺、银杏生态农业示范区等原生态休闲旅游胜地。泉上镇有延祥古文化村、名人李世熊、延祥花灯与贡茶、叶子糕、田鼠干等客家文化资源；还有泉上土堡之战旧址及毛泽东《如梦令·元旦》词（在泉上傅家山山顶口头创作）等红色文化资源。南面城南乡绿色生态资源有南山石螺坑瀑布、黄泥桥温泉、上坪南岭清秋、南山观景平台等。安乐镇的客家文化资源是夏坊古游傩、鹜峰寺等；绿色生态资源主要有森林毛竹、隘子下瀑布群等。曹坊镇有下曹古民居（省级历史文化名村）、伊秉绶陵墓（省二级保护文物）、明代温坊桥等客家文化资源；还有宁化西南五乡农民武装暴动遗址、宁化县第一党支部（三黄风车庙）遗址、下曹村红军标语、红军驻扎旧址等红色资源。治平畲族乡最为突出的是绿色生态文化资源：主要是鸡公崠（宁化第一高峰海拔1389.9米）生态风光；大量森林毛竹（毛竹林全乡有15.9万亩，森林覆盖率88.8%）；是福建省重点毛竹乡之一，被誉为"竹笋之乡、生态之乡"；"汀江源头"、手工"玉扣纸"。特色美食有黄焖鸭、炸肉、大禾糍等；客家文化资源还有"文武灯"等。西面的石壁镇是宁化客家文化资源最为丰富集中的乡镇。主要有客家公祠、客家祖地祭祀主轴、东华山及祭祖习俗、客家山歌、婚俗、曲棚、牌子锣鼓、客家服饰以及明代状元张显宗等。特色美食有擂茶、酒酿、黄粿、豆腐驼子、湿籽花生等等。而红色文化资源有陈塘红军医院、红军独立第七师旧址群、红军桥等。淮土镇客家文化资源有高棚灯、马灯舞、客家山歌、豆腐驼子等。红色资源主要有凤凰山长征出发地、凤山红军街、刘氏家庙等等。水茜镇有客家文化资源名人郑文宝、木偶戏、宁家大屋、团扇舞等。红色资源有邱山革命烈士纪念碑等。绿色生态资源有古杉木王群、岩石寨丹霞地貌、安寨桥、下付村宋代银杏等。方田乡主要有红色资源、泗坑村田螺髻战斗遗址、南城村红军壁画等。北面有安远镇的绿色生态资源：牙梳山、朝天寨丹霞地貌。红色资源有里坑村闽赣省机关旧址群等。客家特色美食：鲤鱼干、田鼠干、魔芋（俗称蒟子）等。河龙乡有绿色生态资源：大洋梯田、下伊水南庙、河龙贡米（农特产品）等。中沙乡有名人雷鋐；绿色生态有武昌河风光等。城郊乡有客家资源：黄慎墓地、社背土楼等。特色美食有马元豆腐驼子、糍粑等。

整合挖掘出当地客家、红色、绿色生态三大文化资源后就要梳理出各自的资源优势，抓住最具特色、最有优势的资源，确定好当地重点发展什么产业。例如：湖村镇有较多的绿色生态资源，重点应放在发展绿色生态的旅游产业，同时融入客家、红色资源，发展餐饮等相关产业。凸显湖村镇以绿色生态为主的特色，主抓森林康养产业。

三、主抓文旅产业，带动相关产业

产业发展是振兴乡村经济的重要内容之一。从宁化"三大文化"资源实际出发，旅游经济是重中之重，我们应花大力气主抓文旅产业，以此来带动其他相关产业的发展，从而全面助推宁化乡村振兴。我们必须根据各乡镇（村）文旅资源的实际，客家、红色、绿色生态资源紧密融合，集智聚力做大做强文旅、康养产业才能实现乡村振兴之目标。我想，从以下三个方面来抓文旅产业。

（一）立足资源优势，建设融合载体

如上所述，我们已明确各乡镇（村）"三大文化"资源优势。在此基础上我们就要

抓住当地客、红、绿三大资源优势，建好融合载体。如：曹坊镇下曹村。该村既有厚重的客家文化资源：全村共有34座建于明末清初的古民居，占地面积2万多平方米。其结构都以上厅为中心，配以门楼、下厅、厢房等；"九井十八厅"是其主要特征。古屋做工精细，门楼、门窗等处皆有精美细腻的雕刻。古香古色的小巷、古戏台、四方井。村中还有清代书法家伊秉绶的墨宝珍迹及讲学旧址；周边山上还有伊秉绶的陵墓等。又有丰富的红色文化资源：有红军收粮贮食的古屋；在"九井十八厅"古屋内有18条红军标语；当年该村的安俊公厅厦、敬湖公祠、立人公厅厦等还驻扎过红一军团和红九军团等部队。还驻扎过朱德、罗瑞卿等。在第二次国内革命战争时期有200多个青壮年参加了红军。同时该村还有良好的绿色生态资源；村子四面环山，村前一条清澈流淌的小溪。村尾"九龙寺"四周，古树郁苍、翠竹青青。溪水潺潺，空气清新，景观甚佳等。像这样的客家、红色、绿色生态资源历史性地已融为一村，我们就可把这三种文化资源归整好，修复建设好旅游载体。建议修缮好"九井十八厅"客家古屋，并把屋内的"红军标语"加以修复、刷新、并收集朱德、罗瑞卿等历史照片、史料及红军驻扎时使用过的实物及当年"西南五乡农民武装暴动"的相关长矛、大刀、枪支、鸟铳等实物，集中古屋内展示。精心把这个"省级金牌旅游村"打造得更加完好。还可以在村尾修建特色康养基地（或休闲山庄）让游客们既感受到客家文化（客家古建筑等）的神韵，又接受红色文化的熏陶，还领略到绿色生态的美景。在提升了文旅产业的同时也可带动该村的小吃产业和种、养殖产业的发展。种蔬菜、辣椒、淮山；养土猪、土鸡、土鸭、鱼虾等。引导村民经营餐饮、旅游纪念品、土特产等。制作扣肉、芋子炆豆腐等当地特色客家小吃。以此来拓宽村民致富的路径。

（二）突出主题特色，兼顾其他产业

要吸引更多的游客，就要在突出主题特色旅游的同时，兼顾带动其他产业发展。综观宁化客家、红色、绿色生态旅游资源现状，依我看，湖村镇的主题特色应是绿色生态，其次是红色、客家。可发展森林康养产业，建立基地。泉上镇是客家、红色主题特色，做强客家名人李世熊及延祥古村。城南镇主题特色是绿色生态旅游。主要抓好石螺坑瀑布开发，建好南岭清秋森林康养基地。安乐镇是笋竹特色小镇旅游。开发好隘子下瀑布群。曹坊镇主题特色是红色旅游。重点抓下曹村（属中国历史文化名村、中国传统村落）。治平畲族乡是绿色生态为主题特色。高峰鸡公崬（海拔1339.9米，为宁化县最高峰）自然景观迷人，是休闲旅游的好去处。重点打造慢生活休闲体验区基地，建设"鸡公崬生态旅游区"。主抓绿色生态旅游业，带动竹笋产业、特色种养业、餐饮、民宿康养等产业的发展。石壁镇客家、红色并重，客家为主题特色。主抓客家民俗旅游业，开发民俗村，展示特色民俗（如祭祖、山歌、婚俗、服饰、闹春田等）。同时发展客家小吃产业。经营擂茶、酒酿、湿籽花生、豆腐驼子等客家小吃，形成客家美食一条街。淮土镇主题是红色旅游。重点打造凤凰山长征起点小镇、红军街、淮土刘氏家庙等的开发。水茜镇主题特色应是客家旅游。做强客家名人郑文宝、木偶戏等。同时融入古杉木王群、岩石寨丹霞地貌绿色生态景观建设。安远镇主题特色是绿色生态景观建设。依托牙梳山、朝天寨绿色生态优势建设森林人家。做强"康养+种养"产业基地。带动种魔芋、养(稻田养鱼)产业和小吃产业的发展。河龙主题是绿色生态,主抓河龙贡米的种植产业及大洋梯田的开发。城郊主题特色是客家旅游。做强社背客家土楼、黄慎名人墓地等开发利用。中沙主题是绿色生态旅游。开发武昌河漂流等。

(三)规划旅游线路,发挥文化效应

从宁化客、红、绿三大文化资源分布现状来看,有的资源虽不在一个融合点上,却处在同一地域(县或乡镇)内或处在附近的乡镇(村)内,而把三种文化资源融合在同一载体内又很困难。此种情况下我们要精心规划好旅游线路,让游客能感受三种文化资源融合的魅力。就宁化县域内可精心打造"石壁—城区—湖村"客、红、绿旅游线。可以每年"客家祭祖"活动为切入点,以"古韵客家、红色故里、生态宁化"为主题,结合红色、绿色旅游。在石壁祭祖游览了世界客家始祖文化园后,回城区参观"红土地广场"(或北山公园革命纪念馆及长征出发博物馆),之后到湖村镇游览锣鼓坪长征集结地、天鹅洞群、蛟湖、红军兵工厂等遗址,最后住宿天鹅洞森林康养基地,品尝宁化烧卖、韭菜包、擂茶、酒酿、黄粿等客家特色小吃。让游客感受到客家、红色、绿色文化融合的魅力,达到思想性、观赏性、趣味性相统一的综合效应。因此,县文旅主管部门要精心规划好,统筹衔接好全县旅游线路。各乡镇要科学、合理地安排设置好本乡镇(村)旅游线路。做到全县一盘棋,各乡镇又有自身的主题特色。

四、狠抓典型引路,打造"一乡一特"

发展乡村旅游业,助力乡村振兴必须统筹规划,稳步推进。我们要抓好典型引路,以点带面,带动其他相关产业的发展。从以上分析可知宁化各乡镇(村)客、红、绿文旅资源分布不均,特色不一,融合难易不同。我们要把资源丰富、特色鲜明、条件成熟的乡镇(村)作为典型,示范优先发展。我想,就宁化全县而言可作为典型的乡镇有:湖村镇、泉上镇、曹坊镇、治平畲族乡、石壁镇、淮土镇、安远镇等7个乡镇。可作为典型示范村的有延祥村、谢坊村、下曹村、石牛村、石碧村、杨边村、安远村等7个村。以上典型乡镇(村)我们可以下大力气狠抓资源的融合、载体的建设、产业的发展,努力搭建好"文旅产业舞台",为全县其他乡镇(村)的发展提供学习借鉴的榜样。这样以点带面、点面结合,就能全面推进文旅及相关产业的发展。

要典型引路,也要防止千篇一律、面孔雷同,照搬照套。而要依托区位资源优势,打造"一乡(村)一特色"。如上所分析的各乡镇(村)的资源优势及文旅主题特色那样。诸如:石壁镇突出客家文旅特色;曹坊镇、淮土镇以红色文旅为特色;湖村镇、治平畲族乡、安远镇以绿色生态旅游为特色等等。除了各个乡镇的文旅主产业外，尤其值得一提的是其他相关产业的发展。产业兴、村民富才能乡村兴。产业发展可以说是解锁乡村振兴的"财富密码"，因此，做大做强"产业文章"是关键。调查显示，目前我县有些乡镇（村）除挖掘客家、红色、绿色生态资源外还挖掘出当地有特色的产业资源，走在三明市乡村振兴重点示范线前列，大力发展笋竹、多肉、辣椒、淮山、山药、无花果等特色农业产业。例如：安乐镇谢坊村（位于公路沿线村）花卉及多肉大棚基地种植规模达到1000余亩。建设产业园、展销中心、电商培训基地、人才驿站及配套设施。开创多肉文创、休闲、研学、直播培训、餐饮为一体的综合体。通过"线上直播+线下体验"拓宽销售渠道，平均每天6000余盆多肉销往全国各地，日均销售额达3万余万元，为50余名村民提供了家门口就业机会，增加了经济收入。又如：曹坊镇石牛村依托辣椒种植基地打造辣椒"福酱坊"品牌，年产鲜椒1500余吨，产值1200余万元……诸如此类特色鲜明的富民产业就很好地体现出"一村一品（特色）"，为我们提供了学习借鉴的典型。

五、加大人财投入，力争政策扶持

宁化县客家、红色、绿色生态文化资源要融合发展、文旅产业带动其他产业发展是个大课题。近年来，宁化县做了大量前期工作，取得了良好成效。县里成立了"文旅融合发展攻坚组"；县政府印发了《宁化县全域生态旅游发展实施方案》。通过抓项目、抓招商、抓建设加快了文旅开发，采取做大"红色+"、做精"农业+"、做强"康养+"的方法来激活产业潜力等富有成效的工作。但调查中发现了两个主要不足：一是资金投入不足；二是专业人才缺乏。文旅基础设施的建设，各种具体、有形载体的建设及专业人才的引进等等，都需要资金的投入及政策的扶持。在资金投入方面应发挥乡镇（村）的主体作用，可采取"乡镇（村）自筹一点，银行贷款一点，向上争取一点、政府支持一点，村民投捐一点""五个一点"的办法来解决。还可以用"招商引资"方法及鼓励当地有经济实力的个人投资捐款。同时建议县里要尽快制定《宁化县发展乡村文旅的扶持政策及奖励办法》，从资金、技术、人力、物力等方面给予倾斜和扶持。要以优厚的条件从高校、科研等部门引进一批"高、精、尖"的文旅专业人才，带领培训一批精良的当地文旅专业、产业发展队伍。我想，只要县、乡、村上下齐心协力，加大人才、资金的投入，群策群力就能筑起乡村"文旅大舞台"，赋能乡村经济的发展。

总之，我们通过以上五项对策措施来推进宁化乡村产业发展，增加村民收入。紧紧抓住客家、红色、绿色生态文化资源优势，形成资源合力，坚持融合发展，大兴富民产业，共筑"文旅大舞台"，带动乡村经济全面发展。我坚信，只要全县人民同心同德、聚智聚力就能谱写出宁化乡村振兴的新曲。

参考文献：

《宁化县志（1988—2005）》，国家图书馆出版社，2018 年。

（作者简介：连允东，宁化县文联原主席，福建省作家协会会员，福建省民间文艺家协会会员，三明市作家协会全委会委员）

希望与崛起

——记旦上村新时代发展之路

———— ● 刘晓迎 ● ————

一、希望

旦上村，是三明市明溪县夏阳乡的一个行政村，从某种意义上说，他是一个地道的客家小山村，因为明溪县是一个纯客家县，与相邻的清流县和宁化县，在历史上曾是汀州八府之一。全村土地总面积2.2万亩，森林面积13200亩（其中毛竹山7200亩），耕地总面积980亩。现今辖有3个自然村，119户525人，贫困户11户42人。距乡政府所在地24千米、明溪县城约23千米、将乐动车站40千米、距明溪县至三明高速口20千米。2017年村财收入为4.08万元。生态资源较丰富，森林覆盖率达91.2%，全村平均海拔835米，属高海拔山区。

就是这么一个小小的高山村，在短短的几年时间里，先后获得福建省第五批省级生态村（2012年）、省环保厅评为第五批省级生态村（2012年）、共青团明溪县委员会评为2017年度明溪县五四红旗团支部（2018年5月）、省住建厅和财政厅列为"千村整治、百村示范"美丽乡村建设工程村庄（2018年）、中华人民共和国住房和城乡建设部列入第五批中国传统村落名录（2019年）、福建省文化和旅游厅评为省级乡村旅游特色村（2019年）、福建省观鸟协会授牌"福建观鸟协会观鸟实践基地"（2019年）、县住建局评定为省级十镇百村提升改造村（2020年）、被三明市林业局、民政局、卫健委、总工会医保局联合评为市级森林康养示范基地（2020年）、中共福建省委实施乡村振兴战略领导小组办公室授予省级乡村振兴实绩突出村（2021年）、省委党史学习教育领导小组办公室授予福建省党史学习教育参观学习点（2021年）、三明市生态环境局评为三明市第一批"中级版"绿盈乡村（2021年）。如此之多的荣誉和称号覆盖着旦上村，这其中到底有着怎样的玄机，又有着怎样的传奇故事？

从上述牌子、项目中，可以窥视到旦上村，有着旁人没有的独特条件，如优越的自然地理位置、上天眷顾的候鸟通道，及丰厚的历史人文浸染等。

（一）地理优势

众所周知，福建的山水极其独特，可以概括为"一海两山三江四民系"。《山海经》云，"闽在海中，其西北有山，一曰闽中山在海中"，福建人的特质，山居者是彻底的农耕本性，海居者则是完全的海洋风格。但总的地势分极的趋势与全国的趋势相类似，都呈现出由西向东二级阶梯式，西边界线为高耸入云、连绵不断的武夷山脉，与江西隔开；中部边界为同是东北—西南走向的中部山脉，区隔了山与海的交往。典型的界线是中部的戴云山脉，而旦上村所在的明溪县，就处于武夷山脉与戴云山脉之间。

以中部山脉为界，其西为第一级阶梯，地形以崎岖险峻的山岭、盆地为主，是传统上福建"上四府"的所在地，今明溪也在其中。从水对山的作用来说，明溪属于闽江流域。随着唐代福建的开发与建置的完善，四个地理分区顺其自然衍生成四个文化分区：闽北的建州，闽东的福州，闽南的泉州和漳州，闽西的汀州，这四个区域也是福建多元文化的源头。后来从闽南分出兴化（或莆仙）；闽东分出福宁州（未产生太大的分歧）；在闽北则根据与外界交往的不同而分出邵武、南剑州等；最后南剑州在于闽西、闽南、闽东的交界处产生了过渡性的闽中，这部分四不靠或都涵盖的区域成了今天的三明市，明溪县的旦上村自然处于其中。

旦上村，其优势在于生态资源的丰富，其生态之说，与习近平总书记所指出的"绿水青山就是金山银山"相印证，森林覆盖率达91.2%，森林面积就有13200亩（其中毛竹山7200亩），森林中红豆杉、柳杉、水杉群等都属于国家一级保护的珍稀树种，是该县4乡9村观鸟平台之一，村里有6处观鸟点，鸟类资源丰富，每年都吸引众多的爱鸟者光临。

（二）古道优势

旦上村位于明溪县夏阳乡西北部，明溪县东部，南面与福建省君子峰国家级自然保护区相邻，北面与将乐县龙栖山国家级自然保护区遥遥相望。在古代，由于没有现代的交通，以水路运输为主，陆上交通明代起以古驿道为主，故由长汀、连城、清流等地一带要去往将乐、建宁、江西一带，就得经过旦上古驿道，所以旦上村在古代算是交通要道。

（三）重大历史事件

许多重要事件都与旦上村有关，如新民主主义革命时期的"铜铁岭之战"（归化之役），就发生在旦上村附近。

归化之役是明溪县土地革命战争时期发生的最大战斗，也是第五次反"围剿"的一次胜仗。这次战役主要在旦上村进行。1934年3月22至26日，在红七军团军团长寻淮洲、政委乐少华，第十九师政委吕振球，第二十师师长粟裕、政委李翔梧的指挥下，3000多红军战士同敌十师李默庵部队进行了两次激烈交战，我军一鼓作气毙、伤敌人

500 多人，缴获大量战利品，取得了战斗胜利。这个战役，对保卫红军长征前的临时中央指挥部，对主力红军长征第一阶段的顺利进行，都起到了积极的作用。

当年，在归化之役前沿阵地的九天山脚下、作战指挥中心所在的九天山半山腰以及作战后方，红军都修了战壕，现主要保存于铁岭、九天山和杨坑自然村，全长约有 8 公里，是目前全省保留最完整、最长的战壕群。其类型主要有两种：一种是从地面挖下去的，另一种是用石头在地面垒起来的。此外，还有防空洞两处、飞机轰炸时的遗址一处。近年，村民在修整战壕时还捡到许多不同类型的子弹壳，现存放在旦上村。

1931 年 7 月 6—9 日，红军第一、第三、第四、第五和第十二各军人数 2 万多人，走了三天三夜，由将乐路过旦上进入明溪，当年两次入闽的东方军大部队和红七军团集中的广场，占地约 3 万平方米，位于旦上村中部。旦上村西面设有红军临时医院、红军造纸厂和红军农耕基地，占地约 10 亩，目前还保存有部分农耕设施。东方军和红七军团设在旦上村北面的会议中心，经过几次修缮，目前保存较完整。黄家祠堂既是东方军和红七军团会场遗址，也是苏维埃政权工农革委会及贫农团活动旧址。

二、崛起

有了希望，就有了奋斗目标；有了目标去拼搏，科学加苦干，就有了崛起的希望，有了崛起的可能。

2017 年时，旦上村是市定空壳村，村财收入主要是依靠林木资源，村民收入主要是发展毛竹和种植水稻，缺乏强有力的产业支撑，村财增收渠道不宽，村民致富路子不多。

培养党员致富带头人，带动村民创业就业，服务村庄绿色发展，践行"绿水青山就是金山银山"理念，这是旦上村客家人的共同认识。首先加强党支部建设，旦上村共有 119 户 525 人，党员就有 22 人，加上预备党员 1 名，共有党员 23 人。村"两委"干部 5 名，其中支委 3 名，村委 1 名，交叉任职 1 名，村主干实现"一肩挑"，可以说目前村"两委"干部配备较理想，是有战斗力、发展后劲的，这几年的经历也充分证明了这一点。

积极探索支部的"提档升级"，建立"党建指导员"制度，下派乡党委班子及项目骨干等，由 3 名优秀党员组成服务专班挂包旦上村党支部工作联系点，为党员上专题党课，并确定一名党员作为党建指导员，解读政治理论知识，帮助规范"三会一课"，提升党员管理教育质量，确实有效地促进党支部的"提档升级"。这也是与旦上村能短短几年时间里取得以上骄人的成果分不开的。

（一）"四级共建"机制，支部"提档升级"

探索"市、县、乡、村"的"四级一体"联创联建机制，建立党建品牌及历史文物

"四级共享"党建资源平台。一是建立"馆村联建"基地。旦上村与三明市博物馆联合在"归化之役临时指挥所"旧址建立"馆村联建"研学基地。村党支部将党员从"归化之役战壕遗址"附近挖到的 3 枚子弹头和 1 个弹壳交给市博物馆珍藏保管,市博物馆党支部又帮助旦上村研究归化之役、发展传统村落、保护绿色生态等,对旦上村的红色文化起到促进作用。支部之间的共建,又推动了支部"提档升级"。二是打造"红色教育"基地。随着旦上村项目建设增多,乡村振兴工作开展,先后与县税务局、财政局等单位,在旦上村建立"红色教育"联系点,签订支部"共建协议",共同开展"主题党日"活动,为旦上村提供财税、政策和项目等解读咨询帮扶,邀请老党员讲述旦上红色故事。用好文旅局、卫健局、福建君子峰国家级自然保护区管理局等单位优势,组织村级党员到共建单位参观生态宣教馆等教育基地,与共建单位探讨乡村振兴建设,推动向上争取政策、资金工作落实,发展好乡村旅游、中医药、观鸟休闲等生态产业。三是探索"党建指导员"制度。下派乡党委班子及项目骨干等,由 3 名优秀党员组成服务专班挂包旦上村党支部工作联系点,为党员上专题党课,并确定一名党员作为党建指导员,解读政治理论知识,帮助规范"三会一课",提升党员管理教育质量,促进党支部"提档升级"。

(二)创建"三色五园"产业,引领"强村富民"发展

围绕"红、绿、古"三色主题,抓住红色文化遗址群资源,形成"三色四园"(红色、绿色、古色、观鸟园、茶博园、鲟梦园、中药园)等产业,发展旅游增加村财收入,辐射带动贫困户增收,每年推动当地农家乐产业经济收入 10 余万元。

一是观鸟园,将生态旅游木屋、观鸟园捆绑成一个产业,借助"跨村联建"平台,由旦上村、新坊村、杏村村入股 105 万元(35 万元/村)投资建设,与福州澳中商贸有限公司签订旅游木屋租赁运营合同,投资收益率达 0.7%,每年村集体经济可实现年收入 7.35 万元,2019 年村民观鸟收益可分红现金 6.2 万元;

二是茶博园,与山东省青岛市的投资合伙人曾兆永合作,发展 260 亩茶博园,主营高山红茶、岩茶等,每年可增加村财收入 2000 元,达产后年可增收 30%以上。今年,预计销售额在 60 多万元,计划秋季扩大种植茶树 500 亩。2017 年获得省农业厅硒锌含量高的茶叶示范基地,2018 年获得"高山杯"红茶优质奖;

三是鲟梦园,由天山冈公司牵头,先后投入 260 多万元,引入鲟鱼养殖、鱼子酱提取及其他冷水鱼等养殖,已被列为国家第七批次健康养殖示范基地,被国家科技部列为国家"星火计划",正在计划推出鱼子酱,产生效率后可为村集体每年带来 2 万元左右的收入;

四是中药园,借助国家医药管理局挂职副县长挂点夏阳契机,我们投入 200 多万元,种植 500 亩中草药,可提供当地 50 户家庭就业,带动有劳动力家庭每年增收约 2.5 万元,2021 年 11 月已获国家林业局评为国家级林下中草药示范基地;

五是蜂蜜园，利用旦上森林资源丰富的优势，成立了明溪县旦上雪蜜蜂业合作社，已有 10 多家农户参与生产和管理，目前已达到 100 多亩，500 多箱蜜蜂，年内可达 3000—4000 多斤蜂蜜，产值达 30—40 万元。

（三）"创业实践"基地，促进"人才回流"

围绕"红、绿、古"三色主题，成立大学生创业实践基地，引导本乡人才回流。一是探索"党支部+公司"创业模式。旦上村党支部与福州澳中商贸有限公司联合成立大学生创业实践基地，招募营销、财务、设计等毕业大学生及党员，动员、引导返乡大学生党员加入创业实践基地，目前已有夏阳返乡大学生党员 1 名加入。抓住大学生创业实践基地平台，乡里出台《关于招商引资工作中实施正向激励措施的通知》，对村集体新引进第四类项目的，从引进项目起五年内（含引进项目年度），按照乡财政实得部分的 30%给予该村经费奖励。二是推行"1+N"非公经济创建实践。在旦上村挂牌成立非公经济创建实践基地，全乡非公经济项目一盘棋，统一培训、互助互动，采取"创建实践基地+若干个产业项目"模式，整合多个产业项目作为实习基地，培养党员致富带头人，带动村民创业就业，服务村庄绿色发展，践行"绿水青山就是金山银山"理念。

（四）三环营地建设

一环是以村部的综合多媒体教室、古村落和红军指挥所成三点一线，总路是 1500 米，是以教学和党建为主。二环实践产业研学为主，观鸟园、茶博园、鲟梦园、中药植物园、蜜蜂园和省级一村一品笋竹园，总路程是 5000 米，是以研学基地为主。三环是四道合一的森林康养步道，有红军步道、古驿道、中药植物道和森林康养道，跨越了莲花山、九天山、大蜈山和天山冈四座海拔 1000 米以上的大山，总路程是 12500 米，是以自然观赏和康养为主。

三、未来

旦上村在极短的时间内，由"空壳村"变为"项目村"，固然取得令人眼前一亮的成绩，但也存在着不足，如项目"三色五园"产业促进村集体经济增收不够明显，有些产业项目是需要时间的；再一个是人的问题，人才不足人气不旺；"大学生创业实践"基地引导大学生党员返乡创业成效也不够明显；再就是交通瓶颈问题，地处高山，不可能一方面求得山水生态，空气清爽，另一方面又要热闹还不能有污染、交通便利，目前还不能解决这一难题。因此，下一步的工作思路和打算有：

1. 积极争取申报红七军团铜铁岭战斗战壕遗址群升列为国家级文保单位项目。目前正与文旅等相关部门进行策划和编制红七军团铜铁岭战斗遗址群升列为国家级文保单位行列。

2. 争取国家级森林康养示范基地。目前正在委托中国林学会森林疗养分会长刘立军规划和编制森林康养示范基地项目，旦上成为整体推进，红色引领、绿色发展和古色传承的森林康养示范基地。

3. 争取申报红七军团铜铁岭战斗战壕遗址群为省级非物质文化保护单位。

4. 打通御帘至铁岭红色三级公路建设项目。御帘至旦上13500米已完成工可，着手进行评审；旦上到铁岭18900米隧道正在规划设计，今后从明溪至旦上只要25分钟的路程，可以成为明溪东大门第一高山生态（红色、自然、林下和康养）研学基地。

5. 借助省、市委党校教师资源，联合开设"红色党课"，学生教育研学基地；与县税务、财政局等联建单位，结合主题党日活动，通过"每月一主题""微党课之心路历程"等多种形式，开展"党员政治生日仪式"。

6. 建设观日出、观星空、观萤火虫等基础设施建设，布展指挥所和工农革委会旧址，在其大厅内陈列"红色"物件，依照地势种植中草药，建立中药植物园、中药标本馆；将古驿道、观鸟通道、红军步道、植物药道进行"四道合一"，并增加住宿承接能力，把旦上村打造成高水平的自然观察研学基地，促进村财和村民增收。

7. 探索在旦上村建立青年人才党支部，推动大学生创业实践基地与信用社等银行合作，为创业人员在贷款及政策上给予倾斜扶持，提供小额低息信贷等服务；整合夏阳现有公司企业资源，为有意创业的返乡大学生提供创业指导，推动"人才回流"服务乡村振兴建设。

8. 做好省级乡村振兴实际工作突出村的项目策划和实施。

结　尾

旦上村很普通，高山小村也，村人不多，住村里人更是极少数，平时一到天黑，到处灯火稀疏，给人的感觉是比较寂凉。因此，村人奋发，埋头苦干，已经有了可喜的变化，并且还在努力，有理想的村人渐渐地回到生养他的故乡，若有不错的收入，谁又愿意背井离乡地去外地打工呢？谁不愿待在故乡建设美好的家园呢？由此，我们相信，旦上村的前景会越来越好，旦上村人追求幸福生活的步伐不会停止。透过旦上村发展的路子，我们发现，追求小康生活，一定要立足现实，找准优势条件，求变求新，跟上时代要求，摸准时代脉搏，只有这样践行"绿水青山就是金山银山"的理念，脚踏实地，真心实干，那么，奔小康的信心将更足，心中的理想希望将更快地实现！

（作者简介：刘晓迎，中国民间文艺家协会会员、福建省民间文艺家协会副主席、三明市民间文艺家协会主席，文博研究馆员）

立足治平畲乡实际 发扬光大畲族事业

——以宁化县治平畲族乡为例

● 雷绍球 ●

畲族历史悠久，源远流长，文化独具特色。治平畲族乡作为三明市两个畲族乡之一，闽西三个畲族聚居地之一，有丰富的畲族文化遗存。近年来，治平畲族乡，在保护与弘扬畲族文化上进行了多维度的有益探索，积累了较为丰富的实践经验。本文立足治平畲族乡实际，从自隋唐后治平一直是畲族聚居地、进入新世纪着手重构畲族文化符号、力争"十五五"期末打造成为畲族特色村寨等三个方面，对发扬光大畲族事业进行初步探讨。

一、自隋唐后治平一直是畲族聚居地

治平畲族乡，地处武夷山南段东麓，位于宁化县南部，东邻曹坊镇，南毗长汀县馆前镇、庵杰乡、铁长乡，西接江西省石城县赣江源镇、横江镇，北连方田乡，处于闽赣两省三县结合部。乡域面积 178 平方千米，辖 12 个建制村 100 个村民小组，截至 2021年，全乡 3909 户 14883 人。由隋至今，治平一直是宁化畲族的主要聚居地，有着较为丰富的畲族文化遗存。

（一）畲族千年历史

1. 畲族族源众说纷纭

关于畲族的起源，学术界主要有"土著说""外来说"和"融合说"三种观点。（1）"土著说"认为畲族是我国东南沿海世居的少数民族，具体分为：①"闽族说"——认为畲族源于闽族；②"南蛮说"——认为畲族源于古代广东凤凰山区的南蛮族；③"越族说"——认为畲族源于土著古越人。（2）"外来说"认为畲族为其他地区的民族迁入，具体分为：①武陵蛮说——认为畲、瑶等民族都源于汉晋时代的长沙武陵蛮；②东夷说——认为畲族源于上古徐淮一带的东夷；③河南夷说——认为畲族源于河南一带的高辛夷。（3）"融合说"则认为畲族是多元一体的产物，其主体是具有盘瓠信仰的"长沙、武陵蛮",在与瑶族分流后,吸收了汉族、古越族等不同民族的成分,经过漫长的交流融合过程,在南宋时才正式形成畲族。

2. 畲族千年迁徙与分布

隋唐时期,畲族先民已在此聚居。畲族先民自凤凰山发源后,随着人口的不断增长,向邻近的闽、粤、赣三省交界地区迁徙,成为畲族先民聚居的大本营。至迟在 7 世纪初,也就是隋唐之际,畲族人民已经聚居在闽、粤、赣三省交界地区。[①]至唐朝早期,因封建王朝为了"靖边方",命循州司马高琔(永隆二年 681 年)以及陈政、陈元光父子,对畲族先民进行镇压;并先后新设漳州(686 年)、宁化(725 年)、汀州(736 年)等州县,强化统治,招抚散居在山岭中的畲民,迁移大批内地汉民到这里,形成畲汉两族杂居格局。据(清)杨澜撰《临汀汇考》载:"长江为光龙峒,宁化为黄连峒,峒者苗人散处之乡。唐时初置汀州,徙内地民居之,而本土之苗仍杂处其间,今汀人呼为畲客。"[②] 聚居在黄连峒、光龙峒的"峒蛮"各三千余户,至唐昭宗乾宁元年(894)发生了黄连峒蛮聚众两万围攻汀州的历史事件。

唐末至两宋,汀州宁化多处的闽粤赣地区仍然是畲民的主要聚居地。自唐代安史之乱、黄巢之乱、五代割据、两宋之际的战乱,大量汉族迁入闽粤赣交界地区,与畲族先民杂居共处,形成畲、汉之间斗争合作、交流融合的壮阔历史。随着畲汉融合,汉人举峒蛮旗帜或汉、畲联合的起义就逐渐多了起来。与其中在宁化地区规模较大的抗争有谭飞磜晏头陀起事(南宋理宗绍定三年,1230 年)。

宋元之际,畲族分布格局开始发生较大改变。宋末元初,为保卫家园,畲汉联合抗争,进行了一次次斗争,其中较大的有文天祥、张世杰等人领导的保宋抗元斗争,以及黄华、陈吊眼、许夫人、董贤举、钟明亮等人领导的畲汉起义。至元朝中后期,在宁化爆发了曹柳顺领导的畲汉起义,在漳州南胜县爆发了李志甫领导的畲民起义。这些斗争、起义,大多被镇压,事后参与斗争的畲汉人民大多被强制安置或迁徙他乡,极大地改变了畲族分布的格局。

明清时期,畲族由闽粤赣地区向北迁徙至闽东、浙南地区,畲族分布格局彻底改变。封建王朝统治强化,畲、客生存环境恶化,闽粤赣地区变乱频发,其中著名的有邓茂七起事(1447 年),溪南李宗政之乱(1462 年),溪南钟三啸聚(1477 年),赣南谢志珊、蓝天凤畲民起义(1516 年),粤东池仲容起事(1516 年),漳州詹师富起事(1516 年)。为治理乱局,明朝于 1495 年设立"南赣巡抚"(清康熙三年 1664 年裁撤,存在 169 年),统一指挥剿捕行动;并先后设立归化县(1470 年)、永定县(1478 年)、崇义(1517 年)、和平县(1518 年)等 18 县。其中,王阳明于 1516 年八月出任南赣巡

① 林毅红等编著:《畲族简史》
② (清)杨澜纂:《临汀汇考》卷一"方域"、卷三"畲民"

抚，先后平定闽西、赣南、粤东等地起事；并在平乱之后，奏请设立新县，建学校，行教化，推行十家牌法和南赣相约。因封建统治的强化，族群矛盾，以及经济谋生需要，畲民迁徙进入新的历史阶段，一方面留在闽粤赣地区的畲民不断减少，逐渐汉化，另一方面，大量的畲族迁入闽浙赣边，并保留了自己独特的生产生活方式及文化习俗，闽东、浙南地区成为畲族新的核心基地。

民国时期的畲民社会地位不高，土地革命时期他们积极参加革命斗争。他们被视为苗族的一种，受到的民族歧视比较严重，普遍过着较为贫苦的生活。普遍生活条件差，僻居深山，居住茅寮、竹寮和木寮，工作劳苦。畲族老辈说："汉人头上三座大山，畲民头上有四座。"畲民租熟田，一担田四斗租；搭草寮地基租每年一担谷，老人去世埋葬交两块银币尚不能署名竖碑。上山打猎，下河捕鱼，砍柴割草，无一不要钱。畲民没有立锥之地，还要供"山租饭"，每年每户备一只鸭，一斤肉，一壶酒，三斤去皮的芋子……畲民除了受到名目繁多的敲诈外，流氓无赖、地头蛇，吃喝嫖赌缺钱花，也从畲民那里打主意，化装土匪来抢。高峰村桥下几户畲民，秋收后被劫一次，年关被劫一次。四座大山造成畲民的贫困和落后，多数畲民食不饱，居不安。棕衣当被，包纸当席，竹兜当盆，地瓜、米糠充饥，小孩不穿裤，大人无衣换，有的火笼当棉袄，"火笼烤得面前热，山风吹来背后凉"[①]。在第二次国内革命战争时期，治平的许多畲民积极参加革命，踊跃参军参战，积极参加闽赣纸业工会，大力组织玉扣纸生产，支援中央苏区建设，涌现出了敢于革命，敢于斗争的英雄人物：如长宁区（即治平一带地区）掌握分田的土地委员雷隆土，"闽纸业工人游击队"第一任队长雷细妹。许多畲族青年和汉族青年一道参加红军，大多数献出了宝贵生命，成为无名英雄。参加长征幸存的，只有蓝发连、蓝光明、雷隆明三位同志，他们分别在湖南突围，攻打贵阳和腊子口战斗中，负伤或患病，就地安抚落户。

新中国成立以来，畲族的社会地位提高。1956年，国务院正式确认畲族为一个单一的少数民族，畲族从此有了自己正式的、合法的民族身份。治平畲族人民在党的领导下，生活发生了翻天覆地的变化。党和政府实行平等团结的民族政策，从各方面给予少数民族亲切关怀，治平畲民的人居环境发生了翻天覆地的变化，古山寨与山下现代畲民新居形成了鲜明对比。

（二）畲乡畲村畲民

治平畲族乡为畲族原乡，古称黑河峒，原名"寺背岭"，旧隶汀州，历为会同里辖地，是三明市两个畲族乡之一，也是闽西三个畲族聚集区之一。1931年至1934年为长宁区，1941年成立寺背岭乡，1942年改称治平乡，1950年为第七区，1956成立治平区，1959年改治平公社，2000年7月6日，三明市人民政府（明政〔2000〕文122号）批

---

① 《宁化文史资料五》之《畲族史话》

复同意撤销治平乡，设立治平畲族乡，是全国 45 个畲族乡之一。全乡 12 个行政村有 9 个为少数民族聚集村，主要世居雷、蓝、钟三姓畲族，共有畲民 992 户 4725 人，占全乡人口总数的 33.4%。

1956 年后，本县雷氏、蓝氏和部分钟氏先后被确认为畲族，目前分布在 9 个乡镇 19 个畲族村，其中治平畲族乡有 9 个畲族村，人口超过全县畲族人口的四成，主要姓氏为雷、蓝、钟三姓。

1. 畲族雷氏在宁化的居住历史较久，可以追溯到东晋。据宁化《桃源祠雷氏族谱》记载，其祖雷阁于东晋永和十二年（356）九月十二日避乱迁豫章，其弟九子汉公，避居黄连镇竹筱窝。据方田铁树坪《雷氏族谱》记载：其祖世宗于周万岁通天间移居黄连镇。又有谱载，其祖雷甫于唐建中四年（783 年）抚州白水障，再移居汀州宁化县，生五子：敞、详、审、缵、向。雷详生八子：伯泰、伯立、伯驯、伯强、伯郡、伯御、伯邵、伯均。[①] 到了唐末宋初，八子后裔开始分迁各地繁衍生息，福建、江西、浙江、广东、广西、山西、四川、贵州、湖南、湖北、重庆、台湾、东南亚、美国等各地均有宁化雷氏后裔，每年清明，各地雷氏宗亲自发前来下沙祭扫"八门冢"的人有几百人之多，场面甚为壮观。其中，雷伯均裔孙有一脉迁居治平连里坪，后衍播下坪村茜坑、大岌、中坪塅、治平村洋里、赖家山、松树背，社福村枧头岌，高峰村石下，光亮村沙罗排，高地村长岌头，曹坊镇马罗背、根竹，铁长乡马头岌，庵杰乡荷包丘、洋背岌，城南镇黄泥桥等处。

2. 畲族蓝氏世居汀州。从治平现有族谱来看，主要分为"昌隆"祖蓝氏和"吉甫"祖蓝氏[②]。（1）"昌隆"祖蓝氏。据治平佐坑、方田椒里《蓝氏族谱》记载：其祖昌隆徙居上杭蓝尾驿，于牛栏峰建祠开基；昌隆共生九子，其第三子继德，由蓝尾驿迁宁化南铺；昌隆的第八子有善（亦名文选），于后周广顺二年（952），从蓝尾驿迁居宁化会同里蓝家庄，后裔分衍清流、石城、顺昌等地。有善的第四子"六五"，于宋开宝八年徙小高地开基。六五 8 世孙勇发迁石城礼上里张坊左坑塘。六五 8 世孙志发迁居龙上上里程家窑（今方田乡泗溪村）。六五裔孙长初，于××年间迁石城县横江镇桃溪村开基。长初后裔文宣，于××年间迁治平畲族乡大岭开基。下坪楮树岭蓝氏开山祖为蓝万十二郎，从桃溪迁居此地繁衍，现与方田椒里、横江桃溪等处蓝氏一起修谱。泥坑蓝氏畲民亦从桃溪繁衍而来。（2）"吉甫"祖蓝氏。据上杭官庄、扶阳，宁化安乐、治平蕉里《蓝氏族谱》记载，其祖吉甫于宋咸淳元年（1265）开基闽清五福乡。其长子常新，迁居建宁崇善坊。常新的长子万一郎迁居宁化石壁。万一郎的第三子熙三郎迁居长汀县濯田镇平岭水口（牛栏祖）。熙三郎的第二子和二郎，生七子：念一郎、念二郎、念三郎、

① 余保云：《宁化客家姓氏文化》，第 28 页。
② 余保云：《宁化客家姓氏文化》，第 456 页。

念四朗、念五郎、念六郎、念七郎，后裔衍播各地。其中，念七郎八世孙流禄于明嘉靖年间迁居宁化县桂头村。念七郎二十二世孙百九于乾隆年间迁居治平畲族村蕉里（先居上大坪，后迁蕉里），①后裔繁衍至治平村蕉里、大燕里、培珠坑；馆前镇黄湖、罗家山；庵杰乡上廖、牛牯山岽；江西横江桃溪蓝家屋；清流县。

3. 畲族钟氏世居汀州，据《上杭县钟氏族谱》记载，其先祖子贤公于汉光武帝建武三十年甲寅（54），经虔州、宁化石壁，迁闽中鄞江。②钟氏在唐末五代就成为"世守此邦"的一方豪强，其先祖钟全慕为汀州刺史，雄踞闽西，钟全慕之孙钟翱继任汀州都统使、汀州刺史，钟翱葬长汀县濯田镇。钟全慕、钟翱显然是唐末五代时期闽西畲民的领袖。

（三）畲族文化遗存

治平畲族乡地处闽赣两省宁化、长汀、石城三县交界处，清初才僻为圩场。明末清初李世熊撰《宁化县志》载："明末乱萝山（今治平乡境内）……延袤百余里，樵苏永绝，木有大十围者，其上奇禽异兽，均非人间常物，或闻犬吠鸡鸣，迹之乌有也。"③因治平地处偏僻、开化较迟，治平畲族乡的畲族聚居区保留了较多的畲族传统文化。从祖图、畲谱、墓碑、法名、讳名等各种畲族文化遗存迹象来看，在清初及以前，居住在治平畲族乡及附近的畲族保留了较多传统信仰和习俗。在清朝中后期，随着畲汉融合，这里的畲族逐渐汉化，能够保留的畲族传统信仰和习俗也越来越少。相比而言，居住在宁化、上杭、长汀、武平等县城或其他较为发达地区的畲族，应该在更早期就已经汉化，所保留的畲族传统信仰和习俗较少，甚至早在唐宋时就有考取功名或主政一方。

1. 神像祖图。今宁化县博物馆馆藏一幅畲族祖传的"神像祖图（盘瓠图）"。该祖图长9.34米、宽36厘米，是今治平畲族乡坪埔畲族村连里坪自然村雷氏畲族先民，于清嘉庆十九年（1841）秋，请民间汉民画师将"盘瓠传说"神话36个情节（故事）绘制成连环画式的彩色画卷，又称"盘瓠图"。该畲族祖传《神像祖图（盘瓠图）》于1964年"四清"运动"破四旧"之时，被当作旧封建迷信东西收缴上交。据了解，其他许多畲族村也有保存《神像祖图》，不过都在"四清"运动"破四旧"时被烧毁了。

2.《雷法曹传授之畲谱》（《开山公据》）。宁化民族中学老师雷新章收藏一本祖传手抄本古籍，5000余字，纸张霉烂，文字残缺。其缘起是本县某户藏有此文本的古本，因为岁久蠹鱼侵损，于康熙甲戌岁（1694）请当地西宾客（私塾先生）重抄。文本内容与中央民族学院教授施联朱1982年在江西贵溪县看到的《重建盘瓠祠铁书》内容相似，除记载始祖盘瓠事迹外，对马援击败五溪蛮（48年）、南朝萧齐二年（480）送入广东

① 治平畲族乡蕉里念七系《蓝氏族谱》
② 余保云：《宁化客家姓氏》，第4页。
③ 李世熊：《宁化县志》

凤凰山、钟传为抚州刺史（882年）、1275年随文天祥起兵抗元、1338年李志甫起义、1422年朱晚起义、1449年邓茂七起义等事件也有较为详尽的记述。从文字内容辨析，是畲族民间最早的历史文献《抚徭券牒》（又称《开山公据》）。① 由于成文于清初，又是本县所出，较为珍贵。

3. 口头文学。畲族民歌是畲族主要口头文学，是畲族民间文学中最灿烂的瑰宝，无论曲调、节奏还是旋律，都反映了鲜明的民族风格。畲族以歌为文，以歌传言，因此畲族民歌也叫"山歌""歌言"等。在畲族社会中，能歌善歌是一种荣耀，是受族人尊敬的事情，畲族谚语云："肚里歌饱人相敬，肚里无歌出门难。"（1）《盘瓠传说》。治平畲族流传盘瓠传说。1988年4月，宁化县文联民间故事调查组搜集整理成《盘瓠的传说》，约1300字，收入《中国民间故事集成·福建卷宁化分卷》②。其形式就像讲古一样，内容与《神像祖图》《开山公据》大体相同，更加生动。（2）讲古。"古"即故事，宁化客家方言。畲族群众在闲时也爱讲古，也就是说书或讲故事。主要是讲授《三十六个古》《罗米秀才》《打赌》等故事，这些故事都非常有趣。

4. 敬祖祭祖。（1）六月六晒祖图。据（清）李绂纂《汀州府志》范绍质纂《猺民纪略》载："（畲民）俗信巫事鬼，祷祠祭赛，则刑牲厖具，戴树皮冠，歌觋者言，击铙吹角，跳舞达旦。"③ 畲族对祖先敬仰虔诚，治平畲民在六月六举行一些晒图、祭祀仪式，畲民在这一天不仅晒衣物，凡珍藏的书籍、歌本、契约文凭等，也在这天翻晒，使其不受虫害，并向族人讲授祖先的故事传说。除了"六月六"外，在大年初一等其他重要节日，也要举行敬祖、祭祖仪式。"六月六"现在转为畲族文化旅游节。（2）敬祖祭祖与闾山法信仰。畲族史诗《高皇歌》云："一心闾山学法来，学得真法来传祖。"长期以来，畲族敬祖祭祖通过闾山法信仰来实现。闾山法信仰是畲族的一种传统信仰，族人的生老病死以及人生礼仪都离不开师公主持的法事。畲族师公不会开庙设殿成为专职道士，他们只有在仪式中才穿上法衣、拿上法器，最大的特色就是挂上祖图，共敬先祖龙麒和其他道教神。畲民保存《神像祖图》与《开山公据》，主要是缘于敬祖祭祖及闾山法信仰。治平畲族村蕉里、洋里、大燕里等畲族自然村口口流传一个有关"师公"的故事：在治平畲族村的中边曾经居住有雷、蓝等畲民，其中雷氏出了一名很厉害的师公（隆福老）。有一年，汉族村落搞花灯，想晚上过来中边游灯。这位雷姓师公因曾受汉族歧视，心中不满，就在半路上放了"符章"。结果当晚汉族的花灯队就因中了"符章"而误入迷宫，在山路上走了一夜，花灯都被树枝划烂了，花灯队也没有走到中边。（3）畲族法名习俗与传师学师仪式。畲族传师学师仪式是指法师带领新学法的弟子模拟去闾

① 刘根发：《宁化畲族及其遗存痕迹》，《福建史志》2020年第3期，第49页。
② 《中国民间故事集成·福建卷宁化分卷》
③ 《汀州府志》卷之四十一"艺文三"

山学法的仪式过程。畲民只有通过传师学师仪式才能获得宗教身份，取得"法名"。在仪式中，主持师公将弟子本名改换一个"法"字，或者新取一个子再加"法"字作法名，法名平时一般用不上，只有在做功德当师公或死后称呼才用到。①比如宁化县博物馆馆藏一幅畲族祖传的"神像祖图"的保存人落款为"雷法贵"；现宁化民族中学老师雷新章收藏的祖传手抄本古籍（《开山公据》）的传授人为"雷法曹"；沙罗排的祖墓茂魁公（清朝初期）墓碑上有几十个"法名"；由连里坪迁居马头岌的开基祖（清朝初期）为法全、法壇。从墓碑情况来看，这种习俗到清末才逐渐消失。

5. 畲语。畲族有自己的语言，属汉藏语系。畲族历史上曾经有过一种共同的语言——古畲语，属汉藏语系苗瑶语族。在畲族聚居区，将是否会讲畲语作为族群认同的主要标志。在宁化治平畲族乡，畲语俗称为"土地话"，畲民与畲民交往使用畲语，畲民与汉民交往则使用客家话。宁化的畲语，与尤溪、福安等地畲民使用的畲语相通。在治平畲族乡，还有少数畲民会讲畲语。随着社会的发展，治平的畲语出现断层的现象，会讲畲语的人越来越少。

6. 其他信仰民俗。（1）猎神。狩猎也是畲族的重要生产部门，畲民重视狩猎，信奉猎神，各地供奉猎神。多在出猎前祈福，出猎回来后，将猎获物在猎神坛前宰杀，供奉神灵，并给参与者分配所获的猎兽肉。不仅狩猎时祭谢，而且凡年节均备祭礼祭谢。（2）五谷真仙。传说神农氏种五谷、养六畜、尝百草，被后世尊为"农神"。畲民自古信奉神农五谷真仙，每年农历五月二十五举行庙会，企盼年年丰收。（3）五显五通。治平乡流传五通五显灵官大帝（俗称大帝公爹）信俗，民间传说五显五通是山都木客化成的"山精鬼魅"，为避免"山精鬼魅"作孽，畲汉群众自古祭祀五显五通，在每年收成之后的农历九月二十八日，畲汉十个村落共同举行祭典，祈求风调雨顺、国泰民安。庙会由邓屋村、凉畲村、下街村、上街村、下坪村、高峰村、田畲村、坪埔村、黄田馆村、彭坊村十个村落轮流举办。庙会不仅是畲汉和谐相处的民俗活动，也是民间贸易交流节，客家、畲族美食、特产也在庙会上交流。②（4）九山菩萨。治平境内还有以畲族为主的八个小村庄（一丘田－2019、园岭－2020、大燕里－2021、大坪里－2022、洋里－2023、枧头岌－2024、蕉里－2025、雷家山－2026）轮祀的"九山菩萨"信仰。每年正月，轮值的村庄做九面香旗和九个大糍粑，分别去九个山头接香，接回之后在八个村庄巡境游行，然后做醮。九个头山：治平畲族乡集镇（灵官大帝即大帝公爹）、长汀馆前村云霄山（观音大士）、长汀馆前镇黄泥湖村中峰山（风伯雨师）、曹坊宝丰村宝华山（三仙祖师）、曹坊滑石村八角庙（四大祖师）、曹坊黄坊村东岳庙（东岳大帝）、长汀

---

① 刘英钟：《畲族传师学师仪式中十二师公角色扮演研究——基于浙江景宁半岭畲族村的田野调整》

② 《客家文化（闽西）生态保护区总体规划》，第360页。

县大同镇天后宫（妈祖娘娘）、清流县林畲镇仁寿峰（五谷真仙）、长汀庵杰乡龙门（五谷真仙）。① （5）土地神，就是福德正神，俗称土地公，畲族乡间到处可见小型的土地公庙，每年农历二月初二日，为土地公生日，都要进行祭祀。

7. 传统民俗文化。治平畲族乡传统民俗活动丰富，有下坪的船灯，邓屋、彭坊的板凳龙灯，高地的池氏文武关刀灯，高峰、田畲、光亮、社福、治平、湖背角等村的马灯，泥坑村的傀儡戏，畲族的竹竿舞，其中池氏文武关刀灯为省级非遗。

8. 畲医畲药。畲族早期聚居区闽粤赣三省交界地带，古代瘴疠盛行，加上就医条件相对落后，各种疾病威胁着畲族人民的身体健康。当地畲族群众在长期与恶劣的自然环境和疾病作斗争的过程中，充分利用山区丰富的动、植物资源等防病治病，不断探索实践，总结创新，并吸收借鉴了汉医药及其他民族医药的精华，逐渐形成了自己独特的畲医药。《三明畲药彩色图谱》作者宋纬文先生曾多次深入治平，访问畲医和畲族群众。其书中的许多畲医药材和药方由治平畲族乡畲族群众提供。千百年前，闽粤赣边民族融合，形成了客家民系。如今，不仅在畲族地区，客家地区也普遍用草药防治疾病。②

9. 畲族讳名。畲人死后有讳名，讳名按族内辈分及出生前后排行而定。自古有歌唱："排行算来你细听，雷姓缺'念'钟无'千'，男人无'一'女无'二'。"即雷姓排列少"念"字，在排行中男丁不排"一"女性不排"二"，即男丁排行序数从"二"字开始，而女性排行序数缺去"二"字。蓝氏以"大、小、百、千、万、念"等排辈分，③ 如蕉里村蓝世：百九→千三郎、千十郎→万三、万四、万五、万十、万十一、万十八……雷氏以"大、小、百、千、万"等排辈分，具体到某些自然村时，会有些许变化，如洋里雷氏：大十九郎→小四十五郎→千三十郎→万四十三郎。钟氏以"大、小、百、万、念"等排辈分。从墓碑情况来说，这种习俗在清中后期逐渐消失。

10. 玉扣纸生产技艺。宁化县为福建四大产纸县（长汀、宁化、将乐、连城）之一。其中有"九竹一田"之称的治平畲族乡是宁化县玉扣纸的主要产地，该地竹种与别地不同，竹口径小，肉厚纤维长。全境山高林密，山泉特别清冽，且附近龙门所产石灰，碱性特优。因具"竹、水、碱"三大优良造纸条件，故制出的纸张颜色特别清洁，拉力强、吸水性好，质地结实，不易老化腐蚀，不仅历来为国家档案、史集、佛经、族谱、账本、重要契约等所选用，而且早已远销国外东南亚地区，为华侨所喜用。早在南宋年间宁化治平就开始生产玉扣纸，至今已有 700 多年的历史。其生产工序复杂，备料需经劈山、砍嫩竹、断筒、削皮、破竹麻、挖湖塘（浸腌池）、备撒石灰、浸漂、腌渍、剥料、压榨等工序；造纸流水作业包括耘槽、检料、榨料、踏料、搅料、扛帘、榨纸

---

① 《客家文化（闽西）生态保护区总体规划》，第 361 页。
② 13 宋纬文：《三明畲药彩色图谱》
③ 14 许旭尧：《畲族的祠堂、郡望、排行与名讳》，《图书馆研究与工作》2003 年第 1 期，第 60 页

胚、湿压、湿纸、切边、牵纸、烘焙、干纸裁边等 28 道工序，最后计量整理包装销售。随着经济的发展，大量山里的农民工进城务工，手工造纸又受到机制半机制的冲击，手工作坊面临困境。

二、进入新世纪着手重构畲族文化符号

进入新世纪，治平成立畲族乡后，乡党委、政府立足乡情，着手从三个方面重构畲族文化符号，为今后打造畲族特色村寨夯实基础。

（一）开展畲族文化研究

1. 做好畲乡畲族文化文案整理工作。聘请专家学者深化研究闽赣边界地区畲族、畲族与客家文化挖掘整理，并将研究成果用构筑小品及文化墙形式展示。目前已整理出《闽西畲族历史与文化——以宁化为中心》《治平集镇石刻文案——畲族谚语、客家谚语、国学名言警句》《畲乡文化展馆陈列方案》《风展红旗版面内容》《千担玉扣纸，几代畲乡红》《闽西风土影像志》等相关畲族文化传承保护文案。其中，《闽西畲族历史与经济文化——以宁化为中心》已编印出版。

2. 做好畲乡畲族文化视频拍摄工作。聘请专业团队记录拍摄畲乡、畲族文化，制作相关视频，目前已完成《竹海畲乡 多彩治平——宁化县治平畲族乡形象宣传片》《玉扣纸制作工艺（省级非遗）》《文武灯》《玉扣纸》等相关视频制作。

3. 积极开展语言、服饰、民俗、农业遗产等畲族文化的挖掘整理工作。（1）畲语传承方面，已录制畲语音视频近 300 分钟，并初步摸清了治平畲族乡的畲语概况。（2）畲族服饰方面，已对宁化地区尤其是治平畲族乡的畲族服饰进行研究，并聘请相关人员设计畲族服饰，现已完成畲族服饰样品制作。（3）畲乡习俗、农业遗产、畲医畲药等其他方面。邀请部分教授和纪录片导演来我乡开展玉扣纸、民间信仰（例如大帝公参信俗、九山菩萨信仰）、民俗活动（例如文武灯、花灯、龙灯）、畲医畲药等其他畲乡文化研究。

4. 做好畲乡红色文化、玉扣纸文化挖掘整理。挖掘整理"千担纸"红色文化，组织人员收集整理各类红色史料，收集整理闽光纸业工会、闽赣纸业工人游击队等红色革命历史资料，挖掘整理出兰发连、兰光明等畲族红军资料，先后被中央省市县各级媒体宣传报道。

5. 深化玉扣纸、文武灯等非遗文化挖掘。深化玉扣纸红色文化研究，组织开展田野调查研究、征集文献资料和科学量化记录工艺流程等抢救性记录和保存工作，改造提升茜坑玉扣纸传习所，修缮园坑尾纸寮，制作宁化治平造纸文化遗址文化地图。2019 年 3 月，"玉扣纸制作工艺"已被列入省级第六批非物质文化遗产代表性项目名录；2021 年 2 月，玉扣纸传承人胡铖入选第五批省级非物质文化遗产代表性传承人名单。2022 年 1

月，池氏文武关刀灯被列入"福建省第七批省级非物质文化遗产代表性项目名录"

（二）构建畲族文化平台

构建畲族文化平台，突出项目带动，扎实推进畲族文化园建设。先后投入 600 余万元，完成畲乡文化展馆、畲族文化街、畲族文化墙、畲乡农特产品展销中心、畲族古民居、畲医畲药馆、畲竹文化园、刀耕火种园、玉扣纸专题展示馆、畲族产业园等项目建设。

1. 着眼于畲族文化传承，建成畲乡文化展馆、畲族文化墙、畲客谚语长廊和畲竹文化园。（1）畲乡文化展馆，展厅面积 260 平方米，设置了多彩畲乡、悠久历史、繁衍生息、民俗风情、畲汉融合、代有人才、时代新貌等七个主题单元，通过图文、视频、实物等方式，从人文、历史、民俗、时代发展等方面展示治平多彩畲乡变迁。现已实现对外开放，成为展示畲族文化、了解畲乡特色、传承畲族文化、增进民族团结进步的重要窗口。（2）建设畲族文化墙。在畲乡古山寨入口处，充分利用墙绘图案彰显畲族氛围，新增畲族文化墙画，展示多彩山哈、畲民迁徙、结庐山谷、畲族婚嫁、畲医畲药、竹编竹笋、狩猎耕山、等畲族文化内容，彰显畲族氛围，宣传畲乡千担纸支援红军（闽光纸业工会）、畲民参军参战（风展红旗如画）的红色文化历史背景。（3）建设畲客谚语长廊，以石刻、墙绘等方式展示畲族文化、客家文化、红色文化的深厚底蕴和丰富内涵，在沿河石栏杆上植入 50 余条畲族谚语、60 余条客家谚语、部分中华经典名言及 2000 余平方米畲族文化墙绘，配套建设 2000 余平方米畲族文化绿化景观及 700 余米休闲观光步道，充分展示畲族与客家的融合。（4）建设畲竹文化园。把宁化县民族学校建设成为传承畲族文化、玉扣纸文化、笋竹文化等畲乡特色文化的重要基地，开展相关教育活动，编写《民族教育读本》校本教材，开设竹编、畲绣、畲画、畲舞、畲乐、畲语等课程，组建"高脚""蹴球""板鞋""陀螺"运动队和"竹竿舞"舞蹈队。

2. 着眼于居住形态变迁，打造畲族乡古山寨和畲族文化街。（1）建设畲族古山寨，完成了茅棚、竹寮、木寮、吊脚楼、土坯房等五种形态房屋场景布置，并融入古畲民旧居、畲民狩猎场、畲药园等少数民族元素，山上古畲民旧居与山下现代畲民新居形成鲜明对比，体现党的民族政策好，畲族从山上搬迁到山下居住的历史。同时，推进畲族古民居保护，完成下坪畲族村赖家山古民居保护，开展高地、治平、坪埔、彭坊、田畲、高峰等村古民居保护工作，修旧如初，还以其真。（2）建设畲族文化街。投资 320 万元，将总长 350 米的集镇主街道，通过系统性改造，增添畲族特色墙面、屋脊、斜顶、翘角、窗套、雨披、畲纹、腰线等元素，逐步建成"彰显民族特色，富于畲族魅力"的民族风情街。

3. 着眼于生产方式转变，打造刀耕火种园、畲禾文化园和玉扣纸非遗传习体验中心。（1）建设刀耕火种园，以乡土树种、雕塑等方式展示畲族早期"耕山为业""采实猎毛"的原始粗放生产方式，重现畲族早期生活物资来源。（2）建设畲禾文化园。千百年来，畲乡儿女在这片沃土上耕山狩猎，种畲禾，产畲米，开垦出壮美的畲乡梯田，创造出独具特色的畲家美食。治平畲族聚居区梯田在全县占比最高。为传承畲禾文化，在畲乡古山寨旁依托现有梯田，种植旱稻、大禾米等多种畲禾，并开发各种特色的畲家美食。（3）推进玉扣纸非遗传习体验中心建设。投资 850 万元，集中展示玉扣纸造纸工艺流程、红色历史贡献，建成玉扣纸非物质文化遗产体验中心和红色文化教育研学培训基地，该项目现已完成概念性规划设计、项目选址和征地、可行性研究和施工设计，目前进入项目施工阶段。

4. 着眼于畲医药保护，建设畲医畲药馆、畲药谷和畲药种植示范基地。（1）建成畲医畲药馆和中医馆。依托治平卫生院做好畲药畲医资源文化的保护传承，在畲医畲药馆内陈列柜上摆放着 80 多种畲药药材，每种药材都有着属于自己的"身份证"，学名、功效一目了然。中医馆内设中医诊室、针灸推拿室、理疗康复室、中药房等科室。（2）建成畲药谷（培珠坑屋背坑），建设环山谷观景步道种植上百种草本类、木本类畲药，配套建设环山谷观景步道，打造畲药科普园，集中直观展示我乡畲药种类，丰富畲医畲药内涵，是畲药知识普及的示范园，也是推动中医保障人民健康的展示窗。（3）建设畲药种植示范基地。立足竹林资源丰富优势，引导林农发展畲药种植，种植黄精、七叶一枝花、铁皮石斛、三叶青等。以治平畲族村黄精种植示范片、坪埔畲族村三叶青种植示范片为引领，全乡现有 5 个村发展林下经济 600 余亩，带动畲医畲药产业发展。

5. 着眼于促进畲乡发展，推进畲族产业园建设。以推动畲乡经济实现高质量发展为目标，立足于竹制品、笋制品、机制炭、高山茶叶、高山蔬菜、畲医药材、玉扣纸、豆腐皮等现有产业形态，坚持以项目建设为抓手，全力引进、建设高端竹制品、高端笋制品、高端玉扣纸、畲医药等项目，加快新旧动能转换，促进畲乡社会经济发展。建成畲乡农特产品展销厅，成为展销畲乡农特产品、展示畲乡畲族文化的重要窗口。

（三）恢复畲族传统节日

1. 做好教育传承。依托宁化县民族学校畲竹文化园，把宁化县民族学校建设成为传承畲族文化、玉扣纸文化、笋竹文化等畲乡特色文化的重要基地，开展相关教育活动，编写《民族教育读本》校本教材，开设竹编、畲绣、畲画、畲舞、畲乐、畲语等课程，开展民族体育、舞蹈项目教学，民族学校开设有蹴球、板鞋、陀逻、高脚等民族体育运动项目，组建了（竹竿舞）畲族特色文艺表演队，深受好评。

2. 举办特色民间民俗文化活动。开展池氏文武关刀灯、船灯、马灯、板凳龙灯、傀儡戏、唱花鼓等民俗表演活动。同时，乡文化站组建有一支畲乡竹竿舞演出队、一支以表演本地传统民间文艺为主的演出团、一支高地文武灯表演队伍，不断强化畲乡文化品牌的培育壮大。

3. 举办文化旅游节等专题活动。连续三年举办"六月六"畲族文化旅游节，宣传民族进步团结和民族文化。节日当天，畲乡群众载歌载舞，体验非遗民俗表演，制作品尝畲家美食，庆祝丰收。

4. 同时尊重畲汉群众的信仰，支持依法开展大帝公爹信俗、九山菩萨信仰、中秋祭扁担神等民间信仰活动。保留五通五显灵官大帝信仰，每年农历九月二十八日畲汉共同举行祭典。

三、力争"十五五"期末打造成为畲族特色村寨

在现有基础上，举全乡之力，争取再用八年多时间，至"十五五"期末，将治平打造成为三明乃至福建畲族特色村寨。

（一）建设畲族原乡

1. 着力讲好民族团结故事。紧扣"铸牢中华民族共同体意识"这一主线，围绕居住形态变迁、生产方式转变、畲族客家谚语相同、畲族客家服饰相似、畲族客家美食传承、畲族客家草药传承、专家学者畲客关系论证等七个维度，着力讲好民族团结故事。系统推进开展畲族文化挖掘整理，启动乡村地方志资料收集和整理，对闽粤赣三省交界处的客家民系形成，畲族作出了哪些贡献，聘请专家学者深化研究。用好宁化长征出发地生态修复资金，以集镇江下坝为中心，提升畲乡山寨、畲族刀耕火种园，建好亲子农场、农耕乐园等客家田园，并植入520爱情地标，建设畲客农旅乐园，力争将其建成全域旅游迎客厅、生态文明实践地、民族团结展窗。

2. 着力推进民族小镇建设。开展历史建筑、古迹、古树等保护，做好省级传统村落和古民居的修缮保护；推进池氏文武关刀灯、玉扣纸制作工艺等一批非遗项目晋级申报；继续推进畲族风情街改造提升，抓实农村村民住宅规划建设管理工作，提升农村住宅畲族元素，打造一批具有示范带动效应的特色亮点村。

3. 着力推进玉扣纸乡建设。实施玉扣纸"六个一"工程，具体是：做好一张纸，支持玉扣纸手工纸寮传习所生产好纸；出好一本书，将玉扣纸调研成果汇编成册；建好一个馆，用好专债资金，建好玉扣纸非遗传承体验中心，力争将其建成红色文化教育研究培学培训基地和中小学生校外实践基地；打造一个品牌，力争将玉扣纸制作工艺申报为国家级非物质文化遗产；找好一条销路，引进文化传媒公司，拓展玉扣纸销售渠道；申报一个遗址群，在田野调查、制作文化地图的基础上，申报治平造纸文化遗址群。

（二）保护畲族文化

1. 办好畲族传统节日，举办特色民间民俗文化活动。继续举办"六月六"畲族文化旅游节等专题活动，宣传民族进步团结和民族文化，全方位推介畲乡文化、旅游、特产、美食，开发畲族传统食品，开展池氏文武关刀灯、船灯、马灯、板凳龙灯、傀儡戏、唱花鼓等民俗表演活动，不断强化畲乡文化品牌的培育壮大。进一步提升畲乡知名度，唱响石榴籽和谐之声。

2. 做好畲族文化教育传承。依托宁化县民族学校，开展"追溯畲族历史，挖掘畲族文化，展示民族风采"等民族文化教育活动，编写《民族教育读本》校本教材，开设竹编、畲绣、畲画、畲舞、畲乐、畲语等课程，开展蹴球、板鞋、陀逻、高脚和竹竿舞等民族体育运动项目。做好畲族传统服饰传承发展，传承畲族传统服饰文化，配齐畲族服饰。

3. 做好畲族医药传承保护，在建好畲医畲药馆的基础上，推进培珠坑畲药谷项目建设；丰富黄精炖猪八珍等药膳菜单；建设福建德广中草药有限公司 600 亩的拐枣、黄精、七叶一枝花等畲药订单种植基地；研究艾叶、花椒、生姜系列药浴包，提升康养体验；聘请宋玮文对我乡畲药、药膳开展论证研究，打造闽粤赣周边地区畲药体验示范区，刷新畲医畲药产业新名片。

（三）打造"畲乡风情园"

1. 培育旅游新业态，打造旅游景区。推进"一廊两馆古山寨，八景四园深谷村"规划落地，建设以"访畲探源、崇观天下"为主题的鸡公崬汀江源 3A 级旅游景区。种植映山红 200 亩，打造美丽花海；开发高峰原始森林休闲体验观光区；改造下坪赖家山、高峰富载窝民宿；积极向上对接，建设气象预警设施。完善旅游基础设施。集镇建好畲客农旅乐园、玉扣纸非遗传承体验中心，做好 520、1314 网红打卡点平台建设。

2. 全力提升多彩畲乡颜值。推进村庄规划编制，深化文明创建。扎实做好汀江源生态保护与环境综合治理、集镇污水收集管网雨污分流改造等项目建设。抓好农村人居环境整治提升五年行动落实，推进"一革命四行动"，巩固省级农村生活污水治理试点乡创建成果，全面落实河（湖）长制、林长制，开展杆线、秸秆垃圾焚烧、企业污染整治等行动，持续推广"煤改电"，打造长征出发地生态文明教学点。加快邓屋至高峰人居环境整治提升示范带建设。年内完成邓屋裸房整治、烤烟房屋顶改造、生态步道建设；完成治平破旧厂房整治，下林排、凉畲通信线路下地等项目。

3. 突出融合抓三产，提升流量变留量。探索以多业态打造、多主体参与、多机制联结、多要素发力的多元融合现代产业。发展"畲客源"富硒特色产业，开发富硒伴手礼，拓展品牌销售渠道。立足毛竹资源优势，新建畲乡笋竹农产品交易市场，配套建设笋竹交易平台、农特产品展示中心以及停车场、管理房、公共卫生厕所和消防等基础设施，发展笋竹特色产业，提升人居环境，助推乡村振兴。大力发展电商直播销售活动，着力搭建电商直播平台，依托畲乡农特产品展销厅、富硒农产品展示厅、陈公坑手工豆腐皮加工基地，开展直播营销，营造引流导向。创建研学、写生、摄影等基地，建成畲药百草园，做好畲族药膳笋宴菜品推广，宣传畲乡特色菜品，积极发展特色民宿，持续举办畲族文化商贸旅游节，实现"流量"转变为"留量"。

（作者简介：雷绍球，治平畲族乡政法委员）

乡村振兴战略视域下客家传统村落的保护与开发

———— ● 刘永玉 ● ————

一、引言

中国广大农村地区的传统村落是几千年来中华民族和农耕文明的载体和根基，其形态各异的村落民居蕴含着丰富的自然地理资源和历史文化信息，是广大乡村地区生态和文化的活化石，更是中华优秀传统文化的重要载体。党的十九大以来，乡村振兴战略被提到了重要的战略地位，全面促进乡村振兴成为推动全面建成小康社会，打赢脱贫攻坚战的重要手段。农村文化的振兴发展成为推动乡村振兴的重要方面，同时乡村振兴战略的提倡也对传统村落的保护起了强有力的推动作用。作为汉族支系之一的客家人，广泛分布于全国的 20 多个省、市、区与和国外 80 多个国家和地区；总人口将近 1 亿，其是中华民族特色鲜明的一个汉族支系，在中华民族历史上也产生了重要的地位和影响。[①]客家村落民居是客家文化中具有较强地域特色的地方建筑和历史文化遗产，具有较高的历史价值和文化价值。在新时代乡村振兴战略的大背景下，如何将传统客家村落文化与现代化发展相结合，满足人民的居住、文化、生产要求，是客家传统村落开发与保护的过程中亟待解决的重要问题。目前，客家传统村落的保护与开发面临着多样挑战，对于村落的开发要遵循保护为先、保持原真性、分期开发等原则，另外应增强村落文化产业开发的保障、加大村落民居文化产业开发的力度，合情合理安排开发进度。[②] 要想实现乡村振兴，重要一步就要对广大乡村的本土文化资源进行合理的保护开发利用，乡村文化资源兴则乡村兴。鉴于此，本文在乡村振兴战略的背景下，探讨客家传统村落的保护

① 肖文评. 客家村落 ［M］. 广州. 暨南大学出版社，2015. 7.
② 廖剑南. 乡村振兴视域下客家历史文化产业开发应用研究——以赣南栗园围古村落为例 ［J］. 老区建设，2022（05）：39-44.

与开发和乡村振兴融合的意义，并提出一些建议来进一步促进客家村落文化发展，助力客家地区乡村振兴。

二、客家传统村落民居的不同类型及特点

客家村落是广大客家人居住生活、休养生息的地方，是客家人成长生活和落叶归根之地。客家地区的先民们自中国的北方地区迁徙到南方各地后，受传统的风水观念的影响，人们选择在水土条件都较好的地方开垦土地，建造房屋，定居生活，从而开始不断繁衍生息；经过数代人的接力努力之后，逐渐形成了具有一定规模的村落民居，形成了具有客家特色的村落社会。民居组成了客家村落，而宗族则是客家村落的基本组织形式，宗祠更是客家村落的核心，是村民们的精神圣地。客家村落是客家地区历史文化发生发展的载体，它们反映了在不同历史时期和不同地域，整个经济社会发展变化的多样过程，且真实地记录着客家地区传统的民俗民风和传统建筑风貌。同时客家村落也是中国传统农耕社会的缩影之一，是十分重要的历史文化遗产。由于各地区自然地理环境和社会文化的不同，客家地区在历史进程中也形成了形态各异的各种特色民居。在南方山区，受山区潮湿气候的影响，当地居民结合自然地理环境特点，形成了围龙屋、围楼、四点金、走马楼、府第式、中西合璧式等形式多样的特色民居。

（一）围龙屋

围龙屋的主要建筑特点是在建造房屋时将房屋主体的后半部分建成半圆形的形状，因而俗称围龙。围龙屋的基本建筑结构是"二堂二横一围龙"，此外的建筑升级，无论是三堂四堂或是更多，都是在此基础上进行增添扩建的。围龙屋的分布，在粤东客家地区较为普遍；以梅县、平远县、兴宁市的部分乡镇较为典型。

（二）围楼

围楼的主要建筑材料是泥土，也得名土楼。整个建筑呈方形或者圆柱形，是三至五层高达十到二十米的大型封闭式建筑。土楼的最底层只留一个大门，不留窗户，防御性很强。围楼主要分布在粤、闽、赣的边界山区上，尤其是福建的永定、上杭、漳州和广东的饶平、梅州等地数量较多。此外，各地的土楼还分为花萼楼和石寨方楼等。客家地区的土楼与闽南地区的相比，其整体性更强，体现出客家人民的宗族观念更强的文化特点。

（三）走马楼

走马楼是建造房屋时在二楼外部用木料建成围绕四周的通廊，甚至于骑马也能在里面畅通无阻而得名。这种建造能够很好地适应山区潮湿多雨的气候，不仅能够防潮防虫防野兽，还能够防盗防洪。以梅县区的均裕楼、梅江区的诚创庐等较为著名。

（四）四点金

四点金又称四角楼，它是从走马楼发展起来的，整体是四方形，高二到三层。它的主要特点是在房屋的四角加装瞭望孔和炮眼。不仅能够对四周进行很好的监控，炮眼又能狙击，防御性能很强。四点金主要分布在五华、兴宁和丰顺一带。

（五）合杠楼

合杠楼又叫杠式楼、杠楼。通常来说，建筑正面有几个屋面就称为几杠楼，常见的有二三杠。每杠都是厅堂和房间，杠于杠之间是天井，由走廊连接，处于中心位置的厅堂称为祖堂。也可细分为镇东楼、继善楼。合杠楼多分布于梅江区、兴宁市、大铺县、梅县区等地。

（六）中西合璧式

中西合璧式是客家侨乡地区民居建筑的一种特殊风格，它是将客家的传统民居结合了西洋的房屋建筑特征在一起的一种混合型的民居建筑。虽然在外观上吸收了西洋的建筑装饰特点，但是内部沿用的仍是传统的客家民居特征。其代表性建筑如梅县区的联芳楼、万秋楼等。

（七）府第式

府第式建筑则是殿堂式风格的民居建筑，主要特点是厅堂多，天井多，多是方形，类似于中国北方的四合院；青砖石柱，雕龙画栋，富丽堂皇。典型的例如梅县区的南华又庐、荣禄第等等。

三、客家传统村落的文化价值

客家传统村落民居建筑是客家先民在历史上几次大南迁之后，为了适应南方地区的自然地理气候和社会文化而逐渐衍生发展出来的，每一种类型客家民居的形成与发展，背后都与特定的社会文化和历史环境相关，也体现了客家先民适应自然的智慧和成就。客家传统村落最早始于唐宋时期，明清时期较为兴盛，更是中国最具特色的五大民居建筑之一。客家围屋等传统建筑集美学和建筑艺术于一体，深刻体现了中华民族传统优秀民居文化的魅力和韵味；客家地区的传统村落保存较多，类型丰富，因而具有很高的历史文化价值和文化产业价值。每栋古老的民居建筑都有其丰富的历史故事和文化遗留，全方位向现代人们展现了先人的生活方式和民俗特点，人文历史资源极其丰厚。此外，客家传统村落还具有极高的传承价值，迄今为止，客家地区仍保有较多完好的传统客家民居建筑，其设计独特，历史积淀丰厚，许多特色房屋还能反映出客家人的宗族意识和生活习俗，是研究客家文化的重要实务资料。最后，客家传统村落在当今时代，处于乡村振兴战略的大背景下，其传承和发展还具有较高的文化产业价值。近些年来，农村的发展首先是要进行农村文化的发展发扬，客家地区大部分是山区，交通不便，地形复杂，经济发展往往受到较大制约，但是客家地区凭借其得天独厚的客家文化资源，以客家传统村落资源这样的活化石和博物馆，可以大力发展乡村特色旅游产业。同时也可以依托古建筑进行非物质文化遗产的开发发展，在客家地区全区域内进行文化产业的开发发展，为促进乡村振兴助力，也能改善当地居民的生存环境和生活水平，促进当地农村地区的生产转型升级，推动地方经济的良好可持续性发展。客家文化是客家地区乡村振兴的强大支撑力量，随着现代化进程的不断加快，广大农村发生了巨大变革。乡村振兴战略强调文化在乡村振兴中占据着重要地位。因而，广大客家地区在实施乡村振兴战略的过程中，要在传承保护客家文化的基础上发展客家文化产业，有效地将客家文化融于乡村振兴。

四、客家传统村落文化传承发展及开发现状

中国的最广大地区都是乡土社会，几千年来，村落是社会历史中的重要组成部分，人们的生产生活及各种活动，大部分都是在村落共同体中完成的。村落文化是中华优秀文化中不可或缺的一部分，在中国数千年的发展历程中具有重要的作用。村落文化和文化相同，作为一个比较宽泛的概念，对其定义很难得出一个统一的结果，这里的村落文化指广义上的概念，广义的村落文化是指一定的村落共同体在社会生产、生活中创造的物质文明以及精神文明的总和；村落文化的内涵则包括：家庭文化、信仰文化、习俗文化、节日文化、制度文化和行业文化等。① 而所谓客家文化旅游，则是指借助客家地区特殊的历史文化和人文地理景观中蕴藏的客家文化内涵，开辟融文化乡愁和教育为一体的旅游产品，以满足旅游者文化继承与体验的旅游活动。② 客家古村落文化的传承开发与保护是一个不断调整、整合的过程。既包括了对客家文化进行取其精华去其糟粕，也包括在新的时代背景下对自身文化要素的整理和创新，而且也涵盖了对其他文化的借鉴和融合。客家地区的古村落很多，散落在各个客家区域内，是客家人民的家园和客家文化传承的载体之一。近些年来，随着现代化进程的加快，城镇化和市场化的速度越来越快，中国广大的乡村地区生产生活发生了翻天覆地的变化，客家地区也不例外，客家人民正经历着生产生活方式的一系列变化升级。在此情况下，客家古村落的传承保护面临着前所未有的考验。当前，客家地区对于古村落的文化产业开发，主要是依托古村落的古建筑资源进行旅游资源的开发，把现存的客家古村落开发成为集文化传承和旅游为一体的特色旅游村，赣南、福建、粤东等客家古村落资源丰富的地区，近些年来已经打造

---

① 卢荣轩，童辉波. 试论村落文化的基本特征及历史性变革［J］. 社会主义研究. 1993，（1）：58.

② 钟立华. 乡村振兴战略视野下客家文化的现代转换［J］. 南昌师范学院学报，2021，42（06）：18-21.

了一批批古村旅游景点，比较著名的像江西省赣州市南康区唐江镇的卢屋村、梅州市梅县区水车镇茶山村、梅州市梅县区南口镇侨乡村、赣南宁都县东南边陲赣县东龙村等等。这些地区将古村落旅游与乡村振兴结合起来，成为带动乡村的一条崭新道路，乡村旅游不仅带动了当地的经济发展，更是在开发古村落的同时，让人们提高对于古村落价值的认识，从而加强对古村落资源的认同和保护。

五、客家传统村落文化开发过程中的困境

客家传统村落，是客家文化的天然博物馆和活化石。目前随着现代化进程加快和城镇化的发展，客家地区也逐渐开始对客家传统古村落进行文化产业和旅游业的开发利用，政府和社会各界对古村落加强了修缮保护，总体也取得了较不错的效果。但是，从当前来看，客家古村落的传承保护和文化产业开发仍面临着一些困境。首先是客家传统村落的保护利用现状堪忧。当前客家地区的大部分古村落建筑虽说已经被挂牌保护起来，但是由于古屋的产权结构较为复杂且常年无人居住维护，而政府和社会组织的介入力度较小，古建筑的损耗速度较快，许多破败程度严重，难以修复或者修缮维护成本较高，不利于古村落旅游产业的发展。多数古建筑在乡村特色旅游中只作展览使用，未能很好发挥古屋的价值功能。当地宣传力度仍不够。其次，伴随着城镇化进程的日渐加快，乡村的许多公共空间被现代化建筑侵占，乡村整体样貌难以维持客家传统古村落风貌，使得乡村的传统空间受到很大影响。再次，客家各地区对于客家文化产业的开发利用未能形成很好的文化品牌效应，尽管各地政府在对客家传统古村落的保护与开发上做了许多努力，但是由于其没有充分地理解利用当地的客家文化和民俗传统，未能就客家特色民俗节日和节庆活动做出有效宣传，导致其宣传匮乏，影响力较小。再次，资金短缺也是制约客家古村落文化产业发展的一个重要原因之一，无论是古村落的修缮维护，文化产品的开发，乡村景区配套基础设施的修建还是前期的产业宣传，均需要投入大量的资金和人力物力；而政府的资金来源渠道单一，数量有限，不能很好地满足古村落开发所需。最后，客家传统古村落的开发还面临一个更为严重的问题，即客家文化非物质文化遗产传承人的日渐凋零，使得许多有价值的客家非物质文化传承断裂乃至消失，许多有历史价值的客家民俗活动和表演凋零，这对于古村落文化产业的开发无疑是沉重的打击，乡村旅游的发展不能仅仅依靠古建筑的历史遗留，更要配合文化产业和文化周边的发展才能长久。同时还伴随着许多客家当地居民对于客家传统文化价值认识不够，传承保护意识较差，出现破坏古村落保护的情况。以上这些问题的产生，是在乡村发展中不可避免的，但同时也是乡村振兴的大背景下亟待解决的迫切问题。

六、乡村振兴背景下客家传统村落文化传承发展原则和对策

（一）客家传统村落文化产业开发的原则

对于客家传统村落的文化产业开发，要遵循以下几个原则。首先，在进行古村落的开发利用时，要秉持传承保护为先的原则，要将客家地区古村落的开发利用置于当地生态的整体性中加以看待，不能只单纯追求经济效益而枉顾了历史文化遗产的可持续发展和客家文化良性代际传承。其次，在古村落的文化产业建设过程中，要坚持追求保持真实性；客家地古村落的形成与客家当地的自然地理环境息息相关，鉴于此，在对客家古村落的开发过程中，需充分展示古建筑的原汁原貌才能传递出其中蕴含的客家先人的建造智慧和技巧，要将古建筑和客家历史文化相结合进行合理开发。最后，对于古村落的开发，要遵循循序渐进的原则，在前期要对古村落做好实地考察和合理规划，加强对古建筑的保护修缮，加大对于客家文化的宣传力度，广泛传播保护意识，再结合当地客家特色合理进行开发。

（二）客家传统村落文化产业保护开发策略

客家传统古村落有着鲜明的客家地域特色和客家乡土文化积淀，是新时代下推进客家地区乡村振兴战略的重要组成部分，因而亟须对其保护和开发提出新思路，探寻出新的可持续发展策略。第一，在客家古村落的文化产业开发过程中，要强调前期合理规划引领，合理的规划是组织和实行传统村落保护发展的基础和先导，是指导美丽乡村开发建设的蓝图，是乡村文化旅游产业发展的指南。在传统村落的开发中，要兼顾眼前和未来两种发展，综合考虑多方面因素，追求创新、协调、绿色、开放、共享的理念，确保有科学规划。客家传统村落的保护开发也应明确其范围、地理位置和保护方法，更要涵盖对村庄配套基础设施和公共服务等的合理布局。第二，对于传统村落文化的传承，是指对传统村落文化内涵的继承，强调传统村落文化的长足发展，是对传统村落文化中所包含的物质文化和非物质文化的共同传承，体现的是继承性和延续性。[①] 因而对于传统村落文化的挖掘要做到因地制宜，不能进行一刀切。要根据各村落的不同历史和不同形态进行有差别的开发保护，更要注重其中非物质文化遗产的文化力量。第三，在保护开发过程中还要注重进行相关的制度建设，要规范对于古村落开发区的保护管理，加强旅游开发区内的保护管理队伍建设，明确各级干部和相关群众的工作职责，做到专人负责制，提高保护开发工作效率，减少工作失误和延误情况发生；及时更新古建筑的保护开发情况，做到实时了解，实时监管。最后，需要客家地区各地政府加大对于客家文化产业的开发力度和资金保障，从国家官方的立场给予乡村旅游业以支持和鼓励，还可利用

---

① 张媛. 乡村振兴战略下山西传统村落文化传承与发展研究［D］. 山西财经大学，2019.

三、客家乡村振兴研究

政府的官方力量倡导社会各界帮助其进行舆论宣传和打造品牌效应，出台相关的政策支持客家地区古村落文化产业的发展；督促各客家古村落全方位挖掘客家历史文化资源，建立如村史馆、特色民宿、特色小型博物馆、客家文化广场、客家影视基地等吸引游客，从而把客家古村落的文化产业开发做成各地客家人民增加收入、助力实现乡村振兴战略的一个新亮点。

七、结语

总而言之，客家古村落是客家文化的"活化石"，它们的产生和传承，涉及自然和社会的许多方面，因而在客家文化发展史乃至中华优秀文化的发展历史上都具有重要的历史价值、传承价值和现实价值。然而，随着城镇化进程的加速，部分蕴含着历史文化价值的古村落正面临消失的危险。基于此，需要加大对古村落资源的保护和开发力度，在客家传统村落文化传承与发展的进程中，要更加注重平衡传统村落文化的活性发展和整体性发展，增强当地客家人民对传统村落文化的认同感，培养优秀的非物质文化传承人，充分挖掘传统村落文化的当代价值，推动客家传统村落文化的传承与发展，使这些客家古村落真正从客家文化产业振兴到推动实现客家地区乡村振兴。

参考文献：

[1] 肖文评. 客家村落 [M]. 广州. 暨南大学出版社，2015. 7.

[2] 廖剑南. 乡村振兴视域下客家历史文化产业开发应用研究——以赣南栗园围古村落为例 [J]. 老区建设，2022（05）：39-44.

[3] 卢荣轩，童辉波. 试论村落文化的基本特征及历史性变革 [J]. 社会主义研究. 1993，（1）：58.

[4] 钟立华. 乡村振兴战略视野下客家文化的现代转换 [J]. 南昌师范学院学报，2021，42（06）：18-21.

[5] 张媛. 乡村振兴战略下山西传统村落文化传承与发展研究 [D]. 山西财经大学，2019.

[6] 廖剑南. 乡村振兴视域下客家历史文化产业开发应用研究——以赣南栗园围古村落为例 [J]. 老区建设，2022（05）：39-44.

[7] 陈志华、李秋香. 梅县三村 [M]. 北京. 清华大学出版社，2007：25-28.

[8] 陆元鼎. 梅州客家民居的特征及其传承与发展 [J]. 南方建筑，2008（02）：33-39.

[9] 童成林. 新型城镇化背景下传统村落的保护与发展策略探讨 [J]. 建筑与文化，2014（2）：109-110.

309

［10］赖晨辉，梁和．乡村振兴背景下发展闽西农村客家文化的意义及策略［J］．乡村科技，2020（13）：20-21.

［11］钟立华．乡村振兴战略视野下客家文化的现代转换［J］．南昌师范学院学报，2021，42（06）：18-21.

［12］刘建朝．乡村振兴战略视角下的客家祖地文化发展思考［J］．客家文博，2018（03）：48-52.

［13］操凡．场所营造视角下古村落更新策略研究——以赣南忠诚村为例［J］．城市建筑空间，2022，29（05）：140-142.

［14］陈徇珠．试述客家历史文化保护传承的价值意蕴——以梅州地区客家历史文化保护传承为例［J］．今古文创，2021（08）：104-105.

［15］李伟红，鲁可荣．传统村落价值活态传承与乡村振兴的共融共享共建机制研究［J］．福建论坛（人文社会科学版），2019（08）：187-195.

［16］许少辉，董丽萍．论乡村振兴战略下传统村落的产业发展［J］．民族论坛，2018（02）：64-67.

［17］周建新，俞志鹏．积极与客家文化视角的区域文化资源产业化研究［J］．中原文化研究，2017：61-66.

［18］李佳．传统村落文化保护与旅游开发协同发展潜力评价——以梅州市雁洋镇四个古村落为例［D］．桂林：广西师范大学，2021.

［19］何阳明．价值评估视角下的古村落保护与活化研究［D］．深圳：深圳大学，2019.

（作者简介：刘永玉，赣南师范大学2021级人类学硕士研究生）

浅析发挥生态优势推动福建客家
地区全面乡村振兴之策

—————● 郭 莉 刘海栋 ●—————

一、福建客家地区的生态环境优势

（一）福建是生态强省

福建省是生态强省，具有得天独厚的生态环境优势。福建位于我国东南沿海，东北与浙江省毗邻，西北与江西省接界，西南与广东省相连，东南隔着台湾海峡与台湾省相望。福建省是海上贸易的重要集散地，是古代海上丝绸之路的起点，郑和下西洋的重要起锚地。福建省地势西北高，东南低，依山傍海，陆地总面积12.4万平方千米，境内山地、丘陵面积约占全省总面积的90%，素有"八山一水一分田"之称；拥有200米等深线海域面积13.6万平方千米，比全省陆地面积大12%左右。福建境内有闽江、晋江、九龙江、汀江四大水系，属亚热带海洋性季风气候。至2021年福建省常住人口为4187万人。2021年，全省地区生产总值48810亿元（人民币，下同），同比增长8.0%。

福建自2000年开始建设生态省，2014年成为首个"国家生态文明先行示范区"，2016年成为第一批"国家生态文明试验区"。福建的生态文明建设不断加强，取得了显著的成效。截至2020年底，福建单位GDP能耗比全国平均水平低32%；清洁能源装机比重为56%，比全国平均水平高7个百分点；万元GDP水耗、能耗分别比2000年下降90.57%、58.60%，二氧化碳排放强度比2005年下降70.53%。福建以占全国2.8%的能源消费，支撑了占全国4.3%的经济总量。绿色低碳发展取得新进步。2020年，福建单位GDP能耗比全国平均水平低32%；清洁能源装机比重为56%，比全国平均水平高7个百分点；万元GDP水耗、能耗分别比2000年下降90.57%、58.60%，二氧化碳排放强度比2005年下降70.53%。福建以占全国2.8%的能源消费，支撑了占全国4.3%的经济总量。污染防治共治迈出新步伐。2021年，福建12条主要河流Ⅰ—Ⅲ类水质比例达97.39%，九市一区城市空气优良天数比例达99.2%，比全国平均水平高14.5个百分点；

市县污水、生活垃圾无害化处理率分别为 96%、100%，87 条黑臭水体基本消除，县级及县级以上集中式生 活饮用水水源地水质达标率 100%；全省畜禽粪污综合利用率达到 90% 以上；在全省域实行生活垃圾强制分类，福州、厦门垃圾分类覆盖率均达 90% 以上；全省城市公交车新能源汽车占比超过 80%；9 市 1 区城市环境空气质量平均达标天数比例 98.8%，同比提高 0.5 个百分点，比全国平均水平高 11.8 个百分点。生态保护修复达到新水平。至 2020 年底，福建森林覆盖率 66.8%，连续 42 年保持全国首位；城市建成区绿地率 40.8%，实现全省九市一区国家森林城市和所有县（市）省级森林城市"两个全覆盖"；全省水土流失率降至 7.52%；近岸海域水质优良比例达 82.9%。国家生态文明试验区 39 项改革举措和成功经验向全国复制推广，居四个生态文明试验区首位。

福建省生态环境质量继续保持在优良水平，森林覆盖率继续位居全国首位，生态环境状况指数继续保持全国前列。与 2000 年的数据对比，福建开始生态省建设后，取得了突出的成绩，至 2020 年福建在治理水土流失、提高森林面积和森林覆盖率等方面都大幅提升。详见下表。

福建 2000 年、2020 年生态环境主要指标对比

项　　目	2000 年	2020 年	增幅
治理水土流失面积（公顷）	116053	158207	36.32%
森林面积（万公顷）	735.37	811.58	10.36%
森林覆盖率（万公顷）	60.52%	66.8%	10.38%

（数据来源：根据《2020 年福建省环境状况公报》整理）

（二）福建客家地区生态优势突出

福建原有 23 个省级扶贫开发重点县，具体为：（三明地域）建宁、泰宁、宁化、清流、明溪；（龙岩地域）长汀、连城、武平；（漳州地域）平和、诏安、云霄；（武夷山建阳地域）光泽、浦城、顺昌、松溪、政和；（闽东地域）霞浦、古田、柘荣、屏南、周宁、寿宁、永泰。原中央苏区县大部分都是贫困县或处于贫困地域。福建客家地区的苏区老区也大部分是贫困县。截至 2019 年底，福建省扶贫开发已取得了决定性进展，23 个省级扶贫开发重点县、2201 个省定贫困村、110 万人贫困人口已全部摘帽退出，实现脱贫。

福建客家地区最大的优势就是生态优势。福建最后完成脱贫任务的贫困县全部处在山区，都是苏区老区。其中建宁、宁化、明溪、柘荣、顺昌、邵武、武平等县为"国家生态文明建设示范县"，连城、政和、周宁等县为"省级生态县"。老区苏区贫困县是福建省森林覆盖率最高的地方，尤其是客家地区，平均都在 76% 左右，甚至超过 80%。

1. 福建客家老区苏区的绿色品牌优势

依托丰富的生态资源，福建客家老区苏区形成了各自的优势绿色品牌。福建是茶产

业大省，苏区老区也是重要的产茶区，闽东绿茶、红茶，闽西绿茶，闽北政和白茶都是特色茶叶。各县还有区别度较高的农业特色品牌，如明溪为"中国红豆杉之乡""中国黄腹角雉之乡""中国淮山之乡"；连城为"中国红心地瓜干之乡""中国连城白鸭之乡"等。

2. 福建客家苏区的生态旅游优势

福建客家苏区独特山区地理风貌和优异空气质量为发展绿色生态旅游奠定了基础。福建客家苏区老区具有各级特色景点，包含世界地质公园、4A、3A 各级景点，而且负氧离子含量高，为发展康养旅游产业奠定了基础。

3. 福建客家苏区的三产融合方向

福建客家苏区的绿色生态产业可以延伸出一条完整的产业链条。产业链可以融合一二三产业，包含了上中下游的各个行业。从基础农产品种植采摘、禽畜生态养殖、农机农肥、农产品现代化深加工、包装、仓储、物流运输、线上线下销售，到生态文化旅游、康养保健、文宣演艺，再到基础设施建设、道路交通、水利电力、网络通信、金融信贷等，都属于绿色生态产业的延伸链条。

二、福建客家地区从脱贫攻坚迈向全面乡村振兴的必然性

（一）乡村振兴战略是农村发展的必然路径

"乡村振兴战略"是党进入新时代面对农村发展的短板问题作出的总规划，是我国农村发展的必然路径。中国乡村的建设发展一直是党和国家整体建设中的重要部分，是关系国计民生的根本性问题。十八大以来，党中央坚持聚焦农村的发展建设，出台了一系列政策全面深化农村改革。2017 年中共十九大报告明确提出在中国实施乡村振兴，并将它作为了构建社会主义市场经济体系的六大重要内容之一，强调乡村振兴是全面建成小康社会最紧迫的历史任务。2018 年 2 月，中共中央国务院发布的《关于实施乡村振兴的意见》，更为详细地就乡村振兴的要求、目标、基本原则、重点任务进行了阐述，规划了中国实施乡村振兴的具体路径。十九大以后，乡村振兴战略正式拉开序幕，2021 年 2 月 21 日，21 世纪以来第 18 个指导"三农"工作的中央一号文件《关于全面推进乡村振兴加快农业农村现代化的意见》正式发布，2 月 25 日，国家乡村振兴局正式挂牌成立，乡村振兴工作全面推进。2021 年 4 月 29 日第十三届全国人民代表大会常务委员会第二十八次会议通过《中华人民共和国乡村振兴促进法》。

（二）福建乡村振兴的主要成就

"十三五"期间，福建坚持规划先行，分类推进，乡村振兴开局良好——农业迈向高质高效。十大现代农业产业园欣欣向荣，八大优势特色产业集群方兴未艾，新产业新业态全面开花，十大乡村特色产业全产业链总产值突破 2 万亿元。乡村日益宜居宜业。

农村人居环境整治三年行动任务全面完成，村庄面貌大幅改善。大力弘扬乡村文化，不断创新乡村社会治理体系，乡村社会和谐有序、充满活力。农民生活富裕富足。农民人均可支配收入年均增长 8. 6%，增幅连续 9 年高于城镇居民。村村通水、通电、通硬化路、通客车和光纤 4G 网络、通有线电视，农村义务教育、基本医疗、养老保险基本全覆盖。通过"一键报贫"平台、热线电话、干部入户排查、部门信息分析等途径，健全防止返贫动态监测和帮扶机制，脱贫基础更加稳固。①

（三）乡村振兴要在生态文明理念框架下才能长远发展

生态文明涉及的水资源、海洋资源、大气、森林、动植物等主要分布在广袤的农村。生态文明建设与乡村振兴是相辅相成、互相促进的综合体。生态文明建设为农村的"绿水青山"提供综合保障，乡村振兴为生态文明建设注入生机和活力。生态文明建设与农村、农业息息相关、相互支撑。因此生态文明建设必须充分与生态农业、美丽乡村、生态产品、绿色振兴、休闲旅游等紧密联系起来，沿着科技创新创业、乡村现代产业、良好文明乡风、社会公平公正、美丽乡村建设的方向努力。生态兴则产业兴，在福建生态文明试验区建设中，深入实施乡村产业高质量与绿色化振兴，尤其要在乡村生态产业化与产业生态化融合发展过程中致力于农村环境保护和生态服务体系建设，保持农业农村经济旺盛发展至关重要。

福建在生态文明建设中的 14 大类 39 项经验，主要都是在农村工作中积累和获取的，其中 6 大类 16 项与农村紧密联系。具体为："自然资源资产产权（4 项）"主要针对农村森林；"农村人居环境整治"（3 项）专门针对农村；"生态保护与修复"（4 项）针对水土流失、湿地、商品林也主要分布在农村；"绿色循环低碳发展"（1 项）主要针对深海养殖也属于农村；"绿色金融"（3 项）主要是银行业对林业农户的支持；"生态扶贫"（1 项）主要针对林业产业。

三、用生态文明理念推动福建客家地区全面乡村振兴的对策

（一）生态文明建设是福建客家地区乡村振兴的重头戏

1. 以生态文明建设带动乡村振兴

以生态文明建设治理水土流失，让长汀实现乡村振兴，已经形成了全国闻名的"长汀经验"。习近平总书记明确指出，一定要生态保护优先，扎扎实实推进生态环境保护，像保护眼睛一样保护生态环境，像对待生命一样对待生态环境。2001 年，时任省长的习近平同志赴长汀县考察时，提出了"再干八年，解决长汀水土流失问题"号召，并做出了"任何形式的开发利用都要在保护生态的前提下进行，使经济社会在资源的永续利用

---

① 《乡村振兴看福建》，《农村工作通讯》2021 年第 9 期。

中良性发展"的重要指示。随后，福建省委、省政府每年补助 1000 万元，连续 10 年把长汀水土流失综合治理列入为民办实事项目，因地制宜打造一批具有新亮点、新特色的生态生产融合治理工程，发展特色农业，让长汀在水土治理中实现了乡村振兴。

2. 以绿色产业探索乡村产业振兴

福建客家地区应注重探索绿色农业推动乡村振兴，主要包括构建农业绿色生产体系、构建农业绿色产业体系、构建农业绿色发展基础工程、构建农业面源污染防控体系、构建乡村流域综合治理体系。农业绿色发展，离不开绿色生产方式护航。大力培养农田土壤地力，发展与有效应用绿肥。福建绿色生产方式已经有效贯穿农业生产全过程，同时在农村重点推进小流域综合治理、农业面源污染防治和环境连片综合整治，开展水源清洁、家园清洁、田园清洁行动。

（二）将生态文明建设与全面乡村振兴协同创新、融合发展

推进乡村绿色振兴与生态文明建设的融合发展，一方面必须推进产业生态化与生态产业化的有机融合，做好乡村污染防治、乡村清新田野保卫、维护洁净碧水、防控土壤污染、种养废弃物利用、农村人居环境整治、综合高效利用战、促进转型升级。另一方面必须有效结合保护中开发与开发中保护，因势利导发展乡村生态经济、充分发挥农业多样功能优势、严格防控农村面源污染扩展、加强农村生态文明宣传普及、开展农村人居环境整治行动、以洁净环境保障绿色化生产、促进生态化与产业化的融合、探索创立保护与利用耦合体。

（三）始终重视福建客家地区农村环境保护

自 2000 年福建开始描绘"生态省"的蓝图，就把农村环境保护作为重中之重。农村环境连片治理不断持续加强，取得了很好的成效，为生态省建设发挥了重要作用。2010 年 4 月，福建省被正式确定为全国农村环境连片整治示范工作 8 个示范省份之一，于 2010—2012 年间投入 15 亿元，用于开展"水源清洁""家园清洁"和"田园清洁"示范工程。2010 年，首批确定 31 个项目，涉及 9 个设区市、30 个县（市、区）、76 个乡镇、581 个村庄，受益人口近 122 万人；包括饮用水水源地保护、农村生活污水处理、农村生活垃圾收运（处理）、非规模化畜禽养殖污染治理和村容村貌整治等为重点的整治工作。2018 年福建成立省乡村生态振兴专项小组，印发实施《福建省乡村生态振兴专项小组工作方案》。2018 年永泰县荣获"中国天然氧吧"称号；福州市荣获"中国气候生态城市"标志，成为全国首个通过评审的地级城市，也是全国首个获评这一荣誉的省会城市。2018 年福建印发《福建省农业农村污染治理攻坚战行动计划实施方案》，通过 2018—2020 年三年攻坚，实现"一保两治三减四提升"。"一保"即保护农村饮用水水源；"两治"即治理农村生活垃圾和污水；"三减"即减少化肥、农药使用量和农业用水总量；"四提升"即提升小流域水环境质量、农业废弃物综合利用率、环境监管能力和农民参与度。截至 2020 年底，全省四批共 22 个县（市、区）获得国家生态文明建设示范市县称号，3个县被命名为"绿水青山就是金山银山"实践创新基地，数量居全国前列。坚持"山水林田湖草是一个生命共同体"理念，围绕"山更好、水更清、林更优、田更洁、天更蓝、海更净、业更兴、村更美"等八个方面目标，整合政府、市场和社会各方资源多元共治，分初级版、中级版和高级版梯次推进建设富有"绿化、绿韵、绿态、绿魂"的盈实富美生态振兴乡村。2020年印发《绿盈乡村建设指标（修订版）》，全省60%村庄达到"绿盈乡村"建设标准。经国务院同意，国家发改委将福建省绿盈乡村建设模式列入《国家生态文明试验区改革举措和经验做法推广清单》向全国推广。组织编制全省农村生活污水治理五年行动计划和规划，完成涉农县（市、区）县域农村生活污水治理专项规划编制。组织实施年度为民办实事项目，完成生活污水治理村庄320个，占年度治理任务的160%。66个县（市、区）完成659个畜禽养殖禁养区调整划定，调减面积1.1万平方千米。组织实施畜禽粪污资源化利用整县推进项目，重点支持区域性粪污集中处理中心、种养结合基地等配套设施建设，推进畜禽粪污还田利用。截至2020年底，全省畜禽粪污综合利用率达90%，畜禽规模养殖场粪污处理设施装备配套率达100%。①

（四）大力发展福建客家地区特色农业

坚持绿色发展将深刻影响地区的发展模式和幸福指数。在大力发展客家文化旅游产业时，既要契合绿色发展的需要，又使得群众在良好的生态环境保护的前提下发展经济，提高收入水平、走出一条可持续发展的路子。一是把推动文化旅游产业发展与节约资源紧密结合起来。通过依托、整合和利用农村的青山绿水、田园风光、自然景观、农家房屋等，成为绿色游、生态游、悠闲游、自驾游的好地方。二是把发展客家文化产业与保护农村环境紧密结合起来。面对这样的情况，需注重抓好老区环境综合整治，尤其要做好农村饮用水的水源地保护、生活污水和其他废弃物处理以及土壤污染防治等环境保护工作。同时，着力保护好现有土地资源，按国家标准控制化肥和农药的使用。特色农业是绿色产业，有利于充分利用当地自然条件，将扶贫开发与生态文明建设紧密结合，发展开放式生态经济；对于水土流失治理、流域综合治理、地质灾害防治等工作，对贫困地区具有生态保护和修复的作用。特色农业还促进贫困地区形成当地特色产业，推动了贫困地区农业文化旅游的形成，为贫困人口提供了大量就业机会，有力推动了脱贫攻坚工作的进程。特色农业在福建贫困地区产生的效益已经逐步显现，在脱贫攻坚与全面乡村振兴的衔接过程中，福建可以进一步发挥特色产业的优势，带动客家苏区一二三产业进一步融合。有效发挥福建作为首个国家生态文明试验区的政策优势，切实为特色产业发展搞好规划顶层设计，坚持不懈连续干，发挥长效作用。并立足于21世纪海上丝绸之路核心区，延续"一带一路"的渠道积累，促进国际国内双循环，以特色产业

---

① 福建省环保厅《2020年福建省环境状况公报》

作为撬动点全面推进乡村振兴。把发展客家文化产业、特色农业与全面乡村振兴结合起来，取得相辅相成、相互促进、相得益彰的效果。

参考文献：

[1] 福建省习近平新时代中国特色社会主义思想研究中心：《福建生态省建设的实践与启示》，东南网 2022 年 4 月 18 日。

[2] 林晓丽：《福建省 39 项国家生态文明试验区典型经验向全国推广》，人民网 2020 年 12 月 8 日。

[3] 赖瑞联等：《基于福建生态文明试验区建设的乡村产业振兴与农业绿色发展对策》，《亚热带资源与环境学报》2021 年第 16 期。

[4] 孙杨杰：《生态扶贫与乡村振兴有效衔接的福建探索》，《发展研究》2021 年第 9 期。

[5] 黄茂兴、叶琪：《生态文明制度创新与美丽中国的福建实践》，《福建师范大学学报（哲学社会科学版）》2020 年第 3 期。

[6] 陈培彬等：《福建省乡村振兴实施成效分析及其优化路径——基于 2015—2019 年 9 地市面板数据》，《世界农业》2020 年第 1 期。

[7]《乡村振兴看福建》，《农村工作通讯》2021 年第 9 期。

（作者简介：郭莉，福建社会科学院习近平生态文明思想研究所副研究员；刘海栋，福建社会科学院亚太经济杂志社编辑）

客家文化与乡村振兴协同发展的价值指归与实践进路

——以客家文化（闽西）生态保护实验区为例

———————● 丘水林 ●———————

客家文化是客家人在生产生活过程中形成的独具特色的民系文化和特色鲜明的地域文化[1]。改革开放 40 余年来，随着经济建设在地区发展中的主体地位日益突出，许多客家特色物质文化遗产和"非遗"相继损坏和消亡，留下了深刻的历史遗留问题。党的十九大报告作出实施乡村振兴战略的重要部署，《乡村振兴战略规划（2018—2022）》也将文化振兴纳入乡村"五大振兴"范畴。2017 年 1 月 23 日，文化部向福建回复《关于同意客家文化（闽西）生态保护实验区的复函》，同意设立客家文化（闽西）生态保护实验区，成为继梅州、赣南客家文化生态保护实验区后设立的第三个国家级客家文化生态保护实验区。将生态文明融入客家文化建设各方面和全过程，既是"五位一体"总布局的应有之义，也是建立以生态价值观念为准则的生态文化体系的客观要求，还是区域经济社会全面协调可持续发展的必然选择。

客家文化的发展须臾离不开客家文化蕴含的典故、历史、人物、风俗传统等优秀菁华，如何让客家文化回归并成为乡村振兴的内生动力的同时，通过实施乡村振兴战略推动客家文化繁荣发展，是新时代农业农村优先发展的重要突破口。当前，学者们对客家文化的研究主要聚焦功能与意蕴[2-3]、保护与传承[4-5]、资源的开发与利用[6-7]等方面，对客家文化与乡村振兴协同发展的研究较少。本文在阐释客家文化传承与乡村振兴战略的逻辑关系的基础上，系统梳理闽西客家文化生态保护实验区的发展脉络，并提出客家文化与乡村振兴协同发展的价值指归和实践进路，以期为推进乡村治理体系和治理能力现代化提供必要支撑。

一、客家文化传承与乡村振兴战略的逻辑关系

当前，乡村客家文化传承困境愈发凸显。令人诧异的是，不少人简单、纯粹地认为客家文化代表的是落后的生产方式和生活观念，加快城市化进程是对落后乡村面貌改善

的必由之路。然而，多年来的经验证据表明，盲目推进的城市化建设非但没有带动乡村经济社会发展，反而造成城乡差距的不断扩大[9]。中国特色社会主义进入新时代，社会主要矛盾演变成人民日益增长的美好生活需要和不平衡不充分发展之间的矛盾。最大的不平衡表现为城乡发展不平衡，最大的不充分表现为乡村发展不充分。可见，过去畸形的发展观念既忽略了乡村发展内在诉求的客观事实也忽略了客家集散地独特的客家文化。行动源于思想，错误的思想观念最终导致现今农民不再珍视千百年来祖祖辈辈传承下来的客家文化，不再盲目固守物质和文化家园，只是随波逐流、湮没在城镇化浪潮之中。

乡村振兴具有深厚的文化土壤。在坚持农业农村优先发展和建立健全城乡融合发展体制机制的政策背景下，乡村客家文化复兴迎来宝贵的历史机遇。乡村振兴战略背景下的客家文化振兴，既不是简单地回归本源，也不是推倒重来，而是在复兴、传承客家文化优秀菁华的基础上，重新焕发乡村沉寂已久的活力，努力让客家文化成为农民的精神支柱和生活向往，让客家文化在现代化乡村文明体系中确立自己的角色定位。

（一）客家文化传承为乡村振兴战略提供内生动力

文化是民族之魂。客家文化在千百年的沧桑巨变中，形成"十里不同风、百里不同俗"的多样性、地域性文化。这其中既有元宵吃汤圆、端午吃粽子、中秋吃月饼等民俗文化和唱山歌、傀儡戏（木偶戏）、采船灯等民间艺术，也有古村庄、古城墙、石壁等物质文化遗产。从文化保护与传承的角度来看，客家文化的延续使得海内外客家人无论身处何方，都有共同的文化底蕴维系着彼此间的沟通与交流。从发展的角度来看，在精神文化日益匮乏的当今时代，客家文化已经成为独树一帜的特色地域文化，无论是民风民俗还是各类保护修复的物质文化遗产，都可以融入农业、生态、科技等元素发展特色客家文化产品。这不仅能够发挥区域文化资源优势，培育壮大产业竞争力，形成新的经济增长点和消费热点；还可以反哺各类客家物质文化遗产和非物质文化遗产，带动当地人民增收致富，从而形成乡村产业振兴的内生动力。

（二）实施乡村振兴战略是传承客家文化的重要途径

客家文化的持续传承涉及人才、资金、技术、政策等诸多因素的制约。客家集散地大多为经济欠发达地区，在当地政府要"面子"和人民要"票子"的双重需求导向下，许多客家文化习俗、民间艺术以及历史遗迹等遭到严重破坏或消亡。乡村振兴，乡风文明是保障。在乡村振兴战略背景下，各类资源要素逐步由城市向乡村流动，实质上是为县域经济和乡村经济同步发展提供了巨大的发展空间。乡村振兴战略要求深入挖掘农耕文化蕴含的优秀思想观念、人文精神、道德规范，结合时代要求在保护传承的基础上创造性转化、创新性发展。例如，近年来长汀县以乡村振兴战略为契机，通过政策扶持、资金支持及招商引资、项目整合等措施，不仅对古城墙、店头街、古村落、济川门等历史遗迹进行大规模修复，还大力支持世界客属公祭客家母亲河大典、濯田镇升平村"二月二"百壶宴、古城镇传统庙会"花朝节"、童坊镇彭坊刻纸龙灯巡游等各类客家文化节日活动。这有利于在新时代焕发出乡风文明的新气象，进一步丰富和传承客家优秀文化。

二、客家文化（闽西）生态保护实验区的发展脉络

闽西客家文化生态保护实验区囊括"古汀州八县"，即龙岩市长汀县、上杭县、武平县、连城县、永定区和三明市宁化县、清流县、明溪县，国土面积1.94万平方千米，人口292.1万人。客家文化的形成是个历史过程，闽西客家文化生态保护实验区发展脉络顺次经历了以下三个阶段。

（一）自然传承阶段

从公元316年爆发的五胡乱华，到唐末爆发的黄巢起义，到宋末金人和元人入侵，再到明末清初满洲部族入关，大批客家先民陆续向闽西地区集聚。特别是五代十国时期，归因于得天独厚的地理环境和历史条件，闽西地区成为政治"真空"地带、"三不管"地区，这为客家人在这一带形成和繁衍创造了宝贵的机会。在闽西客家先民的早期生产生活过程中，以先进的汉文化自然同化土著民族，完成民系成员结构向客家人转变；部分借词受到土著民族词语影响，但仍然保留了古代汉语特色，形成客家方言；吸收土著民族风俗习惯，形成独特的客家风俗习惯和文化。自唐宋以来，闽西地区形成了基本一致的方言、宗教、民间艺术、民俗文化、民间信仰等客家文化，这也是唐宋时期汀州繁荣起来的重要人文因素。随着闽西客家内部人口不断膨胀，闽西客家文化也在客家人漫长的迁徙历史中不断吸收、融合其他地区和民族的良风美俗，形成"十里不同风、百里不同俗"的多样性和地域性客家文化，但在相对闭塞的山区，其基本内涵始终具有一致性和同一性。譬如，元宵吃汤圆、端午吃粽子、中秋吃月饼等民俗文化；唱山歌、傀儡戏（木偶戏）、采船灯等民间艺术；等等。这也是千百年来客家文化得以薪火相传、自然传承的文化灵魂。

（二）碎片化治理阶段

鸦片战争的爆发不仅打破了原有的闽西客家文化生态，而且带来了西方文明的强烈冲击。在长达近百年的内乱外侵中，不少闽西客家先民相继向东南亚、欧美国家迁徙，闽西客家文化保护亦由此开始呈现碎片化状态。1961年11月，清流、宁化、永安三县从龙岩专区划归三明市，标志着以"古汀州八县"为中心的闽西客家文化生态区域建设进入碎片化治理阶段。特别是清流、宁化、永安三县的客家文化逐渐受到三明市其他地区文化的影响，其方言、宗教、民间艺术、民俗文化、民间信仰等发生了较大的变化。改革开放以后，工业化、城镇化和农业现代化的快速推进对闽西客家非物质文化遗产的保护传承工作带来了巨大的挑战，唱山歌、傀儡戏（木偶戏）、采船灯等民间艺术逐渐

消落，许多客家文化传承人迫于生计纷纷离乡背井外出务工，不少传统客家节日、客家祭祀、客家农事和客家服饰等早已为"第二代农民工"所摒弃。不只如此，囿于客家文化交流与联系不紧密和客家文化传承保护工作带有明显的行政属性，不少民间艺术在部分地区已经失传，区域内部和区域之间的民风习俗差异性明显，个别地方政府甚至不作为任由客家物质文化遗产损坏和"非遗"消亡。

（三）协调保护阶段

21 世纪以来，随着工业化、城镇化和农业现代化对闽西客家"非遗"保护传承工作带来的负面影响愈发突出，以生态文明理念为引领，优化客家"非遗"生态环境，推动闽西各县（区）客家文化保护协调发展，逐渐成为闽西地区经济社会全面协调可持续发展的时代呼唤。自 2007 年以来，福建省会同龙岩、三明两市以创建客家文化生态保护实验区为契机，投入大量人财物力，全面开展"非遗"普查和认定登记工作，通过设立代表性项目名录，积极抢救濒临失传的传统非遗项目及传承人，运用"互联网+"手段宣传、记录、编导、整理客家传统非遗项目及传承人的珍贵史料，深入开展客家文化生态保护理论和信息化研究……[8]。不只如此，在省市政府的大力推进下，"古汀州八县"之间、闽台之间还开展了多样化的区域、跨区域客家文化交流活动。例如，宁化县连续多年举办的世界客属石壁祖地祭祖大典及"石壁客家论坛"，2015 年三明市客家民间艺术家联袂龙岩山歌剧团赴台展演，明溪县沙溪乡妈祖庙与台湾屏东县德兴宫妈祖庙之间的信众互动参访、妈祖祭祀和妈祖文化交流，等等。为推动闽西客家文化生态协调保护，福建省于 2016 年编制《客家文化（闽西）生态保护实验区规划纲要（初稿）》，就客家文化的基本概念、基本条件、保护范围、保护对象等 9 个方面进行详细规划，规划期为 15 年。尔后，客家文化（闽西）生态保护实验区的成立，标志着闽西客家文化生态保护实验区开启协调保护阶段。

三、客家文化与乡村振兴协同发展的价值指归

尽管客家文化（闽西）生态保护实验区的成立为龙岩、三明两市客家文化生态保护协调发展提供了良好的制度基础，但治理层级碎片化、治理功能碎片化、公私合作关系碎片化以及信息系统碎片化等现实困境依然突出。无论是从闽西客家文化生态保护诉求来看，还是满足人民日益增长的美好生活需要来看，打造闽西客家文化生态保护实验区整体性政府，构建闽西客家文化生态保护实验区命运共同体，是闽西客家文化生态保护实验区全面协调可持续发展的价值取向。整体性治理以公民需求为导向，以信息技术为手段，以协调机制、整合机制和信任机制为关键性功能要素，对跨界公共事务管理中逐渐累积显现的治理层级、治理功能、治理信息和公私部门关系的碎片化进行有效缝合[10]。进入 21 世纪以来，为解决文化、环保、金融等诸多跨部门、跨区域甚至跨国界

的重大瓶颈，发达国家以整体性治理为指导，重塑政府职能部门结构，整体性政府已经成为各国公共文化管理改革的新趋向。

（一）明晰不同层级客家文化生态保护责任分摊

按照闽西客家文化的自然地理特征、行政划属、生态环境质量等基础条件，明确行政区内、行政区之间政府治理职责。建立完善地方政府之间、行政区内各部门之间的责任协调机制，明确在综合性实物协作中各科室、各部门权责利，通过行政赋权、职能调整等方式进一步明确相关部门权利清单和责任清单。分层次强化各部门责任意识，让责任走出部门、走进社会。对涉及多部门之间的责任清单进行明确划分，涉及平行部门之间配合的权利与责任各部门要积极主动配合。借鉴环保警察实践经验，探索研究闽西客家文化生态保护区"文保警察"制度。通过责任清单制划定各责任主体的权责利，实质上是对各责任主体的治理职责进行有效倒逼与监督。落实客家文化生态保护责任清单制必须要同步制定绩效评价体系，加强监督、管理和问责，推动责任落实到位。在进行每个阶段的治理时，需要明确各级政府及其相关部门各自治理职责，找准治理目标，进行效率分析和绩效考核，公平公正地进行追责。既要加快出台客家文化（闽西）生态保护实验区专门管理法规，也要完善闽西客家文化生态保护责任清单制相关立法，进一步保障该制度的稳健运行。

（二）完善客家文化生态保护实验区政府跨部门功能整合

完善跨部门间协调机制，破除部门分管壁垒，统筹兼顾各类客家文化资源要素，实施全方位、多领域、深层次的整体性管理。具体而言，各级政府要依据区域客家文化资源禀赋、客家文化生态保护历史遗留问题、经济发展水平的差异进行合理布局，建立规划整合的信息平台以及时掌握准确全面的规划进展。将客家物质文化遗产和非物质文化遗产作为整体性生态系统进行统筹规划，既要考虑客家文化的开发利用，又要考虑客家文化的生态保护、产业结构和生产力布局，增加规划治理整合，优化企业产业结构，做强做大文化生态产业、服务业和旅游业。加强客家文化治理规划整体性、综合性的整合，加快完善客家文化生态保护实验区长期综合治理体系，根据不同区域客家文化生态保护实际情况，既要注重分阶段治理目标，又要合理制定中长规划，从根本上扭转闽西客家文化生态保护实验区"局部改善，整体恶化""暂时好转，短期维持"的旧常态，实现可持续发展。同时，改变既有客家文化数据收集模式，将文化部门先建立系统、后采集数据的传统模式替代为先收集数据以掌握最新的客家文化生态保护情况，再寻找可行的、有效的、可操作的解决办法。推进客家文化生态保护实验区网络治理监测体系，积极运用信息技术和大数据资源乘数效应，构建自上而下、上下结合的"大数据"中心。扩展信息公开的深度与广度，建立大数据共享体系，形成有效的社会监督、舆论监督。

（三）推动客家文化生态保护公私信任合作

欧美发达国家城镇化经验表明，政府和社会资本合作（PPP）作为化解地方政府融资平台债务风险、吸引社会资本参与公共产品或服务供给进而提高公共产品或服务供给质量与效率的重要手段，具有较强的适应性与有效性。客家文化生态保护项目不同于一般公共服务，建设周期长、运营风险大、投资回报率低，使得私人部门参与积极性不高。应根据闽西客家文化生态保护实验区实情，大胆创新，积极探索多元化 PPP 项目融资模式。对于收益率较高的经营性项目，可通过 BOT（建设—运营—移交）、BOOT（建设—拥有—经营—转让）、BLOT（建设—租赁—经营—转让）等 PPP 模式由私人企业建设与运营；对于社会效益突出、但经营性收费不足以覆盖投资成本的准公益性项目，既可以采取 TOT（移交—经营—移交）模式，由政府负责项目建设，再将已建项目所有权有偿转让给社会资本或项目公司经营，合同期满后将所有权移交给政府；也可以采取 LUOT（租赁—更新—经营—转让）、PUOT（购买—更新—经营—转让）模式，由私人部门租赁或购买政府建设项目，经过一定程度的更新、扩建后经营该项目，合同期满结束后移交给政府；还可以采取 DBFO（设计—建设—投资—经营）模式，由私人部门负责项目的设计、建设、融资和运营，期满后政府根据项目绩效评价对价给付、向服务使用者收费以及政府补助部分建设成本等方式直至项目经营期收回投资和取得投资效益；对于纯公益性项目，可将其与经营性项目打包捆绑组成项目池，实现经营性项目和非经营性项目的整体运营开发。

四、客家文化与乡村振兴协同发展的实践进路

乡村振兴是乡村经济、政治、文化、社会和生态的全面振兴，而文化又贯穿于经济、政治、社会和生态的各方面和全过程，是乡村振兴的基石。2019 年 6 月，国务院印发《关于促进乡村产业振兴的指导意见》，指出产业兴旺是乡村振兴的重要基础，是解决农村一切问题的前提。因此，推动闽西客家文化与乡村振兴协同发展，应立足乡村振兴战略，在保护传承的基础上，重塑乡村客家文化生态，因地制宜发展乡村特色客家文化产业。

（一）强化区域特色客家文化品牌效应

保护好文物古迹、传统村落、民族村寨、传统建筑、农业遗迹、灌溉工程遗产，树立品牌意识，发挥品牌带动效益，打响符合闽西客家文化特色的品牌名号。从各地特色客家文化产品出发，对其品牌进行整体规划，使其能够充分体现当地客家文化内涵。充分挖掘内在价值，使客家文化品牌得到长足、充分的发展，促进客家文化经济向深层次方向发展。实施农耕文化传承保护工程，深入挖掘客家先民形成的农耕文化中蕴含的优秀思想观念、人文精神、道德规范。积极开发传统节日文化用品和唱山歌、傀儡戏（木

偶戏）、采船灯等民间艺术、民俗表演项目，促进客家文化资源与现代消费需求有效衔接。同时，要重视对台交流，利用地缘优势，加强合作，培育出具有现代意义客家文化创意品牌，并通过农村一二三产业深度融合发展，着力提升闽西客家文化品牌效应。

（二）加快推进客家文化产品供给侧结构性改革

随着经济的快速发展和居民消费水平的不断上升，物质产品消费已经难以满足人民日益增长的美好生活需要，文化消费成为新业态。对于日益增长的文化消费需求，要整合现有客家文化资源，通过融合生态、科技等元素加强客家文化产品和文化服务的有效供给。紧密结合特色小镇、美丽乡村建设，深入挖掘客家特色文化符号，盘活地方和民族特色客家文化资源，走特色化、差异化发展之路。因地制宜发展特色客家文化产业，推动客家文化产品供给向高质、多样发展，提升客家文化服务质量，既要"高大上"也需"接地气"，不断满足大众的多元化的文化消费需求，加快推动城乡居民文化消费结构转变。

（三）培育以农民为主体的乡土人才培养体系

闽西地区在人才数量、质量、构成上还不能满足客家文化产业快速发展、总量持续增加、规模不断扩大的需求。因此，一是加强规划引导、典型示范，挖掘培养乡土文化本土人才。通过开展艺术或表演竞赛，发掘合意的传承人才。二是利用龙岩学院、三明学院、闽西职业技术学院、三明职业技术学院等地方高校科学研究优势，加强政校企三方合作的深度和广度，探索建立客家文化研究院及开设相关传承专业，有针对性地寻找和培养客家文化产业管理人才。通过开展资格认证，规范行业准则，提高从业人员素质和能力。三是为客家文化传承和管理人才创造良好的发展空间，通过优化各项软件硬件条件达到集聚人才的目的。深入了解客家文化传承和产业管理人才所处环境，出台相关培养和管理人才的政策措施，通过政策红利吸引海内外客家文化人才的集聚。

（四）加强客家文化传承与发展命运共同体意识

随着工业化、城镇化和农业现代化对闽西客家"非遗"保护传承工作带来的负面影响愈发突出，以生态文明理念为引领，优化客家"非遗"生态环境，推动闽西各县（区）客家文化保护协调发展，逐渐成为闽西地区经济社会全面协调可持续发展的时代呼唤。三明、龙岩两市客家文化管理部门要着眼于生命共同体视角，加强客家文化协同保护和客家文化产业协同发展。在顶层设计的基础上，出台政策进行调控。根据实际情况成立专门市际联动工作小组，制定细则条款，统筹安排相关事宜，引导闽西客家文化生态保护试验区客家文化产业发展方向。建立闽西客家文化生态保护试验区客家文化知识产权公共信息平台和知识产权评价制度，确保信息透明，提高信息传播速度，使从业人员和社会公众更快获取信息，推动各地建立更为适合高效的客家文化产业项目运作形式。通过借鉴梅州、赣州、台湾等地经验，支持开展客家文化产业地方立法工作。同时，运用激励机制，出台相关政策，创造出利于创新、创业的制度环境和文化氛围，使客家文化产业项目能够获得良好的生长环境和政策扶持。

参考文献：

[1] 黄国勇. 客家文化（闽西）生态保护实验区设立 [N]. 中国文化报，2017—01—24（001）.

[2] 钟华，钟立华，徐斌. 客家文化对农村现代化的制约及其突破 [J]. 江西社会科学，2014（6）：240—245.

[3] 黄晓锋，刘加洪. 客家文化的历史性意蕴与当代性审视 [J]. 华南师范大学学报（社会科学版），2017（5）：15—21.

[4] 汪宗蓉. 客家文化与客家学校的文化传承 [J]. 文史杂志，2022（1）：115—117.

[5] 曹帅强，邓运员. 基于景观基因"地域机制"的客家文化保护与传承开发——以湖南省炎陵县为例 [J]. 地域研究与开发，2017（4）：164—170.

[6] 陈樱. 闽西客家饮食文化资源的旅游开发——基于客家文化（闽西）生态保护区背景 [J]. 四川旅游学院学报，2022（1）：51—54.

[7] 肖玉琴. 客家文化创意产业发展：台湾经验与大陆实践 [J]. 深圳大学学报（人文社会科学版），2018，35（3）：51—59.

[8] 福建省文化厅. 客家文化（闽西）生态保护实验区建设情况汇报 [EB/OL].（2017—07—15）[2022-08-07] http：//www. fjwh. gov. cn/ contents/234/77552. html.

[9] 刘忱. 乡村振兴战略与乡村文化复兴 [J]. 中国领导科学，2018（2）：91—95.

[10] 丘水林，靳乐山. 整体性治理：流域生态环境善治的新旨向——以河长制改革为视角 [J]. 经济体制改革，2020（3）：18—23.

（作者简介：丘水林，博士，福建省习近平新时代中国特色社会主义思想研究中心、福建社会科学院习近平生态文明思想研究所助理研究员）

利用客家红色资源　促进祖地乡村振兴

——以宁化县下曹村的个案为例

在土地革命战争时期，闽西赣南属中央苏区，这里保留着许许多多红军时期的遗址遗迹。这些散布在客家乡村的红色资源相当宝贵，是存活于民间的重要历史遗产。2020年，笔者参加第八届石壁客家论坛，会议组织参观了宁化县曹坊镇下曹村的红色遗址，留下了很深印象。这个村子以前曾去过，现在正发生深刻的变化。利用红色资源振兴客家乡村，是一条可行而且很有意义的思路。习近平总书记在 1998 年 2 月 15 日任福建省委副书记时到宁化调研指出："客家祖地源远流长，要把它作为一篇大文章来做，做好了，对全县两个文明建设有很大的促进作用。"习近平的重要指示，为客家文化研究如何贴近社会现实、为两个文明建设服务指明了方向。因此，本文拟根据笔者在下曹村参观所得的资料，通过对红军标语的解读，进一步阐述如何保护利用好这些红色资源，使之在乡村振兴中发挥更大的作用。

一、下曹村的红军标语

曹坊镇是宁化县南部一个很有名的乡镇。这个乡镇以曹姓为主，分上曹、下曹等村落，人口众多。历史上曹坊就相当发达，各村修建了许多精美豪华的祠堂、庙宇和大型民居。土地革命战争时期，这里是宁化县最早的革命根据地之一，许多大型建筑都是红军将士曾经住过的地方，因此下曹村保留的红军标语与当地的历史发展紧密相连，是闽西众多革命遗迹的有机组成部分。

1934 年 9 月，红军主力部队准备战略大转移前夕，曾在连城的温坊、松毛岭开展阻击战，打击国民党军队的围追堵截。而宁化的曹坊就是红军主力开往温坊作战前线的集结地之一。① 时至今日，下曹村还保留有红一军团出发前住宿的敬湖公祠，以及林彪（时任红一军团司令员）居住过的安祥公厅厦等。在这些建筑里，保留着不少红军时期书写的标语。

在敬湖公祠大殿的左侧墙上，现在还能看见有三条红军标语，都用红色颜料书写。这些标语基本可以判定写于红军温坊战斗前夕，反映当时紧张备战、发动群众的状况。其中有一条关于教育的，引录如下：

> 下曹乡教育负责同志们：
>
> 　　□□我们受到共产党领导之下，使我们不要□（没）有书读。你要领导千百万劳苦群众一致加入教育去，每个同志要准备做干部工作。
>
> 中国工农红军明光教导团一营一连宣传

这条标语也可称之为宣传告示。它是由红军"明光教导团一营一连"写给"下曹乡教育负责同志们"的。"明光教导团"是以革命烈士李明光的名字命名。李明光曾任中共福建省委宣传部部长、省军区政治部主任兼中共连城县委书记，1933 年 5 月为抵抗国民党军队对连城的进攻，在极端困难的情况下英勇奋战，直至壮烈牺牲。此后，连城县更名为"明光县"，连城独立营改称"明光独立营"。"明光教导团"亦当在此背景下成立，时间不超过 1934 年。②

由红军"明光教导团一营一连"发出的这份告示，主要内容是希望"下曹乡"本地的"负责教育同志"努力开展工作，引导广大乡村群众读书，接受革命教育，同时也希望他们能像"干部"一样做好群众思想工作。

教育群众，让广大工农子弟都能读书识字，是中国共产党领导的红色政权所肩负的一项使命。1930 年 3 月在龙岩召开的闽西第一次工农兵代表大会上，就专门对文化问题作出决议，要求各县、区、乡都要普遍设立高级或初级劳动学校，6 岁至 14 岁的男女儿童均须入学；除伙食费以外，学杂费和书籍费一律免收。③

而联系群众、做好群众思想工作，又是红色力量得以生存发展的根本保证。在敬湖公祠大殿的左侧墙上还有两条标语，充分反映当时紧张备战的情况。一条是"欢迎新战

---

① 关于红军第五次反"围剿"的经过，以及温坊战斗、松毛岭战斗的情形，参见蒋伯英主编：《福建革命史》（上），福州：福建人民出版社，1991 年，第 536—546 页。

② 关于李明光牺牲的时间，有资料记为 1932 年 9 月。但在 1933 年初，李明光还作为中共福建省委的主要领导成员坚决抵制王明"左"倾冒险主义路线，可见此时他还在世。参见蒋伯英主编：《福建革命史》（上），第 530 页。网络资料见《人民网》"纪念红军长征胜利 70 周年·英名永存"，2006 年 7 月 27 日查询。

③ 蒋伯英主编：《福建革命史》（上），第 295 页。

士上前线去"；另一条是"六路进攻冲破敌人"！① 这两条标语与前面的"宣传告示"字体完全一样，所用颜料也相同，显然是同一个人在同一时间地点书写的。它说明，在革命战争年代教育群众与发动群众紧密相连，尤其在国民党反动势力对工农红军采取"围剿""堡垒"进攻的严峻形势下，广泛发动群众参军、支援前线，团结起来冲破敌人的封锁就显得特别必要。

在安祥公厅厦内，亦有多处红军时期留下的宣传标语。这些标语都用墨水书写，集中于老屋厅堂处。其中，屏风正面的宣传标语如下：

十六岁以下的青年工农每天工作不能超过六小时！
青年工作和成年工作同等的要得同等的工钱！

红军四军十一师军需处　宣

这是红四军十一师军需处书写的宣传标语，时间比敬湖公祠的应该更早些，但都是对普通百姓进行党的方针政策教育。标语显示：红色政权组织劳苦大众支援前线，特别提出要保护 16 岁以下青年，规定他们每天参加工作的时间不能过长，而且应与成年人得到同等报酬。这是共产党领导的人民军队与红色政权有关建立新型社会关系的具体实践。普通劳动者一律平等，反对超经济强制的封建剥削。这种观念在当时很流行，具有强大的感召力和影响力。

在屏风背面还有"十一师军需处"以"士兵"名义留下的标语：

打倒国民党政府。拥护苏维埃政府。
组织革命战争。消灭军阀混战。

大厅周围的木柱上也有多条标语和对联，有的字迹已漫漶模糊，有的还相当清晰。如屏风两侧的木柱上遗存一副对联，经仔细辨认可知内容如下：

国民党指挥三十万白军屠杀工农
共产党领导数百群众打败反革命②

---

① 按，这条标语或被解读为"冲破敌人六路进攻"。但"六路进攻"与"冲破敌人"分别两组竖行书写，"六路进攻"在右，"冲破敌人"在左。按照竖行书写的阅读规则，从右到左，这条标语应读成"六路进攻冲破敌人"。
② 按，这副对联下面是否有缺字不敢断定，由于被供桌挡住一时无法辨别，仍需现场确认。

其他柱子上的标语是：

□期战争活捉白军师……

欢迎白军弟兄来当红军。

打倒帝国主义。消灭封建剥削。

从这些内容看，说明这些标语的书写与当时的革命形势紧密相关。当时的主要任务是打倒帝国主义、消灭军阀混战、反对国民党的反动统治，同时在根据地实行人人平等的经济政策，团结工农，消灭封建剥削。

红军在下曹村留下的这些历史遗迹弥足珍贵。它们反映了在土地革命战争时期，中国工农红军以闽西为根据地，所到之处宣传群众、教育群众，组织群众参加革命斗争的历史场景。这些标语书写的时间不同，表达的工作重点也不太一样，因而清楚反映了当时普通百姓与中国革命紧密相连的历史轨迹。它们是客家历史的重要篇章，很值得我们重视和保护。

二、保护红色资源与乡村振兴

"红旗越过汀江，直下龙岩上杭。收拾金瓯一片，分田分地真忙。"这是毛泽东于1929年秋写下的诗句。从那时起，闽西开始了红色革命的历史进程，至1934年10月红军主力撤离闽赣为止，苏维埃政权和工农红军在闽西奋斗了五个年头。在这段时间内，闽西革命根据地不断扩大，群众革命热情高涨，下曹村的红色遗迹与其他地方一样，都是这时期留下的。

从历史发展的进程看，1930年6月，宁化曹坊乡就发生了农民武装暴动，红四军一纵队曾一度进入下曹等地。同年底，蒋介石发动第一次"围剿"，中央红军活捉了敌师长张辉瓒。1931年7月，蒋介石调集30万兵力对中央苏区进行第三次"围剿"。闽西工农红军在反"围剿"中迅速壮大。同年9月，闽西苏区已扩展到长汀大部、连城大部及宁化、清流部分地区，完全打通了与赣南苏区的联系。1933年2月下旬，红一方面军在江西活捉了敌师长李明、陈时骥，取得了第四次反"围剿"的重大胜利。因此，下曹村的标语提到"红四军""活捉白军师（长）""国民党指挥三十万白军"等，应该都与1930—1933年的反"围剿"有关。尤其是保留在安祥公厅厦的对联"国民党指挥三十万白军屠杀工农"一句，应该与1931年的第三次反"围剿"有关。而1934年红军主力撤离闽赣边区前的温坊、松毛岭战斗，更与下曹村有直接关系。从这些历史事实的相互关联看，可以更准确地说，下曹村留下的红军标语，极有可能是1931—1934年间红军各部队在宁化下曹村驻扎时先后留下的。

这些珍贵的红色记忆保留了当年红军在闽西根据地与百姓水乳交融的场景。红四军十一师军需处用标语告诉百姓要保护16岁以下的青年，不能让他们劳动太久，应该同工同酬；明光教导团一营一连则通过"下曹乡教育负责同志们"在当地开展读书活动，引导广大劳苦群众学习革命道理；许多标语都及时传达了当时的革命形势和任务。做好群众思想工作是共产党领导的红色政权一项非常重要的工作。而通过这些革命遗迹，可以让我们深切感受到当年红军将士与群众密切联系，宣传群众、组织群众的真实场景。这些标语用朴实无华的语言，宣讲党的方针政策和革命的形势任务，给后人留下难忘印象。

在共产党领导下，通过各种教育活动，许多劳苦大众都参加了革命。据宁化县统计，在土地革命时期，全县有1.37万人参加了革命，是当时福建苏区县中参加革命人数最多的县之一，成为全省"扩红"重点县。[①] 当时，下曹"去当红军的人很多"，有许多革命青年都在陈树湘领导的独立第七师原来称作"虎五团"的部队里。如曹绍芳，他来自下曹，原本是富家子弟，还教过书，参加革命后由于他能写会画，表现出色，很快就当上了该团第四连的副连长。1932年3月，曹绍芳在宁化县方田乡南城村的一座房子灰墙上画了两幅革命壁画，左幅猛虎下山，右幅雄鹰展翅，均采用国画技法，画面栩栩如生，威武雄壮。如今这两幅壁画还保留在该村原来的地方，成为当地有名的革命文物。[②]

习近平总书记在对全国革命文物工作作重要批示时指出："革命文物承载党和人民英勇奋斗的光荣历史，记载中国革命的伟大历程和感人事迹，是党和国家的宝贵财富，是弘扬革命传统和革命文化、加强社会主义精神文明建设、激发爱国热情、振奋民族精神的生动教材。"保护好革命文物，对于促进两个文明建设有着积极的意义。闽西作为中央苏区，与赣南等地一样，保留着众多土地革命时期重要的遗址遗迹。这些红色遗产十分珍贵。如今，下曹村的革命文物已得到妥善保护，村容村貌开始出现了新的变化和提升。让受教育者回到历史现场，这是在农村开展旅游最值得称道的地方。如何有效保护利用好红色资源，使它们在乡村振兴中发挥更好的作用，这是我们应该思考的重要问题。根据本人的调查和研究经历，感觉有以下几点特别值得注意：

（一）应该做好更细致的保护工作。革命文物包括其他客家文化资源，都是历经很长历史风雨有幸存留下来的。这些文化资源不可再生，而且相当脆弱，一不小心就有消失的风险。就以下曹村的红军标语为例，有不少已经字迹模糊，要经过非常困难的反复辨认才能识读出来；有的因书写位置太高或有东西遮挡，一般游客很难看清。因此对这

---

① 刘善群：《宁化史稿》，福州：福建教育出版社，2014年，第393页。

② 凯南：《红军壁画》，《宁化文史资料》第十五辑，宁化：政协宁化县文史资料研究委员会编印，1994年10月，第46—50页。

些红军标语的保护，就不是简单保护好建筑物的问题，更重要的应该利用现代化手段，将每条标语作准确记录，并做好防护处理，以免进一步销蚀。在适当的地方将识读文字同场展示，以利于观众理解。

（二）应该加强革命文物的研究。每条标语都是在特定历史条件下书写的，包含丰富的历史内涵。要让观众能够做到"沉浸式体验"，对这些文字书写的标语做先期研究就非常必要。只有做到充分的解读研究，才能准确再现每条（处）标语的书写年代、思想内涵和历史意义。下曹村的红军标语至少包含两个不同年代的内容，解决好它们出现的具体年份及相关信息，把它们与闽西特别是宁化的革命史连接起来，对中国革命史研究的深入也是积极贡献。

（三）应该做好村落文化的整体保护。红色文化是客家村落文化的有机组成部分，红色遗迹的存在离不开特定的自然生态、人文环境，因此保护好革命文物不能只保护某些遗迹，而应做全面系统的维护保存。下曹村已经把相关红色景点做了很好的维护提升，相信也会考虑整个村落的保护问题。当地有很多大型古建筑，许多名人包括革命领导人都在此活动过。如果把保护红色遗产与保护古村落结合起来，应该说对于开展革命传统教育、促进乡村旅游都有重要意义。

（四）应该加强文化资源的创造性转化、创新性发展。客家地区有丰富的村落文化资源，但同质性很高，关键是发现特色，打造旅游品牌。红色资源是振兴乡村很好的切入点，应该在这个基础上发展自身特色的旅游产品，走出自己的路。特色的打造需要时间，需要创造性思维，也需要多方面的支持、配合与参与。只有立足本地，注重传统文化与现代社会的结合，才能在保护与传承发展中走出新路，为乡村振兴提供源源不断动能，发挥更大作用。

今年宁化县举办第十届石壁客家论坛，正逢党的二十大胜利召开。我们要以习近平在宁化的重要指示为指引，把客家研究推向新阶段。要努力发掘各种文化资源，积极探索，开阔思路，把文化资源与社会主义现代化事业紧密结合起来，为两个文明建设服务，为客家地区的繁荣振兴作出更大贡献。

（作者简介：杨彦杰，福建社会科学院研究员，曾任中国闽台缘博物馆馆长，现兼中国社会科学院台湾史研究中心理事、厦门大学台湾研究中心学术委员等）

客家乡村风物的挖掘整理与乡村产业振兴建构

——以永定竹联村田野调查为例

　　乡村振兴战略的总要求是实现产业兴旺、生态宜居、乡风文明、治理有效、生活富裕。而乡村振兴，关键是产业要振兴。这对位于偏僻山区的广大客家乡村来说，产业主要以农业为主，山乡世代都在种植各种农业，方圆几个村大致一样，因此农产业具有同质性和普遍性特点。但远祖流传下来的历史风物、山川故事、特色民俗、古建遗迹、人文传说等，几乎每个山村都有，而且很多正在散失，挖掘整理刻不容缓。而结合新时期技术能力和文创转化水平，通过旅游开发以有效建构乡村产业振兴，是风物挖掘整理的有效办法，也体现客家村落风物历史内涵挖掘，与乡村产业振兴建构之间的密切关系。本文以永定竹联村为例，深入乡村进行田野调查的基础上，提出客家村落风物的挖掘整理过程中，如何更好推动乡村产业振兴建构的基本策略，这可能对于隐于深山中的客家村落更好开发，有效推动当地乡村产业振兴，带来一些参考意义。

一、竹联村代表性历史风物的田野调查

　　竹联村位于岐岭境内的金丰大山，早在宋代已有人居住。南宋大乱期间，理学家朱熹之孙朱铨，为躲避战乱，于是带着家眷一行，风尘仆仆来到汀州府金丰里的笙竹巷（竹联村），看到这里不仅山高路远，偏安一隅，人烟稀少，民风朴实。没有更多的外界战乱困扰，便于休养生息之外，此处还有漫山遍野的竹子林，风景一片独好。对于喜欢诗文的朱铨来说，这样的生活环境已再满意不过了。于是，决定在村口彻房落脚，并定居终老，他是今竹联村朱姓的肇居祖。

（一）竹联村"天子岽"风物特色

1. 历史内涵及人文传说

　　天子岽位于竹联村东。从山形地势来看，天子岽处于博平岭支脉的中部，测绘海拔高为 1296 米。四周千米以上的山峰近 20 座，形成群山环绕，峰峦迭耸之势，北部是赤

岩头，海拔 1547 米，西南部是王寿山，海拔 1247 米。

天子崠学名为"龙华山"，因远看双峰并峙，所以其俗名又叫"双髻崠""笔架山"等。中华传统文化当中，天子位居央，溥天之下，莫非王土。清代到民国年间，天子崠叫作"嵩华山"，立于金丰大山之中，远远望去，天子崠如一刃直峭的山壁，增添了神圣的气质，被形容如"迥然云际，隔绝烟寰"。之所以命名嵩华山，从古语的字面意思亦不难理解，《尔雅·释诂》为山大而高，曰：嵩。《说文新附》也言，嵩，高也。均说明了天子崠乃山高之地。至于"天子崠"的来历，有关民俗学者收集到民间的传说故事，虽然有些不着边际，与历史事实相差甚远，不过作为单纯的神话故事，还是非常丰满的，在此不妨拿来分享一番：

相传，乞丐天子朱元璋在弱冠之年，流落到此，饿昏在平顶峰凹。他在昏迷之中隐约听到空中传来"天子！天子！"的呼喊声，于是醒了过来。醒后，环顾左右，只见兽迹，罕见人迹，发现石崖下有一眼山泉，急忙过去，捧水就喝。缓解了辘辘饥肠，人也精神多了，看见水中自影，形秽不堪，加上手脚乏力，便自暴自弃，意欲轻生。走到崖边，准备跳崖。突然，空中又传来"天子！天子！"的呼喊声，循声仰望，只见观音菩萨在空中若隐若现端坐云上，金光四射，急忙跪倒在地，拱手朝拜。起身之后，祥云飘然而去，他也大步下山。经过若干年，他登上皇帝宝座后，再登此山，御封该山为"天子崠"，赐建观音庵。

2. 寺庵来历

从文化角度进行分析，可得出更多具推敲的思路。因自然认知能力的原因，古人对区域内的雄山峻岭充满敬畏，认为是神的意旨，给予格外崇尚，成为王朝将相，乃或天子的祭祈圣地，并诰封命名。当地流传着古代或有哪朝天子或王侯来此拜山，留下足迹而赋名冠之。此说法在周围村庄可以时常道听得来，已经深深地站住了脚，增添了山的高度，也增强了山庵的信度。

据《永定县志》《福建地方志》等资料佐证，"天子崠"这一叫法的延续，更多袭承了民间传统，属于区域内的民俗命名，而这类俗名更多也是地方叫法，富有神话依托，是因山势特点或是朱元璋等某些神话传说而得名，不过每个村落均有自己的设想归处，而这些论证起来自然缺乏客观说服力，只能理解为占据天地灵气，物寰唯享的气势，被山民认为可配天子罢了。

龙华山寺坐落在山脚平缓处，民间有传说建于宋代年间，山寺叫"西华寺"，其主要推理依据是山下一个叫"高地"的古村落遗有宋时建筑，但没有官家文献记载。到了清代道光年间，永定相关典籍才开始有了明确记载，说明距今 200 余年之前，山寺已经存在。在永定寺观祠庙系列中，该庵当时叫"嵩山庵"，时常有仙物出现，很是灵验，周围信众不远辛劳前来，香火缭绕历代有之。天子崠之龙华庵，屡历劫难，桂东大师建庵后，因各种原因，曾多次重修（建）。1918 年永定大地震，白天栎栎有声，据说庵舍亦受损不少，上下庵受损部分很快获得重修。尔后最重浩劫是在1929年，"龙华山寺"曾被当地反动民团烧毁。天子崇有"奇石包裹九坛金"的美丽传说，当地一拨拨村民和外乡的淘金人，爬行在天子崇藏金的九驼峰之间，九驼峰的山势特点，据说就是藏宝方略图的远古说法，却无从可考。

（二）竹联村"乌桕王"的风物特色

1. 入选龙岩市第三批十大"古树王"

永定竹联村为宋代古村落，历史俗名为汀州府"贵竹巷"，村中朱屋有棵硕大的乌桕树，在双坑口伯公神龛的边上，如一把巨伞，撑起了大片的荫凉。成为老者小聚的场所，也是村中的地标。古树拥有410岁高龄，胸围3.7米，最大冠幅20.2米。地面，根蔓纵横，曲直盘绕。从远处看又似一节节根雕塑件，轮廓清晰，甚为壮观。2016年入选龙岩市第三批十大"古树王"，外界的人们开始对它有了更多细致的观感。名声走出，开始时不时有外地驴友慕名进村参观这棵古树。乌桕，俗名蜡子树，为大戟科乌桕属落叶乔木，待到入秋时节，属于乌桕的诗意来了。古诗云："偶看桕树梢头白，疑是江海小着花。"果实成熟后自然爆裂，露出白色果，满树白色点点，如树梢头白，成为一类走诗入画的古树。远远看去"巾子峰头乌桕树，微霜未落已先红"，红黄叶片挂枝，风过之后，各色树叶飘落，此时的乌桕树，已成村中出彩风景。

这棵穿越百年历史的古树，带给乡民无尽的启示。在当地人看来，乌桕成为一种怀古寄望，载入谱牒，可以找到身世的来历。枝繁叶茂的乌桕，成为回望乡梓的起点，也化成了谋生的脚力，从贵竹巷远渡南洋、移居广西、迈过台湾，此时的乌桕，成为游子守望的坐标。在外地游客看来，这棵古树王有王者风范，气质独特。可以感悟到一方水土的深沉，高海拔空气新鲜，周末可以远离城市喧嚣，来这里与山水田野近距离亲近。

2. 宁化知县思乡种乌桕的传说

410岁的竹联村乌桕王，遥望数百年风风雨雨，留下了诸多人文典故和历史传说。作为朱熹后裔繁衍生息的朱家古村落，在耄耋老者口中代代流传着"知县思乡种乌桕"的悠远传说。相传，明代贵竹巷朱屋有个读书人叫朱炳，年少天资聪颖、喜好读书，当他考取进士功名之后，朝廷委任他去汀州府的宁化县做知县。据说朱炳此人，不但在家非常孝亲，亦是一个非常具有恋乡情结之人。走马上任，路途遥远且车舟不便，于是举家也搬去宁化定居了。尔后，朱炳还时不时不远千里回老家贵竹巷走走看看。但路途及车舟劳困，加之主管一方的父母官，公务绕身是常事，因此回贵竹老家的次数非常有限。

晚年，当朱炳辞官退休之后，也年事已高，已无法再长途跋涉回贵竹老家走走。于是，托人在村中双坑口位置种下了这棵乌桕树，靠溪，水分充足，土地肥沃，小树生长速度很快，不出多年已枝繁叶茂，远远看去如一把伞，寄托远方游子对老家的浓浓思念。老知县在退休赋闲的日子里，每当想念家乡的时候，便会托顺道去永定办事的官差，或委托在汀州一带活动的宁化当地商贾人士，摘些老家的乌桕叶子带回去。在古时，乌桕属思乡信物，能抚慰游子的心情，能为漂泊在外的游子带来心的安定和精神上的慰藉。贵竹巷的祖辈们，也为老知县这么一片爱乡情结所感动。于是，代代加以精心培育，把这棵乌桕树最终培育为当前的参天古树，一举摘得龙岩"乌桕王"之美誉。

古树诞出历史典故，亦塑造了一隅人文福地。树下小溪流过有小桥横架，桥的斜对面，是一座拥有人文历史的四方大土楼--中和楼，据当地族谱记载：土楼建于清代乾隆年间，为"岁进士"朱助吾的老居。作为最小的弟弟，朱助吾从小得到五个哥哥和父母的宠爱，因与五哥年龄相仿，哥俩经常在桥边吹着凉风，看书习字，饱读诗文。因此这座桥所在地方，村里人又常称为"进士桥"。放眼民间，"进士第"尚存不少，但谓称"进士桥"却少有听闻，这座"进士桥"虽已不是旧时存留的木桥，但流传至今，已成为非常具有特色的乡愁之物。

（三）竹联村"谷笪"传统技艺的特色

做谷笪是竹联村的传统手工艺，也是老祖传给裔孙的谋生门路，这门传统手艺代代相承着，每家每户均熟谙掌握，至于所掌功夫的深浅，总会因人而异。竹刀在手，技艺立马分晓，篾片有厚薄大小之分，各家做出来的谷笪也就有了一些质量区别。篾皮匀称，大小适中，驳接少，整番压篾紧凑，篾青搭配合理，看去美观，这类谷笪，倍受买家青睐。谷笪是村民的创收副业。在土楼的"公棚"上，依墙分成四角，每家占一角做谷笪，拥挤之中也甚是热闹。竹联谷笪分多个类别，特供砖厂使用的叫机砖笪。给工地搭棚用的叫工棚笪，而专用于晒谷的叫大笪。做谷笪是件忙活儿，赶工的时候，还得挑灯夜战，或在天麻麻亮就得起早开场，全家老小齐上阵，大人在前头插篾青，绕绳折篾压平后，再压上一些篾片下来，小孩就可以做些简单的"捡笪尾"了（三篾上，三篾下，每次加一片减一片）。

客家人晒谷，普遍用谷笪。但谷笪并非每个村落都能自产。因此，村里祖传手艺就有了广阔的市场，有人常年在下洋、抚市、陈东、岐岭等周边乡镇流转揽活给主家做谷笪的，包吃包住，不进山采伐，由主家供竹抬回，主顾还得送烟递茶侍候着，这个时候身价奇高，享尽大师傅的毕恭毕敬。功夫好，名声不错，生意就会一年到头延续着。做了这家，去那家，那家做完，又被隔壁请过去做几番。

做出来的谷笪除留些自用外，更多时候，是卖给周围乡镇需要用谷笪晒谷的农户，交易地点集中在就近的几个乡镇圩场。湖雷是永定传统的重要圩场，永定很多交通较为便利的乡镇，都设有固定的圩日，相互错开日子。每逢圩日，十里八乡的人们，便会去那里赶集，用自己种的农产品，或编织的簸箕、箩筐等手工艺品，进行买卖交易，圩日延续至今已经有几百年的历史。

二、基于客家乡村产业振兴视角的问题提出

（一）景区开发的痛点相对分散

根据笔者田野调查发现，永定竹联村的"天子崬"具有历史厚重、山内有景，又载入永定地方典籍，具一定历史知名度和美誉度。但竹联山高路远，进村道路虽然经过改造，但受山区地质影响，在雨季的时候，经常遇到入山公路出现坡段塌方，影响车辆行驶安全。另外村里到天子崬的道路，目前依然属小山路，车辆不通，道路设施滞后，降低了游客去天子崬的兴趣，更让老幼群体无法前往。另外，根据现场探访，目前天子崬旅游设施尚不足，前两年，村里善众对庵庙进行了简单的维修，但其他设施还没有配置。有一条路可以去崬顶，属于崎岖的羊肠小道。当地老乡讲，有外地旅游开发公司曾上去看过，后因开发前期投入大，后续经济收益无法把握而作罢。这种情况其实在很多人文浓厚的边远客家山村都普遍存在，如何下好乡村产业振兴这盘棋，由此带动本地风物资源的开发和利用，这应该成为乡村产业振兴亟待解决的突出矛盾。

（二）传统风物对乡村产业振兴的拉动作用难寻突破口

山村地区远离城市，交通设施不便利，在乡村产业振兴环境下，如何把这些本地资源挖掘起来，在有效保护的同时，还可更好激发和展示当地特色资源的优势，形成乡村产业振兴的重要资源，这需要加以论证和实践，把乡村农业观光、农家乐、风物观赏、民宿旅游综合开发对接起来。以竹联村为例，如何更好利用古树王、古桥、土楼等风物，以此来提升乡村产业振兴的特色和拉动作用，这些项目可研问题必须要做好前期的调研和论证，以寻找最佳的突破口和契合点。

（三）传统技艺正面临失传风险

调查发现，竹联村"谷笪"传统技艺正面临失传的边缘，这种养活了竹联一代又一代人的祖传手艺，随着老者归去，已经慢慢放下了这般传统手艺，技术被搁在一边，开始走向断层。而掌握了整条操作工艺的中年人，大都在城市里安居乐业，技艺多年不触也就生疏乏兴。年轻一代更是没有兴趣接触这件古老的传统工艺。因此破竹裁条，编篾做笪的手艺，慢慢成为一种往日的记事，成为乡人偶尔扯起来的谈资。老祖宗流传下来的谷笪技术，属于延续百年的传统谋生方式，也属于一类古老的地域风物，应该被永远延续，但如何通过乡村产业振兴手段来获得重生？这一论题无法用三言两语进行理论分析，凸显出复杂性的一面。

三、客家乡村风物有效挖掘，助力乡村产业振兴发展的策略思路

近年来，国家从政策制度层面对乡村产业振兴给予了大力支持，2019 年，国务院

《关于促进乡村产业振兴的指导意见》明确指出，要有效保护、开发和挖掘乡土特色资源，推动乡土特色产业发展。2022 年中央一号文件《中共中央国务院关于做好 2022 年全面推进乡村振兴重点工作的意见》亦强调，要持续推进农村一二三产业融合发展，多措并举有效推进乡村振兴战略。基于此，笔者认为通过客家村落风物挖掘来助力乡村产业振兴发展，改善广大客家村落发展问题，可从四方面入手。

（一）配强基干班子，做优"村两委+合作社"创新模式

客家村落的乡村产业振兴工作，主阵地在农村，把项目配置做优，把资源整合做强，把乡村产业落实，都需要由当地村两委班子来具体牵头和组织实施。因此，要持续做好客家村落的风物挖掘质量，更好助力乡村产业振兴发展，需要配强村两委班子，把具有乡村产业振兴专业背景的当地高校毕业生吸收进来，或者通过上级党委政府的人才资源配置，争取更多具有乡村产业振兴工作经验或专业背景的年轻人才充实到乡村两委班子中来。进而达到持续优化乡村干部的产业思维，拓宽村委团队的项目管理水平，增强知识视野和市场把握能力。

同时，客家村落风物的挖掘整理，不仅需要足够的专业人才配置，还需要有较好的产业经济做支撑，这就需要在客家村落需要大力发展村级集体经济。可通过导入"村两委+合作社"的模式引领乡村产业发展效用最大化。而比如设立乡村股份经济合作社，实现产权明晰，发展目标和任务落实到人，在责任分摊的同时，还需要推动激励机制，以激活乡村生产要素，激发村集体经济发展新动能。培育乡村新产业、新业态，实现乡村一二三产业的融合。① 通过推动组织架构创新机制，可以进一步激发乡村产业的灵活性和活跃性。利益相关方既承担发展生产的责任，同时也肩负地域文化挖掘和整理的使命，而且以村级集体经济为抓手，可以有效推进乡村治理工作。在村两委的带领下，大家一起动手，群策群力，整合全村资源和广大村民的才智，增强村民的发展意识和集体意识，由此提高村两委在乡村风物保护和挖掘方面的整体能力，推进乡村产业振兴工作的开展。

（二）立足本土实际，发展具可持续的特色产业模式

一些客家山村地处边远，风物的挖掘整理，受到诸多客观因素的影响。不仅无法进行合理开发，而且有些传统技艺即便发现可能存在散失危险，但村里也不知如何进行抢救。基于此，乡村产业振兴的构建，需要结合当地资源供给实际，客观上亦体现了对现实村庄的本质属性进行系统认识的重要性。乡村振兴应充分尊重村庄差异的客观现实，依靠广大农民，充分发挥农民的主体作用，立足自身的资源条件，分阶段、有步骤地推

---

① 汪厚庭. 山区乡村产业振兴与有效治理模式和路径优化——基于皖南山区乡村实践研究 [J]. 云南民族大学学报（哲学社会科学版），2021，38（1）：64—72.

进乡村振兴。① 有利于本地特色资源逐步发展成为乡村产业，比如鼓励具备条件的农户开办农家乐，把自家种植的果园通过网络直播平台进行宣传和销售，由此打造直播产业特色村。而且在录制直播的时候，还可立足本村实际，把本地特色风物植入到直播素材中来，形成产业品牌特色优势，带领乡亲们致富的同时，也构建了属于本村特色的产业模式。

（三）精心筑巢引凤，建构具当地特色的乡村产业

客家乡村风物的保护挖掘，并很好地形成特色产业或融入乡村产业中来，需要强有力的外部资源做支撑。基于此，首先是需要做好筑巢引凤工作，通过上级主管部门的协助，也可广泛发动本村乡贤结合自己掌握的资源，把具备实力的投资企业引进来。而引进对象的类型是多元化的，可以是乡村旅游投资开发企业，也可以农产品深加工企业，还可以是文创企业等，形成多元发展局面。其次是需要争取当地政府，对接帮扶部门的三农资金支持，发挥驻村书记（包村干部）的项目对接能力，及时对乡村道路、基础配套等设施进行完善，提升整体配置质量和产业配套能力。改善农村交通、水利、电力、生态环境等基础设施建设层次，提升农村发展的综合承载能力，为乡村产业振兴创造良好的基础条件。② 进一步优化乡村环境，促进外部企业能进得来，能留得住，能出成效。

同时，必须坚持以市场需求为导向，加强引进更多优质的资源，以进一步促进乡村振兴战略的升级，更好与三农各系统协同起来。乡村产业振兴不是去乡村化，因此在此过程中，需要坚守"五不"原则，即乡村振兴不是去小农化、不是乡村过度产业化、不能盲目推进土地流转、不能消灭农民生活方式差异、不能轻视基层三农工作。③ 而是应该有效依托乡村农民主体地位基础上，实现客家风物合理保留开发与乡村产业振兴的有机结合，以此传承了技艺，又留住了乡愁。

（四）整理客家风物，培育具乡村亮点的文旅产业

拥有人文历史的客家古村落，当地不缺特色风物，缺的是乡村文旅产业建构机制和资源推动。基于此，需要把客家风物整理起来，分门别类进行归类建档，按项目缓急推出相应的制度机制。对于符合非遗项目类别和不可移动文物项目范畴的，及时向上申报，形成保护机制，也可争取到更多部门给予列项的维护修复资金。对于可形成文旅产业的，亦可进一步加大乡村特色资源的整合开发，加大重视品牌培养，重点打造具有特色优势产业的产品标识和文化价值符号，这是乡村产业高质量发展，培育市场信誉的重

---

① 刘鸿渊，蒲萧亦. 乡村振兴视角下的村庄异质化及其策略选择 [J]. 经济体制改革，2020（3）：73—79.

② 安晓明. 新时代乡村产业振兴的战略取向，实践问题与应对 [J]. 西部论坛，2020.（06）：38—46.

③ 叶敬忠. 乡村振兴战略：历史沿循、总体布局与路径省思 [J]. 华南师范大学学报（社会科学版），2018（2）：64—69.

要载体，而且借助品牌影响力，还能够提高乡村产业的市场辨识度，增强市场竞争力，更好实现乡村历史文物的传承与价值发挥。

综上所述，客家乡村风物的挖掘整理，需要结合当地资源供给实际，重视配强基干班子，做优"村两委+合作社"创新模式，在前期充分调研和论证的基础上，引进更多优质资源，持续抓好基础设施的建设和后期相关项目的规划。以此培育更多有特色、有亮点的乡村产业，助力乡村振兴发展。

（作者简介：朱定宝，漳州理工学院讲师）

社区参与下宁化客家民居的旅游开发研究

● 徐哲宇 ●

党十九大报告中指出，"三农"问题是关系国计民生的根本性问题，必须始终把解决好"三农"问题作为工作的重点，实施乡村振兴战略。乡村振兴的战略强调坚持优先解决"三农"问题以促进城乡融合，缓解农村社会发展不均衡等问题和矛盾。在这一战略中，乡村民居旅游无疑是推动农村地区经济发展转型，传承传播优秀传统文化的有效路径。

乡村振兴，产业先行。在习近平总书记前往宁化、沙县进行考察后，2021年9月，该地市人大常委会开展乡村产业振兴发展工作情况调研，提出要创新发展理念，推进乡村产业高质量发展，推动乡村特色产业加快发展。① 宁化地区的客家民居广泛分布于农村地区，具备充足的旅游资源。客家民居是我国极具特色的建筑形式，是客家文化的重要载体和象征，浓缩了客家民系的文化意识、生活习俗和建筑技能，具有极高的旅游价值。近些年来，乡村民居旅游发展势头较为迅速，如何在保护好本地原生态客家民居的基础上进一步开发其经济效益成为客家传统民居保护、旅游开发上必须面对和解决的难题。而这些难题的解决很大程度上依赖于当地社区居民的参与，这一观点在《关于旅游业的21条世纪议程》一文中明确指出：可持续发展的旅游业应给予社会所有阶层，包括本地人、年轻人、妇女和老年人参与可持续旅游发展的平等机会。②

一、社区参与下的客家民居开发模式

客家传统民居按照惯称有以下几种类型：围楼、五凤楼、走马楼、四点金、围龙

---

① 张丽琼：《牢记嘱托 担当有为——三明市人大常委会深入贯彻习近平总书记来闽考察重要讲话精神》，《人民政坛》2022年第3期，第23页。

② 张广瑞：《关于旅游业的21世纪议程（二）》，《旅游学刊》1998年第3期，第55页。

屋、殿堂式、厅屋组合式等。在宁化地区，除了圆楼外，其他样式的民居都有存在。以殿堂式民居为例，在宁化地区比较古老的大村都存在较多殿堂式房屋，如泉上镇延祥村有百间殿堂式大宅三栋，又如石壁石坑里罗氏"浣花庄"有九天井、十三厅等。[①] 这些占地面积巨大、建筑规模庞大的民居极为适合按照文化村的开发模式进行旅游开发。另外，宁化地区比较有代表性的土楼及其遗址分布也十分广泛，方型土楼有的村多达几个土楼。如湖村镇的黄山寮村，该村在历史上先后建造了七座土楼，居住300余户人家。[②] 土楼凭借其本身独特的建筑外形和文化价值，以博物馆方向的开发同样适合。

（一）宁化民居资源状况

三明及其下辖的宁化等县市广泛分布着由诸多客家民居聚集而成的客家村落。以2012—2016年由住房城乡建设部等部门公布的四批次4153个中国传统村落数据为基础，根据传统村落民居和主要建筑是由客家人或客家先民建造并至今长期居住以及村落所在区域是客家文化占主导的客家聚居区为判定标准，甄选发现截至2016年，全国有318个传统村落可以被认定为客家传统村落。其中福建省有90个村落，三明市23个，宁化县3个。以下为截至2016年位于宁化县的客家传统村落经纬分布数据：[③]

表1　截至2016年宁化县客家传统村落分布

村名	经度（°）	纬度（°）
翠竹洋村	117.02	26.42
苎畲村	117.03	26.57
延祥村	116.98	26.35

除已经认定的传统村落外，宁化尚有大量客家村落。客家传统村落是中国宝贵的文化资源，是客家先民们历史的见证，承载着客家居民们生产生活的方方面面，是客家物质文化遗产和非物质文化遗产的结合体。传统村落的认定条件明确：传统建筑即历史、乡土、文物古迹建筑集中连片或总量超过村庄建筑总量的三分之一。另外，传统村落格局必须鲜明体现代表性的传统文化且有丰富的非物质文化遗产传承。因此，客家传统村落中必然分布着大量客家民居，有着丰富的旅游开发资源和价值。

除了由客家民居为主体的客家村落外，宁化地区极具代表性的土堡及其遗址也有着较大范围的分布。在宁化地区，客家土堡中较有代表性的有位于泉上镇麻布岗的泉上土堡、泉上镇延祥村的上村土楼以及城郊乡社背村的社背土堡。历史上，宁化地区的土堡数量一度达到三百余座，但如今除了社背土堡等少数土堡保存基本完整外，剩下的大部

---

① 刘善群：《客家与宁化石壁》，中国华侨出版社，2000年，第131—134页。

② 刘善群：《客家与宁化石壁》，中国华侨出版社，2000年，第134页。

③ 数据参考自张爱明：《客家传统村落时空演化研究》，赣南师范大学2018年硕士论文，第48—56页。

分土堡都已只残存遗址或只能在文字记载中发现其踪迹。① 如何对现有保存良好的土堡或对土堡遗址进行旅游开发成为土堡开发的要点。

（二）客家文化村的开发建设

文化村主要分为两种开发形式。第一，传承文化浓缩型。这一形式是按照一定比例尺来建设某一地域或民族的独特民居和村落，将该地域或民族的生活起居、生产生活、典礼仪式等文化汇聚到一个村落，向游客进行集中的展示，使得游客能够在很短的时间内较完整地领略当地文化的特殊魅力。第二，文化资源恢复型。这一形式是通过文献资料搜索、历史文物搜集修复使得消失在现代的古代村落文化资源进行挖掘、恢复和重现，使得游客们能够更为直观地接触原生态的当地民俗。②

社区参与理念下的客家文化村开发毫无疑问属于文化资源恢复型。客家民居及大量民居组成的村落在宁化地区至今仍有大量分布，如何从地图上寻找合适的古村落是旅游开发首先要进行抉择的。在社区参与的开发原则指导下，客家文化村的建设一定是在当地原生态基础上展开的，"源于生活而本于生活"。在客家文化村开发的过程中，要坚持村落布局、景点设置、"村民着装"等方面尽量现实化、生活化。具体旅游项目由本村居民进行管理执行，从而营造出真实而富有情趣的生活气息，如以村民作为主体，利用客家民居建筑开展客家特色工艺及习俗展示以及民俗餐饮服务等。③

在进行客家文化村开发时，要以客源市场的需求确定客家文化村的规模、功能和档次。最基础的客家文化村应在保持主体特色的同时针对观光游客设计集餐饮、游玩、娱乐、购物等元素为一体的综合服务平台，满足多元化的需要。此外，针对客家文化村的建设还要注意村民主体参与旅游经营的相对稳定性、开发资金的充足和广告策划宣传的合理性等因素。

（三）客家数字博物馆的开发建设

一直以来，博物馆拥有独特且丰富的文化旅游资源，在保留历史文化、展示地方风情、传承优秀传统文化等方面都发挥着巨大的作用。近年来，随着数字技术的不断发展，数字媒体、AI技术、短视频等技术纷纷运用到博物馆的数字化建设之中，为前来参观的游客带来沉浸式的体验。④ 在数字技术的运用下，传统博物馆的馆藏文物、展览等可以以数字化的形式在网络空间中进行展示。

---

① 苏雅文：《宁化、清流客家土堡》，《石壁与客家世界：第三届宁化石壁与客家世界学术研讨会论文集》，山西人民出版社，2009年，第468页。
② 巴兆祥：《中国民俗旅游》，福建人民出版社，2006年，第312页。
③ 李然、王春阳：《社区参与视角下世界文化遗产地社区发展研究——以湖南永顺老司城村为例》，《长江师范学院学报》2020年第5期，第22页。
④ 周凯、杨婧言：《数字文化消费中的沉浸式传播研究——以数字化博物馆为例》，《江苏社会科学》2021年第5期，第213页。

土堡是宁化地区客家民居的代表性建筑之一，历史上土堡数量一度达到 300 余座。就其特殊的外观而言，极为适合以之为核心建设实体博物馆，进而运用数字技术升级为数字博物馆。具体的客家数字博物馆建设可以分为两个部分，其一为以土堡为中心的实体博物馆建设，即收集和呈现从古代到现实生活，从物质生产到精神世界，从实物到非物质资料等与客家相关的文物及材料，如：客家的迁徙史（总体、该地区）；客家的习俗（节日习俗、婚姻习俗、饮食习俗）；客家的文化艺术（民歌、戏剧、武术）等。在收集完成后，可建立相应的客家信息数据库，通过三维交互和虚拟现实技术等在实体博物馆中展览呈现，使得游客们获得真实感和沉浸感的体验。[①] 在社区参与的理念下，实体博物馆的建设首先是要以当地现存的土楼及土楼遗址为原型，由当地居民参与建设、解说等工作，达到体现社区居民主体性参与的作用。

其二为以互联网为基础，进行博物馆的数字化建设。在后疫情时代，国内的实地旅游行业并未很好恢复，因此，文旅产业创新原有的传播模式有其必要性。如通过网络直播和实体博物馆结合的方式进行宣传、通过微信公众号进行藏品展览、展示及活动推动等，这些不同以往单纯线下参观的形式给人们带来了非同凡响的观赏体验。在社区参与的理念下，博物馆的数字化建设可以由当地居民通过网络传播媒介进行宣传，如通过撰写微信推文、制作短视频等方式进行。另外，也可以由当地从事旅游相关行业的居民通过网上直播等形式变相带领游客参观博物馆。

二、社区参与理念下客家民居旅游开发的注意事项

社区参与旅游发展是指在旅游的决策、规划、开发、管理、监督等旅游发展过程中充分考虑社区居民的需要和意见，将社区居民作为旅游开发和参与的主体，从而保证旅游的可持续发展和社区的发展。[②] 社区参与虽然在便利居民就业、推动旅游开发等方面都有很好的促进作用，但是在实际的旅游开发和管理的过程中，仍然存在许多需要注意的事项，下文将对如何促进社区更为有效地参与旅游开发、管理等环节提出一些看法，希冀能够为当地的旅游发展提供一定参考。

（一）政府有限主导，提供社区参与的制度平台

政府干预经济在很多情况下是普遍的选择。但在如今的经济发展环境下，全能型的政府不太能够满足旅游业的发展情况。随着国有资本的退出，私人投资的进入，政府应对自身职能和扮演角色作重新定位。政府在旅游开发中应该在政策法规制定、社区参与

① 李辉：《建设数字博物馆 展示杭州宋韵文化》，《杭州》2022 年第 4 期，第 49 页。
② 保继刚、孙九霞：《社区参与旅游发展的中西差异》，《地理学报》2006 年第 4 期，第 401—413 页。

的制度平台搭建、矛盾处理等方面起着不可替代的主导作用，至于具体旅游开发和经营等内容则要交给开发商和当地社区，只有这样才能对旅游开发起到良好的促进和保护作用。

社区参与是一个动态过程，社区居民应在旅游项目开发中全程参与并跟随时间和条件变化随时作出调整。在旅游开发中，政府应在开发各环节及时通报情况，使当地居民把握旅游开发的进展。旅游开发毕竟是政府、企业、社区三方面协调进行的，因此需要有社区居民跟进意见来反馈给开发商，以此来平衡和满足各方需求。总而言之，政府应该主导建立一个平等参与、共享信息的制度平台，帮助旅游开发的各环节之间有效沟通。

（二）对社区居民进行专门培训，提高居民素质和旅游管理能力

在社区参与理念的指导下，村民参与旅游项目的意愿和能力都有所提高，但其较低的综合素质仍然限制了其参与开发和管理的能力。因此，政府机构应该起到有限引导的作用，对当地村民进行相关文化、专业技能等的教育和培训，使得他们能够游刃有余地应对旅游开发和管理中的诸多问题。事实上，社区居民有足够的意愿和能力去参与相关培训，通过参与政府组织的培训，社区居民能够更快捷地将学到的新知识和技能运用到旅游实践中去。居民们的学习也能够增强参与管理的自信心，增进居民们对政府及开发商的理解与信任。

要想真正提高居民们的社区参与能力，必须对以下几方面进行培养和强化。首先，是要向当地社区居民传授地区相关的传统文化及相关历史。这一方面的训练能够使当地居民了解当地文化的真实价值，增强他们对旅游开发项目的理解程度，便于配合相关工作的开展。其次，是要针对旅游行业从业人员的特别培训。通过对旅游从业人员的专业培训可以使得这些社区居民更为了解旅游商品，从而促进当地旅游向更为优质的方向发展。比如一名开设民居旅馆的从业人员经过训练后会更为清楚地明白客家传统建筑文化，在房屋建设中保留客家传统风貌的同时更好地吸引游客。

（三）建设社区组织，签订合同增强凝聚力

单纯地培养社区居民是不能够有效提高社区参与的主动性的，要想提高居民参与旅游开发管理的积极性必须由自身来组织实现，为此，培育社区组织是必要的选择。对于社区而言，政府和开发商是旅游行业的外部利益相关者，社区的内部利益相关者应该动员整合，形成内外合力，在此基础上搭建全新的社区组织体系，来为社区参与的有序进行做准备。在客家民居组成的村落中，可以通过建立客家社区旅游协会的形式来达成目标。当地居民通过民主选举，自行选出当地社区组织的领导和产业带头人，通过集体讨论和民主投票的方式决定社区参与的程度和行动。

除了社区组织的建立之外，合法合同的签订同样是凝聚社区居民向心力的有效手段。在法制尚未足够发达的历史时期，民间就有通用的习惯法约束人们的行为，如乡约在中国古代乡治和基层社会治理方面有着重要意义，本身便是具有生命力的基层社会治理模式。① 与此相同，通过社区居民之间签订从事旅游行业合同的形式，可以使得居民产生更进一步的归属感和凝聚力，从而保证从业人员的相对稳定性。另外，合同的签订同样也能在社区居民集体中保障居民的利益，凡是遇到商业纠纷或是其他矛盾冲突，签订的合同都是解决矛盾的有效保障。

（四）秉持可持续发展的理念，达成多方协调统一

在社区参与理念的指导下，客家民居旅游资源的开发应当在经济发展、环境保护、社会进步等方面协调统一。客家民居的旅游开发首要目的是为了在环境保护和法律允许的条件下给当地社区居民和开发商带来经济上的利益，并且尽量不破坏当地原有的社会秩序和自然环境。客家民居在历史、社会、美学、建筑等多门学科中都有突出的价值，是属于全中国乃至全世界的瑰宝。因此，在客家民居的旅游资源开发过程中，要进行保护性的开发，尽量在不破坏古建筑原貌的基础上对民居进行修缮和改造，反对破坏性的旅游开发。

客家先民在继承古代中原士大夫文化的基础上，与当地自然地理环境相结合，仿照中原小型宫室建造客家民居。这些客家民居大多依山傍水，参照风水学观念布置房屋格局，它们是客家人勤劳和智慧的结晶。在社区参与理念路径下，由当地社区居民通过深度挖掘客家文化，开发原生态旅游产品来就地保护客家文化。通过建造客家文化村以及客家数字博物馆等形式，可以为当地旅游业的开发进行外延，拓宽可持续发展的道路，更好地协调各方利益。

三、社区参与客家民居旅游开发的前景

社区参与的最终目标是实现经济、环境和社会效益三者之间的协调统一，达到旅游可持续发展的目的。近些年来，随着乡村旅游的发展，愈来愈多的人认为在旅游的发展中社区和当地居民是旅游发展的主体，并且在日后的可持续发展中占据着不可替代的地位。

从旅游开发的主体来讲，社区参与突出了社区的主体地位。当地的居民不再只是旅游开发中的旁观者或是被动的参与者，他们在开发中主动参与，是旅游开发过程中的主要力量和实践者。时至今日，依然有众多的客家居民生活在客家传统民居之中。从旅游开发的角度来讲，当地居民完整的参与其中是具有必然性的，宁化地区的客家民居实质上是客家人审美情趣、风俗习惯的具体表现，是历史上客家人精神世界在现实世界中的

---

① 黄熹：《乡约的命运及其启示——从吕氏乡约到南赣乡约》，《江淮论坛》2016 年第 6 期，第 24 页。

实际展示。如果没有当地原生态人文活动的进行，单独的客家民居建筑就只是静态的展示台，无法吸引游客前来体验游玩。社区参与后能助力于当地客家民居旅游发展，在不同层次分别能够丰富旅游产品文化内涵、提高当地旅游管理水平和推进乡村振兴战略的实施。

（一）社区参与有利于丰富旅游项目文化内涵

旅游项目是旅游文化的载体，在竞争日渐激烈的旅游市场上如果旅游项目没有足够的文化内涵，就不会有足够的市场竞争力。在如今的旅游市场上，广大游客对有特色的民俗旅游逐渐产生更大的兴趣，客家人的风俗节日、生产生活、典礼仪式等内容都成为旅游资源的重要组成部分，如何将这些无形的文化融入旅游项目之中就成为旅游开发的重点。

客家民居旅游开发的重点在于让游客体验到原生态的民居生活。基于社区参与下的客家民居旅游开发，以所在社区为载体，以社区居民的真实生活和生产场景为旅游项目，如家庭手工艺品的制作、农田耕作、农产品的采摘等，这些项目传递了现代社会的客家文化，便利了客家文化的传播和传承。以客家地区的农田耕作和农产品采摘活动为例，在当地社区居民的引导和支持下，由当地社区居民示范讲解种田、种植烟草等农事活动，既便利了当地旅游项目的展开，同时也增进了旅游项目的文化内涵。

（二）社区参与有利于提高旅游管理水平

当地社区旅游开发过程中，社区居民和开发商是直接的利益关系者。一般的旅游管理都是采取自上而下的方式，上级部门或开发商制定规划和规范，下级部门执行，当地居民没有办法将意见传达到决策层中。社区参与的理念要求每一位社区居民都有权利发表意见和建议，在旅游发展的全过程中都能听到当地居民的声音。只有当地社区居民真切地参与到规则的制定当中，才能更有效地支持当地民居旅游业的开发，才能更好地使当地居民接受管理，才能更好地促进民居旅游的可持续发展。否则，一旦失去当地居民的理解和支持，将使民居得不到合理保护和发展，影响民居旅游的可持续发展。此外，社区居民有能力在日常的旅游经营中与游客直接接触并收集游客建议等一手资料，是对当地旅游市场变化最敏感的群体。因此，社区居民直接参与旅游管理有其必要性。

（三）社区参与有利于推进乡村振兴战略

乡村是居民以农业为经济活动基本内容的一类聚落的总称，又称农村。乡村这一区域兼具居民生活生产、文化发展等多重功能，与城镇相互结合，共同构成人类活动的主要空间。乡村兴则国家兴，乡村衰则国家衰。实施乡村振兴战略是建设中国现代经济体系的重要基础，是建设美丽中国的关键所在，同时也是实现全体人民共同富裕的必然选择。

宁化客家民居大量分布于农村地区，由于历史上地理、族群关系等因素的限制，导致该地区经济发展始终处于较为落后的局面。在现代社会，有更多的机会选择不同的路径去推动经济发展，社区参与式的旅游开发就是其中的一条探索道路。这种开发方式不等同于单纯地将社区居民变为旅游商品的经营者，而是将社区居民作为旅游管理的参与者、监督者、受益者。通过社区居民的主动参与，调动居民开发旅游的积极性，从而卓有成效地推动旅游业发展，达到改变乡村经济结构，推进乡村振兴战略实施的效果。此外，近年来受到疫情影响，国内大量旅游行业工作人员失业或处于待业状态，乡村振兴战略推进速度受到抑制，如何在疫情的压力下调动社区民众的积极性，推动地方旅游业的发展成为当下极为严峻的考验。面对旅游业的现状，社区参与模式也许是值得尝试的选择。

四 、结语

中国第一部直接以"乡村振兴"来命名的法律《乡村振兴促进法》在2021年6月1日正式施行。乡村振兴战略总体来看是为了加快推进乡村治理体系和治理能力的现代化，加快推进农业农村现代化，最终令农村成为人们安居乐业的家园。为此，根据地方特色因地制宜地发展特色产业具有必然之处，宁化地区客家民居的开发便是如此。在旅游发展的过程中，为了凸显地方特色和增进旅游开发和管理的效果，社区参与的理念值得参考。

在社区参与理念下，宁化地区客家民居可以按照客家文化村、客家数字博物馆等路径进行旅游的开发建设。为了更有效地促进旅游发展，客家民居旅游开发有以下注意事项：1. 政府有限主导，提供社区参与的制度平台。2. 对社区居民进行专门培训，提高居民素质和旅游管理能力。3. 建设社区组织，签订合同增强凝聚力。4. 秉持可持续发展理念，达成多方利益的协调统一。展望社区参与下客家民居旅游的发展前景，社区参与下的客家民居旅游在不同层次分别能够丰富旅游产品文化内涵、提高当地旅游管理水平和推进乡村振兴战略的实施，最终实现旅游的可持续发展。

（作者简介：徐哲宇，赣南师范大学历史文化与旅游学院2021级中国史研究生）

四、其他客家研究

历史性与客家研究中的两种知识论

———————● 杜连峰 ●———————

美国人类学家斯蒂文·郝瑞曾于 2001 年在美国《人类学年度评论》发表了《改革的人类学和人类学的改革——中国人类学复苏与进步的人类学叙述》一文，比较全面地概括了改革开放以来中国人类学的发展情况。其中在民族及其组成部分的讨论中，他提到客家，并用以理解地方文化与汉族的实质。他列举了 Fridman、Constable、李泳集、黄淑娉、梁肇庭等早期客家人类学研究，以及 Watson、Ebrey、Brown、徐杰舜等人关于汉与非汉、汉化的相关观点，认为客家认同、汉族认同、地方认同搭建起了客家文化与汉文化地方差异的研究框架①。客家，作为一种典型地方文化的代表，其文化意识的觉醒正是对汉族作为一个历史整体的发展与形成的最好认识。对其研究，既是对费孝通先生所提的"文化自觉"的回应——对"根"的找寻与继承、对"真"的批判与发展、对发展趋向的规律把握与持续指引，也是在铸牢中华民族共同体意识中对汉民族认识的深化与多元化。客家研究在中华民族伟大复兴和世界百年未有之大变局的历史重大关口中，获得了更为重要的研究意义。

一、客家学与客家研究中的两种知识论

"客家学"具有极强的族群认同建构，用以强调客家文化的重新定义和提升。罗香林所著《客家研究导论》是第一部体系较完备的客家研究著作，从学术史回顾到对客家

———————————

① 参见 Friedman E. National Identity and Democratic Prospects in Socialist China [M]. Armonk：M. E. Sharpe. 1995；Constable N. Guest People [M]. Seattle：Washington Croll，1997；Watson JL. The structure of Chinese funerary rites. In Death Ritual in Late Imperial and Modern China [J] ·eds. JL Watson ES Rawski：3–19. Berkeley：Univ of California Press. 1987；Brown MJ. Is Taiwan Chinese? Berkeley：Univ. California. 2001；Ebrey PB. Surnames and Han Chinese identity [M]. In Negotiating. 1996. 其余文献后文亦会再次涉及。

主要问题包括客家源流、历史、环境、民性、民俗等方面的论述，多有开创之功。他不仅在书中具体研究了客家的主要问题，还提出了对于客家研究的设想与展望，运用历史学"论从史出"的原则及人类学的"田野调查"法，标志着客家研究真正开始成为一门学问。"何为客家"是客家学研究中的经典命题。在既有的客家研究中，对这一命题的回答主要有两种范式：历史学——罗香林范式和文化人类学（关于族群与文化的）研究范式。前者以历史溯源式研究为主，认为客家是一个汉族民系，研究侧重形成时间、民系构成等。这种范式由于无法解释 20 世纪 80 年代以后文化热中形成的客家而被逐渐放弃，随之兴起的是文化人类学范式。此范式以族群认同——建构论研究为主，认为客家是一个被建构的文化概念，尤以赣南客家为主。但建构论也可能遮蔽了当地人的表述方式，割裂了地方历史延续性。

这两个研究范式在探讨客家学知识的本质、起源、方法和范围上均有不同观点，由此称其为客家研究中的两种知识论。这两种知识论在学术发展中也受到了本身学科理论中的影响，而彼此之间亦有矛盾。为更好理解两种知识论及其矛盾，需做一个简单的脉络形成梳理。

二、两种知识论的形成

（一）客家历史学研究的知识论形成

关于客家的研究系统阐述是从罗香林开始，然而在其之前已有大量研究，这些研究大部分因客民相关事件产生，同一时期国外针对中国的研究也注意到了这一人群。二战后不久，客家研究随着社会学学科中断也进入了停滞期，日本等海外研究虽然继续但缺少田野调查，集中在语言及历史资料方面。

据已有的史学溯源研究，徐旭曾所做《丰湖杂记》（1815 年）被当代学者认为是迄今所见最早客家人出自中原的文字记录[①]。这个时期的客家讨论因为针对具体发生的事件进行反驳，而缺少一种学术综合。17 世纪方志中记载的污名化字眼并未激起像 19 世纪末那样的客家民愤，在这个时期，械斗与客家名流的观点成为主要原因，以至于反驳污名亦是采用徐旭曾所说的"中原正统"之说。此时期的客家代表人物如宋湘、黄遵宪等在其文学作品中也讲述其客家源流[②]。这些名人多听自父辈，鲜有考证，但客家中原正统说却因这些名人讲述而变得更为广泛，客家也因其名声渐噪。在北方人口向南方地区移民的历史过程中，自然而然的有先后过程，先入赣闽粤为土人，后入为客人。土客

① 程美宝. 地域文化与国家认同——晚清以来（广东文化）观的形成 [M]. 北京：三联书店，2006：71.

② 张应斌. 客家研究的起源——从宋湘到黄遵宪到罗香林 [J]. 嘉应学院学报，2007. 25（5）：5-10.

素有嫌隙，学界有多种解释，从民俗民风不同到生存资源竞争等，不一一详述。因此土人描述客人就有"贼匪"等各种污名传统，尽管客家一再强调自己的中原衣冠士族身份也不能使之认可，此外，因为土客大械斗的原因，在官方记录中亦把客家视为"匪"，并有剿匪之举，甚至还有矿贼、煤匪之称。

罗香林在一段时间内被视为客家研究集大成者，不仅因其"客家民系说"被广为认可，其方志与族谱的经纬交错论证方法也被视为一种较为严谨的论证手段。虽然其后研究有许多对罗氏的批评，但其仍然是客家研究无法绕过的人物。他一开始便提出客家是汉族中的一支民系，这与当时主流观点一致："客家为汉族里头的一个支派，已是一般学者公认的事实……原可承认此种公认事实的权威。"① 罗香林提出民系概念是为了与民族、国族相区分，民族会因环境和时代变迁逐渐分化，分化而成的不同支派则称之为民系②。民系说提出之后，一直为学界所用。罗香林奠定了客家人自五胡乱华以来的五次大迁移说及中原汉人血统文化继承者等主要观点，虽然其1950年发表的《客家源流考》将原来的畲客混化观点变为纯粹汉族，但综合来看仍属开拓性的进展③。这一研究框架还有一个特点，就是关注客家起源的历史研究。

总体而言，自罗香林民系论之后，客家研究中长期使用民系概念，比较晚近则更为使用族群概念。这是因为早先客家以历史研究为主，更倾向使用民系论，这也是基于历史学研究的客家知识论形成。

（二）客家文化人类学研究的知识论形成

国内自客家意识萌芽后，以正史、方志、族谱文献为主进行考证客家起源，至90年代人类学田野调查方法逐渐成为主流，在接触更多西方理论以及国外学者进行更多研究时，族群理论以及相对的建构论观点逐渐取代了民系论和溯源式的研究。

随着研究视野拓宽、多个领域的学者加入，新的理论及田野资料均使得学术话语被迫发生转变，"客家民系"转变为"客家族群"。肖艳平认为族群不仅强调历史的认同感，也强调当下的自我认同与他人相互认同的社会群体④。黄向春更强调族群概念的优势：它引入了一种关于人群活动的动力过程分析机制，使我们看到特定时空背景中的人及其群体如何不囿于文化的规约而发展出"超文化"的变迁策略，理解处于"族群消解"（文化融合）总体趋势中的"族群制造"（认同的宣称）过程及其社会动力来源，

① 罗香林. 客家研究导论 [M]. 上海：上海文艺出版社，1992：14.

② 罗香林. 民族与民族的研究，载于《南京大学百年学术精品·历史学卷》[M]. 南京：南京大学出版社，2002：621.

③ 参见相关观点：冷剑波. 罗香林客家源流观的再认识 [J]. 嘉应学院学报. 2007, 25 (4)；周雪香. 从客畲混化到"纯粹自体" [J]. 贵州民族研究. 2007, 27 (115).

④ 肖艳平. 从客家民系到客家族群——客家研究概念之转变 [J]. 嘉应学院学报. 2010, 28 (10)：12-16.

把握个人、宗族、社会、国家的多层次时空合力如何塑模动态的人群边界以及汉文化（汉族、汉语群）的地方化如何反映中国政治、经济、生态的发展史①。

瀬川昌久和饭岛典子提倡了"创生"与"再创生"的概念，实际是认为客家族群的存在两个建构阶段——明清以后尤其是晚清民国时期被建构称为创生，改革开放后尤其是 90 年代的建构称为再创生②。对于 90 年代再创生阶段，主要是以赣南、四川等"后客家意识觉醒"地区为主，尤其与当地社会政府、新闻媒体、商家市场、学术研究群体紧密相关。当地民众对这一概念也是从陌生到积极参与建构客家文化。日本学者的创生论倾向政府及市场的经济目的建构，大陆学者的建构论观点倾向客家文化和族群的建构，而两者都认为赣南客家的文化形象是 1990 年代以来政府、社会、媒体、学者共同建构的结果。建构论观点强调赣南客家形象的建构并非凭空产生，例如黄志繁认为赣南客家的心理基础是 19 世纪末至 20 世纪初受粤东影响形成的客家人心理认同，而历史基础是唐宋以来的赣南先民和明清流民相互融合构成的历史背景③。周建新同样认为建构是在一个客观存在的基础上经过了多层解析和构造④。河合洋尚通过一些文化现象发现，客家人作为生活方式的文化并非独有的，有时其他族群制造的物质也被视为客家文化⑤。"地域社会—流动族群""结构—过程"这些二元概念，在历史学和人类学对话中不断结合。

建构论的观点使人们放弃客家是天然民系或族群这样一种先入为主的观点，转向关注族群在建构身份时所处的区域社会历史背景、过程及文化资源，逐步走向周建新所称的"赣闽粤边地域社会论研究范式"。而其实质就是文化人类学的知识论。

三、两种知识论的矛盾与缺陷

知识论，它是探讨知识的本质、起源和范围的一个哲学分支。在客家研究中，基于两个不同的主流研究范式形成了两种知识论，一是具有历史学学科背景、以方志和族谱交织印证为方法，以民系论为主要观点的罗香林范式，罗香林的《客家研究导论》就是作为范例的"范式"，其后针对罗香林中原移民说等讨论均遵循此种知识论。另一种是

---

① 黄向春. 客家界定中的概念操控——民系、族群、文化、认同 [J]. 广西民族研究. 1999，(3)：21-23.

② ［日］瀬川昌久，饭岛典子. 客家文化的创生与再创生——从历史和空间的综合性再检讨 [M]. 东京：风响社，2012. 部分论文同时收入夏远鸣，［日］河合洋尚主编. 全球化背景下客家文化景观的创造：环南中国海的个案 [M]. 广州：暨南大学出版社，2015.

③ 黄志繁. 建构的"客家"与区域社会史：关于赣南客家研究的思考 [J]. 赣南师范学院学报，2007（4）：8-12.

④ 徐杰舜. 人类学释放我对客家的真爱 [J]. 民族论坛，2012（5）：5-11.

⑤ 河合洋尚. 客家文化重考——全球时代下的空间和景观的社会生产 [J]. 赣南师范学院学报，2010（2）：3-9.

具有一定历史学或人类学学科背景，以田野调查和文献资料处理为方法，以建构论为主要观点的文化人类学范式，包括区域社会史研究、族群理论研究、文化论的研究，以族群—认同—建构或创生为基本观点。

范式转变并不意味着文化人类学替代了历史学研究的知识论，而是两种知识论并存，这就又导致了新的矛盾和问题产生。第一个矛盾来自对"客家学"学科建设的争论。在关于"客家学"讨论中，几乎没有人直接反对建立这门学科，但也没有学者统一起来对其进行推动。20世纪90年代以来，吴泽、王东、张应斌等都对客家学的建立进行讨论，其作为学科难以建立的首要原因就是研究对象难以界定。王东认为研究客家民系，又困于溯源论的研究多而矛盾，根本没有一个统一的民系界定①。最为激进的观点从方言群切入，把客方言解构掉，最后否定了客家，认为这是一个"历史的误会"——本就没有这样一个族群，客家只是一个"想象的共同体"②。客家学之说随着建构论出现而日渐消沉，因为一个研究对象如果都是建构的，那么学科建设也就无从说起了。第二个矛盾是关于客家族群文化属性的讨论，这涉及客家学中的"去中原化"争论。延续罗香林范式的观点，毫无疑问地可以将客家视为非地域性文化——客家是移民族群，一直处于流动之中，自然是非区域性的文化③。然而赣闽粤边地聚集客家人最多，逐渐被区域社会史和文化人类学学者表述为"客家社会"，使其成为地域文化。原本移民研究视野中的客家"中原文化""中原特性""中原历史"就被去除掉了。而实际上南方十一省均有自称为客家人的群体，需要从超地域联系的视角重新审视"中原移民观"。

近两年，伴随着针对建构论的批评，建设客家学的呼声又重新开始了。然而他们给出的方法却是"回到原典"，即民间野史、史志、谱牒、公认有史料价值的成果等。但这又暴露了罗香林范式存在的一些问题。首先是研究对象的限制，罗香林范式将客家限定为20世纪80年代以前赣闽粤地区，尤其是土客矛盾时的客家人，不包括后来政府建构或自称的四川、赣南客家人。其次是对"原典"的盲目信任。历史学知识论最大的特点是追求历史的真相，还原客家人的本来面貌，正如曾令存所说是历史的问题，但是实际上，"原典"未必尽可信，正如历史无法被还原，历史的解释也只是建构一种历史样貌，这也是溯源式研究虽多而繁杂却鲜有统一的原因。此外，历史学知识论最为致命的地方在于，是学者在言说客家，而许多客家当地人却不知何为。在客家概念提出之初，就是由学者纷纷著书立说建立的，客家文化的知识体系本身就遮蔽了背后不同的诠释社群，所以客家研究的学术话语一如既往的陈旧单一，尽管这在其研究范式中却被视为规范。

---

① 王东. 客家学导论［M］. 上海：上海人民出版社，1996：10-16.

② 刘镇发. 客家，误会的历史，历史的误会［M］. 广州：学术研究杂志社，2001.

③ 谭元亨. 时下还有客家学吗？［J］. 粤海风，2018（2）：78.

文化人类学知识论亦有此缺陷，如万建中认为客家世界是由客籍学者运用学术话语定义的，并且顺应自己集团的利益和立场，客籍学者们借以表达和阐释客家族群则表现为对后者的话语统治，而一直生活在客家乡村或城镇里的普通客家人失去了表述权力，他们被完全代言了①。万建中的批评直指文化人类学由来已久的学者霸权和报道人的表述危机，这种现象是由人类学学科自身裹挟进入客家研究领域后产生的。格尔茨认为，自孔德时代起的社会科学理念受到后结构主义、后现代主义，也受主体消失和事实建构的影响，给人类学带来了许多顾虑，这就是学者在民族志表述中文化霸权的反思②。面对"我们定义、他们被定义"的困境，多种形式的实验民族志似乎是一种方式，其中就包括万建中所提的让客家当地人自己书写的方式。然而将人类学学者在学术地位中弱化甚至边缘化显然不是长久解决之道，于是学界展开了对民族志表述危机的批评，从而转向了一种人类学本体论③。笔者认为，人类学本体论转向是能够为当前客家研究中的文化人类学范式困境提供一定思路，即如何处理当地人被学者代替言说的困境。此外，文化人类学范式并非不重视对历史的研究，而只是在客家研究中多以族群、文化、区域社会等具有一定建构话语的分析工具为主。那么人类学关于历史的研究，显然能够弥合两种范式所产生的矛盾。

四、历史性与两种知识论的弥合

（一）"历史性"的概念发展

20世纪八九十年代以来，人类学本体论转向和对"历史性"概念的援引，能够激发客家研究中新的认识。那么，什么是"历史性（Historicity）"？

"历史性"这一概念经历了哲学到历史学再到人类学的援引。历史性是历史哲学的核心概念。哲学对于历史性的讨论围绕人的主体性与历史间关系的反思展开。在古希腊哲学中，真理存在于超时间的不朽的理念之中，世界的基础是非历史的。及至近代，康德首先提出了先验性是理性自身的逻辑的主张，但在康德的先验哲学中，历史的真实内容与理性的先验本质始终呈现为一种外在的关系④。19世纪，黑格尔系统地探讨有关历史的本体论问题，他将历史解读为理性的自我外化、自我否定、自我复归的过程⑤。黑

---

① 万建中. 客家研究的文化政治学 [J]. 云南师范大学学报，2018. 50（2）：65-71.

② [美] 克利福德·格尔茨 著，林经纬 译，追寻事实 [M]. 北京：北京大学出版社，2011：143-145.

③ 杜连峰. 试论表述危机之后人类学的本体论转向 [J]. 民族学刊，2018（1）：50-56.

④ 夏巍. 历史性：从黑格尔到马克思 [J]. 四川大学学报，2019（1）：102-103.

⑤ [德] 黑格尔 著，王造时 译. 历史哲学 [M]. 上海：上海书店出版社，2006：9，18，26，56.

格尔将历史归结为自我意识自身表现的诸环节展开，历史是"自我意识—精神"在时间上的必然展开，它是自我意识的实体化。黑格尔论述了人的生命或精神的自我产生和自我完善的过程，生命或精神的这种运动性就表达了历史性的概念。克尔凯郭尔的历史观也以人的主体性为开端。与黑格尔选择的路径相反，他并没有将人抽象为自我意识，而是在个体绝对自由的基础上，将作为主体的人表述为具体的个体人格存在①。狄尔泰对于历史性的理解也吸收了黑格尔的思想，他认为如果生命是一种历史的基本事实，那么历史性就表现在这个基本事实中②。与黑格尔相反的是，马克思把人的类本质由自我意识、绝对精神转变为自由自觉的活动，从客观现实、从人类生活条件出发，找到历史必然性——人类的实践活动，这就把精神的历史转变为人的历史③。

马克思在自然与历史相统一的关系中，以及人类的感性实践活动及其历史运动过程这一"存在"中指认出了事物的"历史性"，由此"历史性"具有了深厚的现实基础。这种建立在感性活动之历史性基础上的存在论也是海德格尔所说的"真正深入到历史的本质性维度"。海德格尔从存在论的角度解释历史性概念，认为历史性是历史得以可能客观必然的条件——人的存在。正如对于历史上的东西，我们只有理解了它的存在方式才能理解这个存在者④。这个"存在方式"是人在形而上学意义上的必然存在方式，它包含了"过去—当下—将来"的时间结构，海德格尔把它称为"时间性"⑤。海德格尔所说的历史性与时间性相联系，由于人的存在是在时间性的结构中存在的，并且能够先行到死，所以此在是一种历史性的存在。马尔库塞对历史性的理解来自海德格尔，但他对历史性作为"存在方式"有着进一步解释，他认为"历史的东西"（geschichtlich）以某种形式发生，历史是发生的过程，是一种特殊的运动形式⑥。伽达默尔也接受了海德格尔的基础存在论，但他认识到了海德格尔的历史观点中的矛盾，即此在的历史并不是本真的历史。伽达默尔在诠释学的领域提出"效果历史"的概念——历史既不是先验自我构造出来的，也不是此在的历史，而是理解者与历史传统不断进行视域融合从而形成的效果史⑦。对历史传统与理解者之间互动的强调，使得"历史性"研究从哲学转向历史学。

---

① 温权. 主体性与历史性的张力——从黑格尔、克尔凯郭尔到马克思 [J]. 学术交流，2014（1）：11.

② Herbert Marcuse. Hegel's Ontology and the Theory of Historicity [J]. Translator's Introduction, pp: 35，41. 1987.

③ [德] 卡尔·马克思. 1844 年经济学哲学手稿 [M]. 北京：人民出版社，2008.

④ [德] 海德格尔著，陈嘉映、王庆节译. 存在与时间 [M]. 北京：商务印书馆，2016：514.

⑤ 同上，269.

⑥ 王晓升. 历史性的观念与现代性的本体论化——对马尔库塞《黑格尔本体论与历史性理论》的考察 [J]. 学术界，2018（9）：38.

⑦ [德] 伽达默尔著，洪汉鼎译. 诠释学 I 真理与方法 [M]. 北京：商务印书馆，2010：373.

（二）人类学历史性研究的四个面向

人类学对于历史性概念的援引，使其具备了多个面向的解释力。"历史性"在历史学中指的是"历史真相"，对其的追求尤以19世纪兰克学派为代表。但历史并不是一个与主体相对的客体或对象，历史认识具有主观性和相对性。虽然历史哲学也对历史主义的客观性进行了批评，但其给历史学问题研究带来的干扰更多，所以新史学转向了地理学、人类学等有具体方法的多学科合作。随着西方价值体系主导地位的失去，人类学特有的文化反思性使得"历史性"研究从哲学领域飞快得过渡了历史学领域。人们逐渐认识到不同社会中的人对时间和记忆这些构成历史的要素的感知并不相同，"历史性"并非一个确定的具体概念，而是具有多个面向解释力的分析工具。

第一个面向是"历史制作"，即不同文化中对自己历史的制造方式。萨林斯用"历史性"来指涉每种文化所独有的"历史生产方式"，如夏威夷土著用神话塑造历史事件。他用"历史性"来指涉每种文化所独有的历史事件，并总结得出"不同的文化具有不同的历史性"。他还是倾向于以"历史性"来探究在不同文化中"历史如何发生"的问题，特别是新发生的事件如何被过去的结构所形塑①。历史学家所擅长的线性的、有情节的"历史"并不是了解过去的唯一方法，各个社会其实都善于运用"自传""先例"和"神话"等另类的记忆方式来解释过去。历史制作不是单纯的历史编撰，而是探索人们如何"思考过去"以及建构过去的特殊模式②。

第二个面向是"历史意识"，是经历和理解历史的方式。大贯惠美子（Emiko Ohunki-Tierney）对其进行了系统化的阐述，她认为"历史性"是高度选择性的，是被建构历史的人忽略或强调某些事情；一个特定人的历史性包含着多重历史的表征，历史再现是多样的；过去和现在是通过隐喻和转喻关系相互依存和相互决定的；过去（或历史）的"结构化"常常被构建历史的人的意向性和动机所缓和③。张原将第四特征整合进第一特征中，强调行动者主观上对结构生成的影响④。黄应贵则补充了三点：历史性是一个文化得以经验及了解历史的模式化方式，因为有多种方式了解历史，所以历史性可为复数；历史性是历史建构与再现的关键角色；由历史性探讨文化界定历史的最终关怀是文化本身⑤。

第三个面向是"文化过程"，强调不同区域社会的"文化过程"对中国整体历史的

① ［美］马歇尔·萨林斯著，蓝达居译. 历史之岛［M］. 上海：上海人民出版社，2003：7.

② 徐晶. 理解"制作历史"［J］. 东方论坛，2011（5）：13.

③ EMIKO OHNUKI-TIERNEY. Culture Through Time Anthropological Approaches［M］. Standford University Press，Standford，Califorina. 1990. p20.

④ 张原. 在文明与乡野之间——贵州屯堡礼俗生活与历史感的人类学考察［M］. 北京：民族出版社. 2008：38.

⑤ 黄应贵. 反景入深林——人类学的观照、理论与实践［M］. 北京：商务印书馆. 2010：323.

影响。这种研究面向以 20 世纪 80 年代以来的"华南学派"为代表，以科大卫（David Faure）、萧凤霞（Helen Siu）、刘志伟、陈春声和郑振满等一批历史学家和人类学家的合作研究为主。他们通过对珠江三角洲、香港、潮汕和闽南地区的明清地方历史进行批判，借用人类学的理论和方法，反思过去的精英史、事件史和国家的历史权力话语，兼顾对平民史、日常生活史和当地人想法的关注，形成了文化过程的研究路径。这些研究共同探讨中国如何保持"既统一又差异"状态的问题①。

第四个面向是"历史心性"，不同区域社会的人群从社会中得到的一种有关历史与时间的"心理构图"。不同人群对于"历史"的理解不同，"历史心性"是这一类研究的代表成果。王明珂认为"历史心性"是犹如"心理构图"（schema）般的文化概念，在此文化概念下人们遵循一个固定模式去回忆与建构"历史"②。如"英雄圣王历史"与"弟兄故事"正是两种不同的历史心性。以历史心性研究历史，更要注重"客观史实背景"和"主观记忆与认同"两条研究路线的合流。

人类学或者说历史人类学对"历史性"的援引从时间上来看大致分为上述四个面向，需要指出的是这四个面向虽然各有侧重，但其仍然是紧密难分的。从理论逻辑上分析，不同区域社会的人群由于社会化成长和融入族群会自然地从群体社会中得到的有关历史与时间的"历史心性"；个人及群体的历史心性就是该地域社会人群对其历史的认识，这种认识构成其经历和理解历史的方式，即"历史意识"；历史意识能够指导地域社会群体如何建构过去，建构何种过去，即"历史制作"；而这历史制作的过程，是区域文化与中央文化、地方文化与超地方文化的互动，就演变为区域社会史研究的"文化过程"。

人类学的"历史性"研究为何能够弥合当前客家研究中的知识论之争？一方面，"历史性"扩展了罗香林范式中的"历史"范畴。罗香林范式大致属于兰克学派的研究方法，即以客观的、真实的标准来检视资料、找出证据，理解现象世界背后的连贯性进程。新史学转向以来跨学科的历史性研究在学理上更有着对（罗香林）历史学研究方式的突破。另一方面，在关于"过去"与"现在"的研究中存在两种取向，一是在单一的时间进程上"过去"如何影响"现在"；二是"现在"如何理解或者建构"过去"，此二者往往不在单一的时间线上。执着于"过去"的真实性问题容易忽略当下对过去的理解，在方法上，关于历史性的研究更适合 90 年代以来的客家群体。限于篇幅，不做展开。

（作者简介：杜连峰，信阳师范学院讲师，社会学博士）

---

① 李凌霞. 西方人类学的"历史性"研究：概念、表达与路径［J］. 世界民族，2020（5）：99.
② 王明珂. 历史事实、历史记忆与历史心性［J］. 历史研究，2001（5）：143.

巫罗俊形象建构与李世熊的考证

● 黄 仝 ●

宁化巫氏乃当地望族。据方志及其族谱记载，因其先祖巫罗俊有"辟荒报籍"之功，[①] 唐王朝令巫氏"世守其土，坐镇收税"。[②] 千百年来，巫氏不断繁衍壮大，迁徙各地。清代文学家杨澜对此感慨："庙祀一方，苗裔昌盛，宜哉!"[③]

一、罗香林与客家巫氏

巫氏是罗香林写入《客家源流考》的大姓，巫氏的历史是典型的客家家族史。以巫氏为个案，可以对客家家族几百年来的迁徙和发展有较深入的了解。民国十六年（1927），南方七省巫氏后人合力编修巫氏通谱，至民国二十五年（1936）谱成。[④] 总纂修者巫宇衡摘抄《源流考略》一篇寄予罗香林，此事被罗香林编入《客家史料汇编》：

> 客家人士多称其祖先曾居福建宁化之石壁村。父老相传，最先入据其地，斩荆棘，辟草莱，以招徕族众者，为巫罗俊父子。顾未能得文籍记载，以资印证，治史之士，每称憾焉。今冬，得四兄来信，为述广东巫氏，推巫宇衡先生总修族谱事。其言曰："本日晤宇衡先生，据云：此次彼族修谱，实就江西、福建、广东、广西、湖南、贵州、湖北七省巫姓，而统为修纂者。其工作繁重，殊非他家言修谱者所可比拟。宇衡又云：其始祖实为宁化之开辟者，故后世宁化人，凡打官司，必先备具牲馔，以祀巫祖。近日宁化各通衢侧，仍常见巫祠，及泥塑巫祖肖像云云。"余自

---

① （清）祝文郁修、李世熊纂：《（康熙）宁化县志》卷一《土地部》，清同治八年重刊本，第53—54 页.

② （宋）巫潜：《启修宗谱旧序》，光绪甲午重镌《平阳巫氏房谱》首卷。

③ （清）杨澜撰：《临汀汇考》卷二《人物》，清光绪四年刻本，第 1 页。

④ （民国）巫宇衡：《巫氏族谱序》，民国二十五年合修《巫氏族谱》首卷。

得四兄信后，即为致书宇衡先生，嘱其将旧谱所载，关于巫罗俊入居宁化及其族裔日后分向各地迁移转徙诸事迹，摘钞惠寄。蒙其允许，于昨日寄到所钞《源流考略》一篇。喜其可与诸父老所传闻者，互为质证，用特实于此篇，俾治客家史者，得考信焉。民国十九年（一九三〇年）十二月二十五日，编者识。①

1950 年，罗香林作《客家源流考》一书，书中认为宁化巫氏对客家人之迁徙意义重大：

> 客家人族谱许多都记载其祖先上代实自福建宁化县石壁村所迁入。而在唐代最先开辟其地的就是巫罗俊父子，故此支巫氏关系于客家迁移的至巨且大。②

罗香林乃客家研究之大家，对于宁化巫氏，虽惜其"未能得文籍记载"，但依据当地"父老传闻"所言及巫氏族谱之记载，其作出"在唐代最先开辟其地的就是巫罗俊父子"之判断。可以说此时的巫罗俊，已经取得客家先祖的地位，受巫氏后人代代祀奉，而巫氏家族则更是与宁化的历史，乃至客家的历史深深绑定，成为探讨客家文化时必无法绕开的一大记忆。

二、地方志中的巫罗俊

早在明清之际，"巫罗俊"的名字已见于方志。宁化大儒李世熊撰《（康熙）宁化县志》中《建邑志》云：

> 先是隋大业之季，群雄并起，东海李子通率众渡淮，据江都，称吴帝，改元明政，遣使略闽地。其时土寇蜂举，黄连人巫罗俊者，年少负殊勇，就峒筑堡卫众，寇不敢犯，远近争附之。罗俊因开山伐木，泛筏于吴，居奇获赢，因以观占时变，益鸠众辟土。武德四年，子通败死，时天下初定，黄连去长安天末，版籍疏脱。贞观三年，罗俊自诣行在上状，言黄连土旷齿繁，宜可授田定税。朝廷嘉之，因授巫罗俊一职，令归，剪荒以自效。而罗俊所辟荒界，东至桐头岭，西至站岭，南至杉木堆，北至乌泥坑。乾封间，乃改黄连为镇。罗俊没五十余年，为开元十三年，福州长史唐循忠于潮州北界（时潮、漳、建俱属泉州）、福州西界检得避役百姓共三千余户，奏闻，复因居民罗令纪之请，因升黄连镇为县……③

---

① 罗香林：《客家史料汇编》，香港：中国学社，1965 年，第 264 页。
② 罗香林：《客家研究导论（外一种：：客家源流考）》，广州：广东人民出版社，2018 年，第 242 页。
③ （清）祝文郁修、李世熊纂：《（康熙）宁化县志》卷一《土地部》，清同治八年重刊本，第 53—54 页。

这是首次在志书中宁化建置沿革处出现关于巫氏始迁祖的记载。明代志书，无论是天顺年间的《明一统志》、① 弘治年间的《八闽通志》，② 还是嘉靖年间的《汀州府志》、③ 崇祯年间的《闽书》，④ 均无如此详细之描述。

但《（崇祯）宁化县志》中疑似出现过对巫罗俊的记载：

> 旧传其地原巫罗缙之祖基，时县令林云将缙祖迁在嵩溪黄沙渡福昙院等处……⑤

李世熊曾言《（崇祯）宁化县志》"因陋就简，潦草成书"，⑥ 上述记载即为例证。"县令林云"应为"县令王云"，⑦ 而此处"巫罗缙"当指"巫罗俊"无误，"缙祖"自然是"俊祖"了，因《（康熙）宁化县志》中《丘墓志》有云：

> 乃卜永得里之嵩溪黄沙渡牛服壅，改葬罗俊及二配于此，立祠曰"福潭院"……⑧

可见巫罗俊最早于明末的方志中就有记载，但只寥寥数语而已，叙述远不如《（康熙）宁化县志》那般翔实。今已无法得知更早版本的《宁化县志》是否有对巫罗俊之记载。

据《（崇祯）宁化县志》序所言，明嘉靖年间始一修志书：

> 宁之为县，自唐天宝元年起，历宋而元，入国朝又二百余年。建置虽远，载籍无传。嘉靖间，吾乡张麟洲先生宰邑，始一修之，迄今三十年矣，大都阔绝，既又

① （明）李贤撰：《明一统志》卷七十七《汀州府》，清文渊阁四库全书本，第6812—6813页。
② （明）陈道修、黄促昭纂：《（弘治）八闽通志》卷一《地理》，明弘治刻本，第98页。
③ （明）劭有道纂：《（嘉靖）汀州府志》卷一《地理》，明嘉靖刻本，第60页。
④ （明）何乔远纂：《（崇祯）闽书》卷二十一《方域志》，明崇祯刻本，第1536页。
⑤ （明）张士俊修、阴维标纂：《（崇祯）宁化县志》卷一《建置沿革》，明崇祯刻本，第31—32页。
⑥ （清）李世熊撰：《寒支集》初集卷七《复黎楚友》，清康熙四十三年檀河精舍刻本，第1031页。
⑦ （清）祝文郁修、李世熊纂：《（康熙）宁化县志》卷一《土地部》，清同治八年重刊本，第54页。
⑧ （清）祝文郁修、李世熊纂：《（康熙）宁化县志》卷二《土地部》，清同治八年重刊本，第257页。

舛漏愈多，毋足怪者。予思欲补而缉之……①

"张麟洲先生"即指张洵。《（康熙）宁化县志》有传云：

> 张洵，仁和人，举人，嘉靖三十三年（一作三十二年）任。在任营建亦多，又修邑志，为后来草创。②

此序为时任汀州府推官署县事的金俸于万历庚辰年（1580 年）二修志书时所作。另可见阴维标序：

> 宁志自仁和麟洲张公编次后，经钱塘瀛屿金公修辑，迄今几六十年，残阙失序，几莫可考……③

但嘉靖、万历二志均已散佚，目前已知最早关于巫罗俊之记载出现在明崇祯乙亥年（1635）修《宁化县志》中，而后世《（民国）宁化县志》④ 及 1992 年版《宁化县志》⑤ 中关于巫罗俊开邑事，均沿袭李世熊修《（康熙）宁化县志》之记载。从方志中看，巫罗俊已成为开发宁化的先驱，而这多要归功于李世熊在县志中对他的描述。

即使如此，李世熊此段文字仍有可疑之处，问题出在"贞观三年，罗俊自诣行在上状"一句。按方志记载，巫罗俊于贞观三年（629）"自诣行在上状"，不仅只身前往皇帝行宫，还上奏曰黄连地广人多，可以授田定税，于是朝廷为表嘉奖，授予其一官职，令其回乡垦荒。遍查《旧唐书》《新唐书》《资治通鉴》贞观三年处，⑥ 并无唐太宗出巡或派员代天子出巡之记载，何来"罗俊自诣行在上状"之说？若把"行在"理解为皇宫之所在，即指长安，则两地相隔上千公里，实难想象其跋涉之艰辛。

唐太宗不仅客观上无出巡之记载，且其主观上也无巡幸南方之意愿。《贞观政要》

① （明）张士俊修、阴维标纂：《（崇祯）宁化县志》序《宁化县志序》，明崇祯刻本，第 2 页。
② （清）祝文郁修、李世熊纂：《（康熙）宁化县志》卷三《名宦志》，清同治八年重刊本，第542—543 页。
③ （明）张士俊修、阴维标纂：《（崇祯）宁化县志》序《重修宁化县志序》，明崇祯刻本，第 13 页。
④ （民国）黎彩彰修、黎景曾纂：《（民国）宁化县志》卷一《疆界沿革表》，民国十五年铅印本，第 30 页。
⑤ 宁化县志编纂委员会：《宁化县志》，福州：福建人民出版社，1992 年，第 61—62 页。
⑥ （五代）刘昫撰：《旧唐书》卷二本纪第二《太宗上》，清乾隆武英殿刻本，第 212—214 页；（宋）欧阳修撰：《新唐书》卷二本纪第二《太宗》，清乾隆武英殿刻本，第 53 页；（宋）司马光撰：《资治通鉴》卷一百九十三唐纪九《太宗》，四部丛刊景宋刻本，第 7407—7415 页。

记载唐太宗汲取隋亡经验，以"行幸无期"为教训，以"常处关中"为然，不大可能于王朝政局还未完全稳定的贞观初年出巡南方。

但并不是所有后代志书均沿袭《（康熙）宁化县志》中建置沿革部分的表述。清道光年间，仙游人王捷南著《闽中沿革表》对巫罗俊事之出处感到疑惑，书中引宁化旧志"先是隋大业之季……"一语并有案语曰：

> 巫罗俊事不见他书志文，未知何据……明李世熊《答巫亦侯书》辨巫罗俊事颇详，书言谱修于明初，旧志盖据巫氏谱也。①

巫亦侯其人虽少见于史籍，但仍可从文人文集中窥见其大致形象，如"宁都三魏"之一的魏礼称赞其为"三古之士"：

> 宁化有亦侯巫子者，盖三古之士也，曷谓三古？古貌、古心、嗜古学也……今亦侯澹退，不骛时荣，而其学甚富，好以诗古文，倡揭于闾里，学士宗焉，造资讲论者趾相错也，行年七十有几，不自满，假急丽泽之益然则如亦侯者，予乃得与之论古心。②

另据民国戊午年（1918）重修《平阳巫氏族谱》记载：

> 吾族有谱始于宋，进士行可公倡为之，继而亦侯公、有衡公递修之，雍正壬子，九畹、丽天二公复合而辑焉。其书支分派别，源流甚晰，无论星处汀郡诸邑者记之，即江西宁都、兴国、龙泉、石邑、驿前，及广东之乐城，江左之金陵，四川之成都，莫不一一详备，惜乎年远代湮，古本遗失，未得窥见一斑，是为恨事……③

可知巫亦侯性好清澹，学识丰富，是乡中的名士，魏礼对其评价颇高。凭借文章上的出众造诣，再结合族谱中"亦侯公递修之"之记载，可推测巫亦侯确在为家族修谱之事上多有出力。

---

① （清）王捷南撰：《闽中沿革表》卷五《汀州府表》，清道光十九年刻本，第13—14页。
② （清）魏礼撰：《魏季子文集》卷七《赠巫亦侯序》，清道光二十五年宁都三魏文集本，第807—809页。
③ （民国）巫绍荣：《重修巫氏霭官公房谱新序》，民国戊午年重修《平阳巫氏族谱》首卷。

三、《寒支集》二文所见巫罗俊形象之建构

李世熊的文集中，收录有其与巫亦侯的往来书信，即《复巫亦侯》与《答巫亦侯书》二文。其时李世熊正忙于修志之事，为不"负令君盛心"，其不愿像阴维标编纂《（崇祯）宁化县志》时那般"因陋就简，潦草成书"，[①] 而是计划对旧志进行大改：

> 旧志竟是笑史。若欲改作，则规模、章句与次第、款目无一可仍者，必得一老成、识时务及熟谙山川古迹，并能记忆本邑大事者商议详悉，无如前人握管自尊、坐井自大。书成，庶几可观耳。[②]

为重修县志，李世熊期望多与熟知宁化当地史事的老成之人进行交流。或许正是在此背景下，巫氏族人与李世熊开始了书信往来。凭借扎实的史学功底与缜密的思辨能力，李世熊对来信中巫谱的相关内容作了详尽考据。他先是对巫亦侯加官于远祖的做法不以为然：

> 两接手书所述令祖开邑事，如筑堡卫众，伐木通吴，开山辟道，诣阙上状，坐镇收税，俱无可疑。初惟疑唐初，外官无指挥使及四世守土事耳，欲得尊谱及旧序再搜索之，及读绍兴一序，疑乃种种。无论其他，即刺史亦未可轻授。唐之刺史即今之郡守也，以郡守之官而授一镇之长，即滥爵不至此，且已升镇为县，又改连为宁，朝廷必非以瓯脱置此地者，岂有二三百年不设官而令巫氏世守其土乎？他官无可考，梁开平间不有县令钟彦俦乎？其疑一。[③]

巫氏后人为塑造祖先形象一事致信李世熊，为证实来信中内容是否属实，李世熊也曾读过巫氏旧谱，他于巫祖开邑之事不持异议，在意的是巫罗俊的"官职"。巫氏后人原想将"刺史"的身份加于祖先，并取得"世守宁化"的地位，却遭到李世熊反驳。郁贤皓《唐刺史考全编》一书对唐代两千多位刺史的任职年代及相关事迹作了全面系统地

---

① （清）李世熊撰：《寒支集》初集卷七《复黎楚友》，清康熙四十三年檀河精舍刻本，第1031页。

② （清）李世熊撰：《寒支集》初集卷七《复黎楚友》，清康熙四十三年檀河精舍刻本，第1029—1030页。

③ （清）李世熊撰：《寒支集》初集卷七《复巫亦侯》，清康熙四十三年檀河精舍刻本，第1014—1015页。

梳理，其中汀州（临汀郡）有记载的第一位刺史是任职于开元（713—741）中期的元自虚，① 此时距所谓巫罗俊"自诣行在上状"的贞观三年（629）已逾近百年。史籍中仅记载有一位唐至五代时期的宁化县令，即李文中的钟彦俦："宁化县令钟彦俦，五代梁开平间任。"② 由此可作如下推测：在巫氏族人看来，从贞观三年（629年）到梁开平年间（907—911）的近280年里，唐王朝除授予巫罗俊一职（刺史）以外，并未在黄连（宁化）设立他官，而是令巫氏为"瓯脱"，坐镇收税，世守其土。但在李看来，这仅是缺乏史料之故，无法作为巫氏族人称其祖先"封官守土"的理由。

之后，李世熊又对巫氏早期世系提出质疑：

> 由贞观至同光历年三百有余，而定生至志荣仅四世，以三十年一世推之，仅一百二三十年耳，纵定生四世皆耄耋，亦无三百余年，定生曾孙尚存赴阙奏事，具陈祖功之理？其疑二。③

"赴阙奏事，具陈祖功"一事被李世熊编入《（康熙）宁化县志》：

> 罗俊之裔孙志荣者叩诉闽王，自陈先世辟土功绩……④

在保留巫志荣主要事迹的前提下，李世熊对细节之处作了模糊化处理，即将巫氏旧谱中的"曾孙"改为"裔孙"。

据巫谱记载，巫志荣"赴阙奏事"乃后唐同光二年（924）之事。雍正年间拔贡生巫贤芳⑤作《辩讹记》一文，提出了与李世熊相同的质疑：

> 按旧谱，后唐同光二年迁县于竹篠窠，志荣公叩诉闽王乞保祖骸，闽王重违知县王云之请，许志荣公于界内自择吉壤相易历祖坟墓，因得改葬于嵩溪。始祖罗俊公生于隋唐之际，志荣公为后唐同光时人，由同光上溯贞观，相去三百余年，若志荣公为罗俊公曾孙，以三十年一世推之，仅一百二十年耳，纵罗俊公四世皆耄，亦

---

① 郁贤皓：《唐刺史考全编》，合肥：安徽大学出版社，2000年，第2201页。

② （明）陈道修、黄促昭纂：《（弘治）八闽通志》卷三十四《秩官》，明弘治刻本，第1792页。

③ （清）李世熊撰：《寒支集》初集卷七《复巫亦侯》，清康熙四十三年檀河精舍刻本，第1015—1016页。

④ （清）祝文郁修、李世熊纂：《（康熙）宁化县志》卷二《丘墓志》，清同治八年重刊本，第257页。

⑤ （民国）黎彩彰修、黎景曾纂：《（民国）宁化县志》卷八《选举志》，民国十五年铅印本，第669页。

"未有四世而历年三百余者……①

巫文行文措辞与李文相似，可能是仿照李文所写，且文中记有"元仲先生与亦侯辨驳诸书具在"之语，②元仲先生即李世熊，这更加证明巫氏后人清楚巫、李二人的书信交流内容，并在参阅李文之后，对新修族谱部分细节作了修正，以下以《巫氏世系图谱》③为例：

第一世至第五世：

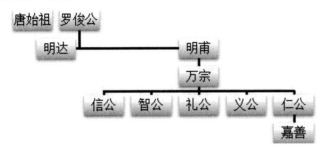

仁公支下第五世至第九世：

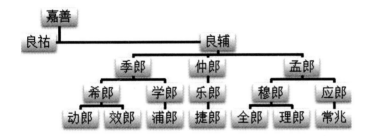

应郎公支下第九世至十三世：

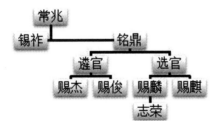

据世系图记载，巫志荣是罗俊公十三世裔孙，而非曾孙，以二十五年一世推之，巫志荣所处年代距罗俊300余年，恰逢五代时期，时间上符合"赴阙奏事"的条件。这样一来，巫氏后人剔除了旧谱中出现的相悖之处，使祖先的身份趋于合理化。

① （清）巫贤芳：《辩讹记》，民国戊午年重修《平阳巫氏族谱》首卷。
② （清）巫贤芳：《辩讹记》，民国戊午年重修《平阳巫氏族谱》首卷。
③ 《巫氏世系图谱》，民国戊午年重修《平阳巫氏族谱》二卷。

除此二疑之外，李世熊又问道：

> 王序又云："定生应召征李密。"密亡于武德元年，去贞观三年已十三年矣，此时定生尚未诣行在，何得召从征密乎？又是时太宗英武天下，精兵在握，岂有万里外远调一千夫长而征巨敌者？其疑三。序又有清与归皆宁乡之语。宋元符间方置清流，明成化间方置归化，序既作于熙宁七年，去元符已二十余岁，去元与明又百数十年，何预知汀州有清流、归化乎？其疑四。有是四疑，即无可疑者皆疑矣。①

若说面对李世熊的第一个疑问，巫氏后人尚可以"史籍未载"强加解释，第二问也可以修改世系图的方式使其合理化，那么第三、四两问则属实难以辩解。如今在各种版本的《巫氏族谱》中，均无"巫罗俊应唐太宗召征李密"之相关表述，应是此说法漏洞过于明显而遭剔除之故。② 至于第四疑，当是由于修谱之人对宁化建置沿革不甚熟悉，现亦不见相关之语。

可见早期巫氏旧谱纂修是相对简陋且粗糙的，所疑虑者之多，使李世熊发出"无可疑者皆疑"之感叹。李世熊曾坦言，在其修志过程中，时有"人情错迕"之困扰：

> 遂尔稽滞邑乘一事。昔年曾妄意染指，今则智虑荒佚搜括维艰，近又人情错迕……③

与巫亦侯的往来书信可谓是"人情错迕"的例证之一，李世熊虽秉持严谨的修史态度委婉地拒绝了巫氏后人加官、加名于祖的要求，并指出了巫谱旧序中的纰缪之处，却也不乏安慰之语，同时为巫氏族人提出建议：

> 愚意绍兴旧序原有来历，明初子孙粗读书者更窜原文，务求传信于后世，不知其考究不详，牴牾正史，徒诒嗤笑耳。盛族支派蕃衍，兄当访求朴陋之家，先世存留原本、记、序质率者，此为信书，万愈于近代润饰虚妄也，不然此事为邑志开卷第一，事可卤莽如王稷之序乎？伏祈详稽，以需后教。④

---

① （清）李世熊撰：《寒支集》初集卷七《复巫亦侯》，清康熙四十三年檀河精舍刻本，第 1016 页。

② 李密事迹详见（五代）刘昫撰：《旧唐书》卷五十三列传第三《李密》，清乾隆武英殿刻本，第 4176—4214 页。

③ （清）李世熊撰：《寒支集》初集卷七《复黎楚友》，清康熙四十三年檀河精舍刻本，第 1028 页。

④ （清）李世熊撰：《寒支集》初集卷七《复巫亦侯》，清康熙四十三年檀河精舍刻本，第 1016—1017 页。

此处首次点明巫氏旧谱修于明初，序有二，一为北宋王稷所作序，其时任汀州知州："王稷，熙宁七年以奉议郎都官员外知本州。"① 二为"绍兴旧序"，不知由何人所作。由于"润饰虚妄"痕迹过重，李世熊未敢完全采纳。

虽有以上四疑，但李世熊并未全盘否定巫亦侯所言远祖事迹，其认可者有二：

> 令祖事，如土地二妃及伐木通吴二事，必非杜撰。②

"伐木通吴"一事，李世熊在县志开篇《建邑志》中即已提及，③"土地二妃"则记于《土地祠》一文：

> 祀土神也。祠在县治大门内之左，朔望正官谒庙及城隍，回祠行二拜礼，除夕封印，随祀之，别邑有为义起用山川日致祭者。按：宁化土地肖像乃增置二妃，初诧不经，后考巫氏家谱，谓神即巫祖定生，开辟黄连镇者。定生没，葬竹篠窝，即今治署。后唐改邑，迁葬定生于嵩溪黄沙渡，而祀定生之神于此，以土地辟自定生，而邑治又利其宅兆也。二妃即定生柴、纪二配。明嘉靖间，邑令马叔（淑）初下车，谒祠，怪土地焉得有二妃，命移至县后福善祠，是年马令卒。后二十余年，邑令张洵来，其夫人恒病，梦两妇人前，言曰："此吾故宅也，吾主祀于此，奈何遣我他所，若能还吾故居，当佑汝。"夫人觉，以告令，令询父老，具得迁主状，急迎二妃，祭谢之，而夫人果安。事虽惝恍，而二妃之像相沿不改，所传似不谬也。④

李世熊此番记载无疑来自巫氏族谱，正如上文所言，其最初诧异于土地祠内竟设二妃肖像，对其来历不甚明晰，在无从稽考的情况下"考巫氏家谱"，后认为此惝恍之事"所传似不谬也"，并将其编入县志。至此，巫罗俊"土地神"的身份在官修志书中得到承认。汪毅夫《客家民间信仰》一书中提道："宁化土地祠实际上也是巫氏祖祠，宁化各姓族人当祭祀宁化土地神之时也明知他们同时也在祭祀巫氏祖先。"这一现象反映了客家民间信仰的兼容性，作者称之为"祖吾祖以及人之祖"。⑤

---

① （明）劭有道纂：《（嘉靖）汀州府志》卷十一《秩官》，明嘉靖刻本，第517页。

② （清）李世熊撰：《寒支集》初集卷七《复巫亦侯》，清康熙四十三年檀河精舍刻本，第1017页。

③ （清）祝文郁修、李世熊纂：《（康熙）宁化县志》卷一《土地部》，清同治八年重刊本，第53页。

④ （清）祝文郁修、李世熊纂：《（康熙）宁化县志》卷七《政事部上》，清同治八年重刊本，第1155—1156页。

⑤ 汪毅夫：《客家民间信仰》，福州：福建教育出版社，1995年，第13—14页。

文中"迁像"一事虚实不可考，但马淑确是于知县任上去世，据《（崇祯）宁化县志》记载：

> 马淑，浙江建德人，嘉靖四年任，① 兴学惩淫，士民厥爱戴之，惜未竟其施而卒于任。②

此处虽未提及马淑去世原因，但若结合李志"迁像"之记载，却不难使人产生联想，即似乎马淑因擅移二妃像而死。

民国戊午年重修《平阳巫氏族谱》中记有明末散文家艾南英撰《宁邑土地祠原记》一文：

> 因纵步土地祠，怪其神像迥别，惊讶者久之。向来京省郡邑，其土地之神体貌、衣冠大率相类，所祀夫人则一而已，何斯土地之神不然？视其须则鬣然，而黑也，望其冠则岌然，幞头也，瞻其衣则斐然，朝服也，并祀者两夫人也。正迟疑间，忽旁有老叟云："公得毋怪其像耶，此非土地之神，乃巫姓之祖耳。"余始叩其渊源，复云："是壤原属巫氏窀穸，因建治，奉敕任择地相易，遂皆迁葬嵩溪，厥后乃祖显其神灵，而邑侯林（王）讳云者始详奉为土地。"余犹以为诞，幸得巫氏二三君子相周旋，证厥由来，委如老叟所对。噫！宁邑之胜，非特山川峻拔，即神灵亦有出于寻常者乎！爰珥笔书之，以志其异云。③

艾南英确于明末游历宁化。《（民国）宁化县志》中《流寓传》记载：

> 明季，两过宁化访李世熊，所题《土地巫公祠》及《平阳古族》，书法奇杰英爽，望而知非凡士……④

此处《土地巫公祠》当指族谱中《宁邑土地祠原记》一文，"平阳古族"定是巫族。艾南英赴宁化访李世熊时曾步入土地祠参观，对其中供奉神像感到诧异，即其外形与一般土地之神迥异，且并祀两夫人，后当地老人为其解惑："此非土地之神，乃巫姓之祖耳。"可见在宁化，随意一老叟皆知巫祖乃当地土神，且熟知巫氏后人迁葬祖事，

---

① 《（嘉靖）汀州府志》作"嘉靖二年任"。
② （明）张士俊修、阴维标纂：《（崇祯）宁化县志》卷三《历官》，明崇祯刻本，第124页。
③ （明）艾南英：《宁邑土地祠原记》，民国戊午年重修《平阳巫氏族谱》首卷。
④ （民国）黎彩彰修、黎景曾纂：《（民国）宁化县志》卷十九《流寓传》，民国十五年铅印本，第1526—1527页。

据此可推测巫祖土地神的地位不仅得到官方认可，且至迟于明末已在当地民间广泛流传。至于"是壤原属巫氏窀穸""奉敕任择地相易"之语，在李志中也有相关记载：

> 唐黄连镇将巫罗俊墓，俊字定生，元配柴氏、继纪氏，合葬镇西天兴观后竹篠窝，即今邑治也。始县令王云议改邑治于此，罗俊之裔孙志荣者，叩诉闽王，自陈先世辟土功绩，乞保遗骨无迁。闽主重违县令之请，许于本县界内任志荣择吉地相易，乃卜永得里之嵩溪黄沙渡牛服壅，改葬罗俊及二配于此，立祠曰"福潭院"，而邑治遂祀罗俊为土神，并祀二配焉。①

此处"志荣叩诉闽王"之记载与前"罗俊自诣行在上状"可谓异曲同工，皆为亲身面见统治者，且统治者都在一定程度上满足了他们的要求。②

《（康熙）宁化县志》成书于康熙二十三年（1684），艾南英卒于顺治三年（1646），即艾南英于明末过宁化并写下《土地巫公祠》至少是李修志 38 年前之事，李世熊记巫罗俊土地神之事应同时以巫谱和友人艾南英文章为参考。

尽管族谱之记载遭到李世熊诸多质疑，但巫氏后人并未就此放弃加官于祖的想法，依旧努力为祖先"争取"刺史一官。对此，李世熊作如下回复：

> 惟以唐初无指挥使为疑。据唐官，九品上，镇有仓曹、兵曹、参军。定生既以疏报一镇为功，则以镇官酬之，于典礼、事迹无所不合，自谓允当，而尊族谓贬其官，则是以指挥，如明朝四品之指挥，而不知为唐流外之官也，流外之官岂尊于品官乎？此虽欲仍贯，亦无不可，若以不书刺史为嫌，则是读唐史未熟耳。兄自谓定生功绩与尉迟敬德何如？敬德才得同州刺史耳。唐太宗曰："为朕养民者，唯在都督、刺史，朕常疏其名于屏风，坐卧观之。"马周语太宗云："百姓所以治安，惟在刺史、县令。"唐初君臣其重视刺史如此，断不轻授一镇之长，明矣。贵族不慊于此者，总如来教所云，以百里土地，人民归附，大是英雄举动，各有此两语在其胸中耳，不思此土地、人民原是唐家故物，不过辟荒报籍。如今首报开荒之最者耳，而兄乃以窦融、钱镠、陈洪进纳土归国之事拟之，何其霄壤乎？③

---

① （清）祝文郁修、李世熊纂：《（康熙）宁化县志》卷二《丘墓志》，清同治八年重刊本，第257 页。

② 闽王事迹详见（宋）薛居正撰：《旧五代史》卷一百三十四《僭伪列传第一》，百衲本景印吴兴刘氏嘉业堂刻本，第 3448—3455 页。另见（宋）欧阳修撰：《新五代史》卷六十八《闽世家第八》，清乾隆武英殿刻本，第 1560—1579 页。

③ （清）李世熊撰：《寒支集》初集卷七《复巫亦侯》，清康熙四十三年檀河精舍刻本，第1017—1019 页。

可见巫氏后人并不仅仅满足于"一镇之长",在他们看来,巫罗俊辟荒报籍之功理应被授予更高官职,甚至自比历代名臣,欲效法之而成为唐初地方"权臣"。窦融为东汉初西北军阀,后主动归汉。①钱镠为五代吴越开国国君,始终尊中原王朝为正朔。②陈洪进为宋初闽南割据力量,于太平兴国三年(978)纳土归宋。③然而,李世熊却视其为"霄壤之别",并以尉迟敬德与唐太宗为例予以反驳。④

最后,李世熊阐明态度,即不将巫谱所言编入邑志,但同时也为巫亦侯留有情面:

幸语贵宗只如弟所述,自可传信。若里巷流闻、媟妄琐陋之谈,自当据经史断之,庶不为有识所笑耳。别宗某事,不料斯人捏怪至此。他事尚可迁就,若大典大政,史册朗然者,岂容书生颠倒?……若书此一事,则一部邑志尽是捣鬼,无一可传信者。何苦驱染烟墨,供人唾骂哉?⑤

但巫氏族人依旧坚持祖先乃"守土之官",并被朝廷敕封"神策指挥使",于是便有了李世熊的又一次回信《答巫亦侯书》。现将《答巫亦侯书》全文摘抄如下:

承谕令远祖事,向年三数手札,论不啻详,不意贵宗尚未了然。谓唐初宁令久缺,名俗有土知县之称,此齐东也。设镇、设县,自当设官,但本地荒陋无记载者耳,如蒙古一代将及百年,宁化无一达鲁花赤与县尹之名,岂是时亦有土知县耶?又如汀州设郡已百五六十年,今汀志只樊晃、陈剑两刺史,岂他皆土知府耶?皆有官而失记也。考吾邑与建宁壤地连接,同称为黄连,今吾邑有黄连冈,而建宁有黄连溪,可验也。吾邑已升县,而建宁复改为永安镇,故邵武志载唐谢望为黄连镇将,屯兵于寨,上官泊亦为镇将,拒贼战死,镇且设将,县独不设官乎?今以令祖为守土之官,则黄连镇将谢望等驻于何地乎?此皆图志朗载,必不可泯灭者,岂可以吾邑荒忽无征顿掩塞他邑之耳目哉?拙稿所书授以一职者,盖含吐隐约之辞,不

① 窦融事迹详见(南北朝)范晔撰:《后汉书》卷二十三列传第十三《窦融》,百衲本景宋绍熙刻本,第1378—1436页。
② 钱镠事迹详见(宋)范坰、林禹撰:《吴越备史》卷一《武肃王》,四部丛刊续编景清钞本,第2—134页。
③ 陈洪进事迹详见(元)脱脱撰:《宋史》卷四百八十三列传第二百四十二《世家六》,清乾隆武英殿刻本,第22458—22469页。
④ (五代)刘昫撰:《旧唐书》卷六十五列传第十五《长孙无忌》,清乾隆武英殿刻本,第4672页;(宋)司马光撰:《资治通鉴》卷一百九十三《唐纪九》,四部丛刊景宋刻本,第7405页;(宋)司马光撰:《资治通鉴》卷一百九十五《唐纪十一》,四部丛刊景宋刻本,第7494页。
⑤ (清)李世熊撰:《寒支集》初集卷七《复巫亦侯》,清康熙四十三年檀河精舍刻本,第1020—1023页。

必有证据也。凡史家修饰语言，疏通关目，务为可信，其法皆然，故曰文胜质则史。今拙稿叙述令祖数行文字，只借李子通一语，另出杼轴，与贵谱关目相去远甚，此亦作史之法矣。今于开卷封域叙明事迹，于丘墓内注明迁葬，于土地祠注其灵异，一人而三四，互见孝子慈孙，所以表扬祖德至矣，极矣，无复加矣。今必欲书神策指挥使，则全与史书背谬。唐官制自三省、九寺、五监、六军、十六卫，以开府仪同至将仕郎二十八阶为文散官，骠骑大将军至陪戎校尉三十一阶为武散官，上柱国至武骑尉十二等为勋官，辅国至游击十将军为散号将军，以加武士之无职事者，并无所谓指挥使，若以此官加令祖，则巫氏自帝制，而非唐官矣。五季以来始见此官名，至宋则有殿前都指挥使，为从二品，殿前副都指挥使，为正四品，都指挥、副都指挥为正五品，若借宋官加之，恐初授官无正五品之例，即据今所铺张事迹，辟土四隅尚不及百里，非有城郭府库功战驱除之绩，朝廷何故遽以五品官命之？据唐史，太宗著令文武官四（六）百四十三，谓房玄龄曰，朕设此待天下贤士，工商杂流技出等夷，只当厚给以财，不可假以官与贤者比肩，同坐食也。观于此言，贞观、永徽之间，岂有以品官滥锡编氓之事乎？且加神策二字更不可解。唐制十二卫，神策八军，将军六十人，大类今日之八旗，令祖非从龙奔走御侮明矣，何缘而隶神策？何缘另置一官曰神策指挥使哉？兄谓书此庶免后疑，某谓书此不但疑，将有唾詈及操笔者矣。盖历代官制朗载史籍，如马端临之《文献通考》，王伯厚之《玉海》，本朝章本清之《图书编》，皆胪列分明，非僻奥不可稽者，稍披正史，皆能征之，某何敢以聋瞽欺天下人哉？贵谱修于明初，时无淹雅通务之士商正是非，但据里巷流传之语书于家册，如绍兴一序，纰缪百出，见笑识者，此可奉为信书传示通都乎？愚意只书唐巫公定生墓，读者阅其事迹，自当想其荦卓不群，传诵无斁，若妄加以非制之官，本欲荣其先，而有识捡摘其谬，并其他真实懿迹皆指为子虚无是矣，岂非求荣而反丧其真乎？愚以为万万不可也。在兄读书好古之孙子，则尤不可也。饶舌可厌，俯亮愚率不宣。[①]

借此千字文，李世熊再次委婉地拒绝了巫氏族人的要求，即为祖先争得"土官"称号，但李世熊认为这都是"有官而失记也"，坚持只书"一职"，并吐露出真实心声：

> 拙稿所书授以一职者，盖含吐隐约之辞，不必有证据也。凡史家修饰语言，疏通关目，务为可信，其法皆然，故曰文胜质则史。今拙稿叙述令祖数行文字，只借李子通一语，另出杼轴，与贵谱关目相去远甚，此亦作史之法矣。今于开卷封域叙

---

① （清）李世熊撰：《寒支集》二集卷三《答巫亦侯书》，清康熙四十三年檀河精舍刻本，第1800—1805页。

明事迹，于丘墓内注明迁葬，于土地祠注其灵异，一人而三四，互见孝子慈孙，所以表扬祖德至矣，极矣，无复加矣。

可见李世熊仍坚守严谨的修史态度，实不愿为巫祖多加文饰。

后巫氏族人又欲为祖先巫罗俊加官"神策指挥使"。在巫祖相关史料已渺不可考的情况下，李世熊将常理与常情相结合，参阅唐宋史实，用严密的论证——反驳。其一，指挥使一职确始于五代。《五代会要》记载：

后唐长兴三年三月敕："卫军神威、雄威，英（及）魏府广健（捷）已下指挥，宜改为左、右羽林，置四十指挥，每十指挥立为一军，每一军置都指挥使一人，兼分为左、右厢。"① 宋因之，每指挥有指挥使、副指挥使。②

今人之研究也已指出："指挥这一级编制，至晚在五代时已有。"③ 以上是于理的角度。其二，于情来说，巫罗俊为"编氓"而非"贤士"，唐太宗既出"不可假以官"之语，④ 又怎会轻易赐官呢？于情于理，李世熊的考证都极具说服力。

四、结语

巫罗俊在方志中形象地形塑是一个类似"讨价还价"的过程。康熙二十二年（1683）左右，巫氏后人抓住李世熊编修县志的机会，与其展开了书信往来，乡中名士巫亦侯在其中发挥了关键作用。从李世熊文集中《复巫亦侯》《答巫亦侯书》二文来看，明初《巫氏族谱》编修之粗糙，令李世熊发出"无可疑者皆疑"之感慨。李世熊最终的处理方式是在保留主要事迹的前提下作模糊化处理，如舍去巫谱中"刺史""神策指挥使"的记载而代以"一职"，"曾孙"改为"裔孙"等，若有明显悖谬之处则直接删去，如"应召征李密"之语，遂形成了如今关于巫罗俊的标准化形象。二百余年后，巫氏被罗香林写入其著作《客家源流考》，书中再次明确巫罗俊宁化开辟者的地位，巫氏成为客家大姓。今天，巫氏后人依然热衷于从事修祠、编谱等活动，积极宣扬巫氏文化，并开拓其他新形式，如宁化每相隔数年即举办海内外巫氏宗亲文化节，又如2018年9月2

---

① （宋）王溥撰：《五代会要》卷十二《京城诸军》，清武英殿聚珍版丛书本，第425页。
② （元）脱脱撰：《宋史》卷一百八十七兵志第一百四十《兵一（禁军上）》，清乾隆武英殿刻本，第8662页。
③ 王曾瑜：《宋朝兵制初探》，北京：中华书局，1983年，第29页。
④ （宋）欧阳修撰：《新唐书》卷一百八十一列传第一百六《曹确》，清乾隆武英殿刻本，第2167页。

日，我国首部大型姓氏纪录片《平阳巫氏》在央视发现之旅频道播出，都体现了巫氏族人对历史与文化的传承与发扬。

（作者简介：黄仝，南昌大学在读硕士）

清代汀州府地方官绅推动书院发展研究[①]

———— ● 刘建朝 ● ————

2017 年，原文化部设立了客家文化（闽西）生态保护实验区，该实验区范围包括三明市的宁化、清流、明溪和龙岩市的长汀、上杭、武平、连城、永定，即明清时期的汀州府管辖范围。汀州府是客家人主要聚居地，八县（区）为纯客家地，其中宁化的石壁是客家祖地，汀州也有"客家首府"之称。客家历来重视教育，而教育有赖于学校，随着书院教育模式的盛行，清代汀州也重视书院对地方教育的作用，地方官绅等积极参与书院的建设。本文拟对清代汀州府地方官绅推动书院发展情况作一探讨。

一、清代汀州书院概况

有论者指出，宋代汀州有书院 3 所，私人讲学读书处 6 处；明代新建或复建书院 13 所，书屋等 4 处；到清代乾隆年间，汀州府从宋明以来遗留的书院有 9 所，修建年代不详的有 7 所，清代新建的有 43 所（包括正音书院 27 所）。[②] 实际上，清代汀州府新建的书院数量大于此数。

（一）清时期前代遗留的书院

在清代，前朝书院有些已倾毁，有些得以保留下来。作为汀州府所在地，长汀在宋明时期就创建有书院，有些保留到清代。如觉觉书院，建于明崇祯年间，清代乾隆十一年（1746）郡守沈伟业修，十九年（1754）邑令丁潍再次修葺。龙江书院，位于府西门外，明代天启中推官司寇从化、知县萧奕辅建，清代知府冯协一重修。在宁化，明代嘉靖二十九年（1550）知县潘时宜即山川坛左旧射圃之址改建为书院。康熙九年（1670）

---

① 本文为福建省社科研究基地重大项目"清代闽台书院文化与社会变迁研究"（项目号：FJ2020MJDZ040）阶段性成果。

② 王华丽，靳阳春. 清前期汀州府书院的历史考察 [J]. 三明学院学报，2022，39（02）：57-62.

知县何凤岐复于旧址建书院，中外二堂，外祀文昌，而附何凤岐神位于左内，供大士，左右各为厢房，堂后左馔堂，右庖湢院。① 清前遗留的一些书院得到维护，有些还扩大了规模，设施更加完善。

（二）清代新建书院

清代朝廷对书院的政策由禁止改为支持，清代汀州书院获得了大力发展，除了修复前朝遗留的书院，还新建了不少书院。例如，长汀有龙山书院，在文厂后，康熙二十年（1681）由巡道邓秉恒、知府鄢翼明创，三十五年（1696）知府王廷抡修，王廷抡于康熙三十五年到四十二年（1696—1703）任汀州府知府②。丽泽书院，在府学左，也为郡守王廷抡建。正谊书院，在乌石山，康熙二十年（1681）建，乾隆十九年（1754）邑令丁潍修。东山书院，在龙首山山陬，有亭，署状元峰，中祀李少师、文丞相，清代邑令张其岱即祠建书院，张其岱于康熙四十年到四十四年（1701—1705）任长汀知县。

上杭有清惠书院，在东门外太子宫西畔，古田白砂二里向有浮粮"百四十石"，差徭久累，康熙二十年（1681）知县蒋廷铨勘实详，免里民，百姓感恩戴德，因捐赀创建，八图子弟岁时肄业其中。另，县治西南之东有龙翔溪，康熙二十一年（1682）知县蒋廷铨捐俸倡建，以回抱三折之水立书院，祀文昌奎宿③。龟山书院，原为县西的冯公祠，康熙五十四年（1715）人们为知府冯协一而建，五十七年（1718）知县段巘生改为龟山书院。扶风书院，在县东镇东街南畔，清康熙六十年（1721）人们为知县马义而建。萃英书院，县署东偏，清光绪十七年（1891）邑人既建保安宫，构园于其后，周数十丈，围以墙，叠石为山，引水为池，竹木参差，亭台错落，颜曰萃英园。知县贺沅为之记，不久扩建为书院。还有濂溪书院，康熙五十六年（1717）知县段巘生将一义学改为濂溪书院，乾隆二十二年（1757）知县顾人骥捐俸倡邑人重建，改为琴冈书院④。

连城有文溪书院，康熙四十七年（1708）宁州人段昕安为任，正俗端士习，建文溪书院，祀丘起潜、童东皋两先生。五贤书院，清乾隆十一年（1746）知县秦士望于冠豸山之六逸草庐故址建五贤书院，咸丰八年（1858）毁，同治五年（1866）、光绪二年（1876）、十六年（1890）相继募建，一仍旧制。培元书院，乾隆四十四年（1779）己亥县令郑一崧于城北文昌阁建培元书院。文明书院，原建于明代，以祀邑侯诸公，清代邑人改建为书院，道光十年（1830）庚寅增建文明书院。梯云书院，连城人道光辛巳恩科举人陈均涛，原名玗，选授福安教谕，保荐知县，历任漳浦海澄县教谕、福宁府教授，经术表率，振兴学校，广育英才，归乡建梯云书院⑤。王公书院，顺治六年（1649）

① 李世熊. 康熙宁化县志：卷六 [M]. 清同治八年（1869）重刊本.
② 王华丽，靳阳春. 清前期汀州府书院的历史考察 [J]. 三明学院学报，2022，39（02）：59-60.
③ 蒋廷铨. 康熙上杭县志：卷二 [M]. 康熙二十六年（1687）刻本.
④ 丘复. 民国上杭县志：卷十九 [M]. 民国二十八年（1939）铅印本.
⑤ 邓光瀛. 民国连城县志：卷二十一 [M]. 民国二十七年（1938）石印本.

十二月，署移县南集场，入郭赴者益众，县令王自民，清里户，造黄册，瘗暴骨，建文川桥，去任留金二百，俾置产以赡贫士，邑人为建王公书院于东门内以祀之。

宁化有云龙书院，即县丞旧署，乾隆八年（1743）监生贾文兆捐七百金建造。诚正书院于乾隆五十六年（1791）知县毛振翮创建于县治东城隍庙右。翠峰书院，乾隆间童学蕴等倡建于石牛驿。道南书院，光绪二十三年（1897）知县邹经镕与西乡绅董募赀建于禾口墟。嘉庆年间（1796—1820）陈励堂在湖村巫坊、张亨亭在店上创办过思乐书院和牖民书院。光绪八年（1882）巫桥祖、官儒林在泉上创办毓秀书院。

清流有汤公书院，知县汤傅榘于康熙三十八年（1699）重修城隍庙，使之焕然一新，邑人以后殿空基祀生位报其德，额曰汤公书院。王公书院，清流有玉华洞在玉华铺之半岭当孔道旁，洞前石稍平坦处，建有王公书院，王公即郡太守王廷抡。归化（今明溪）有峨嵋书院，在县北即学宫废址，雍正十三年（1735）邑人黄虞夏等人建。

清代汀州奉文设立的正音书院共有27所。长汀正音书院，在府城隍庙左清风楼，雍正七年（1729）奉文设立，乾隆十四年（1749）知府曾曰瑛捐俸延师以教子弟之贫者。宁化正音书院，在县南关外。清流正音书院，在法海坊。明溪正音书院，由城内义学改设。连城正音书院，在上庙前。上杭正音书院，城乡共12处。武平正音书院，在城中。永定正音书院，在城3所，在乡5所①。

此外，汀州还有创建年代不详的书院，如长汀道南书院，在府城隍庙右新街巷，每年额修银二十四两。明溪的文昌书院，在城东白沙桥右，后毁，清代康熙十八年（1679）邑绅李珍等重建。

二、地方官绅对汀州书院的贡献

清代汀州府书院数量超过此前各代汀州书院的总和，书院数量的增加，与地方官绅的大力支持紧密相关。

（一）地方官支持书院创办与发展

由上文可知，清代汀州书院的增加与地方官员的支持密不可分。地方官为任汀州府、县，修葺或新创书院，设置或增扩膏火田，倡订书院章程，聘请书院山长，协调书院间资产等，促进地方书院发展。如长汀的龙山书院，在康熙年间由巡道邓秉恒、知府鄢翼明创，十余年后知府王廷抡进行修葺，后因聘师无馆谷，徒乏膏火之资，屹存空院，渐致倾圮。乾隆十四年（1749），知府曾曰瑛经营葺缮，书院一新，器物备具，前造正学津梁堂，后增学舍二十间，清查龙山龙江书院岁入"租米八十石六斗零，租谷一十九石零，租银一百二十八两六钱零"，剔除侵冒，厘而正之，复偕绅士捐置二千余金

---

① 李绂. 乾隆汀州府志：卷十二 ［M］. 清同治六年（1867）刊本.

贮为生息额，定肄业生童四十名，每名月给膏火银一两，馆师修金年共一百二十两，馆师供膳月给银五两，并同厨夫门役工食等项，均于租息内取资焉①。再如长汀紫阳书院，位于福寿坊东，乾隆十四年（1749）郡守曾曰瑛延师讲学，每年额修银四十两，十九年（1754）邑令丁滩重修。

民国版《连城县志》言，连城旧无书院，惟朱子祠一所，清乾隆十一年（1746）邑令秦士望始于冠豸山桃源洞故址建五贤书院，延名宿掌教，置田以供束脩膏火。乾隆十七年（1752），县令王立韩先后捐银一百三十五两增置膏火田。乾隆三十六年（1771），县令刘亦山捐置书院膏火田。乾隆四十四年（1779），县令郑一崧于城北文昌阁下建培元书院，置膏火田。乾隆五十五年（1790），县令杨环采纳众议，五贤膏火田不足，则拨培元田租若干以益之。培元之田租则公收公贮，永为津贴乡会试公车之费。益以募捐，杨环自捐百金以为之，倡订立章程，刊为图册，连人胥相率恐后焉。同治五年（1866），县令朱幹隆清丈寺租田原千余桶，增出为三千余桶，拨千桶为五贤书院膏火，"则拨产赡学之例也"②。乾隆十三年（1748）为任的高安拔贡徐尚忠，廉平岂弟，取连士俊秀者肄业五贤书院，捐廉以资膏火，亲课文以为劝勉。光绪十六年（1890）庚寅五贤书院校舍配享厅落成，清出民匿僧田，增加膏火。这些正是地方官员支持书院发展的体现。

上杭的琴冈书院，原为知县段巘生于1717年将义学改成的濂溪书院，岁久渐圮，乾隆十一年（1746）知县梁钦动项修葺，乾隆十四年（1749）知县赵成拨才溪乡废寺田四十秤以资膏火，乾隆二十二年（1757）知县顾人骥捐俸倡邑人重建，改为琴冈书院③。其中知县段巘生，湖广常宁人，康熙四十五年（1706）联捷进士，任上杭知县时对地方书院多有建树。上杭旧有时雨堂，明王文成公祷雨之地，手书勒石犹存，五十二年（1713）圮于水，五十六年（1717）巘生涖任，还其金，详立阳明书院；复葺故卫衙为濂溪书院；又以邑署西冯公书院屋舍宽敞，花木明媚，依从邑人请求改为龟山书院，以冯公从祀。择邑中文行兼优者何熊、刘征、周莹分掌教事④。

（二）地方乡绅对书院的支持

一是对书院院产的资助。典型者有宁化的云龙书院，乾隆八年（1743）邑人贾文兆捐金七百，就旧县丞署创建云龙书院（知县陆广霖记曰，来宁之二年，得贾生文兆独力成予志，建书院于丞署故地，感夫勃蔚创兴，因卜人才隆盛有如云之从龙，故取以名吾书院）。乾隆三十二年（1767）文兆子辉生重建，费金钱千二百两，道光十二年（1832）

① 李绂.乾隆汀州府志：卷十二 [M].清同治六年（1867）刊本.
② 邓光瀛.民国连城县志：卷十四 [M].民国二十七年（1938）石印本.
③ 丘复.民国上杭县志：卷十九 [M].民国二十八年（1939）铅印本.
④ 丘复.民国上杭县志：卷三十三 [M].民国二十八年（1939）铅印本.

文兆孙绂修之，光绪二十三年（1897）文兆玄孙玉辉又修之。① 贾氏数代子孙捐资修建云龙书院达一百多年，有力保障了书院的延续。又如《民国连城县志》记载的连城乡绅：陈均涛，原名珩，道光辛巳恩科举人，选授福安教谕，保荐知县，历任漳浦海澄县教谕，福宁府教授，经术表率，振兴学校，广育英才，归乡后建梯云书院。谢春榜，字宜周，邑增生，遵祖训倡捐腴田数十亩，为文明书院新生花红，重建文明五贤二书院。吴丰庞，字少西，同治乙卯副贡，选授连江教谕，以整顿学风为任，奖善惩恶，士论翕然。豸山书院产业微薄，白县追出民家私匿僧田以充膏火②。再如上杭县，有念典堂在学宫西畔，原为紫阳书院故址，舍宇颓塌，清道光二十三年（1843）合邑绅董莫树椿、华时中等倡修学宫时，兼修书院③。

二是乡绅积极投身书院教学管理。明溪县有峨嵋书院，地方乡绅积极支持书院事业，如：李运衢，字云阶，由恩贡中举，拣选知县，任峨嵋书院掌教。赖培禧，字云衣，又名华禧，任侯官县学教谕，后为峨嵋书院掌教④。梁达雍，字学超，号西舟，以教职用，曾任平和、长泰县学教谕，漳州府学训导，署教授，并任峨嵋书院掌教，循循乐育，多所造就。陈梦鹏，字仰高，号中山，恩贡生，嘉庆丙午掌教峨嵋书院，从游者众，芹香一时称盛。陈琚繁，字瑶碧，乾隆己酉举人，尝从宁化伊秉绶游，年十九肄业鳌峰书院，后受聘为宁化书院山长⑤。连城县有童积斌，字小丛，咸丰辛酉拔贡，光绪壬午举人，福州府学、闽清县学训导，古田教谕，曾任豸山书院掌教，与人交一本至诚，文行清正，教授生徒，循循善诱，劝捐豸山膏火，修谱牒，印遗书等。还有童选青，字韵香，同治庚午举人，任延平、永安、南平、南靖训导，署南平教谕，曾掌教豸山书院，黜华崇实，以身作则⑥。童荣南，道光乙酉拔贡，癸卯副贡，曾掌教豸山书院。吴作梅，字汝和，同治丙戌优贡，尝主讲豸山书院及姑田紫阳书院⑦。再如上杭的范正国，字家伦，胜运里人，康熙五十九年（1720）举于乡，七十致政，两袖清风，邑令梁钦聘掌濂溪书院，申饬学规⑧。

（三）官绅合作

清代书院有官办、官助私办、私人创办三种方式，而书院官办是当时的主流，但私人在书院的兴建与修复中也发挥重要作用。地方官在书院创办与修复时，也积极倡议乡

① 黎景曾. 民国宁化县志：卷八［M］. 黎彩彰, 修. 民国十五年（1926）铅印本.
② 邓光瀛. 民国连城县志：卷二十三［M］. 民国二十七年（1938）石印本.
③ 丘复. 民国上杭县志：卷十九［M］. 民国二十八年（1939）铅印本.
④ 廖立元. 民国明溪县志：卷六［M］. 民国三十二年（1943）铅印本.
⑤ 廖立元. 民国明溪县志：卷十四［M］. 民国三十二年（1943）铅印本.
⑥ 邓光瀛. 民国连城县志：卷二十三［M］. 民国二十七年（1938）石印本.
⑦ 邓光瀛. 民国连城县志：卷二十四［M］. 民国二十七年（1938）石印本.
⑧ 丘复. 民国上杭县志：卷二十六［M］. 民国二十八年（1939）铅印本.

绅捐助，出现了地方官与乡绅合作支持书院的现象。如长汀的龙山书院得到多任地方官的修葺，乾隆丙申年郡守张思振劝绅士重修。长汀的森玉书院、紫阳书院、东山书院、正谊书院、道南书院、丽泽书院、觉觉书院以上七处讲堂，学舍多寡不一，生童均无膏火，其教习半由绅士公举，后之官斯土者俟有公项闲歇，议给膏火，俾资诵读，亦作育人才之首务云①。上杭的濂溪书院，知县顾人骥于乾隆二十二年（1757）捐俸倡邑人重建，改为琴冈书院②。宁化县道南书院于光绪年间由知县邹经镕与西乡绅董募赀建于禾口墟。汀州书院在官员的倡导和乡绅的支持下，官绅通力合作，促进地方书院的发展。

三、清代汀州书院发展的特点

（一）具有重视文教的社会背景

汀州地处闽西地区，除长汀、宁化等县历史文化较为深厚外，其他地区的文化教育相对落后，到了清代，受科举制度、经济发展等因素影响，文化教育开始受到重视。以连城为例，在清前旧无书院，而清代兴建了不少书院。连城，邑虽山僻，文化建设未尝后人，自应力谋保全，振兴教育，为国树人，庶不致教育荒而人材坠落也。③ 创办五贤书院、培元书院、文明书院，为清代连城的三大书院。连城还采取措施，鼓励学子教育。乾隆五十五年（1790）庚戌县令杨环厘定培元租除拨足五贤书院一千桶为延师膏火费外，悉为乡会试公车之费。道光十年（1830）庚寅增建文明书院，拓充租产二千余桶，为新生花红。咸同乱后，连城地方凋敝，元气未苏，地方长官父老首先修复圣宫儒学书院，以维王谊，定民志④。由于重视文教，清代汀州的科举人员大量增加，培育了不少人才，他们又投身地方教育，反哺地方人才培养。梁达雍，字学超，号西舟，达榜之堂兄也，嘉庆十五年庚午举人，候选知县，以学行兼优承，历任邑主延人峨嵋书院掌教，循循乐育，多所造就，其讲经史，申礼义，从学者庑舍为满，文风丕变⑤。汀州府培育的人才还为八闽教育作贡献。如明溪的谢家树，字兰邨，任翰林院典簿广州宁，台湾府学教授，福州鳌峰书院掌教，曾著有台湾志。罗联棠，字竹淑，拣发知县，考充宗室官学教习，任瓯宁县学教谕，鳌峰书院掌教⑥。

（二）重视书院教育模式

清代汀州书院的数量大幅增加，这与汀州人们重视书院教育模式有着密切关系。一

---

① 陈朝义.乾隆长汀县志：卷十一 [M].清内府本.

② 丘复.民国上杭县志：卷十九 [M].民国二十八年（1939）铅印本.

③ 邓光瀛.民国连城县志：卷三 [M].民国二十七年（1938）石印本.

④ 邓光瀛.民国连城县志：卷三 [M].民国二十七年（1938）石印本.

⑤ 廖立元.民国明溪县志：卷十四 [M].民国三十二年（1943）铅印本.

⑥ 廖立元.民国明溪县志：卷六 [M].民国三十二年（1943）铅印本.

是将社学、义学等改为书院，上杭旧有时雨堂，日久堂圮，清康熙年间知县蒋廷铨重修为社学，后由知县翁大中改为义学，康熙五十六年（1717）知县段巘生改设为阳明书院，乾隆二十二年（1757）知县顾人骥捐俸倡邑人重建，改为琴冈书院①。二是将贤祠等称为书院。永定有卢公祠，是为本府同知署县事卢裕砺而立的，一在文昌祠东，一在西郊，二祠旧亦称书院。申公祠，是为县丞署县事申传芳而立的，亦称书院。岳公祠，在旧平西驿地，是为知县岳钟淑而立的，亦称书院②。永定知县顾炳文倡募千余金通修文庙及尊经阁，雍正十一年（1733），诸生设朱子位于尊经阁，扁曰紫阳书院③。三是延续书院之名。如长汀正音书院，在府城隍庙左清风楼，原为奉文设立，很快就停办，乾隆十四年郡守曾曰瑛捐俸延师以教子弟之贫者，后又改为长汀社学，改名森玉书院，仍以书院命名。

（三）理学文化的传承

与福建其他地区一样，清代汀州书院主要尊奉朱子理学，传承理学文化。首先，书院设立目的是继承理学。如连城县令段昕的《文溪书院记》所言："正风俗自士习始，敦士习自理学始。学敝则士习坏，士习坏则风俗颓，是理学者，皆俗之端表也……张公表彰理学，命祀二先生于文溪书院，岂徒以表潜德云耳，盖将以兴顽立懦守先待后之责寄之二先生，而期理学之传之不绝于来世也，连人士故素习其教者，如能尊所闻，行所知，寻其源于六经，敦其行于践履，更取二先生之所学而光大之，则士习日上，风俗日古，予于文溪有厚望焉。"④ 通过书院教育传承理学，进而改变风俗，端正风气。其次，书院学规等体现理学精神。黄惠《龙山书院学规》⑤："朱子亦谓，后世学必有规，其待学者为甚浅，故白鹿洞条约及沧洲精舍之论，一洗俗师之陋，而务期于立身为己、明体达用之学，后之作者不易斯言，至于由浅及深、由精及精，则又自有秩然之条绪所为，循循然莫不有规矩也，今择其尤要者为目，有十用以自勖，且以相勉云尔。"订立了"端志向、敦本务、慎言行、变气质、勤课业、详讲论、正文体、习古学、端书法、裕经济"十条学规，体现理学精神。如"端志向"："士自束发受书，便当自期远大。我既为圣贤之徒，则盛德大业非异人任，识见不可卑鄙，志气不可萎。""习古学"："今虽不以此取士，而扶大雅之轮成千秋之业，卓荦自命，岂可让人。""裕经济"："古人读书原期实用，凡安上治民之道，如礼制乐律、刑名钱谷，以及筹边防海诸事，宜创置施为，皆由讲之有素，岂临时所能猝办。夫学问事业非出两途，士有上下千古之识，超越百代之才，一旦出身加民，乃能上不负国，下不负学。"最后，书院山长等传授理学。如上

---

① 丘复. 民国上杭县志：卷十九 [M]. 民国二十八年（1939）铅印本.
② 王见川. 乾隆永定县志：卷二 [M]. 清内府本.
③ 王见川. 乾隆永定县志：卷四 [M]. 清内府本.
④ 邓光瀛. 民国连城县志：卷十九 [M]. 民国二十七年（1938）石印本.
⑤ 陈朝义. 乾隆长汀县志：卷二十五 [M]. 清内府本.

杭的范正国，字家伦，胜运里人，为人孝友端方，扃户授徒，惟以昌明理学为任，康熙五十九年（1720）举于乡，七十致政，两袖清风，邑令梁钦聘掌濂溪书院，申饬学规①。

总之，清代汀州书院的发展与地方官绅的支持密切相关。而地方官绅之所以重视书院教育，推动书院发展，是因为当时的教育政策、地方经济发展程度等产生了影响。例如，科举人才的培养情况纳入地方官政绩考核范畴，地方主官主观上更积极投入书院等教育建设。地方经济的发展，如清代连城成为当时的出版中心，这带动了地方经济发展，乡绅等有财力物力支持书院发展。另外，汀州作为客家聚居地，客家人的重视教育、传承儒家思想的传统也对清代书院发展产生一定的影响。

（作者简介：刘建朝，三明学院，副编审）

---

① 丘复. 民国上杭县志：卷二十六 ［M］. 民国二十八年（1939）铅印本.

宋明理学对客家民性生成之影响探论

———————— ● 赖长奇 ● ————————

任何一支族群民性的生成都是特定环境长期孕育的结果。这里所指特定环境包括三大要素：族群生活的时代背景；赖以生存的地理环境和周遭的人文条件；围绕着族群并直接影响着居民的独特社会环境，尤其是人与人之间的关系。居民的构成与性状是判定客家民性的一个重要因素。要了解客家民性的生成应当从客家民系孕育、成长、发展的地理环境、经济形态及其沿革、居民生活方式、风俗习惯、心理特征及由此形成的精神个性与反映于各种形式的文化载体等方面进行综合定性分析，其中最重要的是其文化的影响。宋明理学为客家文化思想内核，其对客家民性生成至关重要。

一、客家民系的构成与性状

历史上中原汉人在南迁之前，他们接受的思想文化除佛、道思想外，更主要的还是中华儒家传统文化。客家民系是汉民族支系，客家民系的形成是一个漫长的历史过程。中原汉人南迁主要有以下三次大潮：一是在西晋末年开始的"永嘉之乱"造成的移民高潮历时一百多年，这一时期中原汉人移民数量估计到南宋时为止，约90万之众。永嘉之乱至隋唐，中原流民迁入地主要集中在长江中下游沿岸和江淮地区，也有部分已经到达今属客家大本营地区的赣南和闽西；二是在唐后期"安史之乱"以及王仙芝、黄巢发动的大规模农民战争期间，不少中原汉人长驱南下至东南沿海，岭南道、江西和福建。这时期迁入现在客家区的中原汉人，成为孕育客家民系的主体或称客家基本先民；三是在北宋"靖康之难"后，断断续续地持续了一个半世纪，它比前两波规模更大，距今更近，对中国的政治、经济重心南移和客家民系的形成产生决定性影响。客家三次大规模南迁的终点是闽、赣、粤三省交界区域，这一区域是客家人的重要发源地和集散地。从中原迁徙而来的汉人与当地土著人之间，在长期的生产和生活中，慢慢产生了较密切的交往，互助互学、相互尊重、取长补短，最终达到文化的沟通和融合，以致情感的交流和融合。客家民系是在不同地区、不同族群、不同民族文化的磨合、交流、融合中形成的。中原儒家传统文化对客家民系及客家文化的形成具有全面、关键、决定性的影响。客家民系主体来自中原汉人,在闽赣粤连接地开基创业奠定了客家文化物质基础。客家重构儒家宗法制社会,形成客家文化的社会基础。

二、宋明理学对客家民性生成之影响

儒学为汉民族思想核心,其肇端于齐鲁大地,以孔孟为其代表,经汉晋而变异,到宋代终于完成其崭新理论体系的构建,这便是理学。理学批判地吸收了佛教哲学的思辨结构和道教的宇宙生成论,将儒家伦理学说概括升华为哲学的基本问题。其实质是把佛、道"养性""修身"引向儒家的"齐家、治国、平天下",对儒家的纲常道德给予哲学论证,使之神圣化、绝对化、普适化,以便深入人心,做到人人遵而行之。闽学(朱子学)否定佛教对超自然的神灵崇拜和信仰,也否定儒家传统的"天命论",但对佛教的"去欲""悔过"思想加以继承,对道家的"道统万物"进行发挥,强调儒家的三纲五常是不容置疑的"天理",必须努力践行,迁善改过,做到"知行合一"。

宋明理学就是指宋元明清时代占主导地位的儒家哲学思想体系,亦称"新儒学"。宋明理学是中国封建社会后期别具特色和风格的哲学思维形态。它被封建统治阶级捧为官方哲学,长达六七百年之久,对中国政治、经济、文化,乃至民族性格造就有着深刻而广泛的影响。宋明理学以程朱理学和陆王心学为主要流派。

(一)宋明理学大师在客家客地的言传身教

宋明理学的创立、成熟、发展因历史机缘正好与客家民系的孕育、成长、发展基本处同一时期,且其创建者、传承人、发展者,大多本来就是客家先贤、理学大家,与客家客域有着特殊的历史渊源,如宋明理学的开创者周敦颐及奠基者程颢、程颐、"闽学四贤""心学"学派创始人陆九渊和王阳明等。客家民系的成长与成熟,离不开作为时代精神的宋明理学。

1. 理学在赣南客家区的创立及传播

周敦颐和程颢、程颐与"客家摇篮"赣南的深厚因缘。周敦颐(1017—1073),字茂叔,湖南道县人,是宋明理学的开创者,后世称其为濂溪先生。周敦颐于北宋庆历五年(1045)任南安军司理,在任上著《太极图说》,成为其一生学说的基础。次年,程颢、程颐之父程珦由兴国县令调任南安军通判,钦敬周敦颐的人品、学识,与之定交,并令儿子程颢、程颐拜周为师。北宋嘉祐元年(1061),45 岁的周敦颐再度来到赣南,出任虔州(南宋后改名赣州)通判。在任四年,周敦颐于政事之余,倾力兴办书院,登坛讲授,传播理学。外地和当地后学如侯师圣、曾准、陈衮臣等都曾于这段时间到虔州来从周敦颐受业，后来都成了理学名家①。在此期间，周敦颐写下了脍炙人口的《爱莲说》，并勒石刻碑，流传千古。周敦颐与二程在赣南的这段因缘对于理学源流有巨大影响，早在孝宗乾道年间（1165—1173），南安就修建了祀奉周、程的"三先生祠"，以表彰周、程在南安（今大庾县）孕育、创始理学之功；及至南宋后期，理学在社会上取得意识形态主流地位，当时周敦颐用以讲学教导二程的南安军学，被人们改名为"周程书院"；淳祐元年（1241），宋理宗赵昀为之亲书"道源书院"匾额，意思是尊此学堂为道学（即理学）之源。对于周敦颐后来在赣州任职和传播道学的作用，史志也给予了充分的肯定。赣州府志说，经过周敦颐在赣州四年的教化，"郡人士悉重理学"；而今日赣州尚有"濂溪书院""濂溪路"，更可看出周敦颐在赣南的巨大而深远的影响。

2. 闽学在闽西北客家区的传播

闽学的先驱，大都是闽西北人。其中闽学鼻祖杨时与其高弟罗从彦与闽西客家的关系最深。他们的出生地都在今日的纯客家地区，其活动与客地人士声气相通，对于客家地区的学术文化和社会思潮影响深刻。罗从彦对于汀州士习民风的影响更为直接。

罗从彦出生于南剑州州治之南，后徙居于沙县，沙县在宋代一度属于汀州，脱离汀州后与纯客家地区汀州的关系仍然密切。更重要的是，罗从彦曾到纯客家县连城县讲学。罗从彦的五世孙罗良凯与同样结庐冠豸山的本地俊彦丘鳞、丘方叔侄时相过从，对于理学在连城、在闽西客家地区的弘扬和传播，起了不小的作用。

在理学名儒的推动下，崇尚理学成为闽西客家地区学术思潮的主流，并很快培养出本地籍的理学名家。两宋之交的宁化张良裔，他"自幼端重不媚时好。宣和间，三经考学行，良裔独好二程先生之学，虽屡黜不变。建炎间，学禁开，中第（时在绍兴五年）"②，此后其一生的历官和为人都严格按照理学家的主张行事，真可谓"学行无愧儒者"的高度评价。长汀县人杨方，对于理学在汀州的传播起了更大的作用。杨方，字子直，号淡轩，隆兴元年进士，"清秀笃孝，行己拔俗，中乙科。平昔心师朱文公，调弋阳尉。还，特取道崇安参请数月，面受所传而归"③。杨方获得朱熹真传，在朱门弟子中也算是杰出的，当理学被列为"伪学"遭到禁止时，杨方被视为"赵汝愚、朱熹党，罢居赣州，闭门读书"④，以立场坚定、修养纯粹知名于世。清初汀州名儒雷铉在一封书信中说，杨方"尝入武夷，从学朱子，赞朱子兴白鹿洞，见朱子自注鹿洞赋中。朱子订濂溪通书，得其藏本以校，见朱子太极通书后序……夫朱子倡明绝学，天下英杰萃于一

---

① 侯师圣事见《宋史》卷427《道学一·周敦颐》，曾准、陈衮臣事见赣州地区方志办1986年重印本同治《赣州府志》卷54《人物志·儒林》，"曾准"条引明天启元年谢昭所编《赣州府志》关于曾准的记载，以及同书同卷"陈衮臣"条。
② 宝祐《临汀志》"进士题名"。
③ 据《临汀志》"进士题名"。
④ 据民国《长汀县志》卷24《儒林传·杨方》。

门。汀州惟淡轩一人，与闻至道。其遗风余韵，足以起衰式靡"①。也就是说，杨方在朱子门下，参与了办白鹿洞书院、帮助校订周敦颐《太极通书》等重要工作，受到朱熹本人的器重。他的事迹和思想品格，对于汀州后学是一种很好的模范表率，几百年来一直起到鼓舞人心的作用。

宋代汀州读书人中，像杨方那样崇尚理学，或直接受杨方的教导而钻研理学者，仅据《临汀志》"进士题名"一目所载，即可举出如下多人：淳熙五年进士吴雄（长汀县人）、庆元二年进士郑应龙（长汀县人）、嘉定十三年特奏名进士丘鳞（连城县人）、宝庆二年特奏名进士丘方（连城县人）等，这些人本身是汀州客家人，研习理学，登科中举后，或在家乡传播理学，或曾在其他客家地区（如循州、赣州等地）为官，对当地理学的传播起了推动作用。循州、赣州、潮州等客家地区士人中有类似情况者也不在少数，他们的努力，是理学在客家地区广为传播的重要因素。

南宋后期，在理学取得意识形态主流地位前后，莅临客家地区的官员中，也有不少理学中人，他们利用手中权力，兴学校，讲修养，崇先儒，推行理学之功更大。在这些理学出身的官员前赴后继的努力下，汀州的各级学校被改造成理学的讲习所和理学家的养成所。

客家地区的书院在传播理学方面也起了重要的作用。汀州在宋以后历朝陆续修建的书院有鄞江书院、新罗书院、森玉书院、紫阳书院、东山书院、正谊书院、龙山书院、道南书院、广陵书院、观文书院、觉觉书院、卧龙书院、正音书院等十几所；在冠豸山上有尚友斋、悠然阁、竹径书院、樵唱山房、修竹书院、东山草堂、五贤书院、雁门书院等。这些书院，大都以研习理学为宗旨，是理学在客家地区传播并取得主流地位的明证，起到化民成俗的作用。

与书院的兴盛相配合，作为理学家心目中地方控制系统的另一重要构件，汀州的地方名人祠也如雨后春笋般兴建起来。有些名人祠，特别是理学家的祠宇，附设在郡学、县学中，有如前述。这些祠宇把全国和本地的理学名家奉若神明，把他们树为人生的楷模，以最直观的形式日积月累地引导着、影响着人们的思想和行事，其对于强调理学的权威、促进理学传播的影响是不可低估的。

3. 阳明心学在客家地区的传播

宋明理学在客家地区传播的历史，至明中叶产生了一个重大的转折，那就是阳明心学的崛起，与程朱理学并驾齐驱，在局部地区甚至取程朱理学而代之。关键是王阳明出任南赣巡抚，在平定赣闽粤边地的各族人民反抗斗争方面取得巨大的成功。

王阳明于正德年间受命巡抚南赣平乱，他实行剿抚并用、攻心为主的办法，即把他的心学主张应用在平乱和善后工作的实践中，取得了巨大的成功。王阳明"抚"的办法

---

① 民国《长汀县志》卷 24《儒林传·杨方》引《雷鋐与长汀赵邑侯书》。

有两个方面，一是设立新县，建学校，举行祀典、乡饮酒礼等，使得"民日由之，遂渐从善而归治"①，这是利用设县建立一套统治和礼乐教化机构来影响人心，移风易俗；又在乡村推行保甲组织和十家牌法约条，也就是用"乡约"强制民众互相监督，实践其"良知良能"的心学主张，进一步从思想上引导新民回心向化，巩固统治秩序。

王守仁在《十家牌法告谕各府父老子弟》的告示中说："今为此牌，仰亦烦劳，尔众中间固多诗书礼义之家，吾亦岂忍以狡诈待尔良民？但欲防奸革弊，以保安尔良善，则又不得不然。父老子弟其体此意，自今各家务要父慈子孝，兄爱弟敬，夫和妇随，长惠幼顺，小心以奉官法，勤谨以办国课，恭俭以守家业，谦和以处乡里。"②说明"十家牌法"的精神是使国家权力通过保甲组织有效地伸展到基层社会中，通过政权强制与乡村地缘、族缘的互相维系和互相监督作用相结合的方式，在招抚新民地区推行和维护封建秩序。

配合十家牌法，他首先在赣南颁布了《南赣乡约》，然后逐步推行到闽西、粤东各地。王守仁宣称："民俗之善恶，岂不由于积习使然哉？""新民盖常弃其宗族，畔其乡里，四出而为暴，岂独其性之异，其人之罪哉？亦由我有司治之无道、教之无方"，所以劝谕"自今凡尔同约之民，皆宜孝尔父母，敬尔兄长，教训尔子孙，和顺尔乡里，死伤相助，患难相恤，善相劝勉，恶相告诫，息讼罢争，讲信修睦，务为良善之民，共成仁厚之俗"。他还把人人心中都有良知良能的思想贯彻到新民中，要求人们"毋念新民旧恶而不与其善，彼一念而善即善人矣"。强调人人都能通过学习礼仪，彰善纠过，培养诚敬、宽大、知耻、隐忍、向善的品德成为善人，言明"投招新民，因尔一念之善，贷尔之罪，当痛自克责，改过自新，勤耕勤织，平买平卖，思同良民，无以前日名目甘心下流，自取灭绝。约长等各宜时时提撕晓谕，如踵前非者，呈官惩治"③。这种承认新民、良民具有同样的良知良能，通过激发新民的自尊自信使其自觉按照封建礼法要求去行事的办法，较之一味地武力镇压，或欺诈性的诱抚措施要高明得多。

这些做法缓和了赣闽粤边的社会矛盾，使新民安于生业，而且有一种改过向善、学习礼仪向良民看齐的精神追求。实践证明，王守仁的《乡约》，是对宋代程朱理学家所倡导之乡约的完善和发展，对于调整赣闽粤边民族和族群间的关系，建立和巩固封建统治秩序起了积极的作用。

王阳明抚赣取得巨大成功后，赣闽粤边客家地区的学术思潮也发生壮大变化，陆王心学取得前所未有的地位，大行于赣闽粤边客家地区。其特点，一是偏远的粤东也为阳明学所征服。二是在赣闽粤边的许多书院中，程朱理学与陆王心学并行不悖。

① 《天下郡国利病书》七《福建·闽中分处郡县议》。
② 见康熙版《连城县志》末卷，连城县地方志编纂委员会点校本，方志出版社，1997年11月。
③ 《南安府志》卷25"艺文"八，王守仁《南赣乡约》。

无论是宋代的程朱理学，还是明代的阳明心学，流行范围都不限于客家地区，它们是那个时代占统治地位的意识形态，在全国各地都有深广的影响。我们特别举出它们与赣闽粤客家地区的关系，无非是要说明客家地区并未因为其辟远闭塞，而不受宋明理学影响，相反的，由于上述的特殊历史机缘，赣闽粤客家地区受宋明理学影响的程度恐怕比其他地区还要深刻、还要巨大。客家地区能够成为宋明理学影响最深远的地区，或者说宋明理学是客家文化思想内核，除了上述理学名家与客家地区的深厚因缘关系外，还有更深刻的因素在起作用，那就是宋明理学本质上是农业文明的结晶，而客家地区则是比较纯粹的农业文明之区，两者之间的关系是适宜的土壤结出了丰硕果实的关系。

（二）客家民性隐含的深刻理学态度

客家民系孕育于唐，成熟于宋，发展于明清。客家的成熟和发展时期在宋明朝，客家文化体系形成也是在宋明朝。宋明之际，正好是宋明理学兴盛时期，加上客家地域是宋明理学的主要传习地，且宋明理学的主要大学者均系客家人，因此，客家文化的思想内核是理学。客家人的成长很大程度上受到了作为一种时代精神的宋明理学特别是朱子思想的影响，正所谓"近朱者赤、近墨者黑"。成长于客家地域的理学大师们，他们的言传身教及其理学思想对客家民性的形成、发展起到了耳濡目染的教化作用。时至今日，客家民性中的思想构建、价值取向、性格塑造和行为方式等都隐含有较深刻的理学态度。

1. 思想构建

"天地国（君）亲师"是中国传统社会崇奉和祭祀的对象，表现了中国人对于穹苍、大地的感恩，对于国家社稷的尊重，对于父母恩师的深情；表现了中国敬天法地、忠君爱国、孝亲顺长、尊师重教的价值取向。"[①] 客家人信奉"天、地、国（君）、亲、师"，其厅堂正上方摆放的"天、地、国（君）、亲、师"牌匾就是最好的见证。常挂于客家人口中的"天理良心""人命关天""老天有眼""苍天不负有心人"等等，就源于朱子思想的"天理论"，客家人认为天理是符合自然界和人类生存繁衍的最高哲理，体认"天理"就是本然之善性。土地是衣食住行之源，是客家人虔诚敬拜的对象。客家人每逢扫墓、祭祀祖先或是开基建屋，敬拜"土地神"是不可或缺的仪式；"一拜天地，二拜高堂，夫妻对拜"是客家婚礼的重要仪式；"拜天拜地拜父母"是客家人所信守的思想原则。等等这些，体现了客家人对于天地的敬仰。君为帝王，也泛指国家、公权和法制。"国有国法，家有家规""无法无天""目无王法""国富民强，国破家亡""宁做太平狗，不做亡国奴"等等思想就是客家人心中对国家的热爱及对王法公权的敬畏。亲指祖宗长辈或父母，泛指对父母长辈的孝道精神。父母是至尊的，"子不嫌母丑"。客家人秉持尊长、不辱、能养的遗训：尊长，就是孝敬父母长辈、睦姻睦族；不辱，就是要一

① 徐梓：《"天地君亲师"源流考》，《北京师范大学学报（社科版）》2006 年第 2 期。

生持躬处世、光明磊落，不使长辈父母蒙羞；能养，就是菽水承欢、晨昏定省，使高堂父母能生活安定、无忧无虑、颐养天年。客家谚语中的"百善孝为先""千跪万拜一炉香，唔当生前一碗汤"等表明了客家人对父母长辈的孝是真诚而务实的。师为传授"道理"之先生，也泛指教授生存技能的师傅。客家人信守"师道尊严"，"程门立雪"客家家喻户晓，奉之为尊师重教的典范。"读书做官"是客家人的远大追求；"读书明礼"是客家人的现实需要；"一技之长"是客家人的生存守则。故，客家人对于先生师长的敬重是刻骨铭心的。

2. 价值取向

客家人的价值取向主要包括以下四个方面：一是生态文化价值观。客观的生存条件为客家生态文化形成奠定了基础，特定的人文社会因素促成了该文化生态思想的发展。客家生态文化中的思想不仅内化于人们的思想观念里，还外化于人们的行为实践中。生态文化价值观主要表现为：（1）尊崇自然的天人观："天人合一""道法自然""节约节欲"等思想在无形中指导着客家人的生产生活实践，尊重自然、崇拜自然、顺应自然、亲近自然与自然形成了一种友好共处、水乳交融的和谐关系，体现了他们与自然生态的良好适应；客家人在他们的农林禁忌中蕴含有"以时禁发"思想，就是通过禁忌以求达到生态和谐。如：房前屋后的树木不能砍伐，忌砍公伯树、社官树和水口树等，不到开山时节不能上山摘油茶，"春不打鸟，夏不打鱼"等；饮食习惯中以"粗、杂、素、野"为基本特征，粗茶素菜，注重节约。（2）敬畏生命的平等观：客家人倡导"仁爱"，天人同类，重视生机，万物都有生命，认为众生平等，万物的良性共生才是生态平衡的最佳表现。（3）余盈求吉的发展观：走"留得青山在，不怕没柴烧"的可持续发展之路，不"竭泽而渔"；始终抱有"纳吉求昌"生存愿望的思想。（4）相亲相爱的人伦观：重视宗族、孝悌和仁义。宗族内，孝亲敬祖；宗邻间，睦宗亲邻；待外人，热情好客。二是心理文化价值观。心理文化价值观突出地表现为两个方面：一个是报本寻根的伦理观念。在客家人意识深处始终抱有"故土难离，叶落归根"的思乡情怀、"离乡不离腔"的寻根念祖情怀及"富贵不离祖，游子思故乡"的乡土观念。一个是风水吉凶观：客家人对传统风水学说十分推崇，每逢婚丧喜事、开基建屋、打造挖井选坟地甚或是经济营生之事等都必邀请风水先生堪地利、看风水、择良辰吉日。客家风水说主要是"主于形势，源其所起，既其所止，以定向位，专指龙、穴、砂、水之配"①。正如朱熹所言："古时建立村庄之际，乃依堪舆学（风水学）之言，择最吉星源下筑之，谓永世和顺也。"客家人相信"天人感应"，正所谓"人因宅而立，宅因人而存，人宅相扶，感通天地"。三是经济文化价值观。客家人奉行劳动至上、勤劳节俭的经济文化价值观，为此，通过许多通俗易懂的客家谚语来教育子弟要以勤劳为本。如："种瓜得瓜，种豆得豆，

---

① 何晓昕：《风水探源》，东南大学出版社，1990年。

不劳无获""田爱日日到，屋爱朝朝扫（爱：要）""想爱光景好，日日巷（起）得早""唔（不）怕穷，就怕朝朝睡到日头（太阳）红""后生（年轻人）不做家（节俭），老了正知差""食唔穷，著（穿）唔穷，冇（没有）划冇算一世穷"就体现此思想观念。四是教育文化价值观。崇文尚学重品行是客家人的风尚。一是因为客家先民多系中原门户清高者，他们受着"万般皆下品，唯有读书高"思想熏陶，向存读书为贵之价值理念："细小不读书，老了目汁（眼泪）滴""补漏趁天晴，读书趁年轻""寅时不起误一天，幼年不学误一生""目不识丁，枉费一生""生子唔读书，不如养条猪"；二是因为客家居住地山高地少，耕作困难且艰辛，随着人口繁衍发展，已不足生计。他们强调"地瘦栽松柏，家贫子读书""读书肯用功，茅屋里面出相公"；三是因为众多宗族牒谱均强调宗族的教育要造就知书识礼的后代子孙。其宗祠教育就是最好的例证，宗祠不仅是客家人慎终追远、祭祖敬宗的场所，也是过去设家塾以课子弟的地方。"崇文尚学，讲究礼仪、道德教化"是客家人家教家风的重要内容。

3. 性格塑造

由于深受理学思想影响的客家先民，有着根深蒂固的宗族、家族观念，在流浪南迁的过程中，他们依靠家族群体的合力战胜磨难，历尽艰辛，获得新生、发展和繁衍，因此，他们骨子里具有了一种坚忍刚毅、永不言败、不断进取的自我追求精神；客家人性格上除了坚忍刚毅的一面外，还具有以"乐其日用之常"的天性寻求快乐。客家民间民俗文化中大量的娱乐休闲方式，如"舞龙戏狮""客家山歌"等等，都充分说明了客家人"知命乐天"的性格，正如程颢诗中所言："富贵不淫贫贱乐，男儿到此是豪雄。"

4. 行为方式

客家人行为方式在其俗（谚）语中就能得到充分展现。自强自立："好女唔（不）使娘嫁衣，好男唔使爷田地""只有上唔去的天，唔有过不去的坎""唔怕火烧屋，只怕人冇（无）志""网烂纲唔烂，人穷志不穷"。求真务实："莳田莳到立夏节，唔当上山去拗蕨"（莳田：插秧、唔当：不如、拗蕨：采蕨）、"盲（mang）学行先学走"（比喻没有学会走就想跑）、"花花假假，雷公会打"。扬善抑恶："有分有伸，百子千孙""人恶人怕天唔怕，人善人欺天唔欺""修心当过食斋"（当过：胜过）。重情重义："人情好，食水甜""食人家一杯水，还人家一碗油""朋友唔讲钱，讲钱多牵连""你有春风，我有秋雨"（喻礼尚往来）。以和为贵："相打望人拖，官司望人和（相打：打架）""话唔好讲死，事唔好做绝"。求稳避险："天晴防落雨（落雨：下雨）"。精明灵活："人爱灵通，火爱窿空"（即要知变通，不可固执）、"出门看天色，入门看面色"（面色：脸色）。团结互助："一个好汉三个帮，五指成拳有力量""三人同一心，黄泥变成金""一人有难大家帮，一家有事百家忙""轻霜打死单根草，狂风难毁万木林"。

（作者简介：赖长奇，三明市社会科学研究所副研究员）

客家传统村落建筑特色及其保护利用

●   司徒尚纪   许桂灵   ●

客家族群是从中原北方移居南方（主要是岭南）的一个外来族群，在新居地以山区为主的背景下，他们在适应当地自然、人文环境过程中，将原居地文化与当地文化交融整合，形成、发展了独具一格的客家文化。这在客家传统村落建筑文化上彰显得淋漓尽致，充分反映了客家人擅于调适与环境关系。他们将中原北方的村落选址、布局、建筑形式和格局等理论和模式运用到新居地，创造了颇具特色的客家村落和建筑形态，在我国建筑文化中占有重要的一席之地。

一、客家传统村落建筑发生的地理环境

客家系地区深处岭南内陆，山峦重叠，沟壑纵横，平原盆地面积狭小，适宜大田作业的土地不多。在岭南自北向南、自西往东推进的区域开发格局中，客家系地区开发最迟，古代生态环境能维持良好状态，绝大部分地区为森林覆盖。直到唐代粤东地区仍是鳄鱼、野象的渊薮。刘恂《岭表录异》云："广之属郡潮、循州多野象。"[①] 后世梅州留下许多以"象"为起首的地名，反映了野象栖息的生态环境。唐元和十四年（819）韩愈坐贬潮州，溯东江越岐岭（一名蓝关）下梅溪抵州治。梅溪同韩江同称恶溪、鳄溪。韩愈所写《祭鳄鱼文》也包括梅州。粤北开发虽早，但只限于交通线附近，其他地区森林很茂密。唐代遭贬岭南的柳宗元《登柳州城楼寄漳汀封连四州刺史》诗云"岭树重遮千里目"[②]，形象地描述了岭南大片森林延绵的景象，可为唐代粤北生态环境的写照。客家系地区在宋元时开始了较大规模开发。新移入的客家先民固然要拓荒谋生，土著居民也仍然"烧畲"，他们都以森林为主要劳动对象，生态环境受到一定干扰，然而尚未产

---

① （唐）刘恂著，鲁迅校勘. 岭表录异 [M]. 广州：广东人民出版社，1983：10.
② 徐中玉主编. 唐宋诗 [M]. 广州：广东人民出版社，2019：120.

生重大的改变。苏东坡被贬惠州,在《西新桥》诗中说"似传百岁前,海近湖有犀(公自注:桥下旧名鳄湖,盖尝有鲛、鳄之类)"①,即北宋初至少东江地区仍有犀牛、鳄鱼。明代薛侃亦称惠城"永福寺前有鳄湖,先有鳄患"②。

明清客家系人口大量增加,且大规模外迁,毁林开荒成为最主要的谋生方式,生态环境急剧向不良方面转化。据光绪《嘉应州志·水利》记载,清初以前,客家人集中的嘉应州"山中草翁翳,雨渍根荄,土脉滋润,泉源渟蓄,虽旱不竭"③,后随着人口增加,植被不断遭到破坏,"樵采日繁,草木根荄俱被划拔,山土松浮,骤雨倾注,众山浊流汹涌而出,顷刻溪流泛滥冲溃堤工,雨止即涸,略旱而涓滴无存,故近山坑之田多被山水冲坏,为河为沙碛至不可复垦,其害甚巨"④。至1985年,粤北山区水土流失面积为4160平方千米,约占粤北土地总面积的11.6%,占广东山区水土流失总面积的40.3%。⑤ 这种现象是历史生态环境变迁累积的结果。另外,广东客家系地区的岩石以花岗岩和砂页岩为主,抗侵蚀力弱,在高温多雨的气候条件下,风化作用强烈,形成很厚的风化壳,一般在20米左右,有的深达100米。这样的地表在失去植被保护和流水侵蚀下,极易发生崩塌;但与人类活动相比,它毕竟只是环境变迁的一个外部条件。⑥ 伴随这种不利的生态环境及其朝恶性变迁方向发展过程,客家村落从选址布局到建筑形态,都要以适应环境及其变迁为转移,由此而产生的传统村落和建筑,深深地打上了客家地区环境作用的烙印,并在多个文化层面上表现出来,且以此区别于岭南其他族群地区的传统村落建筑风貌。

二、客家传统村落建筑的文化特色

在文化的众多概念中,人与环境相适应关系采取的模式,也属文化范畴之一。而客家传统村落建筑不仅是与周边自然、人文社会环境高度适应、协调的产物,而且是为了达到安居,利于生产、方便生活目的之最接地气的一种存在。客家村落建筑文化充分反

---

① (宋)苏轼著,(清)冯应榴辑注,黄任轲、朱怀春校点. 苏轼诗集合注 [M]. 上海:上海古籍出版社,2001:2079.

② 中国人民政治协商会议惠州市惠城区委员会文史资料研究委员会编. 惠城文史资料第十四辑 [C]. 中国人民政治协商会议惠州市惠城区委员会文史资料研究委员会,1998:300.

③ 房学嘉,冷剑波,肖文评等主编. 客家商人与企业家的社会责任研究 [M]. 广州:华南理工大学出版社,2012:320.

④ 周宏伟. 清代两广农业地理 [M]. 长沙:湖南教育出版社,1998:153.

⑤ 广东省科学院丘陵山区考察队. 广东山区国土开发与治理 [M]. 广州:广东科技出版社,1991:197.

⑥ 司徒尚纪. 岭南历史人文地理——广府、客家、福佬民系比较研究 [M]. 广州:中山大学出版社,2001:69—72.

映了人与自然和谐人地关系、南北文化合流、中西文化融汇、传统文化与近现代文化结合、风水观与环境科学共存等理论与实践，并提供了成功的范例，是客家文化的一项瑰宝，在我国建筑文化体系中占有特殊地位。

（一）和谐的人地关系

客家地区深入内陆，属山丘陵地区，河谷、盆地面积狭小，可供耕种的土地有限，交通梗阻不便，生活条件艰苦。加之岭南气候湿热多雨，山岚瘴气弥漫，早期鳄鱼为患，野象横行，毒蛇猛兽猖獗，再有原住民的侵扰，为争夺资源发生的械斗等，促使客家人采取群居的形式，一姓一村，以便疾病相扶，守望相助，一般大姓如此。而客家异姓小户，稀疏分散，故村落规模很小，开垦耕种小块土地。如粤赣交界之广东南雄县平田区。而客家大村落多分布在平原或山间盆地，村落规模可达上千户，容数千人居住。如东江上游和平县水背村，至今10多个村民小组有3600多人，是一个大型客家村落。其生态环境甚佳，山环水绕，呈组团式布局，采取围龙屋形式摆布，相互间有阁道相连，环环相扣，组成一个完整的圆形村落，不仅与周边丘陵盆地相适应，而且与人文环境相协调。考古发现表明，水背村有上下五千年的历史。元朝时初设巡检司，明因之，后和平建县，巡检司才迁走，随着客家人不断迁来，逐渐发展为一个客家大村落，成为和平县农耕文明的一个代表。另外，客家人原居地中原北方是辽阔的平原，气候属温带干旱气候和温带湿润季风气候，来到南方山区后，不能一成不变地采用中原北方的传统居屋形式。为节省用地，客家村落多沿山麓布局，向高处发展。以府第式民居而言，已不是一般三堂屋，而是在后进加高2—3层，甚至4层。围楼屋更高，通常3—5层，甚至6层，具有家族人口增加居住、防卫等功能，都无不与四周山区自然、人文社会环境相适应、相协调一致，反映了客家人的变通意识和随环境而安的文化观念。

（二）南北文化合流

村落和建筑被誉为凝固的音乐，它们的用材、整体风貌和碎部都体现了地域文化的特色。客家人在中原北方的村落建筑，是适应当地气候环境的府第式村落和建筑，但到了南方不能照搬这些模式，需改为适应南方环境的人居模式，为此要采借、学习当地文化，这是一个南北文化交流整合过程。在客家人的入居地，原为古越人或畲人居地，这些族群多采取干栏式居屋。如在肇庆高要金利镇茅岗战国到秦汉遗址中就发现有这种古越人典型聚落建筑。在汉代墓葬中也不乏这种建筑陶屋模型。晋代张华《博物志》云："南越巢居，北朔穴居，避寒暑也。"[1] 明代邝露在广西看见"干栏"很普遍："缉茅索绹，伐木架楹，人栖其上，牛羊犬豕畜其下，谓之麻栏。子长娶妇人，别栏而居"[2]，显示这种建筑在岭南长盛不衰，在客家地区也不例外。

---

[1] （晋）张华.博物志［M］.北京：北京联合出版公司，2017：17.
[2] 百越民族史研究会编.百越民族史论丛［M］.南宁：广西人民出版社，1985：241.

客家系是后来的族群，条件优越的地区已有主人，故他们只能进入山区，所到之处皆有其村落。因在岭南千米以上山地不多，气候垂直变化不大，皆适宜人类活动。如在乳源县北部大桥下开封桥一带，从海拔 200 米到 800 米，甚至 900 米岩溶高原，亦有客家人村落，且已历十余代，当为清中叶开村。又仁化县北部高峻的渐溪，也有明代迁来客家人在开垦，村落在望。[①] 这些事例说明客家人的村落在岭南不受高程的影响，可在任何垂直地带上选址。从这个意义上说，客家系是一个山地民系。但客家人在迁移过程中也逐步据有河谷盆地，并在那里选址定居。这主要发生在客家人集中的东江、梅江流域，如兴宁盆地、灯塔盆地、梅县盆地、东江谷地等即属其列。岭南海岸丘陵和一些海岛也是外迁客家人建立村落之地，台山、阳江、中山等地沿海即有不少这种村落。北部湾最大涠洲岛，全岛约 1.58 万人，80%为清代土客械斗中逃亡而来的客家人，他们半渔半农，建立起海岛型客家人村落。[②] 早期客家村落和民居极其简陋。如闽西宁化石壁乡，曾有 38 坑 72 窝棚之说[③]，内中不无干栏元素。又粤东饶平和珠三角增城有关文献也记载，当地客家人初来开垦时，用竹木为梁架，篱笆茅秆作墙，以树皮、稻草盖顶，择山高处搭成茅屋或蓬寮作为栖身之地，后来才建成泥瓦房舍，并演化为四扇三间的一堂式居屋。这说明客家村落经历了从北到南的村落建筑一系列的演变过程，最突出的是客家人吸收入居地的建筑文化元素，最终形成自己的村落，完成南北建筑文化的结合。

（三）中西文化融汇

明清时，主要是鸦片战争后，一批批客家人走出国门，侨居海外，尤其是东南亚一带。他们将西方建筑文化（包括建筑材料、规划和布局、建筑风格等）带回家乡，与当地建筑相结合，在客家侨乡形成中西建筑文化融汇的潮流和风格，在传统客家村落和建筑中占有重要一席之地。众所周知广东梅州，东江河源、惠州、北江韶关、潭江赤溪等地都有不少客家人侨居海外，故当地兴起不少中西合璧的建筑，可以围龙屋为代表。如梅县白宫洋湖屋村的联芳村和程江乡的万秋楼，以及瑶上镇的善本庐等便是这种建筑式样的代表。联芳楼前座二层的门楼，吸收了西方建筑的造型和装饰，正面外观和西方建筑很相似，但其内部结构和布局，仍然是客家围龙屋的样式，有堂屋、横屋、化胎、天井等，前面有半圆形池塘，后面有花头堃等[④]，一派中式结构和格局，屋顶上有西式窟窿、罗马柱、山花图案，这种中西结合建筑，在山峦重叠的客家山区，是一幅非常亮丽

① 曾昭璇. 客家"围屋"屋式之研究 [C]，见《岭南史地与民俗》，广州：广东人民出版社，1994：302.

② 司徒尚纪. 岭南历史人文地理——广府、客家、福佬民系比较研究 [M]. 广州：中山大学出版社，2001：232—233.

③ 胡希张，莫日芬，董励等. 客家风华 [M]. 广州：广东人民出版社，2009：528.

④ 广东老教授协会，岭南客家文化研究院组织编写. 客家文化大典 [M]. 广州：广东教育出版社，2010：427.

的建筑文化图画，具有给人以耳目一新的观感效果。

（四）堪舆学与生态观念的结合

我国不少民族和民系都普遍相信和应用堪舆学原理来处理人与环境的关系，指导改造环境工程。深受中原文化熏陶，又处在恶劣环境的客家人笃信堪舆远远超过广府人和潮汕人，在聚落选址和布局各个层面上强化了堪舆学的指导作用。这主要表现在：一是特别讲究聚落的朝向。客家人很看重"天人感应"，常用天干地支、八卦和五行表示朝向，将大地山峦分为 24 个方位，在不同年份所建房屋地点和朝向都不一样，非按规定方向营建不可。如新建的民居一般只在原来的基地和朝向上摆布。若原有的朝向按堪舆学不利于新宅朝向，称为"犯忌"，须在大门、厅堂、屋脊三个部位采取补救措施，称为"破忌"。在粤北客家系地区，采取大门偏开或侧向开门等办法来避邪、实也是纠正朝向的一种措施。二是特别重视以山为聚落的背景。山势是客家聚落的依托，有山靠山，无山靠冈，或借景于远山，以上应苍天，下合大地，达到吉祥之目的。后山被视为龙脉，事关一族一姓之兴衰，要求山势雄伟，状如龟背，且来势辽远，有"玄武"之气；前方地形开阔，景观秀丽，有"朱雀"之象；左右也要山势逶迤，水势环回，有龙虎相护之意。乾隆《嘉应州志》将这一空间模式总结为"坐坎向离，形如奔江之龟，且西来之环抱，如献金牌"[①]。蕉岭丘逢甲故居所在村落，背倚雄山，山岚不时氤氲成云，前有两山逶迤而至，两山之间有一弧形山丘徐徐而起，宛如沧海旭日，构成"岭云海日"共生的意境。这是以山为聚落背景的一个最佳例子。三是营造风水林。客家人聚居除了坐北向南，前低后高，利于采光、日照和通风，以维持良好的生态平衡以外，还有重要的一项是倚重风水林。每个村落背后的山岭上都生长一片浓荫绿盖的树林，少则几亩，多则数百亩，有红椿、松柏、杉、楠等种类，称为祖林。它们不仅美化环境，而且护坡防险，含蓄水源，使村落得益匪浅。在客家地区的乡规民约中，历来就有保护风水林的条款，违例者将受到惩罚。在兴梅、闽西、广西陆川等客家人聚居地，到处可见一片片郁郁葱葱的风水林，表现出无限生机。四是人工造景，即"配风水"。对不符合理想模式的地形，客家人在聚落选址和营建中很注意人工造景，除植树造林以外，还有修路筑桥，沟通地形之间的"龙脉"。如有的路修成莲花状，以增加灵妙之气；深受风水说"吉地不可无水"[②]的影响，修堤挖塘对村落尤不可或缺，以增地灵之气。乾隆《嘉应州志》说："接巽水以匹文峰"[③]，以壮山川气势，造就英才。塘坐落村前，呈圆形或半月形，称"风水塘"，具有消防、排污、灌溉、养鱼、调节气候、美化环境等功能。据《蕉岭县志》载，古代面积不到 2 平方千米的蕉岭县城即有 36 口池塘、几十个牌坊

---

① 乾隆《嘉应州志》卷7。转见张应斌，谢癸卯. 客家围龙屋的宗教与哲学 [J].《客家研究辑刊》，1995（1）：18.

② 邹博主编. 周易全书 [M]. 北京：线装书局，2010：70.

③ 乾隆《嘉应州志》卷7.

和不少石旗杆①，这些人文景观几无不因风水所致。

以宗族关系联结起来的客家人，在客居地特殊的社会背景下，出于安全、防卫等需要，聚落布局多呈组团式，即一个姓氏宗族为一个组团，三五个组团配置在山腰、坡地、高冈或山麓上，外挖壕沟，栽竹桩等，设置各种防卫措施，形成封闭的格局。陆元鼎《广东民居》介绍兴宁县泥陂镇二乡中心村由五个组团构成，两个在山坡，三个在独冈地；这个县石马镇新群乡中心村坐落在三山夹峙的谷地上，分成三个组团，依山布置②。这种聚落布局相对集中，不占或少占耕地，利于内部相互关照。

中国传统堪舆学实为中国古人对环境认识的一种模式，在实践上表现为环境工程，其中不乏科学成分，是堪舆学中的精华，这在客家传统村落和建筑中也有鲜明的表现。

客家系地区的木材、石材十分丰富，几乎随地可取，成为建筑的主要用料，也是优越于其他民系地区的长处之一。客家屋墙壁甚少用烧砖，间或有用泥砖砌就，但以夯土墙为主。因这种由砂砾、鹅卵石、石灰等揉成三合土含有丰富的钙质，时间弥久，氧化物越坚固，凿破困难，利于防守，不肖子孙典卖也不值钱。另外，客家系地区深处内陆，台风至此也为强弩之末，故村落建筑屋顶由瓦片相互覆盖而成，无须用石灰胶结瓦缝。屋顶呈金字形，倾角在30°以下，较为和缓，因暴雨不及沿海地区猛烈。自然地理环境的差异成为客家地区屋式与其他民系地区不尽一致的基础，但主要基于社会和风俗的原因，客家屋式具有上述一系列鲜明的文化特色③，包括基于堪舆学理念的选址、布局、结构等，其中所蕴含的丰富哲理和生态观念对维护人与自然关系和谐、社会稳定、家族稳定和人群安居等都有一定的科学意义和价值，应予肯定、继承和发扬。

三、客家传统村落建筑面临的保护利用

客家传统村落建筑是一笔珍贵的历史文化遗产，具有重要的历史、文化、社会、生态、建筑等价值，应予高度重视，发掘其文化内涵，为建设、振兴社会主义新农村、建设文化大省、文化强省服务。

（一）实地考察发现，当前客家地区这些传统村落建筑存在的问题主要有：

1. 人去楼空，衰微破败

经历史风雨、社会变迁，许多客家传统村落建筑本就已出现老化、缺乏维修、更新等问题。近几十年，城镇化的高潮席卷广大城乡，经济落后的客家地区首当其冲，不少

---

① 蕉岭县地方志编纂委员会编. 蕉岭县志 [M]. 广州：广东人民出版社，1992：669.

② 陆元鼎，魏彦钧. 广东民居 [M]. 北京：中国建筑工业出版社，1990：30—31.

③ 司徒尚纪. 岭南历史人文地理——广府、客家、福佬民系比较研究 [M]. 广州：中山大学出版社，2001：234—235、243.

青壮年纷纷涌入城市，务工务商等，不少村落人口锐减，危墙败瓦充斥，污秽满地，一片衰微破败的景象。昔日的猪栏、牛栏、鸡舍已极少见到畜禽，多为蜘蛛网占据。在粤北乐昌、南雄、河源和平、龙川、梅州五华、兴宁、闽西长汀、宁化、永定等地。这种残破景观触目可见，与这些村落过去人物繁茂、炊烟袅袅的景象形成鲜明对照。虽基于历史名声或发展旅游需要有些客家大屋得到了保护和开发利用，但为数不多，修复程度也很有限，如在广东，除了河源苏家围、梅州人境庐、南华又庐等保护得较好以外，不少客家大屋仍然处于破败、荒废的状态。如和平县林寨四角楼，为客家传统民居。20 世纪 50 年代以前，依靠浰江、东江的水源，成为粤、赣、闽交界的商贸中心。客家文化学者罗香林《客家研究导论》中以其为例说："客家人经营屋宇，地必求其敞，房间必求其多，厅庭必求其大，墙壁务极整齐。"① 但如今"繁华散尽的林寨四角楼，人去楼空，如今虽经修缮，但那些残破的门窗，门楣上褪色的花卉，满是苍苔的天井，蛛网密布的雕梁画栋，无一不在诉说着百年来隐藏在历史深处的沧桑与孤独"②。其命运和现状为不少客家传统村落建筑之代表。

2. 维修不当，效果适得其反

一些地方对一些传统村落建筑进行维修，没有经过充分论证，方式简单、粗俗，不是"修旧如旧"，而是修旧变新的破坏性建设，造成不可挽回损失。这种事例虽属少数，但作为案例，应引以为戒，如河源市东源县蓝口镇塘心村壹修堂，是一处有 200 多年历史的客家大屋，蜚声海内外，但由于时代侵蚀，大屋古建筑损毁不少。当地人自发地进行检修，使用洗洁精来清洗屋上牌匾、木雕等构件，结果使之受到腐蚀，这些物件全部变了颜色，丧失它们的文物价值。可谓是一件典型"好心办坏事"事例，但类似事件恐不在少数。另外，这种自发性的保护往往带有明显的功利性，因投入资金者常急于得到回报，而缺乏整体、长期的考虑，故常出现一边保护、一边破坏的尴尬局面。而这类使古村落建筑经受第二次被破坏的现象造成古村落建筑的物质和非物质文化面临着凋零的威胁，已成为这些村落保护和开发利用中最尖锐、最突出的一个难题。

3. 缺乏统一规划，未能形成整体效应

近年，客家传统村落建筑的价值越来越受到当地政府和民间团体的重视，各种修复、保护和开发利用工作不绝如缕，成绩喜人。犹嫌不足的是，由于这些工作缺乏科学、合理、卓有远见的统一规划，故修复后的成品，单个看来可能品相不错，但是与周边建筑不协调，形成强烈的反差。特别是近年农村城镇化的背景下，客家传统村落中出现不少新楼房，华丽美观，与古老客家不可同日而语，于是在同一建筑空间中，出现了泾渭分明的建筑景观，给人视觉空间以强烈的景观冲击，这是客家传统村落建筑中司空

① 转见房学嘉. 粤东客家生态与民俗研究 ［M］. 广州：华南理工大学出版社，2008：305—306.
② 凌丽. 客家古邑古民居 ［M］. 广州：华南理工大学出版社，2013：66.

见惯的现象。近年河源市与广东多个传媒单位对全市古村落进行考察，走遍了 5 县市 20 多个古村落，获得许多第一手资料。有考察者指出："'歇山、硬山、悬山式屋顶及圆脊或平翘首山墙，立面方框枭混线'等客家建筑文化元素在河源市新建筑中没有得到体现，河源城乡随处可见毫无文化特色、杂乱无章的'火柴盒'建筑。江浙、皖南地区的很多城市能够看到徽派建筑文化元素和现代城市建筑制式包括现代高层建筑完美结合的成功案例，而客家建筑其实与徽派建筑异曲同工，同源于河洛地区的府第式建筑，因此，既然徽派建筑文化元素能与现代城市建筑完美融合，那么客家建筑文化元素也当然能与现代城市建筑完美结合"①。这位考察者的观感可为客家传统村落建筑的维修、处理与新建筑关系提供借鉴参考。

（二）保护利用的实现路径

基于客家传统村落建筑蕴含丰富多样的文化内涵，而目前保护和开发利用又存在诸多不足或误区，应以中共中央、国务院印发的《乡村振兴战略规划（2018-2022 年）》作为指引和保护利用的行动指南，以谋求取得实效。

首先，要深刻理解和认识客家传统村落建筑的历史价值和地位，这是一种不可再生的历史文化资源，如果说过去由于种种原因被破坏或保护利用不当而产生这种或那种问题，那么在当今乡村振兴规划的行动中，既应纠正已产生失误，更应按照文物保护的有关法令法规，结合每个村落、建筑物的具体状况，制定科学合理、切实可行的保护规划，以经科学论证、专家认同、群众接受的保护方案作为实际行动的蓝图，就有可能达到保护之目的。

次之，将其中历史悠久文化价值高的传统村落建筑列入各级非遗文化保护项目，确定继承人，明确保护权益，使之纳入法治的范围。

再次，保护传统客家村落建筑应与建设"美丽乡村"战略相结合。"美丽乡村"包含多种内涵，内中会有一大批新建筑、新设施、新服务出现，形成新村落建筑景观，而客家传统村落建筑也是"美丽乡村"一部分，不能把它排斥在外。关键在于协调好两者的关系，使传统与现代、新与旧、历史与现实有机统一、和谐相处，达到共存、共荣和可持续发展。

最后，客家传统村落建筑开发利用方式应不拘一格，以不损害它们的历史风貌为度。除了当下最为时尚的乡村旅游以外，民宿方兴未艾。实可利用这个潮流，在不损害其风貌前提下，将客家大屋重新装修，改造成民宿使用。如此既可增加经济收入，又可增加人气，有利于古建筑保护，这对经济相对落后而旅游资源丰富的客家地区，更具重要的实践价值和现实意义。

---

① 凌丽. 客家古邑古村落 [M]. 广州：华南理工大学出版社，2013：214.

四、小结

孕育、形成于我国南方山区的客家传统村落建筑，是一个长期被忽视、边缘化了的角落。实际上它们蕴含着丰富的文化内涵，包括和谐的人地关系，反映南北文化的交流整合，中西文化的融汇，在选址、布局上将我国传统风水观与科学相结合的成功范例等。由此形成的客家传统村落建筑是一笔宝贵的历史文化资源，应予充分重视，并加以保护。但基于各种原因，当下，至少在粤、赣、闽客家地区，这些传统村落大部分人去楼空，破败不堪，环境恶劣，存在不少生态和社会问题，亟须加以注意和改进。应抓住当前我国实行乡村振兴战略的大好机遇，以建设"美丽乡村"为目标，科学合理地制定客家传统村落建筑的保护规划，在"保护第一"的原则基础上，进行科学、合理的开发利用，以谋取最大的经济、生态和社会效益，使这笔历史文化资源焕发出新的生机，走上可持续发展道路。

（作者简介：司徒尚纪，中山大学地理科学与规划学院教授；许桂灵，中共广东省委党校中国特色社会主义研究所研究员）

闽粤赣边是孕育形成畲族的大本营

刘根发　伊美兰

　　畲族作为一个单一民族，最迟不晚于南宋中叶，在闽粤赣边孕育形成。从此，畲族成为中华民族大家庭一员，与兄弟民族尤其是客家人一道，在华夏东南数省的丘陵山地，走过了漫长而又曲折的发展历程。本文就命题作一浅析。

一、南宋时期的闽粤赣边区域概况

　　本文所称的"闽粤赣边"，是指今福建省的闽西南、广东省的粤东北、江西省的赣南三个相连的地理区域。战国时为越、楚地，秦并天下始置郡县，闽西南、粤东北、赣南分别隶属闽中郡、南海郡、庐江郡。迄至南宋，大致包括漳州、汀州、潮州、循州、梅州、赣州、南安军，共辖 30 个县，① 面积 11 万多平方千米。以上 7 州（军），分别隶属福建路、广南东路、江南西路，属于南宋地方二级行政区。

（一）闽西南区域概况

　　南宋时期的闽西南区域，大致包括福建路的漳州和汀州，两州共辖 10 个县，面积37000 多平方千米。该区域西邻江南西路的赣州，西南连广南东路的梅州和潮州。时漳州辖龙溪、漳浦、长泰、龙岩 4 县，汀州辖长汀、宁化、清流、连城、上杭、武平 6 县。区域内山脉西有武夷山南段、中有玳瑁山和博平岭，大致呈东北—西南平行走向，玳瑁山主峰黄连盂海拔 1807 米，为区域内最高峰。水系分属九龙江、韩水（今韩江/下同）、赣水（今赣江/下同）和闽江四大水系。九龙江是漳州最大河流，由西北流向东南入海。韩水一级支流鄞江（今汀江）是汀州最大河流，由北流向南入潮州境注入韩水。

（二）粤东北区域概况

　　南宋时期的粤东北区域，大致包括广南东路的潮州、循州和梅州，三州共辖 7 个

---

① 参考谭其骧主编：《中国历史地图集》第六册，第 61 页、第 65—68 页。

县，面积 34000 多平方公里。该区域东北邻福建路的漳州和汀州，北连江南西路的赣州。时潮州辖海阳、潮阳、揭阳 3 县，循州辖龙川、兴宁、长乐 3 县，梅州辖程乡 1 县。区域内山脉西有九连山、中南有莲花山、东有凤凰山，大致呈东北—西南走向，莲花山主峰铜鼓嶂海拔 1559 米，为区域内最高峰。水系分属韩水、龙川江（今东江、下同）、赣水三大水系。韩水是潮州最大河流，由北流向南入海。龙川江是循州最大河流，由东北流向西南入惠州境。韩水又一级支流宁水（今梅江）是梅州最大河流，由西南流向东北入潮州境折向东南注入韩水。

（三）赣南区域概况

南宋时期的赣南区域，大致包括江南西路的赣州和南安军，两州（军）共辖 13 个县，面积 39000 多平方千米。该区域东邻福建路的汀州，南连广南东路的梅州、循州等。时赣州辖赣县、宁都、瑞金、雩都、兴国、石城、会昌、信丰、安远、龙南 10 县，南安军辖大庾、上犹、南康 3 县。区域内山脉西有罗霄山南段支脉诸广岭、西南有南岭支脉大庾岭、东有武夷山南段，大致呈东北—西南走向，诸广岭主峰齐云山海拔 2061 米，为区域内最高峰。水系分属赣水、浈水（今北江）、龙川江三大水系。赣水是赣州最大河流，由南流向北入吉州境。赣水一级支流孤山水（今上犹江）是南安军最大河流，由西流向东入赣州境注入赣水。

闽西南、粤东北、赣南三个区域，属亚热带气候区，光照充足，雨量丰沛，四季分明，适宜人类居住，也适宜多种动植物生长。以上三个区域处于浙闽丘陵、两广丘陵和江南丘陵三大丘陵的相连地域，山岳纵横，森林茂盛，江河密布，水源充足，矿藏丰富，盆地星罗棋布，山、水、田总体上呈"八山一水一分田"比例。在隋代之前（含隋）少有开发，林菁相阻，瘴疠肆虐，属"蛮荒之地"。如闽西南，在 37000 多平方千米的区域，至隋代仅置龙溪一县。

二、畲族孕育形成前的闽粤赣边住民

在孕育形成畲族前，闽粤赣边住民既有原住民，也有外来民。本文所称"原住民"，是指有人群活动记载以来，一直居住生活在闽粤赣边的人群。所称"外来民"，是指在某段历史时期，由原居住生活地域迁徙至闽粤赣边居住生活的人群。本文探讨的原住民和外来民，他们都属于畲族先民，都是孕育形成畲族的组成部分。

（一）原住民

秦汉时期，闽粤赣边为百越之地。"百越"是统称，具体还有东越、扬越以及于越、瓯越、干越、闽越、南越、骆越等等，既是地域名称，也是种族称谓。"自交趾至会稽七八千里，百越杂处，各有种姓。"① 秦汉时期，闽粤赣边原住民当属百越种族，或统称"越人""古越人"。其特征是断发文身、火耕水褥、饭稻羹鱼、以蛇为图腾崇拜。②"终汉、魏之世，不再以越人的名称出现。"③ 越人融入了其他民族。

西晋以后，闽粤赣边出现山都（木客）种族活动。"'山都'是闽粤赣三省交界地域的土著居民，其见于方志文集的准确记载，始于西晋，频见于唐宋，依稀见于明清。记载最频多是赣南、闽西，其次是粤东。"④ 在闽西，据《太平寰宇记》引《牛肃纪闻》载："江东采访使奏于虔州南山洞中置汀州，州境五百里，山深林木秀茂，以领长汀、黄连（今宁化）、杂罗（今新罗区）三县。地多瘴疠，山都木客丛萃其中……山都所居，其高者曰人都，在其中者曰猪都，处其下者曰鸟都。"⑤ 其特征"身材矮小，肤黑，多毛，裸身被发，住深山中，巢居，好食山洞中鱼、虾、蟹等小动物，怕人"⑥。通过对越人与山都（木客）的发式、饮式、居式、葬式等作比较分析，山都（木客）应是越人后裔；但也有的学者认为是更为原始的种族。

自秦汉至唐宋，闽粤赣边原住民当为百越种族及其后裔山都（木客）。时人口无从考证，在此以东汉时期闽粤赣边的郡县设置情况为例，作一大致推测。时闽西南尚未置县；粤东北仅置龙川一县，隶属交州刺史部南海郡；赣南置赣县、雩都、南野 3 县，隶属扬州刺史部豫章郡。在 11 万多平方千米的广大区域内，汉代仅置 4 县，说明当时人烟稀少，人迹罕至。

（二）外来民

秦汉至唐宋，闽粤赣边除原住民百越种族及其后裔山都（木客），还有由五溪南迁的"五溪蛮"、中原南迁的汉人，两者都是外来民。

1. 由五溪南迁的"五溪蛮"

关于"五溪蛮"这一外来民，因为涉及孕育形成畲族的主体族源问题，从新中国成立初直至现在，学界众说纷纭，意见不一。

依笔者对学界多种研究结论的比较分析，认为杭州大学原教授徐规，中央民族学院原教授施联朱，福建师范大学原教授、博士生导师谢重光，厦门大学原教授、博士生导师郭志超等的研究结论比较符合历史真实。施联朱教授在《关于畲族来源与迁徙》文中指出："可以推断的是，畲族（先民）可能不是东南沿海地区的土著居民，而是'起于荆湖之区'，从中原地区或长江中游南迁，他们至少有一部分在广东停留了一个比较长

---

① （东汉）班固撰、（唐）颜师古注：《汉书》第二册，第 1329 页。
② 王钟翰主编：《中国民族史》，根据第 269—272 页内容归纳整理、第 272 页。
③ 王钟翰主编：《中国民族史》，根据第 269—272 页内容归纳整理、第 272 页。
④ 郭志超著：《闽台民族史辨》，第 118 页。
⑤ （宋）乐史撰、王文楚等点校：《太平寰宇记》第四册，第 2034—2035 页。
⑥ 谢重光著：《畲族与客家福佬关系史略》，第 53 页。

的时期，大概在汉晋以后、隋唐之际已遍布于闽、粤、赣三省交界地区。"① 郭志超教授也认为："汉晋时期，'五溪蛮'的一支首先进入粤东。至晚在唐代又有源自'五溪蛮'的'莫徭'，由湘东南迁入闽粤赣交界地区。"② 前者是孕育形成畲族的早源，后者是孕育形成畲族的主体族源。徐规、谢重光两位教授的研究结论与施联朱、郭志超两位教授类似，在此不逐一引用。

"五溪蛮"又称"盘瓠蛮""武陵蛮""长沙武陵蛮"，指秦汉时分布于洞庭湖至五溪（指湘西沅江的五条支流）流域的种族，该地秦时分置长沙、黔中两郡，西汉改黔中郡为武陵郡。"武陵有五溪，谓雄溪、樠溪、酉溪、潕溪、辰溪，悉是蛮夷所居，故谓五溪蛮。皆槃（也写作'盘'）瓠之子孙也。"③ 其先人是战国时期活跃于长江中游的群蛮。南朝梁以后，"五溪蛮"在湘、赣地，被称为"莫徭""猺人""徭人"，省称为"徭"或写作"猺"；在粤、闽地，史籍文献多记载为"蛮猺""蛮僚""峒蛮"，也有的记载为"苗人""猺民"。其特征"猺本槃瓠种……即长沙、黔中五溪蛮……至宋治称'蛮猺'，椎结跣足，随山散处，刀耕火种，采实猎毛，食尽一山则他徙……自信为狗王后，家有画像，犬首人服，岁时祝祭……自相婚姻，土人与邻者亦不与通婚"④，"其姓为盘、蓝、雷、钟、苟"⑤ 五姓。

时闽粤赣边"五溪蛮"人口同样无从考证，也只能从唐代州县设置、史籍文献记载作一大致推测。时闽西南置漳州和汀州，隶属江南东道，漳州辖漳浦、龙溪 2 县，汀州辖长汀、宁化、杂罗 3 县；粤东北置潮州和循州，隶属岭南道，潮州辖海阳、潮阳、程乡 3 县，循州辖归善、博罗、海丰、河源、雷乡、兴宁 6 县；赣南置虔州，隶属江南西道，辖赣县、雩都、南康、虔化、大庾、南安 6 县。由东汉的 4 个县增加到唐代的 20 个县，说明人口大量增加，"五溪蛮"人口应不在少数。据郭志超教授的研究结论："唐中期'盘瓠蛮'几乎遍布江西，主要在赣南和横贯东西的赣中。这些'盘瓠蛮'皆由湖南迁入。这些'盘瓠蛮'甚至从赣南进入闽西，这应是唐末宁化数量甚多的'黄连峒蛮'出现的原因。"⑥

2. 中原南迁的汉人

中原汉人南迁始于秦始皇三十三年（前214），"以谪徙民五十万人戍五岭，与越杂处"⑦。此后，因战乱、灾荒、生存压力等原因，中原汉人既有时续时断的小规模南迁，

① 施联朱主编：《畲族研究论文集》，第 45 页。
② 郭志超著：《畲族文化述论》，第 36 页。
③ （刘宋）范晔撰、（唐）李贤等注：《后汉书》第一册，第 564 页。
④ （清）顾炎武撰、黄珅等校点：《天下郡国利病书》第五册，第 3197 页。
⑤ （清）顾炎武撰、黄珅等校点：《天下郡国利病书》第五册，第 3197 页。
⑥ 郭志超著：《畲族文化述论》，第 76 页。
⑦ （宋）司马光编纂：《资治通鉴》，第 73 页。

更有持续不断的三次大规模南迁，即"西晋末开始的（第一次）中原汉人南迁大潮……唐后期'安史之乱'引发的第二次中原汉人南迁大潮……北宋末'靖康之难'引发的第三次中原汉人南迁大潮……"[1] 第二次中原汉人大规模南迁后，"使中国的人口、经济、社会文化的南北格局发生根本性的变化"[2]。第三次中原汉人大规模南迁后，南方人口大幅度上升，占全国总人口超过三分之二，成为中国的经济重心，这种局面再也没有扭转过来。[3]

再来看闽粤赣边的情况。第一次大规模南迁延续一个多世纪，加之秦代"以谪徙民五十万人戍五岭，与越杂处"，进入闽粤赣边的都不多。第二次大规模南迁延续两三个世纪，进入闽粤赣边的很多。第三次大规模南迁延续一个半世纪，大量进入闽粤赣边。中原汉人三次大规模南迁直接进入闽粤赣边自中原始发的很少，大多数先迁江南，再迁闽粤赣边，属再迁移民。尤其后两次大规模南迁，使闽粤赣边的人口大幅增长，州县设置也相应增加，由唐代的 5 个州 20 个县增加到南宋的 7 个州（军）30 个县。以闽西人口增长为例，由唐天宝元年（742）的 4682 户、15720 人，增长到南宋宝祐年间（1253—1258）的 223432 户、534890 人。再以迁入宁化的姓族为例，"有迁入时间的姓族 169 姓，唐至南宋（迁入）132 姓族，占总数的 79%"[4]。除人口自然增长，中原汉人大量迁入是主要因素。在粤东北和赣南，人口增长、迁入姓族情况同样如此。

三、畲族的孕育形成及其他问题

至唐宋时期的闽粤赣边，住民既有少量的原住民即百越族群和山都木客，还有人数不少的由五溪南迁的"五溪蛮"外来民，更有大量的中原南迁汉人外来民。"这些不同来源的居民以赣闽粤边的广大山区为舞台，经过长期的互相接触、互相斗争、互相交流、互相融合，最后形成一种以经常移徙的粗放山林经济和狩猎经济相结合为主要经济特征，以盘瓠崇拜和相关文化事象为主要文化特征，椎髻左衽、结木架棚而居为主要生活特征的特殊文化，这种文化的载体就是畲族。"[5] 还有许多研究畲族、人口问题的专著（专论），如厦门大学原教授蒋炳钊著《畲族史稿》、陈景盛著《福建历代人口考论》、国家民委编写组主编《畲族简史》等，都持相同或相似观点，认为在隋唐之际，畲族（先民）已定居在闽、粤、赣三省交界地区，至目前尚未见诸在隋唐之际畲族（先民）有定居在其他地区的定论。以上足以说明，闽粤赣边是孕育形成畲族的大本营。至于畲

---

① 刘善群著：《客家与石壁史论》，第15—35页。
② 廖开顺、刘善群、蔡登秋著：《石壁客家述论》，第5页。
③ 葛剑雄、吴松弟、曹树基著：《中国移民史》第四卷，根据第481—482页内容归纳整理。
④ 廖开顺、刘善群、蔡登秋著：《石壁客家述论》，第15页。
⑤ 谢重光著：《畲族与客家福佬关系史略》，第11页、第172页。

族孕育形成的时间，"最迟不晚于南宋中叶"。① 根据客家史的研究结论，闽粤赣边也是孕育形成客家民系的大本营（本文不作深入探讨），时间大致相同或稍后，两者在地理区域和时间上高度重合。

（一）畲族与客家民系的关系

在闽粤赣边孕育形成畲族的同时或稍后，孕育形成了在人数、文化、技术上均占优势的客家民系。在同一个区域、几乎同一个时期，孕育形成了畲族与客家民系两个不同的族群，两者的关系十分密切，彼此"你中有我、我中有你"。

正如福建省客联会原会长林开钦在《论汉族客家民系》中所指出的："客家民系吸收了土著（指原住民百越种族及其后裔山都'木客'）、少数民族（指外来民由五溪南迁的'五溪蛮'）的血统和文化，但汉族血统和文化是主流，不影响这个民系作为汉族的一个支系。"② 据汇泽基因科技有限公司对客家人基因族谱研究："检测宁化境内 105个姓氏 279 个姓氏家族样本的结果，北方汉族父系血缘占 65%、畲族占 18%、百越占17%。"③ 以上说明，在客家人的血统成分上，汉族占主体，融入了部分畲族和百越血统。所以说，客家民系"是一个以南迁汉人为主体的新的人们共同体"④。

客家民系的族源构成已十分清晰。那么，畲族的族源构成又如何呢？笔者认为，福建师范大学原教授、博士生导师谢重光通过对畲族先民的研究，得出的结论应符合历史真实："畲族也不例外，其组成至少应包括土著、南迁入闽粤的武陵蛮和汉人畲化三个部分。"④至此，就畲族与客家民系两者的族源构成及其文化特征等方面，作如下表述：

畲族是以由五溪南迁进入闽粤赣边的"五溪蛮"后裔蛮獠（峒蛮）为主体族源，吸收了当地原住民、中原南迁汉人的血统和文化，其文化特征主要表现出"五溪蛮"后裔蛮獠（峒蛮）的文化特征，也兼具中原南迁汉人和一些原住民的文化特征。姓氏为盘、蓝、雷、钟、苟五姓，民族身份为畲族。

客家民系是以由中原南迁进入闽粤赣边的汉人为主体族源，吸收了当地"五溪蛮"后裔蛮獠（峒蛮）、原住民的血统和文化，其文化特征主要表现出中原南迁汉人的文化特征，也兼具"五溪蛮"后裔蛮獠（峒蛮）和一些原住民的文化特征。姓氏为汉人姓氏，民族身份为汉族。

（二）畲族汉化或客化以及有待研讨的一些问题

自南宋中叶孕育形成畲族与客家民系，迄今历时 8 个世纪左右。畲族与客家民系即客家人在闽粤赣边同一片蓝天下、同一个区域里，长期杂居共处，日出而作，日落而

---

① 谢重光著：《畲族与客家福佬关系史略》，第 11 页、第 172 页。
② 林开钦著：《论汉族客家民系》，第 54 页。
③ 廖开顺、刘善群、蔡登秋著：《石壁客家述论》，第 66 页。
④ 谢重光著：《畲族与客家福佬关系史略》，第 186 页、第 18 页。

息，在语言、经济、血统以及文化、社会诸多方面进一步深度融合，两者民族特征已高度契合，除民族身份上认定为畲族和汉族，在日常生产生活中很难分辨出彼此。这里就涉及一个学界所探讨的"畲族汉化或客化"的问题。

所谓"畲族汉化或客化"，应主要是在经济、文化（包括语言、民俗等）、社会等方面，表现出汉族或客家民系特征。除非畲族人直接改为汉姓或客家姓，遂成为汉人或客家人。否则，畲族再怎么汉化或客化，即使是畲族男子世代娶汉人或客家女子为妻，其后裔在血统上可能已经高度汉化或客化，但在以男性为血统传承的社会，只要是男性姓畲族的盘、蓝、雷、钟、苟，其后裔在民族身份认定上依然是畲族人，而不是汉人或客家人。反之，所谓的"汉人或客家畲化"问题，情同此理，不再赘述。

另外，也有人认为"客家文化就是畲族文化"，在宁化还有的人认为"治平①话就是畲族话"。诚然，这些观点明显站不住脚，缺乏科学性，但也不可否认，还是有一些合理的成分。如客家文化吸收了许多畲族文化元素，治平话中包含了不少畲语词汇、语法、修辞、发音等内容。这些有待今后作进一步研讨，以期去伪存真、正本清源。

参考文献：

[1] 谭其骧主编：《中国历史地图集》第一册至第六册，中国地图出版社，1982年10月第1版。

[2] 施联朱主编：《畲族研究论文集》，民族出版社，1987年4月第1版。

[3] 蒋炳钊编著：《畲族史稿》，厦门大学出版社，1988年9月第1版。

[4]（宋）司马光编纂：《资治通鉴》，岳麓书社，1990年5月第1版。

[5] 王钟翰主编：《中国民族史》，中国社会科学出版社，1994年1月第1版。

[6] 葛剑雄、吴松弟、曹树基著：《中国移民史》第四卷，福建人民出版社，1997年7月第1版。

[7]（东汉）班固撰、（唐）颜师古注：《汉书》第二册之"地理志第八下"，中华书局，2000年1月第1版。

[8]（南朝宋）范晔撰、（唐）李贤等注《后汉书》第一册之"马援列传"，中华书局，2000年1月第1版。

[9] 夏征农主编：《辞海》附录《中国历史纪年表》，上海辞书出版社，2002年1月第1版。

[10] 谢重光著：《畲族与客家福佬关系史略》，福建人民出版社，2002年6月第1版。

---

① 治平畲族乡位于宁化县南部，辖12个建制村（其中畲族建制村9个），是宁化县唯一、三明市两个畲族乡之一，也是宁化县畲族的主要聚居地。

［11］郭志超著：《闽台民族史辨》，黄山书社，2006 年 5 月第 1 版。

［12］刘善群著：《客家与石壁史论》，方志出版社，2007 年 2 月第 1 版。

［13］（宋）乐史撰、王文楚等点校：《太平寰宇记》第四册之"江南东道十四·汀州"引"牛肃纪闻"，中华书局，2007 年 11 月第 1 版。

［14］林毅红、韦甜、方清云主编：《畲族简史》，民族出版社，2008 年 5 月第 1 版。

［15］郭志超著：《畲族文化述论》，中国社会科学出版社，2009 年 12 月第 1 版。

［16］黄晓凤主编：《中国地理地图集》，地质出版社，2010 年 3 月第 1 版。

［17］林开钦著：《论汉族客家民系》，福建人民出版社，2011 年 9 月第 1 版。

［18］（清）顾炎武撰、黄坤等校点：《天下郡国利病书》第五册之"广东备录"引《博罗县志》，上海古籍出版社，2012 年 7 月第 1 版。

［19］廖开顺、刘善群、蔡登秋著：《石壁客家述论》，河南人民出版社，2012 年 10 月第 1 版。

［20］百度快照网站（www. zhgpl. com/crn-webapp/cbspub/secD）搜索《畲族的来源与迁徙》，2013 年 8 月 21 日发布。

［21］张启诚主编：《客家论丛选集》之刘根发作《古代宁化社会发展与经济关系史论》，海峡文艺出版社，2017 年 11 月第 1 版。

［22］马志凡主编：《第七届石壁客家论坛论文集》之刘根发作《闽粤赣边畲族问题之初考——以客家祖地宁化县为例》，宁化县客家文化交流研究中心，2019 年 10 月汇编。

［23］李平生主编：《第八届石壁客家论坛论文集》之刘根发作《宁化畲族及其遗存民族特征痕迹之考辨》，海峡文艺出版社，2020 年 12 月第 1 版。

［作者简介：刘根发，中共宁化县委原党史室主任，中国管理科研院特约研究员、三明市社科专家、客家文化（闽西）生态保护实验区研究员；伊美兰，宁化县客家文化交流研究中心副主任、福建石壁客家宗亲联谊会副会长兼秘书长］

明中叶赣闽粤边的多民族抗争及畲族的分化与迁徙

———— ● 谢重光 ● ————

明中叶以降，赣闽粤边爆发一系列多民族的抗争。朝廷出兵征剿，但只是头痛医头、脚痛医脚，临时性地扑平一时一地的乱事，没能真正解决引起动乱的原因。成化（1465—1487）、弘治（1488—1505）时期，赣闽粤边的社会矛盾更加激化，至正德年间（1506—1521）形成了粤东、赣南、闽西三个民族抗争中心。民族抗争的深入发展，与畲族的变迁息息相关。

一、赣闽粤三个抗争中心的形成

（一）赣南抗争中心

赣南的抗争中心在横水、左溪、桶岗，地处今赣州上犹、安远、龙南、崇义诸县境。大首领谢志珊踞上犹县横水寨，与盘踞上犹县左溪寨的蓝天凤互相呼应，说明这次起事的主体是畲族。起事的策略很奏效，赣南、赣中贫苦百姓纷纷响应。居民无籍者往往携带妻女"入畲为盗，行劫则指引道路，征剿则通报消息"①。故这次抗争队伍迅速壮大，大据点就有 30 多处，并与赣中及湘东郴州、桂阳、粤北乐昌等地的瑶族武装"巢穴相连，盘踞流劫三年"。显然，这次以谢志珊为总首领、以赣南为中心的抗争，带有畲、汉、瑶多民族联合抗争的性质。

（二）粤东抗争中心

粤东的抗争中心浰头，有上浰、中浰、下浰之分，地处当时广东河源、龙川境域，领袖池大宾是汉人，所在地则是"瑶峒"。当时常把畲族、瑶族统称为"瑶"，但与池大宾相接连的南赣钟万光、钟万贵、钟万璇、蓝斌等人都应是畲族，所以这也是一次多民族联合抗争武装。池大宾直属的队伍有五千余徒，"不时越境流劫信丰、龙南、安远等

---

① 《王阳明全集》卷 10 《横水桶岗捷音疏》

县""攻围城池，敌杀官兵"，起事时间早，斗争经验丰富，故能成为各民族联合抗争的粤东中心。

（三）闽西抗争中心

闽西的抗争中心在大帽山西侧，以上杭县溪南、来苏里、箬菜等处为主要根据地。这一带入明之后动乱不断，天顺六年（1462）有溪南人李宗政之乱，成化十三年（1477）又有溪南"贼首钟三等啸聚劫掠乡邑"，成化二十三年（1487），"上杭贼首刘昂、温流生纠武平千户所千户刘铎、佃人丘隆等数千人，攻掠江西石城、广昌、信丰，广东揭阳等县，杀官劫库"。接连的暴动，惊动了闽赣粤三省，奏闻朝廷，特添设汀漳兵备道，加以弹压。只是收效不大，乱事仍然频仍不断。

二、南赣巡抚的设立与王阳明的平乱功业

（一）南赣巡抚的设立

湘、赣、闽、粤四省毗连地区统治力量薄弱，造反者利用这一特点往来流窜，剿捕困难。统治者渐渐认识到这一区域复杂社会的严重性。至弘治八年（1495），以上杭来苏里"贼首"刘廷用等聚众，攻劫邻境江西、广东诸县为导火线，朝廷痛下决心，划出四省常常闹事的州府，设立军事特区，称为南赣巡抚，坐镇赣州。其辖境虽曾有变动，但经常性的辖区包括江西赣州府、南安府，福建漳州府、汀州府，广东潮州府、惠州府、南雄府、韶州府共八府，加上湖南郴州，共八府一州地方。南赣巡抚的主要职责是剿寇，兼管地方行政、社会治安、教化乃至六品以下官员的奖罚任免。此一特区设置，能够集中军政大权，统一指挥剿捕行动，收到相当的效果。这一特区至清康熙三年才裁撤，存在169年之久。

（二）王阳明的平乱功业

王阳明是一位心学大师，名守仁，字阳明，于正德十一年（1516）八月出任南赣巡抚。他军事才能卓越，剿抚并用，出奇制胜，尤其注重攻心，先后平定了闽西、赣南、粤东三个抗争中心。在平乱之后，他奏请设立新县，在新县设学校，行教化，先后推行十家牌法和南赣乡约，把"致良知""知行并重"的心学主张付诸实践，缓和了赣闽粤边的社会矛盾，使新民（新依附之民）安于生业，而且有向善的心理，学习礼仪，向良民看齐，收到积极的效果，很多新民都最终转化为良民。

王阳明巡抚南赣的功业，在赣闽粤边留下深远的影响。赣南各县都建有阳明祠专门奉祀他。汀州府城、上杭县城也建有王文成祠，上杭的阳明祠据说还是庐丰蓝姓人倡建。漳州平和县九峰的都城隍庙，奉祀的主神姓王，也是王阳明，与此地后人纪念王阳明的心理合拍。

王阳明剿抚并举，事定后采取一系列措施，安插新民，使其入籍、当差纳粮，转而

成为编户齐民，这个过程就是"王化"，其本质是使畲民从化外转入化内，其基础是设立新县。在新县设立学校，建立祠庙，推行礼乐教化，使新民变成遵守法规、向慕礼乐的良民，则是"儒化"。拒绝"王化"与"儒化"，或"王化"与"儒化"较浅的畲民，则能基本保持自己固有的信仰、语言、习俗、服饰，但往往不得不迁到更高的大山，更深的幽谷；或者长途转徙，迁到遥远的王朝统治薄弱之区。畲族基本住区的改变，与此有密切的关系，容后详述。

（三）南赣巡抚时期新设十八县概况

平定动乱后设置新县、推行教化的办法，不始于王阳明，王阳明只是运用得最为娴熟、有效而已。其后的南赣巡抚，大都能萧规曹随，及时于平乱后设置新县，化"盗区"为新政区。总计南赣巡抚时期设立的新县，有十八县之多。其概况是：

汀州府：

归化县，设于明成化六年（1470）

永定县，设于明成化十四年（1478）

南安府：

崇义县，设于明正德十二年（1517）

定南县，设于明隆庆三年（1569）

长宁县（今寻乌县），设于明万历四年（1586）

漳州府：

平和县，设于明正德十四年（1519）

南诏县（今诏安县），设于明嘉靖九年（1530）

海澄县，设于明嘉靖四十五年（1566）［1960 年，海澄县与龙溪县合并，改名龙海县］

宁洋县，设于明隆庆元年（1567）［此县后来撤销，分别并入龙岩县、漳平县、永安县。龙岩县即今新罗区］

惠州府：

和平县，设于明正德十三年（1518）

永安县（今紫金县），设于明隆庆三年（1569）

长宁县（今新丰县），设于明隆庆三年（1569）

连平州，设于崇祯六年（1634）

潮州府：

惠来县，设于明嘉靖三年（1524）

大埔县，设于明嘉靖五年（1526）

平远县，设于明嘉靖四十一年（1561）

普宁县，设于明嘉靖四十二年（1563）

镇平县，设于明崇祯六年（1633）

（四）宁洋、归化、平和、崇义、和平、大埔等新县设置情形

为了进一步了解设置新县化"盗区"为新政区，化"乱民"为良民的关系，这里取王阳明设置的三个新县，以及王阳明任职之前二县、去职之后一县共六县为例，说明新县设置具体情形与效果。

宁洋县　宁洋县的设置，是平定邓茂七之乱的产物。邓茂七等于明正统十二年（1447）揭竿而起，龙岩县（今新罗区）集贤里民起而响应，被镇压后，官府为了加强控制，于此置东西洋巡检司。嘉靖三十九年（1560），此地又爆发了以苏阿普为首的农民暴动，至嘉靖四十五年（1566年）才被镇压。作为善后措施，官府乃于明隆庆元年（1567）以东西洋巡检司为基础，增划永安县三个都及大田县的部分地盘，取宁靖地方之意，设置宁洋县。治东西洋，属漳州府。

归化县（今明溪县）　初设于明成化六年（1470）。设县之前，其境域分属汀州府和延平府的清流、宁化、将乐、沙县四县，地旷人稀，统治力量薄弱，民变连年不绝，"邓寇虽平，而大帽山贼世反复，欲遏其无东，故建是邑。"① 设县具体过程是，成化间汀州府同知程熙以"地境旷远，民梗难治"为由，奏析清流县的归上、归下里，宁化县的柳杨、下觉里，将乐县的兴善、中和里，沙县的沙阳里等地新设一县，取"归顺成化"之意，名为归化县，辖属汀州府。

平和县　王阳明出任南赣巡抚后，针对闽赣粤边区三个动乱中心，他首先用兵闽西南，调集福建、广东两省兵，于正德十二年正月深入福建上杭县境内，"破贼长富村，逼之象湖山"，"连破四十余寨，俘斩七千有奇"，三月之内，一举捣毁了聚众万计、纵横近十年、使"三省为之骚然"的闽西暴动中心，乘势奏请朝廷添设新县。其奏疏阐明："建立县治，固系御盗安民之长策……今诚于其地开设县治，正所谓抚其背而扼其喉，盗将不解自散，行且化为善良。不然，不过年余，必将复起。其时再聚两省之兵，又糜数万之费，图之已无及矣……今新抚之民，群聚于河头者二千有余，皆待此以息其反侧。"② 新设之县原拟名为清平县，后来正式定名为平和县，县治在河头，即今九峰，辖属漳州府。

崇义县　王阳明平定闽西南动乱后，旋即于当年七月，移师大庾，围剿横水、左溪、桶冈山寨。至十一月，平定了赣南动乱中心，照样奏请添设新县。奏疏说："地方大贼既已平荡，后患所当预防。今议立县治并巡司等衙门，惩前虑后，杜渐防微，实皆地方至计。及查得横水议建县治处所，原系上犹县崇义里，因地名县，亦为相应……如此则三省残孽有控制之所而不敢聚，三省奸民无潜匿之所而不敢逃，变盗贼强梁之区为

---

① 嘉靖《汀州府志》，卷18词翰类，徐汝圭《遗爱祠记》。
② 王守仁：《添设清平县治疏》，《王阳明全集》卷9，上海古籍出版社，1992年，第320—321页。

礼义冠裳之地，久安长治，无出于此。"① 新设的崇义县辖属南安府。

和平县　正德十三（1518）年春，王阳明挟平定闽西、赣南"贼寇"的军威，兵临粤东龙川，设计悉擒贼首池仲容等人，并"连破上、中、下三浰，斩馘二千有奇"，又乘胜进军九连山，"内外合击，擒斩无遗"，顺利地剿平粤东暴动中心，因而奏立和平县。其《添设和平县治疏》曰："夫盗贼之患，譬如病人。兴师征剿者，针药攻治之方；建县抚辑者，饮食调养之道……臣等窃以设县移司，实为久安长治之策。"② 和平县正式设于正德十三年（1518），辖属惠州府。

大埔县　大埔县设立于嘉靖五年（1526），是从饶平县分出来的。起先，饶平设县之后，最偏远的恋洲、清远二都距离县治遥远，百姓输纳租赋困难，而且峒民时时作梗，于是，"嘉靖四年，巡抚熊兰疏请置县，五年，建大埔，辖都二，编图二十"③，辖属潮州。峒民作梗，说的就是畲民的抗争行动，建县为了加强对"峒民"的镇压和控制的意图是很明显的。

（五）上述新县设置对畲族的影响

上述新设之县，时间起于明中叶成化间，迄于明末崇祯间。地理位置则是汀、漳、南安、惠、潮诸府的边缘为开发地带，也是畲族分布的核心地区。新县设置之后，填补了王朝统治的空白，原来的化外之区，遂逐渐成为久安长治的礼义冠裳之地。各县的命名，大都带有平、安、宁、化、定、惠等吉祥字眼，一方面反映该地原来是动乱、荒僻、化外之区，另一方面，更反映出统治者希冀这些新设的县份安定、安宁、和平、服从教化的意图。

从交通状况来说，原来这些边远地区山高水险，交通极为不便，常常互不往来。以汀州与漳州为例，原来汀州隶属福建西部的建宁道，漳州隶属于福建东部的福宁道，分别是福建西部和东部的极远之区，官府各管一块，彼此隔绝。后来于成化年间增设漳南道，专管漳州与汀州，"宪司由之而巡行，公移由之而传送，奸顽之徒知畏惮而屏迹矣"④。漳南道之设使两府的联系密切起来。及至汀州增设了永定县，漳州增设了平和县，从永定到平和不但有官方的驿道相通，民间自辟的蹊径也很多，贸易、婚嫁，声气相通，彼此的联系就更便捷密切。由此不难类推，这么多新县设置后，江西南安府与赣州的交通，广东惠州府与潮州府的交通，甚至闽赣之间、闽粤之间、赣粤之间的交通也都加强和改善，彼此关系也更密切。

从教化情况来说，以归化县为例，新县设置后，乡、保、里、社的基层设置次第建

---

① 王守仁：《立崇义县治疏》，《王阳明全集》卷 10，上海古籍出版社，1992 年，第 352 页。

② 王守仁：《添设和平县治疏》，《王阳明全集》卷 11，上海古籍出版社，1992 年，第 370—371 页。

③ 温廷敬总纂：民国《大埔县志》卷 1《地理志沿革》，第 6 页，民国三十三年（1944）铅印本。

④ 乾隆《汀州府志》卷 41《艺文三·新设漳南道记》

立，乡约推行，学校建立，加之莅任贤县令爱民垂范，延师儒，劝士学；置义冢，厚风俗；逐巫师，尚医药；正婚礼，赈贫苦，同时加固城池，训练兵壮，兴修水利，因而教化大行，盗贼敛迹。①

归化县的情况是带有普遍性的。各新县经过较长时间的"王化"与"儒化"，都收到显著的成效。明清之际大学者顾炎武观察到粤东的受招之民"亦习中国衣冠言语，久之当渐改其初服云"②。其实他的观察适用于赣闽粤边区各地，即经过比较长期的接触、交流、融合之后，原畲区受招之民接受了当地汉人的语言、习俗和服饰，有的还入学取得功名，有的则与汉人通婚，很多畲民家族还仿效汉人立祠堂，修族谱，建立起畲家宗法制度。结果是渐渐被同化为客家人或福佬人。

拒绝"王化"与"儒化"的畲民只是少数，而且还往往被迫外迁，因而赣闽粤边区的畲民大大减少。如今回顾，原来是畲族基本住地的赣闽粤边区，如今几乎都是客家人住区，只有少数畲族聚居小区，究其因，首要因素是畲民汉化转化为客家，其次是被迫外迁。

三、畲民的分化与迁徙

明清之际，畲民的迁徙进入新的历史阶段。外迁的原因很复杂，但大致可分为政治因素、经济吸引与族群矛盾三大类。

（一）政治原因

这又分两种。一是朝廷通过军事压制、增设县乡、加强教化的手段加强对畲民的控制，强迫其归化为新民、良民。为此，有的畲民被强行驱赶到指定地区，有的畲民不愿接受教化，被迫远迁他地。

另一种是，明末的农民战争及清兵屠杀，造成许多地区人残地荒，朝廷或地方政府推出优惠政策，招徕流民。四川、闽浙赣边都出现了这样的情形。湖广填四川，广东、福建很多人跟着去了，主要是客家人。填充到闽浙赣边的，则以闽西人为多，客家人与畲民参半。

明后期的倭乱与清初的迁界，也对畲民外迁有很大的推动。其迁徙的指向，则以闽东及闽浙赣边区为主。

（二）经济原因

明清时期江南纺织业的发展，对于织染原料苎麻和蓝靛需求旺盛，善于种麻种靛的闽西汀州山民抓住机会，纷纷离开家乡北上，进入兴化府（今莆田）、福州府永福县

---

① 嘉靖《汀州府志》卷18词翰类徐汝圭《遗爱祠记》
② 《天下郡国利病书》原第19册广东下引《连州志》后，顾炎武按语。

（今永泰县）、福宁府宁德县等地区种麻和种靛，进而又进入浙南山区发展出种麻种靛基地。进入闽西北、闽北的汀州山民亦多，除了种麻种靛，重要生业还有造纸、烧炭。这批山民，常常被称为棚民、菁民、靛民，也是客家与畲民参半。其中姓蓝、雷、钟的，多为畲民，但李、吴、杨等姓，也有畲民。

（三）族群矛盾

在原居地受到汉人的歧视和压迫而迁徙，也是畲族外迁的重要推力。例如上杭官庄畲族，原居长汀县坪岭水口，与该乡大族客家涂氏发生了矛盾和斗争。他们"深觉非汉化必无生存之余地，然而要摆脱畲族身份又非远徙他方不可"，因而迁到了上杭官庄。这是迁得不远的，因为类似原因而远迁的可以类推。至于远迁之后是否摆脱畲族身份，那就要由各种复杂的情况决定了。

四、明清时期畲族分布的新格局

（一）赣闽粤边区剩下零星的畲族聚居村落

明中叶之后，畲族分布的格局发生了根本性的转变。一方面，留在赣闽粤边区的畲族，不断汉化，未汉化的畲民收缩到少数深山幽谷中。如在汀州，在清代士人眼中，只有在"汀南百余里"才有几个零星的畲民村落[①]；而在漳州，也只有漳浦、华安等地保存了少数畲村。从粤东闽西"倒迁入赣"的大量移民，也包括蓝、雷、钟诸姓，原先应该都是畲族，但迁入赣南后，无论是自我认识，还是当地土著的看法，都已等同于客家人。

（二）闽东浙南成为新的畲族核心基地

另一方面，迁入闽浙赣边特别是闽东、浙南的畲族，由于保持了自己独特的生计方式和文化习俗，特别是因为学额之争及山林水土等各种资源之争，畲汉的边界反而得到强化，这一区域成为畲族分布最广泛、人数最多、特色最鲜明的地区，也就是说，闽东浙南成为畲族新的核心基地。

（作者简介：谢重光，历史学博士，福建师范大学社会历史学院教授，博士生导师）

---

① （清）范绍质：《猺民纪略》，载乾隆《汀州府志》，卷之四十一《艺文记》。

张法星信仰与明清粤东客家地区社会变迁

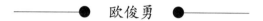

● 欧俊勇 ●

关于传说与地方社会的关系，以往的研究已经取得丰硕的成果①。这些成果更多从地方社会的视角出发，探求地方社会利用各种传说来建构自身宗族身份的策略，这无疑是具有启发性的。

张法星，又称"张法青""张公仁爷""叔公太"等。霖田祖庙左侧，立有奉祀张法星神的专庙。张法星神偶比较常见的造型是右手执剑，左手执印。这与张法星传说的巫的身份有关，在民间传说中，张法星是一位学法茅山的道士，以符法为人驱邪治病而闻名。

一、信仰分布与客家族群关系

明清时期，粤东客家地区的开发进入一个快速期，为了加强管理，于雍正十一年从惠州府析兴宁、长乐二县级，潮州府析程乡、平远、镇平三县设嘉应州②。新州府的设立是国家符号在地方社会强化的过程。作为应对策略，地方宗族往往通过传说和附会来表明他们的正统性身份。从深层次说，地方社会的传说附会方式也表现出他们对历史名人的崇敬心理，那些已经被王朝价值观所肯定的历史人物传说自然而然成为其附会的对象，而同姓人物所具有的"虚拟血缘"也成为附会的连接点。

---

① 参见：刘志伟：《祖先谱系的重构及其意义》，《中国社会经济史研究》1992年第4期；刘志伟：《附会、传说与历史真实——珠江三角洲族谱中宗族历史的叙事结构及其意义》，载王鹤鸣：《中国谱牒研究》，上海古籍出版社，1999年版；刘志伟：《地域社会与文化的结构过程——珠江三角洲研究的历史学与人类学对话》，《历史研究》2003年第1期；萧凤霞、刘志伟：《宗族、市场、盗寇与疍民：明以后珠江三角洲的族群与社会》，《中国社会经济史研究》2004年第3期。

② （清）王之正修：乾隆《嘉应州志》卷1《沿革》，乾隆十五年刻本，第5—6页。

周建新认为："巫师张法青是粤东客家地区张姓共同崇奉的祖先。"① 尽管在粤东客家地区田野调查中，信奉张法青的族群并不仅仅局限于张氏，但是从其地理分布来看，张法青信仰与客家族群关系密切，在闽方言区未见分布。张法青信仰分布最为集中的是梅州五华地区张姓宗族。在五华县安流镇、棉洋镇、长布镇、华城镇、周江镇、梅林镇、华阳镇、龙村镇、潭下镇、河东镇、双华镇等区均有分布。棉洋镇罗城、坑口、竹坑一带的张氏族人奉"张法青叔公太"为宗族神明，每年八月十三日举行"办古事"仪式，祭祀张法青。该村陈氏宗族则奉与张法青颇有渊源的"陈万一郎叔太公"②。安流镇区和三江、福江村、麻坑村等张氏族人亦以八月十三日"办古事"仪式最为隆重。长布镇福兴村张氏宗族以张洪恩为开基祖，自元末明初自福建上杭长乐县大田约大客村，经过几代人迁移，于清初到福兴村落业，村东南黄麻坑建有张公爷庙，传建于清乾隆年间，供奉敕封护国庇民大将军张法青，每年农历八月十三日为神诞。除了五华地区，蕉岭艾坝一带也有零星分布。

河源市紫金县石坑村旧惠州府永安县中正约，据当地张氏族人称，该村为张法青的出生地。按照当地说法，张法青生于洪武二十八年农历八月十三日，卒于弘治五年（1492），葬大埔县三河坝镇。配黄、蔡两夫人。生六子：永照、永泽、永福、永聪、良政、良斌。其裔散布紫金、惠东、花都、大埔等地。这一带还流传着一个重要传说："由于他（张法青）法术高强，遭到同行嫉妒。有一天，同村一个法师趁他生灵云游出外仅留身躯躺在床上的时候，在他的身上和鼻口连放了几粒白米，告诉其妻女张法师已死，鼻口生虫。其妻信以为真，把他掩埋了。上天得知，升其为神。"③ 这一故事版本与顺治《潮州府志》录《张法星神斗》情节极其相似。此外，同样旧属惠州府的陆丰县河口镇地区也有张法青信仰的分布，河口镇张法青信俗文化还入选第三批县级非物质文化遗产目录④。

张法青信仰在揭阳西部也有零星庙宇奉祀，除了作为三山国王祖庙配祀系统的法星古庙外，河婆镇新四木石坑村、良田乡宫尾村法青庙，均由张氏族人奉祀。值得一说的是，江西省遂川县西溪乡奖莲村也敬奉张法青。

从以上分布看，张法青信仰主要集中在五华地区。五华县是与揭西县、紫金县接

---

① 周建新、温春香：《客家民间信仰和地域社会研究》，黑龙江人民出版社，2014年，第7页。
② 在五华地区，最为盛行的传说就是张法青与胡法旺公、陈万一郎三人结拜赴茅山学法的传说。传说三人历经三年辛苦，学法有成。出师日，师傅故意在腿上变了一个毒疮叫徒弟们吸。张、陈二人犹犹豫豫，胡见师傅疼痛难忍，赶紧上前把脓毒吸尽。实际上，"脓疮"是能使法力大增的仙药，所以，胡的法术比其他二人高明。三人下山回到家里，彼此间经常斗法，比赛谁的本领高强。类似故事在闽西、赣南客家村落中也广为流传。
③ 沈丽华、邵一飞：《广东神源初探》，大众文艺出版社，2007年，第196页。
④ 方健宏主编：《广东省非物质文化遗产名录图典》第三册，广东人民出版社，2017年，第278页。

壤；是传统潮州府、惠州府和嘉应州的交界地。信众均为张氏宗族，在张氏宗族的文化认同中，张法青已经成为"亦神亦祖"的文化符号。他们一方面将张法青"宗教化"，通过茅山学法将张法青塑造为具有法术的巫师形象，确立了地方权威；另一方面，他们又将张法青"祖宗化"，通过族谱、传说建构了张氏宗族的祖先形象。

值得注意的是，上述信奉张法青信仰的张氏宗族，广泛流传由福建汀州府宁化县石壁转上杭县，再迁徙粤东各地的祖源叙事，大多奉张端、张化孙为祖先。如《广东五华鲤鱼江张氏族谱》，其120世祖先张端"迁闽宁化"，至125世祖张化孙"迁上杭"，迨135世祖先张隆宗"迁五华"。又如揭阳县北坑《张氏族谱》录《历代脉派源流序》述及张化孙谱系①。五华县《张氏族谱》也载："张氏一一七世：张端，是入闽始祖，从宁化石壁居上杭，成为上杭的开基始祖。"②

二、神明斗法与粤闽粮食贸易

潮州地区方志中，张法星是以与三山国王神斗法的巫师形象出现的，顺治《潮州府志》录《张法星神斗》一文：

> 揭阳霖田巫师张法星，有道术。为人祈禳，恒以苇席作舟载米粟归。一日，为三山国王召风覆之。法星怒，归语其妻曰："吾当力与国王斗，汝勿举哀，吾七日后复归也。"言讫而逝。数日后，忽见一女子以米几粒置法星口中，化为虫。妻见之大哭，空中闻法星让之曰："吾今不复还矣。当以铁嵌棺者置于国王庙前之潭也。"妻从之。水暴涨，棺浮而击崩其墙。三山神乃让居座左，乡人肖像合祀之。③

张法星道行颇高，为人祈禳，以"苇席作舟载米粟"证道。但是在某次施法运米的过程中，被三山国王神召风所覆，双方由此结怨，开始了张法星与三山国王神的斗法。斗法前，他与妻子约定他死而复生，不可哀哭。这个约定死后数日，其妻见一女子以米粒化虫于张法星口中，由此大哭。这一情节实际上是民间文学叙事模式中常见的"契约——反契约"关系，张妻违反了契约关系，因此，张法星"不复还矣"。随后，张命妻"以铁嵌棺"，随着庙前潭水暴涨，棺浮也"击崩其墙"，三山国王神也妥协让"让居座左"。斗法的结局就是张法星进入到三山国王信仰的系统之中。关于斗法的传说，作为地方官的蓝鼎元表达了不满：

---

① 佚名：《河婆张氏北坑系族谱》，民国抄本，第21页。
② 按，该谱原文如此。实际上，张端是宁化县石壁开基祖，其后裔张化孙开基上杭县。
③ （清）吴颖、（清）贺宽修纂：顺治《潮州府志》卷10《佚事部》，清顺治刻本，第5—6页。

又载：巫师张法星以苇席作舟载米谷。一日，为三山国王召风覆之。巫师怒与神斗，闻妻哭不能归，令以铁嵌棺首，置庙前潭，水涨棺浮，击坏其墙。三山神乃让居座左，乡人肖像合祀之。不知谁为好怪，造此齐谐。曾是堂堂民牧，亦笃信而笔之于书耶！譬民间载米谷出海，司牧治之。其民不服，径至堂上，与牧斗。牧亦将让居座左，与之偕尊一堂乎？好勇斗狠，可以并神，何怪平民之操戈动众、相争相夺！所关乎世道人心，又匪细也。其无伤名教之事，虽隐怪纤微，足资谈笑，即胆怯无能如吴大理之类，亦皆胪存弗削焉；若刘元城之节概，钟元浚之自表，庄淑礼、胡世和之勤事，陈添桂之舍生全主，皆忠诚轰发宇宙间，足为名教干城者。乡厉誓文，可化风俗；周妻雷震，可惩不孝。大书特书，何所庸疑议哉！读是编者，勿徒以游戏视之。①

蓝鼎元对顺治《潮州府志》将张法星与三山国王神斗法的传说付诸史书表达了强烈的不满，认为是臆造"齐谐"。蓝鼎元是漳州府漳浦县人，本是畲民后裔，接受福佬人同化。蓝鼎元从而对此有一定了解，又有着不同的见解。蓝鼎元质疑了传说的真实性，他做了一个比喻：乡民私运米谷出海，被地方官惩治，最后双方却"偕尊一堂"，显然有悖清代律法。在这个比喻中，蓝鼎元站在正统性的视角中进行批判。蓝鼎元的批评还不局限于此，他认为传说本身也折射社情民心，因此"勿徒以游戏视之"。蓝鼎元看重的民心风俗的教化，将斗法之事纳入方志，在蓝鼎元看来更是有伤教化。蓝鼎元的批评显然充满了正统化的色彩，有碍于民教之事不能进入志书之中。但是，普通民众对这一传说却有截然不同的理解。光绪《恒春县志》载：

案：《潮州府志》王系梅州山神。有巫师张法星，以苇席作舟载米谷。一日，为王召风覆之。巫师怒与神斗。闻妻哭不能归，令具棺铁嵌棺首，置庙前潭中。水涨棺浮击坏墙宇。王不能敌，乃让居座右。乡人肖像合祀之。蓝鹿洲驳之，而祀神之俗如故。②

这段按语内容与顺治《潮州府志》和蓝鼎元的记载偶有出入，但是"祀神之俗如故"的描述直接体现了民俗对斗法传说的接受。在民众的世界里，神明是否能够佑护他们是一回事，是否有碍教化又是另一回事。

斗法的故事起因为粮食，蓝鼎元也以"民间载米谷出海"作喻。在蓝鼎元的比喻中，三山国王神喻"州牧"，张法星则喻"好勇斗狠"的刁民，他们以私运米谷贸易为

① （清）蓝鼎元撰：《鹿洲初集》卷11，四库全书本，第20页上。
② （清）屠继善修纂：光绪《恒春县志》卷11《祠庙》，清钞本，第6页上。

业。张法星与三山国王神的矛盾争端也因此而生。这很容易让人联想到官民关于航运贸易的纷争，但是这种纷争的本质是揭阳县西部客家族群生存权问题。民国《河婆张氏北坑系族谱》所录《肇基公序》记载了张氏族人迁徙此地的历史过程：

> 我祖自在潮后居，子孙渐蕃。散居各县别乡。我曾祖贞五公、文达公等同居桃山都东集桥张厝场。正统三年九月初三日，海贼商寇交攻。叔祖有奇、有才等杀死。至庚申年，程乡州寇罗六宁乘夜溜来，系黄林李三姓谋透，又杀祖叔兄弟。幸天有灵，救出我祖大五郎。乔公在揭阳柴头桥碧婆郭林围，年二十一岁。①

在遭受海贼山寇乱后，张氏开始沿榕江向揭阳县西迁徙。随后张氏受雇钱坑林氏，在河婆后埔一带耕种，"后埔有钱庄，数十亩田园，大埔甚阔好开垦，我钱坑寨内有林五官家畜大小黄牛二三十只，赶去开垦耕种，我冬上去收租"。以后埔为基础，张氏又参与河婆一带屯田的开发，"时军子岭大屯园军人极兴，父托曾宗礼说和军人高桫山税牛。往来看父素行交□，胜如嫡亲。与众军人道及后埔张善德之母王氏与我明周公同姓尔，无姊妹，此人善交久，敬认他为大姐可矣。后果来认。凡军人内与王姓有亲者与父□好，语言无有不从。想此开田又要圳路过水，与明周商议设敬请桫山，言及后埔背头岭军田垅与我寒亲作圳过水，尊意若何？桫山允诺，喜不胜任"②。张氏宗族与屯田军队保持密切的联系，通过修筑水圳和税牛等方式参与军屯开发。就这样，张氏总之在成化、弘治年间，已经设立有祭田 8 处，成为周边较大的宗族，同时张氏也建立榕城、竹桥头、钱坑的航运网络联系。张氏宗族的个案显示，在 16 世纪以后，张氏宗族已经成为河婆一带的大族，他们掌握着较大规模的土地。随着明季闽商入潮籴粮，他们也卷入了航运贸易之中。尽管如此，揭阳县西的客家族群依然面临户籍的问题，他们大多数在明弘治开始才在国家编户齐民的政策下，成为王朝的子民。曲湖《贝氏族谱》载："（仲显）公生于明孝宗弘治十五年壬戌岁……公原籍海阳，迁居到揭阳霖田都元埔约曲湖寨创业垂统，初立户籍粮米百石，蒙本想张明弼老爷亲笔把仲勋改名为仲贵。"③当然，客家族人入籍是一个漫长的过程，至清末，地方名士谢炼在《答夏邑侯论揭阳形胜利病书》还如此评价：

> 揭阳居郡城西南，幅员辽阔，户口蕃滋。厥田上中，厥赋中上。其民农倍于商，耕继以织。自昔号为殷实。然山居者犷悍，泽居者骄奢，而多顽少习，凶很

① 佚名：《河婆张氏北坑系族谱》，民国抄本，第 30 页。
② 佚名：《河婆张氏北坑系族谱》，民国抄本，第 37 页。
③ 贝氏修谱小组：《曲湖贝氏族谱》，内部资料，1987 年，第 21—22 页。

（狼）梗化，则犹通国同病焉。揆度形势，西北多山，东南多水，山则揭岭飞泉、猴子崇、明、巾、独诸峰，重峦叠嶂，绵亘支撑，北通丰顺之言岭，西连惠州之长乐，巉岩险阻，不减蚕丛。河婆、汤坑之地实为藏奸之薮。水则南北两河发源于西北诸山，汇长乐、海康之水，一迳城南，一迳城北，外环雉堞，内通市滘，屈曲东行四十里，沿潮阳直浦界，北合郡城枫溪，至铺前之双溪，始南北合流东南出青屿，大海早晚潮汐，浩森汪洋，海舶扬帆，可以直入……而霖田之河婆，地处万山中，习俗剽悍，乐于战斗，恃其险远，往往抗粮拒官，聚党为乱。虽鞭之长不及马腹，非区区一巡司所能制。漳浦蓝鹿洲议于其地设县，洵非无见而云然矣。然山川之险易控制之，方略志乘具在，可以按籍而稽。①

巉岩险阻而地方政府难以管辖，故河婆一带沦为"藏奸之薮"，民风犷悍，教化难施，如何实施有效治理，谢炼的建议依然是从户籍入手，"按籍而稽"。可见，至晚清时期，这一带依然存在着大量未入籍的居民，他们成为影响地方治理的不确定因素。这些人在蓝鼎元看来，自然就属于化外之民，他们私运粮食自然也就属于有悖法令的行为。张法星以苇席运粮便是张氏族人参与私人粮食贸易在民间信仰上的体现。地方社会的冲突和矛盾往往会反映在各种历史事件的镜像上。

三、正统书写与宗族历史记忆

张法青信仰在粤东五华、紫金地区颇为流行，"多处建庙敬祀"②。张法星信仰在河婆一带的传播则与张氏族群的迁徙有关。这不妨将河婆视为张法青祭祀圈和三山国王祭祀圈的交叉地带。在这一区域，民间信仰之间必然产生冲突和融合的关系。五华地区的族谱资料基本上沿袭了粤西郁南地区张元勋信仰的历史记载，认为张法青即张元勋。据沈丽华描述，五华张氏族谱认为，张元弼之父从福建迁到长乐县开基，因此张元弼为长乐人。成人后，张元弼任广州总兵，平乱安民，死后受封护国庇民大将军③。

民国《郁南县志》对张元勋生平却是另一种说法：

张元勋，字世臣，浙江太平人。嗣世职，为海门卫新河所百户，沈毅有谋，值倭警隶戚继光麾下，有功进千户。屡进署都指挥佥事，充福建游击将军。隆庆初，改南路参将，进副总兵。五年，擢署都督佥事，代郭成为总兵。官镇守广东。万历

---

① （清）王崧、（清）李星辉修纂：光绪《揭阳县续志》卷 4《艺文》，民国二十六年重印本，第 69—70 页。
② 沈丽华、邵一飞：《广东神源初探》，大众文艺出版社，2007 年，第 196 页。
③ 沈丽华、邵一飞：《广东神源初探》，大众文艺出版社，2007 年，第 196 页。

二年，进署都督同知，世荫百户。五年，从总督凌云翼大征罗旁贼，斩首万六千余级，进都督，改荫锦衣。寻以疾致仕，卒于家。元勋起小校，大小百余战，威名震岭南。与广西李锡并称良将。①

张氏出生浙江太平县，追随戚继光抗倭有功而擢升官职，又赴岭南平定瑶乱，成为一代名将。死后郁南人在连滩为其张公庙以祀。民间传说，"每遇县治地方不靖，神必先几示警，保护治安"，故"香火最盛"②。又同治九年（1870），罗定直隶州巡检刘鸾龄撰《张公庙碑记》总体印证了《郁南县志》的说法：

> 敕封护国庇民英勇都督府大将军张公大人，名元勋，字世臣，浙江人，嗣世职为海门卫新河所百户。沉毅有谋，值倭警，隶戚继光麾下，有功，进千户。从破横屿诸贼，屡进署都指挥佥事，充福建游击将军。隆庆初，破倭福安，改南路参将，从李锡破曾一本，进副总兵。五年春，擢署都督佥事，代郭成为总兵官，镇守广东。惠州河源贼唐亚六，广州从化贼万尚钦，韶州英德贼张廷光劫掠郡县，莫能制。隆庆六年，张公进剿，斩六百有奇，五六等授首，余当悉平。肇庆恩均十三村贼陈金莺等，与邻邑莒村三巢贼罗绍清、林翠兰、谭权伯，藤洞九径十三寨贼黄飞莺、邱胜富、黄高晖、诸可行、黄朝富等相煽为乱。故事，两粤惟大征得叙功，雕剿不叙，故诸将不乐雕剿。总督殷正茂与张公计，令雕剿得论功，诸军争奋。正茂又密遣副将梁守愚、游击王瑞等屯门平，若遣戍者，掩不备，斩翠兰等，生擒绍清，权伯以献，其诸路雕剿者效首二千四百有奇，还被掠夺子女千二百余人。生得金莺，惟高晖等亡去。张公逐北至藤洞，又生获胜富，可行，朝富等八十人。部将邓子龙亦获高晖、飞莺三巢十寨十三村诸贼尽平，余悉就抚。惠、潮地相接，山险水深，贼首蓝一清、赖之爵、马祖昌、黄民太、曾廷凤、黄鸣时、曾高章、李仲山、卓子堂、叶景清、曾仕龙等各据险结寨，连地八百余里，党数万人。正茂议大征，令金莺等已灭，诸贼颇惧，廷凤、万章并遣子入学。祖昌、景清亦佯乞降。正茂知其诈，征兵四万，令参将李诚立、沈思学、王绍、王瑞等分征之，张公居中节制，监司陈奎、唐九德、顾养谦、吴一介监其军，数道并进。贼败，乃凭险自守。官军遍搜深篝邃谷间，张公偕九德追至南岭，一日夜驰至养谦所，击破李仲山、生得子望。明年，破鸟禽嶂，仕伴饮酒高会，忽进兵击擒之，先后获大贼首六十一人，次贼首六百余人，破大小巢七百余所，斩一万二千有奇。帝为宣捷，告郊庙，

<hr />

① （民国）何天瑞、（民国）桂坫修纂：民国《西宁县志》卷19《职官二》，民国二十六年铅印本，第12页上。

② （民国）何天瑞、桂坫修纂：民国《西宁县志》卷19《职官二》，民国二十六年铅印本，第10页。

进张公署都督同知，世荫百户。张公复讨斩余贼千一百有奇，抚定降者，巨贼皆靖。潮州贼林道乾，诸良宝既抚复叛，袭杀官军，掠六百人入海，再犯阳江，败走，乃据潮故巢，居高山巅，不出战。官军营淤泥中，副将李诚立挑战，坠马伤足，死者二百人。贼出掠而败，走巢固守。张公积草土与贼垒平，用火攻之，斩首千百余级。时万历二年三月也。捷闻，进世荫千总。遗孽魏朝义等四寨亦降。弄与胡守仁共平良宝党林风，惠、潮遂无贼。其冬，倭陷铜鼓石，双鱼城，张公大破之儒峒，俘斩八百余级，进秩为真。广东通志可考。逾至罗旁瑶寇扰乱，性顽强悍，不守王章。夫瑶为盘瓠遗裔，生齿繁衍，罗旁两百余里蜂屯蚁聚，凭持险阻，数出为寇，蚕食村乡，横江劫掠，骚扰郡邑。万历四年丙子，张公进兵，分十大哨，武为统都，文为监督，用兵计二十万。主有士兵，客有浙兵，而狼家之兵尤多。罗旁哨以属原任都司朱钰、监军宪副刘经纬；泷水哨以属都司刘天庆、游击章延廪、监军徐汝阳；岑溪哨以属永宁参将王瑞，监军左江道少参舜翰，分守苍梧道王元相；阳春哨以属游击杨宣、监军少参何子明；新兴哨以属游击陈典、监军大参周浩；德庆哨以属柳庆参将倪中化、监军左江大参沈口；伏哨以属都司黄允中、监军参将徐天麟；茂名哨邻新兴，则属之原任参将侯熙；而兼督之者，亦即信宜、新兴也；信宜哨以属高州参将陈王瘁、监军大参刘志伊。十哨之兵星罗棋布，而在适中扎营者，广东总兵官张公元勋、广西总兵官李锡、监军副使赵可怀。计斩瑶首万六千余级。他若德庆江道则以阳电参将画地而守，亦属之新兴监督，以防贼北渡之津；广西六云、容县则以浔梧参将王德懋领兵屯驻，属之苍梧兵巡道王一卿，以防贼西奔之路。盖自始事以至凯旋，行师甫四月剿平，积年蚕食之士守宇悉归版图，累世被戮之官民尽偿冤惨。肆今瑶寇烟悉，山城如画，行者歌，居者宁，此皆张公之力也。士兵怀恩德，念念不忘，因此立庙祀于连滩。万历五年丁丑春，武成献议开拓州县，钦命陈璘升泷水县为罗定州，建西宁、东安二县，其事载在《罗旁善后功绩碑》《罗定州志》彰彰可考，万历十三年副总兵陈璘所作。

总裁官总理事务经筵讲官少保兼太子太保、保和殿大学士兼吏部户部尚书加六级张廷玉奉敕修钦定《明史》。

张公庙地，于乾隆五年二月内黄国盛假契侵占，至七年三月十七日蒙州宪录英太爷亲勘断结，涂销假契，量丈分明。庙背至后灰砂矶十八丈六尺五寸，左至城壕三丈七尺，右至杨家田神为界，前至河水为界，于嘉庆二十五年晋康司韩爷有示，庙前所积泥淤，军民不得侵占，俱归庙内。

同治九年岁次庚午仲春吉旦，钦赐蓝翎六品衔持授罗定直隶州晋康司巡检军功加三级山左刘鸰龄重裱。①

刘鸰龄笔下的张元勋籍贯身份等都与方志说法相同，均认为出身浙江，且平乱有功。但是有别于《郁南县志》的记载，刘鸰龄描述这场动乱更为仔细，并且意识到这些土著啸乱与南岭山脉关系密切，所谓"惠、潮地相接，山险水深""连地八百余里，党数万人"，在他的判断中，参与这场啸乱的不仅仅有南岭山脉还有其相接莲花山脉的土著。

从上述文献看，平寇的张元勋与学法的张法星毫无交集。但是在五华地区的张氏族谱记载中，直接将张元勋的史事吸纳其中，并将张元勋的籍贯改为长乐，补充了张元勋茅山学法、治病救人的故事，因此获封"张公仁爷十九郎"②。实际上，张法青传说的一个特点是大多流行于客家张姓宗族，显然是基于同姓的关系考量。在河婆横江一带，张姓宗族也立法青庙，信众认为，张法青的家乡就是横江③。又揭西县良田乡也立法青庙，该乡以张氏族人为主。地方宗族以此附会，来强调其宗族的正统性。

张法青与霖田有关的传说还包括显法救崇祯皇帝的情节。据传，崇祯帝南巡时，为贼匪所困于霖田，张法青见主有难，显法霖田，率天兵解困。因救驾有功，崇祯帝回京后便下旨召谕各地建庙，尊其为天下圣神④。这一传说与三山国王神救驾的传说颇为相似，突出了张法青信仰的正统性。传说强调地点在于霖田，似乎也在为河婆一带奉祀张法青神的张氏宗族，提供一种符合王朝国家正统标准价值观的解释。

当然，地方宗族并不是被动地接受这类传说，他们也将自身的历史改造在附会的人物传说之中。在河婆横江一带，张氏信众将张法青成为"叔公太"，所谓"叔公太"意思为"太叔公"，这足以证明张氏族人将其视为族亲。当然这种现象并非孤例，在孙道人风雨圣者信仰的传播区域，孙氏族人也称其为"叔爷"。这些带有亲属称谓语的说法，显示了他们与民间信仰的紧密关系。

结 论

周建新认为，客家民间信仰具有"宗族社会性"（或言"血缘性"）的特征，"基

---

① 叶旭明、李可祥整理：《张公庙碑记》，载中国人民政治协商会议郁南县委员会文史资料研究委员会：《郁南文史》第 16 期，内部资料，1996 年版，第 43—45 页。

② 张泉清：《粤东五华县华城镇庙会大观》，载黄绿清：《客家研究辑刊》，内部资料，1996 年第 2 期，第 76 页。

③ 马凤：《三山祖庙的神及其塑像》，载贝闻喜、杨方笙：《"三山国王"丛谈》，国际文化出版公司，1999 年，第 176 页。

④ 佚名：《张法青》，网址：http：//zhangshijp. com/h_ repute/inf_ repute_ 2. html，2013 年 10 月 16 日，笔者于 2022 年 2 月 18 日下载。

于血缘而组成的宗族组织，不仅是客家民间信仰的主题，也是一个动态的存在，宗族的产生、发展、兴盛到衰败的过程对民间信仰符号的取舍、强化、抛弃等行为之间有着耐人寻味的对应关系"[1]。诚然，宗族在地方社会必然面临着竞争和融合的生存境况，维系宗族最为基本的纽带是血缘关系。当然，血缘关系并非是一种简单的社会关系，同时也可以成为人神联系的纽带。尽管人神有别，但是当血缘关系由人及神时，它就构建出一种新的社会关系网络。

当然，讨论客家民间信仰与区域社会文化变迁的问题，不应该停留在受限的时空当中。移民记忆是客家族群文化的重要内容。在粤东地区的客家族群中，不少宗族都视宁化为祖地，如清本《贝氏族谱》认为其祖先为顺丰公，"肇迹福建宁化"。又清本《灰寨李氏族谱》载："（李奇公）娶妻甘氏，生李珠公，因避乱世，移居福建汀州府宁化县石壁村，娶妻郑氏，生五子，取名金、木、水、火、土。"《高氏族谱》载其祖文辉公子十郎"迁居宁化千家围石壁村"。《邓氏族谱》也载：其祖先从宁化石壁迁来广东。这是值得关注的地方。史料提醒我们，研究的对象不是一个静态的群体，而是一个流动的群体。他们在移民过程中，总是在与其他族群文化融合、冲突和交流过程中建构自身的文化记忆，张法星信仰的意义正是如此。

（作者简介：欧俊勇，博士，韩山师范学院历史文化学院副教授）

---

[1] 周建新、温春香：《客家民间信仰和地域社会研究》，黑龙江人民出版社，2014年，第7页。

论闽西茶亭的主要功用

——以福建省宁化县为中心

●　赖浩然　●

道路兴，百业兴。交通是国民经济的基础产业、先行产业及其大动脉，对经济社会的发展具有战略性、全局性的影响。茶亭是古代交通要道上重要的公益建筑设施，类似现在的高速公路服务区。我国的茶亭始于唐朝，兴盛于明清时期。在古代闽西地区分布十分普遍，且对客家闽西的形成与发展产生了重要的作用，价值非凡，意义深远。明清以来，随着闽西地区社会与经济的发展，加上闽西多山、高温多雨等因素，所以闽西茶亭逐渐增多。茶亭作为闽西一个相当普遍的客家公共文化设施与民俗事象，对其进行系统的研究便显得很有意义。当前学术界部分学者对茶亭有进行一定的研究。[①] 它们是本文的写作基础、思路参考和资料来源。就闽西地区，尤其是宁化县的茶亭的主要功用而言，目前学术界对此尚无专文进行研究，这就留下了一个学术空白点，本文拟就此问题，在梳理相关文献资料和田野调查的基础上，进行一番粗浅的探讨，以就教于方家。

一、宁化县茶亭分布概况

有道是七山一水一分田，还有一分是茶亭；一丛山背一丛人，条条山路有茶亭。作为闽西客家祖地、千年古县的宁化，其境内的茶亭星罗棋布，数量众多。茶亭的分布密度，有五里一亭，十里一亭，最多也不过十五至二十里一亭。就分布在宁化县境内古道

---

① 大别山岳西县茶亭的楹联，见汪从元：《岳西茶亭茶联趣事》，《农业考古》2011 年第 5 期，第 376—378 页。茶亭及其文化，见王槐初：《茶亭及茶亭文化》，《茶叶通讯》2004 年第 4 期，第 34—35 页。茶亭及其文化内涵与价值，见刘清荣：《茶摊、茶庵、茶亭及其文化内涵与价值》，《农业考古》2006 年第 5 期，第 152—159 页。客家茶亭文化，见王天鹏：《客家茶亭文化刍论》，《湖北民族学院学报（哲学社会科学版）》2011 年第 2 期，第 17—21 页。广东客家茶亭文化，见卓敏：《广东客家茶文化与客家名茶品质研究》，湖南农业大学硕士论文，2009 年。关于茶亭会描述性介绍，见温燕霞著：《我的客家》，南昌：江西美术出版社，2014 年，第 274 页。介绍闽西武平客家茶亭，见郑启五：《武平的客家茶亭》，《福建乡土》2005 年第 1 期，第 30 页。

上的茶亭而言，具体概况如下表所示。

表1 宁化古道上的茶亭

序号	古道	茶亭名称	保守数量
1	县城南门往长汀方向的古道上	金刚亭、南山桥亭、黄地甲亭、竹篙岭脑茶亭、李屋排茶亭、南坑茶亭、罗溪亭、狐栖岭亭、馆前亭、新桥亭、义熟亭、十里铺亭等	12座
2	往连城方向的古道上	石结茶亭、何家园亭、斑竹亭、石螺坑亭、鱼龙铺亭、黄泥桥亭、张濠坑亭、丘源亭、黄柏岭亭、俞坊亭等	10座
3	往清流方向的古道上	观音亭、广济桥亭、五步茶亭、茜坑亭、暖水塘亭等	5座
4	往明溪方向的古道上	东山桥亭、泻屎岭亭、马源亭、雷坊甲亭、分水坳亭、湛亭桥亭、将军岭亭、店上山亭、下埠亭、蚁公岭亭、角路亭、陈家亭、马家庄亭、罗坊坝亭、旱坑口亭等	15座
5	往建宁方向的古道上	双茶亭、景福亭、贞节亭、禁山里亭、曹家屋亭、肩头岭亭、半溪亭、下沙亭、上沙亭、上沙桥亭、坑田口亭、白水碓亭、沙坪亭、下伊亭、站场里亭、伍家坊亭、墩和亭、接官亭、安远亭、阁背亭、郑坊亭、南桥亭等	22座
6	往石城方向的古道上	磜笼棚下亭、城隍岭亭、广福亭、八十四煅亭、茶湖岗（陈埠岗）亭、德润亭、分水坳亭、田背亭、站岭脑亭、五里亭、介福亭（片云亭）等	11座
7	往广昌县方向的古道上	隘楼亭、义昌元亭、武层水口亭、神坛坝亭、各溪口亭、龙头村亭、站岭脑亭等。此外，从安远乡途经营上到广昌县的古道上也有不少茶亭	7座
合　计			82座

从上表可知，仅在宁化出外县的古道上，茶亭就至少有82座之多，其实，这个数字是被大大低估了的，因为宁化县境内各乡镇到县城之间，各乡镇之间，也有许多条道路相通，这些道路上的茶亭也为数不少。值得指出的是，民国《宁化县志》[该书是据清同治八年（1869）重刊本复印的]记载的茶亭数量更少，只有区区5座，这更是低估了宁化的茶亭数量。

通常而言，行人较多和人口聚集处，一般都建有提供公益服务的茶亭。从上表可知，茶亭多分布在以下地理位置上：一是以县城为中心的交通要道上。例如，安远亭便是安远乡至县城要道上的一座茶亭。二是在两县或两省的交通要道上。例如，五里亭便在福建宁化和江西石城之间的交通要道上。三是分布在桥梁、渡口附近。例如，南山桥亭、广济桥亭附近便有南山桥、广济桥；曹坊温孙桥旁边有义熟亭；石壁维藩桥附近有德润亭。有些茶亭干脆就建造在桥上，这种茶亭与桥梁相结合的廊桥，在宁化全县至少有21座之多，比较著名的有水茜镇的蛟潭桥、曹坊乡的温孙桥、石壁镇的维藩桥和溪背乌石下桥。位于县城西边的茶湖江村（陈岗村）的村口以前有一个古渡口，叫作陈埠岗渡，附近便有一个茶湖江亭。曹家屋亭位于曹家屋村口，这里有一个叫作马家渡的古渡口。四是分布在村庄与山岭的通途上。例如，李屋排茶亭附近便有一个叫李屋排的村庄。五是分布在集市（圩）口和寺庙附近。例如，往建宁方向古道上的双茶亭附近便有一座伏虎禅师庙。

二、休息的功用

闽西宁化处于武夷山东麓，人称为福建的西伯利亚，这里山高林密，沟壑纵横，在现代高速公路、铁路开通之前，大多道路崎岖艰险，车马举步维艰，商人、旅客、挑夫们往来，必须徒步肩挑背驮，翻山越岭，而且经常几十里之内不见人烟。所以，对于早年负笈远行之人而言，散布点缀在古道上的那些茶亭，犹如沙漠中的绿洲、人生道路上的驿站。

假如没有茶亭，商旅行人便会被淋雨、被暴晒、被渴死和累死。宁化淮土乡《刘世十修族谱》也说："造舟以利涉水，建亭以憩陆行，虽非有意求福祉，亦自天申矣。"①

福建宁化淮土乡的五里亭在公路旁，除了供行人躲避风霜雨雪，还充当了候车亭的作用，另外，该亭周边有许多农田，农忙季节，在农田中干活的农民回家太远，便喜欢在亭内喝茶休息。吃午饭的时候，家中孩子送来饭菜，他们便在亭内用餐。

三、传递信息与新闻的功用

（一）茶亭类似现在的新闻发布会

信息和新闻的传播需要媒介，在古代，信息和新闻的传播比较落后，通常依靠人口传播（肉电报），人口聚集的茶亭信息和新闻传播最为迅速。因为茶亭中通常聚集了来自四面八方的人，他们落座之后，经常天南地北地闲聊各地的奇闻趣事、商业信息等，所以要了解各地的信息和新闻，就可以到茶亭中参加座谈会。如此，茶亭便充当了信息和新闻传播的媒介了。

（二）茶亭墙壁有留言功能

古时候通讯落后，走得匆忙、急于赶路的商旅一般会在茶亭墙壁上留言，让同伴清楚自己的去向。例如，"×××先生：我已在某日挑大米××斤过此亭，前往汀州府，住××客栈，请来客栈和我联系。"

---

① 福建宁化淮土乡《刘氏十修族谱》，公元 1993 年癸酉春月。

四、文化的功用

（一）茶亭对联文化

对联本质上就是凝缩的格律诗。有些古诗其实就是经典的对联，如刘禹锡的《酬乐天扬州初逢席上见赠》中的：沉舟侧畔千帆过，病树前头万木春。宁化众多茶亭中的对联，多写在楹柱、亭柱上。这些茶亭对联，或体现了客家人的"三观"及其精神特征，或阐明了茶亭的功能和作用，或描写了茶亭周边的形胜风景，或表达对行人的欢迎。

有的宁化茶亭对联体现了客家人行善祈福、开朗达观的"三观"及其精神特征。如宁化一些茶亭内有这样的对联："青山环抱绿水长流千秋功德荫后代，既能藏风又能避雨一间凉亭话古今"；"福聚亭内行人得意，德施乡里过客沾光"；"福至青山添书画，德临秀水动诗情"；"行善之人如春园之草不见其长日有所增，行恶之人如磨刀之石不见其损日有所亏"；"处处通途何去何从求两餐分清邪正，头头是道谁宾谁主吃一碗各自东西"；"愁甚么信步行将去，歇也罢丢肩放下来"。

有的宁化茶亭对联阐明了茶亭的功能和作用。如宁化至建宁古驿道的安远段，有一座茶亭名叫"阁背亭（接官亭）"，亭内有一副笔走龙蛇的对联："千里骑驹民利客，半山风雨短长亭。"据说这副对联是宝峰寺方丈所写的，该对联便阐述了茶亭的功能和作用。

有些宁化茶亭的对联描绘了茶亭周边的形胜风景。如，宁化一些茶亭对联是这样写得的："丹山起舞颂升平，碧水欢腾歌盛世"；"石径有尘风自扫，云梯无路月常升"；"一掬甘泉好把清凉浇热客，两头岭路须将危险告行人"。

有些宁化茶亭的对联表达了对行人的欢迎。如，宁化一些茶亭对联是这样写得的："为名忙为利忙忙里偷闲且在茶亭坐坐，劳心苦劳力苦苦中作乐聊将往事谈谈"；"四大皆空坐片刻无分你我，两头是路吃一杯各自东西"；"山好好水好好开门一笑无烦恼，来匆匆去匆匆茶饮几杯各西东"；"不费一文钱过客莫嫌茶味淡，且停双脚履劝君休说路途长"。

（二）茶亭题壁文化

宁化茶亭内墙壁上经常被过往行人题写了许多文字，或是打油诗，或是一些标语口号。

有些宁化茶亭的墙壁上写了一些打油诗。如某茶亭内一首打油诗估计是一位落榜考生写的："中学读书整六年，今日回家去种田。早知今日会如此，何必当初来花钱。"这首打油诗抒发了其消极的情绪、失败后的彷徨和偏激的思想。有些打油诗具有乡土气息，如某茶亭内有一首描写牧童的打油诗："撵牛赖子真苦凄，戴顶笠麻风紧吹。捡得笠麻牛又走，追得牛来阵又归。"意思是：放牛的孩子很辛苦，头上的破斗笠被大风吹走了，想捡起斗笠，可是又担心牛跑远，想去追会牛，又担心跟不上伙伴们。这首打油诗生动、形象地写出了牧童的狼狈、窘迫和艰辛。

有些宁化茶亭内的标语口号从侧面折射了时代的变迁。"文革"时期的题壁标语有："红雨随心翻作浪，绿水着意化为桥"；"凡是反动的东西，你不打，他就不倒。这也和扫地一样，扫帚不到，灰尘照例不会自己跑掉"。改革开放初期的口号有："要想富，先修路，少生孩子多种树"；"百年大计，教育为本"。党的十八大以来的口号有："全面建设小康社会"；"跟着党，追梦去"。

（三）茶亭山歌文化

宁化客家山歌是客家文化的重要组成部分。按内容可分劳作山歌、爱情山歌等。它们不但源于宁化客家人的生产、生活，而且深刻地表现了宁化人民的思想情感、理想追求。

宁化客家山歌内容丰富，文采斐然，曲调优美，比兴生动，生活气息浓郁。既有黄钟大吕般的中原古韵，又有高山流水般的南方楚音，听起来高亢抑扬、委婉多情、清新优美，所以深受宁化人民的喜爱。有时候，宁化人民兴之所至，会把山歌的歌词题写在茶亭的墙壁上。

有些宁化茶亭的壁上题有劳作类山歌。如，《四季作田歌》：春季里，雨涟涟，别人春酒闹连连。我背蓑衣要下田，又褙田塍又作塸，雨水淘饭实可怜。夏季里，日头烧，别人着绸又着纱，我打赤膊田来下，又出口头又落雨，食来田水会发痧。秋季里，秋风狂，别人坐轿访娇娘，我打赤膊上山冈，又割禾来又晒谷，抹开眼屎盲天光。冬季里，霜雪冻，别人腊肉年货送，我担粪草田里送，又蒔油菜又蒔斜，脚踭爆蚀冻疮痛。这首山歌，用对比的手法描写了农夫一年四季从事农业劳动的痛苦和辛劳。

又如，《长工骂东君》："七坐八坐，正事不做，手拿烟筒，指着牛索，逼我上工，昼夜难磨。吃碗稀饭，照见脑壳，喝点菜汤，青龙过河。转得太早，瞪眼喷火，归得太暗，路上难摸。到了年节，更难琢磨，讨你工钱，横竖直拖，量得米来，不到半箩。骂声东家，良心刻薄，财主举锤，少爷掀桌，好在学了，两下手脚，要不被你，打破脑壳。这首山歌谴责和控诉了财主的不学无术、游手好闲、刻薄无信、唯利是图与冷酷残暴，表现了旧社会劳动人民被压榨剥削，毫无立足之地的事实。"

有些宁化茶亭的壁上题有许多爱情类山歌。如，《送郎》："好凉风来好凉风，凉风送郎到广东。凉风送郎千万里，老妹送郎半路中。"宁化山多田少，加上经济落后，靠种田没法养家，于是许多宁化男人出门到广东、南洋、南京等地谋生，赚钱养家糊口。这首山歌表达了宁化女人对情郎的依依不舍之情，舍不得和他分离，送到半路还意犹未尽，只好拜托凉风送情郎前进了。

又如，《日夜恋郎没得空》："新打菜刀背驼驼，又杀鸡公又杀鹅。不晓老妹格样好，晓得哇！早搭花轿接娇娥。新打菜刀白龙龙，又切韭菜又切葱。不晓情郎格样好，晓得哇！日夜恋郎没得空。"这首山歌是小伙子、姑娘表达相见恨晚之意。意思是早知道对方如此可爱而完美，两人早就结合了。这首山歌完全没有爱在心里口难开的羞涩，表达了宁化人民对爱情的勇敢和担当。

再如，《等郎归》："日头落山是又一日，飞鸟双双把巢归。老妹担柴茶亭歇，等我情郎牵牛归。"这首山歌表达了女主人在茶亭等待情郎一起回家的甜蜜、焦虑之情，既有即将和情郎共度美好时光的兴奋和喜悦，又有天黑了，劳动中的情郎依然未来到身边的焦虑和担忧。

还如，《要我断情难上难》："昨日恋郎屋背山，爹妈知来打一场。爹妈要打打他的，要我断情难上难。"这首山歌表达了女主人就算面对父母的家暴，也依然矢志不渝地追求爱情的勇敢和忠贞。

五、经济的功用

宁化的部分茶亭有施主与煮夫，他们是茶亭幕后的组织运作者。

所谓施主，就是茶亭附近村落中的大姓宗族中的精英们组成的茶亭会，该会负责捐助、募集资金建设茶亭以及管理、维护茶亭。在以前，茶亭会通常会在茶亭附近捐献若干田产、山场，田产、山场的出产便是该茶亭的运作基金。

所谓煮夫，就是守卫茶亭之人，他们负责为过往旅客提供免费的茶水。茶叶多从茶亭周边山上自采和加工的。茶亭附近的土地，通常也由煮夫耕种。煮夫还会在茶亭周边开荒种植一些农作物。

此外，为了增加收入，煮夫还会在茶亭内摆摊销售一些点心、水果、茶叶、烟丝、草药、香菇、竹笋、酒水、土纸等，以满足过往旅客的需要。一些村民、商贩也会在茶亭内外摆摊，销售一些农产品、南杂活、小吃等。煮夫会向他们收取少量的摊位费、卫生费。

宁化水茜镇的藩维桥的廊屋其实就是茶亭，这里也是一个圩场。在每月的固定日期中，无论天气情况如何，来自四面八方的商贩聚集在廊屋内的两边，摆摊销售各种商品。来自周边地区的居民，把廊屋挤得水泄不通，和商贩们讨价还价，购买各自需要的商品。

据原宁化县文联干部连允东的《客家茶亭》记载："故凡茶亭，亭内必有茶水供应，客家茶亭也不例外。供应分两种，一种是无人看亭的，（另外）一种是有人看亭的……第二种又分两类：一类如同前述，是为多数穷苦人服务的，故免费；一类是为少数有钱人服务的，即坐亭者即时以沸水泡茶，故需收费。茶水以外，还备有糕、饼、糖果或时鲜水果等。"①

在茶亭内销售茶水是一种商业行为，当然会为卖茶者带来一定的经济收入。这些都在一定程度上，解决了煮夫、茶亭周边村民的就业和生计问题。

这实际上已经形成了一个以茶亭为中心的经济圈，不但为过往的旅客提供了便利，也为茶亭周边的居民增加了就业机会和收入。与此同时，也为商人、旅客的流动增加了速度，在某种程度上推动了当地经济与社会的发展。

六、治安的功用

据《宁化县志》记载："民国时期，兵灾匪患严重，武装股匪东乡有 30 余人，南乡有 440 余人，西乡有 100 余人，北乡有 260 余人，常入境窜扰，各地还常有散匪拦路抢劫，人民群众不得安宁。"② 宁化县因为地处闽西山区，交通不便，村落分散，人口稀少，许多山路连续几十里都没有人烟，一些分散的土匪便在路上出没无常，奸淫掳掠。宁化西边的石城县有一个高田圩，距县城 54 华里，毗邻宁化河龙乡。该圩建于明朝末年。因为地处闽赣陆路交通要冲，清代曾经为七省牛马交易市场。1920 年左右，洪江会（天地会、红帮）头目郭庆红率土匪于圩期不定期到此抢劫，导致该牛马市逐渐衰微。

商旅人员为了对付散匪，多会在茶亭中聚集，成群结队之后，再一起经过散匪出没的路段。

在明清时期，宁化境内的许多古驿道上设有铺站。铺站一般设有铺兵。据《走在古驿道上》一文说："'铺'并非专门用来离别的场所，它是古代官方为传递政令、公文、军情而设立的中转站，每铺驻兵三至五人，称铺站。他们除传递情报等日常工作外，还兼维护古驿路上的社会治安，打击'车匪路霸'，为来往的商贾及巡视官员保驾护航。他们拿固定工资，但待遇并不高，还得在铺房周围的山坡上种些山芋之类的东西作补充。铺房当然是建筑在驿路边上。建筑可能很简单，或青砖瓦房，或土坯房，甚至可能是草房。"③ 随着时代的变迁，铺站的军事、邮政功能逐渐失去了，地方慈善精英人士模仿铺站，在大路、小路甚至山路上，请来堪舆先生选好位置，建起各种茶亭。

正如上文所述，宁化的一些茶亭设有煮夫（守茶亭者），他们在茶亭附近建有房屋定居，他们会组织青壮年在危险路段巡逻，以保证过往商旅的安全。

---

① 连允东著. 三角梅文丛 绵延美味客家情［M］. 福州：海风出版社，2007. 08：259.
② 刘善群主编，宁化县志编纂委员会编. 宁化县志［M］. 福州：福建人民出版社，1992. 09：568.
③ 沧桑一叶. 走在古驿道上［EB/OL］，http：//www. zgnhzx. com/Item/70812. aspx. 2014－02－07/2022-6-24.

七、民俗信仰的功能

在古代，生产力不发达，人们无法正确地认识宇宙。为了生存繁衍，人们对自然充满了恐惧感、敬畏感，同时希望自然（天）能赐福给自己，这种原始的自然观深刻地影响了宁化先民。宁化先人认为，村庄是百姓得以生存、繁衍的重要基层组织结构，当发生洪水、地震、泥石流等自然灾害的时候，他们通常把其归结于堪舆，所以，他们希望建造一座充满吉祥的茶亭来禳灾除祸。换言之，宁化的茶亭寄托了本地先民对美好生活的憧憬，有着丰富的生命寓意。也因此，茶亭通常被宁化人称为福亭。

通常，茶亭必须修建在龙气旺盛、风煞大的风水宝地，以保证施主的兴旺发达。茶亭的选址和阳宅的选址标准是一样的，虽然没有可供关闭的门，但也要讲求坐向、朝局，其坐向朝局要和来龙、护砂、来水、去口合乎杨公三元理气。在建筑茶亭的时候，也有一定的建筑堪舆行规。工匠们进入工地时，要先走几步，再一步一步倒退到工地上。茶亭竣工之后，堪舆师、泥水匠、木匠等人要祝赞，即由一人在亭外高举雄鸡，高呼祈福的颂辞，一步一步进入茶亭内，杀鸡洒血，再乘梯爬上栋梁，抛洒糯米糍粑、大米、黄豆等，众人在应声说"有"的同时，哄抢糍粑等。茶亭的结构也有一定的讲究，茶亭必须有两扇前后直通、无门扇的大门，风可穿堂而过。茶亭只能有一根栋梁，其余搭在其上的梁，必须树兜在内，树尾在外，以象征施主家里繁荣昌盛、百子千孙、美名远扬。

宁化的许多茶亭内设有神龛，所供之神各有不同，有观音、五谷神、保生大帝、公王、伽蓝菩萨、四方佛、田公元帅、关公、三圣公、临水夫人、真武大帝、门神、财神、茶神等，与当地民俗及茶亭所处的环境相关，取庇佑地方人民之意。一些处于要道或临近村舍的茶亭，还会将神龛扩大为庙，乃至独立于亭畔。

张锡电在《古黄连峒、镇探源与宁化客家的信仰脉络考》一文中说："过去宁化几乎所有的屋桥（廊桥）上和茶亭内都祀有观音菩萨。"[1]

石壁镇维藩桥附近的茶亭——德润亭内南面中座便设有神龛，供奉有神像，让过往商旅烧香祈求平安，每个月的初一、十五或年节喜庆之日，都有周边村落中的善男信女到这里烧香、点烛、鸣炮、烧纸钱，供奉祭品，祭祀神灵。

八、余论

有道是：一个瘦茶亭，当得三个老祖坟。宁化客家人信仰堪舆学。他们认为，祖先

---

① 刘日太，何正彬著. 石壁与客家世界 [M]. 太原：山西人民出版社，2009. 10：445.

坟墓是阴宅风水，祖先安葬得好能福荫子孙；住宅属于阳宅风水，命、门、灶必须搭配得当。而茶亭属于阴阳两界的渡船，白天服务行人，晚上为孤魂野鬼提供栖身之处，其阴阳功德可谓大焉。

宁化客家人认为，修建茶亭就是为施主（福主）修福报。茶亭的风水很有价值，它不但可以为施主带来修行维度的福报，而且还可以为其带来风水维度的福报。所以，茶亭的选址、开工、竣工和结构均必须遵循建筑堪舆学的行规，这些均属于客家茶亭建筑文化的范畴。目前，学术界对该问题的研究比较粗糙、肤浅和零散，多为一些描述性的文章，还未形成系统而深入的研究。下一步，笔者将搜集茶亭堪舆学方面的资料，结合田野调查，对客家茶亭建筑文化进行一定的研究。

参考文献：

[1] 黄玉英主编. 江西客家民歌研究 [M]. 北京：中国文联出版社，2006. 11.

[2] 吴敏慧编. 客家古邑传说 [M]. 广州：华南理工大学出版社，2010. 10.

[3] 杨江帆等编著. 入乡随俗茶先知-中国少数民族及客家茶文化 [M]. 厦门：厦门大学出版社，2008. 08.

[4] 三明市地方志编纂委员会编著. 三明民俗风情 [M]. 福州：海峡文艺出版社，2016. 06；138-173.

[5] 张桃著. 宁化客家艺术与非物质文化遗产 [M]. 北京：中国国际广播出版社，2018. 04；86-179.

[6] 连允东著. 三角梅文丛绵延美味客家情 [M]. 福州：海风出版社，2007. 08；256-260.

[7] 王天鹏. 客家茶亭文化刍论 [J]. 湖北民族学院学报（哲学社会科学版），2011，（2）：17-21.

[8] 刘昭瑞，邰翠平. 从图像资料看粤东客家地区的茶亭与铺递 [J]. 文化遗产，2022，（3）.

[9] 赖晨. 客乡茶亭，爱与善的港湾 [J]. 神州民俗，2011，（9）：26.

[10] 江道镕. 客家茶亭 [J]. 客家大文化，2000，（2）：31-31.

[11] 冬儿，潘日明. 客家茶亭 [J]. 福建乡土，2002，（2）：31-32.

[12] 林荣国. 闽西客家茶亭 [J]. 福建史志，2012，（4）：41-43.

[13] 郑启五. 武平的客家茶亭 [J]. 茶叶经济信息，2005，（3）：31.

[14] 林东. 客家路间茶亭 [J]. 老人天地，1991，（5）：36-37.

[15] 陈志宏. 茶亭 [J]. 思维与智慧，2015，（13）：51.

[16] 刘玉宝，李慧嘉. 客家传统村落的公共文化设施研究 [J]. 包装工程，2022，（2）：346-351.

[17] 张文锋. 故乡的老茶亭 [J]. 乡镇论坛, 2016, (15): 48.

[18] 李宇扬. 探究客家文化元素与幼儿园主题活动的融合 [J]. 中外交流, 2021, (4): 781.

[19] 钟同福. 客家茶亭 [N]. 赣南日报, 2018.09.28: 06 版.

(作者简介: 赖浩然, 江西工程学院天工文化研究院院长, 历史学副教授)

做好客家统战文章之我见

———— ● 谢小建 ● ————

　　"客家祖地源远流长，要把它作为一篇大文章来做，做好了，对全县两个文明建设有很大的促进作用。一是要做好客家统战文章，做好台、侨、港、澳工作……"[①] 这是 1998 年时任福建省委副书记的习近平同志在宁化调研时做出的重要指示，是对宁化县 30 多万人民的殷殷嘱托。在建设社会主义现代化国家的新长征中，如何进一步落实习近平总书记 20 多年前的重要指示，努力做好客家统战文章，是摆在宁化乃至其他客家县份面前的重大课题。本文仅就此谈一点看法。

一

　　客家是汉族的重要民系之一，也是唯一一个不以地域命名的民系。一千多年前，中原汉人为躲避战乱背井离乡，一路颠沛流离，历经艰辛，最后来到了赣闽粤边，与当地土著融合发展，成为客家先民。而后又逐步播迁至广西、四川以及台湾和海外，至今在全球已多达一亿人。

　　目前，全球海外侨胞达 6000 万之多，分布在 180 多个国家和地区。海外客家人有 460 万人，东南亚地区 380 万，占 82%，以印度尼西亚、马来西亚、新加坡、缅甸居多。苏里南、毛里求斯等岛国也有一些客家老侨。美洲客家人约 46 万，欧洲 20 万，非洲 8 万，大洋洲 6 万。台湾也是客家人的主要聚居地之一，有客家人 500 多万，主要分布在新竹、苗栗、桃园地区以及高雄的美浓等地。香港是传统的客家地区，有客家人 125 万，如曾宪梓、张国荣、周润发、钟楚红等名人都是客家人，全球崇正总会总部以及世界客属恳亲会发起地均在香港。澳门也有 10 万客家人。宁化的侨胞和台港澳同胞数量不多，其中侨胞有 1058 人，台胞 280 人，港澳同胞 560 人。

---

　　① 叶志坚主编：《激活传统文化资源的宁化探索》，中共中央党校出版社 2019 年版，第 6 页。

自 20 世纪 90 年代中期姚美良先生发起世界客属公祭活动以来，客家祖地宁化石壁已举办了 26 届公祭活动，石壁已被公认为客家人的精神家园。20 多年来，全球客家人积极参加世界客属恳亲大会，参加公祭大典，据不完全统计，共有国内 19 个省、直辖市、自治区及海外 40 多个国家和地区 100 余万客家后裔到宁化寻根谒祖，探亲访友，旅游观光，其中海外达 10 余万人。世界客属石壁公祭大典也成为全球客家人的一项重要活动，在海内外具有较强的影响力，也得到了上级有关部门的认可和支持。为了吸引更多海外侨胞和台湾同胞前来石壁参加祭祖活动，国务院台办和中国侨联分别于 2011 年和 2016 年在宁化设立"海峡两岸台胞交流基地"和"中国华侨国际文化交流基地"。

二

统一战线，指的是不同集团的人为了相同目的结成的共同阵营。在我国，统一战线是指中国共产党领导的、以工农联盟为基础的，包括全体社会主义劳动者、社会主义建设者、拥护社会主义爱国者、拥护祖国统一和致力于中华民族伟大复兴爱国者的联盟。统一战线是党的总路线总政策的重要组成部分。从中国共产党 100 年历史来看，统一战线在新民主主义革命时期和社会主义革命和建设时期都发挥过极其重要的作用，是中国共产党克敌制胜的三大法宝之一。特别是在改革开放 40 多年的征程中，统一战线工作更是发挥了不可替代的独特作用。随着时代的发展和国内外形势的变化，统一战线工作的范围越来越广，内容越来越多，任务也越来越重。既有各民主党派、无党派人士，也有民族宗教、非公经济，还有侨务、对台以及港澳工作等。总的目标是要团结一切可以团结的力量，调动一切积极因素，为建设中国特色社会主义，统一祖国，实现中华民族伟大复兴，构建人类命运共同体服务。可以预见，在新时代建设中国特色社会主义征程中，统一战线仍然是取得胜利的重要法宝之一。因此，做好新时代统一战线工作，是各级党委和政府都必须高度重视的工作。2015 年 5 月，全国统战工作会议升格为中央统战工作会议后第一次召开，表明中央更加重视统战工作。之后，2020 年 12 月，党中央又颁布了《中国共产党统一战线工作条例》，进一步明确了统一战线工作的重要作用和地位，推动统一战线工作的全面开展。今年 7 月 29 至 30 日，党中央召开 2022 年中央统战工作会议，习近平总书记在会上发出了"促进海内外中华儿女团结奋斗，为中华民族伟大复兴汇聚伟力"的号召，再次为新时代统战工作指明了方向。

那么，何谓客家统战文章？根据对习近平总书记当年在宁化调研的时间节点以及所作指示具体内容的分析研究，笔者认为，此处所指的客家统战文章主要应是指海外客家人的统战工作，包括台、侨、港、澳客家人的工作。

三

在面临百年未有之大变局的今天，应如何做好客家统战文章，做好台、侨、港、澳工作？笔者认为可从以下几个方面入手：

（一）认真学习领会习近平总书记指示精神和内涵，统一思想认识

习近平关于做好客家统战文章的指示，是 1998 年 2 月 15 日他担任福建省委副书记到宁化调研时做出的。习近平在福建工作生活 18 年，走遍了八闽大地的山山水水，就福建的发展发表了许多论述，福建也成了习近平新时代中国特色社会主义思想的重要孕育地和实践地。其中对统战工作作过不少指示，特别是在侨务工作上有许多精彩的论述和观点。

今天重温习近平 24 年前的重要指示，我们可以发现其具有很强的针对性和指导性，尽管时间已经过去 24 年，但对于新时代建设中国特色社会主义征程中的宁化县乃至客家地区，仍然具有很强的现实意义和深远的历史意义。

其一，宁化是客家祖地，有着悠久的客家迁徙历史和深厚的客家文化底蕴，因此，客家祖地是宁化的鲜明特色和重要品牌。因此，习近平在指示中非常明确地要求把客家祖地作为一篇大文章来做，具体从 5 个方面入手，其中第一个就是做好客家统战文章。这里的客家，既可指客家地区，也可指客家人，结合前后文理解，应指客家人，就是要做好全球客家人的文章；这既是对宁化县提出的要求，也可以说是对所有客家县份提出的要求。

其二，宁化石壁的公祭活动是面向全球的活动，是世界客属乡亲的盛大聚会，参加公祭的客家乡亲既有来自国内各省市，也有来自海外客家团体，还有来自台湾、香港和澳门，面广人多，是宁化县做统战工作不可多得的良机。因此，作为公祭活动的固定举办地，必须把每年的公祭活动作为做好客家统战工作的重头戏来抓；

其三，做好台、侨、港、澳客家人的工作，是客家统战文章的重要而具体的内容。

首先，对台是福建最大的特色。闽台隔海相望，地缘相近、血缘相亲、文缘相承、商缘相连、法缘相循，做好对台工作，促进祖国统一是中央赋予福建的光荣使命。因此，历届省委省府都十分重视做好对台工作。习近平 1990 年到福州任市委书记不久，就在全市对台工作会议上指出"必须认识到历史赋予我们的重任，真正把对台工作摆到特殊的位置上来"①，接着又在全市统战工作会议上要求"做好大陆以外的以爱国和拥护祖国统一为政治基础团结台湾同胞、港澳同胞、海外侨胞联盟的工作"②。"他主张打好

---

① 《习近平同志在福州工作期间关于统一战线工作的论述摘编》，第 7 页。
② 《习近平同志在福州工作期间关于统一战线工作的论述摘编》，第 7 页。

'台牌'，创造性地提出'以侨引台，以台引台'等招商思路。"① 台湾有500多万客家人，其中根在宁化石壁的不在少数，做好这些台湾人的工作，让台湾客家人认祖归宗，为两岸和平统一做贡献有很大潜力。

其次，侨、港、澳工作同样也是福建的重要特色。海外侨胞6000万，其中福建有1580万，港澳同胞760万中福建人也占有很大比重。无论在海外还是港澳，客家人又都是不可忽视的一个重要群体。要做好海外统战工作，就必须做好客家统战工作。而将台、侨、港、澳并列作为"大统战"的范畴，特别是作为"大侨务"的范畴，正是习近平同志在福建工作时提出并一以贯之的工作思路和做法。

早在1995年习近平任福州市委书记时，就曾在《战略与管理》杂志上发表了一篇重要文章《"大侨务"观念的确立》，第一次提出了"大侨务"的理念，并结合福州实际，阐述了对侨务工作的具体看法。他认为："新时期的侨务工作要打破地域的界限，跳出侨务部门的范围，使之成为党和各级政府的大事，成为全社会共同关心、参与的大事。"② 他认为，新形势下的侨务工作，必须跳出以往侧重迎来送往、联络感情、接受捐赠等"小侨务"的圈子，树立"大侨务"的观念，即围绕经济建设这个中心，充分发挥"侨"的优势，以侨为桥，深层次、宽领域、全方位地开展经济、科技、文化等方面的交流与合作，为现代化建设服务。习近平当时所提出的"大侨务"观念，指的就是不仅海外侨务工作属于侨务范畴，台、港、澳工作也应纳入这个范畴。这在当时是一种大胆的理念创新，充分体现了他的眼光锐利、高瞻远瞩。在20世纪90年代侨务工作还未普遍引起各级高度重视之时提出"大侨务"观念，确实是具有高度的前瞻性。

再次，台、侨、港、澳相结合，还是推动福建加快发展的成功经验。改革开放以来，中国打开了国门，制定了许多优惠政策，大力吸引海外华侨华人以及港澳台同胞前来投资兴业。回顾当年的历史我们可以发现，最先前来"吃螃蟹"的并不是海外侨胞，而是香港澳门同胞，而后才有海外侨胞和台胞跟进。从"三来一补"起步，逐步发展到合资、独资办企业，民营经济不断壮大发展。而当时各级统计部门统计利用外资的相关数据时就明确包含港澳台企业。实践也证明，港澳侨台相结合的做法，既符合福建对台大省和侨务大省的实际，也有利于发挥自身优势，推动福建外资企业和民营企业的发展，并取得了明显成效。习近平《"大侨务"观念的确立》一文中对此就有充分的例证。"改革开放以来，特别是进入20世纪90年代，福州市大力加强'侨'的工作，以侨引侨、以侨引外、以侨引台，加快了开放和建设的步伐。至今为止，全市共批准外商投资3500多项，总投资上百亿美元，实际利用外资24亿美元。'三资'企业实现的工业产值已占全市乡以上工业总产值的一半。在这其中，华侨、华人和台港澳同胞参与兴办企业

---

① 《闽山闽水物华新——习近平福建足迹（下）》，第705页。

② 《习近平论侨务》，第314页。

所发挥的作用约占全市'三资'企业的80%以上。"① 后来，习近平到省里任副书记、省长期间，仍继续按照这个"大侨务"观念，抓好福建全省的侨务工作。在2000年10月接受《人民日报》海外版记者采访时，习近平介绍说："1998年10月召开了全省侨务工作会议，确定了'了解侨情、理解侨心、维护侨益、发挥侨力'的跨世纪侨务工作方针。经过多年努力，逐步形成了'以侨为桥、以侨引外、以侨引台、侨港澳台相结合'的局面。"② 侨务工作的突破，极大推动了福建大侨乡的经济发展和社会进步。由此可见，习近平当年提出的"大侨务"观是完全符合福建实际的，也被实践证明是正确的、可行的、有效的，从当今现实来看，应该成为新时代侨务工作的指导思想。

在近期召开的中央统战工作会议上，习近平总书记就做好新时代大统战工作以及坚持党的领导，形成全党上下一齐动手、有关方面协同联动的工作局面等方面所提出的要求，与27年前《"大侨务"观念的确立》一文中所阐述的观点完全是一脉相承并有所创新发展的。正因为如此，认真学习领会习近平总书记关于"大侨务"的理念和做好客家统战文章的指示精神和深刻内涵，统一思想认识，就显得尤为重要。

（二）明确新时代海外统战工作重点，探索做好客家统战文章的新途径

随着改革开放以来特别是近十多年中国国力增强和国际地位的提高，海外侨胞和台、港、澳同胞扬眉吐气，对祖（籍）国的感情日益升温，无论在认识上和行动上都有很大变化，海外和台、港、澳工作都出现了许多新的情况。因此，要重新审视新时代海外统战工作面临的新形势新任务，进一步明确工作重点，更有针对性地开展工作。要按照《中国共产党统一战线工作条例》中对做好海外统一战线工作、对台统一战线工作以及港澳统一战线工作的不同要求，对海外客家侨胞、台湾客家同胞以及港澳客家同胞采用不同的办法，有针对性地开展工作。从当前来看，重点仍必须以习近平总书记提出的"根、魂、梦"理念③为指导思想，广泛接触各类人群，以真心、恒心去用心结交各式各样的朋友，通过联系、联情、联心，增强海内外中华儿女的民族认同感，增进对家乡故土和宗亲的感情；特别是要把"中国梦"作为凝聚海内外中华儿女的最大公约数，画好最大同心圆，形成海外客家侨胞及台、港、澳客家同胞的共识，促进海内外中华儿女团结奋斗，为全面建成社会主义现代化强国，实现中华民族伟大复兴汇聚磅礴伟力；同时，要广泛宣传习近平总书记提出的"人类命运共同体"理念，让更多海外客家侨胞及台、港、澳客家同胞了解中国方案，吸引更多海外客家侨胞及台、港、澳客家同胞以此

---

① 《习近平论侨务》，第316页。
② 《习近平论侨务》，第343页。
③ 2010年7月25日，习近平在海外华裔及港澳台地区青少年"中国寻根之旅"夏令营开营仪式上指出："团结统一的中华民族是海内外中华儿女共同的'根'，博大精深的中华文化是海内外中华儿女共同的'魂'，实现中华民族伟大复兴是海内外中华儿女共同的'梦'。"《习近平论侨务》，第367页。

作为共同使命，在不同国家、不同地域、不同岗位为构建人类命运共同体做出自己的一份贡献。从具体的工作对象来说，又应以客家青少年为重点，从小抓起，通过组织参与线上线下各种形式多样、丰富多彩的活动，培养他们对中华民族、对祖（籍）国和家乡的感情，让他们了解中国，熟悉中国，热爱中国，以涵养壮大知华友华力量。

（三）突出鲜明特色，坚持不懈打好"客"牌

做好客家统战文章，必须紧紧抓住"客家"这个特色，以"客"促侨，以"客"促台、港、澳，大力拓展客家侨务和台、港、澳工作。要注重研究客家人特点，摸清全球客家人分布情况，特别是与宁化石壁有直接关系的客家群体，针对不同国别、不同地域、不同对象，研究不同对策，因地施策、因人施策。要充分挖掘客家文化的丰富内涵，用客家精神来引领他们，用客家文化来感化他们，用客家民俗来影响他们，用客家美食来吸引他们，用客家方言来集聚他们。如前些年有关客家团体组织的"重走客家之路"的活动，香港客家青少年"土楼过大年"活动以及海峡两岸青少年客家话演讲大赛等，都是深受欢迎并取得明显成效的。近几年河南洛阳市大打"客家祖根"品牌，大力宣传根亲意识，弘扬中华民族优秀传统文化，在打好"客"牌上做出了新的尝试，值得学习借鉴。在持续打好"客"牌方面，具体可采取"三找"：一是找组织。全球有1亿客家人，分布在世界各地的客家联谊组织众多，要加强与各级各类客家联谊组织的联系，特别是通过联谊会的作用，发动和联络客家人参与各类活动。二是找宗亲。包括客家人在内的中国人都有很强的敦亲睦族观念，因此，要充分发挥宗亲联谊会、姓氏联谊会等组织的作用，组织好宗亲的联谊互动，沟通交流。近年来宁化的公祭活动与姓氏寻根祭祖相结合，取得明显成效，值得延续下去。三是找热心人。无论在哪个群体，对待一项工作，总会有热心不热心之分，对客家联谊工作同样如此。要认真寻找热心于客家事业、热心于宗亲联谊的客家人，给予一定的政治荣誉，鼓励他们多出谋献策、多组织联谊活动，以发动和带动更多客家人参与。

（四）充分发挥政策优势，进一步打造客家祖地形象

一要吃透用足中央有关政策。目前，三明市和龙岩市均已列为国家重点扶持的中央苏区和革命老区，宁化和清流、明溪县还被列入客家文化（闽西）生态保护区，国家也专门下发文件，出台了相关的优惠政策和扶持措施。宁化必须抓住这一难得机遇，用好、用足、用活中央赋予的政策。特别是在打好"客"牌方面，要勇于转变观念，打破行政区域限制，主动融入客家文化生态保护区大局，加强和其他客家县的联手互动，借船出海，合作共赢，共同打造大客家共同体，推动客家文化（闽西）生态保护区的加快发展。

二要认真分析研究客家界的现状，花更大气力打造客家祖地品牌。要按习近平总书记要求，真正树立石壁的权威，形成客家界共识，打造客家人的"麦加"。还要继续努力办好世界客属石壁公祭大典活动，充实内容，突出特色，创新形式，提高规格，充分

利用姓氏、宗族、宗教等因素，吸引更多海内外客家人主动前来参加祭祖活动，寻根探源，增进乡谊。特别是要充分发挥海峡两岸台胞交流基地和中国华侨国际文化交流基地的作用，加强联系沟通，争取国务院台办和中国侨联的重视和支持，参与举办世界客属公祭活动，带动更多海外客家侨胞以及台、港、澳客家同胞前来共襄盛举，以此推动海外统战工作的全面发展。

三要继续改善软硬环境，不断提升宁化在外的影响力和吸引力。经过 20 多年的努力，宁化县发生了日新月异的变化，无论交通设施、场馆建设、公祭场地、接待条件等都有极大改观，令世人刮目相看。软件方面也配套跟进，城乡环境、服务水平、文明程度都有很大提升。但和形势发展要求相比仍还有一些差距，还必须在原有基础上再上台阶、更上水平，让进出更加便利、公祭更上档次、食宿更加舒心、游玩更加惬意，真正使宁化成为包括客家人在内的各类游客愿意来，留得下，高兴来，尽兴归并且愿意再来的客家祭祖圣地。

（五）增强意识，上下齐心，努力开创客家统战工作新局面

要认真落实习近平总书记在中央统战工作会议上的指示："统战工作是全党的工作，必须全党重视，大家共同来做，构建党委统一领导、统战部门牵头协调、有关部门各负其责的大统战工作格局。""各级党委（党组）要履行主体责任，把统战工作摆上重要议事日程。各部门、各单位要增强统战意识，齐抓共管，形成强大合力。"[1] 作为客家县份，要认真学习贯彻好中央统战工作会议精神，特别是落实好习近平总书记指示，把客家统战工作融入大统战工作范畴，精心策划，缜密安排，因地制宜，彰显特色，举全县之力推进客家统战工作的全面提升，真正做好客家统战文章，为大客家共同体的繁荣昌盛和中华民族伟大复兴做出贡献。

（作者简介：谢小建，福建省侨联原副主席，福建省老区建设促进会副会长）

---

① 习近平出席中央统战工作会议并发表重要讲话，《人民日报》2022 年 7 月 31 日。

1600—1840年闽西的家族人口增长与生育模式[①]

——基于连城《龙足乡邹氏族谱》的统计与分析

●　王　东　李云晨　●

以族谱所载的各世代人口信息为数据来源，利用人口统计学的方法，对特定时期、特定地区或特定家族进行历史人口学分析，始于1930年。是年，生物学家袁贻瑾利用广东省中山市李氏家族的族谱资料，构建该家族人口的生命表，统计20岁时人口的预期寿命[②]。在这以后，以同样方法和数据来从事历史人口学研究的成果，不绝如缕，其中最具代表性的当属台湾地区学者刘翠溶的《明清时期家族人口与社会经济变迁》一书。该书选择江苏、浙江、河北、河南等地49个家族的族谱，全面分析了出生率、死亡率、人口增长、家庭结构、子嗣数、婚姻状况、生子间隔、出生死亡的季节性等诸多方面的问题，为明清时期的人口史研究树立了新典范。[③] 在这一范式的影响下，近些年来，运用上述资料和方法从事特定地区、特定家族或特定议题的微观人口史研究，蔚为风尚。有学者探究家族人口变动与外部力量（自然环境、社会经济）的互动关系[④]；有学者比较移民氏族与土著的增长率[⑤]；有学者通过生育年限、生育间隔分析婚内节育现象，力图回应马尔萨斯对中国历史上生育模式的定论[⑥]；还有学者统计所选家族的各项人口指标，全面呈现家族人口数据，以个案方式"复原"特定时期特定家族的人口发展过程[⑦]。

[①] 本文系国家社科基金重大项目"多卷本全球客家通史"（2017ZDA194）之阶段性成果。

[②] 罗志如：《生命表编制法袁贻瑾氏之家谱生命表（附表）》，《中央研究院社会科学研究所丛刊》，1934年第2期 。

[③] 刘翠溶：《明清时期家族人口与社会经济变迁》，台北："中央研究院"经济研究所，1992年。

[④] 彭希哲、侯杨方：《1370—1900年江南地区人口变动与社会变迁——以江阴范氏家族为个案的研究》，《中国人口科学》，1996年第3期。

[⑤] 曹树基：《明清时期移民氏族的人口增长——长江中下游地区族谱资料分析之一》，《中国经济史研究》1991年第4期。

[⑥] 车群、曹树基：《清中叶以降浙南乡村家族人口与家族经济——兼论非马尔萨斯式的中国生育模式》，《中国人口科学》，2011年第3期。

[⑦] 余新忠：《从苏州〈彭氏宗谱〉管窥明清江南人口状况——兼论谱牒与人口史研究》，《苏州铁道师院学报》，1997年第2期。

毫无疑问，上述这些成果都在不同的程度上丰富和深化了中国历史人口学的研究。

然而，就现有成果所涵盖的区域而言，主要集中在江苏、浙江、河南、河北以及长江中游等地，鲜有涉及福建，特别是地处福建西南部的客家地区。闽西客家地区的人口增长有其特殊性。闽西位于山区，受外部因素影响小，在明末清初的战争和社会动乱中人口损失较少。进入清代以后，由于"摊丁入亩"等政策的施行，闽西人口呈阶段性快速增长的态势。但山区的地理环境决定了其可供使用的土地极其有限。到了乾隆后期，土地承载力到达极限，人口大量流出，增长态势明显趋缓。遗憾的是，现有关于闽西地区的历史人口学研究，基本上都是从宏观角度来展开的。曹树基在《中国人口史》第4卷和第5卷中，详细地叙述了明、清时期福建的人口发展，其中有相当的篇幅涉及闽西地区的人口问题，但整体来看，该书研究的时间跨度大，覆盖范围广，缺乏精细化的人口微观研究实例。[①] 王东在《那方山水那方人》中，分析了赣闽粤边客家人的起源、形成与发展，书中主要运用明清时期地方志资料，粗线条地勾勒了闽西地区的人口发展过程[②]，微观的家族人口史案例，依然付之阙如。

有鉴于此，本文拟通过清宣统三年（1911）编纂的《龙足乡邹氏族谱》（以下简称《邹氏族谱》）[③] 所提供的人口数据，特别是族谱中注明的各世代人口的生卒年、家庭成员信息等材料，运用统计的方法，分析该家族的人口增长和生育模式；同时，通过与同一时期全国其他地区相关数据的对比，以探究1600—1840年间该家族的人口发展过程及其特点。本研究的结果表明，地处闽西连城的邹氏家族，在1600—1840年间的人口发展，不仅表现出不同于全国其他地区家族人口的增长节奏和规模，而且还有着其独特的生育模式，具体表现就是晚育、少子等比较特殊的人口现象。这种生育控制导致当地存在两种生育间隔。生育间隔与生育模式又影响了其家族人口的增长节奏。整体来看，该家族200多年间的人口增长节奏，都在很大程度折射出闽西地区这一时段人口发展的地域性特点。至于该家族独特的生育模式和生育间隔现象，则曲折地反映了该家族不同世代或成员对闽西地区特定人地关系的因应与选择。其间的因果联系及其历史演绎，均值得特别关注。

一、基本信息与统计方法

（一）《邹氏族谱》的基本信息及研究时段划分

闽西客家地区现存的族谱很多，但就记录的连续性、世系承传的清晰性、特别是人口资料信息的丰富性以及完整性而言，《龙足乡邹氏族谱》都堪称典型。据该谱卷首收

---

① 曹树基著：《中国人口史》第4卷、第5卷，上海：复旦大学出版社，2005年。
② 王东：《那方山水那方人》，广州：广州人民出版社，2018年。
③ 收入陈支平等主编：《客家珍稀谱牒文献丛刊》第43—49册，广州：广东人民出版社，2017。

录的相关旧谱序、跋等资料记载，连城龙足（今雾阁）邹氏家族，从明中叶开始"始定谱稿，然俱不过抄本而已，并未付之梨枣。嗣是而各房私有记载，亦未公诸合族"[1]。由此可见，该家族自明代中叶以来即着手编纂族谱，甚至各房也都"私有记录"，只不过都是以"抄本"的形式存在。清代乾隆年间，该家族有感于"二十余代之坟墓，三尺巍然；数百年之子孙，千丁可考"，于是在甲申（1764）之年，正式修纂族谱[2]。60 年之后而为道光甲申（1824），该族又"续修"族谱[3]。至宣统三年再修，已是该族的第四次修谱。前文所说的该谱的典型性，特别是该谱所载人口信息的丰富性和完整性，与邹氏家族自明代中叶以来就有连续的修谱传统，特别是有乾隆和道光二种成文谱牒的参照，显然是息息相关的。

不过，细读之后也不难发现，就像中国民间的大多数谱牒文献一样，作为本项研究人口统计样本来源的《邹氏族谱》，其1600 年之前的世系及人口记录，十分简略，根本无法进行真正意义上的统计与分析。只是到了1600 年之后，该谱关于其家族成员、特别是成员生卒年的记录，才逐渐清晰起来。本文的时间上限之所以划定在1600 年，便是基于其人口资料清晰性与完整性的考虑。

以1600 年为时间上限，我们从《邹氏族谱》中总共提取 9559 个人口样本。其中，男性 5989 人，女性 3570 人（女性均为该族男性的配偶）。

这在总共 9559 个样本中，生年详者 6679 人，占总人口 69.9%。其中，男性生年详者 4178 人，占男性 69.7%；女性生年详者 2501 人，占女性 70.0%。

与生年详者相比，卒年详者只有 2916 个样本，占总人口 30.5%。其中，男性卒年详者 1772 人，占男性 29.6%；女性卒年详者 1144 人，占女性 32.1%。

在这些样本中，生卒年均详者 2877 人，占总人口 30.1%。其中，男性生卒年详者 1760 人，占男性 29.3%；女性生卒年详者 1117 人，占女性 31.3%。

简单的统计便能发现，邹氏家族大多数成员有 0—3 个儿子，占比 89%。在统计的有效时段内，各世代总共生育儿子 6990 人，生育女儿 1817 人，男女性别比为 3.85∶1。显然，族谱中记录的女儿生育数，有严重漏缺，有相当数量的女儿并没有被记录在族谱中。如果只考虑那些有女儿记录的成员，统计儿女数，则生育儿子 2981 人，生育女儿 1817 人，二者之比为 1.64∶1。这一比例与自然生育条件下男女性别比例 108∶100 的常数，仍有较大差距。其中的原因，除了记录的严重缺漏外，可能还与闽西客家地区历史上的溺女婴现象有关。

至于统计的时间下限之所以划定在1840 年，是由于统计方法的内在局限性所决定的。其中详请，将在下文分析。

---

① 《龙足乡邹氏族谱》卷首，陈支平等主编：《客家珍稀谱牒文献丛刊》第 43 册，第 25 页。
② 《龙足乡邹氏族谱》卷首，陈支平等主编：《客家珍稀谱牒文献丛刊》第 43 册，第 26 页。
③ 《龙足乡邹氏族谱》卷首，陈支平等主编：《客家珍稀谱牒文献丛刊》第 43 册，第 43—49 页。

（二）统计方法

在将数据录入 excel 中以后，笔者通过 python 和 excel 自带的函数进一步处理数据。

通过 python 的字典，即每个年号纪年对应公历纪年。以同样的方式处理天干地支纪年。程序构建完成后，输入年号纪年即自动转换为公元纪年。

在统计生育间隔时，必须统观每一个父亲生的所有儿子。但族谱只会记载儿子的名字，不会记载生年。如果在录入数据的时候就寻找儿子，登记生年，无疑会极大地增加工作量。因此笔者通过 python 中的 dateframe 库，遍查所有儿子的姓名，与他们的自己词条相对应，将他们的生年记录在父亲的词条下。最后再进行人工核验。

筛选该家族成员生年与其长子生年都齐全的数据，作差可得出每位成员生育第一个儿子时的年龄。用 excel 中的 IF 函数删除小于 10 岁大于 70 岁的极端数据。后用 excel 中的 AVERAGEIFS 函数获得每一个出生队列的平均头子出生父亲年龄。将排行逆序，同样的方式也能得到末子出生时的父亲年龄。

根据所有儿子的排行和生年，长子和末子间作差即可得到每一位父亲的生育年限。生育间隔=生育年限/（总子数-1）。用 AVERAGEIFS 函数获得每一个出生队列的平均生育年限和平均生育间隔。

二、邹氏家族的人口增长

本文统计出生率、死亡率、增长率的方式为：先求出某时点（每年）该家族的总存活人数。若某人的出生年份早于 1800 年，死亡年份晚于 1800 年，那就认为他在 1800 存活。根据这一统计路径，依次统计出每年存活的人数。再统计每年出生人数和死亡人数。用出生人数除以存活人数，得到出生率；死亡人数除以存活人数，得到死亡率。出生率减去死亡率，得到增长率。为消除随机性，以下分析都使用十年平均出生率、死亡率和增长率，即 1700 表示 1700—1709 的平均数据。由于 1600 年前样本量较小，故从 1600 年开始分析。

根据以上统计口径与方法，该家族的逐年增长率，以及与其他数据源的对比见以下图表。

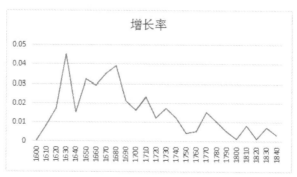

图 1　邹氏家族的人口增长率

表1　邹氏家族人口增长率及与同时期其他家族的对比

年份	本文增长率（%）	湖南（%）	江阴（%）	汾湖（%）
1600	0.00	0.88	1.01	
1610	0.76	0.40	2.31	
1620	1.68	0.35	1.48	
1630	4.46	1.31	−0.68	
1640	1.52	0.3	−1.17	
1650	3.22	1.17	2.44	
1660	2.93	1.37	1.41	
1670	3.52	1.13	−0.01	
1680	3.85	1.46	3.33	
1690	2.12	1.65	1.57	
1700	1.55	1.61	1.16	
1710	2.29	1.73	1.54	
1720	1.16	1.28	0.89	
1730	1.70	1.35	0.59	10.00
1740	1.16	1.28	1.46	6.67
1750	0.36	0.95	1.69	3.33
1760	0.53	1.46	1.90	4.09
1770	1.53	1.10	0.71	1.53
1780	0.99	0.57	1.15	2.00
1790	0.50		1.22	1.67
1800	0.13		1.53	0.93
1810	0.79		1.22	1.73
1820	0.13		1.36	1.19
1830	0.70		1.68	1.13
1840	0.31		1.20	−0.73
1850	−1.48			1.27
1860	−1.62			−0.60
1870	−2.3			−0.72
1880	−1.95			−1.36
1890	−5.38			−0.89

（一）异常增长率

由以上表图不难发现，该家族在 1840 年以后的人口增长率异常低，长期低于 - 0.15%。联系该家族所在的连城县以及闽西地区的整体时代背景看来，这一时期并未出现重大疫病、自然灾害和社会动乱等影响人口增长的事件。笔者认为此处人口增长率呈现突然减少之态，是由统计方法造成的。

前文所说的计算出生率、死亡率的方法，为此类研究的通用做法。在大多数情况下，它是可靠的。但在统计靠近该族谱编纂时间的几十年人口增长时，一定就会出现"死亡率"异常高的情况。从某种意义上说，这是无法避免的。正像前文所说的，只有那些生卒年都有明确记载的家族成员，才能被纳入统计与分析之中。因为只有生卒年都记载的成员，才能被纳入逐年的"存活人数"。由此而带来的结果是，在计算出生率的时候，就不能选用只记载生年的成员，而必须选用生卒年都有完整记录的成员。死亡率同理。假设一个族谱编纂于 1895 年，家族人口的平均寿命是 56 岁。那么 1840 年以后出生的人，他们极有可能于 1895 年以后去世，也就是在族谱完稿以后去世。这样，他们的人口信息中就只有生年而没有卒年，因此也就不会被纳入之前的统计之中。这样，1840 年以后，出生率一定会逐步降低，因为很少会有 1840 年以后出生的人被纳入统计。但与此同时，现存人口还在不断死亡。

故而，如果纯粹就统计的意义而言，这就会导致在短时间内，如 1840—1880 年间，出生率持续降低直至 0，死亡率会逐步上升，而且，可以肯定总会有一年死亡率为 100%，即族谱记载中的最后一个人已经死亡。当然，这并不代表该家族的最后一个人去世了，只是因为这一时期该家族仍然存活的人，族谱没记载卒年，也就没被纳入统计。

选用这种统计方法是无法避免这一现象出现的。现有研究鲜有提及这种现象，可能是对数据做了某种修正，或者未加说明直接舍去部分数据。本文选用的族谱为 1911 年纂修的，由于年龄超过 70 岁的人数很少，可以忽略不计，以 70 岁为限往上推，也就是 1840 年。故本文分析所用数据的下限划定在 1840 年。

（二）整体增长率描述

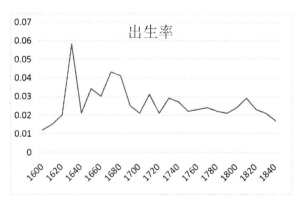

图 2　邹氏家族的人口出生率

表2　邹氏家族人口的出生率及与同时期其他家族的对比

年份	本文出生率（%）	湖南（%）	江阴（%）		汾湖（%）
1600	1.22	2.24	2		
1610	1.47	2.41	2.65		
1620	2.04		2.15	2.32	
1630	5.81		2.65	0.95	
1640	2.06		2.07	2.06	
1650	3.36		2.50	4.13	
1660	3.04		2.93	2.42	
1670	4.32		2.49	1.15	
1680	4.08		2.82	3.86	
1690	2.55		2.89	2.16	
1700	2.12		2.8	1.77	
1710	3.06		2.83	2.92	
1720	2.08		2.57	2.15	
1730	2.94		2.67	2.19	10.00
1740	2.68		2.58	2.62	6.67
1750	2.17		2.31	3.03	3.33
1760	2.33		2.69	2.96	3.46
1770	2.43		2.39	2.16	4.31
1780	2.20		2.21	1.98	1.73
1790	2.10		2.27	2.71	2.61
1800	2.39			2.93	2.69
1810	2.9			2.68	3.14
1820	2.27			2.86	2.79
1830	2.12			2.96	2.80
1840	1.70			2.40	2.48

表3　邹氏家族人口的死亡率及与同时期其他家族的对比

年份	本文死亡率（%）	湖南（%）	江阴（%）	汾湖（%）
1600	1.22	1.36	0.99	
1610	0.71	2.01	0.26	
1620	0.36	1.80	0.89	

（续表）

年份	本文死亡率（%）	湖南（%）	江阴（%）	汾湖（%）
1630	1.34	1.34	1.63	
1640	0.54	1.77	3.23	
1650	0.14	1.33	1.70	
1660	0.11	1.56	1.01	
1670	0.8	1.36	1.15	
1680	0.23	1.36	0.52	
1690	0.43	1.24	0.59	
1700	0.57	1.19	0.62	
1710	0.78	1.1	1.38	
1720	0.92	1.29	1.26	
1730	1.24	1.32	1.60	0.00
1740	1.51	1.30	1.15	0.00
1750	1.81	1.36	1.34	0.00
1760	1.80	1.23	1.06	0.38
1770	0.90	1.29	1.45	0.23
1780	1.21	1.64	0.83	0.19
1790	1.60	1.49	1.49	0.63
1800	2.27		1.40	1.03
1810	2.11		1.46	2.20
1820	2.14		1.50	1.06
1830	1.43		1.22	1.61
1840	1.38		1.21	1.35

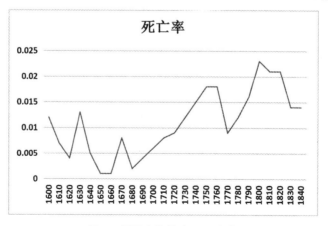

图3　邹氏家族的人口死亡率

表中列出了 240 年间邹氏家族的出生率、死亡率和增长率，平均值分别为 2.616%，1.092%，1.520%。从整体上看，1600—1840 年间，邹氏家族一直处于人口增长阶段。其中，在 1620—1740 年间，邹氏家族长期处于人口的高增长阶段，最高甚至达到 4.5%。1740 年以后增速放缓，基本上低于 1%。

增长率由出生率和死亡率决定。为分析这两个因素对于邹氏家族人口增长率的影响，笔者分别分析出生率和死亡率，并与同时期其他家族的数据进行对比。

在 1630—1680 年这 50 年间，邹氏家族的出生率处于 3% 以上的高位水平。1680 年以后稳定在 2.2% 左右。与同时期其他的家族相比，1630—1680 年的出生率明显超出这些家族的增长水平。1690 年及以后，邹氏出生率下降，与其他家族相似，大体保持在 2.2%。在 200 多年间，邹氏家族的出生率有三个明显的低谷期：1640—1650 年，1700—1710 年，1720—1730 年。笔者将在下文分析造成生育率变低的原因。

在 1610—1720 年间，死亡率长期保持在 1% 以下，之后逐步增长，在 1760 年达到 1.8%。在 1770 年突然下降，为 0.9%。之后再次上升，在 1800 年达到 2.3%。与同时期其他家族相比，1610—1720 年的死亡率明显低于这些家族的死亡率。1730 年及以后，邹氏家族的死亡率上升，逐步超过其他地区。

总体来看，邹氏家族的人口增长可分为三个阶段：1630—1680 年，高出生率，低死亡率，高增长率；1680—1720 年，低出生率，低死亡率，较高增长率；1720—1840 年，低出生率，高死亡率，低增长率。

（三）波动解释

1. 波段分析

整体来看，邹氏家族人口增长的波段，与同时期中国人口发展的趋势并不相符。这或许正是闽西地区人口增长的特殊性所在。

1630—1680 年，即崇祯三年至康熙十八年，邹氏家族人口增长表现为高出生率，低死亡率，高增长率。此时适值明末清初，从清军入关以后直到康熙十三年，中国境内的战争少有停息。据估算，明朝末年，在战争、灾荒和瘟疫的三重打击下，中国人口减少 4000 万[1]。但连城的邹氏家族此时却呈现人口高增长的态势。其中的原因便在于，由于特殊的地缘关系，明末的大规模社会动乱，基本上没有波及闽西一带。即使是在明清鼎革之际，闽西所经历的战事，也极为短暂，由此而给人口增长所带来的影响，程度也比较轻微[2]。连城邹氏家族在此时段的高增长率，显然只能从这个角度才能得到合理的解释。

1720—1840 年，即康熙五十九年至道光二十年，邹氏家族的人口增长表现为低出生

---

① 曹树基：《中国人口史》，第 5 卷，第 17 页。
② 王东：《那方山水那方人》，第 264 页。

率，高死亡率，低增长率。从康熙晚年开始至乾隆时期，全国人口大量增加。与此形成鲜明对照的是，邹氏家族的人口却长期处于低增长水平。前阶段人口的快速增长，使得原本就山多田少的闽西一带，人地矛盾日趋尖锐。① 连城的土地难以继续维持高速的人口增长，因此连城在此时期表现出低增长率。

2. 出生率低谷期的分析

出生率的波动可能由所在地区的水旱饥疫引起。② 结合地方史志材料，笔者推断三个出生率低谷期有可能由如下三个原因造成。

1640—1650 年的出生率仅为 2.1%，远低于前后年份，其最可能的原因是这一时段连续的自然灾害。据民国《连城县志》记载③：

（崇祯）十七年，春饥。夏六月二十七夜，城外大水，漂民居。

（隆武）二年丙戌三月，大水。五月，北安里大水。

（顺治）六年己丑，大饥。黄竹花结实，乡民舂以代粟。

（顺治）七年，时值饥疫。死亡载道，暴骨如莽。

1700—1710 年发生了多次旱灾，水灾和地震。民国《连城县志》记载④：

（康熙）三十九年庚辰十二月十五日，地震。

（康熙）四十二年夏，春旱，夏大疫。

（康熙）四十四年乙酉六月二十八日申时，地震。

（康熙）四十五年丙戌五月初一日，大水。平地水深数丈，漂没田庐畜产。饥。

（康熙）四十六年丁亥六月，大水。十一月，地震。谷价高腾。

1720—1730 年年发生了两次重大疫情。据民国《连城县志》记载⑤：

康熙五十九年秋，大疫。

雍正六年四月，大疫。

---

① 王东：《那方山水那方人》，第 265 页。
② 刘翠溶：《明清时期家族人口与社会经济变迁》，第 238 页。
③ 民国《连城县志》卷 3《大事志》
④ 民国《连城县志》卷 3《大事志》
⑤ 民国《连城县志》卷 3《大事志》

三、邹氏家族的生育间隔

生育间隔指每一胎婴儿之间相隔的时间。因为族谱中只记载男性的生年，因此生育间隔指生育儿子的间隔。具体数据如下表：

表4 生育间隔

世代	长次	人次	次三	人次	三四	人次	四五	人次	五六	人次	六七	人次	七八	人次
14	5.00	1	4.00	1										
15	5.00	2	6.00	1										
16	2.67	3	17.00	1	8.00	1	4.00	1						
17	4.33	9	5.33	9	4.33	9	8.25	4						
18	7.10	29	7.43	14	5.83	6	8.25	4	4.50	2	2.00	1		
19	5.83	52	4.70	27	5.79	19	4.00	6	4.00	6	5.33	3		
20	5.56	61	4.96	50	5.42	24	3.53	15	6.44	9	2.67	3		
21	5.48	92	6.18	62	4.68	37	4.60	15	4.80	5	4.33	3	3.50	2
22	5.24	91	4.81	67	5.07	45	5.38	26	4.76	17	4.00	5		
23	5.27	100	5.10	77	4.83	48	4.66	29	4.50	14	4.33	3	4.00	1
24	5.42	90	5.38	63	5.63	48	4.67	18	5.00	6	8.00	1		
25	6.48	31	4.11	18	3.80	10	4.88	8	4.20	5	5.00	1	4.00	1
26	5.87	31	5.00	16	3.80	10	4.57	7	3.33	3	3.00	2	6.00	1
27	4.33	6	4.00	1					3.00	1				
平均值	5.54		5.28		5.06		4.86		4.75		4.14		4.20	
标准差	3.36		3.45		3.23		2.82		2.71		2.05		1.10	
变异系数	0.61		0.65		0.64		0.58		0.57		0.50		0.26	

从总体上看，邹氏的生育间隔呈现递减趋势，从"长次"的5.78年递减到"七八"的4.2年。对于这种生育间隔递减的现象，有两种可能的原因。第一种是只有生育间隔较短，才能生出多个子女。即存在两种家庭，一种生子慢而少，一种生子快而多。在统计前几个孩子的生子间隔时，两种家庭的数据相互"中和"。随着子嗣增多，只剩下生子快而多的家庭，因此生育间隔递减。另一种可能，即并非存在两种家庭。而是只存在一种家庭，家庭在生育前几个孩子的时候，生育间隔长，在生育后几个孩子的时候，生育间隔短。

这两种原因难以从平均数的角度判断，但变动系数则可以用以判断原因。变异系数被用来衡量数据的离散程度的，并且消除了量纲的差异。数据越离散，变异系数越大；数据越集中，变异系数越小。邹氏数据的变异系数呈现明显的递减趋势，从0.65递减到0.26。这说明，从整个家族来看，生育前几个孩子间隔的差异较大，生育后几个孩子间隔的差异较小。因此在邹氏，很有可能存在两种家庭，即生育慢而少和的家庭生育快而多的家庭，这样才会导致前几个子嗣生育间隔的差异较大。而在生育后几个子嗣时，只存在一种家庭，因此生育间隔的差异变小。

四、邹氏家族的生育模式

生育模式包括头子，末子出生时父亲年龄；头子，末子出生时母亲年龄；生育间隔，生育年限，平均子嗣数。笔者通过这些数据来分析邹氏的生育模式，并探究他们之间的内在联系。为了比较不同时期的数据，笔者使用队列分析法。队列分析法可用于区分出生在不同时期人群的人口行为。以下数据选择出生年份作为分类标准。

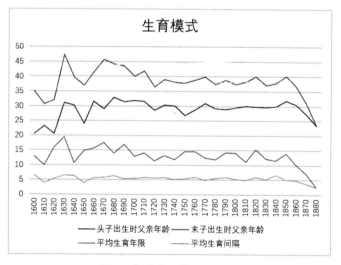

图4　邹氏家族的生育模式

表5　长子出生时父母年龄

出生队列	头子出生时父亲年龄	样本数	末子出生时父亲年龄	样本数	头子出生时母亲年龄	样本数	末子出生时原配年龄	样本数
1600	20.50	2	35.00	1	19.00	2	33.00	1
1610	23.25	4	30.75	3	18.50	2	31.50	2
1620	20.50	2	32.00	1	22.00	1	38.00	1

出生队列	头子出生时父亲年龄	样本数	末子出生时父亲年龄	样本数	头子出生时母亲年龄	样本数	末子出生时原配年龄	样本数
1630	31.07	14	47.38	9	25.17	6	30.50	2
1640	30.17	6	39.80	4	30.80	5	39.60	3
1650	24.00	8	37.00	7	21.22	9	33.63	6
1660	31.62	21	41.43	14	25.63	8	32.00	5
1670	29.08	24	45.70	20	23.19	16	42.00	14
1680	32.86	42	44.18	29	25.06	31	34.50	20
1690	31.49	35	43.46	26	22.29	28	35.11	21
1700	31.87	46	40.00	28	24.29	34	34.56	24
1710	31.54	61	41.84	41	25.98	45	33.38	29
1720	28.52	46	36.49	31	24.46	50	35.11	37
1730	30.44	73	39.03	39	23.04	51	32.04	30
1740	30.09	56	38.11	39	24.90	41	31.90	23
1750	26.74	58	37.88	39	21.87	55	31.29	38
1760	28.78	68	38.84	45	23.63	46	34.31	29
1770	31.04	82	39.99	54	24.27	49	32.48	30
1780	29.19	75	37.35	40	23.56	66	32.03	46
1790	28.85	82	38.89	43	23.45	58	32.30	32
1800	29.54	63	37.37	33	23.83	58	30.94	25
1810	30.15	91	38.25	53	23.47	62	31.67	29
1820	29.72	60	40.10	32	25.98	55	34.44	31
1830	29.56	48	37.04	27	23.65	54	30.69	27
1840	29.98	53	37.81	31	25.46	37	32.43	16
1850	31.82	50	40.25	26	23.45	31	32.00	16
1860	30.52	42	36.85	20	22.76	37	30.27	19
1870	27.25	32	31.03	15	22.77	39	29.02	22
1880	23.43	14	23.40	2	21.14	28	23.38	11

表6 邹氏夫妻年龄差

年份	配偶一年龄差	样本数	配偶二年龄差	样本数	配偶三年龄差	样本数
1600	1.00	3	8.00	1		0
1610	1.67	4		0		0
1620	3.33	3	-2.00	1	13.00	1
1630	4.00	12	10.00	4	21.00	1
1640	9.29	7	15.00	1		0
1650	0.14	7	14.00	2		0
1660	7.53	19	14.00	3		0
1670	5.79	28	9.67	3	-2.00	1
1680	8.38	40	5.25	4		0
1690	7.38	40	3.67	9	2.50	2
1700	3.92	52	16.33	9	11.00	1
1710	6.97	86	13.04	23	15.33	3
1720	6.63	63	11.78	9	16.00	3
1730	7.26	91	11.73	15	23.00	2
1740	6.09	81	10.13	16	8.00	1
1750	3.35	83	12.18	11	33.00	1
1760	5.59	81	8.94	16	15.50	2
1770	6.20	116	10.05	21	15.67	3
1780	5.85	101	14.59	22	6.50	2
1790	5.44	119	10.00	19	14.33	6
1800	4.71	119	9.17	24	5.50	2
1810	4.13	143	9.65	34	9.75	4
1820	5.66	97	7.74	19	20.50	2
1830	5.02	104	7.65	17	2.00	2
1840	7.23	124	13.10	21	7.00	1
1850	8.96	94	10.00	15		0
1860	6.59	109	12.41	27	14.50	2
1870	7.07	75	7.79	14		0
1880	5.49	59	3.50	6		0
1890	3.73	56	5.55	11	4.00	2
1900	1.53	34	2.33	3		0

表7 邹氏生育模式

出生队列	头子出生时父亲年龄	样本数	末子出生时父亲年龄	平均生育年限	平均生育间隔	样本数
1600	20.50	2	35.00	13.00	6.50	1
1610	23.25	4	30.75	10.00	4.00	3
1620	20.50	2	32.00	16.00	5.33	1
1630	31.07	14	47.38	19.56	6.52	9
1640	30.17	6	39.80	10.75	6.46	4
1650	24.00	8	37.00	14.86	3.96	7
1660	31.62	21	41.43	15.57	5.68	14
1670	29.08	24	45.70	17.60	5.79	20
1680	32.86	42	44.18	14.00	6.34	29
1690	31.49	35	43.46	16.92	5.41	26
1700	31.87	46	40.00	12.96	5.53	28
1710	31.54	61	41.84	14.20	5.74	41
1720	28.52	46	36.49	11.42	5.70	31
1730	30.44	73	39.03	13.18	5.81	39
1740	30.09	56	38.11	11.85	5.24	39
1750	26.74	58	37.88	14.59	5.39	39
1760	28.78	68	38.84	14.60	5.97	45
1770	31.04	82	39.99	12.44	4.92	54
1780	29.19	75	37.35	11.85	5.43	40
1790	28.85	82	38.89	14.30	5.91	43
1800	29.54	63	37.37	14.21	5.26	33
1810	30.15	91	38.25	11.17	4.93	53
1820	29.72	60	40.10	15.38	5.96	32
1830	29.56	48	37.04	12.19	5.22	27
1840	29.98	53	37.81	11.65	6.63	31
1850	31.82	50	40.25	13.92	5.09	26
1860	30.52	42	36.85	10.30	4.83	20
1870	27.25	32	31.03	7.07	3.67	15
1880	23.43	14	23.40	2.50	2.50	2

（一）首次育龄

据统计，在连城邹氏家族中，长子出生时父亲均龄为29.8岁。母亲均龄为23.8岁。在刘翠溶统计的数据中，长子出生时父亲均龄为28.3岁，长子出生时母亲均龄为25.41岁[①]。浙南阙氏的，长子出生时父亲年龄为28.2岁[②]。江南曹氏，长子出生时父亲均龄28.15岁，母亲均龄25.97岁。江南范氏，长子出生时父亲均龄28.7岁，母亲均龄28.87岁[③]。与这些数据相比，邹氏的女性首次育龄较小，男性首次育龄较大。

笔者认为，头子出生时父亲首次育龄较大与夫妻年龄差较大有关。因为只有女性达到一定年龄后才会生育。因此，夫妻年龄差越大，在女方可以生育时，男方的年龄就越大。在高扬所研究的象溪高氏的数据中，长子出生时父亲年龄为33.22岁，母亲年龄为25.5岁，夫妻年龄差为7.72岁[④]。在刘翠溶所提供的研究数据中，夫妻年龄差为2.93岁[⑤]。本研究中所讨论的邹氏，男子与原配的年龄差为5.81岁。整体来看，这三组数据都支持以下结论：夫妻的年龄差与长子出生时父亲的年龄正相关。

（二）生育间隔

1600—1880年，邹氏的平均生育间隔为5.49年。与同时期其他家族数据相比：江南曹氏，生育间隔为5.52年。江南范氏，生育间隔为6.07年。徽州苏氏，生育间隔6.055年。浙南阙氏，存在生育控制前后两种生育模式。生育控制前，生育间隔5.99年；生育控制后，生育间隔6.8年。与这些家族相比，邹氏生育间隔明显较短。

（三）平均子嗣数

子嗣数是指每个男性成员平均生育儿子的数量，即用总儿子数除以总男性人数。经过计算，邹氏的平均子嗣数为1.95。与同时期其他家族相比，江南曹氏，平均子嗣数为1.64；江南范氏，平均生子数为1.53；徽州苏氏，平均生子数为1.5；象溪高氏，平均生子数为2.48；刘翠溶统计的49个家族，平均生子数为2.31。且大多数族谱对于夭子记载不全，而邹氏记载比较齐全，可以在对比时将邹氏的平均子嗣数再做适当降低。从这些数据的对比中，可以看出邹氏家族的平均子嗣是相对较少的。

（四）生育模式概括

从整体上看，邹氏家族的生育模式为：夫妻年龄差大，晚育，少子，生育间隔短。笔者认为这四者间或许有内在联系。夫妻年龄差导致男性相对晚育。平均子嗣数少，生育间隔短，会导致生育年限短。生育年限短又与男性的晚育相关。

---

① 刘翠溶：《明清时期家族人口与社会经济变迁》，第105页。

② 车群、曹树基：《清中叶以降浙南乡村家族人口与家族经济——兼论非马尔萨斯式的中国生育模式》，《中国人口科学》2011年第3期。

③ 侯杨方：《明清江南地区两个家族人口的生育控制》，《中国人口科学》1998年第4期。

④ 高杨：《清代象溪高氏的人口、土地与家族》，上海交通大学，2010年。

⑤ 刘翠溶：《明清时期家族人口与社会经济变迁》，第74页。

1630 年以后，邹氏家族生育模式的数据没有显著变化。笔者认为，这并非邹氏家族没有根据人口压力调节生育模式，而是邹氏族人面临的人地压力一直较大，长期处于生育控制状态。这可以从平均生子数得到验证。邹氏的平均生子数较低，这无疑正是生育控制的结果。

五、结论

如果邹氏家族的人口发展过程，能够在一定的程度上代表闽西客家地区的人口发展趋势，那么，综合邹氏家族 200 多年间的人口增长、生育间隔和生育模式三个方面的情况，我们可以据此分析 1600 年以后连城地区的人口发展过程。

由于地理因素，连城地区典型地呈现出不同于全国其他地区的人口增长节奏。连城的人口增长可以分为三个阶段：1630—1680 年，高出生率，低死亡率，高增长率；1680—1720 年，低出生率，低死亡率，较高增长率；1720—1840 年，低出生率，高死亡率，低增长率。

连城地区的生育模式亦有其特殊性。邹氏家族的每个男性平均育子数为 1.98。这个数据既低于人的生理能力，也低于全国其他地区，说明当地存在生育控制现象。邹氏家族每个世代长子出生时父亲的均龄为 29.8 岁。这个数据既高于我们的一般认知，也高于同期的全国其他地区。笔者进一步分析认为，这或许与当地夫妻年龄差大有关。邹氏家族生育间隔的变异系数递增，笔者据此认为当地存在两种生育模式的选择。这些数据说明连城地区有着独特的生育模式。

分别讨论人口增长，生育间隔和生育模式之后，笔者认为这三者存在内部关联。

1600 年以来，连城人口快速增长。连城地处闽西的山区，土地破碎，可供利用的土地较少，快速的人口增长导致巨大的人地压力。对此，邹氏家族长期实行生育控制。统计发现，17 世纪 30 年代出生的成员是最早实行生育控制的一代。生育控制的效果应该体现在他们头子出生时的年代，即 1660 年。由于并非"计划生育"式的强制政策，真正发挥作用事实上要到 1680 年，出生率开始降低。但生育控制只能控制出生率，并不能控制死亡率。此时死亡率仍然较低，邹氏仍然保持相对较高的增长率，人地压力依旧很大，因此邹氏一直实行生育控制。直到 1720 年，死亡率升高，邹氏家族的人口增长率回落，低于全国同期水平。

邹氏家族的生子率远没有达到正常的生理极限。正是由于生育控制的观念，才会导致大量家庭选择少子。但与此同时，部分经济条件较好的家庭，会选择多子。正是由于长期的生育控制才导致两种家庭的出现。可以想象，如果不是生育控制，那么大多数家庭都会选择生育更多的子嗣，也就不会出现两种家庭的分化。

总体来看，连城地区的地理因素（位于山区，与外界交流少，可供利用土地少），使连城表现出与全国其他地区不尽相同的人口增长节奏。这样的人口增长节奏又进一步影响其生育模式，使连城地区长期实行生育控制。生育控制又影响了人口增长，从而最终形成连城地区明清时期特殊的人口发展状况。

（附记：本研究所涉及的统计，得到了华东师范大学统计系龚津辰、刘爽、沈王梦，教育系李俊瑶等人的帮助；历史学系李瑞璞为家谱资料的研读，提供了支持。附此致谢）

（作者简介：王东，华东师范大学历史学系教授；李云晨，华东师范大学统计系2019级本科生）

语言危机与客家民系的现代缘起

──────● 杨伟忠 ●──────

一、客家意识

1904 年，清政府决定改革学制，其中很重要的一项内容就是乡土教育。乡土教育的推行意在激发民众爱乡的情愫，由乡及国，培养爱国主义。广东省领风气之先，很快出版了《广东乡土历史教科书》《广东乡土地理教科书》等乡土教材，主持编纂工作的正是当时大名鼎鼎的黄节。① 粤语、客家话和潮州话是广东省分布最广、使用人口最多的三种汉语方言，分别对应本地（广府）、客家和福佬等约定俗成的群体称呼，三个群体同属汉族。但是，黄节却在教材中将客家和福佬划出汉族之外：

> 粤中有单纯之汉种，则始自秦谪徙民处粤，自秦以前，百粤自为种族，旧有君长臣服于越，越为夏少康庶子无余之苗裔，故少康种族有分徙岭南者是为汉种，于百粤种混合之族名之曰獞。今犹有獞、猺、獠、黎、蜑族、客家、福狫诸种，散处各方。②

黄节将客家和福佬排除出汉族的依据正是语言：

> 客家、福狫两种，言语特别，能福语者，多能客语，能客语者亦多能福语。大抵惠潮嘉三州地接闽疆，故潮人谓之福狫者，盖以其与福建相近也。此两种殆《周

────────────────

① 黄节，又名晦闻，字玉昆，号纯熙，广东顺德甘竹右滩人，曾任北京大学文学院教授，广东省教育厅厅长兼通志馆馆长，与梁鼎芬、曾习经、罗惇曧有"近代岭南四大家"之称。
② 黄节：《广东乡土地理教科书》，上海国学保存会，1907 年，第 6—7 页。

461

官·职方氏》所谓"七闽之种"欤！①

教科书的错误认定迅速在广东非粤方言人群内部引起轩然大波，尤其是客家人。在学界，客家人组织成立"客族源流调查会"，致力于证明客家人汉族身份的"清白"，并在1910年出版了《汉族客福史》。邹鲁讲述其间经过：

> 入学不久，看到黄晦闻先生所著的两本书：一本是《广东乡土历史》，一本是《广东乡土地理》，里面竟有客家和福佬都非汉族的言论。我认为他抹煞史实，有伤同胞感情，便挺身出来作文辩斥，同时请客家和福佬的知识分子注意。结果所有客家和福佬主持的劝学所，都一致附从，竟得到了全省的大半数。于是共同推举我领衔交涉，引起了一场轩然大波，直到把那错误的言论修正了才罢。②

在政界，则由一批客家士人向学部提出申诉，终于使学部下令查禁黄节编纂的乡土教科书：

> 学部为咨行事。兹据广东大埔县劝学所总董廪生饶熙等禀称：上海国学保存会所编广东乡土历史地理教科书，书中以客家、福佬为非汉族，拟为周官职方七闽之族，荒谬无稽，该省法政学堂曾本是书宣讲用，几酿事端，请将原书版权撤销等。因查是书，前经呈部已将书中谬误之处逐条笺出，批令改正。今据所禀各节与原签出者略同，亟应改正。相应咨照贵督请即札饬上海道，饬令亟行改正，其原书应即禁止发行可也。③

教科书的错误不能简单地归结为黄节个人的偶然失误，背后实际反映了更加根本的社会矛盾。事实上，粤方言本地人将外来的他方言人群视为异族，排挤和歧视外地人的历史由来已久：

> 广东之客家，不与其土著之民相龃龉，乃与其邻近先来之客相龃龉，先来之客，忘其己之为客，而自居于主，竟有字客家人曰犭客，曰犵，且有谓客家非粤种，亦非汉种者。④

---

① 黄节：《广东乡土地理教科书》，上海国学保存会，1907年。
② 邹鲁：《回忆录》，长沙：岳麓书社，2000年9月，第18页。
③《咨江督请札上海道饬国学保存会改正广东乡土教科书文》，《学部官报》，1907，(31)：45。
④ 罗香林：《客家研究导论》影印本，上海：上海文艺出版社，1992年1月，第1页。

明清时期，粤东客家大量迁往粤中、粤西，同粤方言人群发生了较大规模的接触，粤、客、福之间的矛盾，主要还是粤、客之间的矛盾，因此，教科书事件反应最激烈的也是客家人。① 广府是广东省省城所在地，是广东一省的政治、经济、文化中心，粤方言自然成为地方话语的权威。语言歧视，或口音歧视，反映了粤方言人群相对客方言人群的强势地位。现实原因无非是"先来""后到"之间抢夺优势资源的社会斗争的结果，近代以来爆发的一系列"土客大械斗"已经清楚地表明粤客矛盾根本就是本地人口和外来人口之间的矛盾冲突。② 在口音上大做文章，将客家从汉族内部分离出去，不过是地方内部权力斗争的延伸。有些学者却认为"土客语言之差异，实为斗祸之主因"，实乃颠倒了语言与社会之间的因果关系。③ 虽然粤方言跟北京话之间的差距，比客家话还大，但因为北京话出离于地方权力结构之外，我们就不会听见粤语人群质疑北京话不是汉语的声音。对于处于地方社会边缘、经济上更加劣势的客方言人群，这一言论不断地刺激着客方言人群的敏感神经。语言与民族的问题实际关系到客家人在地方权力结构中的现实地位，必须在语言理论上做出反击，证明客家话的"清白"。

二、正宗汉语

道光二十四年（1844），镇平县黄钊开始撰写《石窟一徵》，书稿直到死后才由门人古朴臣抄校，由热心人士刘若霖于同治元年（1862）刻梓发行。④ 《石窟一徵》其实就是镇平县的县志，"石窟"只是"镇平"的别称，跟其他地方志稍有不同的是卷七卷八单列出《方言》一章。里面的内容按文言词条排列，解释方言的相应说法，性质类似以往方志《风俗》篇的设定，例如"正室谓之厅厦，房谓之间，阔而高者谓之楼"等⑤。作为地方志的一部分，"风俗"的功能只是地方官资治的素材，后来《石窟一徵》频繁被客家学者所引述，把它当作客家方言研究的滥觞，其实是有问题的。从黄钊这里我们其实看不出将方言和客家人真正关联起来的尝试。换句话说，《石窟一徵》里头的客家话不是作为方言被体认的，而是在跟雅言的相对关系中，作为"俗语"而被认知的。有些学者甚至认为"大埔县的林达泉、镇平县的黄钊两位客家士子，更进一步撰文力图证

---

① 有关客家移民情况，请参考曹树基：《中国移民史·第六卷》，福州：福建人民出版社，1997年7月。

② 关于土客大械斗的情况，可以参看刘平的著作《被遗忘的战争：咸丰同治年间广东土客大械斗研究》，里面有很详细的论述。刘平：《被遗忘的战争：咸丰同治年间广东土客大械斗研究》，北京：商务印书馆，2003年4月。

③ 刘平：《被遗忘的战争：咸丰同治年间广东土客大械斗研究》，北京：商务印书馆，2003年4月，第15页。

④ 夏远鸣：《晚清私修志书〈石窟一徵〉述评》，《中国地方志》2013年第1期。

⑤ 黄钊：《石窟一徵》，台北：台湾学生书局，1971年11月，第331页。

明客音源自中原古音"①，这完全是曲解文本的附会之说。

同治二年（1863）林达泉撰写的《客说》才是证明客语为正宗汉语的最初尝试：

> 楚南江闽曰滇黔之间，聚族而居，有所谓"客家"者。其称"客"，越疆无殊；其为语，易地如一。余尝思其名，听其音，访其里居之硗瘠，考于史册之昭垂，而不禁慨然曰："呜呼！三代唐虞之盛，吾不获睹矣，唐虞三代之遗裔与其遗民，吾犹将于客焉遇之。"……土之音，迁地弗为良。大江以北姑勿论矣。大江以南，徽音异苏、苏异浙、浙异闽、闽异粤、粤异于滇黔、滇黔异于楚南江右。其土既殊，其音即异。惟于客也否。客于县，而他县之客同此音也。客于府，则他府之客同此音也。于道、于省无不如此。是称客无殊，其音即无异也。且土之音，或不叶于韵。客则束发而授《语》《孟》，即与部颁之韵不相径庭。盖官韵为历代之元音，客音为先民之逸韵，故自吻合无间。其有间则杂于土风耳。非其朔也。是为客之音。②

温仲和主编的光绪《嘉应州志》继续推阐林达泉的理论：

> 大埔林太仆达泉著《客说》谓客家多中原衣冠之遗，或避汉末之乱，或随东晋随南宋渡江而来．凡膏腴之地先为土著占据，故客家所居地多浇瘠，其语言多合中原之音韵。……嘉应州及所属兴宁、长乐、平远、镇平四县并潮州府属之大埔、丰顺二县，惠州府属之永安、龙川、河源、连平、长宁、和平、归善、博罗一州七县，其土音大致皆可相通。然各因水土之异，声音高下，亦随之而变。其间称谓亦多所异同焉。广州之人谓以上各州县人为客家，谓其话为客话。由以上各州县人迁移他州县者所在多有，大江以南各省皆占籍焉，而两广为最多。土著皆以客称之，以其皆客话也。③

温仲和声言自己师承清代古音学大师《切韵考》作者番禺陈澧，所考客语源流皆真实可信：

> 仲和昔侍先师番禺陈京卿，尝谓之曰："嘉应之话多隋唐以前古音"。与林太仆所谓合中原之音韵者，隐相符契。故今编方言以证明古音为主。而古语之流传古义

---

① 程美宝：《地域文化与国家认同：晚清以来"广东文化"观的形成》，北京：生活·读书·新知三联书店，2006年6月，第73页。
② 林达泉：《客说》，《茶阳三家文钞》，沈云龙主编《近代中国史料丛刊》第三辑，文海出版社，1973年，第131—133页。
③ 温仲和：《嘉应州志》卷七《方言》，光绪二十四年刊本。

> 之相合者亦一一证明之……昔郑康成有云：汉承秦焚书，口相传授，受之者非一，阙之人人用其乡。同言异字，同字异言，于兹遂生。此可以知诸经之有方音矣。何休注公羊多明齐语，高诱注淮南亦详楚言……此其文皆见《易》《书》《礼》《春秋》《传》，而《诗》之十五国风又皆出于劳人思妇之作，不能无方音。愈可知也。夫昔之传经者。既以方音证经，则今考方音，自宜借经相证，其间相通者盖十之八九，以此愈足证明客家为中原衣冠之遗，而其言语皆合中原之音韵。①

跟林达泉笼统的断言有所不同，温仲和充分运用了清代古音学的成果，证明客家话符合中原雅音的传统。比如他认为客家话庚耕清部有部分字入真谆臻部，与《广韵》不合。但根据顾炎武的古音研究成果，反而与上古音系统相合，温仲和因此认为：“先师所谓多隋唐以前之古音者，实有可征也。”②

1905 年梅州小溪人杨恭桓进一步着手为客家话考求本字的工作。由于古代中国言文长期脱节，许多口语是否曾经有人创造汉字书写过，往往湮没无征。考本字就是通过古代文献为现代的方言口语考求汉字本源的一种语言研究，是恢复被遗忘的言文关系的考古工作。部分粤语人群非议客家话不是汉语的理由就是客家话多有音无字，这就是杨恭桓从事客话本字考证的初衷。其实粤语本身也有许多有音无字的情况，此处不表。1907 年杨恭桓出版了第一本客家话考本字的专著《客话本字》，一共考得 1400 个本字，数量非常惊人。《客话本字》考证出来的本字音韵地位是否都对得上，意义是否都符合不是我们关注的重点，关键是考本字所展现出来的现实意图：

> 考察字典及《拍掌图》《切韵表》诸书，多历年所，始知吾州之土谈，悉有所本，非徒传食、利市、子息、变豹、相率摩、不中用等字，妇孺恒言，有所由来，即口舌说不出之音，亦实有其字，而非心口捏造也，以反切字母推之，往往比读书之音为尤正。今乃知客话之流传，悉从韵书而来，爰逐字详考。凡与土韵音义相合字，一一钩稽，不取疑似附会，惟在切实以推求。③

杨恭桓希望借助考本字“使彼都人士知吾州学音之正，即土谈亦有所由来”，此处所谓“彼都人士”无非是那些质疑客家人汉族身份的粤方言本地人了。④ 这里还有一点需要提到的是杨恭桓跟温仲和还有一个共同点，他们都曾经禀受清代古音学的遗泽，杨恭桓还写过《毛诗古音谐读》《韵学汇要》等音韵学著作。

---

① 温仲和：《嘉应州志》卷七《方言》，光绪二十四年刊本。
② 温仲和：《嘉应州志》卷七《方言》，光绪二十四年刊本。
③ 杨恭桓：《客话本字》自叙，光绪丁未刊本。
④ 杨恭桓：《客话本字》，光绪丁未刊本。

客家方言的语言归属问题最终引起了清代朴学殿军章炳麟的注意:"广东惠、嘉应二州,东得潮之大阜、丰顺,其民自晋末踰岭,宅于海滨。言语敦古,与土著不相能,广州人谓之客家,隘者且议其非汉种。"客家人"以言语异广东诸县,常分主客,褊心者或鄙夷之,以为蛮俚,播之书史。自清末以来,二三十年之中,其争益剧。"① 章炳麟认为客家人被认作非汉种的原因,相反正因为客家方言保存了中原旧韵,"不幸保其旧贯,声音礼俗与土著不相入,遂相视若异类,若是者,世固多其比。以广东辨世系最严,而嘉应诸县人特知本,学者能通古今语自贵,故其事尤暴于世"②。即是说客家人越是保留中原古音的传统,就越和土著格格不入,也就越遭到排挤。章炳麟还自称曾亲自调查审音,"问其邦人,雅训旧音往往而在","察其语柢,出于冠带,不杂陆梁鄙倍之辞,足以斥攻者褊心之言,则和齐民族所有事"③。章太炎评价温仲和和杨恭桓的客家话研究:"仲和能通音韵转变,其言靓审。恭桓稍凉驳,然本语皆实录也。"④

罗翙云更是全面吸收清代古音学的成果,服务于客家话正宗汉语说的论证。"今且详引音学大师之说,以为客音存古之征",罗翙云详举八条客家话契合古音的特征,今分述于下:

1. 有些字轻唇读如重唇,例如"谓飞为卑,谓负为辈"。

2. 有些字舌上读如舌头,例如"谓知为低","谓值为抵"。

3. "章炳麟口古音有舌头泥纽,其后支别,则舌上有娘纽,半舌半齿有日纽,于古皆泥纽也","今考客音,如儿氏切尔,尔声今在日纽也,而客音则读泥,上声;而主切乳,乳声今亦在日纽也,而客音则读能,去声"。这句话的意思是"尔"这个字在《广韵》系统是读日纽的,但客家话还是读泥纽,就是舌尖鼻音,则客家话保存了更加远古的中原雅音。其实,娘日二纽归泥说并非定论,王力就认为"古无舌上,娘归泥没有问题;日归泥则大可商榷。我们认为日音近泥而不完全等于泥。如果娘日同母,都是泥母三等字,后来就没有分化的条件了。"⑤

4. 符合顾炎武提出古音耕韵、青韵部分属字读入真、谆、臻。

5. 符合江永《古韵标准》将庚韵字并入阳唐部,比如"迎"读如"娘","庚"读如"刚"。

① 上海人民出版社编、蒋礼鸿等点校:《章太炎全集·新方言、岭外三州语、文始、小学问答、说文部首均语、新出三体石经考》,上海:上海人民出版社,2014年5月,第153页。
② 罗翙云著、陈修点校:《〈客方言〉点校》,广州:华南理工大学出版社,2009年6月,第1页。
③ 蒋礼鸿等点校:《章太炎全集·新方言、岭外三州语、文始、小学问答、说文部首均语、新出三体石经考》,上海:上海人民出版社,2014年5月。
④ 蒋礼鸿等点校:《章太炎全集·新方言、岭外三州语、文始、小学问答、说文部首均语、新出三体石经考》,上海:上海人民出版社,2014年5月,第155页。
⑤ 王力:《清代古音学》,中华书局出版社,2013年8月,第249页。

6. 段玉裁提出"江韵音转近阳韵，古音同东韵也"，客音有读"窗"如"聪"等。①

7. 客家话保留闭口韵。

8. 段玉裁认为古音只有平上入三声，没有去声。五华县的客家话恰好就没有去声。②

1933年，罗香林全面整理了客家话和《切韵》的对应关系，客话非汉语说因而宣告彻底破产。罗香林同时归纳了客家话符合"中原古音"的十个特点：（1）阴阳同入；（2）歌戈麻同部；（3）庚耕清青同部；（4）东冬钟江同部；（5）侵谈二部的保存，也就是闭口韵；（6）鱼虞模同部及古读问题；（7）入配阴声，"王念孙古韵二十一部，凡入声韵皆配于阴声韵"③；（8）舌上读如舌头；（9）轻唇读如重唇；（10）日娘二纽未分化现象。④ 罗香林总结的古音特点多数只是罗翙云的重复。值得注意的是，罗香林首次使用了国际音标来记录客方言。

到此我们看到，客家话不是通过比较其他现实方言达成自证"清白"的目的的，而是选择追溯纸面上的"中原雅音"证成自我的正宗地位。这当然也是不得已而为之的，因为现实中并不存在一种理想的"标准汉语"或"正宗汉语"在声音上可资比较，只有一个个具体而微的方言，因此，要论证客家话的汉语身份不得不乞灵于汉字。

三、民系与民族

即便证明了各种不同的方言都是汉语，但是声音差异又是客观存在的事实。因此，1933年罗香林便创造出"民系"概念，用以解释汉族内部的方言歧异。⑤ 罗香林解释什么是"民系"：

> 普通人类学家、社会学家、史学家，都不大注意民系的问题，这是因为民系原为民族里头的各个支派，人们有意无意之间，会给它忽略过去。有些人以为只讲民族，民系自然也就包在里头用不着特地提来再说了。其实这是不无疏懒嫌疑的，要

---

① 罗翙云著、陈修点校：《〈客方言〉点校》，广州：华南理工大学出版社，2009年6月，第2页。

② 罗翙云著、陈修点校：《〈客方言〉点校》，广州：华南理工大学出版社，2009年6月。

③ 罗香林：《客家研究导论》，第150页。

④ 罗香林：《客家研究导论》，第148—150页。

⑤ 罗香林：《民族与民系》，第61页注五："'民系'一词，是我自己杜撰的。将来拟作《民族与历（史?）》一文再详论'民系'的问题。"罗香林《客家研究导论·第一章客家研究的发端》注一"民系"："'民系'一词，是我个人新造出来用以解释民族里头种支派的。"

彻底根究民族底细，不把它所包含的各个系裔分拆开来，作个别的研究，那能达到真正精密了解的境地呢？……若干不同的民族，有时会因环境和时代的变迁，互相混化，成为一种新起的民族；而一个庞大的民族，有时亦会音环境和时代的变迁，逐渐分化，成为若干不同的系派，这都是不可避免的事实……有些民族，在过去若干时间，内部原无民系的化生而一旦交上特殊时代，环境遭际，忽然变化，由种种条件的附加，使其固有属性顿起变化，这时，虽说该民族名号，还是没有变动，然其内容，实际，已和它的昔年，差得远了，为顾全名实表里界说清楚起见，不能不称之为某一民族里头的某一系派了。①

按照罗香林的理论，"民系"就是民族内部的再分支，对应汉语下面的不同方言。罗香林认为民系的形成有三方面原因：

第一是外缘。"所谓外缘，是指各种比邻而居的民族相互间的接触和影响，有时可使那些有关系的民族，各于内部化分为若干新起的系派。"

第二是天截。"所谓天截，是指各种民族因受自然环境变化的影响，使其族众化分若干不同的民系而言。"

第三是内演。"所谓内演，是指民族内部的演化。任何民族苟非有外力的压迫或强制，则其族内比较活跃的分子，往往会因感觉日前生活状况的不能满足而欲积极向外发展，而族外可供发展的地方，实际不限一途，各途的环境小每不一致，久而久之，亦会成为若干不同的民系。"②

1936年，罗香林参与了《高中本国史》的编纂，虽然标榜"所有章节，悉依部颁《高中本国史教材大纲》，分别叙述，不以私意略加更动，专供高级中学本国史教学及一般学者参考之用"，但是讲到"我国民族之形成"一章，仍然将《民族与民族的研究》一文列入参考书目。③"民系"一说因而沿用至今，影响深远。

不过，罗香林有时又经常在民系和民族之间随意换用，在概念上表现出一定的混乱，比如：

民族或民系的优秀与不优秀与其民族或民系形成年代的先后，并无若何直接关系。民族或民系的优秀或不优秀，纯视该人们团体所表现文教的高低或历阶的多少，及其人们活动能力的大小以为断；文教高的，历阶多的，活动能力大的，便谓为优秀，反之，便不优秀；这与其人们进化的先后，及居地的适宜与否，至有关

---

① 罗香林：《民族与民族的研究》，国立中山大学文史研究所主办《月刊》1933年第1卷第1期，第47、50页。
② 罗香林：《民族与民族的研究》，《月刊》1933年第1期。
③ 罗香林：《高中本国史》，正中书局，1946年11月，第17页。

系；至于民系或民族，则纯是人群属性的区别或组合，凡在已经备具某种属性一条件下的人们团体，都能很自然地成为某种民族或民系。①

难怪很多学者认为民系的形成"和民族的形成一样，要具备以下四个前提：一是要有共同的语言；二是要有共同的地域；三是要有共同的经济生活；四是要有共同的文化心理素质"②。事实上，"民系"根本是一个被创造出来的概念，或者说只是罗香林的个人名词。陈支平先生通过分析族谱资料，证明了罗香林所谓"民系"的区别条件多数难以成立，客家人和非客家人的中原居地、南迁始祖、迁徙过程都没有特殊的差别，只有"客家方言才是界定客家的最基本要素"（案事实上民族也是这样）③。"罗香林先生虽然把中国南方的汉民分为若干个民系，但对于界定这些民系的理由，并没有一个明确的说明，主要是以各个民系的迁移历史为标准。"④ 因此，所谓民系的差别，无非还是汉语内部差异的投射。罗香林的"民系"概念不过是地域文化在种族观念浓厚时代的特殊发明罢了。

传统中国在基层是一个乡土的世界，经济上是各自封闭的自然经济，这就是催生地域方言的根本动力，"每一县的民众都说着自己的本乡话，半独立的小市场的范围越小，一种言语的区域也就越小"⑤。方言的乡土气息，象征着原初生长于斯的乡土社区，身在异地，听见乡音，就像回到了声响亲切的原乡，因此，老乡见老乡，两眼泪汪汪，大都在乡音未改的交谈之后。方言早已成为这乡土不可分割的一部分，向地而生，那是一股文字远远不可企及的、更强大的力量。反过来，在一个个相互封闭、自成一体的方言区，听到陌生的异乡口音，往往令人感到无所适从。因为这种声音是不属于乡土的，在这个地域并没有这种声音的根。在这样一个语音的世界，很容易导致口音的歧视。就是在当代，以口音为标识的地域歧视依然广泛存在，这些都反映了乡土社会闭塞的一面。

近年来，随着新名词的大量引进，"族群"一词逐渐替代"民系"，学者往往不察，以为只是时髦名词的更替。"族群"一词是 ethnic group 的翻译，对应的层次应该是汉语的"民族"，是跟汉族属于同一层面的概念，而不是民系。作为罗香林的个人名词，"民系"不存在对应的西文翻译，冒失地替换"族群"概念，实际走向了"民系"的反面，暗含将客家重新从汉族分离出去的倾向。诚然，国内于"族群"一词的运用，尤其用在

① 罗香林：《民族与民族的研究》，《月刊》1933 年第 1 期。
② 刘平：《被遗忘的战争：咸丰同治年间广东土客大械斗研究》，北京：商务印书馆，2003 年 4 月，第 6 页。
③ 陈支平：《客家源流新论》，南宁：广西教育出版社，1997 年 1 月，第 127 页。
④ 陈支平：《福建六大民系》，福州：福建人民出版社，2000 年 6 月，第 5 页。
⑤ 瞿秋白：《中国文和中国话的现状》，第 277 页。

"民系"上面，早已消解了国外语境下的政治暗示，但是不加审视地替换无疑增加了概念的暧昧性，同时加重了不同话语体系之间的语义错位。①

四、结语

"民系"的发明与现代中国语言认同危机关系密切。客家方言的明确界定在近代之后，则"民系"的客家不能先此而有。罗香林民系说的提出一方面调和了语言和民族之间的缝隙，为汉语方言群体提供一套自圆其说的解释框架。另外一方面又建构出了一种比民族还要悠久的古怪的共同体。因为真正用以建构"民系"的材料除了语言之外，其实空无他物。

（作者简介：杨伟忠，闽南师范大学闽南文化研究院讲师，历史学博士）

---

① 刘国深：《海峡两岸典型性政治话语比较分析》，《台湾研究集刊》2015 年第 4 期。

日据时期对台湾客家调查之失误

一、前言

关于 1926 年日本对台湾汉人籍贯调查史料《台湾在籍汉民族乡贯别调查》①（以下简称《1926 汉族籍贯史料》），学界依据其写过若干关于台湾闽南与客家两族群的相关文章成果②，但是关于研究台湾汀州客家人的并不多，目前似仅见前注引张正田等《台湾汀州客家人地理分布分析——以 1926 年"大台北"和"桃竹苗"两区为例》一篇，以及专书篇章《台湾汀州客家后裔文化生态的异同：以淡水鄞山寺附近、桃园十五间村为比较中心》一篇③，故相关议题在学术上还颇有发挥空间。

但使用这批《1926 汉族籍贯史料》时要小心的是，至少在台湾汀州人的人数统计上，前引张正田等人之期刊论文中已发现这份日文统计有所误差，所以使用时要格外谨慎小心。然若如此，则本文议题主旨岂不是失去效度？其实未必，若从中观察日本人对台湾汀州客家人的统计资料，观察日本人调查时错误"觉得"台湾汀州客人数占该乡镇超过 5% 的，如果可发现为何日本人为在这些地方"意外"地发现这些上述现象？其放在地理空间上会呈现什么样的意义或日本人的错误"想象"？乃至日本人自己有否"误记"？是为此文之用意。

---

① 《台湾在籍汉民族乡贯别调查》，台北：台湾时报发行所，1928 年。

② 蔡慧名：《"宁卖祖宗田，不忘祖宗言？"：以屏东县满州乡的客家人为例》，《台湾学志》（台湾），2010 年 4 月，第 205—229 页。张正田：《从 1926 年台湾汉人籍贯调查资料看"台湾客家传统地域"》，《客家研究》（台湾），2009 年第 2 期，第 165—210 页。张正田、翁汀辉、徐唯泰：《台湾汀州客家人地理分布分析——以 1926 年"大台北"和"桃竹苗"两区为例》，《龙岩学院学报》，2020 年第 4 期，第 19—26 页。

③ 张正田：《台湾汀州客家后裔文化生态的异同：以淡水鄞山寺附近、桃园十五间村为比较中心》，《两岸客家史研究》，北京：九州出版社，2021 年，第 100—110 页。

又鉴于今日台湾东部的花莲、台东两县，其大规模汉人移民潮其实是在台湾光复的1945年后初期那十余年间，其势必会对台湾日据时期（1895—1945）原来当地数量稀少的汉人族群结构造成一定程度冲击，加之20世纪20年代的花、东一带汉人本就稀少所以缺乏鉴别性，故此处暂不论当地相关问题。

二、《1926 汉族籍贯史料》的统计问题

《1926 汉族籍贯史料》在使用上有个缺点，即是日本人在统计台湾人"种族别"①方法上，是以当时"讲什么话的"才"登记是什么人"。譬如讲广东腔客家话的才登记为"广东人"，若是已改讲闽南语的，即便祖先是闽西或广东的客家人，一样会被改登记为福建省的闽南籍漳、泉人，所以可能数代前是客家人，但已经演变成"福佬客"的，他们都可能被登记为闽南籍的漳州人或泉州人。这种统计方式早见于1905年日本殖民政府准备对台湾进行人口调查时（因日俄战争故没实施，迟到1920年才真正实施），就曾拟过以下准则：

> 问：元来広东ノ种族ナリシモ福建种族卜杂婚シ年所ノ久シキ言语风俗惯习等全然福建化シタルモノアリ此ノ种族ハ如何记入スヘキヤ。
> 答：広东人タル历史ヲ有スルモ其ノ特征存セス既二福建化シタルモノハ之ヲ福建人トシテ调查スヘシ②。

翻译中文为：

> 问：原来为"广东种族"（按：日本人错称台湾客家人为"广东人"），然因与"福建种族"通婚（按：日本人错称台湾闽南人为"福建人"），经年累月后，其语言、风俗、习惯等已经全然"福建化"的人，其"种族"应如何记录呢？
> 答：虽然他们也有"广东人"的历史，然其特征已不存在，既然已"福建化"者，应将他们当作"福建人"来调查。

由此可知，待1920年日本人对台湾做真正第一次人口调查，至1926年此次调查时也该准此，将已"历史遗忘"自己祖籍为广东省或福建汀州籍的，或尚未"历史遗忘"

---

① 这是当年的词汇，若是今日的词汇，应该是"族群别"或"民系别"。
② 《临时台湾户口调查诸法规问答录》，台湾大学总图书馆藏，第58页。（非正式出版物无出版年代，但依书中内容判读，很可能是1905下半年或1906年左右）

自己祖籍但习惯上已改为口操福建省漳、泉腔闽南语的客家后裔的，都很可能被登记为福建省漳、泉人，客家人也因此会被低估。甚至于本来是跟闽南人同个祖籍省分的闽西客家人，若因为移民到台日久，随世代交替而已经遗忘了自己的客家话而改讲在台岛上具有优势的闽南语的话（即是"福佬客"），也会被错误的登记为闽南人。所以在这种统计方法下，台湾汀州客人数只会被低估，不太可能会被高估，除非是误记。

这也就是本文为何要订在选择5%以上这个数字？是因为符合这条件的所有约300个当时的台湾乡镇数中，也不过才15个是有5%以上的汀州客，大致上刚好符合一个可判别日本人本来不太正确的统计数据中，为何有这15个貌似可能较为精准估出该乡镇台湾汀州客人数的数据，故选择此数据5%以上为研究对象。

三、汀州客家超过5%之台湾乡镇："北北基宜"部分

所谓"北北基宜"是指今日台湾最北端与东北地区的四个县市：台北市、新北市、基隆市、宜兰县。依据《1926汉族籍贯史料》，今日这里并没有纯粹的传统客家乡镇，亦即当时任一乡镇客家人口超过50%的。在1926年当时，这四个今日县市也只有新北市三芝区①（30.21%）、石门区（7.04%）、中和区（8.89%），基隆市市区（23.46%）、宜兰县罗东镇（5.31%）五个的汀州客家人数比例超过5%。关于前四个，在张正田等人前引文已经说明为何如此，此处不再累述。又针对有基隆市的汀州客家比例颇高这点，此处引出该引文的说明如下：

> 基隆旧市区，因为是天然良港又富产煤矿，所以俨然是一大都会，在1926年调查当时，约还有9900人能讲闽西客家话，这是大台北地区闽西客家人最多之处，这可能是因为基隆邻近三芝、石门一带，使三芝、石门的闽西客家人来这都市找工作，这些"基隆市客家人"在1926年当时也应该还能口操汀州客家话而被登记为闽西客家人。不过后来基隆这个大都市中，同样也因为客家人口比例本就不高，仅占23.46%，所以今日基隆市也几乎无人能讲闽西客家话了，也成了"福佬客"地区。②

然唯有宜兰县罗东镇的5.31%数据似乎有"学问之处"，即是日本人怎么会在这个

---

① 台湾的区是乡镇级，并非大陆现行的县级区。以下同。

② 张正田、翁汀辉、徐唯泰：《台湾汀州客家人地理分布分析——以1926年"大台北"和"桃竹苗"两区为例》，第22页。

镇上"意外统计"出有汀州客家人？

要之，宜兰县是台湾省内有名的漳州系闽南人县份，在清代历史上连泉州移民、客家移民都被当地漳州人同化殆尽，日据时期当年的罗东镇自然也不例外。罗东镇是宜兰县在 20 世纪初期因伐木业大兴之后勃发的新兴城镇，当时镇上必然有很多相关伐木业的新兴产业而充满商机，这些讲闽西客家话的汀州客——如果日本人对罗东的汉籍调查资料是真确的话，那这些"罗东汀州客"同样也是当地漳州系闽南人眼中的"外地人"，可能就是方移入镇上从事相关伐木业周边工商产业之新移民，且还能讲流利的汀州客家话，才会被此时的日本人所调查统计出。当然据所知，这批汀州人在今日也不意外地被闽南人给同化了，成了当地"福佬客"的一种。但是是否有另种可能，即当时在宜兰的日本人自己搞不清闽西与粤东客家话腔调的细微差异，错误地将罗东这里的粤东客家"误记"为闽西客家？这可能性也不能被排除（详后）①。

四、汀州客家超过 5% 之台湾乡镇："桃竹苗"部分

"桃竹苗"指台湾北部②的桃园市、新竹市、新竹县、苗栗县等四县市，在历史上的角度而言，除了新竹市以往向为泉州系闽南人优势区之外，其余三县市理应是全台湾最大的客家地区，又可称为"桃竹苗客家区"。这地区在 1926 当年汀州客人数超过 5% 的乡镇有：桃园市芦竹（12.59%）、新竹县新丰（当时尚称红毛庄，5.81%）、苗栗县西湖（当时尚称四湖，6.41%），后两者，前引张正田等人该文章有讨论过，大致原因是两乡都是客家乡镇，但也都接近邻近的闽南乡镇，可能是当年日本调查员要厘清两乡的闽南人而需要较为仔细调查时，"意外"发现了台湾汀州客。

桃园市芦竹（12.59%，约 1700 人）是前引张正田等人该文章中较少被提及的部分，主要原因是当时这个乡属于闽南乡镇。不过这个乡的地理位置是在桃园市的"北桃园"闽南地区，跟前述两个例子西湖、新丰都是客家乡镇并不同。不过，日本人怎么会在芦竹这个闽南乡镇且四周都是闽南地区的地方，发现这里有约 1700 位汀州客存在？这些当时理论上还能讲汀州客家话的汀州客，又怎么会像孤岛一样存在在芦竹这个闽南乡镇与四周都是"闽南海洋"的地区？他们又为什么不在"南桃园六个客家乡镇"这个客家地区？皆是值得存疑与继续细究之处。

不过很奇特的是，"桃竹苗"这里的客家乡镇非常多，却居然只有西湖和新丰两客家乡镇被日本人发现到有汀州客，这并不合理。事实上张正田等人前引文也提及在苗栗

---

① 今罗东镇上还有一地名"客人城"，不知是否与此有关，姑此为注。

② 严格来说是台湾的西北部，今从民间习惯说法。

县城就有很多闽西永定江姓大家族，也提及桃园市新屋今日仍有会讲永定腔客家话的闽西永定胡姓大家族，在 1926 年日本人调查中都付之阙如误登记为 0 人，可见当时日本人在很多客家乡镇也很可能犯同样错误，即是他们搞不清处闽西客家话与粤东客家话，在日本人听起来都差不多一样，结果把很多闽西客家人错误登记为广东的粤东客家人，所以才严重低估了台湾汀州客的总人数。因为在当时，对日本人来说，搞清楚厦、漳、泉（同安、漳州、三邑）三种腔调的闽南语的细微口音差别的工作，以及这三类闽南人在台湾的地域势力分布，以利日本人对台的紧密控制，对日本人他们来讲这方面更重要。因为毕竟台湾汉人中，闽南人才是多数，日本人要怎么统治这个多数族群，对当时他们来说更是重中之重的任务。

五、汀州客家超过 5% 之台湾乡镇："中彰投"部分

"中彰投"指今日台湾中部的三个县市的台中市、彰化县、南投县。这三县市也就是清代的彰化县境，今日这里只剩下四个传统客家乡镇：台中市的东势区、石冈区、新社区，以及南邻的南投县国姓乡。这四个乡镇彼此是邻近连接在一起的，位于台中市区东面接近台湾中央山脉处，台湾一般习惯称为"东势客家地区"或"中台湾客家地区"的四乡镇，主要是讲粤东的大埔腔客家话。

然而，目前中彰投这里汀州客比率超过 5% 的三个乡镇，竟然不与之相邻或就在这四个客家乡镇中，甚奇。这三个乡镇分别是台中市的潭子区（9.57%）、南屯区（31.11%），还有一个是更远的彰化县竹塘乡（12.82%）。但以上三乡镇这个汀州客家比率略高可能有误，可能是日本人在调查时又搞不清楚粤东客家与闽西客家的结果，请详后论。

首先是较接近"中台湾客家地区"的南屯区与潭子区方面，这一带的核心城镇其实是台中县丰原区，在 20 世纪 70 年代已演化成闽南乡镇了[①]，但在当年的《1926 汉族籍贯史料》中，客家人比例还是过半数的 57.08% 强的，事实上丰原这一带数乡镇以往是客家人特别是粤东客家人张达京率众所开垦，只是如今成了"福佬客"地区，这当然也包含了潭子与南屯，所以当年日本人所调查出这两乡镇还能说客家话的，理应是粤东大埔腔客家乃至饶平腔的，而不太可能是闽西客家的可能性居多，但因为日本人搞不清两者客家口音差别，所以错误登记为闽西汀州客家人。

又彰化县竹塘乡的客家方面，据近年研究已知当地也已成为"福佬客"的，其实是要晚到台湾日据时期（1895—1945），日本人为压榨台湾糖业生产，要开垦台湾最宽的

---

① 张正田：《从 1926 年台湾汉人籍贯调查资料看"台湾客家传统地域"》

河流浊水溪河床地时，才从桃竹苗客家区倡导当地懂得开垦"河坝田"（河川田）的客家人移民进入[1]，所以理应是桃竹苗的粤东客家人居大多数，当地的闽西客家人理应为少数，且腔调应该改讲了粤东各种腔调，但日本人理应分辨不出来，所以，日本人当年又搞错了。

六、汀州客家超过5%之台湾乡镇："南台湾"部分

过了中台湾到了南台湾，今日这里有云林县、嘉义市、嘉义县、台南市、高雄市、屏东县等六县市之广的地区，但除了其东南方有个接邻台湾中央山脉上少数民族地区的"六堆客家乡镇"地区之外，其余的广大"嘉南平原"地带，都是台湾"最闽南"的地方，这里除了"六堆客家"之外，可谓是"客家沙漠"地区，连"隐藏版"的客家（"福佬客"）是否存在，都还要辛辛苦苦地去"发现"[2]，可见"南台湾"这里的客家人口之少，能找到的凤毛麟角也是"福佬客"而非还能真正说客家话的客家乡镇村庄。

今日是如此，当年1926年前后大抵也如此，偌大的六个县市的本地区，依据《1926汉族籍贯史料》，也只有嘉义县义竹乡（9.36%；约1900人）、台南市龙崎区（当年尚称为番社，12.00%）、高雄市仁武区（17.28%）、六龟区（8.51%）等四个乡镇是汀州客家人超过5%的。这其中除了六龟区是个邻近台湾中央山脉的闽客混居山区小乡镇外，其他的三个全是闽南乡镇，而奇特的"又是"竟无"六堆客家乡镇"中的任何一个客家乡镇有被记录到闽西客家人超过5%，明显不合事实。这些问题，当需往下一探究竟。

义竹乡，是嘉义县蛮靠近海边的乡镇，这一带沿海数乡镇以往都是泉州系闽南的优势区，若是当年义竹真有高达1900位汀州客家人的话，按以近三四十年来台湾方面方兴未艾的客家研究风气来说，即使今日那些人变成"福佬客"，也早就被研究"发现"而出了，但就目前台湾方面的研究成果似乎尚付之阙如来看，颇疑当年日本人登记有误，存疑中。

其次是台南市龙崎区也是同个道理，目前台湾方面亦似乎缺乏当地这方面的客家研究，也颇疑当年日本人登记有误，姑且存疑中。不过龙崎和义竹不一样的是，龙崎是山区贫困乡镇，这类乡镇也属于南部"沿山"地带，以往蛮容易吸引较能吃苦耐劳的客家人迁居进入。所以似乎是龙崎比义竹更有存在过闽西客家人的可能性。

---

① 柯光任：《日据以来彰南地区客家移民与竹塘醒灵宫之研究》，台湾逢甲大学硕士学位论文，2012年。

② 池永歆等：《发现客家：嘉义沿山地区客家文化群体研究》，台北：客家委员会，2012年。

此外，高雄市仁武区也是一样有可能是日本人搞不清闽西和粤东客家腔调的误记，这个区今日已经很靠近市区，而事实上在台湾日据时期，她的南邻就是今日实际上已经是市区的三民区和鸟松区，当初这三区尚属市郊的三乡镇，因为台湾日据时期日本人要大力开发高雄港作为他们南侵东南亚的新基地，需要大量劳动人力，所以从相对贫困的桃竹苗客家区的山区丘陵移民很多当地客家人进入这三乡镇建设高雄市区，那桃竹苗的客家人主要还是以粤东客家人为主，若是桃竹苗的闽西客家人，也大多已改讲粤东的腔调才对，所以日本人在仁武这一笔，应该也是误记。

但接下来可问，为什么台湾几大客家地区，诸如北部桃竹苗与南部六堆，在日本人的调查中，居然都没有显示出闽西客家人的存在？

七、异族调查失误：在客家乡镇分不清闽西与粤东客家口音

台湾客家乡镇非常多，主要分布在北台湾桃竹苗客家地区与南部的六堆客家地区，可是综上所述，当年日本人所台湾客家乡镇调查"发现"到的当地汀州客家人超过5%的，竟然只有苗栗县西湖乡与新竹县新丰乡两个，明显不合于事实，也不合于前引张正田诸篇文章，以及其他既有相关研究成果①。

为何会如此？推论就是因为日本人是个原先就不太明了汉语的异族，他们初来台湾殖民，也搞不清楚当时台湾汉人分为哪些汉人族群，就很粗略地只将台湾汉人分为"福建人"与"广东人"两大类，完全忽略了台湾潮州人（广东籍却音近闽南语）与台湾汀州客家人（福建籍却讲客家话）的事实，以及台湾事实上还有台湾莆田人与福州人的存在（今日都被闽南同化）。等到日本人他们到20世纪初才发现到这些点时，所"想修补"而做的这份《1926汉族籍贯史料》，却可能没考虑到实际上执行调查的日本调查员与日本警察分不分得清闽西腔和粤东腔客家话的小差异，于是才会在台湾客家乡镇居然调查不太到闽西客家人存在的事实。因为对这些日本人来说，当时重中之重是更要搞得清楚闽南的厦、漳、泉（同安、漳州、三邑）三大类闽南人细微腔调与其分布地带，所以关于客家的，他们就做得不够精细，才会出现这种严重调查失误。

八、结论

综论以上，得知日本人当年这份《1926汉族籍贯史料》在客家方面做得是不够精细

---

① 谢重光：《朱一贵事件与台湾客家、福佬关系的演变》，《宁德师范学院学报（哲学社会科学版）》2013年2期，第6—14页。

的，也未如他们对于人口最多的台湾闽南人做得精细，所以失误很多，大抵上对于闽西客家人调查，大抵只在"台湾总督府"所在的"北北基"做得比较准确而已。

（作者简介：张正田，龙岩学院闽台客家研究院副教授，台湾政治大学博士）

台湾城隍庙签占研究

——以闽客新竹、嘉义地区为主要观察点

一、绪论

　　周代的卜官称为师、卜士、卜正，而占卜的媒介是龟壳。《尚书·召诰篇》记载："惟二月既望，越六日乙未，王朝步自周，则至于丰。"又提到"惟太保先周公相宅。越若来三月，惟丙午朏。越三日戊申，太保朝至于洛，卜宅。厥既得卜，则经营。越三日庚戌，太保乃以庶殷攻位于洛汭。越五日甲寅，位成。"① 签诗的主要成分是以诗演变而来的，而求签卜卦的源流最早的纪录是从《幸蜀记》中记载，五代的前蜀主王衍，他在张恶子庙祈祷，顺事抽了一支签，取得逆天者殃的签语。时日靡靡之音、荒于酒色、委政于宦官的前蜀亡国主，于 925 年（后唐庄宗同光三年）被李存勖所灭，仅在位七年，离他的父亲王建称帝，只维持 18 年②。最完整的签诗是在日本东京地区的浅草寺的签诗，出自南宋的天竺寺观音灵庙。大陆地区的民俗信仰，经过历史演变下，仅存签诗还有在民间流通，而天竺寺观音灵签在台湾与日本的寺庙里依然留存③。《礼记》记载"天子大蜡八，伊耆氏始为蜡"。又提到正义注曰："贺玚云曰：谓造此蜡祭，配此八神而祭""……迎而祭之也，祭坊与水庸"④。水庸的释义为城隍，也就是护城神祇。

　　台湾寺庙的兴建起源，始于早期台湾移民潮带来的原乡民间信仰和祖灵崇拜的观念，经社会安定，汉民族有饮水思源的传统美德，不忘旧俗习惯又回原乡采用分火、分

---

① 钱宗武，杜纯梓. 尚书新笺与上古文明［M］. 北京：北京大学出版社，2004：191—203.
② 黄凡. 龙山寺灵签故事［M］. 台北：联合文学出版社，2013：300.
③ 徐维芷. 签诗密码：神明诚征专属解签人［M］. 台北：联合文学出版社，2019：22.
④ 朱彬. 礼记训纂·卷二十六：郊特牲［M］. 北京：中华书局出版，1996：399—400.

灵或漂流方式，将神祇带入台湾继续膜拜①。推展至明、清两代渐趋制度化，成为与人间官僚体系对应的冥间信仰的布达系统。清代时期的台湾由于地处边陲、治安不靖、文教不彰、天灾人祸不断，使得官方更加重视城隍信仰的建立。当时的社会困境下，为了安定民心、维护治安、监督官员，这些移民的膜拜行为则被视为精神指标与生活指导，在心灵净化过程，只能依附神祇保佑以安身立命，在敬祀过程中产生的求签行为模式，对进一步了解神祇的具体指导方向与指示人生道路，只要遇到人生历程不同层次的祷求问疑，签诗就成为获得帮助的明显指引②。

林国平著《签占与中国社会文化》（人民出版社出版发行，2014）一书中显示，有些人从自然科学或社会科学着手，企图通过探寻自然或社会发展的定律，来预测未来发展的方向，借此产生了所谓的"未来学"或"哲学"等科学的论述。综观在人类的历史发展中，每个民族都有自己一套或多样的占卜术散播在世界。在台湾地区，透过媒体大篇幅报道，这个中介载体发挥极大作用，善男性女就会乐此不疲，趋之若鹜地排队求签占③。

徐洪兴著《中国古代签占》一书中的城隍篇提及，早期城隍庙建于上自京都下至府县的各地城市里，甚至包括大一点的村镇都有。据说城隍神祇功能有剪恶除害、护城安邦、旱时降雨、涝时放晴等神力，深得民众崇信，城隍庙签占也就赋予了一定的功能性④。卓克华著《竹堑妈祖与寺庙》的附录二中，特别补允探讨《城隍信仰历史演变之考察》，论述古代至明清时期城隍爷的隆升与城隍庙的神祇功能⑤；陈锦云著《台湾六十甲子圣母诗签研究》认为签诗有媲美西方的心理咨询的功能，给信众提供民俗疗法与慰藉。签诗具有中华传统历史渊源，唤起大众重视签诗文化，了解其社会文化意义，及签诗与民众的互动关系，深具研究价值，源远流传的智慧，必能化险为夷并抓住改造命运的契机。

本研究选择城隍庙签诗研究，以台湾新竹、嘉义的闽客地区，城隍爷在人类意识是很公平、公道的意象，本研究主要研究目的在于签诗内容情况为何？研究方式以田野调查、观察、资料搜集法，以新竹都城隍庙与嘉义城隍庙尾闽客地区为主要研究对象。每间城隍庙提供的签诗形式、规格都大致不一，而新竹都城隍庙有一百支签、嘉义城隍庙仅二十八支签，在不对等签诗情形就无法采用比较分析。

① 范正义，林国平. 闽台宫庙的分灵、进香、巡游及其文化意义 [J]. 民间宗教研究，2002（03）：131—144.

② 陈锦云. 台湾六十甲子圣母诗签研究 [M]. 新北市：花木兰文化出版，2013：1.

③ 林国平. 签占与中国社会文化 [M]. 北京：人民出版社，2014：1—2.

④ 徐洪兴. 中国古代签占 [M]. 北京：九州岛岛出版，2008：75—80.

⑤ 卓克华. 竹堑妈祖与寺庙 [M]. 台北：扬智文化，2010：352—367.

二、新竹都城隍庙、嘉义中寮安溪城隍庙

台湾的民间宗教信仰，无论内在本质或外在的具体表现形式，都来自原乡闽、粤地区，民间信仰也随着带入移民地区，明末清初以来的寺庙与移民的社会层面、经济层面、文化层面有相辅相成的密切关系，然而只是一个小岛屿，庙宇香火鼎盛，在台湾多元的宗教信仰信众都是以包容、接受来看整体宗教团体色彩。佐仓孙三著《台风杂记》描写当年城隍庙篇提到"台人举子女，先诣城隍庙，或祈其加冠晋禄、或祷其商运开发，犹我祭镇护祠而求福禄也。是以既有城市，则必有城隍庙。庙虽不宏壮，结构华丽，香烟炽起，颇极殷赈云"。① 由此可见早期的城隍庙规模不大，民众觉得灵验后才逐渐发起扩大庙宇规模，有助于庙宇兴盛的风气。据 2006 年统计结果全台湾的城隍庙计有 95 座，其中民祀者为 77 座，而民祀城隍庙又大多是二次大战后所设②。在台湾最早建寺的城隍庙是明朝时期，兴建于台湾南端台南地区的台湾府城隍庙。

新竹都城隍庙源流，乾隆十二（1747）年城隍庙源流，由台湾北路淡水总补分府同知倡议兴建，并由北庄业主王世杰家族捐地，次年完成兴建。庙成后依例由乾隆皇帝诏旨入官祀为"显佑伯，淡水厅城隍"。乾隆二十一年淡水厅署从彰化迁回竹堑，衙署与城隍庙尾部相倚成直角，按风水学上是为阴阳并比的意思，这种先建城隍再修衙署的程序与台湾地区先有行政中心再修城隍庙的惯例是不大相同③。

嘉义中寮安溪城隍庙源流，明末郑成功渡台，福建省安溪县张、施两姓先民随着到台湾定居于张寮（现今为中寮村）、施厝寮（现今为施家村）。先民为祈求途中平安，迎安溪二城隍爷随身保佑，以掷筊方式征询二城隍爷选建庙位置，即为现在庙址。不久，张寮返乡再从安溪迎三城隍爷渡台，当张寮休息用餐等待时机动身时，不管用任何方式都无法挑动三城隍爷，挑夫请示得知，表示也将定居于此地，之后张寮城隍庙得二城隍爷、三城隍爷两尊真正从安溪"移神"来的城隍爷金身。乾隆四十（1775）年城隍庙源流，张、施两村信男善女，捐募当时金额壹仟元，建造二城隍爷挑选的庙地，兴建城隍庙，主祀大城隍爷金身，将安溪迎来的二城隍爷、三城隍爷正身，再依安溪庙内的形态与样貌来祀奉，另加塑四城隍爷、五城隍爷、城隍夫人（又称城隍妈）的金身，而成完整的城隍庙。④

① 佐仓孙三. 台风杂记 [M]. 南投：台湾省文献委员会，1996：8—9.
② 黄伯芸. 台湾的城隍庙 [M]. 台北：远足文化，2006：16.
③ 李干朗. 新竹市都城隍庙建筑艺术与历史 [M]. 新竹：新竹市立文化中心，1998：15.
④ 嘉义中寮安溪城隍庙导览手册

三、城隍庙签占特色分析

从古至今运用相当广泛，可以吟诗对唱外，在宗教信仰里，透过签占的功能，成为调和剂来支配社会实践与心理制衡的总和，其在庙宇发挥相当大的作用。《周礼》记载："以邦事作龟之八命，一曰征、二曰象、三曰与、四曰谋、五曰果、六曰至、七曰雨、八曰瘳。"请卜师来卜卦，早期问事包含龟人、菙氏、占人、筮人、占梦、视祲①等这些职官来协助卜卦。从语言地理学的视角来看台湾闽客区域划分，新竹都城隍庙是位于新竹市北区中山路上，由于新竹县市周边和客家人居住环境，属于交界地带混杂许多海陆腔，近年因大量劳动人口自各地区挹注，新竹科学园区为全台重要劳动密集本营，青草湖与茄苳湖除海陆课外，大多为四县客混居，四县、海陆腔客家人约略参半②。嘉义中寮安溪城隍庙是位于嘉义鹿草乡重寮村中寮地区，属于嘉义西部复杂闽南方言的泉腔区。从实地田野展开，新竹都城隍庙的签诗，在实体部分已经没有提供纸质签诗，为了倡议环保概念，可自行上新竹都城隍庙的官方网站核对与下载"电子签诗"，若不方便前往庙宇也可以在网络在线求签。嘉义中寮安溪城隍庙依然保留传统抽签模式，让实体自行领取纸质签诗，且为早期挂于墙面展示的签诗，供信众索取。

数据源：《新竹市都城隍庙建筑艺术与历史》

数据源：嘉义中寮安溪城隍庙签诗自行拍摄

① 李光坡著，陈忠义校. 周礼述注卷十五·春官宗伯第三 [M]. 北京：商务印书馆，2019：246—253.

② 洪惟仁. 台湾社会语言地理学研究：台湾语言的分类与分区理论与方法 [M]. 台北：前卫出版社，2019：232、299.

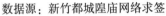

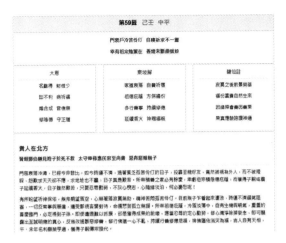

数据源：新竹都城隍庙网络求签　　　　数据源：新竹都城隍庙网络解签

（一）为进一步探讨签诗与譬喻内涵，将新竹都城隍庙灵签依照字句解读分类为：

1. "大吉签诗"：完全呈现吉祥如意的征兆。

2. "上吉签诗"：一切还算平顺。

3. "中吉签诗"：较为隐晦诗意，如（但能、不如、欲到）且多半有劝说、防守、鼓励诗句，如（幸有、谨守、榜头题）。

4. "上上签诗"：喜、忧参半。

5. "中平签诗"：平常心看待。

6. "中下签诗"：须立刻停止继续走衰运。

7. "下下签诗"：直述运势相当差，事事不能如意、正走衰运，必然无法如愿，如（时运衰、命蹇衰、转伤神等）。

（二）一百首签诗分类得到三种等级结果：

1. "大吉签诗"：有01、07、09，计3首，概率为3%。

2. "上吉签诗"：有02、19、22、28、36、40、50、51、52、58、74、75、82、88、96，计十五首，概率为15%。

3. "中吉签诗"：有03、26、30、31、41、42、43、59，计八首，概率为8%。

4. "上上签诗"：有08、29、60、64、65、66、86、97、99、100，计十首，概率为10%。

5. "中平签诗"：有05、12、13、15、18、24、25、33、37、44、45、46、48、54、55、57、61、62、63、67、68、70、71、76、79、80、84、85、89、90、91、93、94、95、98，计三十五首，概率为35%。

6. "中下签诗"：有34、81，计二首，概率为2%。

7. "下下签诗"：有04、06、10、11、14、16、17、20、21、23、27、32、35、38、39、47、49、53、56、69、72、73、77、78、83、87、92，计二十七首，概率

为 27%。

（三）新竹都《城隍签诗》签句譬喻依材料属性归类如下：

1. 大吉签诗

取自天文现象：巍巍独步向云间。

取自花卉与农作：常把菱花仔细看。

取自其他和术士用语：仙风道骨本天生。

2. 上吉签

取自天文现象：今年星运颇相宜、水利渠成听自然、黄金忽报秋光好。

取自花卉与农作：碧玉池中开白莲。

取自其他和术士用语：人事尽从天理见、功名富贵自能为、一家和气多生福、前程万里有通亨、身似菩提心似镜、功圆行满有馨儿。

3. 中吉签

取自天文现象：田畴沾足雨滂沱、秋冬作事只寻常、春到门庭渐吉昌。

取自花卉与农作：目前无适合签句。

取自其他和术士用语：福禄来成祸不侵、自有亨通吉利临。

4. 上上签

取自天文现象：况有持谋天水翁、朔风凛凛正穷冬、木有根荄水有源。

取自花卉与农作：年来耕稼苦无收、耕耘只可在乡邦。

取自其他和术士用语：祖宗积德几多年、巍巍科甲两同登、积少成多自富饶、更行好事存方寸、至诚祷祝皆灵应。

5. 中平签

取自天文现象：门庭萧索冷如秋、营为期望在春前、更遇秋成冬至后、枯木逢春自放花、今朝马上看山色、登山涉水正天寒、一春风雨正潇潇、白马渡江嘶日暮、秋冬方遇主人翁、恰如枯木再逢春、春来雨水太连绵。

取自花卉与农作：却调琴瑟向兰房、好将心地力耕耘、不如逐岁廪禾多。

取自其他和术士用语：君今庚甲未亨通、不论贵贱与穷通、出门无碍是通时、富贵荣华萃汝身、便欲飞腾云汉高、一著仙机君记取、得胜回时秋渐老、年来几倍侦财添、喜鹊檐前报好音、三千法律八千文、干亥来龙仔细看、改换阴阳移祸福、妙里工夫仔细寻。

6. 中下签

取自天文现象：春夏才过秋又冬。

取自花卉与农作：目前无适合签句。

取自其他和术士用语：幸有高台明月镜。

取自警惕作用：请来对照破机关。

7. 下下签

取自天文现象：功名富贵等浮云、花开花谢在春风、世间万物各有主、一山如画对清江、秋冬括括雨霏霏、北山门下好安居、日月如梭人易老、相逢却在夏秋交、雷雨风云各有司。

取自花卉与农作：不如息了且归耕、今年禾谷不如前。

取自其他和术士用语：何须打瓦共钻龟、富贵荣华萃汝身、今日相逢那得缘、与君万语复千言、至诚祷告莫生疑、直须猴犬换金鸡、也须肚里立乾坤。

取自警惕作用：莫教福谢悔无追、寸步如登万里程、何须打瓦共钻龟、谁道机关难料处、谁知去后有多般、官事悠悠难辨明、事到公庭彼此伤、功名富贵等浮云、好把经文多讽诵、到头万事总成空、一粒一毫君莫取、何如休要用心机、谁料半途分折去、千里悬悬望信归、若问终时慎厥初、与君万语复千言、彼此居家只一山、艰难险阻路蹊跷、直欲欺官行路斜、慎勿嬉游逐贵儿、可叹长途日已西、痴心指望成连理、莫随道路人闲话、财多害己君当省、何须妄想苦忧煎、舟中敌图笑中刀、一阳复后始安全。

（四）将归纳得出的譬喻签句，随每首新竹都城隍庙的《城隍爷签诗解》进行探讨分析，因此本论述依序罗列成四个项目：

1. 签诗主体：七言四句诗。

2. 譬喻和讨论：

3. 解说：在一百首签诗中，其中第 21、32、77 签诗较为特别，第 21 签诗在解诗内容中提到"吉人自有天相，神佛护佑消灾微福。农历初一抽得此签，表示小人以计谋按算。农历初十五抽得此签，表示则不会如此"。本研究认为若在其他时间抽得此签，则签诗上没有特别说明，显然模糊，会让抽到该签的信众有些疑虑；第 32 签诗在解诗内容中提到"倘若费尽心机贪心妄图，口角灾祸即至。如是问疾病，农历六月防范疾病险恶，择良医治净心祈福。若是问老者难保安康"。农历六月正式国历的七月份，春夏交替季节容易让人适应不良，通常夏季气温也很热，若没有注意到保健或多补充水分会容易中暑脱水，严重甚至会危害生命；第 77 签诗在解诗内容中提到"茂盛的树木，必有坚实的根茎，江河如有源头，必然长年细水长流，净心反省前因后果，不要听信闲言闲语，防范祸从口出惹是非，起心动念时时省察，兴讼不利自己，谨守正道方才明哲保身"。从此签诗来看明显清楚的前后呼应诗句的因果关系对照。

第 21 签：

与君夙昔结成怨，今日相逢那得缘。

好把经文多讽诵，祈求户内保婵娟。

第 32 签：

劳心汩汩竟何归，疾病兼多是与非。

事到头来浑似梦，何如休要用心机。

第 77 签:

木有根荄水有源，君当自此究其原。

莫随道路人闲话，讼到终凶是至言。

（五）嘉义中寮安溪城隍庙《城隍签诗》签句譬喻依材料属性归类如下，签诗实际注释以下类型:

1.“上签签诗”相关的类型: 有三圣杯。

2.“上吉签诗”相关的类型: 有圣圣阴杯、圣阴圣杯、三笑杯、圣笑阴杯、笑笑圣杯。

3.“中吉签诗”相关的类型: 有阴圣圣杯、笑圣圣杯、圣阴笑杯、笑圣阴杯、阴圣笑杯、笑阴圣杯。

4.“中平签诗”相关的类型: 有圣圣笑杯、阴阴笑杯、阴笑笑杯、阴圣阴杯、笑阴笑杯、圣笑笑杯、圣笑圣杯、阴阴圣杯、阴笑圣杯。

5.“下下签诗”相关的类型: 有阴笑阴杯、笑阴阴杯、三阴杯、圣阴阴杯、笑圣笑杯。

6.“衰签签诗”相关的类型: 有三笠杯。

（六）二十八首签诗分类得到三种等级结果:

1.“大吉签诗”: 有 21，计一首，概率为 3.6%。

2.“上吉签诗”: 有 01、11、14、19、26，计五首，概率为 18%。

3.“中吉签诗”: 有 06、07、16、22、23、27，计六首，概率为 21%。

4.“中平签诗”: 有 02、03、09、12、13、15、18、25、28，计九首，概率为 32%。

5.“下下签诗”: 有 04、05、08、10、17、24，计六首，概率为 21%。

6.“衰签签诗: 有 20，计一首，概率为 3.6%。

以上分析命中概率为 99.2%，而不是一般人认为的百分之百。

1. 大吉签

取自天文现象: 目前无适合签句。

取自花卉与农作: 目前无适合签句。

取自其他和术士用语: 好事大家知。

2. 上吉签

取自天文现象: 璧月挂云间、惟有月华明。

取自花卉与农作: 定招远客耕。

取自其他和术士用语: 合营人马安、尔必用虔诚、张舍出贤人。

3. 中吉签

取自天文现象: 不寒亦不温、熏风便是南、思欲上云霄。

取自花卉与农作：娄氏头戴米。

取自其他和术士用语：一朝入王殿、火中跳出马。

4. 中平签

取自天文现象：山水两悠悠、青云足下生、昴星头戴日、星辰光灿烂。

取自花卉与农作：目前无适合签句。

取自其他和术士用语：亢宿属金龙、快乐是神仙。

5. 下下签

取自天文现象：柳絮舞春风。

取自花卉与农作：目前无适合签句。

取自其他和术士用语：麒麟是子孙、暗路失明灯、好事自天来。

取自警惕作用：房中生瑞章、恐他不至诚、相看谈未了、任他兵马动、行人开口笑。

6. 衰签签

取自天文现象：目前无适合签句。

取自花卉与农作：目前无适合签句。

取自其他和术士用语：凡人知吉凶。

取自警惕作用：思想不甘心。

（七）将归纳得出的譬喻签句，随每首中寮安溪城隍庙的《城隍爷签诗解》进行探讨分析，因此本论述依序罗列成四个项目：

1. 签诗主体：五言四句诗。

2. 譬喻和讨论：

3. 解说：此二十八签诗与太保市福济宫①相同，签诗的层次过于哲学，要有高人才有办法解签；部分解说夸大其词，如：第08签关于怀孕动向，"占胎孕产双生一男七女"。以人类学的基因视角下看人体构造，以自然规律原则，女性最多普遍性生产单胞胎或双胞胎、多胞胎（最多产生4个孩子）。

第08签：

斗秤不公平，恐他不至诚。

两边交易了，到底亦相争。

① 福济宫正殿主祀七星娘娘，指的是天上的七仙女（或云织女）。在清康熙元年，本里张氏祖先由福建泉州移居本地，遂恭迎七星娘娘来台，奉祀于前沟尾（至今有300余年），据传七星三娘娘显灵呼叫买花之圣迹多举。到了雍正初期，本地居民感应神灵，敬谢神庥，于今庙地草创建立庙宇，号曰七娘妈庙。

四、结 论

由谢贵文提出"国家在场"的观点，认为学界研究华夏社会的理论，内容包含国家与社会乡关联性的讨论，以及国家政权建设与乡村社会、国家与市民社会、国家与民间信仰、国家与宗教等互动关系的析探①。任何的宗教信仰是可以制衡社会问题，将社会问题降至最低，也是社会生态链中的调和剂，可以发挥润滑的作用来保持生活生态平衡的结果。

综观上述研究分析，归纳如以下四点：

1. 道之以德，齐之以礼：签诗可以定位成一门儒学活教材，在人生常态不如意的事十之八九，没有顺遂的人生，只有没有释怀的人生，签诗同时具有感化的功能，明知城隍庙属于阴间地府的司法判官，信男善女祝祷都以治病、诉讼、升迁等目标，祈福心安理得。

2. 天子祭天，诸侯祭士：早期的签诗是具有君王身份的人才能够占卜，得到超自然的慰藉与做事方向，而签诗指导也只能当参考书参考，主要还是要以个人决哲为主要导向，也就是所谓的宁可信其有，不可信其无，但也不要迷信于其中，会容易让人误导方向，面对现实才是天理与王道。

3. 敬重城隍爷的表现：城隍爷是人民可以信赖的神祈，发生大事都会到此庙祈祷、求签获得心灵上的心安，城隍爷的具体社会实践与表现在于理想人格化、家庭伦理化、世俗政权化、内心体验化的特性。

4. 签诗的特质：签诗蕴藏儒家思想的核心价值，对当地信众提供心灵上的安定，更能发挥启迪人心、导正风俗，进而稳定社会发展的正向功能。新竹都城隍庙的签诗譬喻签句的论述字义、词义运用于解签浅显表现，而嘉义中寮安溪城隍庙的签诗譬喻签句的论述字义、词义运用于解签较为高深哲理。解签簿里的论述，每个签诗都对应因果关系、前后呼应，部分有夸大不实的表现，如在初一或十五时，抽到此签会有什么情形发生，没有则无，而其他时间参拜抽签时又是一个模糊地带并无特别说明的矛盾情况，主要还是要以个人生活经验来判断，签诗只能当作仅供参考的制衡工具，可视为人生心灵的导师，其中包含儒家内圣外王的思想，中下签与下下签的整体表现在创造了更多修身、养德的功能，可作为劝诫、警惕、安抚的用途。

---

① 谢贵文. 嘉义市城隍庙及其文化资产//台湾寺庙文资保存与社会贡献［M］. 台北：里仁书局，2018：125—153.

参考文献：

一、专著

[1] 朱彬. 礼记训纂 卷二十六：郊特牲［M］. 北京：中华书局，1996：399—400.

[2] 李干朗. 新竹市都城隍庙建筑艺术与历史［M］. 新竹：新竹市立文化中心，1998：15.

[3] 李光坡著，陈忠义校. 周礼述注卷十五·春官宗伯第三［M］. 北京：商务印书馆，2019：246—253.

[4] 佐仓孙三. 台风杂记［M］. 南投：台湾省文献委员会，1996：8—9.

[5] 陈锦云. 台湾六十甲子圣母诗签研究［M］. 新北市：花木兰文化，2013：1.

[6] 林国平. 签占与中国社会文化［M］. 北京：人民出版社，2014：1—2.

[7] 卓克华. 竹堑妈祖与寺庙［M］. 台北：扬智文化，2010：352—367.

[8] 洪惟仁. 台湾社会语言地理学研究：台湾语言的分类与分区理论与方法［M］. 台北：前卫出版社，2019：232、299.

[9] 钱宗武、杜纯梓. 尚书新笺与上古文明［M］. 北京：北京大学出版社，2004：191—203.

[10] 徐洪兴. 中国古代签占［M］. 北京：九州岛岛出版社，2008：75—80.

[11] 徐维芷. 签诗密码：神明诚征专属解签人［M］. 台北：联合文学出版社，2019：22.

[12] 黄凡. 龙山寺灵签故事［M］. 台北：联合文学出版社，2013：300.

[13] 黄伯芸. 台湾的城隍庙［M］. 台北：远足文化，2006：16.

[14] 谢贵文. 嘉义市城隍庙及其文化资产//台湾寺庙文资保存与社会贡献［M］. 台北：里仁书局，2018：125—153.

二、期刊

[1] 范正义，林国平. 闽台宫庙的分灵、进香、巡游及其文化意义［J］. 民间宗教研究，2002（03）：131—144.

三、其他

[1] 嘉义中寮安溪城隍庙导览手册

（作者简介：何雅芬，闽南师范大学，闽南文化与两岸交流研究博士生，桃园市八德区客语推行委员）

论唐五代时期石壁地区汉畲互动与客家民系产生

———— ● 蔡登秋 ● ————

客家先民迁入之前，石壁地区主要居民是畲族或者其他称谓的土著居民。这些居民被称为峒蛮，如司马光《资治通鉴》记载："是岁（唐昭宗乾宁元年），黄连峒蛮二万围汀州，福建观察使王潮遣其将李承勋将万人击之；蛮解去，承勋追击之，至浆水口，破之。闽地略定。"① 由此说明，到了唐代末年，虽然二万峒蛮不是一个确切的数据，但反映了石壁地区的人口还是存在大量的峒蛮居民，汉人的人口也不占多数。唐代早期，县制建立之前，属绥安县，但这里地旷人稀。自从隋代末年巫罗俊开辟黄连峒之后，石壁地区开始吸引大量的汉人来到此定居。开启了石壁地区汉人与土著之间的互动关系，这也是本文所要探讨的问题。

一、唐五代石壁地区族群存在的基本状况

客家与畲族的紧密关联，称谓混淆，边界模糊，他们生活环境的一致性、生产方式的相关性，所导致了之间关系的不可分隔。为什么在石壁等客家地区会孕育客家民系，其中自然条件和生产条件影响因素之外，很重要的一个因素是当地土著民的因素。

当地土著民中，在唐以前有峒蛮、山越等，畲族与山越也有所不同，山越指的是居住在深山中闽越族后裔。孙吴政权时代，往往把山越从山区赶到平地，"强者为兵，羸者补户"②，使山越渐渐融入汉之中，以致隋唐以后，文献中很少再见到山越的记载。但在深山化外仍有山越后裔。③ 另外还有一种土著民，被称为山都木客。《太平寰宇记》"汀州"引唐人牛肃《纪闻》云："江东采访使奏于虔州南山洞中置汀州，州境五百里，

---

① 司马光编纂：《资治通鉴》，卷二百五十九，《唐纪》七五。

② 《三国志》（卷 58：吴书·陆逊传），北京：中华书局,，1959 年，第 1344 页。

③ 谢重光：《宋代畲族史的几个关键问题——刘克庄〈漳州谕畲〉新解》，《福建师范大学学报（哲学社会科学版）》，2006 年第 4 期，第 11—12 页。

山深林木秀茂，以领长汀、黄连、杂罗三县。地多瘴疠，山都木客丛萃其中……州初移长汀，长汀大树千余株……其树皆枫松，大径二三丈，高者三百尺，山都所居，其高者曰人都，其中者曰猪都，处其下者曰鸟都。人都即如人形而卑小，男子妇人自为配偶；猪都皆身如猪，鸟都皆人首。尽能人言，闻其声而不见其形，亦鬼之流也。三都皆在树窟宅，人都所居最华。"① 这些似人非人的土著民基本不会与汉人、畲族、山越人来往，后来也不知所踪，可以排除本地土著民所列之外。所以，到了唐代以后，畲族已经是当地土著中主要非汉人族群，无论怎么称呼，通常文献所记载主要就是畲族这一族群。正如清代杨澜修纂《临汀汇考》所言："长汀为光龙峒，宁化为黄连峒，峒者苗人散处之乡。唐时初置汀州，徙内地民居之，而本土之苗仍杂处其间，今汀人呼为畲客。"② 由此可见，汉人进入闽粤赣地区之前，当地的畲民就是土著居民，并且为数不少。东晋到隋唐时代，汉人进入石壁地区，此时段畲民还是石壁地区的主要族群，所以才有唐末唐昭宗乾宁元年（894）"黄连峒蛮二万围汀州"的历史事件。清代李世熊修纂《宁化县志》认为："主户者土著之户，客户者外邑之人。"③ 土著者即指畲民。根据《唐书·地理志》记载：建州初期的天宝年间（742—756）仅有 4680 户，13702 人。④ 当时石壁地区的人口还不到 3 万人，其中大部分是土著畲民⑤。这种人口结构情况，加上述所言汉人巫罗俊黄连峒开山和罗令纪建县的基础，后又因唐末的黄巢起义时石壁未遭受侵扰安定因素，石壁地区自然成为吸引汉人进入本土的天然宝地。唐末黄巢起义，汉人开始大规模进入石壁地区，到了五代两宋时期，石壁地区的人口猛增，至"南宋宝祐元年（1253）38000 户，11 万多人口，是清以前的人口最高峰"⑥。这就说明了一个问题：畲民与五代以前入此定居汉人的繁衍速度不可能增长那么快，只有大量汉人进入才可能形成如此之局面。

唐代及唐以前进入石壁地区的汉人与土著居民相处必然的一种状况，那就是畲民为多数，汉人为少数，畲强汉弱，是基本历史事实。虽有巫罗俊等人那样"峒筑卫众，寇不敢犯，远近争附之"的现象，但大部分人口还是畲民，那么汉人要维持好生存，必然要与强者相处融洽。从"峒筑卫从"可以看出，汉人来到石壁地区必然要受到当地土著的侵扰，"远近争附之"显示了巫氏领导下的汉人集团具有一定的实力，逐渐在石壁地区可以与土著相抗衡。当然，如巫氏能够做到如此境地，必然为数不多，与土著交好必

① （宋）乐史等：《太平寰宇记》卷 102《江南东道十四·汀州》，第 2034—2035 页。
② （清）杨澜编纂：《临汀汇考》卷一《方域》，卷三《畲民》，清光绪四年版。
③ （清）李世熊：《宁化县志》（新版简体），福建人民出版社，1989 年 12 月第 1 版，第 210 页。
④ 张东民、熊寒江：《闽西客家志·汀州历代户口变动情况表》，福州：海潮摄影艺术出版社，1998 年 6 年，第 17 页。
⑤ 当时还不叫畲民，只有到了宋代时期才有"畲"的称呼。
⑥ 刘善群：《客家与石壁史论》，方志出版社，2007 年 2 月，第 33 页。

然是最大的生存前提，因此畲汉的融合也就在所难免。随着生活生产等诸多方面相互激荡与融合，客家民系的早期孕育也就是开启了。无论是语言上，还是风俗上，甚至于精神思想上，相互学习，取长补短，成为畲汉共同生活的主旋律，因此走向融合也在所难免。但由于族群间精神思想层次的差异，必然又有不同的族群分野。比如汉族的龙图腾与畲族的盘瓠图腾，这是千百年来不变的最稳定的精神信仰，也正是有这种精神家园的分野，才有族群的文化差异。但是无论精神信仰的不同到那里去，在共同的生存环境中，文化较为表层的层面上必然走向趋同。

二、畲族与客家人的文化关系

据今畲族与客家整体观之，无论是语言上，还是风俗上并无二致，这就是文化理论所认为的文化浅层较易趋同性的文化现象。之所以是畲族而不是客家，是客家而不是畲族，具有共同性一面，也有精神本质上的差异性。根据谢重光先生对畲族与客家相同与差异性的归纳：一、共同性：宋元时期畲族与客家有三：共同的经济生活，共同或相近的风俗习惯，共同的生活地域。二、差异性：源头不同，即畲族最初的源头是"武陵蛮"，具有很强独立的民族意识，坚持他们的槃（亦作盘）瓠信仰。客家最初来自中原和江淮的汉人，具有强烈的中原情结。这种中原情结经过反复渲染和强化，最终成为客家人共同的集体记忆，共同的深层心理结构。出于中原文化夷之别思想的影响，所以客家精英强调与畲族的民族分野，后来成为客家人的主流意识。[1] 谢重光先生更倾向于客家与畲族的趋同性一面，更多研究者认为客家与畲族是两个不同的民族，特别强调是中原汉人南迁历史真实性问题。笔者通过多次的田野调查，客家受访者多次提到畲族人过去总喜欢蹲在地板上吃饭，说话的语气带有明显不屑的表情，那也是之所以历代文献撰写时认为畲民带有"蛮"的味道。客家人谈起自己的祖先时，带有溢于言表的中原自豪感。对畲民的访谈中，问及他们的祖先来源，他们都一致认为其祖先来源广东潮州的凤凰山。如赣东北部畲族反映，他们的祖先来源的情况是："江西东北部的畲族原住广东潮州凤凰山，后迁福建汀州府宁化县居住，大约在宋元之后至明代中叶以前迁到赣东北居住。"[2] 其他地方的说法也基本一致。无论是客家还是畲族，谈及祖先的发源地时，基本上来源都是来自同一个地方，关于这个问题，恐怕是客家与畲族精神本质上的分野。谢重光先生进一步分析其原因以为："在明清时期的社会历史过程中，畲族不断被封建统治者压迫到深山，严重妨碍了其生产技术的进步与生产方式的变革，也更加强化了其

---

① 谢重光：《畲族与客家关系研究兼论研究畲客关系的学术意义与现实意义》，载《福建省畲族文化学术研讨会论文集》，2016 年 3 月 1 日，第 49 页。
② 刘根发：《宁化畲族及其遗存民族特征痕迹之考辨》，载《第八届石壁客家论坛论文集》，2020 年 9 月，第 96 页。

社会心理中自我封闭（如坚持蓝、雷、钟族内通婚）、不认同汉族主流意识的一面。而客家人进一步接受了汉族主流文化中儒家教化的一面，崇文重教，在文教方面取得了巨大的进步。这样，畲族与客家在思想文化与社会心理方面的差异就越来越大。"① 上述分析部分的畲族情况具有一定的道理，或许只是限于一定畲族村落之内的情况。但在客家区内畲与客的通婚和其他方式的交流比较平常，这也是今天所显示出客家区内的畲族与客家没有多大区别的原因，如宁化县的畲族村落还保留不少，只是文化认同不一样，其他方面没有区别。

根据宁化当地研究者刘根发先生统计，本县的畲村有：1 个畲族乡：治平畲族乡。19 个畲族村：一、治平畲族乡：治平村、湖背角村、坪埔村、社福村、光亮村、下坪村、泥坑村、高地村、高峰村；二、城郊镇：旧墩村；三、泉上镇：泉永村；四、城南乡：茜坑村；五、方田乡：泗坑村、泗溪村；六、石壁镇：溪背村；七、中沙乡：下沙村；八、水茜镇：庙前村；九、安远镇：东桥村、肖坊村。② 在新中国建立之前，这些畲族村落与客家村落相比较，并没有太多差异，后来国家出台了民族政策，对少数民族提供特殊的政策优待，畲族后裔才纷纷重新确认自己的民族身份。在客家区内，优惠政策出台之前，许多畲族较少在公共场合认为他们是畲族。封建时代，由于对少数民族身份的歧视，大多数畲民不愿在公开场合承认自身的身份，只能在民族内部的隐性形态确认并传承至今。譬如，畲族村落都承传着祖先来源的祖图，详细传述了畲族生成的过程，这是他们最真实的图腾记忆。

刘克庄在《漳州谕畲》中认为："凡溪峒种类不一：曰蛮、曰瑶、曰黎、曰蜑、在漳者曰畲。西畲隶龙溪，犹是龙溪人也。南畲隶漳浦，其地西通潮、梅，北通汀、赣，奸人亡命之所窟穴。畲长技止于机毒矣，汀、赣贼入畲者，教以短兵接战，故南畲之祸尤烈。"③ 蜑同蜑，指蜑民，指是生活于水上的少数民族，蜑民妇女天足，穿耳，梳尖螺髻，髻尾朝天，老年妇女则结髻。由此可见，宋代之时，非汉人的南方土著无论怎么称呼，都与畲有关系，其实无论畲族，还是其他称呼的民族，其实都是当地土著。那么为什么有这么多的称呼，主要因为南方多山地，不同地方的交通被阻隔，交流不便，长此以往，造成了方言和风俗的多样性，故而各地产生了不同的称呼。北方汉人往往对待南方土著以一种蔑视和污辱的态度，在文字的书写上往往加个一"犭"字旁，如'傜、侗、倮倮'等，过去都写成"猺、狪、猓猓等"，畲字写为"輋"，其实是广东汉人俗

---

① 谢重光：《畲族与客家关系研究兼论研究畲客关系的学术意义与现实意义》，载《福建省畲族文化学术研讨会论文集》，2016 年 3 月 1 日，第 49 页。

② 刘根发：《宁化畲族及其遗存民族特征痕迹之考辨》，载《第八届石壁客家论坛论文集》，2020 年 9 月，第 108 页。

③ 刘克庄：《漳州谕畲》。引自谢重光：《宋代畲族史的几个关键问题——刘克庄〈漳州谕畲〉新解》，《福建师范大学学报（哲学社会科学版）》，2006 年第 4 期，第 8 页。

字，在中原汉人文中没有这个字。畲民仍以烧山种畲，刀耕火耨，不断迁徙游耕的民族，大部分的畲族后裔因不断烧山种畲而迁往闽东和浙南等地，但客家区还有一部分的畲族后裔。客家区能够留下众多的畲民，其主要原因是畲民在与汉人的接触过程中择善而从，学会了汉人先进的耕种技术的结果，如种植水稻等高产作物，可以很好地在原地生存。所以，石壁客家区至今还保留畲族村落，宁化县还有畲族治平乡，清流县余朋乡太山畲族村，其他地区也如出一辙。

无论客家民系与畲族存在多大的差异性，但他们相关性是不容忽视的。由于他们之间存在着"共同的经济生活，共同或相近的风俗习惯和共同的生活地域"，也就是一种"你中有我，我中有你"的基本现实，在长期的交互和融合的过程中，客家民系才能得以产生的因素之一。由于客家固守着中原文化的情结，尤其强调"崇文重教、敬崇慕祖、重视儒家传统"，保留了中原汉人基本文化性征，使得客家与畲族存在一定程度的分野。至于许多学者认为客民的风俗习惯与畲民存在太多的相同性，如语言、服饰、生活方式等方面基本相同，认为客家人形成的主要来源就是畲族为代表的土著民，特别是现代人类基因学的出现，发现客家人的基因存在接近百分之五十的南方血统，而认为客家人主要源头是土著，这种认识其实存在一定理论危险性。其理由是：首先，在民族历史发展进程中，中华民族的形成，经过了多次民族大整合，逐渐形成的各民族之间血脉相连的基本格局。其次，现代基因学发现，两样生存在南方的福佬人和广府人的基因中，南方血统的基因比客家人还要多，显然福佬人与广府是汉人，客家人也是汉人。最后，客家民系的形成时间比较于福佬民系和广府民系要迟得多，因此北方汉人血统更多一些，因长期生活在山区，其民性更接近于畲族民。基于客家与畲族相同（相近）性的文化性征，才产生关于今天客家与畲族关系问题的学界论争，但无论如何，客家民系是北汉人来到原来以畲族为主要居住地的闽粤赣山区之后，才形成了客家民系。正是由于客家人仍然保留了北方汉人部分血统和文化情结，他们还是汉人的一部分，而不是纯粹的南方少数民族，也促使了客家之所以成为汉族民系，而不是"客家族"的原因。

三、族群互动促进了客家民系的产生

历史上中国出现过多次民族大融合，比如魏晋南北朝和唐末五代时期就是典型的大融合时代。这些时代最大的特点是民族的迁徙，民族之间相互混居，在生产中相互借鉴和学习，生活中相互通婚和沟通，从而产生新的民系。客家民系也正是在唐五代以来，大量迁徙到石壁地区和其他闽粤赣广大地区，与畲族等土著民相融合和孕育，到两宋时期才逐渐形成客家民系。石壁地区在巫罗俊开辟黄连峒时代，大量的土著民居住在此地，并且人数众多。虽然汉人在此开荒垦殖，"筑堡卫众"，保持着一种生产生活的相对独立性，但与民族间的融合必然是主流。只有民族间充分地融合，才可能孕育出新的民

系。发生在石壁地区的北方汉人与畲族等土著的融合，要比其他客家区的民族融合时间要早一些，规模和范围要大些，其主要原因是巫罗俊开辟黄连峒奠定的基础和宁化建县较早等因素。

民系形成的重要标志是方言和风俗等文化要素。隋唐代以来，石壁地区的汉人与畲民长期相处与融合过程中，形成了客家早期的方言和风俗。在语言上客家方言既不同于北方方言，也不同于其他地区南迁的福佬人、广府人。客家方言与西南官话有些相似，带有现代普通话的成分，但又有客家方言的特殊性。当然方言也随着时代不同发生变化，而北方方言的演化与北方胡人语言混入也有很大关系。客家方言又与北方方言有很大的不同，主要是受到客家区土著民方言的影响。与福佬话和广府话也有较大的不同，主要原因是南方不同地区原住民方言差异，所以导致不同地区的不同方言。石壁地区从古至今还保留着古礼，如李世熊的《宁化县志》所言的"旧志又谓岁进鲜竞乎汰侈，服饰弗流于奢僭。冠、婚、丧、祭，间用古礼。"说明石壁地区百姓生活简单古朴，承传了古代中原的古礼。谢重光先生一再论述客家与畲族相同的风俗习俗，可以显见在唐代石壁地区汉人与畲民共同生产与生活环境，相互借鉴与学习，形成早期的带有中原味的客家风俗，否则畲民基本不会使用汉人的古代风俗。吴松弟《客家南宋源流说》结论认为：第一，客家先民中可能有些氏族很早就从北方南迁，但将导致今日客家语言和风俗形成的北方文化带入汀赣地区从而成为客家源流的移民，主要迁自南宋时期。他们人数并不很多，但他们带入比较先进的北方文化，影响了周围的居民，因而大约在宋末开始形成客家民系。第二、客家的大部分氏族是南方人，他们或在宋之前迁入汀赣而成为客家先民的一部分，或在广东依附于客家人采用客家文化从而加入客家人。① 他的论断有其道理，特别是客家先民一大部分远祖来自北方，而在南方其他地方定居相当长的时间，已经具备了南方氏族的特征之后才进入汀赣地区，所以南方的氏族占有很大的比率。这也正是客家民系形成复杂性的原因。

唐代以来，畲民与迁入的汉人杂居交错是基本事实。到了宋代时，对汉人称呼为省民，他们都是编户之内的百姓，往往与畲民相互杂处。如刘克庄的《漳州谕畲》也提到道：漳州"壤接溪峒"，"省民，山越，往往错居"。杂居的结果就是相互融合与同化，正如朱熹的《琼州知乐亭记》说："化外人闻风感慕，至有愿得供田税比省民者。"② 本来畲民是交纳税收，如刘克庄《漳州谕畲》载："畲民不悦（役），畲田不税，其来久矣"。相同的记载很多，此不赘述。但石壁地区的赋税制度起始唐开元建县之际，清代李世熊所修撰的《宁化县志》记载："宁化辟自开元间，意是时租庸调之法未改，租取于田亩，庸调取于丁，其赋则扬州以钱，岭南以米，安南以丝，益州以罗绸绫绢……户

① 吴松弟：《客家南宋源流说》，《复旦大学学报（社会科学版）》，1995年第5期，，第112页。
② 朱熹：《晦庵先生朱文公文集》（卷79），四部丛刊集部。

无主客，以见居为籍。人无丁中，以贫富为差。"① 由"户无主客"可知，唐时石壁地区大量的畲民已经开始交纳赋税。也能看出唐代石壁地区畲民已经纳入官方正式编制。官方之制度来自汉人为主的政府，比起其他地区的畲民"不悦（役）"要来得早，其他地方较多是宋元时期开始纳税。刘克庄的《漳州谕畲》就可见证，如"壬戌（理宗）腊也，前牧恩泽侯有发激其始，无以淑其后；明年秋解去，二倅迭摄郡，寇益深，距城仅二十时，郡岌岌甚矣"。宋代理宗之际，漳州地区的畲民基本还是处于自治的状态，还不断骚扰侵犯州郡。由于石壁地区畲民纳入行政制度的时间较早，故而与汉人的交往与整合的时间也更早些，所以汉人与畲民的交互与融合也较早，这样在石壁地区逐渐形成早期的客家民系的雏形。这也就印证了黄遵宪所言的"筚路桃弧辗转迁，南来远过一千年"②。的客家民系的形成史。所以，客家民系在石壁地区的孕育基本可以认为是在唐代后期和五代时期，也正是这一历史事实，才导致了后来迁往各地的客家人认定自己来自石壁的主要因素。

由于有唐五代孕育客家民系的基础，后来的汉人不断从其他地域迁往石壁地区，到了宋代的时候达到了最高峰。也是基于此因，大量汉人的迁入石壁地区，人口不断地稠密，为了生存，汉人必然进一步深入畲族百姓所居住的大山深处，这无疑促进了汉人与畲民深度的融合。当然，宋元之际，除石壁地区以外，依然是畲民丛杂的盗贼渊薮的畲民分布状况，如《元一统志》卷8《汀州路风俗形胜》口："汀之为郡……四境椎埋顽狠之徒，党与相聚，声势相倚，负固保险，动以千百计，号为畲民。"又曰："武平南抵循梅，西连赣，篁竹之乡、烟岚之地，往往为江广界上逋逃者之所据。或曰长甲，或曰某寨，或曰畲洞……"足见闽西人口中畲族比例之高。由于，石壁地区汉畲不同民族的深度融合，加速的客家民系的形成，到了两宋之际，石壁地区的客家民系基本形成。此后，因各种因素开始大规模的外迁，迁往闽西其他地区、梅州地区、赣南地区等，从而致使石壁成为客家民系外迁的大本营。

四、余论

至于许多论者提到客家人与畲民的民俗和语言的相同性，《三阳图志》，称其"敝衣青盖"。具体情形，则如施联朱所描述的："男女椎髻，跣足，衣尚青蓝色。男子短衫，不巾不帽。妇女高髻垂缨，头戴竹冠蒙布，饰璎珞状。"③ 还有刘禹锡竹枝词描绘的连州

---

① （清）李世熊：《宁化县志》（新版简体），福建人民出版社，1912年11月第1版，第321页。

② 黄遵宪：《己亥杂诗》之二十四，见钱仲联《人境庐诗草笺注》卷九，下册，上海古籍出版社，1999年，第810页。

③ 施联朱：《畲族》，民族出版社，1988年，第63页。

蛮女"银钏金钗来负水，长刀短笠去烧畲"① 这些装饰在古代南方的各民族都是常见的服饰，正如谢重光先生所言："其实高髻是由古越人的椎髻演化来的，椎髻跣足，是百越民族的基本文化特征。在椎髻上插一些金属饰物，这样的装饰打扮是古越人和荆湘蛮的常见打扮。"② 其实客家过去也是这样装饰，这就是北方汉人来到客家区向畲民学习的一种服饰习俗而已，其主要原因是南方的气候和生产条件所致。还有其他方面学习和借鉴，如买水浴尸、捡骨葬之类，也有大量的证据是来源于畲民。具体民俗生活上汉畲同一化，这是族群间相同和相近生存环境、生产和生活等因素造成，石壁客家区也不例外。只是它是客家民系孕育的早期和迁出的大本营，习俗上认同性和相似类更高，差异性更加模糊，这也正是石壁地区与其他客家区不同一个因素。

（作者简介：蔡登秋，三明学院教授，客家文化所所长）

---

① 刘禹锡《连州竹枝词》九首之九，《全唐诗》（卷 356）。

② 谢重光：《客家文化性质与类型新说——客家文化属于移民文化说质疑》，《福州大学学报（哲学社会科学版）》，2009 年第 2 期，第 8 页。